U0516020

任 质 斌 传

《任质斌传》传记组　著

主编　宋霖

文物出版社

责任编辑　张晓曦　陈　峰
　　　　　许海意　王　扬
责任印制　陆　联

图书在版编目（CIP）数据

任质斌传/《任质斌传》传记组著．—北京：文物出版社，2011.11
ISBN 978 - 7 - 5010 - 3324 - 9

Ⅰ.①任…　Ⅱ.①任…　Ⅲ.①任质斌（1915～1998）- 传记　Ⅳ.①K828.2

中国版本图书馆 CIP 数据核字（2011）第 223511 号

任质斌传

《任质斌传》传记组　著
主编　宋　霖
　　　　　＊
文物出版社出版发行
（北京市东城区东直门内北小街 2 号楼）
http：//www. wenwu. com
E-mail：web@ wenwu. com
北京京都六环印刷厂印刷
新华书店经销
700 × 1000　1/16　印张：55.75
2011 年 11 月第 1 版第 1 次印刷
ISBN 978 - 7 - 5010 - 3324 - 9
定价：88.00 元

任质斌

1915年7月17日～1998年12月22日

幼年时与父亲任玖湘、母亲李桂芳的合影

中学时期

在北平上学时期

风雨历程　重返瓦窑堡

在山东工作时期

在国家文物局工作期间

相濡以沫——与妻子胡志学共同走过了 55 年坎坷历程

晚年

我们都是中国人

我们都是中国人

著都有共同的祖先。

我们曾经创造过光辉灿烂的文化，

也曾经遭受过帝国主义的摧残。

现在我们已经站立起来了，

但我们还不够强大。

分裂使我们对消自己的力量，

只有团结才能使我们成为世界的巨人。

合作合作

统一、统一，

我们都进入世界强国之林。

合作合作

统一、统一，

我们也对人类做出更大的贡献。

任厚诚

手迹：为两岸统一而作

目 录

第一章　山东即墨南关任家

在山东半岛的南部，在浩瀚无垠的黄海之滨，有一座美丽的城市。它东依千峰竞秀的崂山，西揽百舸争流的胶州湾，北接辽阔的胶莱平原和胶东丘陵山地，南临一望无际的蔚蓝色海洋，整个城市错落有致地铺陈在高低起伏的丘陵之上，各国风格的建筑掩映在绿树与鲜花丛中。这就是中外驰名的青岛。

青岛是一座年轻的城市。清光绪十七年五月初八日（一八九一年六月十四日）谕准设防胶澳，随后淮军将领章高元在青岛村建立总兵衙门，为青岛建置之始，至今才一百一十余年。此之前，它只是即墨县境内的一个偏僻渔村，名叫"青岛口"，位于"县西南百里"[①]。

任质斌的故乡即墨，却是有两千两百多年漫长历史的县份。秦废分封行郡县，即墨就建县了，属齐郡，以地临墨水河而得名。原治所在今平度市古岘乡大朱毛村一带，隋开皇十六年（五九六年）迁现址[②]。

---

① 《即墨县志》（清同治本），1986 年 12 月重印本（以下简称"清同治本《即墨县志》"）。

② 即墨县县志编纂委员会编：《即墨县志》，新华出版社，1991 年 9 月版（以下简称"1991 年版《即墨县志》"），第 67 页。

　　青岛建置刚七年，德帝国主义就于一八九八年强行租占了这块宝地，设立胶澳总督府，实行殖民统治。一九一四年，第一次世界大战爆发，日本对德宣战，乘机侵占青岛，设立青岛守备司令部和军政署，实行残暴的军事管制。青岛，成为继澳门被葡萄牙强占，香港和九龙尖沙咀被英国强占之后，中华巨人被帝国主义列强疯狂宰割的又一处鲜血淋漓的伤口。

　　中国人民的反抗斗争从来未曾止息。揭开了中国历史新篇章的一九一九年五四运动，即以"誓死还我青岛"、"收回山东主权"、"拒绝《和约》签字"、"取消二十一条"、"外争国权，内惩国贼"为政治诉求。当北京大学学生用鲜血书写的"还我青岛"在天安门前高高挂起时，整个中国都被震撼了。打从那一天起，爱国反帝的洪流涌向全国，科学民主的大旗高举入云，觉醒的中国人民发出了怒吼，古老的中华国土上卷起了狂飙，且响起了雷霆！

　　在二十世纪初，这是一块既丰饶又贫瘠、既门户洞开又落后闭塞、既承载着历史辉煌又铭刻着历史耻辱、既发生着新文化与旧文化撞击也演绎着东西方之间政治经济文化冲突、既蒙受着丧权辱国的民族苦难也燃烧着反帝斗争烈火的热土。

　　即墨和青岛，是任质斌诞生和成长的地方。

一　家世考述

　　一九一五年七月十七日（夏历乙卯年六月初六日），任质斌诞生在山东省即墨县县城南关的一个贫苦家庭里。他原名任知斌，字鸿恩。父亲任玖湘，母亲李氏。他是父母的独生子。

　　任质斌的先祖是汴梁（今河南开封）人①。在金代中后期，汴

---

　　① 《即墨任氏族谱》（民国乙酉年重修本），即墨新民印书局承印（以下简称"民国乙酉《即墨任氏族谱》"），第1册，第41页。

梁有个叫任福的青年考取了功名，被派到山东高密县做官。《即墨任氏族谱》说任福是"筮仕高密"①，古代人将要出外做官，必先用蓍草占卦问吉凶，所以把初次做官称为"筮仕"。岁月迁移，任福的一个后人任贵，在金代后期被"授千总职，留镇海防"，驻守即墨县西南境不其城西面的京口村（今属青岛市城阳区，位于今青岛流亭机场西北）。京口村位于墨水河汇入胶州湾的入海口，是即墨城的西南门户与咽喉要道②。任贵在那里镇守，在那里娶妻生子，最后也在那里去世，被安葬在村北不远的墨水河边。任贵之后，子孙繁衍成为大族，他被奉为即墨任氏一世祖，堂号"致和堂"③。

站在京口村南望，是烟波浩荡的胶州湾。西望，墨水河对岸依次是汇海口、徐家庄口。向东南沿着海岸线依次是女姑口、沧口、青岛口。从青岛口起，海岸线折向东又折向北，形成了一个半岛，沿海京口、浮山所口、登窑口、鳌山卫口、栲栳口都是军事隘口，曾建有坚固城堡，守卫着即墨县四百公里长的海岸线④。

任贵的职务千总是"千户把总"的简称，女真语称"猛安"，是与州官平列的军事长官。金代军事组织的一大特点是猛安谋克制度，猛安即汉语所称的千户或千夫长，谋克为百户或百夫长。金初，一猛安统率十谋克，一谋克统领三百户。后来谋克所统的户数减少，但受猛安统率不变。元沿金制，统万人者为万户，设府，主官叫总管；统千人者为千户，设千户所，主官叫总把；统百人者为百户，

---

① 任峻德：《重修族谱序》（清光绪十四年），民国乙酉《即墨任氏族谱》，第1册，第4页。

② 清同治本《即墨县志》把京口误作"金口"，与即墨县东北端的重镇金口（金家口）同名。其后由此衍生出许多讹误。民国乙酉《即墨任氏族谱》所收旧序多处对此作订正。1991年版《即墨县志》的附图已作了正确标注。

③ 民国乙酉《即墨任氏族谱》，第1册，第13、41页。

④ 清同治本《即墨县志》附《海口图》。现即墨市海岸线长183公里，余分属青岛市区、崂山区和城阳区。此为旧即墨县的海岸线长度。

设百人所，主官叫弹压。这一制度使得金军组织严密，号令统一，战斗力大大增强。金朝实行兵民合一，因此，猛安谋克也是管理地方行政的权力组织。金入主华东和中原地区后，由猛安谋克主持政务的制度受到汉人的反对，金统治者作了变通[①]。后归顺宋朝的金人张棣在《金虏图经·屯田》中，以当时代人的实际观察，记录了安顿猛安谋克的情形：第一，"计其户口，给赐官田，使自播种，以充口食"，称为"屯田军"，粮食自种自收自得；第二，"所居止处，皆不在州县，筑寨处村落间"，呈线状点式分布，一旦有事即相互驰援策应；第三，在军寨内设立千户和百户的官府，与当地统治汉人的州县官府平行，互不统属。俨然是独立王国，完全自成一统，而且掌握着兵权。这些屯田军户们，一面种地自给，一面巡捕私盐，一旦有战事或民乱，则履行守土或镇压之职责。千总不但权重利厚，更重要的是职务可以世袭[②]。据清光绪年间即墨任氏在修家谱时的调查，在任家屯还有世袭百户的[③]。

屯田军的军官不种地，把土地佃给农民耕种，实际上成了掌握兵权的地主。他们社会地位很高，过着美衣丰食、养尊处优的生活。在南宋向金朝称臣纳贡的"绍兴和议"之后，"燕山之南，淮陇之北"都有屯田军驻屯[④]。到金末元初，任贵在即墨已经是根深蒂固、家族兴旺了。奉他为一世祖，而不奉最早东来的任福，道理在此。

---

① 据《金史·兵志》，中华书局点校本；高锐主编：《中国军事史略》，中册，军事科学出版社，1992 年 3 月版；周亨祥、郑西伟主编：《简明中国古代兵学词典》，黄河出版社，1998 年 4 月版。各资料内容多有冲突，本书经参考互寻，择善而从。

② 陈茂同：《历代职官沿革史》，华东师范大学出版社，1988 年 3 月版，第 394、395、625 页。

③ 任峻德：《重修族谱序》（清光绪十四年），民国乙酉《即墨任氏族谱》。

④ 刘泽华等：《中国古代史》，下册，人民出版社，1979 年 9 月版，第 105、106 页。

任贵娶妻姬氏，生了四个儿子，第三子名茂。茂生五子，长子名勉。勉生一子，名好闻。好闻生一子，名自常。自常生六子，次子名邦靖。邦靖生一子，名大施。大施生六子，第四子名承休。承休生三子，长子名纯善。纯善生二子，次子名永瑚。永瑚生二子，长子名绪。绪生五子，第四子名志溇。志溇生三子，次子名希岗。希岗生一子，名立晴。立晴生二子，次子名作玢。作玢生一子，名鹏年。鹏年为第十六代，他是任质斌的祖父①。

自任贵定居即墨，支分派别，族人已分布在即墨城乡和周边的府州县。还有的因为入仕、从军、经商、求学而移居到了更远的地方。于是，纂修家谱就成为需要。明代中叶，即墨任氏七世孙任丕济主持修谱，谱稿未成即去世，留下了资料。清代上中叶，十二世孙任公远率族人修谱，也未完成，也留下了资料。道光五年（一八二五年），首部家谱修成并刊刻印行，同时，议定十六世至二十九世排行十四个字为："年、久、知、全、敦、睦、义，家、传、忠、孝、保、宗、功。"咸丰十一年（一八六一年）家谱二修。光绪十四年（一八八八年）三修。三修家谱时，专门派人去河南开封寻根问祖、考察遗迹。民国三年（一九一四年）四修。民国乙酉年（一九四五年）五修②。

在五修家谱中已列入任质斌的原名"任知斌"了。

任质斌的祖父任鹏年大约出生于一八五〇年前后，时当清道光末至咸丰初，在青岛建置之前约四十年。他的人生经历和事迹，对任质斌的思想和成长的影响非常之大。任质斌晚年口述回忆录时，就是从祖父开染坊说起③。

---

① 民国乙酉《即墨任氏族谱》。
② 民国乙酉《即墨任氏族谱》所收历次修谱序。
③ 《任质斌同志回忆录》，未刊稿。

二　即墨任家染坊的兴盛和衰败

任质斌的祖父任鹏年是一个靠手艺养家的劳动者，在县城南关开了一家染坊。

中国染业起源很早，至唐代已盛行。清乾隆年间上海的染坊业已有了分工，按所染的颜色不同分为：蓝坊（专染天青、淡青、月白等色）、红坊（专染大红、露桃红等色）、漂坊（专漂黄糙为白色）、杂色坊（专染黄、绿、黑、紫、古铜、水墨、血牙、驼绒、虾青、佛面金等色）。即墨僻处胶东半岛，自然不能与上海类比，但也不可能不受外部世界的影响乃至浸染。而且，任鹏年是一个出了名的勤劳苦干、善于钻研的人。

当时的中国农村，还处在自然经济状态中。漫长的封建黑暗统治，使社会生产力的发展停滞不前。城市平民和乡村农民过着贫穷落后的生活。物质生活中的许多方面，几乎是数百年不变。他们自耕而食，自织而衣。直到清末民初，即墨全县仍然有以纺织土布为业的家庭三千家，有织布机四千架，年产土布二十万匹[1]。在任鹏年开染坊时，土布生产的规模还要更大一些。这些土布绝大多数需要染色。另外，在即墨历史悠久的丝绸、棉绸、葛线、麻布纺织业，都为作坊式生产，产品以销售为主[2]，也需要染色。这就形成了数量可观的市场需求。

更加深广的经济背景是城乡人民的衣着需要和即墨的棉花生产。即墨原先是个地广人稀的地方，明代中叶全县有耕地一百二十六万一千亩，到了清代，经农民开荒垦殖，耕地面积迅速增长，至清同

---

　　① 即墨市工商行政管理局志组：《即墨工商行政管理志（1621—1987）》，1992年12月印行本，第87页。

　　② 1991年版《即墨县志》，第314页。

治十一年（一八七二年）增加到了二百九十九万八千亩，翻了一倍多①。棉花不是即墨的主要农作物，但从总量上看，种棉面积还是有所增加。人民群众的衣着，崇尚俭朴，旧志对民国初年青岛民众的穿衣情况有细致而且传神的记载："无论男女，大都布衣。蓝色，无花。至于绸缎之类，仅富家女子出嫁时服之耳。女子间着花纹或红色之衣服，其材料则购之于李村、枣园、流亭、城阳、王哥庄、台东镇之市集，或于家庭自织之。成衣大都由家庭妇女自为缝纫，不假手于外人，大约成人所着之单长衫（俗称大褂）须作三日，单短衫（小褂）二日，单裤一日，夹者各增半日，绸棉袄三日半。……缝纫极细密，不务华美，而以坚牢耐久为主。"②

应当特别说明的是，以上记载是对一九二八年青岛世相的观察，其时洋布已经涌进青岛整整三十年，但是绝大多数国人仍然穿土布衣服，而且材料还是到农村集镇去购买。任家染坊开创于德国人占青岛之前将近三十年，那应当是任鹏年的黄金岁月。

在那近三十年中，李村、枣园、流亭、城阳、王哥庄、台东等地还都是即墨县境内的村庄或集镇，它们像众星拱月一般依傍着县城。县城是全县最主要的商品和农副产品集散地。而家庭纺织或作坊纺织出来的土布，需经染色才能卖出个好价钱。这就为任家染坊的发展和兴旺，提供了条件。

任鹏年掌握有一整套的染制技术。任质斌在少年时代经常听到长辈们夸赞祖父的高超手艺和钻研精神，都说他不单是染行的活计样样做得考究，而且还会用一种"红花"染制出非常漂亮的红布，在即墨城乡特别受到欢迎③。

可以推断，在清末"女子间着花纹或红色之衣服"应当有使用

---

① 1991 年版《即墨县志》，第 164、166、228 页。
② 胶澳商埠编辑发行：《胶澳志·民社志·风俗》，民国十七年 12 月版，第 67 页。
③ 《任质斌同志回忆录》，未刊稿。

任家染坊的产品。

清代的即墨城有七十七条街道，城内二十九条，城外四十八条。各类店铺和工厂、作坊都集中在东关、西关和墨水河南岸的郭家巷大街，都是前店后厂或者前店后库。任家染坊所在的南关比较冷清①。但是，靠着任鹏年的熟练技术、细致操作和诚实信用，生意相当兴隆。不但一家人衣食无忧，渐渐还有了些积蓄，盖起了一片房屋。任鹏年性情耿直，为人善良，受到邻里的敬重。他生了七个儿子，长子久太，次子久成，三子久正，四子久名，五子久湘，六子久源，七子久龄。任玖湘是任质斌的父亲②。

然而，历史无情。小作坊式的手工业生产被现代化大机器生产所取代，中国传统纺织印染业被洋布和化学染料所取代，是不可抗拒的历史趋势。

在任家染坊里，染色完全依靠植物和矿物类天然材料，比如，把靛草沤成靛蓝染制蓝布，用红辣子和红花染制红布，用橡子壳制成染料染制黑布等等。当西方的染色牢度强、色泽鲜艳均匀、耐洗耐晒的化学合成染料"洋红"、"洋蓝"、青岛德孚洋行的硫化青和"煮青"涌来时，传统的中国古老染业，根本没有还手之力③。

巨浪袭来，任家染坊这条小船顷刻倾翻，并很快沉没。

三　青岛被割占后任家染坊的破产

倾翻的当然不只是一家一户或一行一业，而是中国这艘早已百

---

①　1991 年版《即墨县志》，第 166 页。

②　民国乙酉《即墨任氏族谱》。

③　王第荣：《青岛染料工业的萌芽与发展》，青岛市政协文史资料研究委员会编：《青岛文史资料》第 6 辑，1984 年 12 月 10 日印行，第 114 页。

孔千疮的大船。

一八四〇年爆发的鸦片战争，是中国近代史的开端，也揭开了血泪斑斑的中国百年屈辱历史的第一页。俄国、英国、法国、德国、日本等帝国主义列强先后都注意到了胶州湾的重要战略地位，并都图谋侵占。许多中国官员也看到了这一点。光绪十二年（一八八六年），清出使法、德、意、荷、奥等国的大臣许景澄和御使朱一新先后上奏，建议在胶州湾建筑军港。负责海防事务的李鸿章派刘含芳和英国人朗卫理实地勘察，得出结论是"不利设防"。五年后，光绪十七年（一八九一年）三月二十六日，北洋海军建立三周年，李鸿章在山东巡抚张曜陪同下到旅顺军港校阅。六月六日，由旅顺经威海抵达胶州湾察看。李鸿章实地考察后，大为赞叹："口门系属湾形，从东至北，环山蔽海，形胜天成，实为旅顺、威海以南一大要隘！"并于十一日上奏朝廷，请在胶州湾择定基址，建筑炮台，派兵驻防。十四日，光绪帝准奏①。次年，淮军将领、原登州镇（今蓬莱）总兵章高元率清军一镇（计有骧武营、广武营、嵩武营、炮兵营共四营）官兵两千人进驻即墨县青岛口村，大兴土木，修建胶澳镇守总兵衙门。因为人流和物流的骤增，青岛很快有了较大的街市，并日见繁荣。

帝国主义列强都盯上了这块宝地。光绪二十一年（一八九五年）俄国军舰以"过冬"为名闯进胶州湾，次年又一批俄国军舰闯入，并停泊数周。光绪二十二年（一八九六年）德国远东舰队司令蒂尔皮茨详细调查了胶州湾和山东半岛经济和军事形势，当年十一月二十九日，德国皇帝威廉二世召开御前会议，决定占领胶州湾，十二月，向中国提出租借胶州湾五十年的要求，被中国拒绝。

光绪二十三年（一八九七年）十一月一日，德国传教士韩理和

---

① 1990年7月，青岛市第十届人大常委会批准青岛市政府的建议，将青岛市建置时间确定为1891年6月14日。

能方济二人在山东曹州府巨野县磨盘张庄的教堂被杀，史称"曹州教案"或"巨野教案"。这是绝好的借口，德皇威廉二世急令在上海的东洋舰队司令棣利司"立即率全部舰队开赴胶州"。十三日，德舰四艘闯入胶州湾。十四日，德军猛攻青岛。章高元退沧口。清政府竟令章再退到烟台。光绪二十四年（一八九八年）二月十一日，德亲王亨利率第二批舰队抵达。清政府畏敌如虎。三月六日，李鸿章、翁同龢与德国驻华公使海靖，在北京签订了丧权辱国的《胶澳租借条约》，主要内容为：（一）德国租借胶州湾，租期先以九十九年为限，租借期内，租界归德国管辖，中国无权治理；（二）铁路和矿务。中国允许德国在山东修筑两条铁路，一条由胶澳经潍县、青州、博山、淄川、邹平等处到济南，一条由胶澳往沂州经莱芜至济南。铁路两旁各三十华里内，允许德国开挖矿产；（三）山东省内无论开办何项事务，或需外资，或需外料，或聘外人，德国商人享有优先承办之权。八月至十月，中国与德国又签订了《胶澳租借地合同》、《胶澳潮平合同》和《胶澳边界合同》。

德国人在青岛设立了胶澳总督府，掌管殖民地内行政管理，下设军政部、民政部、经理部、工务部。其中，仅民政部就下辖警察局、埠头局、港务局、地理局、户籍局、山林局、华人政务局、鸦片局、屠兽所、测候所及学校。青岛成了国中之国。

德国是一个较为后起的帝国主义国家，但扩张速度很快。三年前（一八九五年），它在天津勒占了四千二百亩土地作租界，在汉口勒占了六百亩土地作租界。这一次一下子就攫取了陆地面积（含附近岛屿）达五百五十一点五平方公里的中国国土、水域面积达五百七十六点七五平方公里的中国海域。被霸占去的二百七十四个中国村庄中，二百二十九个属即墨县仁化乡白沙河以南地区（即今青岛市区及崂山县大部分地区）和里仁乡的阴岛地区（即今城阳区红岛镇地区），余四十五个村庄属胶州济时乡和沾化乡。——这是一道硬生生用刺刀刻在中国人脸上的深长伤口。德国占青岛，长达十七年①。

　　青岛被割占的那一年，任鹏年年近五十岁。任质斌的父亲任玖湘也已经是个十三岁的少年了。在卖国条约签订前不久，即墨城里发生的一个大事件，使他们父子俩刻骨铭心——春节前几天，德国军队五六百人突然占领了即墨城，派兵荷枪实弹地把守城门，闯进县衙，强行向知县朱衣绣（河北宁海人）索要地丁册籍和地方志书，并驻扎进文庙（孔庙）和西关质库（当铺）。德军擅闯县城，引起全城哗然。大年初一那一天（一八九八年一月二十二日），驻扎在文庙里的德国兵竟然无端地砸毁了孔子和孟子的塑像，野蛮地将孔子像砸断手和脚，将孟子像挖去双眼，将子路像挖去了眼珠，并恣意践踏。这一暴行立刻传遍全城，激起即墨士农工商各界的极大愤怒。大年初二夜，一德国军官在西门里酗酒闹事，居民李象凤愤而反击，将其打死，德军逼迫清政府饬令山东巡抚将李斩首，李象凤临刑时面不变色，慷慨大呼："若中国人都不怕死，每人杀一个洋鬼子，看这些杂种鬼子还敢进中国！"② 即墨德军侮辱文庙事件越闹越大，四月二十二日，去北京参加会试的孔孟后裔孔广謇、孟昭武等四人联络山东举人一百零三人向都察院告发此事。维新运动领袖康有为、梁启超也义愤填膺，鼓动各省来京的举人向都察院呈递条陈，请求朝廷严予交涉，史称"第二次公车上书"。然而，弱国无外交。这场

---

　　① 以上6自然段据青岛市档案馆编：《帝国主义与胶海关》，档案出版社，1986年10月版；青岛市档案馆编：《帝国主义侵略青岛纪实》，内部印行；陆安：《青岛近现代史》，青岛出版社，2001年9月版；青岛市史志办公室编：《青岛市志·民政志》，中国大百科全书出版社，1996年10月版；青岛市史志办公室编：《青岛世纪图志》，方志出版社，2001年8月版；青岛市社会科学研究所编：《青岛——过去·现在·未来》，山东省出版总社青岛分社1985年10月印行；1991年版《即墨县志》综合。

　　② 青岛学术界的主要史志著作皆作"李象风"，1991年版《即墨县志》作"李象凤"。本书从《即墨县志》。

严重辱华事件最后只以德国军方口头道歉了结①。

自小受忠君爱国思想教育的任鹏年和读过几年书早熟懂事的任玖湘，与全县人民一起，跌入悲伤和绝望的情绪中。街谈巷议，人声鼎沸，爱国情绪高涨起来，即墨人比任何时候都要多地谈起即墨的历史。

即墨人都以即墨的辉煌历史而自豪。平日里闲谈，或茶余饭后，或夏天乘凉，或冬天围炉烤火，老人们总爱向子孙们讲述即墨昔日的光荣。说，战国时候即墨属于齐国，燕国大将乐毅是个了不得的名将，他率领燕军进攻齐国，势如破竹，一口气占了咱们齐国七十多座城池。到了即墨和莒县两座城下，乐毅傻眼了，怎么攻也攻不下。那真是固若金汤、稳如泰山！即墨守军中有个战将叫田单，他巧用火牛阵，冲得燕军七零八落，大败而逃。好田单，炸雷似的一声怒吼：追！一举收复了七十多城，保住了齐国。哪里会像现如今这般孬种，割地求和?！还说，咱有个英雄叫田横，秦始皇灭了齐国，他绝不肯低头服输。秦朝末年，天下大乱，楚汉相争，他和他的兄长田儋一块儿起兵抗秦，重建了齐国，自立为齐王。汉朝建立后，他率领着五百多名英雄好汉，退到即墨东面的一个海岛上，坚守不出。汉高祖刘邦派使节给齐王田横送来了诏书。诏书说，你归顺我，到洛阳来做官，大可封王，小可封侯，如若不来，我就踏平你的海岛，把你们统统杀光。田横重义，要保全部下的性命，就说，好，我跟你们去洛阳，但是，不许你们伤我的一个人。田横哪能投降？走到了河南偃师地界，他仰天长啸了一声，拔剑自刎而死！高祖钦佩他有骨气，下令厚葬。在海岛上的部下们得到消息，五百多条好汉全部拔剑自刎！那真叫视死如归，没有一个人苟且偷生。这就是咱们即墨人的忠义！这个海岛就是今天的"田横岛"。直到现如

---

①　陆安：《青岛近现代史》，第17、18页。1991年版《即墨县志》，第17、550页。

今，阴天下雨的时候，涨潮起雾的时候，月圆夜深的时候，附近打鱼的人常常会听见岛上人喊马嘶，还有比断肠还要凄惨的哭号之声①。

　　胶澳的丧失，极大地改变了即墨的民风和民气及大多数民众的生活态度。《隋志》评述即墨人为"人性刚绝，志气缓慢"②。明万历《即墨志》说即墨人非常守信用，"与之约，百不一爽"，"俗朴而俭"，"至朴莫如即墨"③。清同治《即墨县志》说："民朴而鲁，俗强而直。缙绅尚礼节，士林重行谊。萑苻（旧称盗贼出没之所）不作，而桴鼓（旧称报警的鼓）无惊。征税有常，而输将恐后。"④但在胶澳巨变后，民风骤变。敦厚钝拙、勤勉坦诚依旧，但，朝廷信用的丧失使即墨人对国家政治清明的期望彻底破灭，也大大减少了祖祖辈辈安土重迁的乡土依恋，增加了外拓的勇气和远走他乡的决绝⑤。

　　任鹏年之子任玖湘、任玖湘之子任质斌，都在这剧烈变化的氛围中长大，并深深地受其濡染。

　　任家染坊很快就受到了致命的一击。即墨县进口外国商品，始于清光绪二十八年（一九〇二年）。非常巧合，进口的第一宗洋货，

---

　　①　对韩乃桂、于洪考的访谈。2001年12月2日。
　　②　胶澳商埠编辑发行：《胶澳志·民社志·风俗》，民国十七年12月版，第67页。
　　③　1991年版《即墨县志》，第668、669页。
　　④　胶澳商埠编辑发行：《胶澳志·民社志·风俗》，民国十七年12月版，第67页。
　　⑤　含即墨在内的山东人闯关东，原先多为春去冬回。后来就变成了携家带口或邻里结伴去东北安家落户，不再返回。1926年前，每年经青岛乘船而去约五六万人，1926年增到10万人，1927年增到21万人。据何文：《闯关东》，青岛市档案馆编：《青岛旧事》，青岛出版社，1991年5月版，第112页。

就是"即墨城同祥茂钱庄为德商经销颜料"①。这个同祥茂的老板叫郭凯三，他在十二年后取代首任会长苏如琥，当上了即墨县商会的第二任会长。商会设在阁外街路东。商会对外宣称，会长和委员都是不拿薪金尽"义务"，奇怪的是，却有拿固定薪金的十名"会警"荷枪实弹在门里门外警卫，形同军营②。一九〇四年至一九〇六年，即墨城里经销的洋货有：从美国和德国进口的洋油（煤油）一万桶；从日本进口的洋油三千六百桶、玻璃二百三十箱、洋布一千二百件；从印度和日本进口的洋线一千件③。

当时的洋染料是合成染料，主要原材料是苯胺，所以又称为"苯胺染料"。一八九九年从青岛进口的苯胺就有价值一千三百九十四关银两之多，一九〇二年猛增到两万两千三百六十五关银两④。因此，中国传统染业的破产是无可改变的。

与染业直接相关的是布和纱。而青岛恰恰是"洋货输入，本以纱、布两项为大宗"⑤。就在洋染料进入即墨城的那一年，从青岛进口的纱和布的品种有：英国灰色衬衫料子布、美国宽幅布、英国宽幅布、日本宽幅布、日本白色衬衫料子布、美国斜纹布、英国斜纹布、棉毛呢、印度棉纱、日本棉纱共十种⑥。

覆巢之下，安有完卵。任质斌晚年回忆说："洋货技术高，成本低，价廉物美。这样我祖父开的染坊就不行了，价钱又贵，颜色也

---

①　1991 年版《即墨县志》，第 416 页。

②　葛敬五：《即墨县商会的建立及其沿革》，即墨县政协文史资料委员会编：《即墨文史》第 3 辑，1987 年 12 月 25 日印行，第 125～128 页。《即墨县工商行政管理志（1621—1987）》，第 14 页。

③　1991 年版《即墨县志》，第 416 页。

④　姜培玉：《青岛外贸史话》，青岛出版社，1987 年 8 月版，第 62 页。

⑤　胶澳商埠编辑发行：《胶澳志·食货志·商业》，民国十七年 12 月版，第 71 页。

⑥　姜培玉：《青岛外贸史话》，青岛出版社，1987 年 8 月版，第 62 页。

没有人家的好看，所以销路就被堵塞了。在旧社会里有这么一个习惯，就是总还想尽量维持，维持封建式的手工业和他的门面。哪怕每年亏一点钱和本，总希望以后能时来运转。结果，这样干了几年，不行了，最后破了产，而且准备分家。我父亲这代兄弟七个，本来就破产了，分家也得不到什么东西。父亲分家后得了一间房，家庭生活很困难，就去了青岛。"①

从小康堕入贫穷的任家，其后的生活境遇是悲惨的。七兄弟中除久太早亡外，余六个只有久成、久正和久湘成了家。久名、久源和久龄后来流落青岛，在穷困潦倒中度过一生，终生无力婚娶②。

青年任玖湘离开即墨到青岛谋生。他二十八岁才成家，在任质斌两岁那年当了华工，远涉重洋，去了法国。

四　父亲从德国人家仆役到法国华工

任玖湘生于清光绪十一年（一八八五年）③，读过几年私塾，粗通文墨，性格沉稳，属即墨式的"朴而鲁，强而直"。染坊破产，从父亲那里学来的技艺没有用了。一九〇五年前后，他离开即墨，到青岛谋生，被一个德国人家录用为仆役，工作内容是干杂活和打扫庭院，月工资几块钱。这份工资在华人中已算很高，又是"洋差"，很被人羡慕。这一干就是九年④。

---

① 《任质斌同志回忆录》，未刊稿。

② 《胡志学口述》，未刊稿。

③ 任全胜说："奶奶属羊，比爷爷小10岁。"可以推算出：任质斌的母亲任李氏生于乙未年，即清光绪二十一年（1895年）；任玖湘比她早10年。又，即墨旧俗女子十八九岁出阁，他们结婚时间当在1913年至1914年间。按即墨旧俗，他们结婚当在1914年春节前后。

④ 《任质斌同志回忆录》说："后来日本人攻打青岛，我父亲只好回家了。"日本攻青岛在1914年。

此时的青岛，已经是工业发展程度很高的城市了。市区用电照明，海泊河水厂（自来水厂）早已建成，胶济铁路已建成通车，大港石坝和码头建成，海栈桥修整一新，日耳曼公司青岛啤酒厂、胶澳电厂、缫丝厂、四方工厂、造船厂日夜繁忙。号称"东亚第一"的维多利亚海水浴场建成，其中赛马场、高尔夫球场一应俱全。美国、英国、俄国都在青岛建了领事馆，山坡上耸立着宏伟的教堂，海湾中泊满了世界各国的轮船，使任玖湘大开眼界。特别是宽阔平整的马路，路两侧整齐排列的柏林无刺槐和法国梧桐树，绿荫深处一幢幢争奇斗巧的小洋楼，马路上奔驰的汽车，还有从欧洲运来的豪华敞篷式或轿式的两轮或四轮马车在毛皮闪亮的大洋马牵引下辚辚萧萧地驶过街市，金发碧眼的洋人挽着服装艳丽的洋婆子，在海滨公园绿草地上散步。满眼都是异国情调。然而，青岛只是洋人和"高等华人"的乐园。一般的中国人被超强度超时限的劳作和贫穷压得喘不过气来。

任玖湘工作的德国人家庭，已无从查考。自从德国强占青岛并立即宣布胶澳为自由港、向世界各国开放后，各国商人纷至沓来，从事进出口业务的洋行纷纷成立，其中主要的有美最时洋行、禅臣洋行、怡和洋行及祥泰木洋行的青岛分行和为数更多的德国人开的小洋行。他们从中国攫取了巨大的财富。一九一〇年度，青岛市区有洋人四千零八十四人，其中军事人员和行政官员共两千二百七十五人；而华人则有三万四千一百八十人，其中成年男性有两万八千一百二十七人①。任玖湘是其中的一人。

华人地位低下，是德国强占青岛之初就用法规形式定下了的。一八九八年七月二十二日，德国胶澳总督府颁发布告："凡华人充当西人跟役、苦力或各种工人，如不安分操作、懒惰或不听吩咐，经

① 《胶澳关1902至1911年报告》，载于《帝国主义与胶海关》，档案出版社，1986年10月版，第117页。

按察司署核实，准其主人罚半月薪，或责打五十六板，或监押三个星期。"① 华人仆役的待遇，只稍强于卖身的黑奴。

就在任玖湘到青岛不久，一九〇六年一月，雄伟的胶澳总督府办公大楼在今沂水路落成，德国代理总督汪然美隆由老衙门迁入办公，观礼的人和看热闹的民众甚多。该楼此后在各个历史时期皆为执政者的政府驻地。

——谁都想不到，四十七年后，这个从即墨来的二十一岁的德国人仆役任玖湘的儿子，是这幢大楼里的最高首长②。

经过八年辛劳，任玖湘积攒了一笔钱，一九一四年初回到即墨结婚成家。妻子李氏是个贤惠勤劳、外柔内刚的人。婚后不久，他们的生活就发生了巨变。

一九一四年八月一日，第一次世界大战爆发。两天后，八月三日，日本陆军参谋部开始制订青岛作战方案，日本第二舰队在佐世保港做好战争准备。六日，中国对欧洲战事宣布中立。八日，日本军舰在青岛海面游弋。十五日，日本发出最后通牒，要求德国人退出青岛，将青岛交付给日本，并限于二十三日正午之前答复。同时，在德国的日本人离德回国。二十三日，日德断交，日本向德国宣战。九月二日，日军神尾中将率独立十八师团在龙口登陆，十日占平度，十二日占即墨，十三日抵胶州。十八日，日军堀内支队在崂山仰口登陆，占李村，与独立十八师团会合。然后是纠缠激战。在日、英联军联合进攻下，仅有陆军五千人和军舰五艘的驻青岛德军，寡不敌众，在炸毁了所有炮台、销毁了除警卫部队手提式武器以外的全部军火、将所有的船舶炸沉于胶州湾口之后，准备弃守。十一月七

---

① 《青岛大事记史料》，上册，第 5 页。

② 中共中央 1952 年 12 月 16 日决定任命任质斌任中共青岛市委书记，任到任后在此楼内办公。

日上午七时，驻青岛德军悬白旗投降。在投降前，将青岛重要设施如水道、电灯、船厂起重机等尽行破坏，全市一片混乱。十一日上午十时，日军占领青岛。十三日，接收青岛行政。十九日，宣布实行军事管制，开始了长达八年的残暴统治。

因为德国人离去，任玖湘失业，回到即墨。他向亲戚借了几斗麦磨面做馍馍卖。因为受到德国人烤面包方法的启发，他的馍馍做得又大又香，卖得很好。赚了点钱，想发点横财，他去赌博，赌输了，借钱来赌，企望翻本，结果愈陷愈深，连借债都无门了。任玖湘在绝望中想到了死，用最后一点钱买回了砒霜。但面对着怀孕的妻子，他终于打消了死的念头。

一九一五年七月十七日，儿子降生，夫妻俩非常欣喜，按谱系取名"知斌"。

一九一七年，任玖湘迫于生计，去法国当了契约华工。父亲的这个经历，对任质斌思想影响极大。

法国地处欧洲大陆的西端，西北隔拉芒什海峡（英吉利海峡）和加来海峡（多佛尔海峡）与英国相望，陆地边界与德国、比利时、瑞士、意大利等八个国家接壤，国土面积五十五万平方公里，是山东省土地面积的三点七倍。一七八九年爆发的资产阶级革命（史称法国大革命）摧毁了一千多年的封建统治，一七九二年建立了法兰西共和国，比中国辛亥革命推翻封建王朝清王朝早了近一百二十年，生产力由是快速发展，很快成为强盛的殖民帝国，殖民地面积相当于本土的二十倍。国旗为蓝白红三色旗。国家标志为椭圆形纹章，上写着"自由、平等、博爱"。国歌《马赛曲》。

从本质上说，一九一四年至一九一八年的第一次世界大战，是帝国主义国家两大集团间为重新瓜分世界而进行的战争。一九一四年六月二十八日奥国皇储斐迪南在萨拉热窝被刺，是大战爆发的导火索。八月一日，德俄宣战。三日，德法宣战。四日，英德宣战。

整个欧洲陷入血雨腥风的战争灾难中。日本只不过是为了夺取德国在华利益，趁火打劫的强盗而已。

　　战争的主要资源是人。从一九○○年起，法国人口呈下降趋势，到大战爆发前的一九一三年，全国人口为三千九百八十万人。而国土面积比法国小得多的德国（三十五点六万平方公里）同时期人口为六千六百万人①。在战争中，法国本土动员了七百九十四万八千名十八岁至五十一岁的男子走上了前线，占本土居民的百分之二十。阵亡官兵一百三十一点五万人，伤两百八十万人，其中六十万人变成了残废，六万人被截肢。除塞尔维亚外，法国是大战中死亡或失踪人数最多的国家②。法国要从世界第一人口大国中国输入契约华工，应当说是必然的选择。

　　战争初期，德军侵入法国北部和东北部，不到一个月就逼近了巴黎。法国政府迁到波尔多。经马恩河战役、爱斯纳河和索姆河战役、"奔向海岸"战役后，十二月十日法政府回迁巴黎。一九一五年，法、英对德发起海上攻击，在达达巴尔登陆，发起阿土瓦攻势，进攻失败后，在纳瓦林、塔瓦雷地区继续发起进攻。一九一六年二月，德军进攻凡尔登。三月，法军在总司令霞飞率领下反攻。战况空前惨烈，飞机、重炮、坦克构成了立体搏杀。仅索姆河战役双方参战就达一百五十个师，一万门大炮，一千架飞机，并第一次使用坦克。此役法军伤亡三十四万一千人，英军伤亡四十五万三千人，德军伤亡五十三万八千人③。——人力，包含前线作战兵员和战争辅助人员的人力，成了最终决定战争胜败的最为沉重的砝码。

　　于是，一九一六年年初，法国大使康悌向中国政府提出了招募

---

　　①　张泽乾：《法国文明史》，武汉大学出版社，1997年8月版，第605页。

　　②　楼均信主编：《法兰西第三共和国兴衰史》，人民出版社，1996年4月版，第387页。

　　③　楼均信主编：《法兰西第三共和国兴衰史》，人民出版社，1996年4月版，第371页。

华工的请求。中国当时尚处中立，不能公开经办。便由袁世凯总统府秘书长兼代财政总长梁士诒和交通部司长叶恭绰出面，指派梁汝成和李兼善等，与法国军部代表左治·陶履德商谈订立在华招工合同，并商定筹办惠民公司专办此事。五月六日，梁汝成等将此事呈报外交部立案，惠民公司在天津成立。十四日，中法双方签订招募华工赴欧洲的合同。从是日起，至一九一七年八月止，相继在天津、香港、浦口、青岛设立招工机构。此后，同为协约国成员的俄国和英国，亦援此例在哈尔滨、威海卫等地招募华工。惠民公司向法国输送华工二十五批。加上英国招募的，至第一次世界大战结束，赴欧洲华工约二十万人①。法国在山东招募华工约五千人。英国在山东招募华工则超过十万人，其中由威海出发约五万人，由青岛出发五万余人。目的地都是法国战场。山东籍华工来自山东一百零七个县②。

　　同是赴法华工，待遇和期限不同。法国最初招募的契约华工为五年期；合同条款共三十五条和附件三条③。任玖湘即在其中。英国招募的为三年期。多数直接送到前线。从总体上看，法国人对华工的待遇，比英国和俄国要好得多。

　　任玖湘等法国招契约华工经济待遇的主要内容有：（一）雇佣期五年，三年后随时得以解约；（二）出发前给安家费五十法郎，若有死伤恤金每人二百七十五法郎，订约六个月内死伤则减半；（三）出发前衣服鞋帽均发给，此后每半年发布衣裤各两件、靴一双、帽一

　　① 李新总编，韩信夫、姜克夫主编：《中华民国大事记》，第1册，中国文史出版社，1997年2月版，第429页。钱实甫等：《北洋政府职官年表》，华东师范大学出版社，1991年9月版，第243、272页。
　　② 郭凤岐主编：《〈益世报〉天津资料点校汇编》，天津社会科学出版社，1999年12月版，第1238页。《胶澳志·民社志·移殖》，第131～133页。
　　③ 郭凤岐主编：《〈益世报〉天津资料点校汇编》，天津社会科学出版社，1999年12月版，第257、258页。

顶、袜二双；（四）每天食物面粉（杂以高粱粉）、大米、肉类、蔬菜及盐、茶、脂肪等皆按定量；（五）每天工资五法郎，扣除伙食费、住宿费、衣服费、人寿保险费等，每天实得二点五法郎①。其他规定权利和约束条款均较为详细具体。

上船前，在每人右手腕上用机器固定套上"铜镯"一个，上有六位数的编号。在法国寄钱回家，由出国前预作登记的专门机构办理。写信回家需经检查。合同条款写明"不受军事之役使"，但，他们被派往的法国北部、东部及比利时南部，都是战场。

很快，德国对此作出强烈反应。十月二十日，德国驻华公使辛慈照会中国外交部，抗议法国在华招工，指责中方"违背中立"。十一月八日，外交部以华工系往法国从事农业生产为理由，予以驳复。一九一七年二月二日，辛慈照会外交部，称德国将采用海上封锁政策，威胁说，中立国船航行于一定区域内，概有危险。中国对德国的威胁表示抗议。德国拒绝中国的抗议。三月一日，法国运送华工的轮船亚多斯号，被德国潜水艇击沉，华工死难五百多人。德国把中国经印度洋、红海、地中海去法国的水道，完全封死。此后，赴法只能走两条路线：北路，北上白令海经美国或加拿大，再越大西洋赴法；南路，从印度洋南下非洲南端好望角，再进大西洋北上赴法。在第一次世界大战中，死于德国潜艇袭击而葬身海底的华工共一万多人。

任玖湘是首批青岛赴法华工一千八百人中的一员，系法国军方招募。于一九一七年四月四日在青岛登轮赴法。为防德国潜艇袭击，一路走走停停，入印度洋，越赤道，循非洲东海岸南行，绕过好望

---

① 杨庆南：《世界华侨华人历史纵横谈》，厦门大学出版社，1994年5月版，第161页。胶澳商埠编辑发行：《胶澳志·民社志·移殖》，民国十七年12月版，第133页。两种记载互相牴牾，而且皆不能自圆其说。但每天每人实得二点五法郎相同。另，天津市政协文史资料委员会编《天津文史资料选辑》第96辑载赵山林《一战期间我在法国任华工稽查的回忆》称华工"月饷大致都是从30法郎起，最高到100多法郎"。

角北上，航程凶险，风涛凶险，命悬一线，半年多才到法国马赛港，登岸即编队，集训后北开，被送往前线①。

　　任玖湘走后大半年杳无音信，却不断有华工船被德军击沉的噩耗传来，而且都言之凿凿。任质斌的母亲担惊受怕，度日如年，终日以泪洗面，多次到青岛海边，呆呆眺望。

　　为了还欠债和家用，安家费很快就用完了，母子俩陷入衣食无着的困境中。总不能饿坏了孩子，母亲万不得已只好低头求人，抱着两岁的任质斌到亲戚家去借。亲戚都很好，但他们也穷，很快就借贷无门了。

　　无奈，母亲带着任质斌到青岛，给富人家当佣工，靠缝洗浆裳挣口饭吃，不久被辞退。时近深秋，丈夫依然是音讯渺然，眼看着独生子一天天消瘦下去，母亲心如刀割。她想到了道教名山崂山上有许多道观，就决定把任质斌送给道观作小道士，也让儿子有条活路，不至于活活饿死，但最后也没有成功。她被一步步逼上了绝境②。

　　在任玖湘赴法前一年，即墨县秋降大雨，西北乡水灾严重，入冬又遭奇寒，树木多冻死。任玖湘赴法当年，从春至夏大旱，连续五个月滴雨未降，夏收作物完全绝收，赤地千里，瘟疫流行于周疃一带，全县人心惶惶③。

　　任质斌的母亲前思后想，生路完全断绝，唯有一死了！她相信丈夫已经葬身海底，永远回不来了，自己也不能再活。她预备了两条绳子，抱着任质斌，走进海边一片僻静的树林中，向着怒涛汹涌的大海，猛然跪下，放声痛哭，倾诉了一场，然后，掏出一根绳，

　　①　开船日期据青岛市史志办公室：《青岛世纪图志》，方志出版社，2001年8月版，第73页。赴法路线据《任质斌同志回忆录》。
　　②　《任质斌同志回忆录》，未刊稿。2001年11月30日至12月3日在即墨的调查访问。
　　③　1991年版《即墨县志》，第20页。

把任质斌捆绑在道路旁的一棵树上，好让有过路的好心人发现，把儿子抱走，她走到树林深处，在一棵大树上搭好绳子，结好绳扣，要上吊自杀。任质斌惊恐万状，尖声号哭，痛呼"俺娘！俺娘！"拼死命地挣扎！任质斌的凄惨呼号引来了过路的人，跑进树林把母亲救下①。——这是任质斌最早的人生记忆之一，全由苦难和绝望、哀伤构成。

　　近一年后，母亲收到了父亲的来信和汇款。

　　任玖湘在法国四年多。原先合同规定不得将契约华工用于军事，实际上只是一纸空文。就在他们还在大洋中向法国航行之时，中国政府已经于八月十四日向德国宣战，中国也成了参战国了。大批华工在从阿图瓦丘陵、洛林高地到孚日山与阿登山莽莽松林的漫长战线上，直接从事为战争服务的搬运、装卸、修路、挖掘战壕、输送粮食弹药、掩埋尸体等工作。

　　华工的诚实勤劳和苦干实干，令欧洲人大为吃惊。比如运炮弹，法国士兵两个人抬一枚，而华工一个人用扁担挑四枚。又比如挖战壕，法国和英国士兵一小时喝一次茶，两小时休息一次，他们六小时才干完的活，华工两小时就干完了。再比如装卸物资，有一次十余名华工在二十分钟内卸完二十吨货，每人十分钟就卸了一吨，令法国人目瞪口呆。《时事新报》报道说："华工工作之优良，无论何种人，均所不及。"② 法国陆军部北路军司令福煦一九一七年在一次讲话中说："华工工作之勤勉，如良马然"，"华工工作能力之佳，尤以建筑战壕道路等更为难能可贵。"③ 华工在前线的勇敢镇定，也

---

① 2001 年 11 月 30 日至 12 月 3 日在即墨的调查访问。

② 《东方杂志》第 15 卷第 8 号（1918 年 8 月）。楼均信主编：《法兰西第三共和国兴衰史》，人民出版社，1996 年 4 月版，第 385 页。

③ 杨庆南：《世界华侨华人历史纵横谈》，厦门大学出版社，1994 年 5 月版，第 161 页。

令欧洲人钦敬，一次，中国政府派员去看望华工，并作演说，突遭德国飞机袭击，外军军官急忙令华工躲避，华工大声高呼："请君终其演说，吾辈不畏炸弹也！"[①] 北洋政府侨工事务局一九一八年调查报告称誉在法华工"名誉颇佳，成绩可睹"。

在法华工由法国陆军部殖民军局和驻法英国远征军司令部管辖，按军事组织编队，十五人为一班，设班头一人，每四班设一总头，四总头由一监工管理。每星期工作七天，每天工作十小时以上。住在旷野临时搭建的小木房或帐篷内，受到严密的军事管制。如果违犯了规则，会受到扣发三至五天工资或囚禁三至十四天的处罚。有一个受英国招募到法国的华工回忆受罚情况说："轻者罚工资、减定量、坐禁闭，重者打板子、'铁刷刷脊背'和皮鞭拷打。其中铁刷刷脊背是扒掉衣服，用铁刷子在后背上刷，脊无完肤，鲜血淋漓。皮鞭拷打是让华工向前跑，外国人骑车拿着鞭子在后面追，追上就挥鞭抽打，直到华工再也跑不动为止。"[②] 因此，华工反抗时有发生，一九一六年十一月至一九一八年七月，华工罢工、骚动、暴动达二十五起之多。如一九一七年九月一日，敦刻尔克华工在德军飞机空袭时仍被当地警察强逼着工作，华工愤怒地用砖块和工具反抗，被打死二人、打伤八人。战争中有三千多名华工被德国飞机炸死[③]。

法国人民对华工非常友好。华工所到之处，皆受到民众的热烈欢迎。法国老妇人会对小孩说："不要害怕，这是来帮助我们打德国的中国叔叔。"请进家里，热情款待[④]。战后，因为法国男性壮丁死

---

① 《东方杂志》第 15 卷第 12 号（1918 年 12 月）。楼均信主编：《法兰西第三共和国兴衰史》，人民出版社，1996 年 4 月版，第 385 页。

② 李云峰：《忆我当华工的经历》，《天津文史资料选辑》第 69 辑，第 166 页。

③ 杨庆南：《世界华侨华人历史纵横谈》，厦门大学出版社，1994 年 5 月版，第 161～162 页。

④ 陈宝玉：《我曾在欧洲当华工》，《天津文史资料选辑》第 69 辑，第 158 页。

亡很多，法方准许华工入籍与法国妇女结婚，因此而留下的约有三千人。

　　一九一八年十一月十一日，德国投降，第一次世界大战结束。任玖湘参加了法国的战后重建，又工作了两年多。法国东部和北部作战地区，经受残酷的战争蹂躏，已经是遍地瓦砾，荆棘丛生，满目疮痍了。"人皆以为不能整理，而华工为之修补，毫不厌怠"。法国军部将三万余名华工分在七十处工作，任玖湘被派往东北边境的旧战场。他们清理战场，处理遗留武器和未炸的炮弹，掩埋尸体，平填弹坑和壕堑，重建城镇和工厂，修复被破坏的道路，帮助法国民众修复房屋和栅栏。他们不仅每天工作十小时以上，非常辛苦，而且又有许多人被遗留的炸弹炸残炸死①。在清理旧战场时，意外的收获也有，但与他们的付出比，是微不足道的。

　　就在一九一九至一九二一年间，有两千多名中国青年到法国半工半读、勤工俭学。这些青年与华工有密切的交往。华工们踊跃为贫困学生捐款。学生们则帮助华工组织"华工学校"、补习班，教给他们医学卫生、科学文化知识。任玖湘当然不会想到，就在这群可爱的中国青年中，有许多人后来成了儿子知斌的生死与共的战友或上级。

　　一九二一年，任玖湘回国。任质斌已经六岁了。

---

　　① 杨庆南：《世界华侨华人历史纵横谈》，厦门大学出版社，1994 年 5 月版，第 162 页。

第二章　思想早熟的海滨少年

任质斌的思想早熟，在同时代人中是罕见的。他似乎未曾有过在亲人面前撒娇使性或者与同龄的孩子们喧闹嬉戏的天真烂漫的童年期，而是跳过了童年这一阶段。他从小安静、沉稳，就像小大人似的。十来岁时就思考"人为什么活着"这个很多成年人也许一辈子都没有认真想过的玄奥问题。十二岁时的一个夜晚，他一个人来到海边，躺在大礁石上，凝望星空，自问："是死？还是活着？人生价值何在？意义何在？"

他从小话语不多，懂事。在大人眼中他是小孩，在小孩眼中他像个大人，于是，他孤独。

然而，正是这孤独和独处，给了他任思绪尽情飞翔的广阔天空。他耽于思索。由童年和少年时的敏于思而讷于言，到长大后的深于思而慎于言，是性格发展的自然链接。

一　从古城即墨移居青岛劈柴院

从任质斌三岁（一九一八年）起，家里的经济情况就根本好转了。父亲定期给家里写信汇钱，使他们母子俩衣食无忧。母亲是穷怕了，省吃俭用，精打细算，攒下点钱在城郊买了两三亩地，租给别人种。母亲是个善良慷慨的人，年成好就收点粮食，闹灾歉收了

　　租粮就不要了，反正家里不指望这个生活，她图的是为儿子攒点产业，心里安稳踏实。

　　父亲的形象在任质斌的脑海里是模模糊糊的。毕竟父亲走时他才两岁。但他听到亲友议论说，父亲不够灵活，不该被法国人招走，如果被英国人招走不但得的钱多，时间还短两年。他曾经跟着母亲去看过华工在法国生活的电影纪录片，灯一黑，一大块白布上竟然出现了奔驰的火车和汽车，繁华的城市和庞大的工厂，头戴礼帽、身穿着臃肿棉袄棉裤的华工们，像木偶人般一颠一颠地走动。他们在忙着抬东西、扛东西、装车、卸车、平整道路、操作机器。他们和老家的老少爷儿们一样，腰间捆绑着宽宽的布腰带，肥大棉裤的裤脚紧扎着，脸上都木木的，看不出什么表情。他们放工后在下棋，在唱歌，在打球。影片中法国的城市、乡村、房舍都与中国迥然不同[①]。任质斌心中充满了对遥远国度的好奇和神往。

　　后来，世界大战结束了，法英俄胜利了。中国也是战胜国，青岛和即墨都举行了庆祝。一九一九年二月十四日，签三年约的一千两百名华工乘英国轮船庇亚斯号回国抵达青岛，其中有许多即墨人，全县城的人都出来欢迎。这更加深了他对父亲的思念。

　　任质斌六岁那年（一九二一年）的腊月初，父亲终于回国了。家人团聚，无限欣喜。父亲带回了一些钱，买了几间房子和六七亩地。第二年，父亲让任质斌开蒙读书[②]。

　　尽管当时新式小学堂已经遍布即墨城乡，全县有高等小学十七

---

　　① 《胶澳志·民社志·移殖》记载："（华工）信笺信封每月发给二次。交付本队军事邮政由便船汇寄青岛、威海卫或上海之招工局，转达工人之家族。"青岛招工局"备有战地工作之活动影片，以供家族观览"。

　　② 《益世报》1922年1月12日记载：华工758名乘法国邮轮回国，内有青岛籍162名，于1月2日乘津浦铁路加车北上返回原籍。按1922年1月2日为旧历壬戌年腊月初五，在任质斌"在我六岁那年父亲回国"范围内。

所、女子高等小学两所、国民学校四百五十一所、女子国民学校十四所，县城之内尤为普及。但是，父亲仍然坚持让儿子进私塾读书。

父亲认为，还是前清光绪皇帝爷钦定的"忠君、尊孔、尚公、尚武、尚实"的旧式教育好。与任玖湘持同样态度的家长，为数很多，即墨县一九一九年有私塾三百五十一所，后来国民政府明令取缔私塾，私塾不减反增，增加到四百六十多所，学生超一万人①。父亲对任质斌开蒙读书非常重视，特地在家中供奉起孔夫子的画像，要求儿子每天上学前都要向孔子像行礼②。

新式小学初级班的课程有语文、算术、常识、唱歌、体操、图画、手工③。但是，任质斌就读的私塾，仍依旧制：先读《三字经》、《百家姓》、《千字文》，以识字为主；在学生识得千余字甚至数千字后，再读"四书"（《大学》、《中庸》、《论语》、《孟子》）、"五经"（《诗》、《书》、《礼》、《易》、《春秋》）；达到背诵程度后，由塾师进行逐字逐句的讲解；习字课，用毛笔描红、临帖，练书法；作文课则是先学联对，后做命题作文④。

任质斌在私塾读了三年。脑子里想的全是好好读书，长大后奉养父母，把家搞得好一些。父亲除了要求儿子天天拜孔夫子外，还经常带他去寺庙烧香拜佛。任质斌"这时的思想完全是封建的、迷信的"⑤。

任质斌在即墨生活到九岁。故乡厚重历史和特殊地理环境及人文环境的教育和熏陶，已经把他陶铸成了精神上也很即墨化的即墨人。在故乡历史上发生过的即墨大夫刚直敢言，齐威王励志成大业，

① 即墨县教育志编写组：《即墨县教育志》，1990 年 7 月印行，第 27、109、114 页。

② 《任质斌同志回忆录》，未刊稿。

③ 王士瑞：《即墨县立考院街小学沿革概况》，《即墨文史资料》第 5 辑，1989 年 12 月 25 日印行，第 134 页。此课程正好是 1922 年的课程。

④ 即墨县教育志编写组：《即墨县教育志》，1990 年 7 月印行，第 109 页。

⑤ 《任质斌同志回忆录》，未刊稿。

田单破燕名垂千古，田横五百士视死如归、义薄云天这些光彩的故事，都使他感到自豪。他更是个对身边世事非常敏感、观察事物细致到了与他的年龄不相称的程度的少年。当时，即墨县城依旧是一派古意盎然，有巍峨的城墙，有飞檐翘角的城楼，环城是宽而且深的护城河，三个城门的名字都能触发他的诗情，东门叫潮海门，西门叫通济门，任家附近的南门叫环秀门。县城的北部无门，是一大片黑森森的高堂大屋，清朝时候是县衙，民国改作了县政府。他经常独自一人在街市中徜徉，繁华闹市阁里街（现中山街），地面全用鳌山石条铺成，街两旁各式店铺一家连着一家，到天黑时就点起四个大型的火油街灯，明晃晃地照着川流不息的人群，听大人们说，这灯要一直亮到黎明才熄。这条街上最令他流连忘返的是"文福堂"书店，各种洋装书、线装书向他打开了一扇扇看世界看历史的窗口。再向西走就是西门里了，那是当年李象凤怒打德国鬼子的地方。另一处闹市阁外街（现名共济街）又是另一番热闹景象，街两侧没有一家门面不是商店，零售的，批发的，好几家是著名的老字号。全香楼、隆盛栈等四家酒馆昼夜爆满，猜拳行令的吆喝声很远就能听见，那浓浓的醇醇的即墨老黄酒的香味，溢满了整条街。离家不远的桥南头（现南顺河街）因为地处城池之外，不甚太平，就没有什么大商店，但小商小贩都汇集于此，酒楼饭馆也不少，小吃光是各种面食店就有四十多家，在地摊上还能寻得着即墨特产的小泥人。听大人们说，贩卖鸦片的人和妓女也在这一带出没①。每逢大小节日，东阁戏楼、城隍庙戏楼、马神庙戏楼和城南墨水河河滩上，都会有敬神戏或者地方戏的演出，给少年任质斌带来了许多的欢乐。但是，同时，社会不平等、不公平的现象，也使他吃惊和不解，单说各家的住房，豪门大户家是重门套院，大门楼，高台阶，门上还

---

① 房恒林：《清末民初即墨城的闹市名街》，《即墨文史资料》第6辑，1990年12月30日印行，第120～125页。

悬挂着匾，有的还门前立旗杆，赫赫威风；一般富户是青砖瓦顶，有正房有厢房；普通人家虽然也有正有厢，但都是土墙草顶了；贫寒人家住处矮小狭窄，破烂不堪，令人同情[①]。不是说"大道之行也，天下为公"么？不是说"民国者，民之国也"么？

许许多多纷繁的世相，让他看不懂，看不懂却偏要去想。许许多多身边人群的喜怒哀乐，荣衰沉浮，也让他看不明白。他就想："人为什么要活着？活着是为什么？"有一次跟父母说，父母吓了一跳，责备他乱想。于是，他不再跟他们说。

就在任质斌开蒙读书那一年的冬天，一九二二年十二月十日，传来了日本被迫把青岛归还给中国的喜讯。全城轰动，奔走相告，四处里响起了鞭炮声。平日里从来喜怒不形于色的父亲，也喜极而泣！

任质斌的心，被爱国激情鼓荡得咚咚直跳。他无数次地听大人叙述过这段令中国人憋屈的羞耻的历史，他听说过，在日本人强占青岛的战争中，到处疯狂地屠杀中国人，在邻县平度居然宣布"斩律"，其中有"妨碍我军一切之行动者，斩！如果一人犯罪，该村人尽处斩刑！"日本兵所到之处，奸淫烧杀，害得许多中国妇女跳河投井自尽。他们为了久占青岛，从日本大批移民到青岛来定居，很短时间就移来了两三万人。他们把中国人当做亡国奴，强迫中国儿童学日语，说日本话，还把青岛的许多地方改成了日本名，比如把中山公园改名"旭公园"，把小青岛改成"加藤岛"，还有到处都是的什么"町"，什么"目"。总之是坏事做绝。

大人们钦敬地说，自从北京的大学生血书"还我青岛"，全国响应，连政府也不敢再装孬种了！三年半功夫就收回了青岛！

在任质斌幼小的心灵中，这些北京的大学生简直就是像关帝和

---

① 1991年版《即墨县志》，第165、166页。任质斌好思考、好观察，特别是对事物的观察入微、记录的细致入微，在他后来的生涯中有持久的表现。

岳飞那样救国救民的英雄豪杰。这是他几年后坚决要去北京读大学的主要原因。

　　青岛回归祖国后，胶澳租借地改为胶澳商埠，直接隶属中央，成立督办公署行使行政权。一九二五年七月，胶澳商埠督办公署改为胶澳商埠局，归山东省政府管辖。

　　一九二五年夏，十岁的任质斌随父母移家青岛。新家安在繁华的山东街（现中山路）北段最为热闹繁华的"劈柴院"。父亲在这里开了个小杂货铺①。

　　提起劈柴院，青岛人可谓是妇孺皆知。它如同是北京的大栅栏，上海的老城隍庙，或者南京的夫子庙。它位于山东街与胶州路交叉的丁字形路口。西北是同样著名的大窑沟和小港码头，西南不远是青岛火车站，东南不远是天主教堂，沿着山东街向南走不多远，就是游人如织的前海栈桥了。

　　劈柴院的得名，是因为青岛开埠初期有人在这里卖劈柴，形成了柴草市。后来，这里成了商旅云集的小商品批发和零售市场、市民日常生活用品的集散地、农副产品交易市场、闻名遐迩的小吃街。没有人卖劈柴了，地名却沿用了下来。单说小吃这一行，这里经营的富有青岛特色的豆腐脑、坛子肉、火烧、羊肉汤、酱肉、锅贴、炉包、馄饨、包子、饺子等等，都是久负盛名，数十年不衰。劈柴院东、西、北三个出口处也是摊贩密布，卖书的、算命占卦的、卖熟海货的、卖水果和茶点的，熙来攘往，热闹非凡。最热闹的时间是晚上，到处灯火通明，人声鼎沸，直到午夜。青岛人至今犹说："想当年，没有一把子力气，真还挤不进劈柴院！"以形容来人之多。

　　任质斌家在劈柴院东出口处路北的一幢西式二层楼的楼上，窗户朝南，窗下就是闹市。此楼现为江宁路十八至三十二号，仍然是

---

① 《任质斌自传》，未刊稿。

当年模样①。

自小安静的任质斌，生活在喧闹里。有青岛学者说："劈柴院的生意五花八门，进出的人也形形色色，颇能代表当时的社会风尚，倒是观察旧青岛人情世故的好地方。"② 原本就思想早熟的任质斌，从此生活在贫富荣衰莫测、善恶真假莫辨的各种世相汇聚纷呈的环境中。这里也是人生的课堂。

二　在教会中学和青岛大学附中

父母钟爱这个独生子，把他送进胶东中学附属高级小学读书。该校前身是教会学校明德中学，教学和设施都很优越，收费高。虽然离家较远，要走半个多钟头的路，也顾不得了③。因为基础较好，任质斌高小只读了一年，就升入了初中。

明德中学是一九一一年由北美基督教长老会聂克林夫人捐资创办的。主校区北界城阳路，南至上海路，东临阳信路，西至济阳路。另外还有一座小教堂供学生做礼拜和上音乐课使用。后来又在观象山增建了楼宇。明德校园幽静雅致，建筑风格凝重华美，设备设施在当时可称一流，是个读书用功的好地方。

建校之初招收的学生几乎都是教会的子弟，学制四年，办校经费全

---

① 2001 年 12 月 4 日、10 日实地调查访问。参见马庚存：《青岛餐饮购物》，青岛出版社，1997 年 7 月版，第 10、41 页；青岛市档案馆编：《青岛旧事》，青岛出版社，1991 年 5 月版，第 97、98 页。另，任家旧居楼下的李记饺子馆、祖传张家坛子肉、高记羊汤、成和羊肉馆和东口的豆腐脑店，现今仍在经营中。

② 易青：《劈柴院》，青岛市档案馆编：《青岛旧事》，青岛出版社，1991 年 5 月版，第 98 页。

③ 据实地考察：出劈柴院，穿过山东街，上胶州路东行，历潍县路口、博山路口、易州路口、芝罘路口、济宁路口、聊城路口、临清路口，过市立医院，左拐，穿上海路、至阳信路旧校门。成人需 23 分钟，10 岁儿童约需 40 分钟左右。

由北美基督教长老会供给。在一九一九年五四运动中，明德中学爱国学生奋起响应，奔走呼号，上街宣传收回青岛，鼓动民众抵制日货，日本军政当局非常恼怒，对学校横加摧残，驱逐校长王守清，解散学生，迫使学校停办。学校迁到潍县与文华中学（现潍坊二中）合办了一年，一九二〇年迁回原址复校。在一九二五年春季运动会中，美国学生寻衅滋事，明德中学的学生与其理论，引起械斗，并引发学潮，在美国领事馆威逼下，学校再次被迫停办。同年秋，复校，改名胶东中学，校长王子云。

一九二六年秋，在王子云校长的主持下，学校改变招生办法，采取开放主义，不再限收教会子弟。于是，许多军政界人士、政府机关工作人员、工商企业界人士和教育界人士都让自己的子弟前来报考，学生数从原先六七十人，猛增到一百八十人。任质斌就是其中的一名。学生年龄悬殊很大，最大的二十一岁，最小的十一岁，任质斌就是这个创纪录的年龄最小的学生。学生来源甚广，有河北、江苏、安徽、辽宁、广东、浙江、福建、湖北、湖南、河南等省籍，主要的还是来自本省即墨、莱阳、胶县、平度、潍县、诸城、青岛本市、高密等山东省的三十七个县市。

华丽的楼宇，明亮的教室，与私塾完全迥异的授课方式，教堂庄严肃穆的气氛，高雅却有点虚幻感觉的音乐课，设施周全的游艺室、医药室、图书阅览室、洗澡房和洗涮房，长满奇花异卉的小花园，还有来自外省外县见多识广的同学，都是任质斌从来没有见过的①。

他对新的学习环境非常满意。同时，这个来自古城私塾的少年，觉得自己"比较老古"②。

---

　　①　以上三个自然段据《山东省青岛第十一中学校志（1911—1998）》。任质斌对母校感情很深，写回忆录时仍称其为"明德中学"，填表时才称其为"胶东中学"。该校沿革除前所述外，1929 年 8 月 3 日改"青岛市私立崇德中学"，1944 年 8 月 28 日改"青岛市立第二中学"，1945 年 9 月复"私立崇德中学"旧名，1952 年 11 月 11 日改"山东省青岛第十一中学"。任质斌曾于 1990 年 11 月 2 日以校友身份回母校访问。

　　②　《任质斌同志回忆录》，未刊稿。

　　任质斌在胶东中学度过了重要的思想蜕变期。这一蜕变给他带来了解脱和觉悟，更带来了迷惘和痛苦，对他此后的人生影响甚巨。

　　毕竟是教会中学。课程设置除一般中学的课程应有尽有外，总体上还是重外文、轻中文，在中文中重古文、轻白话文。宗教课是主课之一，原先每周一节，后改为每周二至四节。宗教课讲授的内容是《圣经故事》、《要理问答》和《新约》、《旧约》的部分章节。学校对占学生总数百分之二十的信教学生要求非常严格，对不信教的学生则比较宽松。每天早晨的早礼拜，全校师生无论信教与否，都必须参加，先读《圣经》，再祈祷，然后由学校领导人讲当天的重要事项，结束后才开始一天的学习。其他宗教活动如每周星期天上午到教堂参加大礼拜等等，对任质斌这样不信教的学生则不要求参加。但是，小教堂仍然是任质斌每周必去的地方，因为每周两节音乐课在那里进行，由老师弹着风琴教唱宗教诗歌。阳光从五彩斑斓的彩色玻璃窗折射进来，教堂中弥漫了神秘庄严的气氛，像海潮慢慢涌起一般把人轻轻托举上去的歌声，使每一个学生的灵魂都受到浸染。校方深知音乐的功效，因此非常重视用音乐课对学生施加影响①。

　　任质斌晚年回忆说，自己原有的封建的迷信的思想，在明德被洋学堂打掉了，由孔夫子、老子、如来佛、玉皇大帝构建而成的精神支柱崩塌了，自己又不相信基督教教义，由此便产生了思想上的迷茫和痛苦②。他的这种感受，反映了传统思想儒道佛三教合一的信念在他的精神世界里的破灭。这种思想上的蜕变，给他日后的成长提供了条件。

　　在教会中学，任质斌也学到了许多有益的东西。学校训育学生要养成博爱、服务、牺牲的精神，要养成纪律化、平民化、劳动化、俭

---

① 《山东省青岛第十一中学校志（1911—1998）》，第11、116、134、135页。
② 《任质斌同志回忆录》，未刊稿。

朴化、科学化的良好习惯;学校贯彻的注重自动、提倡研究、发展群性、讲求效率的育才方针等等,也给他提供了积极的精神滋养。他对母校的感情很深。他与年长他四岁的黄县籍同学王云阶相处甚笃,王云阶酷好音乐,不但音乐成绩冠于全校,在当时的青岛也很有名气了[①]。

  任质斌开始阅读政治类的书籍,并把目光移向校园外面的世界。他看到的是,一面是祖国的积贫积弱、政府的腐朽无能、社会的黑暗污浊;另一面是帝国主义列强的兴盛强大、日本在青岛势力之大和渗透之深、日本人特别是日本浪人的横行霸道、无事生非和仗势欺人。他愤怒,焦灼,却又无奈,迷茫[②]。他毕竟只是个无拳无勇、稚气未脱的十一二岁的中学生。连认真听他倾诉的人都没有。

  青岛回归中国后,日本驻青岛守备军司令部撤走了,但随之而来的是扩充了的日本领事馆和日本居留民团武装,他们仍然是青岛的太上皇。日本居留民团团部设在今湖北路十七号,由一万余名日本侨民组成,拥有枪支数千支,平时分散,有事时则呼啸而来,迅速集中。他们根本不把中国政府放在眼里,根本不把中国人当人看,任意欺凌,兴风作浪,无恶不作。挂着膏药旗的日本军舰,常年在胶州湾游弋,时不时地登上陆地,进行武装演习,以炫耀武力。日本人还牢牢控制着青岛的经济命脉。银行、铁路、港口,工业上的纺织、火柴、面粉、榨油、化工等等,全由日本人控制。中国青岛地方官员在日本面前低眉顺眼、不敢吭声,有的则与日本人狼狈为奸,欺压人民。当时在青岛领导斗争的中共早期党员邓恩铭著文说:"(青岛)自交还中国后,一般工人对本国政府怀有无穷希望。哪晓

---

  ① 《山东省青岛第十一中学校志(1911—1998)》,第107、134、159页。王云阶新中国成立后任上海电影乐团团长、中国电影家协会音乐学会会长,为《林则徐》等多部电影作曲。

  ② 《任质斌同志回忆录》,未刊稿。

得万恶的本国政府，不但辜负他们的希望，连德日时代工人应有的
利益反被剥去，因此工人对万恶的政府起怀疑，由怀疑进而反抗。"
邓恩铭谋得了青岛《胶澳日报》副刊编辑的职务后，在《胶澳副
刊》上连续发表了《青岛劳动概况》、《今日的感想》、《列宁传》。
他还与上海书店、民智书局、泰东书局商妥在青岛设立图书代销处；
通过鲁佛民推介，请青岛最大的书店中华书局代销《向导》、《中国
青年》、《共产党宣言》等进步书刊。一九二五年中共已在青岛建立
地方支部，并有正式党员十三名①。

　　任质斌此时还未接触共产主义理论，也不知道中共组织的存在，
但，他生活在青岛，被不断高涨的革命浪潮裹挟着向前走。发生在
任质斌到青岛前夕的中国当局和日本军方联手镇压纱厂工人的一九
二五年五月二十九日"青岛惨案"，还有第二天在上海发生的五卅惨
案，给青岛人民造成的伤痛太剧烈了。此后几年间，仍然是人们谈
论的话题。青岛惨案发生后，全市戒严，伤亡或被捕的工人的亲属
日夜悲泣，而"各纱厂的日本楼台，则笑语欢呼，歌唱舞蹈，日夜
不绝"。包括明德中学在内的十七所学校都加入了后援会。青岛各界
三万多人六月十六日在齐燕会馆广场举行雪耻大会，高呼"国家兴
亡，匹夫有责"、"誓死力争，挽回国权"、"与日经济绝交"。但此
后青岛七大纱厂有六个仍在日本人严密掌控之中。共产党人李慰农
和国民党人、《青岛公民报》主笔胡信之被枪杀于团岛刑场。青岛反
帝爱国运动转入低潮。

　　一九二七年六月一日，日本帝国主义眼看着北伐军进军山东，
张宗昌地位不保，就借口"保护日侨"悍然在青岛登陆，并出兵济
南。任质斌上学途中，经常能遇见张牙舞爪的日本兵，见到他们在
万年兵营操练。六月七日，美国也借口"保护美侨"将大批美军派
往青岛。有着光荣斗争传统的胶东（明德）中学的学生们，伤时忧

---

　　①　陆安：《青岛近现代史》，青岛出版社，2001 年 9 月版，第 71～77 页。

国，气愤难平。任质斌天天读报，报纸上的大字标题，就令他触目惊心：《青岛日兵开赴济南/实行公开的占领矣/日政府又发出宣言/仍以护侨为口头禅》、《日美兵舰/麕集青岛/日兵侦察各处地形》。放学回家，父亲也在读报，父亲唯有愤然挥拳击桌、长声叹息而已。

一九二七年七月，报上登出消息，称青岛大学即将创设附属中学班。任质斌前去报考，被录取。

青岛大学是一所创办刚刚三年的私立大学，创办人是胶澳商埠督办高恩洪。高恩洪是山东蓬莱人，一八七五年生，是直系军阀吴佩孚的同乡，早年在上海求学，后负笈英伦，留学英国皇家学院，归国后曾官至交通总长。由吴佩孚保荐，高恩洪一九二四年四月当了胶澳商埠督办公署的第二任督办。他到任的第二个月，就以胶澳商埠不宜驻兵为理由，将皖系军阀王翰章旅逐出了青岛。王旅原驻地是德国人留下来的卑斯麦兵营（今青岛海洋大学西北部），就被用作青岛大学的校址。五月二十九日，青岛大学筹备处成立，高自任校长，聘请蔡元培、黄炎培、张伯苓、李贻燕等名流组成了董事会。大学的开办费由董事会募集。常年办学经费则由督办公署和胶济铁路局补助。同年九月二十日正式开学，学生来自各地，部分来自朝鲜和南洋华侨人家①。

这是任质斌第一次为自己的人生道路作选择。他断然决定离开许多人想进都进不去的教会中学，是因为他再也看不下校园内神像高悬博爱祥和、校园外国弱民穷遍地苦难的共存状态。他不接受基督教教义，却不得不天天早晨做早礼拜、祈祷、诵经，因此而感到非常压抑。父亲母亲略带遗憾地同意了独生子的选择。

---

① 青岛市史志办公室编：《青岛市志·教育志》，新华出版社，1994年9月版，第296页。另据易青：《旧青岛的大学》，青岛市档案馆编：《青岛旧事》，青岛出版社，1991年5月版，第86~87页；青岛市史志办公室编：《青岛世纪图志》，方志出版社，2001年8月版，第94页。

任质斌眼前的青岛大学校园，堪称壮丽。卑斯麦兵营是德国人在远东修建的最大的兵营，设计得非常考究，它依山而建，东面是郁郁葱葱的太平山，向西可以俯控青岛市区，向南可控青岛湾，兵营内有规模稍小于北京大学红楼的欧式大楼四幢，还有多幢附设建筑，操场更是宽阔规整。整个兵营四周筑有砖墙①。校园之宏伟，在全国大学中鲜有可比拟者。任质斌是首次招生的附中班的学生。

与他刚刚随父母搬家到青岛就恰巧遇上了教会中学首次向非教会子弟开放一样，这一次，他又赶上了首班车、同时也是末班车。这是一次重要的人生机遇，十二岁的任质斌抓住了它。

青岛大学附中跟教会中学相比，完全是两个世界。学生思想的自由和庞杂、学习环境的宽松安静，都是在教会中学难以想象的。如果说，是教会中学打碎并且颠覆了中国传统的儒道佛思想在任质斌头脑中的支配地位的话，那么，这里则又让任质斌摆脱了浓重的基督教宗教气氛的包围和浸染。

然而，这种两无挂碍的解脱和自由所带来的轻松和快乐，是短暂的。任质斌在这里经历了一场更加痛苦而且剧烈的思想震荡和灵魂的煎熬。

三　"是死？还是活着？人生究竟是什么？"

任质斌晚年回忆在青岛大学附中的生活时说："特别给我印象很深的是，当时看到文学研究会一位叫王统照的作家所写的一部长篇小说《一叶》，他那本书总的意思是描写旧中国青年的苦闷、没出路，像树叶一样在大海里漂泊，自己掌握不了自己的命运，也没有办法掌握自己的命运。这本书对我影响很大，所以，那时候就想，人活着究竟有什么意义？有什么价值？我跑到市图书馆看到一位外国哲学家的

---

① 青岛市史志办公室编：《青岛世纪图志》，方志出版社，2001年8月版，第52页。

书《人生的意义和价值》，作者名字我记不得了，这本书我看不懂，也没能解答我要找的答案。那时精神上已经没有什么寄托了。在读初中三年级时，才接触到创造社的一些作品，像郭沫若、蒋光慈的作品。特别是蒋光慈的小说很有感染力，从中我才稍微看到一点光线。"①

　　任质斌这一思想历程，是那个时代里在黑暗中摸索、在污浊中挣扎、在压迫下反抗、在苦闷中探求、在没有路走的境地中倔犟地找寻出路的、还没有泯灭掉上进心的中国青年的一个典型。尽管他才十二三岁，还够不上青年。到了晚年，任质斌回首平生，在《回忆录纲目——从一个人的经历看中国革命的曲折过程》中，在《幼年时代》这一节，写下了："苦闷、徬徨（《一叶》、《人生的意义与价值》、海边的呻吟）"②。

　　王统照是山东省诸城县人，一八九七年出生于一个封建地主家庭，字剑三。在北京中国大学读书时，参加了一九一九年五四运动，目睹了"火烧赵家楼"。一九二一年与郑振铎、沈雁冰（矛盾）等十二人在北京发起成立了五四新文学运动中的重要团体"文学研究会"，提倡新文学，反对封建文学；提倡为人生而艺术，反对"将文艺当作高兴时的游戏或失意时的消遣"。一九二二年发表第一部长篇小说《一叶》。一九二四年毕业于中国大学英文系，后任中国大学教授兼出版部主任。一九二七年四月举家迁居青岛，在青岛居住了近三十年，当过中学教员，办过《青痕》周刊，后来当过大学教授。建国后，任第一、第二届全国人大代表，中国民主同盟中央委员，山东省文联主席，一九五七年逝世。去世时，他的书桌上放着未完成的书稿《胶州湾》③。后世对他的作品的定评为："他的早期作品

────────────

① 《任质斌同志回忆录》，未刊稿。

② 任质斌手迹。

③ 杨洪承：《王统照评传》，花山文艺出版社，1989 年 12 月版；刘增人：《王统照传》，北京十月文艺出版社，2000 年 2 月版；刘增人：《王统照论》，山东教育出版社，2001 年 7 月版；张绍麟《王统照与青岛》，《山东党史》2003 年第 3 期。

大多描绘丑恶的现实同理想的矛盾，其后的作品则比较着重揭露旧社会的不合理与罪恶。"①

《一叶》也是中国五四新文学最早的长篇小说之一，一九二二年十月由商务印书馆出版。出版后反响强烈，很快在各地书店售罄，一册难求。无独有偶，比任质斌年长十四岁的陈毅青年时代也受其影响很大，陈毅晚年在《剑三今何在?》悼亡诗中高度评价了王统照的一生，并有诗句"《一叶》、《童心》我爱读"②。

《一叶》以辛亥革命前后青岛至济南一带地区的社会生活为背景，以中学生李天根的家世和遭遇为贯穿全书的主线，穿插进女护士芸涵、教师张柏如、青岛海边的渔老大、天根幼年女友慧姐的人生悲剧故事。在人物与事件的交织中，真实地展现了山东社会从乡镇到青岛、到省城济南的生活风貌和人们的思想风貌。其间渗透着王统照对人生奥秘探求中的迷惘、苍凉和感伤。

小说描写的生活场景，是任质斌的家乡。小说描写的时代，是任质斌正在生活着的时代。小说的主人公，是与任质斌一样的善良正直追求光明和理想的中学生。小说中的其他人物和发生的事情，是任质斌在即墨、在青岛劈柴院、在学校亲见过或听说过的众生相。小说中揭示的丑恶的社会现实与光明的理想之间的尖锐冲突，简直就是任质斌这一时期思想活动的真实的写照！于是，任质斌的灵魂受着了震撼。

在《一叶》中，王统照以悲悯的情怀，讲述着一个又一个善良的人受苦受难，美好的事物被摧残、被毁灭的故事。似乎人世间的一切，都在恶命运的掌控之中。一切抗争和挣扎，都属徒劳。社会

---

① 《辞海》，上海辞书出版社，1979 年版，第 2745 页。

② 刘树发主编：《陈毅年谱》，人民出版社，1997 年 7 月版，第 739 页，1958 年 4 月 12 日条："是日赋《剑三今何在?》诗。"此诗在张茜编《陈毅诗词选》中无载。多种研究专著收录了此诗，但刘增人《王统照传》载本书所引诗句的后 3 字为"我喜读"。

的黑暗、肮脏、毫无信义、野兽般的冷酷无情、相互欺骗、倾轧、仇视、报复、以损害他人为快乐、专制、愚昧等等，就像一张挣不脱、撕不破的天罗地网。越是美好东西，就被毁损得越悲惨、越残酷、越彻底！

特别是书中善良的医院女护士芸涵的悲惨人生，引起了任质斌极大的同情，因为芸涵的家世与任质斌有许多地方甚为相似。她曾经有一个富裕和美的家庭，父亲善良勤劳，年轻时去美洲当华工，在国外辛劳多年，积攒了一些财产，带回祖国，在故乡修缮了房屋，购置了田产，娶当地圣灵学院的一个美丽善良的女生为妻，夫妇相处非常和谐美满，他们都虔诚地信奉上帝。女儿芸涵出生后，父亲把留在美洲的资产全部弄回国内，他在省城与朋友合资办公司，在故乡办工厂，还捐钱建中学，捐钱给教会医院，到处做善事，把慈善事业当成了人生的头等大事。就是这样的一个善良诚恳的好人，却因为与外国人有来往，被视为里通外国的坏人，被活活烧死了。父亲死后，母亲去料理公司的事，没想到父亲的朋友竟然翻脸抵赖，不承认有合资办公司的事，有的人居然说根本不认识父亲这个人！母亲心力交瘁，支撑着病体回到家乡取股份契约文书，准备去对质。回到家却发现，家里的仆人全逃跑了，他们卷走了仅剩的财产，包括契约和细软。母亲悲愤绝望，口吐鲜血而死，芸涵成了可怜的孤女。芸涵毕业于一所教会中学，为了生存，去给一个富商做家庭教师，却遭侮辱。她万念俱灰，几乎失去了活下去的勇气。后来，她被人送到教会医院作了护士，从此，在神像和病人间打发着寂寞的青春。

书中其他善良的人物，全部是命运悲惨、受尽屈辱和磨折。作为全书主线的《一叶》中的主人公李天根，自己也有不幸的感情创伤，他小小年纪就看到了许多美好事物被毁灭，许多善良的人都落得个悲惨的结局，于是，他在日记中写下："人间，是生命已冲破的人间，什么是花，是光，是爱，皆是眼中的一瞬！"而另一个人物，那位青岛海边的遭遇过许多苦难和不幸的渔老大，用苍老的声音对来客说："先生，……你想渔船还有大的吗？就是这个树叶般的东西，在茫茫而波浪掀天的海中簸动起来，生命是什么，那就难说了！"这声音，响彻了任质斌的灵府，使他感到彻骨的寒冷。

　　人生是什么？人为什么活着？人与冥冥之中主宰一切的命运是什么关系？王统照的诘问，也正是任质斌苦苦思索却百思不得其解的问题。答案当然是没有的。有的只是无边的黑暗。在一个夜晚，任质斌一个人来到海边，在一块巨大的礁石上躺下，凝望着夜空。星光灿烂，如同亿万只诡秘眨动的眼，其间有许多闪着泪光的明眸。身旁，从黑黝黝海面上不断涌来的潮水，激起阵阵浪花和腥咸的飞沫，洇湿了他的校服。任质斌自问："是死？还是活着？人生的意义是什么？人生的价值究竟何在？为什么要活在这个世界上？"

　　第二天，任质斌去了青岛市图书馆，借到了一本曾经轰动一时的书：《人生的意义与价值》。作者是德国哲学家鲁道夫·奥铿，他因此而获得了一九○八年诺贝尔文学奖。扉页上印的说明他获奖理由的评语是："他对真理的热切追求，他对思想的贯通能力，他广阔的观察，以及他在无数作品中辩解并阐释的一种理想主义的人生哲学时所流露之热诚与力量。"书前还印上了瑞典文学院诺贝尔奖评委会主席哈拉德·雅恩在颁奖会上作的《颁奖辞》，称赞奥铿是热诚的理想主义者和应时代需要而出现的杰出的"文化哲学家"。

　　对于十二岁的任质斌来说，阐述重大哲学命题、并进行缜密思辨、繁复论证的《人生的意义与价值》，是一本过于艰深的书。但是，这位银发银须慈眉善目的德国老汉的坚定的理想主义热诚、永不言败退、永远进取的人生态度，仍然给任质斌以很大的鼓励和振奋。奥铿在诺贝尔奖颁奖会上所作的答辞的结尾，慷慨地说："明朗、勇气和信心，只有从承认自我的必要性中萌发，不是从追求迂远目的的态度中产生，而是来自对生命（生活）的深刻信赖。这生命已在我们的内在活动，并使我们内在地参与伟大的现实。由于我们对生命的信赖，才能克服大障碍，确信自己会成功！"虽然，这本书没有能够具体地解答一个中国少年的疑问，但，在少年任质斌的生命风帆上鼓进了一阵强风，却是没有疑义的。晚年时的任质斌，还牢牢地记着这本书和借书阅读的激动情景①。

读初三时（一九二八年），任质斌开始接触创造社作家郭沫若、蒋光慈等人的作品。蒋光慈作品对他的影响甚大。蒋光慈，曾用名侠生、蒋光赤，安徽六安人，一九〇一年生，在五四运动中积极参加学生运动，一九二〇年在上海加入社会主义青年团。一九二一年赴苏联，进入莫斯科东方劳动者共产主义大学学习，不久转为中国共产党党员，回国参加革命斗争。一九二六年出版《少年漂泊者》，揭示：在黑暗的社会现实面前，人们要想改变受压迫、被奴役的命运，只有革命这一条路可以走。此书出版后，受到进步青年的热烈欢迎。有许多青年就是怀揣着一本《少年漂泊者》去要求参加北伐军的。一九二七年，蒋光慈又出版了反映中国共产党领导上海三次工人武装起义的中篇小说《短裤党》，再次震动文坛，并受到国民党当局的压迫。一九二八年，他主编《太阳月刊》，是太阳社主要领导者之一。一九三一年八月在上海病逝②。蒋光慈的作品，力图从无产阶级立场出发，描写共产党领导下的广大人民群众反帝反封建斗争。尽管在白色恐怖严重的形势下，蒋光慈不得不用曲笔隐晦地表达自己的意图，但他的作品的革命倾向性仍然非常鲜明，以至于十三岁的任质斌能从其中看到光明。

这一场痛苦与憬悟共生、幻灭与新生共有的思想震荡，使任质

①　鲁道夫·奥铿：《人生的意义与价值》，1907年版。中文版后收入台湾陈映真主编《诺贝尔文学奖全集》第6卷，台湾远景出版事业公司，1982年10月版。本书编写组久寻未获，后由南开大学历史系教授汪茂和先生提供。

②　哈晓斯：《蒋光慈》，载于中国中共党史人物研究会编、胡华主编《中共党史人物传》第43卷，陕西人民出版社，1990年1月版，第117～147页。

斌以更快的步伐迈向成熟，并且为不久之后如同久旱的禾苗逢甘霖般地迅速接受共产主义思想理论，做了最好的、也是最坚实的铺垫。

在任质斌读初三的这一年中，他身边又发生了许多大事。首先，日本帝国主义继悍然派军队在青岛登陆并侵入济南、分驻胶济铁路沿线之后，又陆续派第六、十五、五十、三十四、六十八共五个联队，分驻在青岛市区各处，实际上是再次强行占领了青岛。五月三日，日军在济南制造了血腥残暴的五三惨案，八天中杀伤中国军民一万多人。五月十日，青岛各界举行大规模的示威游行，愤怒的群众一举捣毁了日本领事馆！再就是一九二九年四月十五日，南京国民政府接收专员陈中孚，从日本人手中接收青岛，并改胶澳商埠局为青岛接收专员公署。五月二十日，所有驻山东的日本军队一律撤离归国。在任家附近，五月二十二日，为纪念孙中山先生，劈柴院紧邻的山东街改名为中山路，青岛第一公园也改名中山公园。也是在五月，于上一年成立的国立山东大学筹备委员会改为国立青岛大学筹备委员会，将旧省立山东大学和私立青岛大学的校产全部接收。也就是说，在任质斌毕业前两个月，学校已经被裁撤了。七月二日这一天发生的两件大事，则颇具象征意义：其一，中共山东省委机关被国民党当局破坏，顽强不屈的共产党人在青岛组成临时省委，坚持斗争；其二，青岛改为青岛特别市，直属国民政府行政院，青岛的大街小巷处处悬挂起了"青天白日满地红"旗。

七月，任质斌初中毕业。他本来可以继续读附中的高中，再升入私立青岛大学，直至完成大学学业。但是，私立青岛大学裁撤，附属中学自然也就自行解散。命运强迫他另作选择。

父亲已经为自己的独生子安排好了前程：决定让任质斌去一个面铺去当学徒，山东人以面食为主，学了这门手艺，也好日后养家糊口。显然，任玖湘已经全然不懂儿子了。

　　任质斌不愿意去做学徒，他请求父母准许自己再读几年书。此时，适逢北平（北京一九二八年六月二十八日改北平特别市）的平民大学到青岛招生，招生简章印刷得非常精美，校长和校董都是名人，任质斌顺利考取了该校的预科。预科学制两年，相当于高中，毕业后成绩合格可升入大学。

　　父母亲疼爱儿子，而且家里在乡下有九亩地，在青岛有一个小店，经济情况也许可，也就同意了。慈祥的母亲流着泪为爱子准备行装，她是亦喜亦忧，喜的是儿子有出息，品德好，性格好，书也念得好，忧的是儿子毕竟太小了。

　　父母的开明，使得青岛少了一个可能会很出色的面点师傅，却让中国多了一个杰出的革命者。

　　八月，从来没有离开过家乡的任质斌，孤身上路。乘胶济铁路火车去省城济南，然后转乘津浦铁路火车北上，越过黄河，经天津卫，前往北平。

　　此时，任质斌刚刚年满十四岁。

第三章　在古都北平投身革命

一九二九年八月，任质斌乘火车去济南，转津浦铁路火车北上。越过久闻其名的黄河，在德州出山东地界，到天津转京奉（沈阳时名奉天）铁路进京。

这是他第一次出远门。满眼都是陌生和新奇，盈耳都是天南地北的各省口音，连山川市镇的风貌都与胶东大异。他心情亢奋，但外表看来，却冷静沉稳得俨然一个小大人。

尽管他行前阅读了一些介绍北京的书，但是，当他从京奉火车站（时称东车站）走出时，还是被雄伟壮阔的古都景象强烈震撼了！巍峨威严的前门城楼和箭楼，黄灿灿一片庞大神秘的明清皇宫，连绵的古城墙，又深又宽的护城河，河南面就是商家众多人声鼎沸著名的前门大街了。京城大街比青岛多了二景，一是如同游鱼般灵巧地在闹市中吆喝着穿行的洋车（人力车），一是灰蒙蒙慢腾腾默默行进的骆驼队，驼队从遥远神秘的塞外大漠而来。就在一年前，前门大街拓展工程完工，爱国实业家在箭楼上开设了旨在振兴民族工商业的"国货陈列所"，从全国各地汇集而来的名优特产、奇珍异宝，轰动了中外。

泱泱大国，三朝帝都，巍巍九城，百万人家，北京以其雄浑博大之气，鼓荡起了这个十四岁海滨少年的心。他强烈感受着了庄严、肃穆和自豪，爱国之情澎湃于心中。

　　一年前的六月，北伐军打败了盘踞北京的奉系军阀张作霖，张退往关外并被炸身死，统治民国长达十六年的北洋政府终告覆灭。同月，国民政府宣布南北统一，迁都南京，北京改名北平，为特别市。政府南迁和大批京官南去，使得北京变得冷清冷落，但它毕竟是三朝故都，又是五四新文化运动的发祥地，它在精神上和文化上的领袖群伦的地位未有消减。就教育而言，北平拥有的大学之多，在全国首屈一指。

　　任质斌在这里住了三年，经历了许多痛苦折磨和顽强抗争，从一个追求光明的纯真少年，成长为坚定的革命者。

一　就读平民大学预科到决然离去

　　北京平民大学是一所私立大学，一九二二年一月四日宣布成立，林长民任董事长，张一麟任校长①。国民政府教育部于一九二三年五月十一日以第三七一号批文，准予平民大学立案。按报核批，办学主体是董事会，由常务董事会代行职权。校长一人；教务处设文书、注册、出版三部及图书馆；事务处设会计、庶务二部。编制依照《大学组织法》分设商、文、法三科。商科有银行学系、领事学系、外国贸易学系；文科有文学系、哲学系、报学系；法科有法律学系、政治学系、经济学系。各科学制均为四年。报学系后改名新闻系②。

　　平民大学之名，出自在五四新文化运动中勃兴的平民主义教育思潮。这一思潮的推动者，有以陈独秀、李大钊、邓中夏为代表的共产主义知识分子，也有以晏阳初、朱其慧、陶行知为代表的进步

---

　　①　李新总编，韩信夫、姜克夫主编：《中华民国大事记》，第1册，中国文史出版社，1997年2月版，第848页。

　　②　《北京市志稿·文教志》（1946年本），第378、379页。方汉奇、张之华主编：《中国新闻事业简史（第二版）》，中国人民大学出版社，1995年11月版，第248页。

知识分子。前者后来注重于以工农群众教育推动革命。后者则注重平民主义教育，以教育救国来推动社会改良。二者的共同点，都反对封建主义和专制主义教育，拥护"德谟克拉西"（民主），提倡"平民政治"、"平民教育"，都要求打破几千年来封建地主阶级和有钱人独霸教育权的局面。

平民大学创办人林长民是福建闽侯人，一八七六年生，早年留学日本，后历任众议院秘书长、参政院秘书长、立法院秘书长、段祺瑞内阁司法总长。他思想开放新颖，有诗才，擅书法，是一位有很高社会声望的官学名流。后参与郭松龄反奉战争，兵败之际在乱军中中流弹死。他是林徽因的父亲。另一创办人张一麐是江苏吴县人，一八六七年生，在清末录取经济特科，曾为袁世凯幕僚，后任徐世昌内阁教育总长，也是名重一时的爱国学者名流。由他们领衔创办平民大学，可谓珠联璧合。在教育实践中，既接受了民国初年蔡元培提出的将实利主义教育列入教育方针的主张，也吸纳了美国哲学家和教育家杜威的实用主义教育学说①。从平民大学三科九系的设置看，特别是报学系（新闻学系）、银行学系、领事学系、外国贸易学系等，均为应用性很强的新兴学科。少年任质斌就是看到了该校的报名简章和印制精美的宣传材料，才报名投考的。

平民大学设预科，是依据了民国元年（一九一二年，旧历壬子年）至民国二年（一九一三年，旧历癸丑年）制定的"壬子癸丑学制"。该学制规定：小学七年，中学四年，大学按一九一三年一月颁布的《大学令》规定设预科，预科必须附设于大学；预科招收中学毕业生或有同等学历者，大学招收预科毕业者或同等学历者；大学预科修业年限为三年，大学各科修业年限为三年或四年。但是，就

---

① 参见周德昌、陈汉才、王建军著：《中国教育史纲》，广东高等教育出版社，1998年12月版，第303～309页。毛礼锐、沈灌群主编：《中国教育通史（第五卷）》，山东教育出版社，1988年版，第37～52页。

在平民大学成立十个月后，中国学制进行了重大改革，制订了仿照美国"六三三"学制的新学制，并于一九二二年十一月以大总统徐世昌的名义颁布，因一九二二年为旧历壬戌年，故称"壬戌学制"。新学制规定：小学由七年减少为六年，中学由四年增加为初级中学和高级中学各三年共六年，大学为四至六年，废止预科。这个学制沿用至今。

按理说，大学废止预科，平民大学就不得再招收预科生了。但是，北洋军阀政府对各项政策法规的执行，相当松弛和混乱，加上有名人的情面，对私立大学的管理更显宽松。再加上教育部于一九二四年二月二十三日颁布的《国立大学校条例》又准许"国立大学可暂设预科"，开了政策口子，而且还有"私立大学应参照本条例办理"的含混表述，于是，各私立大学皆援例继续招收预科生①。不但如此，许多大学将预科年限由三年降为两年，平民大学就是如此②。有些大学，如私立燕京大学，则干脆将预科降为一年。

北洋政府覆灭后，国民政府很快就对全国教育开始了整顿。就在任质斌入学不到一年之时，教育部于一九三〇年六月四日颁布了《重申废止大学预科令》，严令各大学自十九年度（一九三〇年度）起，一律不得再招收预科生，如有故违，已立案之私立大学应由所在地之教育行政机关严予取缔；未立案之私立大学以后呈请立案，概不受理③。也就是说，任质斌是最后一届预科生。

仿佛是历史老人的刻意安排，任质斌进教会中学是赶上了向非教会子弟开放的首班车，进青岛大学附中是赶上了首班车同时也是

① 参见孙培育主编：《中国教育管理史》，人民教育出版社，1996年12月版，第453、477、485页。李新总编，韩信夫、姜克夫主编：《中华民国大事记》，第2册，中国文史出版社，1997年2月版，第136页。

② 《任质斌同志回忆录》，未刊稿。

③ 李新总编，韩信夫、姜克夫主编：《中华民国大事记》，第3册，中国文史出版社，1997年2月版，第57页。

末班车，这一回又赶上了末班车。然而，命运造人也弄人，他很快就从这末班车上跌落下来。这一跌，彻底地改变了他的人生。

平民大学在德胜门内大街大石虎胡同。从德胜门南行，越过西海与后海的连接处，过蒋养房胡同南行不远，就是了。据老年居民说，胡同之名起于早年间在胡同西口树有两只巨大的石雕老虎。胡同西起德胜门内大街，大街对面是簸箩仓胡同，东口与松树街成"丁"字形连接，往南是弘善胡同。大石虎胡同长约三百米，国槐夹道，浓阴如覆。平民大学的正门在胡同东端，面南，为高大的五开间古建筑，至今保存完好。当年的校园现在已成工厂和居民区。

当年课余闲暇时，少年任质斌可以到后海散步或独坐，面对古柳残荷、帝王宫阙和满目清波。东南不远处是恭王府及恭王府花园，正南则有高墙巍然的庆亲王府。平民大学是个宜于读书的幽静所在①。

任质斌之所以报考平民大学预科，是因为向往它的新闻学系，仰慕该系创始人之一、著名记者邵飘萍。直到晚年，他还回忆说，平大新闻学系是中国第一个大学本科的新闻系②。只是，任质斌进校时，邵飘萍已经牺牲三年多了。邵飘萍是浙江东阳人，一八八六年生，为清末秀才，毕业于浙江高等学堂。一九一二年任《汉民日报》主笔，因为反对袁世凯和仗义执言反对贪官污吏，被捕三次。一九一四年逃亡日本，参与创办东京通讯社。一九一六年回国后任《时事新报》主笔。一九一八年创办北京新闻编译社。同年创办《京报》并任社长。一九二〇年九月之后，在《京报》上公开宣传马克思主义，赞颂苏俄十月革命。一九二四年经中共北方区委书记李大钊和罗章龙介绍，秘密加入中国共产党。一九二六年四月二十四日被奉系军阀张作霖下令逮捕，以"宣传赤化，主张共产，流毒社会，贻误

---

① 据 2001 年 6 月 30 日实地考察和调查。

② 《任质斌同志回忆录》，未刊稿。

青年，罪在不赦"的罪名，于二十六日凌晨被枪杀在北京天桥。当日，京津沪等地报纸就沉痛报道了他从容就义的消息。一代英才赢得了全国青年和各界人士的衷心景仰。他也是少年任质斌的精神导师和偶像。在平民大学新闻学系，邵飘萍讲授新闻采访课，并在讲课基础上著述成《实际应用新闻学》和《新闻学总论》。他主持的《京报》，以坚决反帝反军阀的鲜明立场和犀利的政论锋芒自立于世，成了中国北方革命舆论的阵地。1949 年 4 月 21 日，毛泽东批准邵飘萍为革命烈士①。任质斌后来办刊物并成为红色报人，受邵飘萍影响甚大。

　　任质斌进校时，另一位与邵飘萍齐名、同为平民大学新闻学系创办人并且担任首任系主任的著名学者徐宝璜还在校。徐宝璜是江西九江人，一八九四年生，一九一二年由北京大学考取官费留学美国，在密歇根大学研习经济学和新闻学，一九一六年回国任北京《晨报》编辑，后回北京大学任教授兼校长室秘书。一九一八年十月，被称为中国"报业教育之发端"的北京大学新闻学研究会成立，徐宝璜任主任，次年推蔡元培为会长，徐宝璜任副会长，徐宝璜和邵飘萍为研究会导师。他的著作《新闻学大意》（后改名《新闻学》出版，再版时又改名《新闻学纲要》）被蔡元培赞誉为中国新闻学的"破天荒"之作。他于一九二四年组织平民大学报学系学生，组成新闻学研究会，出版发行《北京平民大学报学系级刊》半月刊，由王豫洲主编。他思想进步，曾积极参加五四运动，坚决反帝反军阀，一九二六年三一八惨案后被皖系军阀列入通缉名单。一九三〇年他到北京大学筹办新闻系，五月二十九日在北大上课时昏厥在讲台上，六月一日逝世，享年仅三十七岁②。平民大学师生都沉痛参加

　　① 方汉奇主编：《中国新闻事业通史（第二卷）》，中国人民大学出版社，1996年 5 月版，第 192、193、213 页。

　　② 《中国新闻事业通史（第二卷）》，第 97～99 页。参见徐培汀、裘正义著：《中国新闻传播学说史》，重庆出版社，1998 年 3 月版。

了追悼活动。任质斌晚年在回忆录中提到，在平民大学听一位姓徐的老师讲过马克思主义辩证唯物主义。

平民大学原本有光荣的革命斗争传统。在以李大钊为首的中共北方区委领导下，平民大学进步学生曾经是北京学生运动的中坚之一。一九二四年十月，在共青团北京地委审查合格的一百一十一名团员名单中，就有平民大学杨善南、于国桢、高文瑞、王同根、朱世珩、陶永立六人。同年十一月，共青团北京地委共有十三个团支部，平民大学团支部为其中之一。十一月三十日召开北京共青团大会，刘仁静主持，邓中夏、赵世炎到会指导，选举执行委员五人，其中有平民大学的于国桢、杨善南两人，于国桢负责组织，杨善南负责学生工作。在由北京共青团参与组织的全市十七个学生群众团体中，平民大学占了四个：马克思研究会、政治研究会、国语演说辩论会、摄影术研究会。在一九二六年三一八惨案中，平民大学学生李芳园任北京学生总会游行总指挥，跟随李大钊、陈乔年、赵世炎等人，冲锋在前，在段祺瑞执政府门前最先中弹倒地。在惨案中牺牲的四十七人中，有平民大学学生、共产党员宋昭昺。一九二七年四月二十八日和李大钊一起壮烈牺牲在张作霖奉系军阀绞刑架下的十九位革命者中，有平民大学学生、共产党员陶永立①。自从大革命失败后，北方革命力量受到了严重摧残，白色恐怖异常严重，平民大学的革命力量被破坏殆尽。任质斌进校后曾寻找进步学生，但没有找到②。

任质斌进校时的平民大学，昔日的革命风采早已在新老军阀的血腥屠杀和残暴镇压之下荡然无存。校风不正，学风不正，正派勤奋的同学不多，一些公子少爷们醉生梦死，有的学生一到晚上就呼

---

① 共青团北京市委青年运动史研究室著：《北京青年运动史》，北京出版社，1989年4月版，第93、97、104、121、124、139页。

② 任质斌：《履历概要》，未刊稿。

朋唤友出去嫖妓女。任质斌住的寝室共三个人，那两位同学根本无心读书，经常晚上出去鬼混，整夜不归。任质斌去国立的清华、北大和私立燕京大学察看，看见那里的校风和学风比自己的学校要好得多，失望苦闷和不满情绪就日甚一日。他常常向校方提出批评意见，虽然还算不上是闹风潮，但也引起了校方的不快和警觉。任质斌的处境相当不好。

对任质斌来说，最大的失望和苦闷是来自社会的专制和黑暗。在他到北京一年前，一九二八年三月九日，国民党政府颁布了《暂行反革命治罪法》十三条，规定凡是"意图颠覆中国国民党及国民政府或是破坏三民主义"的各种行为，都以"反革命罪"论处。八月，国民党二届五中全会宣布"军政时期"结束，"训政时期"开始，蒋介石公开宣称"以党治国"。十月，国民党公布《训政纲领》，规定由国民党对全国人民实行"训政"，一切国家大计，均由国民党中央政治会议决定，而后交由国民政府执行。这种所谓的"训政"，实际上是国民党"一党专政"，人民的民主权利全被剥夺。在教育上，一九二九年三月，国民党三全大会通过了三民主义教育宗旨及其实施方针，称"关于教育的建设，实为中国国民之生死关键"，开始了对各级各类学校的严密控制。蒋介石说："不要讲共产主义，不要讲国家主义，也不要讲无政府主义。……以党治国，是以党义治国，就以本党的三民主义来治国。"于是，钳制思想的"党化教育"在全国强制推行。初级中学实行"童子军"训练，凡十二至十八岁的青少年必须入伍接受训练。在中等以上学校和大学预科，实行导师制和军事训练，指派"导师"或训育主任对学生施行思想控制和行为监督，军事训练为必修的科目。政府当局把"一个党"、"一个主义"教育贯彻到了教育的方方面面。他们从思想上禁锢并毒化、奴化学生，目的在："决不任其参加政治斗争与社会斗争而趋于戕贼也"。国民政府接二连三地发布"整顿学风"的命令，加紧对进步学生的打压和镇压，宣称凡有违反者，"严予制裁，务使学风不变，蔚成良模"①。什么良模！反动统治者的鹰犬和奴才而已。任质斌痛恨这专制、黑暗、不平等的社会现状，但却又无可奈何。

任质斌的反抗情绪与日俱增。他所提的批评意见条条在理，而且尖锐激烈，使得学校当局颇为不安。他们从这个平时言语不多、虽然沉静却又倔犟的山东少年身上，看到了让他们头痛和恐惧的东西。一九三〇年放暑假时，王教务长把任质斌喊去谈话，对他宣布："下学期你就不要来了。"这是没有张榜公布的开除。任质斌对学校也没有什么留恋，便决然离去。

这时，任质斌不足十五岁。

失学了，怎么办？就这样回山东老家去吗？这是他绝对不会做的。他去报考河北大学，成绩不够，未被录取。他决定留在北京自修一年再考。任质斌自幼喜爱文学，山东女词人李清照的诗作常回响在耳边：生当作人杰，死亦为鬼雄。至今思项羽，不肯过江东！

二　北平自修一年间的思想剧变

一九三〇年七月，任质斌离开平民大学。前途茫茫，他有些失落和悲伤，但更强烈的感受是解脱。摆脱了污浊和萎靡的环境，他觉得一身轻松。他在中南海对面的石碑胡同内租一间南屋居住②。安顿下来后，开始自修。他反躬自省，考不上大学的原因在于自己不断地跳级，许多基础课程都没有读过。从私塾进小学是插班到一年级下学期，读了一年半就上了初中一年级，然后跳到初中三年级，再考入大学预科，也只读了一年，学习没有循序渐进，基

---

① 孙培青主编：《中国教育管理史》，人民教育出版社，1996 年 12 月版，第491～494 页；又参见毛礼锐、沈灌群主编：《中国教育通史（第五卷）》，山东教育出版社，1988 年版，第 247～291 页。

② 据宁英彬 1987 年 12 月 23 日致任质斌的信。任质斌当年曾经辅导她补习功课，她去石碑胡同任的住所补课。这是唯一可以知道任质斌当年居住何地的材料。

础不牢①。他开始了难度非常大的补课和自习。

石碑胡同为南北走向，北接中南海南围墙外的宽阔的府前街
（今为长安街的一部分），斜对面就是中南海的南门新华门。如果出
胡同北口右折东行，走过很短的西三座门大街（今为长安街的一部
分）就是天安门了。胡同南接东西向的绒线胡同（今东绒线胡同）。
这里是大片的居民区，青灰色砖墙瓦顶的院落相连，宁静得透出几
许幽远与苍凉。任质斌为什么选择在这里居住？有没有特别的原因？

原来，出石碑胡同南口，跨过绒线胡同就是南北走向的兵部洼
胡同，兵部洼胡同的南端是紧傍着城墙的顺城街（今为前门西大
街），向东一拐就是化石桥侧的山东中学（今北京市第三十三中学）
了②。山东中学是山东省旅京同乡会创办的，专门为培养山东人的子
弟而设。在张伯驹辑《春游琐谈》中，有"化石桥山左会馆改齐鲁
中学"的记载（旧称太行山之西的山西省为山右，称太行山之东的
山东省为山左，山左会馆即山东会馆）。《北京近代教育记事》载，
山东同乡在前门内化石桥创设山东公立学堂③。

在明清两朝和北洋军阀政府统治时期，直到国民政府迁都南京
之前的五百三十多年间，全国各省旅京同乡会和部分州府县旅京同
乡会，在北京设立了五六百个会馆，为进京赶考或求学的同乡士子
服务，也为本乡官吏和商贾往来服务。如康有为之于南海会馆，鲁
迅之于绍兴会馆，毛泽东之于湖南会馆，皆依托甚多。但是，同乡
会为同乡子弟办学校的，却极为稀少，据一九三四年资料，只有冀
燕中学、安徽中学、河南中学、山东中学、豫章中学几所④。北京的
完全中学很少，直到一九三五学年度，全市完全中学才有五十一所，

---

① 《任质斌同志回忆录》，未刊稿。

② 据 2003 年 12 月 10 日实地寻访和考察调查。据《最新北平全市详图》（1934
年版）、《最新北平大地图（解放版）》（1949 年印行）。

③ 胡春焕、白鹤群著：《北京的会馆》，中国经济出版社，1994 年 5 月版，第 178 页。

④ 据《最新北平全市详图》（1934 年版）。

山东中学、安徽中学等皆在其中①。

任质斌选择住地是经过了深思熟虑的，如果他在自修学习中遇到了疑难问题，只需要步行二十来分钟，就可以到山东中学向那里的老师求教或与同乡同学切磋了。

在北平自修一年间，任质斌刻苦自励，三更灯火五更鸡，潜心向学。他不知道，在他频繁进出的山东中学，半年前就已经成立了北平反帝大同盟的支部了。原来，一九二九年九月，日本东京工人和中国、朝鲜的侨民集会示威，反对日本出兵东北和进攻苏联，两千余人被捕，其中有华侨三百余人。中共顺直省委指示北平市委将援助被捕旅日华侨作为反帝运动的中心工作。一九三○年一月五日，北平留日被捕同胞后援会成立，通电全国，发动群众斗争。二月七日在天桥集会，遭国民党军警镇压。其后，后援会改组为北平反帝大同盟。大同盟在北京大学、师范大学、燕京大学、清华大学、中法大学和汇文中学、孔德中学、宏达中学、山东中学设立了支部，同时设有几个工人支部②。北平反帝大同盟领导了群众的反帝爱国斗争，后来也成了任质斌走上革命道路的第一站。当然，这是后话了。

任质斌自修非常努力，从性格上说，他也是一个能静得下来读书的人。但，国家和民族的衰微，人民的贫困痛苦，社会的黑暗不公，政府的腐败无能，时局的动荡纷乱，时时震荡着他的心。他有那个时代进步的青少年所共有的精神苦闷、理想探求和对光明的渴望。他读了一些社会科学方面的书，虽然读不太懂，但已处于被潜移默化的状态中。强烈的正义感和爱国心，使得他只愿意接近进步正派的青年。他们在一起交谈，会相互激励，彼此燃烧。

① 何力：《北京的教育与科举》，北京出版社，2000年1月版，第174页。
② 中共北京市委党史研究室：《中国共产党北京历史（第一卷）》，北京出版社，2001年6月版，第205页。

在当时的北平，中共北平市委和共青团市委领导工人联合总会、反帝大同盟、文化大同盟等进步团体，不断发起斗争，进行示威游行和飞行集会。渐渐地，任质斌也参与其中。所谓"飞行集会"，是预先在某处通衢或闹市安排好人，装着在办事或散步，一待时机成熟，突然以摔电灯泡或弄出其他声响为号，迅速集合，各人掏出藏在身上的小旗和传单来，由一人站在预先已经选好的高处向群众发表讲演，然后撒传单、呼口号、示威游行，口号主要有"打倒国民党"、"反对军阀混战"、"反对进攻苏联"、"打倒帝国主义"、"反对帝国主义瓜分中国"、"拥护共产党"等，一时间观者如堵，口号震天，造成很大的政治影响。负责警戒的同志看到国民党军警的身影，就连声报警，大家迅速散去。针对这些斗争方式，国民党政府在北平强化了预防措施，部署了大批军警和密探。因此，每次示威游行和飞行集会，都会有人被捕或受伤。然而，其斗争场面的慷慨激昂、悲愤壮烈，非常震撼人心。任质斌住处紧靠中南海新华门和天安门，这些场面是经常遇到并参与其中的。他当时还想不到，这是左倾冒险主义思想的影响。他从宣传的内容中，受到教育和启发，并思考国家和社会的问题。

一九三○年十二月六日，蒋介石颁发《整顿学风令》，责令学生一意力学，涵养身心，不得干涉行政，如有违者，政府执法以绳，"以治反动派者治之"，决不稍事姑息。五天后，蒋介石又以行政院令发表了《告诫全国学生书》，说："破坏法纪之学潮，自与反革命无异，政府自当严厉禁止，如法惩处。"同日，教育部发出通令，称："学生如再有甘受利用，恣行越轨者，唯有执法严绳，而至全校解散亦所弗惜！"当时，蒋介石以行政院院长的身份兼任教育部部长，他的杀气腾腾的专制言辞和狰狞面目，以及在多处发生的镇压血案，激起了全国学生的愤怒。连其他社会阶层的人士都看不下去了，十二月十三日，天津《大公报》发表社论，愤慨地指出："吾人闻此种噩耗，仿佛中国已化为食人种族之野蛮部落！尚论何教育，谈何学风?!"国民党政府怙恶不悛，更加强了对各类学校的控制和管理，凡公立私立各类学校中，校长若非国民党党员，皆罢去。还在学校中设立秘密的特务组织机构，或安插特务分子，进行恐怖活动，把学校变成黑暗的牢狱①。官方报纸上每天都有在南方"剿共大捷"的报道和"共匪惨败"的消息。国民党当局的这一切倒行逆施，都如同泼油灭火，适得其反。

任质斌在北平的学习费用和生活费用，全靠父母从青岛寄来。他不愿也不忍心把被平民大学开除的事告诉父母，免得他们担心。他在家信中说，待两年预科读完、考上了大学再回家。父母深知儿子的品行，也很放心，只是对独生子的思念之苦与日俱增。特别是连着两年的中秋、除夕之夜，青岛劈柴院任家都没有笑声。任质斌的母亲为想儿子，常悄悄流泪。

北平教育费用相当昂贵。当时北平商业职工和工厂工人每月工资一般约四五元，买卖兴隆的前门外大栅栏瑞蚨祥绸布庄职工工资较高，最低六元，最高十二元。而一般的公立中学每学期学费就要九元至十三元，大学预科与高级中学相同。至于师资力量强、教学设备齐全的教会学校，则每学期学费要四五十元，其中条件较好的慕贞女校高达七十多元。以上仅仅是学费，外地来北平上学的学生再加上住宿、饭费、日用及寒暑假往返，合起来是一笔很大的开支。尽管如此，只要还有一点点办法，大多数父母也要咬着牙支持孩子读书，因为，即使是单从经济上看，在当时的社会生活中，有文化的人工资要比职工和工人高出几倍甚至十几倍，小学教师每月工资一般有四十元，中学教师每月工资在一百五十元至二百元左右，编

---

① 孙培育主编:《中国教育管理史》，人民教育出版社，1996 年 12 月版，第 493～494 页。

辑、记者与中学教师相仿①。

父母殷切希望任质斌学有所成，将来能有个好前程。一封封家书，一句句叮咛，给原本就非常懂事的任质斌，产生了相当大的精神压力。他不敢懈怠。

一年过去了。一九三一年夏，任质斌再次报考大学，仍然未被录取。精神打击是非常沉重的。加上劳累的原因，他病倒在寓所里。一场痛苦的煎熬过去，他平静了下来，并且决定：再补习，再考。

两年没有回家了，他想念父母，决定暑期回家去。为了省钱，任质斌先坐火车到天津，然后坐海船，穿越渤海湾回青岛。毕竟是铩羽而归，这是一次郁闷的旅程。

天津开青岛的轮船很多，任质斌仔细看了价目牌，便有了选择。日本大阪商船岩城商会代理的长沙丸、盛京丸、福建丸这三艘船一等舱三十六元，最低的四等舱七元；大连汽船株式会社的天津丸、日清汽船康记洋行代理的唐山丸、华山丸，价格与大阪商船相仿，都非一般中国人所能承受。而且，在反对日本帝国主义侵略的浪潮中态度坚决的任质斌，也不愿坐日本船。中国人经营的客运轮共有十二艘，皆以"利"字命名，纯利、成利、广利、顺利、得利等等，四等舱票价只要二元②。上船后，才发现环境相当差，时值盛夏，风急浪高，舱中拥挤，低等舱中呕吐物和便溺遍地。任质斌染上了阿米巴痢疾，上吐下泻，很快又出现了严重的便血。到青岛登岸，跌跌撞撞回到家中时，他已经是严重脱水、严重失血、形销骨立，起不来床了③。父母惶急万端，多方延医诊治，才控制住病情。

---

① 袁熹著：《近代北京的市民生活》，北京出版社，2000年1月版，第91、92、103页。

② 胶澳商埠编辑发行：《胶澳志·交通志·航运》，民国十七年12月版，第46～48页。

③ 《任质斌同志回忆录》，未刊稿。

到家才一个多月，就传来了九一八事变爆发的消息。

九一八事变是中国现代历史上日本帝国主义强加给中国人民的一场剧变。它不但完全改变了历史的走向，也改变了亿万中国人的命运。

三　在抗日救亡大潮中觉醒

一九三一年九月十八日夜十时二十分，日本关东军河本末守中尉率七八个工兵，在沈阳城北距中国东北军驻地北大营八百米处的南满铁路柳条湖处，炸毁一段不足一米长的路段，然后诬指为中国军队"破坏"，以此为借口炮轰东北军驻地北大营。同时，驻扎在南满铁路沿线的日本军队，向沈阳、长春、四平、公主岭等地发动进攻。史称九一八事变。消息传来，但凡有血性的中国人，无不义愤填膺！长期深受日本帝国主义侵略和奴役之苦的青岛人民，更加是同仇敌忾。

缠绵在病榻之上的任质斌，痛感民族危亡，每日仔细读报，急切地关注着事态的发展。十九日，日军占领本溪、凤城、安东、辽阳、海城、营口、抚顺、开原、四平、长春。到月底就攻陷了除辽西外的辽宁省，同时攻陷了吉林全省。在青岛，驻青岛的日本领事蠢蠢欲动，命令日本侨民组织和团体，积极准备配合对华的军事进攻。青岛的各家日本工厂和商行，采取延长工作时间，取消病假，以女工和童工取代男成年工等措施，防范青岛人民的反抗。

民族危亡就在眼前了！仍然是最敏感敏锐、最无私心杂念、沸腾着满腔爱国热血的青年学生首先冲出了校园，冲上街头，发出了抗日救亡的呐喊。青岛大学学生组成的有一百七十九人的请愿团，冲破学校当局和国民党青岛当局的重重拦阻，于十二月二日乘火车，经济南南下，沿路向民众、旅客和铁路员工宣传，说到痛切处，声泪俱下。三日，抵达浦口，乘轮船过江抵南京下关，直奔国民政府，要求蒋介石出兵收复失地。学生们在国民政府门口伫立了四个小时，才有一名国府委员出来，以"中央正在开会研究国防问题"为由，让学生住到中央军校去等候。第二天下午，蒋介石到中央军校礼堂，向北平、青岛等地来的学生请愿团"训话"，他一面觍颜散布"日本太强盛，中国太衰弱，跟日本人打仗是不自量力，一旦打起来，日本在三天之内就可能灭亡中国"的失败主义论调，为他的不抵抗主义辩护；一面表示自己已有抗日决心，说："三年之内如果不赶走日本，收复东北失地，当割我蒋某之头，以谢天下！"① 学生们返回青岛后，有人对国民党政府抱有希望。任质斌不这么看，以他在北平两年间的闻见，他认为这个政府是不可信赖的，这位"领袖"是没有信义可言的。

果然，就在青岛学生南下三天后，十二月五日，济南高中学生五百多人到火车站待车南下，被韩复榘手枪旅一部拦阻。七日，山东省立第一师范、一中、正谊、育英、女师、女中、齐鲁中学等校两千五百多名学生欲南下请愿被阻，学生冒着冰雪寒冷，齐往火车站集体卧轨，致津浦铁路中断。韩复榘不得已，勉强派车。学生组成统一的"济南学生救国请愿团"直奔南京。十七日，山东学生与来自北平、安徽、上海、南京等地的学生共三万余人联合举行总示威，在《中央日报》社门前遭军警开枪镇压，死一人，重伤三十多人，此即震惊全国的"南京珍珠桥惨案"。在此期间，山东省立曲阜二师、菏泽省立二中等校学生都以卧轨来抗议当局压制抗日运动的暴行。各方消息传来，任质斌胸中热血沸腾。

然而，任质斌看到的是，平日里对人民作威作福、耀武扬威，对红军轮番"围剿"、穷兵黩武的国民党政府，在日本帝国主义武装侵略面前，简直成了任敌驱赶的羔羊。他在病榻之上辗转反侧，忧心如焚，捶床叹息。

任质斌去市立医院看病，必须从胶州路头走到胶州路尾。九一

---

① 安作璋主编：《山东通史·现代卷》，上册，山东人民出版社，1994年12月版，第158～162页。

八事变后，从东北渡海逃难而来的人，如汹涌潮水般涌向山东半岛。大批难民涌入青岛，胶州路是全市难民聚集最多的地方，最多时达十几万人。他们绝大多数是祖先或上一两辈闯关东的山东老乡。他们宁死不愿做亡国奴，扶老携幼，挈妇将雏，逃回到其实已经是人地两生疏的故乡来。他们在胶州路两侧搭起简陋的窝棚栖身，处境悲惨而且绝望。他们向前来帮助他们的青岛乡亲诉说日军的残暴和亡国的痛苦。任质斌每隔一两天就要去市立医院一次，他在黑压压一片的难民窝棚中穿行，眼前亡国惨祸的苦难景象令他震骇！人民的痛苦和民族的灾难撕裂着他的心。冬天到了，寒风呼啸，冰天雪地，到处都是啼饥号寒之声，惨不忍闻。冻饿而死的人卷着破蓆筒，露出紫黑色的双脚，就放在路边。任质斌目睹此景，热泪长流。这就是以三民主义为标榜的国民党政府的"德政"！一边是国破家亡，一边是达官贵人的肥马轻裘和日本人的趾高气扬。任质斌仿佛一下子就长大了。

局势越来越严重。一九三二年一月二日，日军攻占锦州。二月六日，占领哈尔滨。仅仅四个月零十天，东北全境沦陷，几十万东北军退入关内，东北人民开始了长达十四年的亡国奴生涯。一月二十八日，日军悍然进攻上海。十九路军奋起抗战，"淞沪抗战"爆发。消息传来，青岛日本纱厂和其他日本工厂的工人开展了英勇的斗争。国家弄到了这种地步，国民党政府却加紧了对爱国抗日运动的镇压。年初，山东省教育厅下令调走了一些学校的同情学生抗日的校长，开除进步学生领袖，颁布了各种限制学生活动的规章措施，并开始逮捕进步师生。仅三月二十日夜军警在济南各学校进行的大逮捕，就一次抓走八十多人，激起了全省人民的愤怒[①]。

---

① 安作璋主编：《山东通史·现代卷》，上册，山东人民出版社，1994年12月版，第162页。

　　任质斌在家养病期间，不断收到北平同学的来信，同时也在报纸上读到许多关于北平的消息。他得知，九一八事变后，北平的抗日救亡运动异常高涨，各种抗日团体应运而生，大中学生纷纷集会、游行、发通电，强烈要求国民党政府停止内战，一致对外，武装民众，出兵抗日。最感人的是，九月二十三日，北平各界抗日团体在中山公园社稷坛前召开抗日救国大会，大中小学学生全都臂缠黑纱，黑纱上写着白字"反日救国"，社稷坛前哀社稷，许多人痛哭失声，气氛悲壮肃穆。会后，学生们上街搜查并焚毁日货。他得知，九月二十八日，北平两百四十多个团体二十万人在故宫太和殿广场，召开抗日救国市民大会，会后分三路举行声势浩大的示威游行。他得知，十月一日，驻北平东交民巷的日军，全副武装在东长安街御河桥一带进行军事演习，炫耀武力，激起了全市人民的切齿痛恨，次日，北平工商界抗日救国联合会上书北平军政当局，要求向日本领事提出强烈抗议。他得知，从十月开始，《北京晚报》在报纸边框上印两条标语，一则是："国亡家破，迫在眉睫，国人若不奋起，良心安在乎？"另一则是："武装同志们，掉转你们的枪口，仔细想一想，我们的敌人是谁？"他还得知了北京大学南下示威团和北平学生南下示威团所进行的惊天地泣鬼神的英勇斗争。

　　特别令任质斌感动的是，在一片萎靡和平庸中沉默着的平民大学，也在一·二八淞沪抗战的枪炮声中惊醒了！全校教职员工抽出个人薪金的二成，汇往上海，支援抗日英雄十九路军[①]。同学们在信中都希望任质斌能尽快地回北平去。

　　三月，任质斌完全恢复了健康。他向父母说要回北平。父母知道他要补习功课考大学，也就不阻拦他。——任玖湘夫妇没有想到，他们的独生子此一去，整整十八年音信杳然！

---

　　① 　中共北京市委党史研究室：《中国共产党北京历史（第一卷）》，北京出版社，2001 年 6 月版，第 234 页。

任质斌回到北平。他晚年回忆说："一九三二年春天的北平，和一九三一年夏天的情况不大一样了。如果说一九三一年夏天还很沉闷的话，那这个时候已是非常活跃。突出的表现是在书摊上，出现了许多进步的书刊，摆在那里卖。那时的西安市场（现在的西单商场），书摊一个挨着一个，东安市场也是一样。书摊上有马克思、恩格斯的《共产党宣言》，布哈林的《共产主义ABC》，还有瞿秋白的《中国革命向何处去》等等。有党的刊物《红旗》、《北方红旗》，中共北方局主办的。还有《法兰西内战》、《巴黎公社》，还有批评蒋介石不抵抗、卖国求荣的小册子或刊物。这些书的封面都伪装成灰色的书名，为的是混过检查。回到北平看到这些书，非常高兴，我一边看一边写点小文章，有杂感，有通讯，寄给一些刊物。"①

《红旗》是中共中央机关刊物，一九二八年十一月二十日创刊，初为周刊，后改三日刊，先后出过十六开本、三十二开本、八开单张。一九三〇年八月，与另一份也是党办的《上海报》合并，出版《红旗日报》。它与《布尔塞维克》、《党的建设》、《实话》皆为中共中央机关报，在上海出版②。《北方红旗》是中共顺直省委机关刊物，一九二九年四月创刊，三十二开本，一九三二年九月停刊。《北方红旗》还于一九三〇年十二月二日创刊了副刊《红旗小报》，为三日刊，秘密发往赤色工会、互济会分会、革命士兵委员会、赤色农会、共产党支部和共青团支部③。这些刊物都办得生动活泼，有时政消息、政治评论，有中共中央或省委文件、指示，有来自红军和各革命根据地的报道，有各省革命斗争情况介绍，有来自国外的通讯，有苏联通讯，还有揭露国内外反动派罪行的材料等等。从一定意义上

---

① 《任质斌同志回忆录》，未刊稿。

② 方汉奇主编：《中国新闻事业通史（第二卷）》，中国人民大学出版社，1996年5月版，第266～268页。

③ 中共北京市委党史研究室编：《北京革命史简明辞典》，北京出版社，1992年5月版，第359、369页。

说，一份刊物就如同一个微型流动的党校，许多国统区青少年就是从这里学习革命理论、了解共产党和红军，并且从此走上革命道路的。

党刊传布的方法也很特别。为了避开国民党当局的查禁，一般都用伪装的封面。《红旗》的封面有十几种之多，有《快乐之神》、《摩登周报》、《红妮姑娘艳史》、《经济统计》、《佛学研究》、《新生活》等等，完全地匪夷所思，以蒙过检察官的眼睛。《布尔什维克》先后用的伪装封面有九种：《少女怀春》、《中央半月刊》、《新时代国语教授书》、《中国文化史》、《金贵银贱之研究》、《经济月刊》、《中国古史考》、《平民》、《虹》。《中国工人》的封面是《红拂夜奔》、《南极仙翁》等。《列宁青年》的封面是《青年半月刊》、《美满姻缘》等①。其他马列主义理论书籍和革命书籍，也都加上一个灰色的或黄色的封面，与当局新闻报刊检察官巧妙周旋。

这些党刊和书籍，是任质斌走上革命道路的导师和引路人。他四处奔波地寻找，如饥似渴地阅读，渐渐地，他进入了一个崭新的精神世界。

有时，任质斌心怀感激地想：编这些刊物的，究竟是什么样的人呢？

他绝想不到，一年半之后，自己竟成了中共中央机关报的编辑，后来又成了负责人。

四　从投身反帝大同盟到加入少共

任质斌在自修功课的同时，开始自学自修另一种课程，那就是共产革命。他想给党刊写信，但是，党刊是秘密的，不印通讯地址。有一次，他看到一本《少年之友》上印有通讯地址，立即写信去联

---

① 方汉奇、张之华主编：《中国新闻事业简史（第二版）》，中国人民大学出版社，1995 年 11 月版，第 256 页。

系，并且寄去自己写的文章。几天后，一个自称叫常沙的十七八岁的青年，到石碑胡同来找任质斌。他们一见如故，倾心交谈。交往了一段时间后，常沙问任质斌愿意不愿意参加《少年之友》的编辑出版工作。任质斌当然愿意。后来他知道，《少年之友》社是河北省反帝大同盟青年部的外围组织①。

　　要说清楚河北省反帝大同盟，必先从北平反帝大同盟说起。因为，在中国共产党处于地下状态的漫长岁月里，北京（北平）、直隶（河北）、天津的组织结构和隶属关系变更甚多。北平反帝大同盟成立于一九三〇年二月，它由北平留日被捕同胞后援会改组而成，受中共北平市委领导，设总务、组织、宣传三部，曾经参与组织过三一八纪念、四二〇米市大街游行、九一八事变后北平学生南下示威团等活动，出版刊物《工农周报》、《反帝新闻》、《反帝青年》、《工农兵小报》等。同年十二月，中共中央决定取消北方局和顺直省委，成立河北省委，北平市委隶属于河北省委领导。一九三一年一月，王明左倾冒险主义在全党取得统治地位后，河北省委和北平市委都出现了严重的党内纷争和分裂现象，组织名称和从属范围皆发生过变更，后归于正常状态。一九三二年六月一日，河北省反帝大同盟第一次代表大会在北平召开，北平、天津、唐山、蓟县、通县、保定、正定、石家庄、大名等地反帝同盟代表共五十人参加会议，正式成立河北省反帝大同盟，机关设在北平，它是北平反帝大同盟的上级组织②。

　　《少年之友》原属北平反帝大同盟，一九三二年六月以后属河北省反帝大同盟青年部。《少年之友》之名，源出一九一九年七月一日创刊、李大钊任编辑主任的少年中国学会机关刊物《少年中国》。任

---

① 《任质斌同志回忆录》，未刊稿。任质斌 1950 年填写的《干部简历表》。

② 中共河北省委党史研究室著：《中国共产党河北历史（第一卷）》，中央文献出版社，2001 年 6 月版，第 310 页。

质斌晚年曾到处寻找《少年之友》实物，未能找到。研究者继续寻找亦无结果，但是，却意外发现《少年之友》余绪直到抗日战争时期仍在广西存在。从桂林少年之友社一九四二年出版的《少年之友》看，其栏目有：时事研究、名人故事、科学趣谈、科学游戏、连环图画、习作之页、诗歌、故事、童话、历史小说、歌曲等等，显然打上了新的时代烙印，时当国共合作抗日时期，刊物已经没有了当年的革命斗争内容，变成了普通的益智性知识读物了①。

　　任质斌参与时期的《少年之友》，是一个革命的战斗的红色刊物。它不定期出刊，约十天半个月出一期，十六开本，内容主要是揭露国民党政府的反动腐朽统治、宣传鼓动反帝斗争、介绍苏联、介绍南方各革命根据地和红军等等，也有少量适合青少年年龄特征的知识性趣味性内容。刊物的政治立场，自觉保持与中共党刊的一致。办刊人员是清一色的高中学生，常沙就是汇文中学的学生，而汇文中学是一所富有革命斗争传统的名校。办刊者没有工资报酬，完全是义务。因为刊物只散发，不卖钱，又没有任何经济来源，办刊费用还得大家一起自掏腰包来凑。每一期办刊费用和印刷费等支出约需二十元，十天出一期，一个月就需六十元，是个相当大的数目。任质斌和他的战友们常常因此弄得连吃饭都成了问题。饥一顿，饱一顿，身无分文是常有的事。刊物的印刷是隐秘进行的。印刷厂敢于冒着风险印制，已属不易。刊物免费送给书摊摊主，摊主能卖钱，而且很受欢迎，所以渠道甚为畅通②。

　　与其他地下革命刊物一样，《少年之友》在极其危险的环境下办刊。任质斌和他的战友们随时都有被逮捕坐牢甚至杀头的危险。国民党政府早在南北统一之初就大力推行思想文化专制和反共防共政

----

①　据中国国家博物馆藏本。

②　参见《任质斌同志回忆录》，未刊稿。任质斌 1991 年 12 月 21 日致张老的信，手迹。

策了，继《制止共产党阴谋案》之后，一九二九年一月十日，国民党中宣部颁布《宣传品审查条例》，推行一个党、一个主义的法西斯主义的政策，其中第五条规定："凡含有下列性质之宣传品为反动宣传品：一、宣传共产主义及阶级斗争者；二、宣传国家主义、无政府主义及其他主义而攻击本党主义、政纲、政策及决议案者；三、反对或违背本党主义、政纲、政策及决议案者；四、挑拨离间、分化本党者；五、妄造谣言以淆乱观听者。"六月，国民党中宣部颁布《取缔销售共产书籍办法》。一九三〇年十二月十六日，国民政府公布《出版法》，比袁世凯一九一四年颁布的《出版法》更加野蛮和独裁。一九三一年一月三十日，国民政府颁布了《危害民国紧急治罪法》，疯狂镇压共产党人和进步人士，查封进步报刊、威胁恐吓、捕人杀人，无所不用其极。同时，大力扶持、大量出版和推销反动报刊①。

尽管许多知名的革命者或进步人士因为办报刊而被捕、被囚、被杀，任质斌和他的战友们却全无畏惧！与反动当局斗智斗勇。北平的小印刷厂很多，《少年之友》印出来以后，立刻分成一个个小包，大家都穿着长衣大褂，把刊物藏在身上，坐着洋车往各书摊送。后来，被当局在检查书报时发现，摊主不敢再卖，他们就把刊物改名为《劳动之友》，继续出刊。

任质斌工作积极，沉稳踏实，严谨细致，不久就由常沙介绍，成为河北省反帝大同盟盟员，并担任了《少年之友》社主任②。

一九三二年七月，任质斌考取中国大学商学系。

中国大学是有光荣历史的著名学府。它是一所私立大学，由孙中山于一九一二年倡办，第一任校长是宋教仁。学校筹备期间，宋

① 叶再生著：《中国近代现代出版通史（第二卷）》，华文出版社，2002年1月版，第859～866页。

② 《任质斌同志回忆录》，未刊稿。

教仁一九一三年三月二十日在上海被袁世凯派人刺杀身亡。黄兴继任校长，四月十三日正式开学。初名国民大学，校址在前门内西城根（今前门西大街十三号，北京市第二十九中学）。一九一七年三月改校名为中国大学。一九二五年九月迁校至西单大木仓皮库胡同郑亲王府（现教育部机关办公地址），拥有房舍七百余间。一九二九年至一九三一年，学校面积又进一步扩大，校舍亦大面积扩充。其师资力量、教学设备、学生素质均相当优秀，"较之国立大学几无多让"①。

　　然而，此时的任质斌，已经无心继续读书了。从客观上说，国家危亡，势如累卵，日本人扶持的伪"满洲国"三月九日在长春成立，日本帝国主义军队压迫长城一线，威胁平津，偌大的华北已经放不下一张安静的课桌。从主观上说，任质斌已经把自己的全部身心献给了共产主义理想和抗日救国大业，他不可能再回到静谧的课堂书斋中去了。

　　任质斌成了北平抗日救亡运动中的一个勇猛顽强的战士。在继续主持《少年之友》杂志的同时，他还积极参加各种抗日活动。飞行集会、示威游行；身上装着粉笔，乘军警不备在大街小巷的墙上书写革命标语；怀里揣着刚刚印好还散发着油墨清香的《少年之友》，奔走在各大中学校和各书摊之间。——连北京法源寺僧侣们都从青灯黄卷旁挺身而出慷慨陈词了："僧侣为国民之一，则国之存亡亦与有其责，国存僧存，国亡僧亡！"② 更何况莘莘学子七尺男儿呢？他想起家乡海中的田横岛和视死如归的五百义士，心中便澎湃起豪情。国之将亡，唯有一搏，个人前途，只有舍弃了。

---

　　① 《北京市志稿·文教志》（1946 年本），第 371～374 页。参见北京中国大学校友会编：《中国大学》（1993 年 10 月本）；中共北京市委党史研究室编：《中国大学革命历史资料》，中共党史出版社，1994 年 8 月版。

　　② 中共北京市委党史研究室：《北京革命史大事记》，中共党史资料出版社，1989 年 10 月版，第 151～152 页。

九月，一个叫严类若的中国大学学生来找任质斌谈话。显然，他对任质斌的情况非常了解，先赞扬了任质斌在《少年之友》社的工作，接着表扬了他在抗日救亡运动中的英勇表现，交谈了很久，谈到最后，郑重地问任质斌，愿意不愿意参加少共（少年共产党的简称，亦称 CY，即共青团）。这正是任质斌所强烈向往的！他当即请求加入少共组织。几天后，在中国大学校园区的一间空屋内，严类若代表上级组织，主持了任质斌的宣誓仪式①。

任质斌入团时，北平有多少共青团员？未找到材料。但是有两组数字可以参照：第一，在任质斌入团前两个月，即一九三二年七月，全市有中共党员一百三十九人，团员数无载；第二，在任质斌入团一年零两个月后，即一九三三年十一月，全市有中共党员一百五十人、共青团员一百人、反帝大同盟盟员六七十人②。选择之审慎，条件之苛严，显而易见。这是真正的革命先锋和精英。

严类若说话是四川口音，常沙是河北人，都是化名。解放后，任质斌曾多方设法寻找这两位革命领路人，愈到晚年寻找愈急迫，但，终无结果。这两个人，如同是在一刹那间燃烧出雪亮的光焰照亮在黑夜中蹳行的任质斌前行道路的彗星一般，悄然消失在茫茫天宇。是牺牲了？病故了？还是后来受了挫折沉沦了？皆不得而知。

十月中旬，严类若来找任质斌，通知他：中共河北省委决定派他去江西中央革命根据地参观学习，取得经验，回来用于指导在北方开展武装斗争，创建新苏区；北平只派任质斌一人，天津还有几个同志同行。任务紧迫，说走就走。

任质斌匆匆把较重要的书籍和衣物送到民国大学即墨同乡徐守

①　《任质斌同志回忆录》，未刊稿。

②　中共北京市委党史研究室：《北京革命史大事记》，中共党史资料出版社，1989 年 10 月版，第 159、175 页。

伟处,托他暂为保管①。然后乘火车去天津,按照严类若说的接头地点和接头方法,与天津的同志会合。天津方面四个人,一个是唐山的工人,还有一男两女三个学生。五人在天津乘轮船去上海,然后再转赴中央革命根据地②。

船行海上,任质斌的心境与去年此刻怅然渡海返乡已截然不同。他唯觉天高海阔,壮怀激烈。他明白,此行任务关系重大。

轮船中途停靠青岛港上下客。山川依旧,市廛依旧,三月间离开青岛,至此只半年之隔,任质斌已然变成为共产主义献身的革命者。他知道,按照纪律,他不能飞奔回近在咫尺的家,看望一下父母。连在码头给父母发一封信也属不允许。他只有向着劈柴院方向,久久凝望。任质斌原以为,参观后还回北平。没承想,这一去就是数万里转战十八年。

在这十八年中,独生子的突然失踪,对任玖湘夫妇的精神打击是摧毁性的。他们先是四处托人到处寻找,全无结果。找了几年后,完全陷入绝望和无尽的悲伤中。待到青岛解放,任质斌百战归来时,父母已是穷愁潦倒,白发苍苍。母亲思念儿子,眼睛几乎哭瞎了。

第三天,任质斌一行抵达上海。

---

① 任质斌:《关于我开始参加革命活动和到中央苏区的经过》,1968年6月24日,手稿。

② 《任质斌同志回忆录》,未刊稿。

第四章　在中央革命根据地

一九三二年十月中旬，任质斌一行五人抵达上海，与中共地下党组织接上了关系。不久，设在上海、处于地下秘密状态的中共临时中央决定，河北省委赴苏区参观团只任质斌一人去中央革命根据地，其他四人在上海另行分配任务①。

此时，正处于蒋介石率三十万大军第三次"围剿"中央革命根据地惨遭失败之后，又处于蒋介石纠集五十万大军准备发动第四次"围剿"之前。两军对垒，战云弥漫，中央革命根据地被国民党军重重封锁，包围得如同铁桶一般。

任质斌的任务，就是要钻进这铁桶里去，然后钻出，将革命经验和具体做法带回北方，使苏维埃运动在北方开展起来。——何谓"苏维埃"？它是俄文音译，意为会议或代表会议，是俄国无产阶级在一九〇五年至一九〇七年革命时期创造的领导群众进行革命斗争的组织形式，为列宁所发现、肯定和发展。十月革命后，苏维埃成了苏联权力机关的名称。苏维埃名称也为中国共产党人所使用。在中国，它与工农政权同义。因此，中央革命根据地亦通称中央苏区。本书下文一般称中央苏区。

这是一个极度危险的旅程。要在国民党军严密封锁和重重关卡

---

① 《任质斌同志回忆录》，未刊稿。

中穿过海上、城市、村镇、关隘、山野；要化装、偷渡、昼伏夜行、翻山越岭；要应付国民党军警、暗探和地方民团的突袭、盯梢、埋伏、盘查和搜捕。真是危机四伏，步步艰险。

任质斌在上海住下，等候被中央交通员秘密护送。

一　由中央交通员秘密护送从上海到瑞金

任质斌被派赴中央苏区，有其历史背景和组织原因。这还要从中央苏区说起。

中央苏区，是第二次国内革命战争时期（又称土地革命时期）中国共产党用武装斗争方法创建的主要的革命根据地，它包含赣南和闽西两地区。一九三一年十一月，中华苏维埃共和国临时中央政府在江西瑞金成立，选举出六十三名中央执行委员会委员，毛泽东为主席，项英、张国焘为副主席。中央革命军事委员会以朱德为主席，王稼祥、彭德怀为副主席。还选举产生了外交、军事、劳动、财政、土地、教育、内务、司法、工农检察等部及国家政治保卫局。定瑞金为首都，改名瑞京。中央苏区范围最大时包含了瑞京、安远、信丰、广昌、石城、黎川、宁都、兴国、雩都（今于都）、会昌、寻邬（今寻乌）、长汀、永定、连城、泰宁、建宁、宁化、清流、归化（今明溪）、龙岩、上杭共二十一个县。至任质斌进入前夕，即一九三二年秋，中央苏区人口已达三百四十万。从本质上说，中华苏维埃共和国临时中央政府，是中国共产党领导创建的中国第一个具有国家形态的由工农民主专政的红色政权。

一九三二年六月下旬，中共临时中央在上海召开北方各省省委代表联席会议，通过了《革命危机的增长与北方党的任务》、《开展游击运动与创造北方苏区的决议》、《关于北方各省职工运动中几个主要任务的决议》。临时中央猛烈地批判了"北方落后论"，要求在河北、山西、河南等省和东北三省，通过发动兵变、暴动和工农运动，成立红军，立即创造"北方区苏维埃区域"。后来成为著名抗日英雄的杨靖宇，就是为此被派往南满创建红军的。

以上是任质斌被派南下的大背景。

八月，中共河北省委通过了《河北省委接受北方各省委代表联席会议的决议》，批判"北方落后论"，提出："在河北发展游击战争，创造新的苏维埃区域与红军，已经是摆在议事日程中的实际任务。"于是，灵寿红星暴动于八月二十一日发动，声势更加浩大的高蠡暴动于八月二十七日爆发。但是，暴动均只轰轰烈烈地坚持了数日，即告失败。失败的原因在于基础的薄弱和敌我力量的过分悬殊。但是，在执行左倾冒险主义路线的中共临时中央的坚持和一再督促之下，暴动还要继续发动。怎么办？派人去中央苏区参观学习，取得经验，就成了中共河北省委最紧迫的任务。

十月八日，中共河北省委通过了《河北省委关于纪念十月革命工作决议》，其中决定：北平、天津二市委应经过群众路线，组织苏区参观团，工农分子至少应占三分之二①。

任质斌在此时脱颖而出，两名工农分子没有产生出来，只好派知识分子任质斌单身上路了。天津也是知识分子多于工农分子。

在上海的中共临时中央，接到河北省委的报告后，作了相应的准备和安排。任质斌等人抵达上海后的接头方法是在出发前就设定好了的：到上海后住进预先指定的某某路某某号某某旅馆，在旅馆公示牌上写上预先订好的假名，上海方面的地下党自然会派人来找，对上暗号，谈话核对无误后，就接上了关系。因为白色恐怖严重，屡屡有叛徒破坏，上海地下党常常在暗中观察来人，许多天甚至一个多月之后，才来接头②。

----

①　据中共河北省委党史研究室梁淑珍提供的复印件。

②　伍修权当年等接头等了一个多月。参见伍修权：《征程路漫漫》，中共广东省委党史研究委员会、中共汕头市委党史资料征集研究领导小组编：《红色交通线》，1986年2月印行。

　　警惕和严密的防范是必须的。一九三一年四月发生的中共中央特科部部长顾顺章在武汉被捕叛变，六月发生的中共中央总书记向忠发在上海被捕叛变，给党造成了惨重的损失。叛徒们熟知党内情况，由他们带领国民党军警抓捕或指认共产党员，往往是防不胜防。九月，由博古（秦邦宪）、洛甫（张闻天）、康生、陈云、卢福坦（后叛变）、李竹声六人组成的中共临时中央政治局在上海成立，博古负总责。十月，王明去苏联。十二月，周恩来去中央苏区。临时中央组织部部长开始是康生，一九三二年春起由李竹生继任。对河北省委赴中央苏区参观团只批准任质斌一个人进入中央苏区，是经过中共临时中央慎重研究的，这从任质斌进入中央苏区后立即被委以重任、后来进入中央苏区的陈云对任质斌非常关怀，皆可以得到印证。

　　任质斌到上海，首先受到的就是革命艰难艰险的教育。在他抵沪前不久，上海共青团组织的总部被大规模破坏五次，团的沪西区委、法南区委、沪中区委、沪东区委皆被破坏一到两次。一九三二年年初上海有共产党员三千多人，但到次年年底只剩五百二十八人了①。在任质斌到上海当月的十五日，陈独秀在上海被捕，蔡元培等人发起营救，轰动一时。上海的国民党军警非常猖獗，共产党人和进步人士被捕被杀的消息，频频见诸报端。

　　但是，党领导的抗日救亡运动仍然是一浪高过一浪，工人和学生的抗争彼伏此起。鲁迅的杂文和左翼作家的作品深受读者欢迎。邹韬奋主编的《生活》周刊销量达十五万份，创中国期刊发行量的最高纪录②。就在那两个月中创刊的杂志就有上海左翼文化总同盟主

---

　　① 　中共上海市委党史研究室编：《中国共产党上海史》，上册，上海人民出版社，1999 年 9 月版，第 647 页。

　　② 　中共上海市委党史研究室编：《上海抗日救亡史》，上海社会科学院出版社，1995 年 7 月版，第 238 页。

办的《文化周报》（只办了一期便遭查禁）、共青团江苏省委主办的《少年真理报》、王造时主编的半月刊《主张与批评》、刘王立明主办的半月刊《女声》①。党领导的左翼文化团体"八大联"社联、语联、记联、教联、左联、美联、剧联、音乐小组皆在年初组成，其间荟萃了中国最优秀的革命文化的顶尖级大师，由他们支持或支撑着的进步报刊，屡仆屡起，越禁越多，有如大海的怒潮，呼啸奔腾，雪浪排空，千层万叠，令国民党当局查不胜查，禁不胜禁。

在上海等待的这段时间，在任质斌一生中非常重要。他受到了上海进步文化的浸染，虽然时间不长，但却深刻和集中。上海这个五洋杂处、五光十色的繁华喧闹的都市，与凝重古朴厚重庄严的古都北平相比，迥然相异。但是，沪上报纸杂志的求新求变、多姿多彩，给任质斌留下了深刻印象。这对于他后来在中央苏区办报纸，有很大的启发和助益。

十一月中下旬，在中央交通线一位交通员的专门护送下，任质斌前往中央苏区。交通员是广东人，二十多岁，瘦小精干，任质斌不便问其真实姓名。这一条从上海到瑞京的中央交通线，是周恩来、吴德峰等领导开辟的。从任质斌晚年回忆看，他走的路线与周恩来一年前前往中央苏区所走的路线相同，即：不经香港，直放汕头，经潮州、人浦、青溪、永定潜赴中央苏区。季节也一样。

中央交通线成立后，共护送了两百多位领导干部进入苏区，绝大部分是中央领导人和高级干部。像这样只护送一个人，而且是个十七岁的"少共"青年，大概是绝尤仅有的一例了。

全程都是周密设计好的。他们在上海十六铺码头乘英商的小火

① 中共上海市委党史资料征集委员会、中共上海市委党史研究室、中共上海市委宣传部党史资料征集委员会合编：《上海革命文化大事记》，上海书店出版社，1995年5月版，第353～361页。

轮，沿着海岸线走，虽然颠簸得厉害，但比较安全。海中数日，抵达广东汕头。交通员先到前面察看，留任质斌在一家旅馆里住了二十天。交通员回来后，领着他坐汕头至潮州的小火车，中途在潮安下车，换乘电船，溯韩江而上，至大浦。再换乘开往虎头沙的小电船，中途下，步行至青溪交通站。当夜，交通站派三四个全副武装的青年，提着驳壳枪，乘夜色掩护，护送任质斌和交通员一路疾行，到离虎头沙十多里的多宝坑交通站。接着，星夜出发，翻山越岭，经洋门、党坪，到铁坑交通站。再往前，翻越粤闽交界处的崇山峻岭，经伯公坳、陶坑、乌石下村、上金、中金、下金，穿过永定游击区进入苏区。其间要绕过国民党军的关卡和民团据守的碉堡、碉楼、关卡和岗哨，不走大路走小路，有时连小路也不走，走人迹罕至的山路、林密草深的山沟。黑夜沉沉，伸手不见五指，道路崎岖险峻，任质斌常常跌进坑里，同志们拉他起来，继续前进。有一天下起了大雨，他们顶风冒雨走了一夜，苦则苦，但安全。进入苏区后，他们在一个乡苏维埃政府休息了两天。接下来再走十多天山路，经上杭到闽西重镇长汀。长汀之西便是莽莽苍苍连名字都那么威厉蛮猛的武夷山。翻过武夷山就是目的地"红都"瑞京了①。

　　就在中途休息的那两天，又有一个同志由中央交通线交通员护送着，从后面赶了上来。于是，四人同行。那个交通员是山东人，身材魁梧，叫任彭年。被护送的同志叫李弼庭，是湖南嘉禾人，一九○一年生，一九二二年入团，一九二三年转党，一九二五年赴苏联学习，在苏联期间曾奉派去法国里昂大学深造，一九三○年回国后曾任中共湘南特委组织部部长，也是从上海转往中央苏区去。李弼庭与任质斌一见如故，非常喜欢这个比自己小十四岁的山东青年。

　　　① 以《任质斌同志回忆录》与十几种文献资料和口碑史料相互参证。主要参见当年中央交通线负责人曾昌明、李沛群、萧桂昌等人的回忆录（见《红色交通线》）。笔者1979年冬至1980年春在原中央苏区的实地考察和调查访问。

他会唱很多苏联歌曲，接下来的旅途，洋溢着歌声，充满了欢乐。到瑞京后，李弼庭担任了红军总政治部组织部部长，长征到陕北后，一九三六年一月八日在甘泉劳山被国民党飞机炸伤，不久牺牲①。

任质斌自上年大病后，肠胃一直不好，怕风寒，怕生冷和刺激性食物。此行途中，风餐露宿，吃糙米饭，吃酸菜炒辣椒，他担心会生病，不料不但没有什么不适，反而肠胃竟大好了②。

抵达闽西重镇长汀，他们受到中华苏维埃共和国临时中央政府财政部部长（人民委员）邓子恢、福建省苏维埃政府主席张鼎丞、福建军区司令员罗炳辉、政委谭震林的热情接待③。

十二月中下旬，他们抵达瑞京。

二　一个人的河北省委赴中央苏区参观团

任质斌被送到瑞京城东北十多华里的叶坪村。

叶坪村不大，松松散散几十户人家，它却是中共苏区中央局，中华苏维埃共和国临时中央政府的驻地。这里还住着中国革命领袖人物毛泽东、朱德、周恩来、项英、任弼时、王稼祥等。毛泽东此时被排斥在中央领导核心之外，但"朱毛"的巨大声望是排斥不掉的。毛泽东的伟岸雍容和儒雅风度，给任质斌留下了深刻的印象。

叶坪村以叶姓聚居得名。但在元明之际叶姓已经全部迁走，没有一户姓叶的人家了。谢姓从兴国县迁来聚族而居，并于明代末年在村中建起了有浓郁南国建筑风格的谢氏宗祠。在这宗祠中隔出的十几间房，成了中央局和中央政府的办公处。任质斌报到后，被安

①　中国工农红军第一方面军史编审委员会编：《中国工农红军第一方面军人物志》，解放军出版社，1995年3月版，第307页。

②　《任质斌同志回忆录》，未刊稿。

③　任质斌：《关于我开始参加革命活动和到中央苏区的经过》，1968年6月24日，手稿。

排到中央苏区各地参观。

在一个多月前，从方志敏领导的赣东北根据地派来过一个赣东北军事参观团，到中央苏区参观①。不久前，赣东北与中央苏区打通，十二月十二日赣东北省改为闽浙赣省，方志敏任省苏维埃政府主席。一九三三年一月，闽浙赣苏区参观团一行二十余人来中央苏区参观②。河北省委参观团只任质斌一个人，便随同该团一起参观。他们参观了瑞京、宁都、兴国、胜利等县。

这次参观使任质斌眼界大开，所见所闻皆令他振奋不已。

瑞金县苏维埃政府于一九三〇年七月在瑞金县革命委员会基础上建立，曾受闽西苏维埃政府和江西省苏维埃政府双重领导，一九三一年十一月成为中华苏维埃共和国的首都，改名瑞京，列为临时中央政府直属县，受中央和省苏维埃政府双重领导。宁都、兴国、胜利等县苏维埃政权的成立时间，与瑞京大致相仿佛。只是宁都县一九三一年九月分析宁都、彭湃两县，一九三二年二月又复为一县；胜利县系一九三二年一月由于（都）北区改设③。

政权建设，按《中华苏维埃共和国宪法大纲》规定：中华苏维埃共和国"是工人和农民的民主专政的国家"，设立了各级代表会议制度、民主选举制度；选举产生省、县、区、乡苏维埃政府工作人员；"凡在苏维埃政权领域内的工人、农民、红军兵士及一切劳苦群众和他们的家属，不分男女种族（汉、满、蒙、回、藏、苗、黎和台湾、高丽、安南人等）宗教，在苏维埃法律面前一律平等，皆为苏维埃共和国的公民"；凡公民在十六岁以上，均享有选举权和被选举权；而军阀、官僚、地主、豪绅、资本家、富农、僧侣及一切剥

---

① 文曾人编写：《江西苏区大事记略》，江西人民出版社，1986年2月版，第161页。

② 《任质斌同志回忆录》，未刊稿。

③ 李敏、孔令华主编：《中央革命根据地词典》，档案出版社，1993年12月版，第145、180、182页。

削人的人和反革命分子，均没有选举权和被选举权。

地方武装，包括赤卫队（一般不脱离生产），模范赤卫队（半脱产），少先队（有乡、区、县、省四级队部、中央总队部），游击队和赤色警卫队。就在他们参观的当月，按照中央执行委员会第一号密令规定："每个县都单独成立一个赤卫军模范师。"每区成立一个模范营，三个营编成一个模范团，县为模范师。

其他如群团建设（工会、共青团、妇工会、农协、贫农团、反帝拥苏同盟、互济会），经济建设，教育事业，文化事业，卫生体育事业等等，皆井然有序。兴国县是个模范县，各项工作开展都好，参加红军的也多。遍及苏区的列宁小学，自编课本，给任质斌留下的印象殊深。

参观团所到之处，受到了中央苏区各地党政军民的热烈欢迎，锣鼓喧天，红旗飞舞，夹道欢迎，这种场面是任质斌未曾经历过的。每一次都令任质斌感动不已。他们参观县城，还深入到乡镇、后勤机关、兵工厂、红军部队。所见皆从未曾见，所闻皆使人振奋。任质斌笔不停记，入夜还要整理成文字，进行归纳和思考，常常工作到天亮。

这种参观是互动的，在每到一地的群众或红军的欢迎大会上，当地领导或红军首长都要热情地请参观团的同志介绍其他苏区的情况。任质斌从国民党统治区来，就登台介绍国民党统治的黑暗和罪恶，介绍白区人民不屈不挠的抗争和各种斗争形式，表示要把中央苏区的好经验带回到北方去，把北方苏维埃运动开展起来①。这是任质斌首度在大会上作讲演。开始还有些紧张和局促拘谨，几次以后，就从容自如了。他用有即墨口音的北京话作讲演，介绍北平和北方的斗争情况，许多内容为苏区军民闻所未闻，材料又丰富生动，所以反响强烈，讲演常常被热烈的掌声打断。

参观团在兴国拜访了江西省苏维埃政府，受到主席曾山，副主

---

① 《任质斌同志回忆录》，未刊稿。参证其他相关资料。

席胡海、陈正人的热情接待。他们还拜访了中共江西省委书记李富春、江西军区司令员陈毅，陈毅在北京中法大学读过书，谈起北京来兴致甚高，他们在一起会餐①。这是任质斌与他们的初次相识。十七岁的"少共"任质斌，也给他们留下了深刻的印象，这一点很快就在对任质斌的使用上表现出来。

同时在中央苏区参观的还有江西十县参观团，他们在兴国这个"模范县"参观了半个月，在二月四日《红色中华》报上发表了《参观兴国以后的感想》，指出，兴国的工作做得这样好，是因为"兴国的土地问题解决得特别彻底，分配土地能够很明确的执行了阶级路线，正因为这样，雇农贫农和中农完全获得了土地革命的利益，从而一切工作的推动，也必然的十分顺利了。"还因为群众动员非常地深入，在兴国，几乎每一个群众都加入了革命团体，全县列宁小学有四百八十余所，夜校一千多所，党团员占全县人口百分之十以上②。

参观持续了一个月。任质斌回到瑞京，忙着阅读相关材料，整理参观笔记，准备返回北平去。但是，他回不去了。

任质斌回不去的原因之一是，中共临时中央在上海无法立足，于一月间迁来中央苏区，博古（秦邦宪）、洛甫（张闻天）、陈云、刘少奇等人先后抵达瑞京，返回北平去的交通线断掉了。原因之二是，经过中共临时中央严格挑选而进入中央苏区的任质斌，已经在一个月的苏区生活中产生了良好的反响，崭露了才能。原因之三是，经过错误的反"AB团"、肃"社会民主党"等斗争，弄出了一系列的冤假错案，损失了一大批优秀的知识分子干部，正在开展的福建反"罗明路线"、反"江西罗明路线"（即反"邓毛谢古"邓小平、

① 任质斌：《关于我在各个历史阶段的证明人》，1968年1月12日，手稿。任质斌：《关于我开始参加革命活动和到中央苏区的经过》，1968年6月24日，手稿。
② 《红色中华》，1933年2月4日。

毛泽覃、谢唯俊、古柏），又损失了一批优秀的青年干部和知识分子干部。像任质斌这样年轻、忠诚、又有北京平民大学和中国大学学历背景的干部，实属难得。

一九三三年二月就任中共苏区中央局（此时实为中共中央）组织部部长的任弼时找任质斌谈话，宣布组织决定：留任质斌在中央工作，担任中央苏区反帝拥苏总同盟代理主席。

三　任中央苏区反帝拥苏总同盟代主席

中央苏区反帝拥苏总同盟由反帝总同盟、拥护苏联总同盟两个团体合并而成。这里需要分别叙述。

首先，关于反帝总同盟。一九三一年十月二十八日，中共江西临时省委宣布成立江西省反帝大同盟，并公布《反帝大同盟章程》共八条①。一九三二年六月二十三日，中央苏区反帝总同盟第一次代表大会在瑞京开幕，通过了《反帝斗争纲领》共十九条，以陈寿昌为主席。其宗旨为：团结被压迫的工农劳苦群众与红军战士，在反对帝国主义的旗帜下，积极参加中国革命，推翻帝国主义统治。其组织系统为：自乡（或工厂、街道）至省成立各级反帝大同盟，全中央苏区在瑞京成立反帝总同盟；红军中军以上单位及红军学校和独立师也成立反帝大同盟，直属于中央苏区反帝总同盟。也就是说，组织系统军队和地方皆有②。《纲领》较之江西省反帝大同盟的章程，有了较大变化。其中第七条是："反对与帝国主义亲密结合的封建势力，彻底完成土地革命。中国大多数群众同土地和乡村生活联系着。帝国主义维持中国的封建势力，经过地主与高利贷者实行对

---

① 江西省档案馆、中共江西省委党校党史教研室编：《中央革命根据地史料选编（下）》，江西人民出版社，1982年6月版，第734、735页。

② 余伯流、凌步机著：《中央苏区史》，第659页。

广大农民的封建的掠夺，所以农村经济的命脉，就握在帝国主义手里，因此更加速农民的贫乏化。为要推翻帝国主义在农村中的掠夺，必须彻底没收地主一切土地，消灭地主阶级，反对富农。将良好的田分给贫农、中农、雇农，分给富农以坏田，彻底完成反帝国主义、封建势力的土地革命。"[1] 把土地政策具体地纳入了纲领中。

其次，关于拥苏总同盟。一九三二年十一月八日，中央苏区拥护苏联总同盟第一次代表大会在瑞京召开，讨论通过了大会决议案和《拥苏同盟组织章程》等文件，选举成立了中央苏区拥苏总同盟执行委员会[2]。其宗旨为：动员全体工农群众与红军战士参加反帝反国民党的民族革命战争，武装拥护苏联。其组织系统与反帝总同盟基本相同，盟员也是互兼，活动内容也大致相同。

因为两个总同盟工作内容重复，便于一九三二年十二月合并，称中央苏区反帝拥苏总同盟，主席仍为陈寿昌[3]。之所以要任质斌代理主席，是因为陈寿昌即将另有任用了。陈寿昌，浙江镇海人，一九二四年入党，曾任中共中央秘书处秘书、中央特科交通科科长，在周恩来直接领导下为中央特科情报保卫工作作出过贡献，一九三一年秋进入中央苏区，曾任苏区工会（全总苏区执行局）主任、党团书记。一九三三年三月调任中共福建省委书记。后来，他在长征中牺牲。

任质斌立即走马上任。反帝拥苏总同盟设在沙洲坝乡锦水村上

---

① 中共中央党史研究室编：《土地革命纪事》，求实出版社，1982 年 12 月版，第 282 页。

② 蒋凤波、徐占权编：《土地革命战争纪事》，解放军出版社，1989 年 2 月版，第 289 页。

③ 多种史著和资料及传主回忆材料均记合并时间为 1933 年初，属误记。因反帝拥苏总同盟 1932 年 12 月 23 日就对外发表宣言了。据蒋凤波、徐占权编：《土地革命战争纪事》，第 294 页。

龙尾的刘家祠。这是一幢坐南朝北的建筑，面宽三间，分上下厅。总同盟下设三部一长，组织部部长蔡乾，宣传部部长胡耀邦，青年部部长张爱萍，张爱萍调离后由胡耀邦兼，秘书长张欣，加上工作人员共十来个人。除蔡乾年龄稍长外，都是二十岁上下的青年。任质斌才十七岁多一点。

　　蔡乾是台湾人，他的妻子也在总同盟工作，也是台湾人，台湾于一八九五年被清廷割让给日本，一九四五年抗战胜利后才收回中国，蔡乾常以台湾人身份在《红色中华》报上发表文章。他说自己在日本参加了共产党，但未被组织上承认。反帝拥苏总同盟没有一个党员，党团书记只好由中央苏区革命互济会党团书记彭子星兼任。后来，解放前夕蔡乾奉派去台湾工作，不久被国民党当局逮捕，并叛变①。

　　胡耀邦是湖南浏阳人，与任质斌同年生，小半岁，一九二九年入团，一九三〇年任乡团支部书记，后任湘东特委技术书记，一九三三年一月到瑞京，先去闽西宁化、清流巡视工作，三月到总同盟工作②。胡耀邦是个心地坦荡、真诚无隐、热情似火的革命者，与任质斌相处甚好。张爱萍是四川达县人，比任质斌大五岁，一九二六年入团，一九二八年转党，曾在上海做地下工作、任红军大队政委，共青团闽西特委宣传部部长、共青团苏区中央局秘书长，一九三二年年底调任总同盟青年部部长，比任质斌来的还早，一九三三年春调离，由胡耀邦兼青年部部长。张欣是苏北人，理论水平和工作能力均好，不久亦调离，后不知所终。

　　其他同志任质斌多年后已忘记他们的姓名，不承想在"文化大

---

①　参见 1968 年 2 月 28 日安徽省军管会审干办公室：《向任质斌调查胡耀邦问题记录》。

②　关于胡耀邦到总同盟工作的时间，1989 年 4 月 23 日《人民日报》发表《胡耀邦同志伟大光辉的一生》中说："（1933 年）8 月担任中央苏区反帝拥苏总同盟宣传部长兼青年部长。"此后各种史著皆沿用其说。笔者根据任质斌履历、张爱萍履历和相关人履历（如任弼时）相互参证，判时当在 3 月，或稍前。

革命"中整胡耀邦的专案组把他们的名字都查了出来，是：易心平、张怀荪、宋新怀、均鹤、郭潜、彭镜锋。在专案组找任质斌核对材料时，任质斌说："宋新怀还有印象。"①

反帝拥苏总同盟的主要工作是宣传，一宣传反帝，一宣传拥护苏联。它经常和党、政、军、少共及其他群众团体联合开展活动，召开纪念会、动员会、声援会、发布宣言和通电等等。每逢大会，代主席任质斌都要以一个单位的领导者的身份，发表讲话和讲演。这对于原本性格内向、平时话语不多的任质斌来说，是个很大的锻炼。

《反帝战线》是反帝拥苏总同盟的机关报，任质斌办报已是驾轻就熟了。该报一九三二年八月一日创刊，铅印，八开四版，原不定期，后改半月刊，一九三三年夏停办，现仅发现有一期存世。紧连着《反帝战线》的停办，又创办了《反帝拥苏通讯》，油印，十六开，现仅发现有两期存世。这两个报刊在扩红（扩大红军）、节省经济等重大运动中发挥了作用②。

代理主席当了不到半年，任质斌就被撤了职。原因是，蔡乾到各县去检查工作，回来报销时多报了钱。任质斌坚持原则，不准他报销，处理得生硬了些。蔡乾给中央局写信，说任质斌不成熟、不称职。中央局找任质斌谈话，陈云做了自我批评，说自己对任质斌工作上帮助不够。任质斌很受感动，因为陈云平时对他非常爱护。陈云是江苏青浦人，长任质斌十岁，当时任中央常委、中华全国总工会苏区中央执行局党团书记。谈话时宣布，任质斌调任《红色中华》报编辑。

-----

① 参见 1968 年 2 月 28 日安徽省军管会审干办公室：《向任质斌调查胡耀邦问题记录》。

② 李敏、孔令华主编：《中央革命根据地词典》，档案出版社，1993 年 12 月版，第 291 页。参见其他多种资料。

第五章
《人民日报》和新华社早期领导人之一

　　《人民日报》是中国共产党中央委员会的机关报，其前身是第二次国内革命战争时期创办的《红旗日报》和《红色中华》报。新华通讯社（简称新华社）是中华人民共和国的国家通讯社，其前身是红色中华通讯社。任质斌是这一报一社的早期领导人之一。

　　在《新华社六十年》中有这样的记述："新华社的前身是红中社，全称红色中华通讯社，于一九三一年十一月七日创建于江西革命根据地瑞金。它是中华苏维埃共和国临时中央政府的机关通讯社。""一九三一年十二月十一日，中华苏维埃共和国临时中央政府的机关报《红色中华》创刊。它与红中社是同一个组织机构。""红中社的历届负责人有：周以栗、王观澜、杨尚昆、李一氓、沙可夫、瞿秋白、任质斌"①。

　　以上表述是欠完整的，低估了红色中华通讯社和《红色中华》报的历史地位。其实，《红色中华》作为临时中央政府机关报的时间只有一年零两个月，从一九三三年二月十日起，它就成了中共苏区中央局（即中共中央）、中华苏维埃共和国临时中央政府、中华全国总工会苏区中央执行局、少共中央局（亦称共青团中央局）的党、

---

　　① 《新华社六十年》，新华出版社，1991 年 10 月版。

政、工、团联合机关报了。红中社与《红色中华》报是"一个单位，两块牌子"，自然也成了包含中央政府在内的四家联合机关通讯社了①。

这是一段辉煌的历史：红中社播发的新闻稿，影响遍及中外；《红色中华》报一度每期印刷发行四万份；同时，还为中央领导机关和负责同志编印"参考消息"《无线电材料》或《每日电讯》；同时，还编印《工农通讯员》；同时，还要完成上级交办或中央领导同志交办的其他任务。如此巨大的工作量，多少人完成？答案是：起初共有编辑两人、收报员两人；后来增加到编辑四人、工作人员五六人，收报员仍是两人。真是奇迹！

——提前插叙一件史事：刘少奇一九六四年七月十二日起视察安徽，十二日晚与中共安徽省委负责人见面，当省委第一书记李葆华向他介绍到省委书记处书记任质斌时，刘少奇笑着说："他不用介绍，他是《红色中华》！"原来，三十多年前在中央苏区，刘少奇是中华全国总工会苏区中央执行局的委员长。他与任质斌是瑞金城西沙洲坝，香樟树下常相逢。

一　《红色中华》报和红色中华通讯社编辑

这一社一报是源起于红军第一部电台。一九三一年一月三日，红军第一次反"围剿"作战胜利，缴获了一部发讯机、两部收讯机、两套电源。原属国民党军张辉瓒十八师的无线电人员王净、刘寅亦于此役后参加红军。一月六日，第一部红军电台成立。几天后，红军第一个无线电训练班开课。二月，红军总部成立了无线电大队。不久，在上海的中共中央派曾三、伍云甫、涂作潮这三位党培养的

① 参见余伯流、凌步机著：《中央苏区史》，江西人民出版社，2001年版，第812页。

无线电技术人员，抵达瑞京。在第二次、第三次反"围剿"作战中红军又缴获了一批电讯器材。开始时，红色电台专门截抄国民党军队之间的通讯，截获军事情报，也抄收国民党中央社的新闻电讯，印出来供领导参阅。一九三一年十一月七日，中华苏维埃第一次全国代表大会在瑞金召开，中华苏维埃共和国临时中央政府宣告成立，红色中华通讯社亦于同日诞生①。十二月十一日，《红色中华》报创刊。红中社对外播发的新闻稿，全部由报社编辑人员编辑。形象地说，先有社，后有报，编辑任务全归报。

红中社的工作程序为：《红色中华》报编辑在办报的同时，每天将中革军委发下来的红军战报、中央政府各部的相关报告，摘要编成两三千字的电讯稿，交给红中社对外播发。最初没有专用电台，使用中央政府的无线电台。一九三三年初，中革军委拨了一部电台给红中社，红中社才建立起自己专用的新闻台，负责人是罗若遐（岳夏），电台有两名工作人员，行政上归中革军委领导，业务上归红中社领导②。

红中社播发的电讯，全国都可以收到。鄂豫皖、川陕、湘鄂西、湘鄂赣等革命根据地的党组织，还有在国民党统治区处于地下状态的党组织如在上海的中共中央、在天津的中共北方局等，都抄收到过。上海地下党还把红中社的电讯转发到国外，美国纽约《先锋》报一九三四年五月一日刊登了红军占据归化、永城二城，缴获步枪八支与大炮十尊的消息③。

《红色中华》报创刊时，周以栗任主笔，王观澜为业务主编。报

---

① 刘寅：《红军电台的诞生》，新华社新闻研究所编：《新华社回忆录》，新华出版社，1986 年 10 月版，第 4 页。

② 参见岳夏（罗若遐）：《我党我军的第一部"新闻电台"》，《新华社回忆录》，新华出版社，1986 年 10 月版，第 22～29 页。

③ 方汉奇主编：《中国新闻事业通史（第二卷）》，中国人民大学出版社，1996年 5 月版，第 293、294 页。

头四个字为周以栗手书，到一九三四年八月一日第二百二十一期才改用黄亚光写的美术字。创刊不久，周以栗病倒，项英管过一段报纸工作。编辑仅两三个人，其中有李伯钊。这两三个人，组稿、写稿、校对，什么都干，另外还要分别负责抓一区一乡的工作。电台的王诤每天都把抄收到的一大卷中外通讯社的电讯送到报社来。一九三二年八月，王观澜调土地部当秘书，杨尚昆接替了他的工作①。在其后负责该报工作的有梁柏台、李一氓、沙可夫、谢然之、瞿秋白、任质斌、徐名正等②。编委还有韩进。后来，徐名正在红军长征后留在苏区，于一九三五年二月被捕，牺牲于福建长汀③。谢然之于一九三五年叛变投敌④。

《红色中华》创刊时，报社设在叶坪村内一幢土木结构的三间式民房里，分为上下两厅，紧邻中共苏区中央局和临时中央政府。一九三三年四月，中央机关为避国民党军的飞机轰炸，迁到瑞京城西沙洲坝村。报社随迁。

　　一九三三年七月，任质斌到报社工作，负责人是沙可夫。沙可夫原名陈微明，浙江海宁人，一九〇五年生，比任质斌大十岁，是一位才华横溢、学识渊博的大文化人，一九二六年赴法国学音乐，同年入党，次年赴苏联入莫斯科中山大学学习，一九三一年回国，一九三二年夏进入中央苏区，一九三三年七月任临时中央政府教育

　　①　王观澜：《红中社的创建》，《新华社回忆录》，新华出版社，1986年10月版，第12～13页。

　　②　方汉奇主编：《中国新闻事业通史（第二卷）》，中国人民大学出版社，1996年5月版，第295页。

　　③　新华社新闻研究所编：《血染的丰碑——新华社烈士纪实》，新华出版社，1999年8月版，第406页。

　　④　韩进：《我党在根据地的第一个通讯社》，《新华社回忆录》，新华出版社，1986年10月版，第20页。

部副部长，后又任苏维埃大学副校长，同时兼任第二次全国苏维埃代表大会起草委员会委员、《苏维埃中国》一书编委、《红色中华》报主笔。沙可夫主要在中共苏区中央局宣传部，管前四个职务的事。报社实际负责人是谢然之。谢然之英文水平较高，能翻译所收的苏联塔斯社英文电讯稿。翻译遇到困难时，谢然之就去中直保卫局找被关押的"政治犯"帮忙，"政治犯"中有精通英语的知识分子，谢然之与他们很熟。对一些重要的稿件，任质斌也参与翻译和校核。

任质斌到报社时，谢然之负责全盘工作，专职的编辑只有任质斌一人。他们俩要完成的工作任务是：

（一）编辑出版《红色中华》报。在此之前，从一九三三年二月七日出版的第五十期起，已改三日刊（亦有超过三日者），四开，铅印，一般每期出八版，有时出二版或四版或六版，也有出十版的。报纸专由中央印刷厂印刷，用纸是苏区生产的毛边纸。

（二）编印"参考消息"（《每日电讯》），刊登新闻台抄收的国际国内新闻电讯，每日一期，刻蜡纸，油印，三十二开，每期四面或六面或八面不等，只印四五十份，送中央机关负责同志参阅。

（三）给红色中华通讯社提供播发的新闻，每天都要发几条新闻出去，用无线电明码向全国广播，内容是报道苏区建设消息、红军作战胜利捷报，还有苏维埃中央政府的声明、宣言等。

（四）编印《工农通讯员》，二十天或一个月出一期，刻蜡纸，油印，每期三四张蜡纸，主要教通讯员如何写通讯，写什么稿子等，当时在中央苏区机关、部队、地方都建立起了通讯员网，约有一两百个通讯员①。

他们工作的繁忙与紧张的程度，可以想见。

---

① 《任质斌同志回忆录》，未刊稿。任质斌：《回忆红中社》，载于《新华社回忆录》，新华出版社，1986 年 10 月版，第 14～15 页。将任质斌的回忆与相关历史资料相互参证，多有牴牾，笔者经研究，择善而从。

要切实了解红色报人任质斌,唯有看他编的报。

一九三三年七、八两月的报纸,是由谢然之和任质斌两人编辑的。谢然之侧重于通讯社工作,还大量写稿(发表时署名"然之")。全职编辑是任质斌一个人。让我们看这两个月的报。《红色中华》从七月二日出版第九十期,到八月三十一日出版第一百〇六期,两个月计十七期,共一百〇六版,约三十万字。主要内容如下:

(一)中共苏区中央局(后改称中共中央)发布的文件、宣言、政治口号、某项工作或运动的宣传大纲等。辟有专栏"党的生活"。

(二)中华苏维埃共和国临时中央政府由主席毛泽东,副主席项英、张国焘联署发布的文件、通告、通令、布告、决议案、有关政策法规。各部门的工作总结、会议报道、布告、贺电、启事。各红军部队和江西、福建、闽赣三省的战报、战绩、工作总结、前线纪实、会议报道和苏区省、县、乡、村的消息等等。

(三)博古(秦邦宪)、洛甫(张闻天)、毛泽东、项英、李富春、邓颖超、凯丰、曾山、陈正人、欧阳钦、亮平(吴亮平)、潘汉年、何长工、泯(疑为李一泯)、沙可夫、丕显(疑为陈丕显)等中央领导人和各级负责人的署名文章,然之(谢然之)写的社论和时评,通讯员写的文章。其中,个人署名文章最长的是博古在第九十九期上发表的长文《为粉碎敌人的五次"围剿"与争取独立自由的苏维埃中国而斗争》,占整整六版。毛泽东在第一百〇二期上发表的长文《粉碎五次"围剿"与苏维埃经济建设任务》,共占两版多。

(四)大量的以歌颂苏联各项成就、揭露帝国主义罪恶腐朽为主要内容的国际新闻。

(五)大量的以歌颂中央苏区和其他苏维埃区域、歌颂红军、歌颂革命团体,揭露国民党政府、国民党军阀、伪满洲国为主要内容的国内新闻。

(六)反映苏区的文章和通讯,含有党的工作、政府工作、军队战况、群团工作、经济、文化、教育诸方面。有专栏"赤焰"和

"红角"。还有批评性专栏"无产阶级的铁锤"。

形式则有：社论、时事政治评论、工作经验总结、战争实绩统计、工作实绩统计、竞赛书、倡议信、公开信、诗歌、漫画（主要为亚光即黄亚光作）、歌曲、小说、独幕剧、广告（征订党刊和购书）、各部门公告或启事（多在中缝）等。

报社内部的沙可夫和谢然之皆发表过署名文章，尤以谢然之为多。未见署任质斌或质斌或斌的文章。在八月三十日出版的第一百〇一期第四版，有《最近猛烈开展中的白区工人的英勇斗争》一文，综合报道了上海、南京、香港、北平、常熟等地的工人斗争情况，显然不是报社以外的人所能写，署名"冰"，是否出自任质斌的手笔，现已无法确定。

但是，以红中社编委会名义发表的文字，应当有任质斌撰写或至少是参与撰写的。有两则短文，值得一录。它们分别刊于第九十三、九十四期。

推广本报销路！

突破四万份！！

大家来参加竞赛呵！

敬爱的读者同志们！

在本报百期纪念中，我们要向每个读者要求：为本报推广销路！为本报猛烈发展直接定〔订〕户！我们要达到突破四万份呀！

每个本报的读者同志，都应该来参加这个突破运动，而且要举行竞赛。因为本报销路的扩大，就是本报的影响更加深入到群众中，也就是使本报负起更大的领导革命的战斗任务！我们的竞赛条例如下：

一、为优待本报读者，在本报百期纪念周（七月二十日——八月十日）中，凡向各地、中央局发行部或发行站订阅者，报费每月祇收五个铜板，一年大洋二角。

二、一个读者介绍五人定〔订〕用〔阅〕，赠送本报一份，信封信纸各五个。介绍十个者，赠品加倍。介绍十个以上者，有特别赠品（书籍与文具）。

三、成绩优良的个人或团体，除赠报及送奖外，在本报红匾上登载他的名字。

红中编委　七月十日

征求通讯员
以热烈的响应来庆祝《红中》百期纪念呵

〔敬〕爱的读者同志们！

由于同志们的热烈不断地向《红中》的投稿，《红中》的内容是一天比一天充实起来了。虽然这种充实还是微小的，然而这微小的成绩，也是应该说是由于同志们的努力呵！

然而，使我们还不能完全满意的，就是经常向《红中》投稿的还只是全部读者同志中的少数的少数，而绝对大多数是不曾向我们通过一次讯的——这也正是《红中》不能完全充实起来的主要的原因。

因此，现在，正当着这百期的时候，我们向我们所有的读者同志要求：

每个读者都做我们的通讯员！经常地写通讯给我们！供给我们一些更宝贵的实际材料！使《红中》全部充实起来！

当然，因为《红中》的经费的限制，对于写给我们通讯的同志们现在还不能给予良好的报酬，以答谢他们的热忱。但我们为着鼓励他们的积极性，我们决定凡是《红中》

通讯员一概可以享受下列的利益：

(一) 每期赠送《红色中华》一份；

(二) 供给信封、稿纸；

(三) 获取征文竞赛的奖金；

(四) 寄给编辑部的信只贴邮票一分 (已得邮政总局许可)；

至于旧的通讯员同志们，我们也将在百期纪念中的时候，赠给他们一点纪念品。

当然，我们知道爱护《红中》的读者决不是为着这点利益而投稿的。我们盼望的是：每个读者都要马上写稿来，迅速的登记到我们通讯员的名册上来！爱护红色中华的读者们！努力使红色中华充实起来，以应征通讯员来庆祝《红中》的百期纪念！

红中编委　七月十三日

还有值得一提的，报纸编好后，编辑在部分版面的顶端设计一则通栏，为短语或口号，其内容起到了统摄主题、营造气氛、画龙点睛的作用，有很强的冲击力量。如：

○赶快准备着纪念"八一"！

○一大队一区队一县队的加入到少共国际师去！

○红五月工作的成功是江西党对于中央局号召的布尔塞维克的回答！

○"八一"快到了，冲锋啊！看谁是七月中经济战线上的先锋!!!

○庆祝八县查田运动贫农团代表大会的伟大成功！

○纪念"八一"慰劳红军！优待红军家属！

○发展经济建设是争取革命战争全部胜利的重要工作！

○发展五十万粮食合作社！要使每一乡有一个粮食合作社！

○把《红色中华》成为我们最尖锐的武器！

○加紧肃反工作，肃清苏区内外反革命分子，巩固苏维埃政权！

○继续猛烈扩大红军！粉碎帝国主义国民党的五次"围剿"！

○欢迎十九路军士兵过来当红军！共同去打日本和一切帝国主义以及他们的走狗国民党军阀！

专栏"无产阶级的铁锤"是专门批评不良现象的固定栏目。批评时点名道姓，丝毫不留情面。在七月和八月的十七期中，有三期刊出。第九十二期用了第六版的一整版，各篇标题是：《巩固苏维埃政权/肃清一切官僚主义》、《两个吃冤枉的工农检察长》、《扫除文化教育工作中的坏蛋》、《毛泽覃同志的〈三国志〉热》、《又高又大的贪污腐化/官僚主义者滚出去!》、《粉碎贪污腐化官僚主义/傅禄同志的自我批评》、《机会主义的动员/到少共国际师中扩大工人师?!》。第一百〇一期也是第六版一整版，题目有《无耻的退却逃跑分子/什么是"臭肉诱乌龟"?!》、《忽视文化教育的主席团》、《破坏优待红军条例的瑞金城市区土地部长》、《消极怠工的青年部主任》、《反对忽视劳动妇女利益》、《火力向着贪污腐化》等等。第一百〇四期用了第六版的四分之一版面，题目为《骇人听闻的新高利贷/放米六七升收新谷一担》、《雩都县列宁街的怪现象/传播封建意识的识字牌》。这一专栏尖锐泼辣，对各级领导干部的监督功能非常之强，真如警钟长鸣。

毕竟是中共中央和中央政府等四个部门的机关报，《红色中华》人员过分紧缺的现象，后来有了一点改观。先后调进了韩进、徐名正、贺坚。韩进来自上海，是印刷工人出身。贺坚是江西兴国人，读过两三年书，喜欢写稿，《红色中华》上常见其作品，是个出色的农民通讯员。在进人的同时也有调出的，沙可夫不久去上海治病，任质斌再次与他重逢已是长征结束之后在陕北延安。谢然之调中华苏维埃共和国人民委员会主席张闻天处任秘书长。真正很大的人力缓解，是调来管通讯来稿的一人，校对一人，发行一人，文书一人，机关行政工作人员数人，使得任质斌减少了事务性工作，以更多的精力编稿。

此一时期，红中社十余人的衣食住行生活管理，都归属于中共苏区中央局，得到了中央局秘书长邓颖超的不少关照①。

一九三四年一月，瞿秋白由上海进入中央苏区，在担任中央教育人民委员（相当于教育部部长）的同时，任红中社和《红色中华》报社社长兼主编，任质斌任秘书长，实际工作由任质斌主持。

二　《红色中华》报和红色中华通讯社秘书长

任质斌非常敬重瞿秋白。但此时的瞿秋白，正处于备受左倾教条主义和宗派主义的严厉打压之下，处境极为艰难，几乎到了动辄得咎的程度。

瞿秋白是江苏武进（今常州）人，一八九九年生，比任质斌大十六岁。是一九一九年五四运动的学生领袖和五四新文化运动的推动者，他所写的名著《饿乡纪程》和《赤都心史》等都是任质斌这一代进步青年爱读的著作。他一九二二年入党，主编过中共中央机关刊物《新青年》，编辑过《向导》，主编过中共主办的第一张日报《热血日报》，曾任中央政治局常委。一九二七年大革命失败后，在武汉主持召开八七会议，组成了以瞿秋白为首的新的中央临时政治局。后任中央政治局委员、中共驻共产国际代表团团长。一九二九年在苏联被米夫、王明等人打成"机会主义和异己分子的庇护者"，

---

① 韩进：《我党在根据地的第一个通讯社》，《新华社回忆录》，新华出版社，1986年10月版，第19页。

一九三一年被解除政治局委员职务。离开中央领导岗位后，他在上海和鲁迅一起参与指导左翼文化运动，著述宏丰。在一九三一年十一月"一苏大"上，瞿秋白当选中央执行委员、教育人民委员，但没有到任，职务由徐特立代理。在上海的瞿秋白，非常关心《红色中华》报的工作，一九三三年七月写了一篇《关于〈红色中华〉报的意见》，发表在中共中央机关刊物《斗争》第五十期上。

一九三三年九月，瞿秋白因为发表了一组并无大错的时政评论文章，再次遭受无情而且猛烈的打击。九月二十二日，中共临时中央政治局作出《中央关于狄康（瞿秋白）同志的错误的决定》，在全党范围内发动了对他的公开批判。批判采取了无限上纲，恶意陷人于罪的方法，指责瞿秋白"偷运和继续他过去的腐朽的机会主义"、"解除党动员群众的武装"、"在客观上，他是成了阶级敌人在党内的应声虫"。中央号召全党对他"开展最无情的斗争"。十月，中共中央理论刊物《红旗周报》发表社论，居然把批判瞿秋白作为白区党完成反对五次"围剿"各项任务的"前提"。十一月，《斗争》全文转载此文，把对瞿秋白的批判由白区推向苏区，推向全党。

就在瞿秋白身心俱受严重摧残的时刻，他丝毫不改政治信念和对党的忠诚，坦然应命于一九三四年一月七日离开上海，二月五日抵达瑞京。

作为秘书长和瞿秋白在红中社工作的副手，任质斌完全清楚瞿秋白的艰难处境。他不知道对瞿秋白的"最无情的斗争"还会演变到什么样严重的程度。当时，苏区抓"改组派"、"社会民主党"、"取消派"和所谓"反革命"的严厉惩罚之风甚烈，有的在任质斌看来相当好的同志，突然间就会不见了，可能被抓起来了，但出于纪律很严，也不好打听。

瞿秋白是任质斌崇敬已久的党的领袖人物和学识渊博的领导者，初次见面就给任质斌留下了极好的印象："他谦虚谨慎，平易近人，不像有些教条主义者那样装腔作势，借以吓人。他在和我们闲谈时曾经谦逊地说，他并没有真正系统地全面地阅读马列主义著作，只是在遇到哪类问题时，就向马列主义的哪类著作请教。"

任质斌对瞿秋白"似乎有点动辄得咎"的痛苦境遇，非常同情。所以，尽管瞿秋白"主要精力放在教育部，对《红色中华》社的事情管得比较少"①，但是，他还是对瞿秋白的意见相当尊重，对其在五个月前发表的《关于〈红色中华〉报的意见》给予了认真地贯彻和实施，丝毫没有因为瞿秋白挨批判而墙倒众人推。比如，通栏标语几乎不再用；"无产阶级的铁锤"专栏改名为"警钟"；增加了"红色小辞典"专栏，介绍时事政治、名词解释、科学文化知识等等。在大的方面也更加注重反映党的建设，加强社论和论文的指导作用，开展自我批评，开设了"自我批评"专栏，进一步开展工农兵通讯员运动，报社设立了通讯部，通讯员人数从原来的二百多人猛增到近一千人②。

瞿秋白主要精力放在教育部。二月五日到瑞京后，在至四月的不到三个月中，就在大量细致深入的调查研究的基础上，主持制订了二十四个教育法规。二月又兼任了国立苏维埃大学的校长，四月一日开学，在原有八个班的基础上增设了外交班、粮食班。他兼职甚多，以病弱之身，坚持学会了骑马，每天骑着一匹黑马往来奔跑于几个单位之间③。有史著说瞿秋白"每天都要为红中社写稿审稿，忙到深夜"，不是事实。也根本无此可能。事实上，在残酷斗争无情打击的逆境中，瞿秋白已经被迫放下了他那支力可横扫千军的如椽大笔，在直到长征前的八个月中，只写了几篇文章，多为应景之作，

① 任质斌：《回忆红中社》，《新华社回忆录》，新华出版社，1986年10月版，第15、16页。

② 新华社新闻研究所编：《血染的丰碑》，新华出版社，1999年8月版，第23页。

③ 新华社新闻研究所编：《血染的丰碑》，新华出版社，1999年8月版，第21页。

以"维嘉"笔名发表。一九三五年二月被国民党军俘获，六月十八日在福建长汀英勇就义。

任质斌晚年写道："常驻在编辑部的几个人，工作是很辛苦的。采访、写稿、译电、刻蜡纸、校对，什么都干。夜以继日，很少休息娱乐。出去采访，多是徒步走路，有时也骑骑马。负责印报的中央印刷厂只有一两部四开铅印机和一两部石印机，它同时承担着印钞票、印书、印报纸、印布告、印表册等多项任务。这些任务是常常发生矛盾的。而且红中社驻地离印刷厂有八九里路，排版、校对都很不便。""在这段时间里，我们通过报纸、广播，热情地报道了苏区人民在各条战线上艰苦奋斗、英勇牺牲的英雄事迹，传播了对敌斗争和建设苏区的各种经验，大大地鼓舞了苏区人民和全国人民的革命斗志。这是好的一面。但另一方面，也散布了以王明为首的教条宗派的左倾错误路线，对革命事业起了一定的坏作用。"①

作为中央机关报的负责人，任质斌经常采访中央领导人。中央领导人也经常召见任质斌，听他汇报工作或对报纸工作作指示。

任质斌接触较多的是秦邦宪（博古）、张闻天（洛甫）、周恩来、项英、陈云、朱德、毛泽东、李维汉（罗迈）等人，还有邓颖超、金维映、傅连璋、王诤、曾三、胡耀邦、祝志澄等②。他的接触和人际交往，几乎完全是工作需要。无事不登三宝殿，他一生如此。解放后屡遭挫折和困难时，他完全能够找到人请求帮助，但是，他一个都不找。他坚守一条：相信组织。上面开列的名单，是他在"文化大革命"中受审查时写下的，尽管当时写出一些人的名字，只能给他带来麻烦甚至灾难，尽管有些名字人们避之犹恐不及，但，他仍然坚

① 任质斌：《回忆红中社》，《新华社回忆录》，新华出版社，1986 年 10 月版，第 16 页。

② 任质斌：《关于我在各个历史阶段的证明人》，1968 年 1 月 12 日，手稿。

持——开列，并倔犟地加以说明：这是了解自己、能证明自己历史的人。——换个角度看，这些人都在他成长过程中产生过大的影响。

红中社和《红色中华》报的秘书长，是非常重要的职务安排。

任质斌采访博古（中央总书记，或称总负责）、张闻天（中央政治局常委、人民委员会主席、中央党报委员会书记）①，或者听他们做报告，都深深地为他们对马克思列宁主义理论的深厚知识和渊博学识而折服，他们的谈话都结构严谨，语言简练，引经据典，叙述准确，只要记录下来，无须大改，就是一篇好文章。他们经常有重要文章交给任质斌，或让任质斌去取，在《红色中华》发表。

毛泽东是另一种风格。他当时被排斥在中央领导核心之外。任质斌经常看到他在院子里，坐在一张太师椅上，一面晒太阳，一面看书，大家都无拘无束地叫他"老毛"。任质斌常常编发毛泽东主席和项英、张国焘两位副主席联署的布告、文件，也与他谈过话。听毛泽东谈话不会感到紧张，他不引经据典，像拉家常一样娓娓道来，细想想却非常深刻透彻。因为毛泽东不负责具体工作，所以任质斌采访他不多。

周恩来（中央政治局常委、中央红军总政委、中革军委副主席、代表中央领导军事工作）和项英（中央政治局常委、中央政府副主席、中革军委副主席、工农检查委员会主席）都非常繁忙，常常去前线、去部队、去基层。他们也会抽出空来，召见任质斌，指示发表一些政治、军事、经济方面的文章和消息。他们都非常细致扎实。项英多次撰长文在《红色中华》发表。

陈云（中央政治局委员、全总党团书记、白区工作部部长）是一九三三年一月由上海抵达瑞京的。罗迈（李维汉）一九三三年四月进入中央苏区，六月担任中央组织局主任、中央党校校长。他们

① 中共六届五中全会选举博古、张闻天、周恩来、项英为中央书记处书记，习称中央政治局常委。选举博古负总责，习称总书记。

常常与任质斌具体商谈报纸的宣传问题。

金维映原为邓小平的妻子，后离异，她一九三二年八月担任胜利县委书记时工作非常突出，任质斌曾专程骑马去采访过她。她后来与李维汉结婚，"二苏大"后担任中革军委总动员武装部副部长兼扩红突击总队总队长，与《红色中华》报社联系颇繁，发表过长篇文章、宣传鼓动的言论和消息。这位大自己十一岁的老大姐，给任质斌留下了深刻印象。她一九四〇年在苏联病逝，年仅三十六岁。

邓颖超与金维映同岁，原任中央局秘书长，后任中央政治局秘书，负责机要工作，与红色中华通讯社有频繁的工作联系，她以本名或"颖超"给《红色中华》写过几篇长文。

最有兴味的是与老战友胡耀邦的交往。胡耀邦离开反帝拥苏总同盟后，调任少共中央局秘书长，常常为少共中央局机关报《青年实话》来找任质斌商讨交流。《青年实话》创刊于一九三一年七月一日，初为传单版式，后停刊，一九三二年十二月一日恢复出版，改为三十二开铅印。后又改八开小报，每五天出一期，每期四版。它的印刷厂就在沙洲坝村。这两个十九岁的青年，一个活泼好动，一个沉默安静，一个热情似火，一个沉稳如山，他们在一起研究、争论，商量改进办报办法，其结果是相得益彰。《青年实话》后来发行量猛增到三万份，仅次于发行四万份的《红色中华》。

朱德总司令德高望重，他比任质斌大近三十岁，已经是父辈了。总司令对这个年轻的党报秘书长非常慈祥，多年后任质斌忆及朱老总，犹感激于心。

与中央医院院长傅连暲过从甚密的原因很简单：他俩住紧隔壁。与王诤（中革军委通讯局局长）、曾三（中央局电台台长、红军通讯学校政委）几乎天天打交道，是为了通讯社和报纸要使用国内外的电讯稿。中央印刷厂副厂长祝志澄，上海人，长任质斌九岁，从十五岁起即进入上海商务印书馆印刷厂当工人，他是任质斌工作上的好搭档。印《红色中华》报得到祝厂长帮助甚多。

苏区生活异常艰苦。

《红色中华》社与中共中央机关是同一个伙食单位。为了节约粮食、支援前线，每人自报每天吃粮数量，大家都自觉地节约，都只报一斤以下，由炊事员把各人的米装在蒲草袋里蒸煮，煮熟后按蒲草袋上挂的写有名字的小木牌取食。菜很少，极少油盐。由于国民党对苏区严密封锁，经常吃不到海盐，连苏区自熬的硝盐也极为金贵，于是只有吃"小盐"。何为"小盐"？就是人的小便尿到土墙上，然后把土刮下来，放在锅里放上水烧熬而成的一层白霜状物，那就是所谓小盐了，入口极苦。吃肉是一种奢望，红中社的收报员算技术人员，受到优待，每个月有几块钱津贴，大家就向他们"揩油"。间或有同志从白区来，身上有点余钱，就让他们请客，到饭馆吃盘炒竹笋或吃盘炒米粉，就算是高级的享受了，当年戏称此举为"打土豪"。平常改善生活的办法是，分到一点伙食尾子，买上一二十个鸡蛋，也没有锅炒，就把生鸡蛋打在稀饭里，搅拌一下，喝下去，算是增加营养。

卫生条件不好，害疟疾、生疥疮和烂腿的人很多。同住在沙洲坝村的毛泽东患疟疾，三天两头打摆子。红中社的几个编辑轮流发疟疾。韩进长时间烂腿，溃疡总治不好。任质斌也害过烂腿，最苦的是害坐板凳疮，每天脓血沾满了裤子，疼痛难忍，没法坐下，又人少事多，任质斌就趴在床上写稿编稿。后来实在太妨碍工作了，就写信给中革军委总卫生部部长兼政委贺诚，要了一支六〇六注射了，才逐渐痊愈。

到了一九三四年春，红中社改与中央医院共一个伙食单位，生活仍非常艰苦①。

与物质生活的极度贫乏形成鲜明对照，精神生活和文化生活是

---

① 任质斌：《回忆红中社》，载于《新华社回忆录》，新华出版社，1986年10月版，第17页。

丰富的。中央苏区报刊甚多，有中央理论刊物《布尔塞维克》、中央机关刊物《斗争》（由《实话》和《党的建设》合并而成）、中共苏区中央局机关刊物《战斗》、红军总政治部编的中革军委机关报《红星报》和《红星画报》、中央苏区通讯协会筹委会机关报《工农报》，还有《教育通讯》、《苏维埃文化》、《青年实话》、《少年先锋》、《时刻准备着》、《红色卫生》、《健康报》等等，还有红军各军团、军区、军办的报刊，地方上省委和各群众团体办的报刊等等。平常的文化生活场所有"列宁室"，军队和地方有宣传队、剧团，还有较具规模的工农剧社。歌咏活动是经常开展的，它几乎成了苏区一大特色。舞蹈以苏联舞蹈、海军舞、红色机器舞、马刀舞、农妇舞等最为著名。

最根本的是大家对共产主义理想，都有坚定的信念和热烈的追求。为了这一理想，什么艰难困苦、流血牺牲，全都不在话下。那是一个激情燃烧、理想闪光、政治信念高于一切的年代。物质生活的极度匮乏，不但不能动摇革命者的意志，反倒使奋斗和牺牲更显得光荣、圣洁和崇高。

使任质斌非常苦恼的是转党问题。他几次申请，皆不被批准。现在大多数史著说当时左倾统治下的中央，在组织上实行关门主义。这种说法似是而非，不尽然符合事实。关门主义只是对一部分人，对另一部分人来说，门是大开着的。一九三三年四月，苏区中央局决定在"红五月"进行"广大的征收党员活动"，要求一个月"扩大一倍新党员"，"女党员再增加一倍半以上"，下达硬性的入党人数指标，强迫命令完成，甚至大搞"拉伕凑数"。仅江西省十四个县，一个月就发展党员一万四千九百四十九人，质量之低，令人吃惊①。

---

① 李敏、孔令华主编：《中央革命根据地辞典》，档案出版社，1993 年 12 月版，第 86 页。

显然，这不但不是"关门"，而且是开门拉人了。关门主义只是对知识分子。对知识分子转党和入党，卡得极严。

　　一九三四年四月，任质斌获准转为中国共产党党员，介绍人徐名正、贺坚①。

　　他之所以能够转党，除了自身条件和工作表现外，还因为他做了一件震动整个中央苏区的大事。

三　一段应予彰显的辉煌业绩

　　进入一九三四年，中央苏区形势越来越严重。中共六届五中全会于一月十五日在瑞京召开，使左倾冒险主义发展到了顶点。一月二十一日在瑞京沙洲坝开幕的第二次全国苏维埃代表大会，贯彻了六届五中全会精神。毛泽东被进一步架空，朱德、彭德怀等高级将领的意见不被重视。其实并不懂中国红军战争规律的德国人奥托·布劳恩（李德）成了指挥红军的"太上皇"式的人物。蒋介石在一月镇压了十九路军福建事变后，分三路加紧"围剿"中央苏区。红军在错误指挥下，"短促突击"，阵地战，堡垒战，节节防御，节节败退。中央苏区形势危急，财政困难愈加突显。任质斌了解全面情况，他心急如焚！

　　反"围剿"作战消耗极巨。三月，人民委员会提出了各机关部门行政费节省三成的要求。任质斌认为，一般性的号召和指令，没有可操作性，节省应当建筑在算细账的基础上，明确哪些地方可以节省和能省到什么程度。

　　任质斌在征得上级同意后，具体领导策划并指挥运作了一个"四个月节省八十万元，支持第五次反'围剿'战争"活动。三月

---

　　①　任质斌对转党时间记得较宽泛，他转党的时间最迟应在 5 月被撤职前。转党介绍人据任质斌：《关于我在各个历史阶段的证明人》，1968 年 1 月 12 日手稿。

十三日，《红色中华》第一版刊出了号召书。

本报号召
为四个月节省八十万元而斗争！

在粉碎敌人五次"围剿"的残酷血战中，为着充裕前方红军战争的经费，帮助目前财政困难的解决，我们后方的全体工作人员应该在生活上完全服从战争，节省每一铜板来帮助战争，争取革命战争的全部胜利。因此，本报提议：在四月至七月这四个月中来节省八十万元经费。为着达到这一数目，我们必须使这个节省运动，成为广大的热烈的群众运动，动员党团工会、全体苏维埃工作人员及各学校，一致热烈的举行节省经费的革命竞赛。并提出下列节省的具体办法：

（一）政府工作人员，每人每日照规定食米量，节省二两。以八万人计，每月可节省谷子四千五百石，折洋二万二千五百元。

（二）列宁小学教员伙食，由学生负担。照教育部预算，约有四千五百个教员，每人每月伙食费为四元，即可节省二万八千元。

（三）裁减非必要的人员。按照人民委员会第七号命令规定的人数裁减后，还可以再减一些，比如中央政府总务厅，现已减少了百分之二十，工作反而更紧张起来。那么，甲等县减到一百人，乙等县减到八十人，甲等区减为三十人，乙等区减为二十人，并不是不可以的。这样至少尚可裁减一千六百人上下，合计约可节省二万五千二百元。

（四）分了田的工作人员，自备伙食一个月。估计两万分了田的工作人员（没有分田的，如有钱也可以节省），自备伙食一个月，平均每人可节省四元，共八万元，每月平均可节省二万元。

（五）减少国家企业工作人员的津贴，及改善国家企业的管理，每月约可节省一万元。

（六）节省笔墨纸张。消灭无用文件，每月可节省一万二千元。

（七）减少运输费。在苦力运输工会协助之下，减少运输费，同时改善运输方法，不要使侠子跑空路，或迟延运输。有些机关可自己运的，就不要侠子。估计每月节省二千元。

（八）其他办公费的节省。减少灯火，减少交通员，合并伙食单位，减少伙夫。有卫生所的地方，不开支中药钱。修理房屋，与添置器具，非逼不得已不得开支。估计每月节省一万元。

（九）后方军事机关。如总卫生部、总供给部、总兵站尽量减少停支，改善管理，达到每月再节省五万元。

在这一节省运动中，裁减人员务必提高劳动纪律，同时需要改良伙食的管理，并且在节省运动中应进一步的开展反贪污和浪费的斗争。

我们认为，如若我们能够依照上述办法去进行工作，发动广大工农群众的革命积极性，那我们不但能够完成四个月节省八十万元的号召，而且能够超过八十万元①。

号召一出，反响强烈。首先，中央党校和瑞京苏维埃政府响应《红色中华》报社的号召，每人每天减少二两米。在国家企业中，弹药厂、草鞋厂、枪炮厂、擦械厂、军委印刷所、第一被服厂、第二被服厂、第三被服厂、粮秣厂、卫生材料厂、福建军区修械所、总供给部修械所、印刷厂、财政部印刷所，率先联合制订竞

_____

① 对明显的误植，已作订正。

赛条约①。

　　接着，中央财政部、中央教育部、中央工农检查委员会、中央发行部都响应《红色中华》报社号召，制订出了更加节省的方案。中共中央机关中的外省籍工作人员致信《红色中华》报社，说明自己在苏区没有分田，但也坚决响应号召，不但每人节省二两米，还把公家将要发给的夏衣全部捐献给红军新战士，签名人为：左觉农、陆定一、余长生、邓颖超、博古、刘群先、陈云、毛泽覃、朱琪、覃伯益、林恺、郭香玉、刘自升、彭儒、廖昔崐、成仿吾、刘素珠、罗迈、阿金、潘汉年、赵婉嫒、陈一新、贾拓夫②。

　　再接着，军委印刷所全体工作人员要求免发工资。中央造币厂、兴国县苏维埃政府开始厉行节约。国家政治保卫局制订了八项具体措施，其中包含了：开垦荒地种菜，两人办公用一盏灯，自割青草喂马等等③。

　　到中共中央、中华苏维埃共和国中央政府人民委员会、全总、少共参与进来后，这项活动就成了遍及全苏区的以厉行节约来支援革命战争的声势浩大的群众运动了。

　　中共中央采取的措施是：（一）工作合理化。通讯员减少百分之三十五，公差完全取消，挑夫减少了百分之十五。工作安排实行合理化，如通讯班将信件按规定时间集中到收发科，再送出，或请方便的同志带走。（二）办公费减少。火油减少百分之三十，以木油代火油，信封减少百分之七十五，自制信封，文件用纸大幅节省，其他如笔、墨、邮票均有节省指标。（三）伙食节省。每天每人减少二两米，开荒种菜，保证自给。另外，绝对不开客饭，外单位到中央来办事的自带伙食。

---

① 《红色中华》，1934 年 3 月 15 日。

② 《红色中华》，1934 年 3 月 20 日。

③ 《红色中华》，1934 年 3 月 22 日。

中央政府制定了六项措施。教育部原先每月用办公费二百九十元，响应《红色中华》号召，已降到每月一百六十元了①。

三月二十七日起，《红色中华》报开辟了"节省战线"（后改为"在节省战线上"）专栏。其后，中央各部、各机关、各群众团体、各省、县、区都创造出了节约的各种方法，还开展了挑战和竞赛活动。瞿秋白写了论文《节省每一粒谷子来帮助战争》②。中央政府粮食部部长陈潭秋为《红色中华》报写了社论《把节省运动开展到群众中去》③。

十九岁的任质斌按捺不住澎湃的激情，又在报纸上恢复了几期通栏的大字标语口号：

　　○纪念"五一"，实行节省运动，帮助战费，保障粉碎
敌人五次"围剿"的胜利！

　　○落后的赶到前面来！

　　○一升米，一分钱，送到炮火连天的前线上去！

　　○严厉打击贪污浪费分子！

四月五日《红色中华》"在节省战线上"专栏刊出一首政治鼓动诗：

　　一件一件的听我们报告，不要忙，

　　许多新的光荣模范涌现在节省战线上，

　　有的机关缩减了经费秩序越发整肃，

　　有的机关裁汰了冗员工作更加紧张，

　　有的拿出全部工资或要求免发津贴，

　　有的每天少吃二两米伙食还附带用杂粮，

　　为了节省灯油就利用月光开会，

---

① 《红色中华》，1934 年 3 月 24 日。

② 《红色中华》，1934 年 3 月 29 日。

③ 《红色中华》，1934 年 4 月 26 日。

　　　为了栽种蔬菜就拿起锄头去开荒，

　　　外籍同志纷纷要求不发夏天衣服，

　　　苏区同志个个奋勇自备几个月食粮，

　　　墙报上出了许多节省运动专号，

　　　列宁室建立了许多节约箱，

　　　到处都在订节省运动竞赛条约，

　　　冲锋突击的一个比一个更强，

　　　在群众中创造了数不尽的光荣模范，

　　　写完了《红色中华》报纸也不够表扬，

　　　就看最近五天收入的节省的捷报，

　　　也就明白了我们的节省阵容多么雄壮！

　　　看哪：

　　在"看哪"之后，是编写的综合新闻，对邮政总局、中央财政部、劳动部、国民经济部、国家政治保卫局、国家银行、国家医院、江西省委和长汀、瑞京、龙岗、西江、广昌等县的模范个人作了表彰。这诗只能是编辑的创作，且带有浓厚的山东快书的韵味。

　　节省运动如同烈火燎原般，燃遍了全苏区。它从"活动"演变成"运动"后，立即提出了发展生产、增产节约、开荒种地、自力更生的要求。同时也培养了机关的清廉节俭之风。中央苏区其他报刊，如《红星报》等，也随后在本系统宣传推进了节省运动。

　　这场运动的意义是重大的。它是中国共产党在建立政权后第一次进行的大规模的广泛深刻的节省运动。它以节流始，以开源终。如果不是半年之后中央苏区丧失、被迫开始长征的话，它必定会结出伟大的果实。

　　从历史传承上说，它是八年后在陕北开展的延安大生产运动的先声。

　　这场运动对任质斌的人生道路，影响重大。他原来是以中央党报负责人的身份受中央信赖和倚重，这一运动又证明了，任质斌不仅会办报纸，还是会精打细算、善于统筹安排、考虑问题细密周到的机关管理人才。而且，他才十九岁！——为什么他在长征前夕受了撤职处分，长征时却是《红色中华》社被批准带走的唯一的一个人？为什么到陕北后他立即被任命为中央政府秘书长？为什么让从来没有管理过机关的他来主管中央机关事务？原因就在于此。

就在任质斌获准转党、工作业绩突出之时，他忽然被撤了职。

起因是，博古写了一篇号召扩红（扩大红军）的长文《我们的位置在那边，在前线上，站在战线的最前面!》，交给了任质斌。任质斌立刻发排在《红色中华》第一百八十九期，占了第一版整版篇幅。——不料，在印刷上出了问题。《红色中华》始终没有自己的印刷厂，专由中央印刷厂承印。中央印刷厂一九三一年九月创办于叶坪下陂坞村，一九三三年迁至沙洲乡腊梨督下村，有对开铅印机五台，其中一台是地下交通从上海运来的新印刷机。还有从长汀毛铭新印刷所搬来印刷机两台。有石印机十一台。厂长此时是古运来，副厂长祝志澄。全厂分设铅印、石印、排字、刻字、编辑、裁纸装订、铸字、油墨共八个部①。工厂第一位的任务是印钞票和公债券，第二位任务是印中共中央、中央政府的文件和布告，第三位才轮得上印《红色中华》、《斗争》、《苏区工人》等报刊和书籍、传单等。随着战争形势的日渐恶化，印刷厂非常忙碌，日夜加班也完不成任务。在此之前，也出现过《红色中华》挤不上去，脱期、推迟出版的事。刊登博古文章的这一期于五月十六日出版，比要求迟了几天。此事责任不在报社，因此任质斌也没往心里去，以为只要说明了一下情况就过去了。

---

① 叶再生著：《中国近代现代出版通史》，第2卷，华文出版社，2002年1月版，第904页。

　　不料，几天后他忽然被通知去开会，由曾任《青年实话》主编、此时兼编《斗争》周刊的陆定一主持会议，任质斌受到了严厉批评，当场宣布撤职①。

　　被撤职后，任质斌仍然在报社做编辑工作。他更加勤勉，更加细心谨慎了。令他欣慰的是，继任秘书长徐名正和编辑韩进、贺坚及报社工作人员，依然非常尊重他。

　　落井下石的事也有。在任质斌三月十三日主持发起节省活动时，已于元旦前后调到人民委员会工作的谢然之，应任质斌之请，特地撰写了一篇题为《一切节省给予战争》的社论，他热情洋溢地写道："（要）使每一个工农群众来响应《红色中华》的号召，为完成四个月节省八十万元而斗争！"② 三月二十六日，人民委员会主席张闻天发布《人民委员会命令·中字第十四号》，命令中说："《红色中华》'为四个月节省八十万元而斗争'的号召，得到了各级政府、红军后方机关、国家企业、学校等工作人员的热烈响应。"③ 四月十九日，张闻天又发布《人民委员会为节省运动的指示信》，称："在《红色中华》节省八十万元的号召之下"④。对这一切详细过程，谢然之从头就是清楚的，但，他却在任质斌被撤职后，于九月九日撰写了一篇题为《我们已经节省了一百三十万，还要继续节省，再节省，来帮助革命战争！》的总结文章，开头第一句竟然是："人民委员会在三月里，曾经向全体苏维埃工作人员与广大的革命群众，提出了一

---

　　① 任质斌：《干部履历表》，1968 年 1 月。据陈清泉、宋广渭著：《陆定一传》（中共党史出版社，1999 年 12 月版）记载，陆定一此一时期代笔替博古和张闻天写文章，由博古、张闻天先谈，陆定一按照他们的意图写，写好后交他们修改后发表（第178 页）。

　　② 《红色中华》，1934 年 3 月 13 日。

　　③ 《红色中华》，1934 年 3 月 29 日。

　　④ 《红色中华》，1934 年 4 月 24 日。

个巨大的号召：要在四个月中间，节省八十万元经费来帮助红军!"① 故意篡改刚刚过去的历史，而且还把文章送给《红色中华》报发表。

徐名正和任质斌非常大度，将谢文全文照登。同时，也坚持原则，给予了不露声色的、坚决的澄清——原来，中央审计委员会一直在跟踪报道这场节省运动，它在四月十四日发布的《检查中央各部三月份节省成绩的总结》中，首句就是："自《红色中华》报号召节省后。"② 任质斌被撤职后，中央审计委员会八月十五日发布的《关于总卫生部系统中五六月节省成绩的总结》仍然一如既往地如实表述为："《红中》四个月节省号召。"③ 就在谢然之的稿子送来的同时，中央审计委员会也送来了长篇的《关于四个月节省运动总结》。编辑部把这两篇文章排在同一版，《总结》既不保留"《红色中华》报号召"，也不屈从谢然之的"人民委员会号召"，将第一句改作"苏维埃号召：从四月至七月四个月内节省行政费八十万元来拥护革命战争"④。让读者自明，可称刚柔得当了。

革命队伍里从来就不纯粹，共产党内也有忠奸之分。大浪淘沙，这个风头极健的谢然之，半年后即叛变革命，投靠了国民党，后来当了国民党的图书杂志检察官，去台湾后，升至国民党中央委员，做了"中华民国"驻外"大使"，后来又背离了国民党，到海外做寓公去了。

左倾领导者在中央苏区刮起的惩办之风愈演愈烈。萧劲光因黎川失守被判刑五年，《红色中华》作了报道⑤。其实，命令萧劲光率

---

① 《红色中华》，1934 年 9 月 11 日。
② 《红色中华》，1934 年 4 月 14 日。
③ 《红色中华》，1934 年 8 月 15 日。
④ 《红色中华》，1934 年 9 月 11 日。
⑤ 《红色中华》，1934 年 1 月 13 日。

不足百人守城，抗击国民党军三个师的进攻，这个任务谁都完不成的。还有一个同志，写了一篇文章说自己在睡梦之中还梦见自己在冲锋杀敌，这本是激励斗志的好文章，却被指控为："恶毒污蔑革命战争和第五次反'围剿'是做梦！"被开除了党籍①。

在国民党军的大举进攻下，中央苏区急剧缩小，终至丧失。

十月三日，《红色中华》出版第二百四十期。这是长征前的最后一期。第一版刊登了中华苏维埃共和国中央政府、中国共产党中央委员会《为发展群众的游击战争告全苏区民众》②。在第二版和第三版，以前所未有的大字号和大篇幅排印了一条标语："让我们全苏区的工农都成为牢不可破的武装部队！与我们英勇无敌的红军一起为土地自由和苏维埃而坚决作战！"

第五次反"围剿"失败，中央苏区丧失，中央红军被迫开始长征。非战斗人员和干部获准随军西行的甚少。

《红色中华》报获准随军长征的，仅任质斌一人。

---

① 《任质斌同志回忆录》，未刊稿。

② 史著多作《为发展群众的游击战争告全苏区民众书》，此据《红色中华》报，无"书"字。大标题的显然的漏字，恰恰反映出情势的危急。

第六章　书生长征记

任质斌晚年曾经计划写长征回忆录。他拟定了篇名：《书生长征记》，拟写十节：（一）会昌从军；（二）走后卫的味道；（三）壮烈的湘江水；（四）虮子与副伤寒；（五）口号的变化；（六）遵义会议以后兜圈子；（七）马的作用；（八）雪山与草地；（九）哈达铺的欢乐；（十）陕北的功劳。可惜，他终未动笔。

长征，是长距离的征战。中国工农红军二万五千里长征创造了中国战争史和世界战争史上的奇迹，长征便成了专用名词。一九三四年十月，中央红军从福建长汀、宁化和江西瑞金、雩都（今于都）等地出发长征，突破了国民党军四道封锁线，经粤北，入湘南，血战湘江，转道贵州，破乌江天险，夺遵义，四渡赤水，挥兵入滇，巧渡金沙江和大渡河，飞夺泸定桥，爬雪山，过草地，奇袭腊子口，进军甘陕，铁流二万五千里，历福建、江西、广东、湖南、广西、贵州、云南、四川、西康、甘肃、陕西十一省。其中，红九军团后又改隶左路军（红四方面军）和红二方面军，行程超过了四万里。在长征途中，四面有敌军蜂拥合围，后面有敌中央军汹汹急追，前面有各省敌军防堵，左右有敌军和民团截击，天上有飞机轰炸，地下有险峰绝道和江河阻断，英勇的红军一路搏杀，一路血战，以血肉之躯撞破道道雄关，用打满了血泡的双脚踏过了万水千山，许多英雄牺牲在长征路上，出发时人数近九万①，长征结束时已经不足三万人了。这三万人中，就有红色书生任质斌。

任质斌在长征中的经历非常特别。解放后，一位老革命家这样回答采访者："长征么，我就是三个字：跟着走。"回答得谦逊幽默又大气磅礴，同时，也反映了非战斗人员主要是走路的历史真实。任质斌不同，他一路走，一路宣传，还一路办报纸。而且，他先在红九军团（军团长罗炳辉，政委蔡树藩，后何长工）。到贵州后被调到中央纵队（司令员刘伯承兼，政委陈云）的《红星报》（主编邓小平，后陆定一）任社长、编辑。入云南后被调到渡江（金沙江）指挥部（毛泽东、周恩来、朱德、刘伯承为指挥，陈云任政委）工作。在四川会理又被调到红三军团（军团长彭德怀，政委杨尚昆）去编《战士报》。大家都争着要这位"红色中华"。

书生长征去，万里事戎机。他是中国知识分子的骄傲。家乡人民也引以为自豪，故乡有学者著文：《即墨有人曾长征》，说他是即墨唯一参加红军长征的人②。

一九三五年旧历六月初六日，是任质斌二十岁生日③。他在翻越第四座大雪山——打鼓山中度过。这里海拔四五千米，山顶终年积雪，空气稀薄，寒风砭骨。任质斌极度地瘦削，面色黧黑青紫。他和战友们都单衣褴褛，饥肠辘辘，体力不支，步履踉跄。他们大口大口喘着气，顶着呼啸的山风，狂舞的雪花，艰难前进，累狠了，就在雪地里爬行。下山时不顾危险，沿着陡峻的山坡滑滚下去。许多战友牺牲在雪峰上，任质斌和同志们流着泪掩埋战友的遗体，那

---

① 任质斌晚年曾搜集资料，统计出中央苏区参加长征的人数是 9.5 万人。关于人数，说法很多。李德（奥托·布劳恩）著：《中国纪事》（现代史料编刊社，1980 年 12 月版）称"兵力是 7.5 万～8.1 万人"。余伯流、凌步机著：《中央苏区史》统计数字最为精确：87059 人。

② 韩乃桂著：《即墨走笔》，青岛出版社，1994 年 12 月版。

③ 解放前任质斌记生日皆记旧历。1935 年旧历六月初六日当公历 7 月 6 日。

泪水,瞬间就成了冰粒。中国人男子二十"弱冠",行成人礼,任质斌的"成人礼"在雪山之巅举行。

同日,在青岛劈柴院,任玖湘夫妇终日泪水不干。他们的独生子失踪已经三年零四个月了,又到了儿子的生日,他们更是悲从中来!

也许,任质斌当时并不曾记起这一天是自己的生日。他大口大口地艰难地喘着气,爬上雪山之巅,回望来路,唯见万山拱伏,天地苍茫。这里,已经与中央苏区相隔五个省了。

一 随红九军团从江西会昌到贵州遵义

任质斌作为非战斗人员能获准随军长征,实属非易。作为刚刚受了撤职处分的人,则更是难上加难了。

长征,是在后来的转移征战中逐步变化、逐步形成的。并非一开始就是要去陕甘。最初的战略意图是要去湘西开辟新的苏区。中央红军离开中央苏区突围转移,是秘密筹备、突然开拔的。不要说苏区的干部群众在事先毫无所闻,就连中高级干部也都毫不知情。

第五次反"围剿"作战节节失败,广昌失守,筠门岭失守,建宁失守,长汀危殆,中央苏区的门户已全然洞开。中共中央书记处一九三四年五月下旬决定突围转移,并报请共产国际批准。六月二十五日,共产国际复电同意。不久,由博古、李德、周恩来组成最高"三人团",负责筹划。政治、军事由博古和李德作主,周恩来负责督促军事计划的实行①。

筹划在秘密状态中进行,最高"三人团"之外的中央其他领导人一概无权过问。带哪些高级干部走,是政治局讨论后,由博古拍

---

① 中共中央文献研究室编:《周恩来年谱(1898—1949)(修订本)》,中央文献出版社,1998 年 2 月版,第 266 页。

板决定①。党中央、政府、全总、少共等部门带哪些干部走，由部门负责人提名单，报博古批准，再由中共中央组织局（主任李维汉）负责编队②。江西和粤赣等省哪些人带走，则由省委提交名单，报中共中央组织局，然后报批。

在名单确定过程中，有强烈的宗派主义倾向，被认为不执行中央路线的人都尽量地不带走，如张鼎丞、邓子恢、瞿秋白、陈潭秋、毛泽覃等。起初连毛泽东、王稼祥等也不想带，经周恩来力争才获准带走。确因工作需要而留下的有项英等人。因病或负伤而留下的有周以栗、陈毅等人。邓小平之所以能走，是因为王稼祥事先已经坚持将他调任了总政治部秘书长兼《红星报》主编。瞿秋白提出要跟着走，未被批准。在编队中，首脑机关编为第一纵队，叶剑英任司令员。党、政、工、团和后勤部队、卫生部门及担架队编为第二纵队，近一万人，由李维汉任司令员兼政委③。按照序列，任质斌应当编入第二纵队，却没有被列入。

李维汉亲自召见了任质斌，安排他随红九军团走，并亲自给他开了介绍信，让他去离瑞京约一百华里的会昌县城去等④。

十月三日，《红色中华》第二百四十期出版。这是长征前的最后一期。任质斌怀着复杂的心情，与同志们告别。

长征开始后，瞿秋白和韩进等人留下继续按原版式、原编号顺序编《红色中华》报，中央苏区越来越小，环境日见恶化，报纸锐

---

① 秦邦宪（博古）：《在中央政治局会议上的发言》，转引自李志英著：《博古传》，当代中国出版社，1994 年 12 月版，第 159 页。

② 李志英著：《博古传》，第 159 页。李维汉：《回忆与研究》，上册，中共党史资料出版社，1986 年 4 月版，第 340 页。

③ 李维汉：《回忆与研究》，上册，中共党史资料出版社，1986 年 4 月版，第 344～345 页。

④ 《任质斌同志回忆录》，未刊稿。

降到每期几千份，先是每周出三期，后改为两期、再改为一期，至次年二月停办。后来，瞿秋白、徐名正牺牲，韩进被俘逃脱后费尽周折找到组织。因为红军主力长征是秘密筹备和进行，所以，在瞿秋白继续办的二十四期中，对主力长征只字未提①。

十月十日晚，中共中央、红军总部撤离瑞京，在红一、三、五、八、九共五个军团护卫下，开始长征。十一日晚，红九军团进抵会昌城北塘坊、珠兰埠地区②，任质斌连夜赶去报到。

红九军团军团长是罗炳辉，政委蔡树藩，参谋长郭天民。政治部主任李湘舲（李涛）此时已调总参谋部任二局政委，黄火青继任。军团下辖两个师，三师师长罗炳辉兼，政委蔡树藩兼；二十二师师长周子昆，政委黄开湘。随红九军团长征的还有中央代表凯丰（中央政治局候补委员、少共中央局书记），以王首道（中央组织局秘书长）为首的地方工作团。全军团共一万一千五百三十八人。

政治部主任黄火青热情地欢迎任质斌的到来，除了任质斌是《红色中华》负责人以外，还因为他带来了一台印刷机③。黄火青是湖北枣阳人，一九〇一年生，比任质斌大十四岁，一九二六年入党，次年赴苏联学习，一九三一年进入中央苏区，福建事变发生、"中华共和国人民革命政府"（史称"福建人民政府"）成立后，他任中华苏维埃共和国驻龙漳省领事。在任质斌到来之前，军团政委蔡树藩从《红色中华》所载张闻天文章的字里行间，看出可能要离开中央苏区了，蔡和罗炳辉、郭天民派人把黄火青找去，仔细研究，大家看法相同④。

---

① 韩进：《红军长征后的〈红色中华〉报及其他情况》，《江西党史资料》，1987年7月版。

② 力平、余熙山、殷子贤著：《中国红军长征史》，中共党史出版社，1996年8月版，第36页。

③ 韩进：《红军长征后的〈红色中华〉报及其他情况》，《江西党史资料》，1987年7月版。

④ 黄火青：《一个平凡共产党员的经历》，人民出版社，1995年6月版，第81页。

到这位年轻的"红色中华"前来报到之时，突围转移已成为事实了。

军团长罗炳辉是云南彝良人，一八九七年生，年长任质斌十八岁，他早年投入滇军，曾参加讨袁护国、孙中山北伐、北伐战争，是著名的战将，他一九二九年入党，是著名的红军将领和传奇色彩非常浓烈的英雄。政委蔡树藩是湖北汉阳人，一九〇五年生，比任质斌大十岁，一九二五年转党，也是去苏联学成归国，进入中央苏区的。比任质斌大十岁的参谋长郭天民，则是黄埔军校六期生，他是湖北黄安（今红安）人，一九二七年在黄埔入党。红九军团是一支英雄的部队，以行军神速、以巧制胜、擅长迂回、奔袭、奇袭而著称，毛泽东称其为"牵牛鼻子的能手"，周恩来誉其是"战略骑兵"。苏区百姓呼罗炳辉军团长为"罗炳飞"。

任质斌这是首次在军队中生活。以前也曾经下部队工作或采访，但那是"客"，时间也短，三五天就回机关了。这一回，书生真正成了兵，他感到处处不习惯。吃饭完全没有了机关的从容，现在是围着一口行军锅分食，还因为军情紧急，常常煮得半生不熟就吃，三口两口扒完，如狼吞虎咽一般。睡觉更不习惯，在红中社常常熬夜，但睡眠环境还是安静的，现在是行军到了宿营村庄，号好了房子，大家挤在一起席地而卧，战士们衣服也不脱，怀里抱着枪，躺下就着，鼾声四起，任质斌累极了，困极了，却怎么也睡不着，好不容易刚刚蒙着，又被摇醒，又要夜行军了。有时候在山野间宿营，则天作被、地当床了。绑腿是会打的，但打得不紧，跟战士学会后，走起路来非常得劲，而且精神。打背包则学了很多次，开始时打得很松，比别人的背包大了许多，还容易散，练习了几天，就打得方方正正又结实又漂亮了。

二十一日，突围开始。红一军团（军团长林彪，政委聂荣臻，参谋长左权，政治部主任朱瑞）和红八军团（军团长周昆，政委黄甦，参谋长张云逸，政治部主任罗荣桓）为全军左翼；红三军团（军团长彭德怀，政委杨尚昆，参谋长邓萍，政治部主任袁国平）和红九军团为右翼；红五军团（军团长董振堂，政委李卓然，参谋长刘伯承）为后卫，掩护着庞大的带着许多辎重的中央纵队，向西南方向突围。

二十一日至二十三日，红军在古陂、新田间突破第一道封锁线，红九军团在大庾黄龙阻敌，付出了很大的伤亡。任质斌亲历了战争的惨烈，深受红军将士英勇气概的感染。

十一月三日至五日，红军从汝城、仁化间突破第二道封锁线，红九军团在文明阻战，激战六小时，在大雨中乘夜色越过了九峰山。在九峰山下，红一军团第二师第四团团长耿飚和团政委杨成武，在危急时刻把自己的战马送给罗炳辉军团长。此类生死与共的事，时刻都在任质斌身边发生。任质斌也受到了同志们的保护和关照。

十一月十三日到十五日，红军突破第三道封锁线，红九军团二十一日克湖南江华县城，开仓济贫，扩大红军一百五十多人。江华是中央红军长征中攻克的第一个县城，全军振奋。二十五日，红九军团克永明，把财物、粮食分给当地人民和跟随红军从道县、江华而来的成千上万的贫苦农民。二十六日，红九军团以一部佯攻湘桂边界上的龙虎关，迫桂敌李宗仁、白崇禧放弃兴安、灌阳的湘江防线，调往恭城、富川防堵，调敌成功后，罗炳辉命令改前锋为后卫，星夜折回永明，桂敌刚刚松了一口气，红九军团却飞兵疾进，克永安关，越都庞岭，再入广西境，造成了桂敌的更大慌乱。几十年后，白崇禧在台湾撰写回忆录，对湘军刘建绪部颇多抱怨之辞，他写道："当刘部甫入全州，我们为尽地主之谊，特备酒肉款待，望其饱食之后，协助共同作战。我们派飞机侦察刘部是否行动，驾驶员回来，很怨愤地说：'他们不在剿共，而在抗日。'"白崇禧解释说，湘军是架着枪，在大路上睡大觉，晒太阳，"抗日"的"日"不是日本，而是初冬之际天上高悬的暖洋洋的太阳①。

二十九日，红军掩护中央机关在界首等地强渡湘江，突破第四道封锁线。至十二月一日，渡过湘江。湘江血战，战况惨烈，红军

---

① 白崇禧：《白崇禧回忆录》，台北版。

损失大半，只剩三万余人。红八军团伤亡过多，建制撤销。红九军团在中央苏区出发时仅战士就有一万人，有七千支步枪和一百五十挺机枪，每个战士发了一至二枚手榴弹，每支步枪配有七十至一百发子弹，每挺机枪配有三百至四百发子弹，每挺重机枪配有五百至六百发子弹。另外还有梭镖、大刀、长矛等原始兵器①。过了湘江，也损失消耗过半了。

这是任质斌首次经历大规模的战争。他亲历了枪林弹雨中的浴血拼杀，目睹了战友在身边中弹倒下。他真正地懂得了什么是战争。任质斌和政治部的同志们一起行军，搞宣传鼓动，编写战报发到连队，帮助护理伤员。

战争形势瞬息万变。从总体上说，红九军团为全军右翼，但战争打响后，有时变成了前锋，有时又变成了后卫。当后卫时，生活更加艰苦。前锋部队每到一地，打土豪分财产，大部分分给了老百姓，部队也能得到补充，等到后卫跟上来，就没有什么了，不但无法补给，而且还增加了收容伤员和掉队的老弱病人员的任务。特别是在湘南的行军，为躲避敌人飞机轰炸，多为夜间行军，中央纵队像搬家一样带着过多的罈罈罐罐，连笨重的机器都抬着走，行军速度极慢，有时一夜只走几里地。任质斌和战友们在漆黑夜幕中在崎岖山道上行军，总是站着等，总是下着雨，浑身淋得湿透，走走停停，有时站着就迷糊睡着了。

过了湘江之后，任质斌得了伤寒病。黄火青把马让给任质斌骑。一度病重了，黄火青亲自招呼担架队，抬任质斌到经过的医院去治疗。任质斌的病向好之后，部队打土豪杀了猪，大家照顾黄火青，给他送去一点猪下水，警卫员帮他熬好后，他派警卫员叫任质斌来一起吃，给任质斌补充营养②。

---

① 李德：《中国纪事》，现代史料编刊社，1980 年 12 月版，第 110～111 页。
② 《任质斌同志回忆录》，未刊稿。

湘江之战后，中央采纳了毛泽东的提议，通道转兵，直指敌人力量薄弱的贵州。黎平会议后，红九军团和红一军团林彪聂荣臻部为右路，向西北猛插，二十一日占剑河，二十五日克镇远，二十六日取施秉，二十九日下余庆，猛打猛冲，势如破竹。罗炳辉率红九军团一九三五年一月二日在回龙场抢渡乌江天险，连克湄潭、凤冈、绥阳，构成了遵义的东北屏障。在这一路征战中，任质斌为部队编印传单式报纸（报名失考），刻蜡纸，油印，鼓舞了指战员的士气，也向沿途群众进行了宣传。他还根据形势编写讲话稿，对部队进行教育。行军时，带领宣传队或化装或不化装，进行鼓动宣传，有时还发布一些别的部队打胜仗的新闻。他还兼做收容工作，护理救助本军团和兄弟部队的伤员和掉队人员。红九军团在湄潭一带留下很多遗迹，在万寿宫墙上写有大字标语："旧社会打他落花流水，新世纪建设灿烂光明！"[①]

罗炳辉和蔡树藩对任质斌的工作非常满意，但是到湄潭没几天，中央纵队来电要调任质斌去中革军委机关报《红星报》工作，他们虽然舍不得放，也只有服从军令了。

二　任总政治部《红星报》社社长、编辑

中央苏区有"三大报刊"：《红色中华》、《斗争》（中共中央机关刊物）、《红星报》（中央革命军事委员会机关报，红军总政治部主办）。

《红星报》一九三一年十二月十一日创刊于瑞京，铅印，四开四版或二版，初为五日刊，后不定期，长则半月，短则两天。一度改版。后恢复。一九三三年发行量仅在江西省就达一万七千三百份[②]，仅次于

---

① 中共湄潭县委党史资料征集研究领导小组编：《红军长征在湄潭》，1984 年 12 月印行。

② 方汉奇主编：《中国新闻事业通史（第二卷）》，中国人民大学出版社，1996 年 5 月版，第 298 页。

《红色中华》（四万份）和《青年实话》（三万份）。主编邓小平。

"三大报刊"中，在长征路上继续出版的，唯有《红星报》。它不按原序号顺编，另编长征专号。从长征开始到一九三五年八月终刊，共办二十八期。

邓小平任主编至一九三五年一月遵义会议召开时止①。任质斌一月从湄潭赶到遵义到红军总政治部报到时，邓小平已不是主编②。任质斌被任命为《红星报》社社长、编辑③。以任质斌的资历，这个任命是正常而且妥当的。主编位子空着，此时，陆定一还没有调来。

任质斌进入遵义城到《红星报》社工作的时间，不早于一月十五日（遵义会议开始的时间），也不迟于一月十八日，因为十九日凌晨中共中央和红军总部就撤离遵义了。陆定一是在二十多天后在云南扎西（今威信）整编期间调进红军总政治部，任《红星报》主编的④。首先厘清这段时间，是下文的需要。

遵义是黔北重镇，也是川黔道上的战略要点。一月七日凌晨，红一军团一部智取遵义城。八日和九日，中共中央和红军总部进驻遵义。一月十五日至十七日，中共中央政治局召开扩大会议（史称"遵义会议"），会议揭发和批评了第五次反"围剿"和长征以来中共中央在军事领导上的错误，批评了博古在报告中为第五次反"围剿"失败进行辩护的错误，通过了中共中央《关于反对敌人五次"围剿"的总结决议》（史称"遵义会议决议"），并在组织上进行了重大调整。会议推选毛泽东为政治局常委，取消了博古和李德的最高军事指挥权。决定仍由朱德、周恩来指挥军事，周恩来为军事指

---

①　叶再生著：《中国近代现代出版通史（第二卷）》，华文出版社，2002年1月版，第924页。

②　任质斌晚年回忆录皆说他在《红星报》时主编是陆定一。

③　任质斌：《干部履历表》，1950年填写。

④　陈清泉、宋广渭著：《陆定一传》，中共党史出版社，1999年12月版，第189页。

挥上"下最后决心的负责者"。在会后的一段时间里，又有许多调整：首先，由张闻天代替博古任"总负责"；接着，设置前敌司令部，朱德任司令员，毛泽东任政委；再接着，由毛泽东、周恩来、王稼祥组成"三人军事指挥小组"。一月十九日，红军离开遵义北上。接下来就是著名的"四渡赤水"之役了。

任质斌到遵义最多一两天，就又踏上了征程。

任质斌晚年计划撰写《书生长征记》时，列出的第五节标题是："口号的变化"。什么口号的变化？任质斌未做任何说明。经艰难查证，他说的"口号"，只能是李富春一月八日发布的《总政治部关于进入遵义城的通令》。因为，《通令》的主要内容就是口号。除此以外，在这一时期再无"口号"问题了。

《通令》全文为："兹发下明日（九日）进遵义城沿途（特别是进城时）呼的口号及进城八项注意，希各政治处即转发到各连队去严格遵照执行为要。1. 口号：（一）红军和工农群众团结起来！（二）建立遵义的工农政权！（三）创造川贵边新苏区！（四）打倒无恶不作的王家烈！（五）消灭卖国贼蒋介石的主力！（六）消灭警察队和民团！（七）取消一切苛捐杂税！（八）工人实行八小时工作制，增加工资！（九）没收地主的土地分给农民！（十）贫民实行打土豪，不还债不交捐！（十一）红军万岁！（十二）遵义工农解放万岁！2. 进遵义城的八项注意：（一）整齐武装服装。（二）不掉队落伍。（三）不脱离部队，不自由行动。（四）到宿营地后出外要请假。（五）私人不准向群众借东西。（六）不乱买东西吃。（七）无事不要进群众家里去。（八）注意卫生，不乱屙屎尿。"署名为："总政治部代主任李富春"①。《通令》系由遵义周开渊办的鸿文石印社印刷，共印一万张，到处散

---

① 贵州省革命文物、历史文物调查征集办公室：《黔山红迹——红军在贵州的革命活动》，贵州人民出版社，1981 年 7 月版，第 235～236 页。

发和张贴①。

口号的变化反映了中央战略意图发生了重大变化。原先撤离中央苏区是要去湘西与贺龙和萧克的红二、六军团会合，并在湘西开辟新苏区。现在改变了，要在这里不走，"创造川贵边新苏区"了。

任质斌对《红星报》的这一段战斗经历，非常珍惜。但到晚年，他只说陆定一任主编，自己是编辑，再不提担任社长的事。这除了他谦虚谨慎、尊重同志外，还与史学界相关权威性论著不承认他的这段经历有关。

有史著称："《红星报》的编辑人员比较少，从创刊到终刊工作人员一直只有三五个人。邓小平主编时，除了一个技术性帮手外，改写稿件，编排版面，编辑和校对等，都由邓一人操办。长征途中，由陆定一主编时，编辑、校对和组织工作全由陆一人负责，另有赵发生负责刻蜡版，另一人负责油印，另两人负责挑内装蜡纸、油墨、纸张等物的报箱子，人员也未超出五人，他们走到那（哪）里，就放下报箱子出版报纸。"② 还有史著称："长征途中，《红星报》这摊工作一共只有四五个人。其中，陆定一任主编，赵发生刻蜡版，一人搞油印，两个人挑报箱子。赵发生回忆说：'《红星报》工作人员用两条扁担，挑着四个铁皮箱子，随着中央军委昼夜行军。铁箱里装着办报的全部设备：一台钟灵牌油印机（因为太重，走到湖南时扔了，买了一个手滚油印机）、几盒油墨、几筒奥国蜡纸、两块钢板、几支铁笔，和一些毛边纸等。''一到宿营地，铁箱子就是办公

① 周春元主编：《遵义人民革命史》，《贵阳师范学院学报丛书》第一辑（社科版），1984年10月印行。

② 叶再生著：《中国近代现代出版通史（第二卷）》，华文出版社，2002年1月版，第927页。

桌，经常在国民党的飞机轰炸下，支起摊子坚持工作。'"① 在这些史书中，尽管叙事甚详，但是，《红星报》社社长和编辑任质斌不见踪影，他被忽略了。

陆定一如何说？由中共中央党史资料征集委员会布置，经数月采访陆定一，又历时十九年完成的四十余万字的《陆定一传》，对长征一段叙述甚详，连起草布告、创作歌词都有详细的记载，可惜完全未提主编《红星报》这样的大事。

战争态势仍很严峻。蒋介石调集四十余万重兵，从四面八方压向黔北：中央军薛岳部周浑元、吴奇伟两纵队衔尾急追；湘敌何键部进至乌江一线；川敌刘湘集重兵于川黔边防堵；桂敌进至都匀；滇敌由滇东北向黔西进逼；黔军王家烈部向遵义一线迫进。显然，蒋介石企图围歼中央红军于黔北狭小区域中。以红军三万饥疲之师，而当四十万凶暴之敌，中共中央果断放弃了遵义会议决议中所作的在云贵川创建新苏区计划，决定渡过赤水河、继而在泸州、宜宾间渡长江北上，进入川西北，与红四方面军会合。于是有了一渡赤水，进入川南。刘湘以十二个旅严密封锁长江。渡江既不可能，唯有二渡赤水，返回黔北，二月二十八日再占遵义。蒋介石急切寻找红军决战，红军三渡赤水，再入川南，摆出仍要北渡长江的姿态。蒋介石命令各部全力向川南合围，将兵站、医院、建碉堡的建筑材料源源运往川南。红军却虚晃一枪，突然东折，四渡赤水，向南疾进，除红九军团被阻乌江北岸外，主力抢渡乌江，跳出了敌人的合击圈，复兵临贵阳，调出滇敌，西进云南，北渡金沙江，就此跳出了几十

————

① 中国人民大学新闻系，黄河、张之华编著：《中国人民军队报刊史》，解放军出版社，1986年1月版，第60页。白润生编著：《中国新闻通史纲要》，新华出版社，1998年7月版，第229页。另，赵发生（1915～2011），江西寻邬人，1931年入党，1932年参军，建国后曾任商业部副部长。

万敌军的围、追、堵、截，取得了长征中具有决定意义的伟大胜利。

在四渡赤水之役和北渡乌江之役中，陆定一、任质斌和《红星报》三位工作人员，一起随军转战。他们在敌军四面围攻的险境中，在"天无三日晴，地无三尺平"的恶劣的自然条件下行军，最快时一夜走一百多里。他们坚持办报，十天或半个月一期，每期油印七八百份，分发到连队。《红星报》激励斗志的作用是巨大的。红军战士不识字的多，报纸到了连队就会被宣读，或者被宣传队员改编成宣传材料。这五个人的作用，就如同一支战斗部队！陆定一是江苏无锡人，一九〇六年出生，一九二五年入团，同年转党，次年毕业于上海南洋大学，曾任团中央宣传部部长、中国共产主义青年团驻少共国际代表，一九三一年冬进入中央苏区，任共青团苏区中央局宣传部部长兼《青年实话》主编。一九三二年奉派去上海工作。次年再到瑞京，仍任少共苏区中央局宣传部部长兼《斗争》技术编辑。他是一位富有才华的文化人，他写的记述红章纵队翻越越城岭的《老山界》后来传布甚广。他比任质斌大九岁。

任质斌任社长并参与编辑时期的《红星报》，存世极少。从已知的四期中，已足可见任质斌和陆定一卓越的办报才能。

二月十日，《红星报》第九期发表社论《为创造云贵川边新苏区而斗争！》从内容看，可能出于中央领导人手笔，气魄宏大。

二月十九日，《红星报》第十期刊登了《军委纵队党的干部会议决议案》，介绍了洛甫在扎西传达遵义会议的消息，表示一致拥护中央政治局的决议。还报道了"赤化云贵川"的战况进展。

三月四日，《红星报》第十一期对回师遵义作了生动报道，标题就非常传神：

《模范的"勇"部红五连，五个子弹夺取一个重要的阵地》

《啊！！！你是红军！我缴枪！》

《英勇的"九堡"三营走一百里路，没有一个掉队落

伍的！》

这一期还就遵义大捷发表了社论《准备继续作战，消灭周纵队和四川军阀！》周是指敌周浑元。社论明确指出："这一胜利是在党中央〔政治〕局扩大会反对了华夫同志的单纯防御路线，采取了正确的军事领导之后的胜利。"这是对遵义会议的最早的报道。华夫，即李德。

四月五日，《红星报》出第十三期，刊登《扩红成绩的总检查和今后的工作》①。第十三期出版后不久，红军就大踏步西进云南，并进而抢渡金沙江。

陆定一和任质斌在地上办报，蒋介石在天上办报，那就是用飞机撒下的形形色色的宣传品和传单了。

三　抢渡金沙江在渡江指挥部

中央红军进云南后，分兵三路向金沙江疾进。任质斌随军委纵队行军。

蒋介石判断出红军战略意图是"向西北窜渡金沙江"，急忙于四月十六日严令各部紧追死堵，控制江边船只和一切渡河物资，企图聚歼红军②。这是红军长征史上又一个生死存亡的紧急关头。如果不能渡过金沙江进入四川，中央红军就有被敌军压缩在金沙江畔河谷之中歼灭的危险。5 月 3 日，刘伯承率军委纵队干部团（团长陈赓，政委宋任穷）抢占金沙江渡口皎平渡，完全控制了渡口的南北两岸。当晚，毛泽东、朱德、周恩来率领军委纵队赶到皎平渡渡江，与刘伯承在北岸组成渡江指挥部，四人共任指挥，陈云任政委。

---

① 参见力平、余熙山、殷子贤著：《中国红军长征史》；李勇、殷子贤编著：《红军长征编年纪实》，中共中央党校出版社，1996 年 9 月版。

② 蒋介石 1935 年 4 月 26 日致刘湘、龙云、杨森、刘文辉的电报。

　　任质斌晚年回忆说："渡江的场面是很壮观的！人在船上牵着缰绳，马和骡子浮水过。我不会浮水，就拉着马尾巴浮在水上，昂着头过了江。"① 金沙江是长江上游从巴塘河口到四川宜宾这一段的别称，上接通天河，滔滔巨流从海拔五六千米高的昆仑山南麓和横断山东麓奔腾而下，一泻千里。

　　这时是五月初，相当于旧历四月初，任质斌感到江流的湍急和江水刺骨的寒冷，那真是如同冰水一般！

　　过江后，任质斌被紧急调到渡江指挥部工作②。当时，中革军委驻中屋山③。渡江指挥部设在北岸峭壁之上的石洞里④。毛泽东、朱德、周恩来、刘伯承、陈云共同指挥渡江。和任质斌同时被调到渡江指挥部的还有刘道生。刘与任质斌同龄，湖南茶陵人，解放后曾任中国人民解放军海军第一副司令员，一九五五年被授予中将军衔。

　　战争态势异常紧张，敌人追兵汹涌向金沙江畔急进，敌人的飞机在头顶上盘旋侦察，红军千军万马要渡江，而经过对上游和下游几十华里沿岸的苦苦寻找，只弄到七条小船！⑤ 其中四条还是破船，修理后才勉强可用，但还要找人不停地朝外舀水才行⑥。指挥部的组织、指挥、宣传工作极度紧张、极度繁忙、可谓千钧一发。

　　军情瞬息万变，不利的情况接连发生。林彪、聂荣臻率红一军团抢占了金沙江上游的龙街渡口，但是却因为江水过于湍急，架浮桥未成，不得不急行军也到皎平渡来渡江。彭德怀、杨尚昆率红三军团抢占了金沙江下游的洪门渡渡口，也因为渡船太少，除留一个

　　① 《任质斌同志回忆录》，未刊稿。
　　② 《任质斌同志回忆录》，未刊稿。
　　③ 钱江：《长征中中央军委行军日程回忆》，载于中共中央文献研究室编《党的文献》1991年第6期。
　　④ 据金沙江皎平渡渡江指挥部遗址照片。
　　⑤ 刘伯承：《回顾长征》，《人民日报》1975年10月19日。
　　⑥ 《宋任穷回忆录》，解放军出版社，1994年10月版，第73页。

团继续抢渡外，主力也赶到皎平渡来渡江。中央红军的三路大军拥挤到了一处！只有七条小船！地处深山峡谷之中的小小皎平渡渡口，人喊马嘶，军号声传。

数万大军，靠七条小船渡江，而且后有敌军紧追，这应当算是中外军事史上军事运筹学的高难度试题了。

只要有一支小部队争渡、抢渡，弄坏了船，全军覆没就不可避免！中国历史就是另一番模样了。

在有绝对权威的渡江指挥部的卓越指挥、周密安排和高效调度下，任质斌等工作人员进行了紧张的工作。

首先，在离渡口很远的地方就张贴布告、广泛宣传渡江的纪律：所有部队不得靠近船只，必须听号音前进；每一只空船到渡口时，必须按规定人数上船，从军团长到战士都得服从指挥安排；马、骡不准上船，马夫牵住缰绳坐在船尾，让马、骡立于江边，船离岸时，岸上的人驱赶其下水，浮水渡江。有的战士抓着马尾过江。

另一方面，在任质斌等政治宣传工作者的宣传动员下，第一天只有船工十八人，后来增加到三十五人，每人每日夜付给现洋五元，吃六餐饭，专门杀猪招待；歇人不歇船；渡江任务完成后，为阻追敌，烧掉全部渡船；焚烧船只时，都给予船户丰厚的经济补偿，每条船赔给现洋三十元①。

渡江日夜不停，夜间在江边堆起大堆木材，燃起大火，熊熊火光照亮了金沙江两侧的群山，照红了江面，场面极为壮观。经九天九夜一刻不停的抢渡，红军全部胜利渡江，未拉下一人一马。四渡赤水后单独行军的红九军团，在罗炳辉和何长工率领下，也在二三

---

① 据施平（陈云）：《英勇的西征》（1935 年 10 月 15 日至 22 日在莫斯科共产国际执委员书记处会议上的报告），《党的文献》1996 年第 5 期。参见《伟大的长征》，陕西人民出版社，1991 年 5 月版，第 259 页。

百华里外的下游渡过了金沙江。至此，中央红军摆脱了数十万敌军的围、追、堵、截，取得了长征中具有决定意义的伟大胜利。

直到红军渡江两天之后，敌人才追到金沙江边。云南军阀龙云惶恐无已，致电蒋介石："唯有请钧座将职严行议处，以谢党国。"①

四　编红三军团《战士报》从彝族区到雪山草地间

五月十二日，任质斌随军委纵队抵达会理城郊的铁场。在铁场，中共中央政治局召开了扩大会议（史称"会理会议"）。会理会议结束后，任质斌被分配到红三军团，负责编《战士报》②。

红三军团的军团长彭德怀、政委杨尚昆，都是任质斌非常敬重的首长。《战士报》归军团政治部主管，军团政治部主任袁国平，宣传部部长刘志坚（黄镇亦曾任此职），任质斌和向仲华是宣传干事。任质斌除了编报纸外，还兼做宣传方面的工作。

这是一个了不起的精英组合。袁国平是著名的军中才子，湖南邵阳人，一九〇六年生，湖南省立第一师范的学运领袖，一九二五年考入黄埔军校第四期，同年加入中国共产党，参加过北伐战争、南昌起义、广州起义，后转战海陆丰和湘鄂赣，红三军团一九三〇年成立时他就任政治部主任，长征中职务一度由刘少奇代理、罗瑞卿担任，后又复职。他学识渊博、英俊儒雅。他在长征中和此后的岁月里，对小他九岁的任质斌非常爱护和器重。刘志坚是湖南平江人，一九一二年生，一九二八年参加农民暴动，一九三〇年入团，次年转党，解放后曾任中国人民解放军总政治部副主任、军事科学院政委、昆明军区第一政委，一九五五年被授予中将军衔。向仲

---

① 龙云1935年5月9日致蒋介石的电报。
② 《任质斌同志回忆录》（未刊稿）回忆作《火线报》，经多方查证，因有《战士报》实物为证，可断为误记。

华是湖南溆浦人，一九一五年生，一九二七年入团，一九三〇年
转党，他后来于一九三六年春接替任质斌负责红中社和《红色中
华》报工作，一九三九年任新华社社长，解放后曾任装甲兵政委、
中国人民解放军副总参谋长、广州军区政委，一九五五年被授予
中将军衔。任质斌与他们艰危相扶，生死与共，结下了终生不渝
的革命友谊。

　　在接下来的长征中，任质斌在极端艰苦的条件下，一面行军，
一面办报纸。《战士报》是八开的油印小报，共出版两百多期。现已
发现存世的只有三期：一九三五年九月二十七日出版的第一九四期、
九月三十日出版的第一九五期、十二月三十日出版的第二〇六期①。
令人遗憾的是，从穿过彝民区、抢渡大渡河、飞越泸定桥、到爬雪
山、过草地、攻占天险腊子口这一段时间内任质斌办的《战士报》，
至今未发现有存世者。存世的三期，前两期是任质斌在长征进入甘
肃境内后所办。办完这两期，任质斌就调离红三军团了。

　　对现存三期《战士报》，新闻学界的评价是："每期单面两版或
三版，每版分三栏，约一千三百多字。字体工整清晰，文字通俗，
版面活跃，品种多样。有评论、指示、训令、消息、通讯、统计表、
小插图等等。每期都配合当前中心任务，结合报纸内容，提出一些
行动口号。标题用美术字书写，主题副题都很清楚醒目，富有鼓动
性。这几期报纸的纸张都不一样，红、绿、白，各色都有，由此也
可以想象，当时是克服了很大困难才出版了这份报纸的。"② 这是很
高的评价，也是恰当的评价。对任质斌办的两期，本书在后文相应
部分再详述。

---

① 中国人民大学新闻系，黄河、张之华编著：《中国人民军队报刊史》，解放军出
版社，1986年版，第64页。

② 中国人民大学新闻系，黄河、张之华编著：《中国人民军队报刊史》，解放军出
版社，1986年版，第64页。

除了办《战士报》外，任质斌还参加了行军途中的宣传鼓动工作、收容工作。

红三军团离开会理后，北进西昌，策应单独行军的红九军团与主力会合。然后过泸沽，穿越大凉山彝民区。军团政治部在部队中普遍进行了民族政策宣传和纪律教育，要求指战员尊重彝族人民的风俗习惯，严守"三大纪律八项注意"，还动员了一批彝族青年参加红军。

五月二十七日，红三军团在擦罗补足了五天粮食，然后向已于二十四日晚被先头红军占领的大渡河畔的安顺场进军。安顺场渡口，水深、河宽、流急，根本无法架桥，船只又少，而尾追之敌已过了德昌，情况再度危急。中革军委决定组织左、右两路纵队，沿大渡河两岸，夹河而进。红三军团随左纵队的红一军团跟进。二十九日，沿大渡河右岸前进的红一军团先头部队攻占泸定桥，占领泸定城，打开了北上的道路。六月一日，红三军团进至甘露寺、泸定桥之线，并全部通过了大渡河。中央红军各部队均由泸定桥过大渡河，从而彻底粉碎了蒋介石企图迫使红军重蹈石达开覆辙的美梦。

占领泸定后，中革军委六月七日命令罗炳辉、何长工率红九军团袭占天全，并在天全上游之铁索桥接应红三军团渡河。同时命令红三军团不顾一切牺牲，配合红九军团行动，得手后向东横扫。八日，红军突破芦山、宝兴敌军防线，继续北进，到达宝兴县属的硗碛地区。

再向北走，就是终年积雪、雄峙天外的夹金山了。

夹金山是红三军团翻越的第一座雪山。军团政治部遵照中革军委和总政治部的指示，要求各部队备足七天口粮，每个指战员都要参加筹集粮食并自己负责携带。指示强调，政工人员尤其要以身作则。还要求有计划地分配、使用碾谷工具，把杂粮磨成面、做成饼，还要准备一些食盐和烤干的猪肉、牛肉。军团参谋长叶剑英[1]向部队提出了翻越雪山时的四条要求：第一，不能走快；第二，不能说话；第三，不能坐下来休息；第四，要发扬阶级友爱，搞好团结互助；另外，还要部队多准备一些生姜、辣椒，以备上山压寒。

六月十一日，追击的敌军攻占芦山。红三军团退至检查坪、龙门之线，继续遏阻追敌。十三日，红三军团进至大马村、宝兴之线，向太平场、双河场方向警戒，掩护兄弟部队翻越夹金山，并跟进翻山。

夹金山海拔四千多米，终年白雪皑皑，积雪最深处达五六十米。越往上走，空气越稀薄。行走要特别小心，如果走到溶雪处，就会随着融雪的崩塌而一落千丈，葬身在雪海之中。雪山四周既无道路，也无人烟。天气变幻无常，阴晴雨雪的变化常常只在转瞬之间。忽而冰雹骤降，忽而狂风大作。过雪山必须在中午十二点之前过去，下午不能通过。红军指战员在翻越雪山时，一人拄一根棍子，有时手拉着手前进。饿了就啃点干粮。渴了就吃一把冰雪。累了也不敢休息，因为一坐下去就有再也起不来的危险。

任质斌晚年回忆说：红军指战员长时间缺乏营养，加上一路苦战和不断的急行军，虽然原本都是身强力壮的青年，但终因身体消耗太大，许多战友就牺牲在雪山上了。他回忆了一件惨烈的事：部队在爬山中途站着休息一会，有个同志离开队列，到一边去解手，部队休息完了继续前进，任质斌跑过去喊他快走，那个同志蹲在那里说不出话，只是表情僵硬地冲着任质斌笑，任质斌把他搀起来，

① 中国工农红军第三军团史编委会：《中国工农红军第三军团史》，国防大学出版社，1992年9月版，第371页。大部分军史资料均记载长征中红三军团参谋长先后为邓萍、萧劲光，不记叶剑英。中国人民解放军历史资料丛书编审委员会：《红军长征（综述·大事记·表册）》，解放军出版社，1990年5月版第167页有叶剑英在邓萍之后任红三军团参谋长的记载。本书在对红三军团战史的研究中，得到了国防大学肖甡教授、北京化工大学姜华宣教授的支持。

刚一松手，他就倒在雪地上死了。任质斌不知道这位战友的姓名，但永远记着他临死前被冻僵了的有点古怪的笑容①。

越过夹金山后，红三军团在官寨、达维一带休整了三天，召开了干部会和各连军人大会。为了庆祝一、四方面军会师，在懋功天主教堂召开了干部大会，在城隍庙召开了联欢会。按照事理推断，这期间任质斌一定编出了漂亮的《战士报》，惜已泯灭无存。

中共中央政治局两河口会议后，为了创造川陕甘根据地，打击胡宗南军，夺取松潘以北地区，使主力能够向甘肃南部进军，彭德怀军团长、杨尚昆政委率红三军团于六月二十八日翻越第二座大雪山梦笔山，七月三日翻越第三座大雪山长板山，七月六日翻越第四座大雪山打鼓山，七月七日翻越第五座大雪山拖罗岗（又名仑德山）雪山，进入黑水芦花地区②。

旧历六月六日是任质斌二十周岁生日。这一天是公历七月六日，他在打鼓山雪山之巅度过。

七月二十一日，中革军委作出一、四方面军组织番号和干部任命的决定：将红一方面军第一、三、五、九军团的番号依次改为第一、三、五、三十二军。红三军团改番号为第三军，军长彭德怀，政委杨尚昆，参谋长萧劲光，政治部主任袁国平，仍然下辖一个教导营和第十、十一、十二、十三共四个团。其中第十三团，团长彭雪枫，政委李干辉（后为张爱萍），政治部主任江华，党总支书记胡耀邦，都是任质斌在中央苏区时就非常熟识的。热情如火的胡耀邦与任质斌常在行军中相逢，他们无话不谈。

七月下旬，蒋介石判断红军会向东北方向推进，遂令薛岳部向川甘边境防堵，令胡宗南部防守松潘，令万耀煌部开川北防堵，企

①　《任质斌同志回忆录》，未刊稿。
②　中国工农红军第三军团团史编辑委员会：《中国工农红军第三军团纪事》，国防大学出版社，1988年6月版，第233页。

图围困和消灭红军于岷江以西、懋功以北的雪山地区。

八月八日，中革军委为贯彻《夏洮战役计划》，将一、四方面军混合编组，组成左、右两路军。以红一方面军第一、第三军和红四方面军第四、第三十军、军委纵队一部、红军大学组成右路军，北上过草地，向班佑、巴西推进；以红一方面军第五、第三十二军和红四方面军第九、第三十一、第三十三军、军委纵队一部组成左路军，到达阿坝后，向右路军靠拢，再合进甘肃南部。同属右路军的红三十军政治委员是李先念，几年后任质斌与他成了肝胆相照的战友。

八月二十一日，右路军开始过草地，彭德怀率第三军殿后。

任质斌晚年回忆说："过草地更艰苦，一望无际的草原，树很少很少，草长得近一米高。我们八九月从那里过，差不多每天晚上都下雨，草地都是湿的。还有很多的暗沟被草遮了起来，人要是踏上去就很危险。沟里都是泥沼，要是和队伍在一起，还没有什么关系，别的同志可以帮助拉出来，要是一个人就完了，越挣扎陷得越深，直到灭顶。草地没有粮食，带的干粮吃完了，就吃草地上长的一种野蒜。雪山六十里路以内没有人家，六十里路以外才有很少的人家。草地呢，就根本没有人烟。据说平常偶尔会有很少的牧民在这里放牧，但是他们怕红军，民族间的隔阂也很深，敌视我们，民族工作很艰难的，要想很多的办法。"①

任质斌在草地中六天六夜的经历，可以从同行者的经历记载中取得参证。

周恩来是和任质斌所在的第三军一起过草地的，他当时正在重病之中。彭德怀命令萧劲光组织担架队，抬着周恩来走。陈赓自告奋勇当担架队队长。兵站部部长兼政委杨立三坚持参加给周恩来抬

---

① 《任质斌同志回忆录》，未刊稿。

担架（十九年后，时任中国人民解放军总后勤部部长的杨立三在北京病逝，时任国务院总理的周恩来坚持为他抬棺送葬）。《周恩来传》中对草地行军有一段记述："这是多么艰难的行程啊！荒无人烟，到处是一丛丛野草，一个个泥潭，一片片散发出腐臭气味的淤黑色污水。天气变化莫测，时而狂风四起，大雨滂沱，时而漫天飞雪，冰雹骤降。稍一不慎，踩进泥潭，就很难拔出，甚至会被泥潭吞没，献出生命。……在行军中，有一天进到半途，天忽然降大雨，邓颖超为了要赶上周恩来，一下陷入沼泽。她不敢再动，等了很久，后面又来了人，才把她慢慢地拉出来，大半个身子都沾满了泥水，加上大雨，全身都湿透了。三军团走了六天六夜，终于走出草地，到达班佑。"[1] 李维汉在回忆录中写道："过草地时，红军没有东西吃，马死了就剥掉皮吃。前面的部队吃马肉，后面的部队啃骨头。实在没有东西吃，就吃草根，嚼皮带。草地的气候变化无常，时而细雨霏霏，时而晴空万里，时而阴霾满天，真是瞬息万变。到了宿营地，我们在地上挖个坑，垫点草，人就睡在里头，上面盖块油布或用雨伞支撑，以避风雨。在有小树的地方，就找些干枝烧起篝火，几个人围坐度夜。过了草地我们就到了班佑。"[2]

第三军参谋长萧劲光在回忆录中写道："过草地最大的威胁是饥饿。出发时，大家带的青稞面、炒黑豆，经过雨淋水浇，成了面团，邦硬变味，非常难吃，有的粮食袋掉进有毒的污泥水里，吃不得了。彭德怀同志和大家一样，吃野菜、草根，把胃吃坏了，经常痛得头上冒汗。出草地的前一两天，实在没有东西可吃了，许多同志眼看着要被饥饿折磨死去。这时，他忍痛下令把包括自己的那头骡子在内的几头牲口，枪杀了。这才挽救了一些同志的生命。那时，我的

　　① 中共中央文献研究室编、金冲及主编：《周恩来传（1898－1949）》，中央文献出版社，1998 年 2 月版，第 362～363 页。

　　② 李维汉：《回忆与研究》，上卷，第 362～363 页。

身体虽然还较健壮，但也因此得了胃病，经常疼痛，直到后来到了陕北，经过七八年的治疗、调养，才慢慢好起来。六百里草地，一般都走了七天时间。……据当时统计，三军团收容前面部队掉队的同志和掩埋的烈士尸体，竟达四百人以上。我们自己，也牺牲了一些同志。"①

任质斌的经历，与他们相同，他也落下了胃病，被病痛折磨了许多年。

五　出腊子口经甘南到陕北瓦窑堡

八月二十九日，右路军发起包座战斗，歼敌第四十九师。九月三日，张国焘率左路军进至嘎曲河（白河）边，称嘎曲河水涨大，不能徒涉，率部折返，并命令右路军南下。党内产生了分裂。

任质斌晚年回忆说："还有一个很深的印象就是分裂，一、四方面军分家。有一天早晨，部队突然紧急集合准备出发，这时看见山上架着机关枪，空气很紧张。我感到很奇怪，当时也没有敌情。后来碰上胡耀邦同志，我就问他，这是怎么回事呀？他说，你还不知道，一、四方面军分家了。这个场面对我精神上打击很大，特别是看到机关枪都架起来了，当时我和胡耀邦也议论这个事，从来没有想到过共产党还会分裂！"②

九月八日，毛泽东赶到红三军驻地巴西，同洛甫、博古、周恩来、王稼祥等召集紧急会议，九日决定率红一、三军立即北上。十日凌晨，彭德怀率红三军护卫着中共中央向俄界出发，并发布《为执行北上方针告同志书》。十二日中央政治局召开扩大会议，通过了《中央关于张国焘同志的错误的决定》，会议决定：红一军、红三军、

---

① 《萧劲光回忆录》，解放军出版社，1987年5月版，第183～184页。

② 《任质斌同志回忆录》，未刊稿。

军委纵队编为中国工农红军陕甘支队，彭德怀任司令员，林彪任副司令员，毛泽东任政治委员，王稼祥任政治部主任，杨尚昆任副主任，北上陕、甘[①]。陕甘支队沿白龙江东行，经俄碛寺、旺藏寺、黑拉地区，十七日攻占天险腊子口，二十日全部到达哈达铺休整。二十一日，彭德怀从当地邮局得到的报纸中得知，陕北除刘志丹红军外，还有徐海东、程子华的红军，并且有一块根据地。彭德怀立即向毛泽东、洛甫、博古、周恩来等人报告[②]。

　　十月上旬，陕甘支队连续突破会宁、静宁之间和平凉、固原之间的公路封锁线，翻越了长征中最后一座高山——六盘山，进至甘肃环县，向陕北进发。二十一日，彭德怀在吴起镇西南山上指挥击退敌骑兵四个团的凶猛追击，缴获一批枪支弹药，毛泽东感奋而作六言诗："山高路险沟深，骑兵任你纵横。谁敢横枪勒马，唯我彭大将军！"彭德怀看到诗后，将末句改为"唯我英勇红军"，然后将诗送还毛泽东[③]。按照事理推断，这应当是任质斌编《战士报》的精彩内容。

　　十月中下旬，陕甘支队与陕北红二十六军和先期到达陕北的徐海东、程子华红二十五军会合。二十九日，陕甘支队发布《告红二十五、二十六军全体指战员书》，宣告："陕甘支队经过二万余里的长征，与红二十五军、红二十六军会合，是中国苏维埃运动的一个伟大胜利，它将为开展西北苏维埃运动、赤化全中国打下巩固的基础。"[④]

　　① 中共中央文献研究室编，逄先知主编：《毛泽东年谱》，上卷，中共中央文献出版社，1993 年 12 月版，第 473 页。

　　② 王焰主编：《彭德怀年谱》，人民出版社，1998 年 3 月版，第 129 页。

　　③ 《彭德怀传》，当代中国出版社，1993 年 4 月版，第 144 页。该诗 1959 年第一次发表时改为："山高路远坑深，大军纵横驰奔。谁敢横刀立马，唯我彭大将军。"原诗载《彭德怀自述》，人民出版社，1981 年 12 月版，第 206～207 页。

　　④ 王焰主编：《彭德怀年谱》，人民出版社，1998 年 3 月版，第 130 页。

让我们看现在存世的任质斌办的两期《战士报》：

第一九四期，是任质斌在彭德怀司令员成功指挥突破渭河封锁线，进抵榜罗镇的第二天，亦即九月二十七日，在榜罗镇编、刻、印发的。这一期编印时，正当部队进入短期休整、准备向陕北进军之时，部队的主要任务是整训和扩大红军。所以，报纸集中报道了"扩红"运动，提出了"紧张起来，动员起来，为扩大一倍红军而斗争"、"要猛烈的扩大，还要努力的巩固"等鼓动口号。还发表了两篇评论：《扩红运动没有开展起来》、《用最大努力来巩固新战士》。同时，刊登了三则消息和各部队扩红数字统计表，表扬了先进，批评了落后。

第一九五期，是在彭德怀指挥占领通渭城的第二天，亦即九月三十日，任质斌在通渭城中编、刻、印发的。这一期报纸配合红军北上方针，提出了口号："迅速北进，会合二十五军、二十六军，巩固和发展陕北苏区，为全部赤化川陕甘而战！"还载文介绍了陕甘红色区域的发展情况。而且，神通广大的任质斌，还在报纸上绘出了一幅《陕甘形势图》！①

这样好的报纸，在红军将士中受到热烈的欢迎，产生巨大的宣传鼓动作用，是必然的。我们找不到历史资料来证明彭德怀、杨尚昆、袁国平、萧劲光等军团首长当时对任质斌的工作有什么样的评价，但是，从一到陕北中央就委任质斌以重任来看，任质斌的工作得到了从军团到中央的普遍肯定和认可。

长征结束了，原本就清瘦高挑的任质斌，更是瘦骨嶙峋。

然而，他的精神世界已经升华到了一个崭新的高度。如果说长征是座大熔炉，那么，任质斌已经炼成为精钢。

已有的长征史著述，对负面的现象记述甚少。其实，大浪淘沙，

---

① 中国人民大学新闻系、黄河、张之华编著：《中国人民军队报刊史》，第65页。

有英勇搏杀，也有畏惧胆怯；有革命到底、死而后已，也有经受不起考验、离队脱逃。彭德怀在自述材料中写道："在哈达铺整编时一万四千余人，到吴起镇只剩七千二百人。"① 从哈达铺到吴起镇只有一个月的时间，部队竟然减员一半。毋庸讳言，除牺牲外，更多的是逃亡。任质斌晚年回忆说："这一段对我自己是磨炼了革命意志。那时要是不干，随时可以掉下去，到老百姓家一藏就行了。我曾经学过一点社会发展史，认为社会总是应该向共产主义前进的。"是共产主义信念支撑着任质斌，坚持到底，百折不回。

十一月七日，张闻天率中共中央机关工作人员进驻安定县境内的要隘古镇瓦窑堡。不久，任质斌奉调前来，并且被委以重任。

在今天已成为陕西省子长县县城的瓦窑堡，在文物部门收藏的革命文物中，有一双草鞋。那是当年中央红军一个不知名的指战员遗留下的。鞋长二十六厘米，宽九厘米，稻草编制，鞋前角草绳为柄，系布制的鞋带，鞋后跟草绳结网，系以草制鞋带。在当年，草鞋是红军必备的生活用品，人人都有，人人都穿，平常到了极点。如今，早已经成了稀见之物。草鞋有很多种改良的打法。考究的，用布条掺着稻草编织，结实又软和。爱美的，在顶端缀个红色布球球，漂亮又潇洒。红军战士穿着它，走过了千山万水，踏平了重重关隘，踩响了震撼世界的雷霆！

在瓦窑堡，任质斌成了重大历史事件的亲历者和见证人。

---

① 《彭德怀自述》，人民出版社，1981年2月版，第206页。

第七章　在中华苏维埃共和国中央政府

一九三五年十一月三日，中共中央政治局常委会在陕北甘泉县下寺湾召开。会议讨论了中央对外名义和组织分工等问题。毛泽东发言说：对外用中共西北中央局和中央政府办事处的名义较适当，公开使用中共中央和中央政府名义可在打破"围剿"之后再定①。于是，中共中央对外称"中共西北中央局"，中央政府对外称"中央政府西北办事处"，中央军委对外称"西北军委"。但是，"中共西北中央局"对白区仍称"中央"，对内仍然使用中共中央，中央军委和中央政府亦然。为了行文的严谨和准确，避免叙述的混乱和阅读的困难，本书在正文表述中应该用对外名义时使用对外名义，但在大小标题和对内的表述上则直接表述为中共中央、中央军委、中央政府。到十二月瓦窑堡会议后，国名增加了"人民"二字，作中华苏维埃人民共和国②。

十一月初，任质斌奉调离开红三军，去设在瓦窑堡的中央政府工作。刚满二十岁的任质斌，将担任中央政府秘书长③。

任质斌向安定县境内的瓦窑堡进发。在他的眼前，是一望无际

---

① 中共中央文献研究室编、逄先知主编：《毛泽东年谱》，上卷，中共中央文献出版社，1993年12月版，第484页。

② 《中华苏维埃共和国中央执行委员会布告》，陕西省档案馆藏件。参见舒龙、凌步机主编：《中华苏维埃共和国史》，江苏人民出版社，1999年9月版。

③ 《任质斌同志回忆录》，未刊稿。

的荒凉破碎的黄土高原。由于水流的侵蚀和切割，加上地质变化和黄土的崩塌，整个黄土高原沟壑纵横、河谷深切、峁梁起伏，形成了深谷高崖、千沟万壑、山、坡、梁、峁星罗棋布的破碎地形。常常可以见到，数步之间，上下高差会有几十米、百十米、甚至二三百米。当地人民皆在黄土坡壁上凿窑洞居住。据史料记载，这里在秦汉时代还是森林茂密的广阔草原。因为历朝历代过多的移民和过度的垦荒，到明清时森林资源已接近枯竭，地貌亦破碎不堪。

　　瓦窑堡是陕北著名的物资集散地。民谚说："天下的堡，瓦窑堡。"清道光《安定县志》说："瓦窑堡地当三川口，贸易者众，山西、韩城人尤多。"陕北民谚说："米脂的婆姨，绥德的汉，清涧的石板，瓦窑堡的炭。"瓦窑堡盛产有烟煤。浩荡奔涌的秀延河，傍瓦窑堡镇流过①。

　　在任质斌来之前一个月，一九三五年十月二日，国民党驻瓦窑堡的驻军听说红军大部队将到，仓皇弃城逃走。次日，中共陕甘晋省委即从五十里外的延川县永坪镇迁入。十一月七日，洛甫（张闻天）率中共中央机关人员抵达瓦窑堡，同行的有博古（秦邦宪）、凯丰（何克全）、刘少奇、罗迈（李维汉）等。当日下午，在陕北"肃反"中被错误逮捕关押在瓦窑堡的刘志丹、高岗、习仲勋、张秀山、刘景范、赵启民、高朗亭等十八人获释。十二月十三日，毛泽东、周恩来经安塞进抵瓦窑堡。中共中央党政军领导机关聚集于此。瓦窑堡被称为"红都"。

一　任中央政府秘书长

　　一九三五年十一月，中华苏维埃共和国中央政府西北办事处在瓦窑堡成立。主席博古，财政部部长林伯渠，粮食部部长邓发，土地部部长王观澜，国民经济部部长崔田民，教育部部长徐特立，司

---

① 参见《子长县志》，陕西人民出版社，1993 年 12 月版。

法内务部部长蔡树藩，工农检查局局长罗梓铭，劳动部部长邓振询①。秘书长任质斌。后来又增加了外交部和最高法院。外交部部长博古兼任，最高法院院长董必武。崔田民未到职，职务由毛泽民代理。这完全是中央政府架构。

秘书长的工作是庞杂而且琐碎的，大事小事都得管。这对二十岁的任质斌来说，是个极好的锻炼。在德高望重的老同志身边工作，任质斌学到了很多东西。林伯渠与董必武同龄，生于一八八六年，比任质斌年长二十九岁。徐特立生于一八七七年，比任质斌大三十八岁，完全是两代人了。任质斌晚年回忆说："我担任了西北办事处的秘书长并继续编《红色中华》报。其他各部门也都相继建立起来。领导都是德高望重的老同志。我这时很年轻，实际上就是当个秘书，跑跑腿，把机关建立起来，开会做个记录等等事情。如建立起新闻台，通过新闻台知道了北京发生了一二·九运动，学生运动起来了，请愿要求抗日。我们从电台上知道了这个消息，就立即报告了中央。中央开了会，决定马上和北方党联系起来，加强北方党的工作，确定刘少奇同志到天津和柯庆施同志取得联系。"②

任质斌日常的重要工作内容，就是具体操作安排发布相关文件、布告、命令，保证政府机器的正常运转。

任质斌要安排处理颁发的，一是以中华苏维埃共和国中央政府西北办事处的名义发布的布告。较重要的有：关于票币发行的《第一号训令》（一九三五年十一月十六日）、《关于发展苏区工商业的布告》（一九三五年十一月二十五日）、《关于加强赤色戒严、统一通行证的命令》（与上份同日）、《苏维埃西北各省选举条例》（一九三五年十二月二十三日）、《关于发展畜牧业、保护母羊的布告》（一九三六年一月十日）、《关于热烈进行春耕运动的命令》（一九三六年一月二十

---

① 《中华苏维埃共和国中央执行委员会布告》（1935年11月），陕西省档案馆藏件。
② 《任质斌同志回忆录》，未刊稿。

四日)、《关于成立外交部的命令》(一九三六年一月二十六日)、《关于贫农团的组织大纲》(一九三六年二月八日)、《土地部关于劳动互助社暂行组织纲要》(一九三六年三月二十八日)、《中共西北中央局、中华苏维埃人民共和国中央政府西北办事处关于执行改变富农策略给各级党部与苏维埃政府的指示》(一九三六年四月四日)、《关于统一尺、秤、升、斗,以便使用的布告》(一九三六年四月八日)、《关于限制粮食出口的布告》(一九三六年四月十日)等等。这些工作必须做得非常细致,文字上不能出任何差错,还要保证迅速下达,不误时机。

二是安排颁发博古主席的命令。较重要的有:一九三五年十二月二十八日颁关于收集军用品和马匹的命令、一九三六年一月一日颁布关于公布《怎样分析阶级》和《陕甘苏区土地斗争中一些问题的决定》的命令、一月十八日颁布为镇压反革命活动、巩固苏区、迅速建立各级裁判部和其他司法组织的《第一号命令》等等。这一类命令强调时效,需要层层检查,督促落实。

三是大量印刷、校对、分发各种文件、政策、法规。这一项工作,工作量巨大,责任重大。沉稳细心的任质斌努力将差错率降到最低。

其中许多文件,在几十年后审视起来,简直就是红色经典。例如,西北办事处印发的《苏维埃政府中各部组织纲要》,以令后人惊叹的精密程度,对所属各部的职位设置、人员配置,以及各省、市、县、区、乡苏维埃政权与中央各部职能相对应的机构的设置、职位、人数、上下关系构成、成员工作职责等等,都作了有极强操作性的规定。缕分条析,洋洋数千言,几乎没有废字。任质斌研读这份文件,无异于进了一次政权建设理论与实践训练班。①

---

① 此几节所引资料皆陕西省档案馆藏件。阅档在中共陕西省委党史研究室许发宏同志配合下进行。参见:中共陕西省委党史研究室编《西北革命根据地》,中共党史出版社,1998年10月版;中共中央党史研究室编《土地革命纪事》,求实出版社,1982年12月版。

　　任质斌是个勤于学习和思考的人。他像海绵吸水一样，吸纳革命理论和政策法规，借鉴革命进程中的成功经验和失败教训，并且把这一切消化、提炼成自己的认知。在中央政府工作的半年，是他在思想和政治上成长最快的时期之一。

　　西北办事处对西北苏区行政区划和各级苏维埃政府作了大规模的调整。撤销了原设的陕甘晋省，设立了陕北、陕甘两个省，关中、神府、三边三个特区。陕北省为除神府外的原陕北根据地，辖清涧、绥德、米脂、吴堡、延川、宜川、延长、秀延、延水、延安、安塞等县和望瑶市（即瓦窑堡）。陕甘省基本上仍为原陕甘边根据地的辖区（除陕甘边南区以外），辖甘泉、富县、保安、甘肃的陇东部分地区。关中特区为原陕甘边南区，包括旬邑、淳化、耀县、正宁、宁县等。神府特区辖神木、府谷两县。三边特区由于形势变化，特区苏维埃政府未成立。陕北省的部分地区于一九三五年十二月开始了对县以下各级苏维埃政权的民主选举。在一九三六年二月东征之后，凡红军久驻的地方，都建立了苏维埃政权。①

　　任质斌在这半年间所学到的东西和经受的历练，是极为丰富、系统、而且扎实、实用的。这一点，不久就在他独挡一面、主持一方工作时，充分显现出来。

二　兼任《红色中华》报和红色中华通讯社主编

　　一九三五年十一月二十五日，《红色中华》报在瓦窑堡复刊。一年前在中央苏区出刊到了第二百四十期。复刊号按顺序编为第二百四十一期。不久，陕北省苏维埃政府办的《苏维埃报》并入《红色中华》报。红色中华通讯社与《红色中华》报仍然是"一个机构两块牌子"。

-----

　　①　宋金寿、李忠全主编：《陕甘宁边区政权建设史》，陕西人民出版社，1990 年 12 月版，第 59～61 页。

复刊后的《红色中华》报仍为中华苏维埃共和国中央政府机关报。主编由中央政府秘书长任质斌兼任。

长征出发时中央印刷厂带着走的印刷机，已在长征途中丢失了。而陕北苏区没有铅印机器。所以，只好刻写蜡纸、油印出版。油印工作和发行工作，都由西北办事处油印科、发行科负责。报纸开始是五天一期，后改为三天一期，再后又改为五至六天一期。版式未变，仍然是四开。每期二版或三版、四版。每期发行几百份到一两千份不等。

红色中华通讯社负责收听并抄录北平、上海、天津、南京各通讯社的新闻电讯，经选择改编后，在《红色中华》上刊载①。

红中社和报社设在瓦窑堡当铺院中②。

复刊号是四版。当任质斌在西北高原的黄土窑洞中，又开始编《红色中华》报时，心中该有多少感慨！

让我们阅读复刊号——报头仍是原样，标"中华苏维埃共和国中央政府机关报"，定价仍为"零售铜元一枚，红色战士半价"。但在左上角加了一个方形刊花，标出版日期和期号、绘镰刀斧头党徽和五角星。第一版是"扩红"专版，头条是《陕北又一新的大动员——五十天中再送三千新战士到前方去!》，文中列表公布了各县"扩红"人数。然后是几则消息：第一，《半个月完成了六分之一/集中到军委的已有四百八十名/吴堡完成三分之一，清涧完成四分之一》；第二，《不要送一个婆娘娃娃和老弱的来凑数!》，对清涧县送来的五十七人中有十五名婆娘、绥德县送来的二十四人中有十一名是婆娘，此外还有十二三岁的小娃娃，不能上前线拼杀只为凑数的现象，作了批评；第三是评论：《望瑶市（即瓦窑堡市）要争取首

<hr />

① 方汉奇主编：《中国新闻事业通史（第二卷）》，中国人民大学出版社，1996年5月版，第320页。

② 《子长县志》，陕西人民出版社，1993年12月版，第671页。

先胜利》；第四是表扬稿《把扩大红军的英雄登在红板上》，热烈地表彰了延川县的张志斌、刘邦兴和各区的扩红英雄。然后是通栏大标语："工农群众武装上前线去，粉碎敌人三次围剿！准备对日直接作战！"第二版是专访《毛泽东同志斥蒋介石荒唐无耻的卖国辩》，占整整一个版。第三版是各地战斗捷报，插印标语："庆祝前方红军的伟大胜利，勇敢工农当红军去！"第四版是苏区新闻：《一片欢迎中央红军声/不只举行庆祝北上大会/还有衣服食物等慰劳品》、《做鞋送给红军弟兄/折兰英同志是个好模范》、《延安群众热烈成立新的独立营》、《十二岁的小同志/也来优待红军家属》。最短的新闻仅仅六十余字，但也是各种要素齐全，扎扎实实。

从内容选择到版式设计，都是中央苏区时期《红色中华》报的原汁原味。

报纸发到各单位各部队。来自中央苏区的指战员们兴奋地奔走相告：《红色中华》报又办起来了！

计算到任质斌一九三六年四月调离，他在陕北编报三十二期（第二百四十一期至二百七十二期），依然是当年风采！报纸对政策策略的把握和对党、政、军中心工作的配合以及对苏区各条战线信息的采撷和传播，还是那么准确、快捷、内容丰富、形式生动。

然而，任质斌面临的困难和挑战是巨大的。主要的困难是报纸容量太小，根本施展不开。在中央苏区时，报纸铅印，每版版芯可容纳五号铅字横四十九、竖九十九共四千八百多字。现在刻蜡纸，按复刊号第二版那样用小字密刻，每版版芯也只能容纳横三十一、竖六十八共两千一百字；如果按复刊号第三版，字稍刻大一些，就连一千字也不到了。而任质斌面临的任务，一点没少。但可以用的容量竟不到原来的三分之一甚至四分之一，真可谓"螺蛳壳里作道场"了。——任质斌硬是在不利条件下，又创造出了辉煌。

北京学生一二·九运动爆发仅六天，《红色中华》报就在第二百四十四期第一版作了报道。尽管是刻蜡纸字较大，每版容纳的字数很少，但仍然十分精详、精炼、精彩。首先是背景报道：《中国在大动乱中/在日本帝国主义卵翼下，华北国即将成立/托名冀察政委会实行组织华北"独立"政府》；然后是一百三十余字的时政综述：《远东问题中，帝国主义矛盾尖锐化》；再后是对一二·九运动的具体报道：《北平学生举行大示威/包围何应钦住宅并与军警发生冲突》。最后插入大字标语口号："反对国民党出卖华北！反对南京政府的卖国政策！"在紧连着的第二百四十五期，用了第一版整版的篇幅，刊载《中华苏维埃人民共和国中央政府西北办事处主席博古同志谈白区学生的反日斗争》，这一篇"红中社记者"写的访谈，很可能是任质斌的手笔。此后，《红色中华》报还对一二·九运动在全国各地引起的反响，作了持续的报道。

第二百四十七期是一九三六年一月三日出版的。第一版头条是《一九三六年的第一天/全苏区红军举行壮烈的抗日宣誓》，二条是《望瑶堡开盛大的运动大会》。左下刊《新年献辞》，可能是任质斌所撰，录下：

新年献辞

一九三六年已经开始，一幅幅斗争的图画展开在我们眼前。

在冰天雪地的东北四省，我们数万英勇的人民革命军，正在和血腥的日本强盗进行艰苦的战争。

在北京、天津、上海、广州、武汉各地的革命学生，正在为着抗日的爱国运动，受卖国贼屠杀、压迫。他们还是继续呼号、示威，以至流血，他们的运动将进至更高的阶段。

在全国各地，受水旱灾荒、军阀摧残的灾民，难民，正在冻死饿死的境地中，作求生的奋斗。

在城市的街道上，挤满着无衣食的失业与半失业的工人。在贫民窟里，无数万人的工人与城市劳苦群众，正在摩拳擦掌的准备大的斗争！

在农村里，债主收捐者正在农民家里坐着呼叱着。农民正蓬勃起来，打破豪绅地主的美满的新年。

陕甘红军、四方面军、二六军团以及湘、鄂、赣、闽、浙、皖、冀、晋、豫等省的红军游击队，正在猛烈进行抗日讨蒋的革命战争与游击行动。

我们苏区的数千百万群众，正在兴高采烈地庆贺革命新年，进行紧张战争动员，预祝抗日前方的新的大胜利。

到处是革命的风暴、革命的火焰！我们希望一九三六年的革命大风暴与大火焰将把日本帝国主义卷到汪洋大海中去，将把卖国贼烧成焦头烂额的死尸！

一九三六年二月十九日出版的第二百五十七期，刊出的一份号召书，使人联想到一年前《红色中华》报社在中央苏区发起的节省运动，可能是任质斌的手笔：

号召！号召！

同志们，你们要写信到白区给你们的亲戚朋友吗？

为要扩大抗日讨卖国贼的运动，清除白区群众对苏区红军的误解，促成苏区和白区群众抗日反卖国贼的团结，本报特号召：

凡在白区有亲戚朋友的同志，都至少每月要写一封信给他们。信内除写自己的事情外，要多写党与苏维埃的抗日讨卖国贼的主张与苏区的情形（红军胜利、政治制度、生活状况、经济建设等）给白区里的亲戚朋友知道。

各地同志！写好了的信请寄来本社（不用贴邮票），由本社设法转寄。

红色中华社

　　一九三六年四月任质斌调离后，主编职务由原红三军团的老战友向仲华接任。六月二十一日，中央机关迁往陕甘两省交界外的保安（今志丹）县。十二月，廖承志到保安，由廖负责红色中华通讯社的工作，向仲华负责《红色中华》报的工作。遵照中共中央决定，一九三七年一月二十九日，《红色中华》报改名为《新中华报》；红色中华通讯社，则改名为新华通讯社，博古任社长，廖承志负责外电翻译，李柱南负责中文译电。一九三七年一月十三日，中共中央迁延安，报社和通讯社随迁。三月，廖承志调出筹备《解放》杂志，报和社的工作均由向仲华负责。《新中华报》后改为陕甘宁边区政府机关报，一九三八年十二月二十五日出版第四百七十四期后，终刊。新华通讯社则延续至今①。

　　晚年的任质斌，居住在北京西单察院胡同一个幽静的四合院中。胡同东口连接佟麟阁路，路南口向东不远就是新华通讯社大院了。

　　如今的新华社已经是分社、总分社、支社、记者站遍布全国各地、世界各地的有巨大规模和众多英才的中国国家通讯社。通讯社从江西瑞金的茅舍到陕北的窑洞，所走过的历程中，都留下过任质斌的心血和汗水。当满头银发的任质斌散步至此时，他会停下脚步，静穆地仰头，凝视一下这幢外形寓意为笔，高一百一十七米的巍峨大厦。

　　新华社大门前，行人如织，行车如梭，有谁能想到，这位神态慈祥平和的白发老人，是国家通讯社的主要奠基者之一。

三　瓦窑堡会议的记录者

　　一九三五年夏秋间，日本帝国主义制造了"华北事件"，妄图把

---

　　①　参见方汉奇主编：《中国新闻事业通史》，中国人民大学出版社，1996 年 5 月版；《新华社六十年》，新华出版社，1991 年 10 月版。

华北变成第二个"满洲国"。十二月九日，北平爆发了一二·九运动，万余爱国学生举行抗日示威游行，推动了全国抗日救亡运动的发展。

稍前，同年七月二十五日至八月二十日，共产国际第七次代表大会在莫斯科举行。王明、康生、张浩（林育英）等组成的中共代表团出席了大会。季米特洛夫作《关于法西斯的进攻以及共产国际在争取工人阶级团结起来反对法西斯的斗争中的任务》的报告，批判了关门主义，确定了反法西斯统一战线的策略方针。张浩受命回国传达贯彻。张浩以惊人的记忆力，把文件和与共产国际联络的密电码，强记在脑中，然后化装成商人，取道蒙古，穿越茫茫沙漠，在银川被扣月余，十一月中旬抵达瓦窑堡①。他的到来，为中央纠"左"提供了极可宝贵的条件。

十二月十七日至二十五日，中共中央政治局扩大会议在瓦窑堡召开（史称"瓦窑堡会议"）。张闻天主持会议。张闻天、毛泽东、周恩来、博古、李维汉、王稼祥、刘少奇、邓发、凯丰、张浩、邓颖超、吴亮平、郭洪涛等出席或列席会议②。这是中共党史上的一次极为重要的会议，它批判了"左"倾关门主义，制定了抗日民族统一战线的策略路线，解决了遵义会议没有解决的党的政治路线问题，扭转了"左"倾错误给党造成的长期孤立的局面，有力地推动了全国抗日民主运动的发展③。

襟怀坦白的博古，从来不隐瞒自己的观点，但是，他没能摆脱本本主义的羁绊，认为民族资产阶级本质不会改变，还引用斯大林

① 李海文、熊经浴著：《张浩传》，当代中国出版社，2001年1月版，第100～110页。

② 中共中央党史研究室张闻天选集传记组编、张培森主编：《张闻天年谱》，上卷，中共党史出版社，2000年8月版，第288页。

③ 姜华宣、张尉萍、肖甡主编：《中国共产党重要会议纪事》，中央文献出版社，2001年2月版，第99页。

的话作理论根据，说，中间势力是最危险的①。博古的不正确的意见被会议否定。

任质斌和邓颖超参加了会议并做了记录。以他们当时的身份和职位及文字能力，是做记录的适合人选。

任质斌晚年回忆说："十二月政治局在瓦窑堡召开会议，要我去做记录。邓大姐也参加了会议，和我一样做记录。她当时是中央局的秘书长。会议开得很激烈，争论的双方一边是博古，一边是毛主席。我这是第一次参加中央的会议。以前我对毛主席的印象是，斯斯文文的，讲话很通俗，道理也浅显。可是在这次会议上，毛主席开始发言就谈笑风生。博古嘛，一副学者派头，引经据典的。会议最后一天，当要做结论时，毛主席提出再让他讲几分钟，他讲了五六分钟，没想到他这次讲话非常有力量，语言简明扼要，表情也很严肃，风格和以前完全不一样。所以，完全改变了我过去对他的印象。讲话内容一时想不起来了，记录现在可能在档案馆。还有一次印象很深的是，有一天晚上，毛主席到博古住的地方找李德谈话，我当时住在隔壁，一墙之隔，他们谈话我大部分都能听见。翻译是伍修权同志还是王智涛②同志记不得了，毛主席说一句，翻译翻一句，毛主席话很短，其中批评李德有句话讲得很有力，我听得清，记得也深。毛主席说：'你不要在这里横行霸道！'"③

---

① 李志英著：《博古传》，中共党史出版社，2007年6月版，第227页。

② 《任质斌同志回忆录》（未刊稿）作"王×涛"。经查找，应是王智涛。他是河北沧县人，1905年生，1925年奉党的派遣去苏联学习，1928年入团，1931年加入中国共产党，曾任苏联军校中国科分队长、列宁学院军事教员。1933年回国在中央苏区工作，为中革军委翻译。参加了长征，曾任延安抗大训练部部长。后历任军职，1955年被授少将军衔。名字中有"王"、"涛"二字而且能作翻译的，唯王智涛一人。

③ 《任质斌同志回忆录》，未刊稿。

任质斌和邓颖超列席会议任记录人员，是可以认定的①。

会议在下河滩二道街田家院内召开。二道街地处老城，为一九一六年瓦窑堡扩建时新辟的街道。田家院内有五孔砖窑，坐西向东。会议在正中间的窑洞里进行。之所以在这里开会，是因为时任中共中央"负总的责任"的党中央书记张闻天住在这里。自从一九三一年六月中共中央总书记向忠发叛变后，中央就没有再设总书记，但在日常生活中，人们仍习惯地称张闻天"总书记"。张闻天是江苏南汇（今属上海市）人，一九〇〇年生，曾留学日本、投身新文学运动、赴美国勤工俭学，还当过中华书局的编辑。一九二五年加入中国共产党，同年奉派去苏联学习，人称"红色教授"。一九三〇年回国后历任中央宣传部部长、临时中央政治局常委、中华苏维埃共和国人民委员会主席、中央书记处书记。他在一九三五年一月遵义会议上摒弃了"左"倾冒险主义，赞成毛泽东的正确主张。次月，在"鸡鸣三省"地方，被推举为"负总的责任"的中央书记。

会议室北面的两孔窑洞是张闻天和他新婚妻子刘英的住所，刘英是湖南长沙人，一九〇五年生，一九二五年入党，一九二九年去苏联学习，一九三二年回国后在少共中央局工作，是中央红军参加长征的三十个女战士之一。他们在几天前结婚，没有仪式也没有请客，只是邀博古、李维汉、邓颖超来窑洞里坐了坐，说几句祝贺的

---

① 《子长县志》作："欧阳钦记录"（第49页）。姬乃军编著：《红都瓦窑堡》（陕西人民出版社，1994年6月版）作："出席会议者共13人"，并列出名单·毛泽东、张闻天、周恩来、秦邦宪、王稼祥；刘少奇、邓发、何克全；张浩、李维汉、杨尚昆；郭洪涛；欧阳钦。并说明："欧阳钦任会议记录人员"。这个名单不完整，因为至少还有邓颖超、吴亮平、任质斌。我们认为，第一，姬乃军的研究总体是可信的，缺失是不应固定人数为13人，人数一固定就没有了余地；第二，会议开了八九天，中有间隔，最合理的解释是任质斌、邓颖超、欧阳钦都作过记录；第三，任质斌是和邓颖超一起作记录人员，而且是主要的记录者。他们与欧阳钦任记录不是同时。

话。十二月十三日，毛泽东和周恩来抵达瓦窑堡，前去闹新房，毛泽东戏称张闻天是"开明君主"，称刘英是"娘娘"。也是巧合，这五孔窑洞只有张闻天和刘英住所的门楣上镌刻有题额，一是"光前裕后"，一是"持盈保泰"，仿佛是早已为他们预留的祝词了。

在任质斌的眼中，张闻天是一位温文尔雅、学识渊博、沉隐持重、严谨谦和的领导者。刘英则是长征路上常相逢的泼辣开朗的老大姐了。

作会议室的窑洞中，最里是一个满间大火炕。炕上置小炕桌一张。地下两张方桌拼在一起。四面围放六条长木凳。与会者围桌而坐，没有什么座次讲究，有的人还坐在炕上。负责记录的任质斌和邓颖超对角而坐，邓颖超有时要出去处理事情，任质斌始终在记录。

会议议程和实际进展为：会议开始，张闻天作政治形势与策略问题报告，十七日至十九日会议就策略路线问题进行充分讨论，在讨论的基础上，会议于二十五日通过了张闻天起草的决议《关于目前政治形势与党的任务的决议》（通称《瓦窑堡会议决议》）。决议共分六个部分：（一）目前形势的特点；（二）党的策略路线；（三）国防政府与抗日联军；（四）苏维埃人民共和国；（五）党的主要危险是关门主义；（六）为扩大与巩固共产党而斗争。会议于二十三日听取了毛泽东关于军事问题的报告，并通过了毛泽东起草的《关于军事战略问题的决议》，决议确定"以坚决的民族战争，反抗日本帝国主义进攻，把国内战争同民族战争结合起来"的战略方针，红一方面军行动部署的基础应放在"打通苏联"与"巩固扩大现有苏区"两项任务上，行动步骤目前应做到山西去的准备。张闻天发言支持毛泽东的意见①。

任质斌记忆中的"会议开得很激烈"，在另一位列席会议者、时

---

① 中共中央党史研究室张闻天选集传记组编、张培森主编：《张闻天年谱》，上卷，中共党史出版社，2000 年 8 月版，第 288~290 页。

任中共陕北省委书记的郭洪涛的回忆录中，有生动的记述："博古同志仍然坚持'左'倾关门主义的态度，并引用斯大林关于中间势力最危险的论断，不同意毛泽东同志的科学论断。第二天毛泽东同志再次发言，反驳了这种意见，并且举例说明中间势力是可以争取的。他说在中央苏区时，福建十九路军曾要和我们党联合反蒋，遭当时的中央拒绝，是错误的。要停止关门主义，不要再犯。最后他反问道：'难道这样做（指联合民族资产阶级和其他中间势力），就是对祖宗不忠？对祖宗不孝吗？'言词之尖锐是我入党以来首次听到的。在毛泽东同志发言时，博古同志躺在大炕上，默不作声。经过充分讨论，很快取得了一致，大家都同意建立最广泛的抗日民族统一战线。"①

会议结束后第二天，张闻天主持召开党的活动分子会议。会场设在中央党校驻地瓦窑堡天主堂。毛泽东、周恩来、博古、董必武等出席，中央机关、陕北省委、瓦窑堡市科长以上及各县县委书记共四百余人参加。毛泽东作题为《论反对日本帝国主义的策略》的报告②。

列席瓦窑堡会议，亲耳聆听党的领袖们的讨论、争论、甚至驳难，并且记录下这一切，是任质斌一次重要的人生经历。他自己很珍视这一经历。

一九九二年，白发苍苍的任质斌重回陕北，回到瓦窑堡，回到瓦窑堡会议旧址。他向随同前往的夫人胡志学和次子任在鲁，叙述当年会议情景。一切仿佛都发生在昨日，然而，二十岁的青年已是皤然老者。一切仿佛都没有变，一切却又都改变了。

任质斌伸出双手，细细摩挲着方桌粗粝的桌面，当年坐在这里

---

① 《郭洪涛回忆录》，中共党史出版社，2004年1月版，第106页。
② 《子长县志》，陕西人民出版社，1993年12月版，第20页。

记录，精力高度集中，几乎手不停写。他耳边似乎又响起热烈的争论声，高亢明亮的湘音，温软精致的吴语，急促浑厚的徽腔，刚硬铿锵的鄂声，有引经据典、旁征博引，有纵横古今、庄谐杂出，有逻辑严密的归纳论证，有气势如洪的雄辩滔滔。像这样中共党内最高层领袖之间的长达数天的激烈尖锐的争论，没有几人能得亲见耳闻。思想理论的歧见相互撞击而迸射出的火花，璀璨而且绚丽，令二十岁的任质斌简直目不暇接。实践认知的不同相互冲突而激发出的浪涛，澎湃而且激荡，使二十岁的任质斌于其间载沉载浮。

在那八九天中，天气冷奇，冰天雪地，任质斌每天都要数次穿行于中山街、正街与二道街之间的狭长小巷中。站在田家院中四顾，积雪皑皑的龙虎山和七楞山群峰，威严静穆地环护着这座边塞小城。每天散会都很晚，有时到下半夜才散，时当旧历冬月二十二日至三十日，无月，满天星斗亮得出奇。星空低垂，星斗仿佛伸手可触。散会时，任质斌看着毛泽东、周恩来、博古、王稼祥、刘少奇、邓发等分头踏着积雪离去，警卫员们手提马灯照出的团团橙黄色亮光，四散进入街巷中，他心中总会有异样的感动。作为一个虽然年轻，却有丰富阅历的红色报人、红军知识分子，他强烈地感受到中国的苏维埃运动已经有了重大转折和新的开始。岁月不居，五十七年仿佛只是转瞬之间。

一九三六年四月，任质斌奉调到中央军委后方政治部工作。

第八章　在中央军委和中国红军大学

　　根据瓦窑堡会议确定的军事战略，一九三六年一月十九日，中央军委下达《东进抗日及讨伐卖国贼阎锡山的命令》，要求陕甘苏区红军、游击队和人民群众，配合主力红军作战，支援前线，保卫后方。二月十八日，红一方面军司令员彭德怀、政委毛泽东下达《红一方面军关于东征渡河战役之作战命令》①，规定："占领吕梁山脉各县，首先占领石楼、中阳、永和等县，粉碎沿河堡垒线，控制船渡于我手中，在东岸造成临时作战根据地的任务。"红军分两路在绥德、清涧两处集结，于二月二十日至二十三日强渡黄河，进入山西。毛泽东著名的词《沁园春·雪》就是在渡河前夕在清涧县境内所作。

　　任质斌在东征之役的后期被调到中央军委后方政治部工作。

　　红军东征，势在必行。是时，陕甘苏区面临的严重形势：之南，国民党军西北"剿匪"总司令部（总司令蒋介石，副总司令张学良代行总司令职，参谋长晏道刚）据守宜川、延安、甘泉、洛川一线，阻止红军向南发展；之西和之北，甘肃马家军从合水、陕军从榆林和三边（靖边、安边、定边）袭扰；之东，阎锡山把山西全省划为十二个"防共自治区"，制定了"军事防共"、"政治防共"、"经济防共"、"思想防共"和"民众防共"等措施，在黄河东岸六百里防

---

　　① 1935 年 8 月 6 日，中共中央政治局决定恢复红一方面军总部建制。

线上布置重兵，并且入陕"进剿"红军。从政治、军事、经济诸方面作战略考虑，东征和西征均势在必行，尤以东征最为紧要。

东征历时两个半月，歼敌七个团，扩大红军八千人，在山西二十余县开展了工作，巩固了陕北苏区，筹集了大批款项和物资。五月五日，以毛泽东、朱德名义发出《停战议和、一致抗日通电》，胜利回师陕北。

任质斌在《红色中华》报上，以大量篇幅为红军东征作宣传。四月底调入后方政治部后，全力投入支前政治宣传工作。

一　从中央军委后方政治部到军委总政治部

与西北中央局其实就是中共中央、中央政府西北办事处其实就是中央政府一样，西北革命军事委员会（简称"西北军委"）其实就是中央军委①。

任质斌晚年回忆说："我在西北办事处当了半年的秘书长后，就被调动了工作。实际上是又撤了职。我被调到后方政治部宣传部工作了两个月时间。"② 后方政治部属中央军委政治部，中央军委政治部主任为王稼祥，副主任为杨尚昆。一九三五年十一月五日，中共中央和中央军委决定在瓦窑堡设立后方办事处，其任务为管理前后方供给、粮食运输、后方医院、学校、地方的武装动员、兵站及军委委托指挥的军区、军分区工作等等，周恩来兼任主任③。同时设立了后方政治部，主任先是钟赤兵，一九三六年初改由袁国平担任。

从此前和此后的历史看，调任质斌去后方政治部，与袁国平有

---

① 王健英著：《红军统帅部考实》，广西人民出版社，2000 年 1 月版，第 370 页。

② 《任质斌同志回忆录》，未刊稿。

③ 中共中央文献研究室编：《周恩来年谱（修订本）》，中共中央文献出版社，1998 年 2 月版，第 300 页。

关。除了长征中相互有深刻的了解、工作配合非常默契等因素外，后方政治部也亟须任质斌这样的办报高手和宣传人才。后方政治部下设秘书处，秘书长徐梦秋；组织科（后改称部）科长（部长）甘渭汉，后聂洪钧；宣传科，科长向仲华。任质斌调来后，向仲华调到红中社和《红色中华》报。

任质斌调去不几天，五月五日东征红军即胜利回师陕北。不久，中央军委后方办事处和后方政治部撤销，并入军委机关和军委总政治部①。因此，任质斌未明确任职，他在回忆录中说"实际上是又撤了职"，当是自谦和幽默之语。

中央军委设在离张闻天住处不远的前河滩一个大院落中。院落坐东向西。大门内南侧有大砖窑一座，甚高大宽宏，进深六米，宽五米，高四点五米，俗称"枕头窑"，是中央军委的会议室。大门内北侧有平房两间。正面是一排十一孔窑洞，南起第四、第五孔是周恩来和邓颖超的住所和办公室，余九孔为军委机关和工作人员使用，原任中共陕甘省委书记兼红二十九军政委、新任中共中央东北军工作委员会秘书长的朱理治，即在其中。几年后，任质斌和朱理治成了亲密的战友。

给任质斌和战友们留下很深印象的是军委副主席周恩来的匆忙身影，他总是非常繁忙，匆匆进出，看不到他有闲的时候。周恩来之所以有巨大的亲和力，与他在与普通干部和指战员的初次交谈中就能记牢对方的姓名，在另一场合能亲热地叫出来，有很大的关系。他尊重人，关怀人。那一副又黑又长的大胡子和剑眉下温和聪慧又富神采的眼睛，非常引人注目。东征之役中，刘志丹四月十四日在山西中阳县三交镇作战中牺牲，遗体运回瓦窑堡，四月二十四日，由后方政治部主任袁国平主持，在南门外戏台举行追悼大会，周恩

---

① 王健英著：《红军统帅部考实》，广东人民出版社，2000 年版，第 431 页。

来和博古的沉痛致辞和扶灵柩送葬的场面，非常感人。任质斌在后来的岁月里还常常忆起。

　　任质斌在后方政治部和合并后的总政治部，工作了一个多月，时间不长，没有具体的职务。他参与组织、宣传或亲历的重要史事，以及即将对他产生重要影响的史事有：五月一日，中共中央、中央军委在瓦窑堡城北的祁家湾坪，举行阅兵式，周恩来发表讲演并检阅了部队。十七日，中共中央决定撤销陕甘省委，成立陕甘宁省委，李富春任书记，辖陕西保安、定边、安边、靖边和甘肃的庆阳、华池等县。十八日，中央军委下达《西征战役计划》，决定组成西方野战军，彭德怀任司令员兼政治委员，西进打击坚持反共的悍敌马鸿逵、马鸿宾部。二十日，中共中央政治局常委会决定，成立红军大学，林彪任校长，罗瑞卿任教育长，周昆任教务主任，袁国平任副主任，并由毛泽东、周恩来、林彪、罗瑞卿、杨尚昆等组成教育委员会。二十一日，毛泽东由东征前线返回瓦窑堡。在此之前，周恩来已经前往大相寺与毛泽东等会合了，但是，为了扩大宣传，大造声势，宣传红军的政治影响，周恩来特地提前一天，于二十日返回瓦窑堡，命令组织安排欢迎。二十一日，周恩来率领军民到城外黑山寺梁等候，热烈欢迎毛泽东等凯旋归来。二十三日，中共中央决定，今后不再在东北军中组织哗变，不再对东北军进行军事打击，并可以给以一定的让步，以有利于抗日民族统一战线工作在东北军中公开地开展起来①。

　　五月底，任质斌奉调到新成立的中国红军大学学习和工作。

二　任中国红军大学第三科地方工作科科长

　　任质斌调入中国红军大学第三科，在老领导袁国平身边工作。

---

　　① 《子长县志》，陕西人民出版社，1993 年 12 月版，第 21 页。蒋凤波、徐占权：《土地革命纪事》，求实出版社，1982 年版，第 550～554 页。

中国工农红军干部训练和军事教育的源头是一九二七年十二月在江西井冈山砻市龙江书院创办的教导队（亦称军官教导队）。在教学上，仿照旧式军校的"三操两讲一点名"，即早操，上、下午各一次操练；上、下午各讲一课；晚点名。后来，各红军部队都办起了教导队、军政训练队、红军学校、随营学校，任务是培养干部，也训练新兵。一九三一年十一月，中革军委决定创办中央军事政治学校，设在瑞金城东谢氏祠堂，学生来源，地方、红军各一半，共办六期，培训学员万余人。一九三三年十月十七日，中革军委下达《关于改编红军学校的命令》，为注重培养红军高级干部和专门人才以及中级干部，成立了中国工农红军大学，校址在瑞金西郊大槐树村。次月，红四方面军也在川陕根据地创办了一所红军大学。此前和此后，红军各专科学校，如通信学校、特科学校、医务学校、供给学校、地方武装干部学校等等，都为革命战争培养了人才。

中央红军长征前夕，中革军委决定将红军大学与第一、第二步兵学校及特科学校合编成立军委干部团，干部团在长征途中屡建奇勋。一九三五年红一、四方面军会师后，干部团与红四方面军的红军大学合并成立新的中国工农红军大学，设上级指挥科、上级政治科、步兵团、特科团。特科团下设骑兵科、工兵科、炮兵科、机关枪科。中央红军主力组建为陕甘支队继续北上时，原干部团指战员大部随行，与原红一军团教导营合编为中革军委直属随营学校，十一月在延川县永坪镇与陕甘宁红军军政学校合并组成中国工农红军学校，仍直属中革军委，下设军事营、特科营、地方干部营。

一九三六年二月，红军学校奉命扩大，改称西北抗日红军大学，并颁布告，面向社会招生，宣布："招揽各地革命青年、爱国志士来校学习，以期培养和造就大批军事政治的民族抗日干部，领导民族革命战争，打倒日本帝国主义，收复失地，争取中国民族独立自由与彻底解放"。"凡愿牺牲一切，坚决抗日，而投身民族革命的爱国志士，不论阶级成分和社会出身，以至过去参加过何种党派而志愿学习者，不分性别，年龄十六岁以上二十八岁以下者，文化程度至少高小毕业和具有同等程度者。中学生、大学生、失业职员及其他知识分子与退伍军人，身体健康而无传染疾病及不良嗜好者。特别是曾在抗日义勇军当过干部的，不论程度，均受欢迎。"布告还对办校宗旨、专业设置、学制、学员待遇、报名地点等，作了明确的规定。西北抗日红军大学由周昆任校长，袁国平任政治委员，不久，中共中央决定以其为基础，扩大开办中国红军大学（又名中国抗日红军大学，简称"红大"）①。

　　一九三六年六月一日，中国红军大学开学典礼在瓦窑堡米粮山上的阎家大院举行②。任质斌作为干部也是学员，参加了典礼。

　　毛泽东、周恩来等在典礼上讲话。毛泽东在讲话中说，大革命时期有一个黄埔军校，它的学生成为当时革命的主导力量，领导了北伐成功，但到现在它的革命任务还未完成，我们的红大就要继承着黄埔的精神，要完成黄埔未完成的任务，要在第二次大革命中也成为主导的力量，即是要争取中华民族的独立和解放③。

　　典礼大会上宣布，林彪任校长，罗瑞卿任教育长，袁国平任训练部部长，周昆任校务部部长，莫文骅任党总支书记，他们既是校领导，也是学员。毛泽东兼任政治委员④。红大共分三个科。第一科训练团以上干部，陈光为科长，罗荣桓为政治委员，全科共四十人。学员主要是红军军、师两级干部，也有少部分团级干部，共三十八人。他们当中有林彪、罗荣桓、谭政、彭雪枫、杨成武、刘亚楼、张爱萍、王平、黄永胜、杜理卿、郭述申、苏振华、陈士榘等，还

---

　　①　袁伟、张卓主编，姜廷玉、张伟良副主编：《中国军校发展史》，国防大学出版社，2001 年 8 月版，第 321～388 页。

　　②　2003 年 2 月 18 日在瓦窑堡的调查考察。

　　③　中国人民解放军国防大学著：《中国人民抗日军事政治大学史》，国防大学出版社，2000 年 9 月版，第 17 页。

　　④　各种史著于名单多有歧说。本书从《中国军校发展史》。

有朝鲜同志武亭，越南同志洪水。第二科训练团、营干部，有学员二百二十五人，编为两个队，科长周士第。第三科主要训练连、排干部和部分老同志，有学员八百人，编为六个队，科长为周昆，政治委员袁国平。红大第一期共招收学员一千零六十五人[①]。

任质斌就此开始了历时一年、转战两省的红大生活。这一年间丰富的人生阅历和严峻的斗争考验，完全改变了任质斌。他从一名红色报人和军中知识分子，成长为高素质的军政人才。

米粮山位于瓦窑堡城边，依傍市廛，拔地而起，形势险峻。山顶地势平阔。阎家大院前院有五孔砖窑，后院有十孔砖窑。后院是第三科的教室。第一、二科在前院。因学员多，窑洞容纳不下，上课多在山顶平地进行。好在时当旧历四月中下旬，陕北黄土高原已是春风和煦，露天上课也无妨了。红大旧址，至今保存完好。来此参观的人们，常常会惊叹于这普通民舍中的"出将入相"，其实，他们当年都年轻，据统计，第一科的三十八个高级将领和领导干部学员，平均年龄只有二十七岁。另一项统计数字更加令人震撼——他们平均每人身上有三处伤疤[②]。任质斌受他们的影响甚大。

任质斌所在的第三科，学员有八百人之多，教学任务之重，工作量之大，可以想见。科长周昆是湖南平江人，一九○七年生，一九二七年参加秋收起义，同年加入中国共产党，长征前曾任红军大学代校长、红八军团军团长（中央红军只有五个军团）。面对八百人的大摊子，周昆和袁国平必须组建起一个坚强高效的工作班子。任质斌在此背景下调入。

时任第三科教员的刘少卿晚年回忆说：第三科"是中国工农红军学校改编的，学员全为连、排军事、政治干部，周昆兼科长，政

---

① 根据多种史著，参证当事人回忆资料，综合而成。

② 中国人民解放军国防大学著：《中国人民抗日军事政治大学史》，第17页。

治委员袁国平，政治部主任罗贵波，训练部部长郭化若，机炮主任教员冯达飞，射击主任教员王智涛，战术主任教员由冯达飞兼任，游击战术教员由我担任，政治主任教员陈明，政治部民运科科长任质斌，宣传科科长张正光，组织科科长李志民。"任质斌任科长的科分工是做民运工作，名称为"地方工作科"①。

　　在任质斌工作的政治部，可称群英荟萃。他们都对任质斌的人生产生了影响。罗贵波是江西南康人，在中央苏区曾任红三十五军军长，长征中为军委干部团政治营政委，解放后曾任外交部副部长、广东省委书记，中顾委委员。郭化若是福建福州人，黄埔四期生，曾入苏联莫斯科炮兵学校学习，长征前为军委二局局长、红军大学教员，解放后任南京军区副司令员、军事科学院副院长，一九五五年被授予中将军衔，为中顾委委员。冯达飞是广东连县人，黄埔一期生，曾赴苏联学习，回国后参加广州起义、百色起义，后任红八军军长，在中央苏区时，他曾驾驶红军在漳州缴获的飞机，飞回瑞金，长征前任红军大学炮兵科科长，抗日战争中任新四军教导总队教育长、副总队长兼教育长、二支队副司令员，在皖南事变中被俘，壮烈牺牲在上饶茅家岭。王智涛就是前文提及的为毛泽东作翻译的人。陈明是福建龙岩人，曾办过刊物，赴苏联学习，长征前任福建军区政治部宣传部部长，抗日战争中一九四一年在山东牺牲。张正光是湖南平江人，是比任质斌还小一岁的青年干事，解放后曾任北京军区副政委、总参三部第一政委，一九五五年被授予少将军衔。李志民是湖南浏阳人，长征前曾任红三军团卫生部政委，解放后曾任中国人民志愿军政治委员、福州军区司令员，一九五五年被授予

---

　　① 刘少卿：《陕北重续红校业》，中国人民解放军历史资料丛书编审委员会：《院校·回忆史料》，解放军出版社，1995 年 8 月版。关于任质斌的任职，多种史料和旁证资料说法不一，据任质斌 1967 年 11 月 18 日《我的历史情况》（未刊稿），此处任职应称"地方工作科科长"，"民运科"是后来才有的称谓。

上将军衔，中顾委委员。刘少卿是湖北黄冈人，长征前任红一军团教导大队大队长、军团司令部参谋、先遣支队支队长，解放后曾任总参军训部副部长，一九五五年被授予少将军衔。他们当中的许多人，后来与任质斌长时间并肩战斗。

红大成立后，坚持从中国革命的实际出发，确立了"少而精"、"理论联系实际"、"军事与政治并重"的教育原则。

第三科学习内容和课程设置与一科、二科有较大的不同，在政治理论课方面，比一科、二科浅近，开设了政治常识、党的建设等课；在军事课方面则比一科、二科丰富，开设了兵器学、单兵操练、战术课等。时事政策课、文化课则是各科都要开的公共课了。

然而，开学不到三星期，红大就开始了艰苦转战和长距离迁徙。六月二十一日，国民党军高双成部炮兵营从横山县石湾出动，袭击瓦窑堡。当日下午，中共中央党政军机关撤退到磁窑，并继续西移。红军大学学员英勇阻敌，与敌激战，掩护中央机关撤退。二十二日，胡宗南部占领瓦窑堡。

国民党军在其《战斗详报》中对红军大学有以下记述："匪势不支，即飞调瓦窑堡残部及红军大学并干部学校学生约三千余前来援应，匪势复振，……双方激战甚烈，伤亡累累，匪数度冲锋，杀声及红旗遍山突击……"①

红军大学护卫着中央机关，经前滴哨、石家坪、凉水湾、真武洞等地，长驱三四百里，七月十日前后相继抵达保安（今志丹）县城②。

---

　　① 国民党军《陆军第六十七军第一纵队于瓦窑堡附近剿匪战斗详报》，载于中国人民解放军历史资料丛书编审委员会编《巩固和发展陕甘苏区军事斗争（2）》，解放军出版社，2000年3月版，第665页。

　　② 中共陕西省委党史研究室编：《中国共产党陕西历史大事记》，陕西人民出版社，1993年7月版，第189页。

　　保安县旧属延州（治所在肤施，即今延安），地当通往甘肃、宁夏的要道。这里群众基础好，当年"闹红"革命，一九三四年县名曾改"赤安"县。但该县地瘠民贫，经长期战乱，人烟稀少，县城只有几十户人家，不足四百口人，根本容纳不下这么多的机关和红军。于是，中共中央决定，第一、二科留在保安，称红军大学第一校；第三科迁到三四百里外的甘肃省环县去，称红军大学第二校。

　　此后的历史推演是：十二月，红军大学第一期学员毕业。一九三七年一月招收第二期学员（其中在此前和此后与任质斌人生经历有关的有罗炳辉、陈赓、胡耀邦、赖传珠、曾希圣等）。同月，第一校迁延安，改称中国人民抗日军事政治大学（简称"抗大"），红大第二期学员转为抗大第二期学员。因此，在中国人民解放军的军事教育史上出现了一个奇特的现象：红大没有第二期，抗大没有第一期。

　　第三科（即红军大学第二校）则走上了另外一条发展道路，先改称中国抗日人民红军中央教导师，后改红军大学庆阳步兵学校。

　　红色人生多姿多彩。红军大学第二校（第三科）教员、任质斌的老战友刘少卿晚年回忆说，就在保安停留的几天中，第三科全体学员奉命全体集合，去热烈欢迎"国际友人"，这位国际友人就是美国记者埃德加·斯诺[1]。他到苏区来采访，不久就写出了影响深远的名著《红星照耀中国》（即《西行漫记》）。

　　这一天是七月十五日[2]。斯诺本人也记载了这件事和这个场景："当我们这一小队人来到俯瞰保安的一座山顶时，号角吹响了。我看到下面一条短短的大街道上，人群和马匹匆匆来去。……人们列队

---

　　[1]　刘少卿：《陕北重续红校业》。

　　[2]　日期的确定，据中共陕西省委党史研究室编《中国共产党陕西历史大事记》，陕西人民出版社，1993 年 7 月版，第 190 页。

站在数十间东倒西歪的草屋和铺子前，高举着标语，上面用英文和中文写着：'欢迎美国记者来苏区调查！''打倒日本帝国主义！''中国革命万岁！'街道尽头，有一批人站在那里迎接，其中有中国共产党大多数中央委员和当时在保安的几乎全部政治局委员。他们作了自我介绍，对我表示了欢迎。"斯诺还非常准确地记述道："一所红军大学，设在一排窑洞内，大约有八百名学员住在里面。"① 这里面就有任质斌。

就在此之后不几天，红大第二校学员就在周昆和袁国平率领下，向甘肃挺进了。

还有一个人密切关注着红军大学的行踪，他就是国民政府军事委员会委员长蒋介石。他以办黄埔军校起家，深知这所为共产党培养军政人才的学校的重要。七月二十八日，西北"剿总"副总司令张学良致电蒋介石，只有短短十四个字："伪中央政府及红军大学现在保安。"②

张学良的情报不甚准确。此时，红军大学在保安只有第一校二百七十人，第二校早已挺进到数百华里之外的甘肃省境内。

当蒋介石盯着这封电报沉思之时，任质斌和他的八百战友已经在陇东黄土高原深谷之中的环江江畔，安营扎寨、厉兵秣马了。

---

① 〔美〕埃德加·斯诺：《在保安初会毛泽东》，载于尹均生主编《中外名记者眼中的延安解放区》，华中师范大学出版社，1995 年 8 月版，第 8、9 页。

② 中国人民解放军历史资料丛书编审委员会编：《巩固和发展陕甘苏区军事斗争(2)》，第 715 页。

第九章
中国抗日人民红军中央教导师参谋长

甘肃，以所辖甘州（今张掖）肃州（今酒泉）两地首字得名，简称甘。又以古为陇西郡而简称陇。陕甘宁苏区处于陕西、甘肃、宁夏三省接壤处。

《剑桥中华民国史》对这一区域作以下记述："陕甘宁是中国最贫瘠、长期落后而且人口稀少的地区之一。尽管它面积广漠（大致相当于美国俄亥俄州），但只有大约一百四十万居民。大多数极端贫困，但估计地主和富农占人口的百分之十二，却拥有土地的百分之四十六。农业生产不稳定，生长期短，雨量稀少而且难以预测，大暴雨会倏然而至，冲走庄稼，并把解冻的黄土坡冲刷成一条条沟壑。在一九二八年到一九三三年间，饥荒席卷了中国西北部，包括陕甘宁在内；千百万人死去，大量土地荒芜。剧烈的地震会周期性地摧毁那些掘进黄土峭壁的窑洞。与严酷的自然环境一起，这一地区长期为动乱、骚动和暴力所困扰。"① 李维汉在《陕甘宁边区政府工作回顾》中写道："陕甘宁边区在旧社会经济文化十分落后，地主阶级对农民的残酷剥削和压迫，使分散的落后的农村经济长期处于停滞

---

① 〔美〕费正清、费维恺编：《剑桥中华民国史》，下卷，中国社会科学出版社，1994年1月版，第723～725页。

状态，社会分工和商品生产都很不发达，基本上是自给自足的自然经济。荒山遍野，地广人稀，农业粗放，交通不便，农民终日劳动难得温饱。反映在文化教育上，就是封建、文盲、迷信和不卫生。知识分子缺乏，文盲高达百分之九十九"，"方圆几十里找不到一所学校"，"卫生条件极差，缺医少药，人畜死亡率很高，婴儿死亡率达百分之六十，成人达百分之三；全区巫神多达二千余人，招摇撞骗，为害甚烈"①。

一九三六年七月，红军大学第二校从陕西保安出发，下旬进入甘肃，进驻刚刚被红军西征军解放的环县木钵镇，并改称中国抗日人民红军中央教导师。周昆任师长，袁国平任政委，郭化若任教育长，罗贵波任政治部主任，苏进任训练部部长，任质斌任参谋长（对外身份为政治部宣传科科长兼地方工作科科长）②。十二月，教导师移驻庆阳。

任质斌晚年回忆说："在我的一生中，自己觉得做得比较满意的工作，一是在庆阳，一是在新四军五师前期。"③

一　开辟环县和木钵遇险

环县地处陕甘宁三省交界处，地瘠民贫，人烟稀少。地貌比陕北破碎的黄土高原稍显完整，但地势高峻，黄土塬上是连绵不断的浑圆形大山。县境北部，过山城堡、甜水堡再向北就是宁夏自治区南部的辽阔荒原了，沙碛地一望无际，渺无人烟。县境西北，与陕

---

① 李维汉：《回忆与思考》，下卷，第 566 页。

② 据中共庆阳地委党史资料征集办公室编：《庆阳地区中共党史大事记》，1990年 5 月印行，第 33 页。又据《任质斌谈中央红军教导师在庆阳》，刘凤阁主编：《陕甘宁边区陇东的文教卫生事业》，1992 年 3 月印行，第 305 页。再据刘凤阁主编：《陕甘宁边区陇东的群众运动》，1994 年 12 月印行，第 231 页。

③ 《任质斌同志回忆录》，未刊稿。

西的定边、吴起相连。环江自北向南流贯全县，木钵镇在环县老县城之南约六十华里，木钵之南约六十华里是新城曲子镇，再向南沿环江而行百余里就是陇东名城庆阳了。

红军教导师在木钵镇驻扎了五个多月，主持宣传工作和地方工作的参谋长任质斌工作极为繁忙紧张，有时也非常危险。

环县是刚刚开辟才一个多月的新区，敌我尚处在拉锯作战状态中，互有进退，斗争形势尖锐复杂。五月下旬，彭德怀率西方野战军从陕北延长、延川两地出发，向三边的陇东进军，其中，以红一军团作左路军，六月一日攻克国民党环县县政府驻地曲子镇，活捉马鸿宾部旅长冶成章，继而挥戈北指，占领木钵镇和环县老城，歼敌马鸿宾部七个营；由红十五军团和红二十八军等部作右路军，直指三边和宁夏，重创陕军和马鸿逵部骑兵。至七月，开辟了陕西的定边、安边，甘肃的环县、镇原，宁夏的盐池、同心、豫旺、固原等广大区域，使陕甘宁革命根据地连成了一片。六月，中共环县县委建立，习仲勋任书记。新区开辟，局面未稳，教导师宣传工作和部队的地方工作是大量而且艰巨的。

环县地处三省交界，长期属"三不管"地区，山大沟深，沟壑纵横，交错高下有如迷宫，其间盘踞着大小土匪数十股。他们与帮会、官府相勾连，占山为王，杀人越货，无恶不作。其中以政治土匪赵老五（赵思忠）最为凶悍，反共气焰十分嚣张。肃清或者收编土匪武装，成为紧要任务。

任质斌在与土匪的斗争中遇险，并且险遭不测。事件的经过是：一支土匪武装答应接受红军收编，红军教导师命令他们到指定地点集合，任质斌带了两个通信员前去收编。开始很顺利，不料，天黑时他们又叛变了，把任质斌等三人围了起来，双方扭打在一起，把任质斌的手枪夺走。恰好灯被打灭，土匪在黑暗中开枪向任质斌射击，幸未中。土匪逃去，任质斌的两个通信员中的一个在搏斗中被土匪砍了一刀，受了重伤①。

任质斌还承担有教学任务。他负责给一营三连上"中国革命基本问题"课②。这个连的指导员由营政委韦国清兼任。任质斌教学认真，讲课很受学员欢迎，但不久就因为工作太忙不再授课了。

毛泽东对红大第二校（第三科）非常关注，他在八月二十六日致红大校长林彪的信中写道："还有一点，就是三科的文化教育（识字、作文、看书报等能力的养成），是整个教育计划中最重要最根本的部分之一，如你所说的实际理论并重，文化工具就是实际的一部分。"毛泽东强调指出："如果学生一切课都好了，但不能看书作文，那他们出校后的发展仍是很有限的。"他具体指示说："如果你目前同意此意见，那我想应在二、三科，在以后的四个月中，把文化课（识字、看书、作文三门）更增加些，我意把它增加到全学习时间（包括自修时间）的四分之一或三分之一，请你考虑这个问题。定期检查时文化应是重要的检查标准之一。"③ 第二校认真贯彻了毛泽东的指示，加强了文化课的讲授。

与红大第二校进驻环县同时，七月，中共陕甘宁省委和省苏维埃政府机关也从陕西吴起县刘家渠迁到环县洪德河连湾。省委书记李富春，组织部部长罗梓铭，宣传部部长李一氓，军事部部长萧劲光，白区工作部（即统战部）部长蔡畅。省苏维埃政府主席马锡五。省委为了配合红军西征，组织了支前工作团开展宣传和发动群众的工作④。

河连湾在木钵镇之北百余华里，处于环江上游。任质斌主持的

---

① 《任质斌同志回忆录》，未刊稿。

② 《任质斌同志回忆录》，未刊稿。

③ 毛泽东信的三段引文，第一、三段引自袁伟、张卓主编，姜廷玉、张伟良副主编：《中国军校发展史》，第 392 页；第二段引自中共中央文献研究室编、逄先知主编：《毛泽东年谱》，上卷，第 575 页。

④ 参见李占年主编：《庆阳党史论文集》，2001 年 6 月印行。

红军教导师的宣传与民运工作，与陕甘宁省委多有配合。

　　为了化敌为友，肃清匪患，安定地方，八月二十六日，省苏维埃政府召集庆阳、环县两地及边区各地的哥老会大爷八十余人，在河连湾开会。由马锡五主席报告中央政府对哥老会的宣言、中共抗日救国主张。哥老会大爷们慷慨激昂，摩拳擦掌，表示拥护共产党的抗日主张，对国民党官贪吏酷表示了强烈的不满。最后，马主席宣布成立陕甘宁省哥老会招待所，招待积极参加抗日的龙头大爷及江湖上的英雄好汉①。省委省政府的这一举措，给红军教导师平息匪患以很大的支持与策应，也给任质斌主持的部队地方工作以很大的助力和便利。

　　十月二十二日，中国工农红军第一方面军与红二、红四方面军在甘肃会宁、静宁地区会师，结束了伟大的长征。十一月二十一日，红军在环县北部的山城堡痛歼敌胡宗南一部。

　　山城堡大捷后，刘伯承率红二、四方面军的两个随营步兵学校进抵木钵，与红军教导师（红大第二校）会合，合并入教导师。刘伯承兼任师长，但时间不长，即调回中央军委。扩大后的教导师下辖两个步兵团（均为小团，相当于营）、一个特科团（特科营）和直属青年连（即测绘连），团（营）干部有黄彦斌、张平化、皮定均、黄欧东、韦国清、陈仁麒等。他们都给任质斌主持的工作以全力的支持和配合。宣传工作轰轰烈烈，地方工作卓有成效。

　　十一月，蒋介石经精心策划，令驻庆阳、固原、七营、同心、中宁地区的国民党军向环县地区进攻。十一月十五日，蒋介石致电六十七军军长王以哲："分向山城堡、环县一带地区进剿，肃清后依匪情形向东北前进。"②王以哲部属东北军，而东北军广大官兵，在

　　———————————

　　① 《红色中华》，1936年9月18日。

　　② 国民党军《陆军第六十七军第一〇七师于宁夏豫旺县马家大山、香水河等处剿匪战斗详报》，《巩固和发展陕甘苏区军事斗争（2）》，第857页。

中共抗日民族统一战线政策的感召下，早已厌倦了"剿共"战争。
此时的王以哲军长早已与中共建立联系，与彭德怀函电交驰，最频
繁时双方一日一电。在电报中，王以哲称彭为"彭兄"、"德怀吾
兄"，并且详告东北军下一步行动计划，希望红军有所配合。此种
"剿共"战争，结果可以想见。国民党军中，只有胡宗南死心塌地汹
汹进犯，但部下亦已军心不稳了。

　　十一月二十六日，王以哲致电"德怀并转周同志"，保证："曲
子、木钵之线决不进入。"① 这个"周同志"是指十一月十八日抵达
环县河连湾的周恩来，他此行是为协助彭德怀制定三个方面军在山
城堡的作战计划，并组织后方军需供应②。王以哲为何用这种急迫的
语气作保证？原来，周恩来曾给他发电报，说环县以北至洪德一线可
以让给东北军经过，但是，环县之南的木钵镇一带是绝对不让靠近
的！周恩来高度重视教导师的安全、不容许有丝毫的闪失，于此可见。

　　此时的中国西北部，已经在酝酿着一场惊天巨变。

二　进驻陇东首府庆阳城

　　这一场改变了中国历史进程的巨变，酝酿已久。巨变的主角之
一是西北"剿总"副总司令、三十六岁的东北军"少帅"张学良。
十月间，张学良经常亲自驾驶着飞机，出巡于洛川、庆阳、西峰一
带。从红军教导师驻地木钵镇上空款款飞过，是常有的事。有一天，
他驾机从西安附近的汉武帝、唐太宗、秦始皇的陵墓上空掠过，感
慨地对随行人员说："人贵有所建树，以垂史册。否则，建筑工程无

---

　　① 张友坤、钱进主编：《张学良年谱》，下册，社会科学出版社，1996 年 12 月
版，第 1102 页。

　　② 中共中央文献研究室编：《周恩来年谱（修订本）》，中共中央文献出版社，
1998 年 2 月版，第 336 页。

论如何壮丽伟大，若此许多陵寝，亦不过只剩黄土一抔!"① 他意欲为家国有所建树的愿望，强烈而且执著。

十二月十二日，张学良、杨虎城发动西安事变，扣留了蒋介石，通电全国，提出以停止内战、一致抗日为主旨的八项主张。中共派周恩来、秦邦宪、叶剑英等前往西安参加调解谈判。蒋介石被捉的消息传来，陕甘宁苏区和红军军中一片欢腾。袁国平政委得到了驻守庆阳的东北军将要调往陕西的消息，紧急找任质斌商量，决定由任质斌作红军教导师的代表去庆阳，与东北军驻军洽谈在东北军撤走后由红军接管庆阳的事宜②。

于是，十二月十六日，二十一岁的中国抗日人民红军中央教导师参谋长任质斌，全副武装，英姿勃勃，带着几名警卫员，向百多里以外的庆阳进发。

古城庆阳是陇东首府，为陇东地区政治、经济和文化的中心。又当交通要道，形势险要，城池坚固，自古为军事重镇。唐为庆州，宋元明清皆为庆阳府治。城市筑于高阜之上，随自然地势建城，形如飞凤，故称"凤城"。城墙坚固，城堞严整，下临峡谷，雄伟壮观。环江和柔远河夹城奔流，在城南交汇成马莲河，入陕后汇入泾河。城中热闹繁华，为陇东所仅见。

入城后，任质斌与东北军一〇九师驻防庆阳的团长晤面，郑重提出："听说贵部将调陕西驻防，如果情况属实，我代表红军教导师，正式提出接防庆阳的要求。"团长向一〇九师师部请示，得到的答复是："现在还没有得到上级的命令，不能答复你们。"会见的气氛是非常友好的。任质斌向他宣传了中共抗日民族统一战线的方针，得到了热烈的回应。

---

① 张友坤、钱进主编:《张学良年谱》，下册，社会科学出版社，1996 年 12 月版，第 1082 页。

② 《任质斌同志回忆录》，未刊稿。

十天后，十二月二十六日，该团撤离庆阳①。二十七日，红军教导师浩浩荡荡开进庆阳城，师部设在西街的一个大院中②。

教导师入城后，奉中央军委命令，改为红军大学庆阳步兵学校。对外仍称教导师。其主要任务是，为红军培养中下级军政指挥员和特种兵干部。学员是由一、二、四方面军选送来的优秀班长、排长、副连长，年龄在十七岁到二十五岁之间，他们当中只有少数人不是党团员，但都是经过长征的同志。全校有近两千人。学校设校务部、训练部、政治部。下辖四个大队，第一、第二大队是军事大队，以培训连、排长为主；第三大队是政治大队，以培训连队指导员为主；第四大队是特科大队，含有工兵队、炮兵队、轻重机枪队、骑兵队。工兵队学员全是从红二、四方面军调来的，主要学习筑城、爆破、架桥。文化课中教授拼音（注音字母），学员们都觉得新奇，说："咱们真是土包子开了洋荤啦"。学制原定一年，因为工作需要，有提前或推后毕业的③。学校至一九三七年七七事变爆发共培训三期学员，第一期八百余人，第二期四千一百余人，第三期二千二百多学员因抗日战争爆发而提前毕业④。

从红军大学第三科到第二校、到教导师、到庆阳步兵学校，在一年零一个月的时间里，培训了七千一百多名中下级指挥员。向红军各部队输送如此多的优秀的军政人才，是堪称辉煌的巨大成就。这其间有任质斌的辛劳和贡献。

---

① 据《任质斌同志回忆录》，未刊稿。当时驻守固原至庆阳防区的东北军，总指挥为何柱国，下辖一〇五师、一〇六师、一〇九师、一二〇师、一二九师和骑兵第四、第六师。其中一〇九师驻此只有一个团。据军事科学院军事历史研究部编著：《中国人民解放军战史》，第一卷，军事科学出版社，1987年7月版，附表66。

② 《庆阳地区中共党史大事记》，第38页。

③ 颜振清：《在庆阳步校的一段学习生活》。颜原为红二方面军随营学校学员。

④ 袁伟、张卓主编，姜廷玉、张伟良副主编：《中国军校发展史》，第395页。书中称红大第一期有八千余人，似误，本书持八百余人说。

与教导师进驻庆阳几乎同时，陕甘宁省委工作团由团长蔡畅率领，也进驻庆阳。任质斌晚年回忆说，这是"一个强大的工作团"。确实强大。工作团的负责人是省委白区工作部（统战部）部长蔡畅和省政府副主席兼土地部部长兼裁判部部长朱开铨，成员有：省政府财政部部长张慕尧，保卫局局长郑自兴，教育部副部长刘国升，省委军事部副部长赖传珠等。工作团共有成员五十多人①。任质斌晚年回忆说，工作团有"二三十人"②。经查证，工作团的工作范围包含庆阳、驿马关、合水、镇原、三岔等地，朱开铨带一部分人在另一处工作。蔡畅率一半成员进驻庆阳，已经是很强的力量配备了。

一九三七年的元旦，任质斌是在庆阳城中度过的。在这一天发生的三件事，对包括任质斌在内的红军指战员所面临的新一年的任务，都至关重要。其一，在南京，蒋介石召集党国大员会商大政方针，决定"以政治为主、军事为从方略，解决西北问题"。其二，在西安，杨虎城将军主持盛大阅兵式，声明决心与红军联合起来，为抗日救亡而奋斗。其三，在陕北保安，中共中央军委主席团发出指示说，西安事变和平解决，红军及地方部队应停止向中央军及马鸿逵军之进攻，并请国民党军亦勿再有攻击红军的行动。这三件事，标志着一个新的历史时期的开始。

西安事变发生后，肤施（延安）国民党县政府惧受红军进攻，带领民团弃城逃跑。红军入城接管。一月十三日，中共中央、中央军委和中华苏维埃人民共和国中央政府机关，进驻延安。一月十九日，中央军委决定将红军大学第一校（即第一、二科）改名为"中国人民抗日军事政治大学"。二十一日，抗大第二期在延安举行开学典礼。

还有一件事让任质斌心潮难平，一月二十九日，《红色中华》改

---

① 《庆阳地区中共党史大事记》，第32、40页。

② 《任质斌回忆陇东工作》，中共庆阳地委党史资料征集办公室编：《陇东革命根据地的形成》，1990年7月印行，第235页。

名《新中华报》在延安出版。期数接《红色中华》最后一期第三百二十四期顺排，为第三百二十五期。红色中华通讯社随改新中华报通讯社，简称新华社。"新华社"之名亦在这一期报纸上出现。新华社在《新中华报》上发表的第一篇通讯是：《和平解决有望／前线无大动作／红军力求和平》，发稿时间是一月二十五日。

任质斌在庆阳读到第一期《新中华报》时，已经是二月上中旬，时当丁丑年春节前后了。

每逢佳节倍思亲。身处西北高原风雪严寒中的任质斌，思念远在黄海之滨青岛的父母。离家整整五年了，相互之间音讯全无，不知道父母亲生活如何？身体健康否？离情与惆怅，很快就被刚获解放的庆阳人民的欢乐气氛所取代。陇东民俗古朴浑厚，庆阳的春节极富色彩，闹"社火"，扭秧歌，马故事，车亭子，除夕夜守岁叫"坐夜"，压岁钱叫"押魂钱"，全家聚食火锅啃骨头叫"咬鬼"，初五吃搅团叫"填穷坑"，初七吃面条叫"拉魂面"，种种浓郁的西北风情使得浸染其间的文化人任质斌心醉神驰。

工作的开展是顺利的。在红军教导师和省委工作团的共同努力下，中共庆阳县工作委员会于一月间成立，蔡畅兼任工委书记，组织部部长陈时夫，军事部部长赖传珠，下辖城关、三十里铺、高迎、王塬、鸭西、赤城、白马七个区委。为适应统战工作需要，工委对外称"庆阳民众抗日运动指导委员会"。三月，陈时夫任工委书记。四月，工委更名为中共庆阳县委，李国斌任书记。五月，任质斌任书记。七月，任质斌任陇东特委宣传部部长兼庆阳县委书记①。

---

① 在马文瑞1943年1月在延安写的《陇东党的史料谈话记录》（藏于陕西省档案馆）中，作："1937年上半年成立了三个县委，由陕甘宁省委所管。庆阳县委负责人任哲斌。……1937年下半年成立特委，直属中央管理。书记袁国平，组织部长李铁轮，宣传部长任植斌，副部长吴铁鸣，秘书长黄欧东"。其中"哲"、"植"皆为"质"之误。另据庆阳县志编纂委员会编《庆阳县志》，甘肃人民出版社，1993年11月版，第227、233、235页。

庆阳工委成立的当月，庆阳县各界民众抗日救国联合会（简称救国会）成立，下设青年、妇女、政界、工界、农界、商界、盐界、江湖界救国会和北街、西街贫民委员会①。任质斌和蔡畅主要以救国会为阵地，开展工作。从庆阳工委成立起，凡是工委开会，任质斌皆以驻军代表身份参加②。蔡畅是湖南双峰人，她是著名烈士蔡和森的妹妹，一九〇〇年生，比任质斌大十五岁。她是中国妇女运动的先驱者之一，一九一九年与向警予共同发起组织湖南女子留法勤工俭学会，同年赴法国，一九二二年加入青年团旅欧支部，次年转入中国共产党。一九二四年去苏联学习，次年回国从事妇女工作。一九三一年到中央苏区，先后任江西省委组织部部长、工农监察委员会主席。参加了长征。

蔡畅十分欣赏这位当年的《红色中华》负责人和红军教导师年轻的参谋长。任质斌则非常敬重蔡大姐。他们在工作上配合默契，效率很高。

三　领导庆阳"反冯灭霸"斗争

"反冯灭霸"斗争，是红军教导师组织领导的庆阳县劳苦大众向庆阳封建地主阶级发起的第一次公开的不妥协的斗争。斗争得到中共庆阳县工委的密切配合。

这场斗争既坚持了共产党的根本宗旨、扩大了党和红军的政治影响，又遵守了党的抗日民族统一战线政策。斗争在不损害统一战线的前提下进行，表现了很高的政治智慧和高超的斗争技巧。并且惊动了南京国民政府，同时引起了中共中央领导人毛泽东和张闻天的密切关注，也轰动了西北诸省，造成了全国性影响。

---

① 庆阳县志编纂委员会编：《庆阳县志》，第241页。
② 《任质斌回忆陇东工作》。

　　任质斌晚年回忆说:"中央提出建立抗日民族统一战线主张,停止搞土地革命,停止打土豪分田地,搞统一战线。在这种情况下,究竟如何发动群众,在新区卓有成效地开展工作,打好基础,使庆阳成为我们的根据地,大家都没有经验。李富春同志指示我们,不搞土改,但要进行反霸斗争。我们经过调查研究,发现庆阳最大的绅士冯翊清是个恶霸地主。有一年甘肃大旱,政府当局拨了一批救灾款,真正发放给群众的很少,其余被他贪污了。我就和工委的同志商定,就从这件事情开始,抓住冯翊清贪污救灾款,使老百姓很多人饿死的事,通过反霸斗争,把群众发动起来,组织起来,建立地方党的组织,为建立根据地打下基础。同时,我们物色积极分子,用合法的手段,把冯翊清的罪行写成状子,向教导师、工委会、国民党南京政府、甘肃省政府、陇东专员公署告状。当然,国民党的各级政府是不会理的,就由红军教导师出面处理此案。我们抓了冯翊清,公开审理,判刑罚款,罚得的钱大部分救济了群众,少部分用于给红军教导师购买装备。反霸斗争胜利了,群众也发动起来了,我们也从斗争中发现了积极分子。开始时,群众对红军不完全了解,没有把他们的命运与红军的存在联系在一起,现在看到了这一点。庆阳县建立起了地方党组织,现在甘肃省政协副主席陆为公①在当时就是一个学校的校长,是蔡畅和我介绍他入党的。"②

　　关于"反冯灭霸"斗争的领导者,各种史书说法不一,但有一

----

　　①　查证此人颇费周折,可视为口述历史工作的一个有典型意义的个例。记录口述历史,音同或音近而字错者(如王揖唐作王宜唐,王统照作王同照等)较易辨识。若字错音也错,则难以发现了。《任质斌同志回忆录》中作"甘肃省政协副主席卢怡功"。我们向甘肃方面查询,省政协从无此人。到庆阳调查亦如此。后,在庆阳翻检资料时,疑为陆为公。经查证,陆为公(1909～1989),庆阳人,1935年任西街小学校长,1937年加入中国共产党,曾任庆阳县救国会主任、庆阳县县长,解放后曾任省政协副主席,各项细节件件皆合。再经核对,证实了卢怡功确为陆为公之误记。

　　②　《任质斌同志回忆录》,未刊稿。

点是相同的，就是只提教导师领导人和蔡畅，都不提任质斌。这种状况是应予改变的。

历史公正终会到，只在时间早晚间。在二十世纪八十年代末，《蔡畅传》作者用两年时间采访蔡畅，最终表述为："蔡畅掌握情况后，就同教导师负责同志任质斌商量，决定从打击冯翊清入手，掀起全县民众抗日的热潮。在蔡畅和任质斌领导下，成立了'反冯斗争委员会'。"① 甘肃省《庆阳县志》编纂委员会经查证，也表述为："这次斗争，由蔡畅、任质斌发动领导，持续了一月之久。"② 这是符合历史真实的。

事实上，蔡畅三月中旬离开庆阳，去延安出席中共中央政治局扩大会议（三月二十三日至三十一日），五月又在延安出席全国苏区代表会议（五月二日至十四日）③，主要的具体的领导重担，就压在任质斌身上了。当然，任质斌是严格遵守纪律的人，他的实施计划和步骤，会向师长周昆、政委袁国平请示回报。

当时的庆阳有大地主八家，号称"八大家"。冯翊清家"庆善积"号居于首位，富甲一方，人们称冯翊清"冯大绅士"。冯家在庆阳四乡拥有两千多亩土地，在许多地方开设了商业网点，连庆阳城的邮电机构都由他家经营。他在庆阳有六个豪华大院，一百几十间砖瓦房，在四乡还有下乡时才住一住的住宅。冯翊清的弟弟冯翊翰，字浩观，宣统拔贡，一九一七年起在北京任众议院议员④。冯翊清的儿子冯榘、冯启、冯茉，侄儿冯棠、冯杲等财多势众，权势显

① 苏平著：《蔡畅传》，中国妇女出版社，1990年2月版，第103页。
② 庆阳县志编纂委员会编：《庆阳县志》，第267页。
③ 陈志凌：《蔡畅》，载于中国中共党史人物研究会编《中共党史人物传》第55卷，陕西人民出版社，1994年5月版，第40页。
④ 庆阳县志编纂委员会编：《庆阳县志》，第551页。

赫。国民党县政府上至县长、下至一般官吏，都争先恐后地巴结冯家①。

红军教导师进驻庆阳后，任质斌率领宣传工作者和地方工作人员，向群众宣传党的政策，组织群众参加抗日救亡运动，同时做了大量的社情民意调查。调查中了解到冯翊清作恶多端，老百姓对他十分痛恨。任质斌向工委提出了开展"反冯灭霸"斗争的建议和具体实施计划，得到了工委书记蔡畅的赞同。冯翊清的罪行材料很多，为了不损害统一战线，任质斌对所掌握的材料作了周密的选择和相应的策划，使得整个斗争部署严密、环环相扣、严丝合缝、无懈可击。

第一步，首先创办《庆阳人民》报，建立舆论阵地。报纸由红军教导师主办。四开，油印，根据斗争需要，不定期出版。出于统战考虑，任质斌特地请国民党驻西峰的专员戎纪五题写了报名。在斗争的全过程中，教导师通过《庆阳人民》报，把真相告诉人民，告诉各界，形成了威力巨大的舆论攻势，使得偏袒冯翊清的国民党政府当局，完全无所措手足。在"反冯灭霸"斗争胜利后，报纸停办。

第二步，一切准备工作均秘密进行。为了不打草惊蛇，连冯翊清请部队负责人吃饭，任质斌等人也都有请必到。待一切准备就绪后，由庆阳人王家彦、高让之、李登科、李秉法向红军教导师上呈文，正式控告冯翊清六大罪状：（一）侵吞救灾款；（二）参与绑架勒索；（三）霸占寺庙收入；（四）纵容儿子杀害无辜，放赌抽头，代购军粮时压价牟利；（五）置地两三百顷，置临街铺房多处，在购地置房过程中欺压侵占无所不为；（六）"最可恨者，（民国）十八

---

① 此段据多种资料综合而成。另，李有义：《红军教导师在庆阳片断》（刊《甘肃文史资料选辑》第 12 辑）作："庆阳有大地主四家，小地主八家，还有二十四户银货家。冯玉〔翊〕清在全县居于首位。"其他史料皆作"八大家"。

年大饥，全县灾黎饿毙数万，该冯翊清坐视其死，不惟吞财如命、不出一分，忍将国家赈款扣留放贩，从中渔利，私置产业"。最后是控诉与陈情："公法何在？天理难容！岂任凭恶土劣豪逍遥法外！理合陈明原委，伏祈钧裁。"为了不贻人以政治口实，不提"土豪劣绅"，而称"恶土劣豪"。

呈文一式多份，送到红军教导师师部，送到县工委，还送到国民党驻西峰的专员公署，送到兰州国民党甘肃省政府，控告冯翊清。在呈教导师的一份上，署：谨呈红军教导师师长周、政治部主任罗、政治委员袁、庆阳民众抗日运动指导委员会主任蔡。教导师同时还发动群众，鼓励一些人挺身而出，写了控告冯的诉状。

第三步，红军教导师宣布受理此案。呈文送到国民党各级政府，自然不被理睬。人民群众祖祖辈辈看惯了官场的黑暗腐败、官官相护和狼狈为奸，都认为冯大绅士有钱有势，谁也告不了他。在此情形下，教导师宣布受理此案，顿时引起了万众瞩目。什么样的猜测都有，一时间街谈巷议。

第四步，果断拘捕冯氏父子。四月七日清晨六时，在任质斌指挥下，掐断庆阳通往外界的电话线，由红军教导师政治部派出武装人员，进入冯家大院。先朝天鸣枪示警，再将冯的家人分男女分别控制在两间屋中，然后正式逮捕了冯翊清及其子其侄共六人（冯的二儿子冯启没在家中，闻风潜逃）。同日，将逮捕冯氏父子的原因、理由、经过等等，写成新闻专稿《冯翊清父子被拘之经过》，在《庆阳人民》报上发表。报纸在大街上散发，在四乡张贴。文章记述了庆阳民众又惊又喜又疑又惧的复杂心情："（大家）仍然还怕着冯家的势力，但是在心里却暗暗地想，告得好！捉得好！""有许多人记起了民国二十二年、二十三年李敬善等控告他时，被他们向各方面用钱运动了，只落了个不了了之。于是便都相互私语：'好！只看这一次了，这一次如果不把这个恶霸打倒，以后便永没有希望了！'"

第五步，公布冯氏父子罪状。四月七日，即拘捕行动的当天，以教导师政治部主任罗贵波的名义，发布布告：

中国抗日人民红军中央教导师政治部布告

　　为布告事：近据本区前任区长孙广玉，赤城抗日救国会委员李华山及本县贫民代表王家彦、李登科、高让之、李秉法呈报，本城恶霸冯翊清及其劣子冯榘、冯启、冯菜等，历年以来犯有如下罪恶：

　　（一）破坏抗日运动，破坏统一战线。当中央军开入西峰时，冯翊清与其子冯榘等公开造谣说："中央军要来打红军了，红军不久就会退出庆阳。"籍以离间红军与中央军的抗日团结，而欲造成破坏国家统一之内战。

　　（二）贪污赈款剥削灾民。当民国十八年本县大灾荒之际，国民政府发给本县赈款四万元，委任冯翊清为本县赈委会主席办理发赈事宜，而冯翊清却籍口修城补路报销大半，余则全部吞入私囊，购置房产，竟使嗷嗷待哺之灾民大都饿毙。

　　（三）勾结军队掳掠绅商。当民国十九年陈珪璋部围攻本城时，冯翊清受陈之托，使本城民团吴希淑部里应外合，将城攻破，架取肉票数十百人，而冯则代为收款，先后索去洋约数十万元，而冯收为己有者，八千元之谱。有贺丹初出款八百元，其子贺鸣均亲交冯手，而冯竟私吞二百元，仅收账六百元。又有卢庆恩本来账单无名，冯私填入，出洋六百元，冯一口吞食之；又陈部入城后，食用民猪二百余头，其后陈军发还猪价二千余元，委冯交还，而冯竟私吞，至今未还民众。

　　（四）依恃权势，迫害乡民。当民国二十二年冯榘充任白马铺民团团总后，擅杀乡民邓石头儿（在赤城）及陈娃（在姚家河）。同时又借口某家欠其债款，强夺某家良女为妾，而最后竟又转售他人。

（五）假借公名，放赌抽利。当民国二十五年冯启任赤城乡长后，谓称经公家批准，大收其赌，自正月开始，三月方始结束，共抽头洋一千六百余元，而今年正月仍在该地放赌多时。

（六）破坏红军军誉，图谋不轨。查本年二月本城抗日联合救国会组织抗日基金捐募委员会，进行抗日基金捐募时，冯桀竟大放谣言说："此乃替红军筹款，每家商民均需准备几百元缴纳。"云云。又上月冯在赤城放赌时，竟诡称系经本军批准，妄图籍此破坏本军军誉，减低本军信仰。抑有甚者，冯桀于上月某日意图鼓动本师第二团勤务员何三保等数人逃跑；同时其家又私藏手枪、电话机等军用品，抗命不缴，显系别有企图，无可狡辩。

查此案情甚为重大，且与本军有关，为此本军特于本月七日同甘肃省第三行政区专员公署驻庆阳办事处将被告冯翊清、冯桀、冯棠、冯菜、冯果等六人即行拘捕。同时即发起组织清查委员会与审判委员会，办理清查审讯手续，合应布告全县，一体周知，切勿疾生怀疑，自扰扰人，尤望各界民众将自己对本案之意见继续向本部和区署呈报。

特此布告。

主任　罗贵波

公历一九三七年四月七日

第六步，发起成立"冯案检查委员会"。四月七日，即拘捕行动的当天，下午五时，红军教导师代表任质斌主持召开地方各机关团体联席会议。计有公款会、盐局、救联会、商务救国支会、农界救国支会、工界救国支会、贫民救国支会、江湖救国支会、区公署、政界救国支会、城关联保处、学界救国支会，西街、北街、南街三所小学代表参加。在《庆阳人民》报上有如下记载：

　　主席任质斌首先报告冯氏父子被捕真相，略谓：政治部和区公署此次拘捕冯氏父子完全为了尊重群众之意见，就是说，冯氏父子即被群众代表孙广玉、王家彦、高让之、李秉法、李登科、李华山等控告到政治部和政府，在政治部和政府方面，当然得去过问，进一步得去追究。但在原则上，我们对冯案主张采取群众路线，由群众的路线和力量去解决。既然是尊重群众意见，一定得有一部建筑在群众立场上的群众组织。我们今天发起召集这会，主要是讨论这个群众组织的产生问题，请大家多多发表意见。附带特别又向大家表明的几句话：大家应该根据事实去了解这次拘捕冯家父子，绝不是极少数神经过敏的分子所谓的又打土豪，事实终是事实，过后大家终能了解的。

　　主席报告后，到会者均即表示对教导师与区公署拘冯之举甚为同情，有人便提议先组织一个冯案检查委员会，然后再组织一个冯案审判委员会来结此案，表决通过当场选出王开先等十九人为检查委员，并推定任质斌为主任委员。

　　另外决定于街头巷尾置秘告箱，征求各方面的意见，并决定办公时间实行集体办公①。

　　第七步，各救国会行动起来，投入斗争。《庆阳人民》报作了报道："各民众团体开紧急会议讨论：于是工人救国会，贫民救国会，农民救国会都紧急召集委员会及委员大会，讨论冯案问题。当时一般的都热烈赞扬拘捕冯家的措施，有的说冯家的罪是实在大，有的说应该立即清算赈款，有的说要将冯家的财产分给贫民，有的说要分财产，有的说要将冯禁闭几十年，有的说要请铁匠打铁链锁子，

------

　　①　反冯事件档案史料，藏于陕西师范大学古籍部。大部分文章、布告刊于《庆阳人民》报。本节以上和以下引文凡未注明出处者，皆引此档，不再一一注明。中共庆阳地委党史资料征集办公室编：《陕甘宁边区陇东的群众运动》，1994年12月印行。

在庆阳全县各群众家门锁一天一夜，这足见得过去群众受恶霸冯翊清的压迫是非常厉害的。结果在大家的讨论中做成了决议和呈报及请愿书，并提出了很多要求，要区公署及教导师执行。"

第八步，民间成立"庆阳人民反冯联合会"。由主要控告者王家彦牵头组织。《庆阳人民》报载："王家彦莅庆后，即进行联络反冯分子，公开的组织了个庆阳人民反冯联合会，并附设'打狗团'。记者前往询问内容和组织，王氏答以'我们组织之目的，完全为了集中反冯的力量，做有组织有计划的团体，不然冯氏诡计多端，利用其忠实走狗来对反冯积极分子各个击破，也说不定。为了这个，我们又决定附设了一个打狗团，专来打击冯家父子之走狗们，免得他们又再活动。'"

第九步，正式成立"冯案检查委员会"。四月九日，即拘捕行动的第三天，庆城各界民众声讨冯翊清大会，在县公共体育场大戏楼前举行。各界代表踊跃参加。义勇军持武器进入会场。会议公推王开先、陆为公、任绍亭、张心安、杨季熊等为主席。王开先是国民党方面的区长。大会开始，先由王开先区长报告红军教导师逮捕冯家父子的详细经过。后由各界代表发言。最后推举成立"冯案检查委员会"，有国民党西峰第三行政专员公署代表王开先、教导师代表任质斌、学界代表陆为公、江湖界代表田绍锡及工人代表、商界代表、公款会代表、贫民代表、各联保主任、有名望人士等共十九人。这个委员会的构成，既体现了统一战线政策，又坚持了共产党的领导。

第十步，任质斌走到台前，以"冯案检查委员会"主任委员的身份，公开指挥斗争。《庆阳人民》报报道：

冯案检查委员会四月十四日上午十一时在第三区公署召开第一次会议。出席委员陆为公、杨季熊、任质斌、陈时夫、任绍亭、麻维、张心安、梁守先、田绍锡、辛怀廉、赵安庆，由任质斌主席开会如仪。

报告事项：主席报告数日来所接受之民众对冯案意见书。讨论事项：一、为充分接受民众意见，并求彻底办理案件，决议：检查时期再延长四天。二、主任委员任质斌提议，因工作太紧，一人担任，恐难免贻误，要求分工办理，以专责成案。决议：意见股由李生滋、梁守先负责；整理股由陆为公、张心安负责；查问股由任绍亭、杨季熊负责；秘书股由田绍锡、麻维负责；总务股由辛怀廉、赵安庆负责。三、办公时间，决议：每日下午五时至六时，办公地址议在南街红军旧问事处，一时半散会。

五个股立即分头工作，各司其职，使得复杂纷繁的工作一下子变得井然有序。红军问事处实际上成了临事指挥部，问事处主任是教导师的红军干部王一吾，地点在钟楼巷任家对门①。

第十一步，舆论造向全国，摧毁冯的保护网。冯案一出，全省轰动，各界关注。冯家在南京和兰州的关系多，家人在京城和省上当官或做事的人多，他们竭尽全力设法为冯辩护开脱，用各种方法向教导师施压、反扑。任质斌等早有准备。由庆阳县绅界、商界、学界、工界、基督教救亡会、江湖界及其他各界代表十七人联署的电报，发往南京国民政府、中央检察院西安行营、甘肃省政府、第三行政公署、庆阳各种驻军，并通电全国。在电文中，历数冯氏父子的种种罪恶，最后说："其家属党羽，竟冒民众，假造民意，发电呈文，混淆视听，欺昧当局。因特奉电全国，敬请援助，以张国法，藉伸民意，不胜翘盼之至也。"这一凌厉迅猛的宣传攻势，令国民党当局完全没有还手之力。

第十二步，有理有节，应对国民政府和甘肃省政府质询。冯案的本质，是中国共产党领导的劳苦大众，与国民党所代表的封建地主阶级，在新形势下的一场大规模的角力与较量。国民政府、甘肃省政府同时给教导师发电、致函，提出协商处理的要求，不久又派代表专程来庆阳交涉，提出将冯翊清本人和案卷一并交给国民政府

---

① 王一吾：《在西峰八路军办事处的前前后后》。

处理。任质斌从容应对，把群众揭发冯的罪行材料卷宗，交给代表团查阅。卷宗非常正规、严密、扎实。他们看了材料后，无话可说，只好默然折回。

第十三步，召开斗争大会，发动群众、组织群众。国民政府和甘肃省政府代表团走后，教导师在庆阳城召开了规模宏大的群众大会，来自各乡各保的代表和庆城机关干部、工人、学生、贫民，挤满了会场，人人义愤填膺，许多受苦受压迫的老百姓上台控诉了冯翊清及其子侄的罪行。冯翊清在人民群众的控诉面前低头认了罪。人民群众热烈拥护共产党和红军，抗日救亡运动空前高涨。

第十四步，教导师将冯案移交给新成立的"庆阳县冯案会审委员会"，依法审理。会审委员会请了国民党方面的甘肃省第三行政专员公署专员戎纪五和派驻庆阳的王开先参加。领导权完全由教导师掌握。

第十五步，向中共中央汇报，请示处理办法。四月二十八日，袁国平致电毛泽东、洛甫（张闻天），报告了冯翊清案，说群众要求枪毙，已协同区署逮捕立案，但专署采取不理态度，电报请示若按群众要求处冯死刑是否于大局有碍。同日，毛泽东、张闻天以"毛、洛"署名，复电袁国平、罗贵波："冯案处置，暂不枪毙，但应惩办监禁。一面用地方政府机关及群众团体名义历数其罪恶向省政府与行营控告。"①

不枪毙冯翊清，使得用统一战线方法会审冯案成为可能。五月七日，由戎纪五、袁国平领签，主审代表蔡用之、王开先、袁国平、罗贵波签发，颁布了判决书。判决如下："冯翊清父子死有余辜，念冯翊清年将就木（按：冯时年六十八岁），冯子模（按：即冯榘，了模为其字）悔过自新，准将该犯等减轻惩处。""将冯翊清判处有期徒刑十五年，褫夺公权十年，赔偿办理不力之赈款七千元，应申息洋六千三百元，共计本利一万二千三百元。因陈珪璋破城，冯翊

———————

① 中共中央党史研究室张闻天选集传记组、张培森主编：《张闻天年谱》，上卷，中共党史出版社，2000年8月版，第450页。

清借势私收之二千元，由冯翊清如数交清，作办理地方公利事业之用。""冯榘判处有期徒刑十年，褫夺公权十年。""冯启畏罪潜逃，作缺席判决，处有期徒刑十年，褫夺公权十年，俟归案后再为执行。""准赔偿原告等词讼费二百元，归被告等全部负担。本案限制原、被告人无上诉权。本案判决执行在庆阳城。"

人是能变的。冯翊清此后有改恶从善的表现。六年后，一九四三年九月，当国民党军进攻陕甘宁边区时，庆阳县士绅代表田泽润、冯翊清等五十二人发表通电，致林森、蒋介石、胡宗南并国民参议会，在电文中列举事实，盛赞八路军进驻庆阳后之功绩，坚决反对反共之倒行逆施，呼吁国共两党精诚团结、共抗暴日。通电产生了好的影响①。

历史是传承的。一个重大历史事件的发生，必然要显性地或者隐性地深刻影响着其后发生的历史。"反冯灭霸"斗争是陇东历史上影响最大的一场官司，它启发了陇东人民群众的法律意识。此后，老百姓有了冤屈，首先就会想到：去找共产党，诉冤屈，打官司。一九四三年夏天，庆阳城走来了家住邻县华池县城壕张邦塬的女青年封芝琴，她为了婚姻事到庆阳来找陇东专员公署专员马锡五诉苦。马锡五秉公判决，影响甚大，人称"马青天"。后来，陇东中学教员袁静据此编写了秦腔剧《刘巧儿告状》，陕北民间艺人韩起祥据此改编成陕北说书唱本《刘巧儿团圆》。解放后，著名剧作家何孝充执笔改编的评剧电影《刘巧儿》，经新凤霞成功演绎与绝佳表演，成为一个时代的经典。马锡五在司法工作中不拘形式、深入调查、依靠群众、就地办案的方法，被称为"马锡五审判方式"②。——这相隔六年、都发生在庆阳的两场官司，虽然一大一小，案情相异，却是一脉相连。

----

① 庆阳县志编纂委员会编：《庆阳县志》，第 658、659 页。

② 封芝琴：《回忆马锡五同志》，《甘肃文史资料选辑》第 12 辑，第 145 页。

第十章　主持庆阳、镇原工作和开辟平凉

在狂飙突进的时代里，站在时代大潮潮头的历史人物的人生，是高度浓缩的。无尽数的历史事实昭示，他们在短时间里的经历，其丰富程度和历史重量，都远远超过平庸者的一生。

在"反冯灭霸"斗争胜利之后的一年零三个月中，任质斌先是以红军教导师地方工作部部长的公开身份，兼任了中共庆阳县委书记，不久又担任了陇东特委宣传部部长兼庆阳县委书记，其间经历了七七事变爆发、全面抗日战争开始、国共第二次合作成立、红军改编为国民革命军并开赴抗日前线；后是任陇东特委特派员、中共镇原中心县委书记，经历了党的工作从土地革命时期斗争方式和思维模式，向抗日战争时期抗日民族统一战线的艰难转型。

整个中国都在经历巨变。政治斗争的波诡云谲，军事形势的瞬息万变，党内斗争的复杂纷纭，接触各种各样的人，处理各种各样的事，经受各种各样的历练和考验，使任质斌迅速成长为能够独挡一面进行开创性工作，并能完成艰巨任务的党政工作领导者。

任质斌的人生是高度浓缩的。在不长的时间段里，却有着巨大的容量和丰厚的内涵。

一　任陇东特委宣传部部长兼庆阳县委书记

就在"反冯灭霸"斗争全面胜利的当月，一九三七年五月，任质斌兼任中共庆阳县委书记①。兼职的背景是，陕甘宁苏区迅速扩大，新开辟的区域急需大批干部，陕甘宁省委就把庆阳党的工作交给了红军教导师。

为了适应新的形势，庆阳县委原设的五个部保留了组织部、宣传部、青年部和妇女部，撤销了军事部（部长赖传珠调任新职），增设了统战部、群工部。同时，将王原区并入高迎区，亚西区并入城关区，白马区并入赤城区。

在任质斌任职前一个月，一九三七年四月十五日，中共中央发布《告全党同志书》，号召全党"为巩固国内和平，争取民主权利，实现对日抗战而斗争"，指出"在目前新阶段内，我党工作中心的一环，应该是抗日的民主运动的发展"。五月二日至十四日，中共中央在延安召开有苏区、白区和红军代表参加的党的全国代表会议（史称"苏区代表会议"），毛泽东作了《中国共产党在抗日时期的任务》的报告和《为争取千百万群众进入抗日民族统一战线而斗争》的结论，强调了在统一战线中坚持无产阶级领导权的重要性。会议批判了"左"倾关门主义错误，为迎接全国抗日战争的到来，作了重要的准备。蔡畅出席"苏区代表会议"归来后，作了传达和贯彻。

作为县委书记，任质斌以主要精力抓建立党的基层组织，加强党员思想教育，进一步发动群众、武装群众，巩固和发展党领导的

①　任质斌任此职时间，其本人回忆和填表有"五六月份"、"夏"、"下半年"等几种说法。多种资料说法不一。经考证，应在 1937 年 5 月。下文对任质斌在陇东特委、镇原中心县委的任职时间，业已一并考实，不一一注明出处。主要依据《中国共产党甘肃省庆阳地区组织史资料》（1990 年 4 月印行）、《中国共产党甘肃省镇原县组织史资料》（1991 年 5 月印行），并参见相关人的口碑史料。

群众团体组织等工作。

这一时期，李富春和蔡畅夫妇特别关心这个二十二岁的县委书记。每隔十天八天，任质斌就能收到李富春派人送来的亲笔信，利弊权衡，条分缕析，对他进行具体的工作指导①。

任质斌把民众教育馆作为开展政治思想宣传和文化教育的重要阵地。县委决定，从没收冯翙清贪污款中拨出两千元，借了位于钟楼巷口的学校的十二间房子，办起了规模很大的民众教育馆，请擅长书法的姚静波写了"庆阳县民众教育馆"八个宋体黑漆大字的牌子，挂在门口。

馆内开设了图书阅览室，花钱购买与发动部队、机关、学校和群众团体捐赠，使藏书很快就达到五千五百多册，其中有马恩列斯著作，有五四新文化运动以来的新小说、诗歌、散文和各种丛书，有古典小说。还订了十多种报纸。阅览室里配有十多套桌凳，可容四十多人，由苏任、王枚管理，坚持每天开门，读者络绎不绝。

当时庆阳民众的子女，多数因家庭贫寒上不起学，他们迫切要求读书识字。民教馆就办起了夜校，每晚来听课的都在五六十人以上，教室里挤得满满的，课程设置是识字课、政治课两门课交叉进行。

民教馆还组织了一支文艺宣传队，用快板、清唱、讲故事、讲演等形式进行宣传，还把秦腔、道情、民歌等旧曲填上新词，排演了《不当亡国奴》、《爱中华》、《送郎参军》、《钉缸》、《买画》等十多个小戏剧和歌舞，在城里演，也下乡演出。主要演员有白云藩、吴南山、樊明堂、任贵民、樊秀兰等。任质斌有时把自己的坐骑枣红马借给宣传队，驮篷布和演出道具。

民教馆常常请红军教导师的干部、战士，去给群众讲长征、反霸和战斗故事。

---

① 《任质斌同志回忆录》，未刊稿。

民教馆还做了三块大黑板,分别挂在南街、北街和中街,由麻韬、余挺、张秉权负责办黑板报。稿件由救国会宣传部提供,内容是宣传党和政府的方针政策和中心工作。版面设计非常生动活泼,图文并茂,群众都爱看。每次更换时,群众都聚拢过来,里三层、外三层围着看。

民教馆还承担了各种大会的宣传、布置会场、刷写标语的工作。在游艺室里,则有象棋、军棋、乒乓球。每周组织一次篮球比赛,在学校操场举行。

当时庆阳只有个人诊所,还没有医院。任质斌命令拨款一千元购药,在民教馆里设立了卫生室,免费给群众打针、取药,宣传防病治病的科学道理。

这一系列诚心实意为人民服务的举措,是庆阳历史上前所未有的,产生了巨大的政治影响,赢得了庆阳人民的衷心拥护。宣传教育工作的深入和普及,大大激发了陇东青年的爱国热情,提高了他们的政治觉悟,许多青年踊跃报名参军参战,更多的人积极报名参加了革命工作。有一个事例:庆阳城北街邮局代办所青年员工贾庆礼,经常到民教馆看书学习听讲演,思想觉悟提高很快,不但投身革命,担任了青年救国会主任,还加入了中国共产党,工作非常积极[1]。解放后,贾庆礼曾任化学工业部副部长、中国质量协会副理事长。

七七卢沟桥事变发生后,七月八日,中共中央发出《为日军进攻卢沟桥通电》。九日,中国工农红军将领毛泽东、朱德、彭德怀等致电蒋介石,要求实行全国总动员,并代表红军将士请缨杀敌。十五日,中共代表将《中共中央为公布国共合作宣言》交给国民党中

---

① 吴宗尧:《回忆庆阳县民众教育馆》,载于《陕甘宁边区陇东的文教卫生事业》(内部资料),1992 年版,第 262 页。

央，强调民族内部的团结，实现民权政治，同时郑重声明：愿为彻底实现孙中山先生的三民主义而奋斗；取消苏维埃政府，改称特区政府；取消红军番号，改编为国民革命军；在特区内实行彻底的民主制度和停止以暴力没收地主土地的政策。八月二十五日，中国工农红军改编为国民革命军第八路军，下辖一一五、一二〇、一二九共三个师。八月下旬，以一二九师三八五旅（不含七六九团）为骨干组成留守兵团，担负保卫陕甘宁边区的任务。

七月，中共中央决定，成立中共陇东特委，直属中共中央。特委下辖庆阳、合水、镇原、宁县、固原五个县委和西峰、驿马关等工委。特委书记袁国平，组织部部长李铁轮，宣传部部长任质斌、副部长吴铁鸣，秘书长黄欧东。任质斌兼庆阳县委书记。特委设在庆阳城内。

为了适应统一战线新形势，特委对外称"陕甘宁特区政府驻陇东办事处"，袁国平对外公开活动时的身份是教导师师长和办事处主任，他频繁地奔走于兰州、西安和西峰、庆阳之间，周旋于国民党上层。各县县委负责人则以抗日救国会或民众抗敌后援会（简称后援会）的名义，直接与国民党县区官吏打交道①。

二　庆阳历史上的空前盛事——欢送教导师

八月二日，庆阳城一万几千人集会，热烈欢送教导师将士奔赴前线抗日。几十里甚至百余里外的群众都赶来参加。

八月六日《新中华报》发表的电讯说："到会军队及人民计达一万数千余人，武装自卫军二千余人。此次大会的情形实为庆阳县历来所未有的热闹，甚至于离城百余里以外的群众也均有赶来参加的。全县群众一致拥护红军出动抗日。"电讯中记述了当时的场景：

---

① 李铁轮：《回忆陇东特委工作》，《甘肃文史资料选辑》，第12辑，第43～45页。

"到会群众携带柴火、菜蔬各数百担，红旗数十面，前来慰劳红军教导师，并派代表向红军进行激昂的鼓动。"大会通过了五项决议。"大会闭幕后，由各部队、群众团体举行提灯示威大会。当时雄伟的口号声，壮烈的歌声，震彻云霄。长蛇形的队伍通过了全城，辉煌的灯光照耀得满天通红，一直到下午十一时许始散会。"

任质斌晚年回忆说："在红军教导师离开庆阳之际，我们特意组织了一个规模很大的欢送活动。那个场面很壮观，我一生中也就看到这一次！令人难忘。那一天，天还很早，几十里路以外的群众都赶来欢送教导师。有的敲锣打鼓，有的放鞭炮，有的拿着一把韭菜，有的抱一个南瓜，几乎每人手里都拿一点东西。这些东西并不珍贵，但表达了群众对教导师的一片心意。几万人来欢送呀！在当时一个县城来说，就很不得了啦。这件事对教导师鼓舞很大。更有意义的是，对国民党是一个打击，表明庆阳这个地方已经真正'赤化'了！庆阳确实已经成了陕甘宁边区一个坚固的根据地。在我的一生中，自己觉得做得比较满意的工作，一是在庆阳，一是在新四军五师的前期。"① "箪食壶浆，欢送亲人，从早到晚，军民难舍难分！这种激动人心的场面，就连王开先都为之感动。"② 任质斌所说"一生中也就看到这一次"的欢送会，就是《新中华报》所称"实为庆阳县历来所未有的"大会。

任质斌一生经历了许多次别离，这一次别离特别让他刻骨铭心。作为"反冯灭霸"斗争的实际指挥者，作为县委书记，其间也盈含了如同农民在庄稼丰收时的那种欢欣和喜悦。在庆阳人民心中，红军教导师就是自己的亲人，是伸张正义的"青天"。这样盛大的场景，其实就是人民群众给教导师的"工作鉴定"了。

① 《任质斌同志回忆录》，未刊稿。
② 任质斌：《陇东工作回忆》。

九月，在袁国平和任质斌主持下，陇东特委机关报《救亡日报》在庆阳创办。教导师政治教员张文华担任社长①。这是陕甘宁边区继《解放日报》之后创办最早、影响最大的报纸。后改《救亡报》，再改《陇东报》②。

冬，八路军一二九师三八五旅在旅长王维舟、政委甘渭汉、副旅长耿飚率领下，进驻庆阳。旅部驻田家城，野战医院设在麻家湾，部队分驻白马铺、驿马关、宁县、镇原、合水等地。旅政治部主任谢扶民，副官处处长邓弼成，供给部部长王世远，卫生部部长秦子珍，军法处处长耿飚兼。庆阳县委为了欢迎和安置三八五旅的到来，竭尽了全力。时值隆冬，天寒地冻，大部队开到，无房可住，王维舟率领官兵在城墙和断崖上打窑洞百余孔，解决了困难。

三八五旅在庆阳地区一驻就是八年。

三　特委特派员和"八路军教导师特派员任之平"

中共陇东特委直属中共中央。毛泽东、洛甫（张闻天）一九三七年十月十六日致电陇东特委书记袁国平，做工作指示③。这一封电报改变了任质斌的人生轨迹。

国平：

十一月六日报告收到④。

---

① 《张文华同志谈〈庆阳人民〉报和〈救亡日报〉》。

② 庆阳县志编纂委员会编：《庆阳县志》，第 336 页。

③ 电报系按中央档案馆保存的电报抄写稿刊印。此据西北五省区编纂领导小组、中央档案馆编：《陕甘宁边区抗日民主根据地·文献卷》，中共党史资料出版社，1990年10月版，上卷，第286页。电文中"十一月六日报告收到"，显为误植。此电《毛泽东年谱》无载，《张闻天年谱》有载。第三项指示中第三个逗号为本书所加。电报中的"庆、合、镇、驿"分别是庆阳、合水、镇原、驿马关。

④ 月份应为十月，详见前注。

一、扩红计划同意。在庆、合、镇、驿，十一月完成三百，十二月与一月完成七百。

二、目前陇东工作应在不破裂整个统一战线的总原则下，扩大独立自主的工作精神，对当地政权依据目前抗战的严重形势及十大纲领，采取进攻的策略，进行必要的斗争。特别注意群众的动员，以群众的力量逼迫就范。

三、平凉设办事处待交涉，但不管如何，应艰苦的去进行群众工作，与兰州工作取得联系。

四、特区问题尚未解决，你们应努力扩大与巩固庆、合、驿下层群众基础。

五、旅部及特委移住西峰暂非其时，以后如何再告。

毛、洛

十六日

袁国平接电后，立即召集特委会议研究贯彻，决定派任质斌任陇东特委特派员，去陇东地区的最西南端（也是陕甘宁边区的最西南前沿）的镇原。一是协助镇原县委工作，二是负责开辟平凉、泾川、崇信、长武、邠县（彬县）国民党统治区党的地下工作。是时，在国民党严密统治下的平凉等五座城市，以距离大致均匀的排列，延绵数百华里，就像一条粗大的铁链，封锁着陕甘宁边区的西南门户。

任质斌立刻策马赶往镇原。

镇原县城在庆阳城西南一百八十华里（当年老路里程）。全县境内是被茹河、洪河、蒲河、交口河切割而成的五条斜长的塬。地貌与环县、庆阳大致相类，但山谷沟壑愈加险峭幽深，梁、峁、嘴、岘更显突兀峥嵘。所幸者，塬上多平顶，土质又好，所以物产丰饶，自古有"陇东粮仓"之称，文风亦盛于别地。县城坐落在宽阔的河谷边缘，地势高峻，北依玉皇山。城墙完好，东、西、南三个城门，无北门，很像任质斌故乡即墨县城的格局。

此时的镇原县委，县委书记是陈仁麒，组织部部长王平水，宣传部部长廖冠贤，军事部部长李玉琪，统战部部长马青年，妇女部部长李金莲。县委下辖孟坝、马渠、太平、屯字、开边、中原、新城等区委①。陈仁麒、廖冠贤等人都是红军教导师的老战友。任质斌详细了解了镇原的历史与现状，实地踏看，并与同志们进行了讨论分析。

任质斌得知，前年（一九三五年）八月，红二十五军长征从此过境；十月，中央红军长征从此过境；红军军纪严明，秋毫无犯，留下了极好的口碑。去年（一九三六年）十月红军三大主力会师后，由红四方面军主力和红五军共二万余人西渡黄河组成西路军，在河西走廊遭马步芳、马步青重兵围追堵截，陷于危境，今年二月底中央军委令组援西军驰援，三月上旬进至镇原、固原时，西路军已经失败，援西军遂留此地，竭力收容、营救西路军流散、被捕人员，同时开展军政训练，直到一个多月前才撤走。援西军驻此长达半年，使镇原党的工作和群众工作有了坚实的基础。

在任质斌的头脑中，以镇原为依托，做好周边国统区工作的思路已经形成。

几天后，任质斌离镇原，继续西南行一百四十华里（当年老路里程）去国民党统治区平凉市。

与去年冬天穿着红军灰布制服进入庆阳城不同，现在，他的身份和姓名是"八路军教导师特派员任之平"②。他是穿着一身崭新笔挺的国民革命军军官服装，骑着马，带着马弁（警卫员）和马夫，

---

① 参见陈仁麒：《中共镇原县委创建初期的工作情况》；王平水：《回忆中共镇原县委的创立》，见《中国共产党甘肃省镇原县组织史资料》。

② 这个只用了几天的化名，任质斌本人早已忘记了，却在平凉当年进步青年的记忆中牢牢地保存了下来。"文化大革命"中，平凉有关方面专案组 1968 年 2 月 23 日在合肥向任质斌调查时告诉了他。

气宇轩昂地公开进入平凉城的。在此之前两个月，八月二十五日，八路军驻兰州办事处正式公开成立，彭加伦任处长，谢觉哉任党代表，朱良才任秘书长。任质斌此行的任务，就是毛泽东、张闻天电报中所说的"平凉设办事处待交涉，但不管如何，应艰苦的去进行群众工作，与兰州工作取得联系。"任质斌怀里揣着袁国平致国民党平凉专员公署专员胡公冕的亲笔信，他要与胡当面正式商谈在平凉设立八路军办事处的相关事宜。

跨过清冽的潘杨涧河，就进入了平凉地界。沿途有国民党军的卡哨检查。"任之平"身份过硬，一路顺利通过。

平凉是甘肃省第三大城市，是古长安西进和北上的要冲。向西可通兰州；北、西两面均与宁夏自治区接壤；向南越过华亭就是陕西省了。为战略要地，自古兵家必争。这里是汉、回等多民族杂居地区，粮食、皮毛、牲畜的重要集散地，手工业和小商贩集中，市场热闹繁华的程度又非庆阳所能比。

平凉之西是红军长征翻越的最后一座高山六盘山。任质斌勒马遥望六盘山方向，回想两年前翻山路过平凉地区情景，心中充满了感慨。短短两年，世事巨变。执行中央指示，此刻重任在肩。任质斌知道，平凉城西的中国道教第一名山崆峒山，与家乡青岛的崂山一样天下驰名。虽然此时陇海铁路只修到宝鸡，但也已经给平凉增添了几许繁荣。早先，共产党员吴天长、刘杰三、刘志丹、谢子长、王世泰等人曾在平凉活动。红军长征过平凉，留下了影响。西安事变后，东北军驻平凉的一〇五师进步士兵，打开监狱释放政治犯。一些地下党员也公开出来工作，把平凉弄得红红火火。东北军中的地下党员王歧山受命接收《陇东日报》，将其改名为《人民日报》，从一九三七年元旦起，出版了两个月。编辑冯启贤、李志奎，负责排印的是张可夫。李志奎做学生救国联合会工作。张可夫担任了平凉市工人救国会主席，动员工人投身抗日救亡运动。但是不久，张学良被扣，杨虎城出洋，蒋介石加紧了对西北的控制。东北军东调，王歧山随军东下，冯启贤和李志奎去了陕西，工人救国会和学生救国联合会等组织随之解散，形势跌入了低谷①。任质斌此行，就是要通过在这里设立八路军办事处的合法途径，把平凉党的工作恢复起来，并建立与兰州八路军办事处的联系。

任质斌要见的胡公冕，是个极为奇特的人物。他是浙江永嘉人，一八八八年生，早年参加辛亥革命，一九二一年十月，由陈望道、沈定一介绍参加中国共产党。一九二二年去苏联，在莫斯科参加了共产国际远东各国共产党及民族革命团体第一次代表大会。一九二四年以共产党员身份参加国民党一大，并参加筹建黄埔军校，历任军校管理部卫兵长、教导团营长、团党代表、政治科学生大队大队长等职。袁国平一九二五年进入黄埔军校第四期政治科学习后，与他关系甚好。其后，胡公冕一九二六年参加北伐战争，历任总司令部政治部宣传大队大队长、副官处处长、六十七团团长、东路军前敌指挥部政治部主任等职。大革命失败后，被蒋介石通缉，失去党组织关系。胡公冕于一九二九年受周恩来的派遣，到浙南从事农民革命和武装斗争。一九三〇年，他领导组建了中国工农红军第十三军，并任军长。一九三二年在上海被捕入狱。一九三六年获释后到西安。因与胡宗南有较深关系，不久到平凉任专员②。任质斌对这位比自己大二十七岁的一九二一年的党员，有浓厚的观察兴趣。

然而，到了专员公署，接待任质斌的专员公署秘书华林③，对任

---

① 根据多种资料综合。主要参见中共平凉市委党史资料征集办公室：《平凉市地下党史资料》，1983年印行本。

② 胡公冕生平资料，由中共浙江省委党史研究室高三山提供。

③ 华林（1893～1973），浙江富阳人。1920年加入共青团，1921年和任弼时、萧劲光一起赴苏联。1922年加入苏共，次年转为中国共产党党员。回国后曾任中共杭州独立支部书记、宁波地委书记、杭州地委宣传部部长。出席五大。脱党后在上海开明书店工作。1937年5月到甘肃。华林生平资料，由中共浙江省委党史研究室高三山提供。

质斌说："胡专员出差，不在平凉。关于成立八路军办事处的事情，我做不了主。以我个人之见，即便胡专员在，他也难以做主。这样的事，我想，应由贵八路军总部与国民政府军事委员会去办交涉。"话说得滴水不漏，又拒人于千里之外。

任质斌决定，住下来等胡公冕。住了几天，把平凉城考察个遍。他没见到胡公冕回来，"任之平"到平凉的消息却不胫而走，"八路军教导师特派员任之平到了平凉！"有几个进步青年和青年学生（任质斌估计其中可能有地下党员）跑到旅馆来见任质斌。任质斌亲切地接待了他们，但随后即批评了他们，说，现在你们来这里是会暴露你们的政治面貌的，让他们迅速离去。任质斌离开平凉那天，出城已经很远了，那几个来访者中的一个，竟早就守候在大路旁边等他，急切询问与专署商谈的结果如何。

这个胡公冕始终未与任质斌见面或联系。他在解放战争时期，根据中共指示，做过策动胡宗南部队及驻温州的叶芳部队起义工作，解放后历任政务院、国务院参事，一九七九年在北京病逝。

十月底，任质斌赶回庆阳，向袁国平和特委作全面汇报。十一月初，陇东特委根据任质斌的建议，决定："以镇原新城农村支部为基础，向平凉发展，并在此建立与特委的交通站。"① 十一月上旬，八路军三八五旅七七〇团三营在营长张德发、教导员江鸿海率领下，进驻镇原②。这里有两点值得注意：第一，新城位于镇原县最西端，紧挨着平凉；第二，研究江鸿海生平发现，他调任营教导员之前，是团政治处敌工股股长。显然，这是特委、袁国平和任质斌的精心挑选和安排。江鸿海是湖北麻城人，解放后曾任湖北省军区副政委，一九六一年晋少将军衔。

---

① 据《庆阳地区中共党史大事记》。
② 据《庆阳地区中共党史大事记》，其中江洪海应为江鸿海。

四　任镇原中心县委书记

一九三八年二月，任质斌就任镇原中心县委书记，原镇原县委书记陈仁麒调任陇东特委组织部部长。陈仁麒是福建龙岩人，解放后曾任中国人民解放军炮兵政委，一九五五年被授予中将军衔。

从县委改为"中心县委"，不只是名称上的变换。镇原中心县委除了负责镇原县委的工作外，还兼管固原工委（县委）工作，兼管国民党统治区平凉、泾川、崇信、隆德、庄浪、华亭、西吉、海原、张家川等地党的地下工作，工作范围如此之大，已经是一个地委的摊子了①。

三月十三日，张闻天和毛泽东致电在武汉的中共中央长江局并王明、周恩来、博古、叶剑英，决定派袁国平任新四军政治部主任，邓子恢任副主任。与老首长袁国平分别，任质斌依依不舍。长征中从四川会理起，他就在袁国平直接领导下工作，抢渡大渡河，过泸定桥，爬雪山，过草地，转战陕甘，他们生死相依，艰危相扶，结下了极为真挚的深厚情谊。袁国平非常爱护和倚重比自己小十岁的任质斌，在工作上给予全力的帮助，在生活上也很关照。他们都没有想到，此一别便是永诀。袁国平一九四一年在皖南事变中牺牲，但他的革命精神和儒雅、博学、坚毅、宽厚，永远铭记在任质斌的心中。袁国平的妻子、陇东特委妇女部部长邱一涵，是令人敬重的老大姐。她是湖南平江人，在父兄引导下参加革命，一九二六年入团，一九三〇年转党，参加了长征。她到新四军后，任教导总队组织科科长和宣传科科长，解放后曾任南京市委组织部部长、江苏省委监委书记，一九五六年病逝，享年仅四十九岁。在袁国平牺牲后的十五年中，邱一涵忘我工作，扶养独生子袁振威成长。一九九一

---

①　根据多种资料相互参证考寻，然后综合。

年一月，皖南事变五十周年纪念活动在新四军军部旧址安徽省泾县云岭举行，任质斌应邀来到云岭。时任中国人民解放军海军指挥学院教官的袁国平之子袁振威也应邀参加纪念活动。袁振威酷肖乃父，英武儒雅。当任质斌看到袁振威时，如见故人，更加怀念老首长，不胜唏嘘。其后不久调走的还有原特委秘书长后任副书记的黄欧东，他是江西永丰人，在中央苏区时曾任师政治部主任，解放后曾任辽宁省委第一书记、省长、中共中央东北局书记处书记。

在党内政治生活中，令人震惊的消息也有，先是原教导师师长、后任八路军一一五师参谋长的周昆，于二月间携款潜逃。后是四月间张国焘趁去中部县（今陕西黄陵）谒黄帝陵之机弃职逃往武汉。这种革命队伍中的坚持与动摇、忠贞与叛变常常令人惊心动魄。

在任质斌到镇原主持中心县委工作的次月十五日，中共中央作出《关于大量发展党员的决议》。决议指出："由于日本帝国主义的压迫与民族革命的新高潮，由于党的抗日的民族统一战线的正确领导与党的影响与威信的扩大与提高，大批的革命分子要求入党，这给了我们发展党以极端有利的条件。""但应该指出，目前党的组织力量，还远落在党的政治影响之后，甚至许多重要的地区尚无党的组织，或非常狭小。因此，大量的、十百倍地发展党员，成为党目前迫切与严重的任务。"必须"打破在统一战线中忽视党的发展，以为党的扩大无足轻重，甚至取消党的发展的严重倾向。要宣传有了强大的党才能有强大的统一战线的真理"。决议还对具体操作作了明确和细致的说明，比如，将新党员的候补期暂时重新规定为："工人、雇农不要候补期；贫农、小手工业工人一个月；革命学生、革命知识分子、小职员、中农、下级军官三个月，但在特殊情形之下得伸缩之。"①

任质斌坚决执行了中央决议，首先在我方控制区内大力发展党

---

① 中央档案馆编：《中共中央文件选集》，中共中央党校出版社，第11册，1991年3月版，第466、467页。

员，同时在尚无党的组织的重要地区建立组织，在国民党统治区建立党的地下组织，进行开辟工作。

镇原县党的建设出现了前所未有的崭新局面，党员发展达一千二百多名。发展党员最多的南三镇（平泉、新城、中原）达七八百名，建立了中心区委；西北部的马渠区，发展党员一百四十多名①。党员发展最多的地区，都在镇原与国民党统治区的"红"、"白"交界处。

在中心县委的坚强领导下，从马渠到新城、平泉、中原，构成了与白区近距离平行对峙的、近二百华里长的红色防线。

同时，全县各乡镇，普遍成立了青年救国联合会，设主任一名，动员青年参军参战，开展民众抗日救国运动。全县各区、乡普遍建立了农民协会，开展了反对高租子、高利贷斗争②。

用镇原方言土语说，任质斌书记是"黑地明夜"（夜以继日）地工作，从不"品麻"（摆架子），凡事都亲自"巡识"、"踏识"（巡视、查看）。他可看不上"口扁子客"（自我吹嘘的人）、"瓢儿嘴"（爱说漂亮话的人）和"烧料子"（爱出风头的人），但也不"怙的"（怒形于色）。在"曹们"（我们）眼中，他是"格子亮"（头脑清楚有条理）的"豪豪"（才能出众的人）。

白区地下党的建设和发展工作，是任质斌开展工作的重点。平凉地下党组织是去年（一九三七年）年初建立的，三月间，冯启贤和李志奎在工人救国会中发展张可夫入党，在学联中发展了三个人，党的工作由冯启贤负责。冯、李二人离开后，移交给陕西省委赵伯平领导，不久移交给庆阳西峰办事处左觉农，再转交给陕北刘景范（刘志丹之弟），最后转交给陇东特委书记袁国平。张可夫在报社发展郗成武入党。郗成武又分别发展了张效治、冯应功、何剑章三人

---

① 镇原县志编纂委员会编：《镇原县志》，上册，第 312 页。
② 镇原县志编纂委员会编：《镇原县志》，上册，第 330、339 页。

入党。后，报社中又发展了王范生等二人入党，成立了党支部，张可夫任书记。以上所述是一条线索。另一条线索是，红军援西军驻守镇原期间，平凉市省立第二中学进步学生张格言、罗云章、李俊昌、张敦仁四人到镇原参加红军，不久，援西军东进，将四人介绍给教导师，他们于一九三七年七月入党。除张敦仁是镇原人留下外，其余三人返回平凉，一面继续上学，一面在同学中做抗日宣传工作。未久，三人返回庆阳，继而奉派去延安进抗大学习，毕业后由陇东特委派回平凉做地下工作①。

平凉局势在任质斌去年十月平凉之行后，有了巨大的变化。自从第八战区司令长官部在兰州成立，蒋介石亲兼司令长官，朱绍良任副长官之后，甘肃、宁夏、青海、绥远皆属其管辖。一九三八年一月，国民党官办的甘肃省动员委员会成立，大力实施"国民精神总动员"，举行"国民月会"，鼓吹"国家至上，民族至上；军事第一，胜利第一；意志集中，力量集中"三原则。二月，第八战区政训部、甘肃省政府、国民党甘肃省党部联合成立抗敌后援会，并明令各抗战群众团体归其管辖、向其办理登记审查手续。三月，国民党甘肃省党部发布通令：整顿民众团体，各种集会须经呈报、批准后方得举行，并且必须由国民党党政机关派员监督，否则，就要受到裁处。四月，第八战区成立甘肃省新闻刊物审查委员会，对报纸通讯进行原稿审查。离奇的是，省政府成立了"戏剧审查委员会"，组成单位竟然有省会警察局、兰州市军警督察处和宪兵营。六月，第八战区长官部规定了《战时检查邮电办法》共四条，由省政府转令各县邮局严格执行。国民政府军事委员会规定，各省专员、县长兼理军法事务，并且公布了兼理办法十条，通令全国遵此办理②。任质斌面临的工作形势，越来越严峻了。

---

① 中共平凉市委党史资料征集办公室：《平凉市地下党史资料》。
② 《甘肃省文史资料选辑》，第10辑，第176～181页。

四五月间，任质斌秘密进入平凉。他在离城十多华里的一个路边小店住下，约见了张可夫，听取了平凉工作情况的汇报。不久，任质斌派赵守一进入平凉。赵守一是陕西渭南人，一九一七年生，一九三六年加入中国共产党，曾在教导师和陇东特委宣传部工作，是任质斌非常了解和信任的人。他解放后曾任安徽省委书记、中宣部副部长、国家劳动人事部部长。赵守一进入平凉，在张可夫的帮助下找到了房子，以开书店作掩护进行工作。此后，任质斌又陆续派刘华仁、刘思明（柳子青）去平凉工作。

赵守一到平凉后，中共平凉市委组建，张可夫任书记兼组织部部长，赵守一任宣传部部长。赵守一开的书店叫"战时读物服务社"，卖的书有不少是进步书籍，引起了国民党的注意，但尚无大碍。

为了打开平凉局面，七月，任质斌布置他们用中共平凉市委的名义刻印《反侵略运动大会告平凉全体同胞书》，张可夫刻蜡版，赵守一等印刷，晚上在城内贴出，并且在全城大量刷写宣传标语。第二天一早，国民党军政当局发现，立即进行了撕揭和刷洗，平凉《陇东日报》作了报道：《本市街道发现共党标语多种/政治部派员刷洗，有碍事体》。敌人的嗅觉是灵敏的，第二天就派员找赵守一问话，第三天又找张可夫问话，接着就查封了书店。在敌人来抓人之前，赵守一平安返回镇原，张可夫则避走西（安）兰（州）公路上做了一段苦工①。晚年的任质斌对这一段历史进行了反思和总结，他写道："我还布置用中共平凉市委名义，油印散发过传单，这也是错误的，不符合秘密工作原则，此事主要由我负责。当时我们是想轰开一个局面，让进步人士找我们。"②

赵守一返回镇原后，任质斌为了使平凉工作不停顿，派林荫平

———————————

① 中共平凉市委党史资料征集办公室：《平凉市地下党史资料》。

② 任质斌：《关于抗战初期平凉地下党组织一些情况的回忆》。在《任质斌同志回忆录》（未刊稿）中亦作了总结。

去平凉任市委书记，张可夫做组织工作。后来，林荫平因为在平凉没有作掩护的身份，无法立足，就回到镇原。张可夫在平凉坚持，工作渐有进展，几年后，张可夫担任了镇原县委统战部部长。

在平凉带有攻坚性质的工作，没有取得大的进展。主要原因是：敌我力量完全不成比例。没有损失已属难得。在其他县的工作情况，与平凉不同，都建立了党的组织，发展了党员，有较大进展。

在统一战线条件下，中共镇原中心县委对外称"八路军一二九师办事处"，下设秘书室、组织部、宣传部、统战部、军事部、妇女部、青年部等工作机构；在镇原境内下辖孟坝、马渠、太平、屯字、中原、临泾、开边、新城八个区委和南三镇中心区委。

作为中心县委书记，任质斌对刚刚基本结束的救助西路军被俘人员的工作情况，有全面深切的了解。他到任后，还经常有西路军流散人员，找到办事处来，任质斌一一予以妥当安置。任质斌知道，在镇原驻守了整整半年、刚刚调离的援西军的配备是相当强大的，刘伯承任司令员，张浩任政委，李达任参谋长，刘晓任政治部主任；下辖四个军和一个骑兵团，红四军军长陈再道，政委王宏坤，参谋长耿飚，政治部主任刘志坚；红二十八军军长宋时轮，政委宋任穷；红三十一军军长萧克，政委周纯全，参谋长唐天际，政治部主任王新亭；红三十二军（原中央红军红九军团改称）军长罗炳辉，政委袁任远，参谋长郭鹏，政治部主任李干辉①。部队分驻屯字、孟坝、马渠、新城、平泉、中原等区。司令部和随营学校二百五十多人驻县城，刘伯承住在忠恕街慕氏家庙内②。发生在镇原和平凉境内的最大的一次营救行动，是在去年（一九三七年）五月，援西军获得一

① 军事科学院军事历史研究部编著：《中国人民解放军战史》，第一卷，军事科学出版社，1987年7月版，附表67。

② 镇原县志编纂委员会编：《镇原县志》，上册，第152页。

个重要情报：国民党军即将把关押在兰州集中营里的红军西路军被俘人员一千三百五十多人经兰（州）西（安）公路押送到西安去，并且编成两队，军官队一百三十多人，士兵队一千二百多人。刘伯承等人进行了周密的谋划，派出大批侦察员，在公路沿线密切监视。国民党军九十八师派一个营武装押送，从兰州出发，走了九天，抵达平凉飞机场，移交给四十三师继续向西安押送。——时机到了！援西军营救人员扮成卖茶的、赶集的、卖"锅盔"（面饼）的老百姓，在公路两侧摆摊守候。被俘人员走得口渴腹饥，看到老百姓异样热情，就去买吃喝，结果，发现"锅盔"里夹有纸条，上写："四十里铺以北便是游击区"，落款："援西军侦察员"。被俘人员中的党组织又惊又喜，迅速制订了逃跑方案。到四十里铺时，已是黄昏，各队吵着要吃饭，饭后即分住在附近老百姓家中。此时，营救人员早已化装密布村中，指点逃跑的方向和路线。入夜，风雨大作，雷电交加，乘着国民党军看守松懈，绝大部分被俘人员在营救人员带领下，冒着滂沱大雨，向北疾进，爬上草峰塬，越过潘杨涧河，进入了镇原境内。他们受到刘伯承等援西军将士和镇原人民的热烈的欢迎，给他们理发、换衣服、烧水洗澡，休整几周并经过必要的甄别后，陆续送往陕北。另外，西路军总指挥徐向前也是历尽艰难，经平凉进入镇原，休整十多天后前往延安的①。

　　总体来说，在袁国平任特委书记期间，陇东的工作是健康的、卓有成效的，因为坚决贯彻执行了中共中央的方针政策，形势发展很好。袁国平离开后，陇东地区由丁执行了王明右倾路线，"一切服

　　① 镇原县志编纂委员会编：《镇原县志》，上册，第152～153页。参见中共镇原县委党史办《援西军在镇原》；中共甘肃省委党史资料征集研究委员会编《党史资料通讯》，1991年第1期；徐向前著《历史的回顾》，解放军出版社，1998年10月版，第371页。

从统一战线"、"一切经过统一战线",要党的工作人员不得公开露面,实行所谓"社会化"、"职业化",比如庆阳县委搞了一个商店,让县委负责人都"以商店工作人员的面目出现,这完全是采取白区搞地下工作的作法。在我们自己的地区采用地下工作的办法,这简直是笑话"。"三八年初开始,在王明路线影响下,我们步步迁就、退让,国民党就放肆了"①。

镇原中心县委与别处不同,因为它是为了贯彻"毛、洛"指示而组建的,要在相当广大的国民党统治区里开辟党的工作,本来就是进攻的态势,即"毛、洛"指示"采取进攻的策略",因而未受王明右倾路线的影响。

国民党派任的镇原县县长邹介民,是江苏武进人,一九〇九年生,一九三五年一月任镇原县县长。在援西军驻镇原的半年中,他与中共保持了良好的统一战线关系,做过许多好事,并与刘伯承、张浩、李达、罗炳辉、宋任穷等人建立了友谊。但是,一九三七年八月援西军撤走后,他的态度有了改变,如下令逮捕镇原县抗日救国会主任贾联瑞,下令撤销全县各级抗日救国会、农会、农民自卫军等等。在任质斌在镇原工作的半年中,邹介民未公开反共②。他于一九三九年十一月被国民党当局调离,因为有人指控他"通共"。一九四一年脱离政界到工厂做事。一九五八年被捕并押至镇原关押。一九五九年十二月因饥饿和疾病死于狱中③。

一九三八年八月,任质斌奉调去延安马列学院学习。同月,镇

---

① 王平水:《我在陇东工作的片断回忆》,《甘肃文史资料选辑》,第 12 辑,第 37 页。

② 《任质斌同志回忆录》,未刊稿。

③ 中共镇原县委党史办公室:《邹介民事略》说,中共镇原县委 1979 年 11 月 22 日作出《关于对邹介民逮捕问题的复查结论》指出:"邹在镇原任伪县长时,在我党民族统一战线政策的感召下,对我驻镇原援西军态度友好,曾为我军筹集粮草。1958 年逮捕时认定的重大历史罪恶问题,现已查清否定,应予平反。"

原中心县委改回为镇原县委，吴志渊任书记。

　　任质斌在甘肃陇东工作了整整两年。陕甘宁边区面积最大时是一九三七年年底，共有二十六县，即陕西的肤施（延安）、甘泉、鄜县（今富县）、延长、延川、安塞、安定、保安（今志丹）、定边、靖边、淳化、栒邑（今旬邑）、神府、清涧、米脂、绥德、吴堡、葭县（今佳县）十八县，宁夏的盐池、豫旺二县，甘肃的庆阳、环县、镇原、正宁、宁县、合水六县。任质斌在陇东两年间的业绩是显著的，建树是重要的，在陇东革命史上书写了一段辉煌。

第十一章　在延安马克思列宁主义学院

今天的延安，是一座驰名中外的城市。它是国务院一九八二年发布的全国首批二十四个历史文化名城之一，历史文物和革命文物资源极为丰厚。它已经是一座现代化的城市，高楼大厦鳞次栉比，街道宽阔整洁，市场繁荣，市政设施齐全，堪称中国西北的一颗明珠。

一九三八年八月，二十三岁的任质斌进入延安。

任质斌眼前的延安，是一座荒僻苍凉的古城。城中居民只有四百五十户，人口仅两千多。古城位于延河与南河的交汇处，凤凰山、清凉山、嘉岭山（宝塔山）诸山环绕，形胜天成。延安古有五座城池：延安府城、南围城、北围城、肤施城、高奴故城，五城相距不远，状如梅之五瓣，故称"梅花五城"。肤施城在今天延安的东关，与府城隔滔滔延河相望。古城历经战火和洪水的损毁，几度兴废。

任质斌看到的府城，巨大条石砌成的城墙还完好，城墙高十米，宽七米，城堞完整，巍峨壮观。城有四门，北为安定门，小东门（水门）为津阳门，东为道惠门，南为安澜门。城内有南北正街三条，东西正街三条，二十多条小巷纵横分割，全城状如棋盘。较高大的建筑是鼓楼、庙宇和官衙，街道崎岖不平，房屋古旧，谈不上市政设施。吃水要到延河去挑，照明用麻油灯，一派古风盎然①。

---

① 延安市志编纂委员会编：《延安市志》，陕西人民出版社，1994 年 12 月版，第387、388 页。

　　莫耶作词、郑律成谱曲的《延安颂》，前几句为："夕阳照耀着山头的塔影，月色映照着河边的流萤。春风吹遍了坦平的原野，群山结成了坚固的围屏。延安，你这庄严雄伟的古城，到处传遍了抗战的歌声！延安，你这庄严雄伟的古城，热血在你胸中奔腾！"歌词是诗化的，也是写实的。

　　一九三八年的延安，早已经成为全国抗日救亡运动的中心、民主的圣地。全国各地进步的知识青年，如同百川汇海一般，冲破日寇和国民党的重重封锁，跋山涉水，奔赴延安。据一九三五年的统计，延安城中人口两千，全县城乡人口总数不足三万（二万九千零五十四人）。中共中央迁驻延安后，各机关、学校、军队在城内外四周及附近山腰挖窑洞居住的就有十二万多人[①]。延安成了中国革命的大本营。斯诺称延安是"穴居的首都"。

　　马克思列宁主义学院设在蓝家坪，在延安城西北七华里，地处西河与延河的交汇处。任质斌在这里学习了八个月，一九三九年三月任学院工作监察委员会主任。四月，被派往中原。

一　在马列学院的学习和深造

　　马列学院是马克思列宁主义学院的简称，中共中央在延安创办。张闻天兼任院长，朱光任秘书长（后由章夷白接任），一九三八年五月五日开学，这一天是世界无产阶级革命导师马克思诞辰一百二十周年。同年下半年，调中央党校王学文任副院长兼教务处处长，邓力群任教务处副处长。

　　马列学院办了三年，共招生五届（即五个班），第一届八十多人，第二、三、四届各一百多人，第五届不到一百人，加上为准备

_____

① 延安市志编纂委员会编：《延安市志》，陕西人民出版社，1994 年 12 月版，第 90、388 页。

参加七大的代表专开的两个班一百多人，前后在此学习过的学员共有八九百人①。由于学员们入学时间不一，结业时间也有先有后，第二届学员最多时达一百七十多人②。任质斌是第二届学员。

　　学员的基本构成是两部分人：一是参加革命战争多年，或在国民党统治区做过多年地下工作的老干部，其中有许多人是红军高级指挥员或地下党的领导人；二是一二·九运动后入党的知识青年，他们是已经在中央党校、抗大、陕北公学、安吴训练班、中组部训练班学习过并已毕业的，须通过严格的考试，方能入学③。

　　第一届学员、原红三十军政委李先念在晚年写道："延安马列学院是很值得纪念的。它是我们党创建的第一所攻读马列主义理论的比较正规的学校，对提高党的理论水平做出了很大贡献；它培养了一批具有马列主义基础知识的干部，并帮助许多经过长征和在国民党区域长期斗争的干部总结经验、学习理论；它还为中央研究院的建立提供了条件。所有经过马列学院及中央研究院学习和锻炼的干部，以后在各个时期的艰苦斗争中，在各条战线的广泛实践中，可以说，都起了应起的骨干作用。"④李先念在不久之后与任质斌在中原战场相逢，他们成了知心换命的好战友。

　　第二届学员、任质斌的同班同学宋平，是在中央党校结业后，通过严格的考试，进入马列学院学习的。他原先是北平清华大学学生。他在晚年写道："入学前在国民党统治区也读过几本马列著作，

---

　　① 邓力群：《我对延安马列学院的回忆与看法》，载于吴介民主编《延安马列学院回忆录》，中国社会科学出版社，1991年4月版，第7～9页。

　　② 马洪：《勤学三年　受益终生》，载于吴介民主编《延安马列学院回忆录》，中国社会科学出版社，1991年4月版，第43页。

　　③ 邓力群：《我对延安马列学院的回忆与看法》，载于吴介民主编《延安马列学院回忆录》，中国社会科学出版社，1991年4月版，第7～9页。

　　④ 《李先念同志致延安马列学院建校50周年纪念集会的一封信》，载于吴介民主编《延安马列学院回忆录》，中国社会科学出版社，1991年4月版，第1页。

看到过一些党的文件，但理解是很肤浅的。到马列学院后，在老师们的讲解和辅导下，我们比较系统地学习了马克思主义的哲学、政治经济学和科学社会主义，学习了中国现代革命运动史、中国革命问题和党的建设，还听了毛泽东同志亲自讲授的《新民主主义论》及其他许多党的政策的报告。这些基本知识的学习，对我们这些青年学生是具有深远意义的马列主义启蒙教育。"①

关于马列学院的办学意义和重要作用，还是毛泽东在六届六中全会报告中所说的一段话最为深刻："中国共产党是在一个几万万人的大民族中领导伟大革命斗争的党，没有多数德才兼备的领导干部，是不能完成其历史任务的。十七年来，我们党已经培养了不少的领导人材，军事、政治、文化、党务、民运各方面，都有了我们的骨干，这是党的光荣，也是全民族的光荣。但是，现有的骨干还不足以支撑斗争的大厦，还须广大地培养人材。"他还说："如果我们党有一百个至二百个系统地而不是零碎地，实际地而不是空洞地学会了马克思列宁主义的同志，就会大大地提高我们党的战斗力量，并加速我们战胜日本帝国主义的工作。"②

马列学院共开六门课程，政治经济学、哲学、马列主义基本问题、党的建设、中国现代革命运动史、西洋革命史。课程设置完备。再加上对理论联系实际的强调，对社会调查的注重，教学效果是非常好的。

要弄清任质斌在八个月学习中的思想成长和理论提高，就必须看他学了一些什么。学校就六门课对专职教员的配备，在当时的延安，都堪称一流。

---

① 《宋平同志在延安马列学院建校 50 周年纪念集会上的讲话》，载于吴介民主编《延安马列学院回忆录》，中国社会科学出版社，1991 年 4 月版，第 4 页。

② 《毛泽东选集》，第二卷，第 526、533 页。

讲授政治经济学的是副院长王学文。他是江苏徐州人，一八九五年生，早年留学日本，一九二七年加入中国共产主义青年团，同年转入中国共产党。曾参加创造社。一九三〇年与鲁迅等发起成立中国自由运动大同盟和中国社会科学研究会，任研究会党团书记。他是著名的经济学家。来马列学院前，任中共中央文化工作委员会书记、中央党校教务主任。他的讲授，先讲《资本论》第一卷，核心是讲马克思所揭露的资本主义生产的秘密，介绍剩余价值理论。再讲列宁的《帝国主义论》，同时，要求学员们读在延安出版的列昂节夫的《政治经济学》。这是任质斌平生第一次以整块时间，专心致志地学习马克思列宁主义基础理论。基础从马克思《资本论》打起。王学文深入浅出的讲授，如携任质斌等学员登高山以观沧海，令他们眼界大开，视野大开，思路亦大开。

讲授哲学的是著名马克思主义哲学家艾思奇。他是云南腾越（今腾冲）人，一九一〇年生，早年留学日本，一九三一年回国，一九三三年参加中国社会科学家联盟，后任上海《读书生活》杂志编辑，一九三三年至一九三四年发表《大众哲学》，在全国知识界，特别是在青年中，产生巨大影响。一九三五年加入中国共产党，一九三七年到延安。来马列学院前，任抗大主任教员。哲学是一门比较难懂的理论课，艾思奇的授课方法是，以《辩证唯物主义与历史唯物主义提纲》为教材，着重讲授唯物论和唯心论、辩证法和形而上学的根本界限。他抓住《反杜林论》中的一句话"唯物主义就是按照事物的本来面目不作任何附加的理解"，反复讲解论证，给任质斌等学员们留下了深刻印象。另外，他还讲了原因与结果、偶然与必然等哲学问题。以任质斌的文化素养和理论水平，他听哲学课不会感到吃力。

讲授马列主义基本理论的是吴亮平。他是浙江奉化人，一九〇八年生，上海大夏大学毕业，曾任上海学联总务部部长，参加了上海五卅运动。一九二五年加入中国共产主义青年团，同年赴苏联莫

斯科中山大学学习，后留校任教。一九二七年转入中国共产党。一
九二九年回国在中共中央宣传部主编《环球》周刊。一九三二年到
江西瑞金，任中华苏维埃共和国临时中央政府国民经济部部长。长
征中任红一军团地方工作部部长、红三军团宣传部部长。到陕北后，
任中共中央宣传部副部长。一九三六年负责接待美国记者埃德加·
斯诺访问陕北，担任毛泽东与斯诺谈话的翻译。他是中国第一个翻
译恩格斯《反杜林论》的人。吴亮平的讲授，先讲马克思主义的三
个来源和三个组成部分，然后大体按照斯大林的《列宁主义基础》
的思路来讲列宁主义。曾经在学员中引起激烈争论的问题是，英国
和法国资产阶级领导的民主革命，与无产阶级领导的民主革命区别
在哪里。吴亮平的授课，旁征博引，深入浅出，加上启发式教育，
很受任质斌等学员的欢迎。

　　讲授党的建设课的是康生。他是山东诸城（今属胶南）人，一
八九八年生，一九二五年加入中国共产党，曾任江苏省委组织部部
长、秘书长。一九三〇年当选中共中央审查委员，后任中央组织部
部长，一九三三年补选为中央委员。一九三三年赴苏联，为中共驻
共产国际代表团主要负责人之一。一九三四年补选为中央政治局委
员。一九三七年回国到延安，任中共中央书记处书记、中央党校校
长、中共中央职工运动委员会主任、中共中央社会部、情报部部长。
康生讲授了马列主义关于建党的理论。在应该讲党建基本问题时，
他因为工作的原因和搬了家来往不便，不再授课。康生国学修养非
常深厚，有理论功底，也很渊博，给学员们留下了深刻的印象。此
后这门课，由刘少奇讲共产党员的修养、统一战线工作；陈云讲党
员、干部政策；李富春讲党建问题。已经有较丰富的革命阅历的任
质斌，用理论来观照过往的实践，常常有深刻的领悟和思想升华。

　　讲授中国现代革命运动史的是杨松。他是湖北大悟人，一九二
五年加入中国国民党，一九二六年加入中国共产主义青年团，一九
二七年赴苏联中山大学学习，同年转入中国共产党。一九三四年回

国组建中共吉东临时特委，任书记。后任东北抗日同盟军第四军政委。一九三五年调莫斯科，在共产国际中国代表团工作。一九三八年回国到延安。到马列学院授课时，他担任着中共中央宣传部秘书长。（后来，他于一九四一年任《解放日报》总编辑，一九四二年病逝于延安。）杨松讲授的教材，用的是张闻天在抗大讲稿整理成的本子。由于本子只编到一九二七年大革命失败为止，所以，张闻天本人又接着讲了《两次革命高潮之间的反动时期》和《苏维埃革命运动》，着重讲根据地的建立、发展、挫折，根据地建设的方针和政策问题。他们的讲授，材料丰富，观点深刻，剖析周详，加上学员中许多人就是一些重大事件的亲历者或见证人，有亲身的体验，教学效果甚好。在讲这一门课程时，布置了许多学习材料，其中包括《向导》、《红色中华》、《斗争》①。

　　当任质斌在一个全新的环境中，捧读浸透着自己心血的《红色中华》报，把它当成历史教材来看，站在新的理论高度和客观角度来审视其间所反映的历史的成败得失时，常常是感悟更深。

　　讲授西洋革命史的是原红四方面军主要领导人之一陈昌浩。他是湖北汉阳人，一九〇六年生，一九二六年加入中国共产主义青年团，次年赴苏联莫斯科中国劳动者共产主义大学学习。一九三〇年回国，同年转入中国共产党。曾任红四军政委、红四方面军政委、西北革命军事委员会副主席，参与创建川陕苏区。一九三四年补选为中共中央候补委员，参加了长征。一九三六年任西路军军政委员会主席。西路军失败后，历经艰危，辗转到了延安。到马列学院授课时，他在中共中央宣传部工作。所谓西洋革命史，就是西方资产阶级革命史。陈昌浩从英国宪章运动讲起，一直讲到法国大革命、美国独立战争。当时延安在这一方面的中文书籍极少，陈昌浩用了

---

① 吕忠铎：《难忘的记忆》，载于吴介民主编《延安马列学院回忆录》，中国社会科学出版社，1991年4月版，第66页。

很大精力从俄文书籍中找资料，充实讲稿，他的授课，视野开阔，讲解透彻，有声有色，很受学员欢迎。他一九三九年去苏联治病后，课程由柯伯年继续讲授。在这一方面，任质斌过去读书办报，涉猎较多，但系统地学习和研究，这还是第一次。

任质斌在马列学院学习期间，院长张闻天除了主持中共中央工作外，还兼任中央宣传部部长，他在马列学院亲自讲课，还经常就党内重大事件、党中央重要的方针和决定作报告。一九三八年十一月中共扩大的六届六中全会结束后，张闻天立即向师生传达，一共作了六七次报告，详尽阐述毛泽东所作的政治报告《论新阶段》的精神。为了"使学生切实了解马列主义的精神和方法"，张闻天要求学生养成自学的习惯。学院采取教员指导下的以个人自习为主的原则。对于文化、政治水平较高的学员，则引导和鼓励他们直接阅读马恩列斯的基本著作。

为了帮助学员切实弄懂所学课程，检查教学效果，张闻天每隔一两周就要给大家"照"一次"相"。所谓"照相"，就是把学员集中在大教室里，由他点名提问，被点到名的学员站起来回答，如果答得不充分，就点第二、第三个人讲，最后由他指点、讲授①。效果很好。开始时，有的学员怕答不上来丢面子，故意坐低，或坐在别人身后，怕被张闻天看到。没想到张闻天是照花名册点名"照相"的，躲的人被点到，会引起哄堂大笑。这种笑是善意的。那是一个纯真的年代。李锐有诗云："延安色彩最单纯，黄土蓝天飞白云。莫道都穿粗布服，称呼同志一家人。"如果有一段时间张院长不来"照相"了，学员们就会盼望他来。这种教学方法，调动了全体学员的学习积极性，大家都开动脑筋，最能收到释疑解惑的效果。

在任质斌入学之前，即第一届开学不久，学院抽调了一些理论

①　程中原著：《张闻天传》，当代中国出版社，2002年8月版，第496～499页。

基础较好的学员，组成了几个研究室，分别由教员担任指导导师。政治经济学研究室，指导导师王学文。哲学研究室，指导导师艾思奇。马列主义基本问题研究室，指导导师吴亮平。中国问题研究室，指导导师杨松，研究室主任邓力群。中国史研究室，指导导师范文澜。编译室，组成人员柯柏年、何锡麟、王实味等人①。

这八个月的学习生活，在任质斌成长为优秀的军政工作和党务工作领导者的过程中，极为重要。任质斌已经在军事教育、党务、政治、文化、宣传、民运等方面有了丰富的实践经验，再经过马克思列宁主义理论的武装，更是如虎添翼。

二　马列学院生活片断

马列学院在办学和教学工作中，始终坚持把理论联系实际的方针放在首位，提出"要认真的使马列主义中国化"。第二届学员宋平说："马列学院的学习，还强调要学习马克思主义的立场、观点和方法，要学习用马克思主义的观点去观察问题、分析问题、解决问题。要理论联系实际，实事求是，不要搞经验主义，也不要搞教条主义。这些最基本的东西，对我们一生的影响，也很深刻的。"② 学员要系统地学习马列主义基本理论，学习时事政治，学习中央各项政策；经常听中央领导人毛泽东、周恩来、朱德、张闻天、陈云、康生、王明、刘少奇、王稼祥、任弼时等人做报告；听彭德怀、贺龙等高级将领做报告；听各根据地到延安来的负责人做报告；听在国民党统治区做地卜工作的负责人做报告；参加生产劳动；还组织学员做

---

① 以上对课程设置的介绍，除注明出处者外，主要参见邓力群：《我对延安马列学院的回忆与看法》及相关人物的传记资料。

② 《宋平同志在延安马列学院建校 50 周年纪念集会上的讲话》，载于吴介民主编《延安马列学院回忆录》，中国社会科学出版社，1991 年 4 月版，第 4 页。

社会调查。——后来有人说马列学院是"教条主义的大本营"，显然是谬说，完全不符合事实。

任质斌在此期间刻苦攻读的书和重要文章，至少包含有：《共产党宣言》、《帝国主义论》、《历史唯物主义与辩证唯物主义》、《政治经济学》、《科学社会主义》、《国家与革命》、《社会主义从空想到科学的发展》、《列宁主义基本问题》、《联共（布）党史简明教程》；毛泽东的《抗日游击战争的战略问题》、《论持久战》、《中国共产党在民族战争中的地位》、《统一战线中的独立自主问题》、《战争和战略问题》等等。马列学院的图书馆，是任质斌爱去的地方。当年图书馆工作人员裴桐回忆说："图书馆在北面的窑洞里，同教育科相邻，开始只有两个窑洞，后来又在拐角的山上开辟了两间，也都是新打的窑洞，比较潮，所以夏天常把书搬到外面晾晒。图书馆的书开始是不多的，大都是解放社出的马列著作，每种约有百十册（因为要发到班上借给同学看，所以册数很多），这是主要的来源。此外，就是到延安光华书店去买。当时光华书店能从边区外面进书，所以能买到国民党统治区出的书。"①

任质斌的同班同学有宋平、马洪、安平生、王光伟、丁玲、江青等。宋平是山东老乡，莒县人，一九一七年生，清华大学肄业，一九三六年参加中华民族解放先锋队（简称"民解"），一九三七年加入中国共产党，从中央党校考来，为人忠厚勤谨。马洪是山西定襄人，一九二〇年生，一九三六年参加牺盟会，一九三七年加入中国共产党，也是从中央党校考来，后来他成了著名经济学家，新中国成立后曾任中国社会科学院院长。安平生是陕西周至人，一九三七年加入中国共产党，从抗大考来，新中国成立后曾任云南省委第

① 裴桐：《回忆马列学院图书馆》，载于吴介民主编《延安马列学院回忆录》，中国社会科学出版社，1991年4月版，第214页。

一书记。王光伟也是山东老乡，沂水人，一九一四年生，一九三〇年加入中国共产党，曾在家乡从事党的秘密工作，一九三八年进入延安抗大学习，八月在抗大毕业后调来学习，新中国成立后曾任国家计委副主任。丁玲是湖南临澧人，一九〇四年生，当时已经是全国著名的左翼作家了，她来得较晚，插班学习，第二届结业后转入第三届接着学习。江青是山东诸城人，一九一四年生，一九三三年加入中国共产党，同年在上海加入中国左翼教育工作者联盟，一九三五年后做电影演员，一九三七年到延安，一九三八年十一月与毛泽东结婚。同班同学中还有一些高级将领。同学们来自五湖四海，出身和成长环境及经历各个相异，相互学习，取长补短，彼此都进步显著。

因为马列学院人数少，经常全班出动或者每班派出代表到抗大、或中央党校、或陕北公学、或其他什么地方去听中央领导人的报告。一九三八年九月，中共中央组织部部长陈云在抗大作《论干部政策》的讲演，指出：干部政策，用俗话说就是用人之道。他归纳成十二个字：了解人，气量大，用得好，爱护人，并分别阐述①，影响甚大。

延安的物质生活非常艰苦。然而，被理想之火燃烧着的人们，不觉其苦，或茹苦如饴。

马列学院的伙食，每天三顿小米饭，唯一的菜是浮几点油花的带皮的土豆汤。一个月才能吃上一次肉，上山劳动时能吃上一次麦面馒头，但边区缺碱，馒头又酸又硬。碗盏盘碟是没有的，每人一只搪瓷缸子，刷牙、洗脸、喝水、吃饭全用它。茶叶是没有的，人们就把白开水叫做"白茶"。小米饭的锅巴又香又脆，大家为它取名叫"马列饼干"。延安城里有两样名菜尽人皆知，一是西北菜社的"三不沾"，二是中央组织部合作社的"坛子肉"，可惜津贴不多，

---

① 中共中央文献研究室编、朱佳木主编：《陈云年谱》，上卷，中央文献出版社，2001年8月版，第228页。

难得打一回牙祭。住的是土窑洞，自己动手挖掘而成。七八个人或十个人住一间，同挤一炕。令学员们后来最难忘怀的，就是照明问题了，晚间看书学习，每天每个小组只能领到几钱煤油，那是边区境内延长县生产的粗质煤油，装在瓶子里，安上棉花灯芯，点着了火就突突突地冒黑烟。大家都顾不得烟熏火燎，挤着围坐在大木案子周围，或各自攻读，或开会讨论。夜间的延安城及四周，山腰上排排窑洞都亮着灯光，密密匝匝，高低错落，宛如天上的繁星。清晨，古城内外，山野之间，延河之滨，到处回响着各单位、学校、部队出操时雄壮的口令声。还有动人心魄的歌声，悲怆激愤的《松花江上》，哀婉柔美的《梅娘曲》，壮烈慷慨的《五月的鲜花》、威武雄壮的《在太行山上》和一九三九年创作并立即轰动全国的《黄河大合唱》。凯丰作词、吕骥作曲的抗大校歌，更是一唱就令人热血沸腾："黄河之滨，集合着一群，中华民族优秀的子孙。人类解放，救国的责任，全靠我们自己来担承！"毛泽东在此不久之后自豪地说："陕甘宁边区是全国最进步的地方，这里是民主的抗日根据地。一没有贪官污吏，二没有土豪劣绅，三没有赌博，四没有娼妓，五没有小老婆，六没有叫花子，七没有结党营私之徒，八没有萎靡不振之气，九没有人吃摩擦饭，十没有人发国难财。"① 延安，使全中国人民看到了希望。陕甘宁边区，让人们看到了新中国的雏形。

　　李富春和蔡畅都在延安，住在杨家岭中组部。任质斌是他们家的常客。李富春时任中共中央组织部副部长（部长是陈云），兼中央财政经济部部长，又兼中央出版发行部部长。蔡畅任中央妇女运动委员会常委（主任由王明兼）。他们关心任质斌的学习和生活。李富春要任质斌不要死读书，要少而精，联系自己的实践经验，把书本

---

　　① 霍志宏编著：《历史文化名城延安》，陕西旅游出版社，2000 年 8 月版，第 7 页。《毛泽东年谱》，中卷，第 173 页有记"边区有十大好处"，并选录了一、二、九、十项。

知识消化掉，真正成为自己的东西①。

　　一九三九年一月二日，任质斌约了原红三军团老战友谢振华一起，去杨家岭，给毛主席拜年②。毛泽东和江青住在一排三孔坐北面南的接石口土窑洞里。他们原来住在城中凤凰山麓，一九三八年十一月二十日日寇飞机首次轰炸延安的那天当晚，紧急迁来杨家岭，在这里一直住到一九四三年五月初迁往枣园。任质斌约谢振华是因为谢任八路军总部特务团政委、总政治部敌工部副部长，方便进出杨家岭中共中央办公区。毛泽东住所西侧，是朱德家住的四孔窑，再西是周恩来家住的三孔窑。毛泽东和江青夫妇如何接待任质斌和谢振华，已无考。但，可考的是，这一天毛泽东正在为八路军总政治部主办的《八路军军政杂志》创刊号写发刊词。在临窗宽大的办公桌上，应该铺着毛泽东为创刊号的题词："停止敌人的进攻，准备我们的反攻！"③书法淋漓酣畅，遒劲潇洒。

　　一九三九年一月，马列学院派邓力群等四个人去请毛泽东来做形势报告。头一天已作了预约。走到半路，遇见了毛泽东，毛说："接我？是怕我忘了今天有报告会吧。"邓力群连忙解释说："我们来晚了，很不像话。"毛泽东说："这就不好了，一个人作报告，要四个人来接，要不得，要不得。"他又环顾了一下四周，幽默地说："哦，四个人，轿了呢？你们不是抬轿子接我啊！下一回再加四个人来，来个八抬大轿，又体面又威风。"他见大家笑了，自己也笑着一个劲地摇手，说："那才不像话呢，对不对？皇帝出朝，要乘龙车凤辇，官僚出阁，要坐八抬大轿，前簇后拥，浩浩荡荡，摆威风。可

---

　　①　《任质斌同志回忆录》，未刊稿。

　　②　《任质斌日记》。

　　③　中共中央文献研究室编，逄先知主编：《毛泽东年谱》，中卷，中共中央文献出版社，1993年12月版，第102页。

我们是共产党人，是革命的，是为人民谋利益的，万万不能染上这种官僚习气。我们要养成一种新风气，延安作风。它是我们党能制胜的法宝。我们要用延安作风打倒西安作风。"① "用延安作风打倒西安作风"，这句话后来流传甚广。

　　一九三九年三月，马列学院成立了工作监察委员会，任质斌任主任，职责是系统检查学院的工作。任质斌结业后，职务由学院党总支书记张启龙接任。后来，马列学院一九四一年五月改为马列研究院，七月改为中央研究院，一九四三年二月并入中央党校，成为中央党校第三部，仍驻蓝家坪②。

　　任质斌在马列学院学习期间所经历的大事有，朱德总司令八月二十五日返回延安，延安各界万余人在南门广场列队欢迎。自从长征中左路军另外行军之后，任质斌已经三年多没见到朱总司令了。九月七日，朱德在延安干部会上作《华北一年抗战的战略与战术变迁》的报告。十一月九日，中共中央政治局决定，以胡服（刘少奇）、朱瑞、朱理治、彭雪枫、郑位三为中共中央中原局委员，以胡服兼中原局书记。一九三九年四月二十一日，中共中央发出《关于发展华中武装力量的指示》，指出华中为连接华北与华南的枢纽，关系整个抗战，前途甚大。

　　战争并不遥远。就在任质斌在延安的八个月中，从一九三八年十一月二十日到一九三九年三月十日，日寇飞机九次轰炸延安。③ 激起延安军民的无比愤慨。

　　一九三九年五月，任质斌奉派前往中原。

　　① 胡晓梅编：《延安革命旧址介绍》，陕西人民出版社，1997年9月版，第61页。此事《毛泽东年谱》、《张闻天年谱》均无载。

　　② 姬乃军著：《延安革命旧址》，文物出版社，1992年12月版，第217页。

　　③ 《日本飞机十四次轰炸延安统计表》，《延安文史资料》，第3辑，第208页。

第十二章　从延安到鄂中

　　任质斌是在日军占领武汉，抗日战争进入战略相持阶段，中共六届六中全会作出党的工作重点放在战区和敌后、大力巩固华北、发展华中的决策后，于一九三九年五月由延安派往中原的。

　　当时，武汉外围的城镇以及铁路、公路、长江和汉水等交通沿线，日军驻有六个师团、两个旅团共十五万重兵。他们大肆搜罗民族败类，组织伪军，拼凑伪政府，建立了六百多个据点，使这里成为"侵华日军兵力密度之最"的地方。大别山、大洪山、桐柏山、幕阜山及其附近地区，则被四十万国民党正规军和十几支地方游击纵队所据守。在沦陷区的广大农村，一方面国民党地方政权土崩瓦解，歹徒匪类乘机作恶，地方游杂武装蜂起，司令如毛。他们各设关卡，横征暴敛，社会秩序极端混乱；另一方面，各地的共产党组织和共产党员在周恩来、董必武等支持下，纷纷起来组织抗日武装，在豫南、鄂中、鄂东等地点燃抗日的星星之火。为了加强对武汉外围敌后抗日游击战争的领导，中共中央中原局还先后于一九三九年一月、四月，派李先念、陈少敏（女）率部挺进武汉外围。从此，任质斌与李先念、陈少敏等一起，并肩作战，共同在敌后进行创建抗日武装和开辟根据地的斗争，开始了他长达八年的中原革命生涯，进入其人生历程的又一个辉煌时期。

　　一九三九年五月，任质斌到达中原局所在地河南省确山县竹沟镇，任豫鄂边区党委（通称河南省委）特派员，随即到豫南指导和帮助特委工作。六月，任豫鄂边地委书记，使豫南共产党领导的武装成功组编，成立新四军豫鄂独立游击支队（信南）第三团队，兼任政治委员。八月，任豫鄂边区党委副书记，在书记朱理治重病期间，负责区党委的日常工作。十月中旬，同朱理治一道，率边区党委机关和一部分部队共六百余人南下，向鄂中敌后挺进，与李先念等汇合，参与筹组新四军豫鄂挺进纵队，组织欢迎史沫特莱一行访问边区，在工作中充分显示了做党的工作和政治工作的才能。

一　奔赴豫南抗日前线

一九三九年四月底，中共中央组织部负责同志与任质斌谈话，决定派他到中原地区工作。

临行前，任质斌向中共中央中原局书记刘少奇请示工作。刘少奇嘱咐：迅疾赶到竹沟，与在竹沟主持中原局工作的豫鄂边区党委书记朱理治接上头，听候安排。并且特别叮嘱，对即将面临的种种困难和艰险环境要有充分的思想准备。

四月的延安，春寒料峭。任质斌等一行七人组成小分队，由时任延安抗日军政大学第三大队大队长的方正平任队长。他们身着整齐的八路军军装，乘一辆敞篷卡车离开延安，向西安进发。

汽车在黄土高原上奔驰一天，傍晚时分顺利到达了西安七贤庄八路军办事处，任质斌等一行受到了办事处负责人林伯渠的亲切接见和热情接待。大家在办事处休息两天后，又改乘火车继续前行。但是，火车还没到达潼关，铁路就不通了。日军已占领风陵渡，为阻止敌人继续西犯，陇海铁路潼关至灵宝段的铁轨已被拆除。于是，任质斌一行徒步近百公里，经灵宝到达洛阳。

抵洛阳后，任质斌等一行住进了八路军洛阳办事处。由于朱理治来电询问，第二天一大早大家便向竹沟进发。

竹沟是桐柏山区数县交界处的一个小镇。它东连确山县城，南邻信阳、桐柏，西接泌阳，北靠遂平，是延安通向华中的交通枢纽。这里的人民具有光荣的革命传统。土地革命战争时期，竹沟始终有党组织和红军游击队存在，杨靖宇等曾在此领导数万农民举行大暴动。一九三八年二月，中共中央派彭雪枫率一批红军干部到达竹沟后，又从延安、武汉等地陆续调派许多干部来这里。中共河南省委（后豫鄂边区党委）和中共中央中原局的机关就设在竹沟。于是，竹沟就成了党在中原地区发展抗日武装斗争的一个前哨阵地。

五月上旬，任质斌等一行到达竹沟，朱理治热情接待了他们。不久，朱理治与任质斌进行了一次长谈。当时，朱理治正在遴选区党委宣传部部长。他认为任质斌是极好的人选。因为在任质斌到来之前，他已从刘少奇的电报中知道了其不凡的经历；见面之后，更感受其深厚的理论功底和迅捷的思辨能力。因此，在谈到工作安排时，朱理治非常诚恳地建议任质斌留在竹沟就任区党委宣传部部长。

任质斌经过慎重思考后对朱理治说：我年轻，刚来河南，对这里的情况还不了解，希望不要留我在区党委机关工作，恳请让我到基层去锻炼。朱理治接受了任质斌的意见，派他以区党委特派员的身份，前往豫南特委，协助特委书记刘子厚工作，帮助解决当地两支党所领导的武装的团结问题。

当时，豫南特委掌握的武装力量有张裕生等领导的游击大队和朱大鹏领导的"七十七军工作团"。任质斌到豫南以后，受到刘子厚等热情欢迎，他们各自向他报告了豫南党组织和武装力量的情况。

经过调查研究，任质斌认为解决干部之间的团结问题，必须先统一思想。于是，他召集豫南党和军队的负责同志开会，在会上宣传党的六届六中全会精神，传达朱理治和豫鄂边区党委关于豫南工作的意见，号召大家在党的绝对领导之下，共同高举抗日大旗，努力壮大人民抗日武装力量，求大同存小异，团结奋斗。会后，任质斌又分别与刘子厚、朱大鹏、张裕生等作了长时间的个别交谈，使大家心情舒畅。年仅二十四岁的任质斌，很快获得豫南特委同志们的信任和拥护。六月，刘子厚奉命回竹沟向区党委汇报工作，任质斌便留在豫南主持工作。

豫南，特指信阳、桐柏、应山（今广水市）、随县（今随州市）四县交界的地区。它的北面是辽阔的豫中平原，南面是富饶的鄂中平原，东出可扼平汉铁路咽喉，南下可拊华中重镇武汉的项背。据有这一地区，就为新四军挺进武汉外围敌后建立了桥头堡，并可沟通与鄂中、鄂东党的联系。在这里开展抗日游击战争，建立敌后抗日根据地，有着特殊的战略意义。

为了发展豫南，适应开展敌后游击战争的需要，任质斌首先开办干部训练班，以提高当地党员、干部的理论水平和政治素质。第一、二、三期训练班均在四望山回龙寺举办。第四、五期在随县草店王子城开办。任质斌亲自给学员上课，主讲党的建设，介绍党的壮大历程及党的组织、思想和作风建设，使广大党员干部受到深刻的党的建设理论教育。五期干部培训班共培训了三百多名干部，这些干部以后大多在鄂豫边区坚持抗日游击战争，为鄂豫边区抗日民主根据地的建设发挥了重要作用。

一九三九年五月，日军向襄樊进犯。根据新的形势，六月下旬，豫鄂边区党委决定在四望山建立豫鄂边地委，任质斌任书记。七月，日军"扫荡"随（县）枣（阳）地区，有一支敌军部队沿四望山北麓的公路西犯，信南沦为敌后，豫鄂边地委和竹沟的联系也中断。在这种情况下，任质斌把张裕生、朱大鹏找来，分析道：形势已经发生了重要变化，我们这里已经沦陷，与竹沟的联系也中断，我们必须从长远出发，作好长期独立作战的准备。目前，我们的力量分散，不如合编起来，力量更强大些①。朱大鹏、张裕生都赞同任质斌

---

① 李少瑜、何光耀、张肇俊主编：《任质斌在中原八年》，湖北人民出版社，1998 年 12 月版，第 64 页。

的意见，很快将信（阳）南的四个中队与七十七军工作团合编成三团队，朱大鹏任团长，任质斌任政治委员，张裕生任副团长，朱立文任参谋长，文敏生任政治处主任。

（此前不久的六月中旬，李先念、陈少敏等在鄂中京山养马畈召开了鄂中区党委扩大会议。会议根据中原局的指示，决定将鄂中、豫南党的武装统一整编为新四军豫鄂独立游击支队，共编四个团，其中信阳挺进队一支队和信（阳）罗（山）边游击大队合编为二团队，应城县国民抗敌自卫总队第三支队和应山党的两个中队合编为三团队，团长为蔡松荣，政治委员为杨焕民。任质斌等当时只知豫南有二团队，而不知已有三团队，所以把新组编的这个团也称"三团队"。后来为了区别，通称任质斌主持组编的这个团为"信南三团"。）

"信南三团"组建后，在信（阳）南及应（山）北活动，积极掩护地方工作，开展根据地的各项建设，并积极为鄂中输送干部，为从延安奔赴鄂中的干部提供服务。八月，任质斌奉命回竹沟任豫鄂边区党委副书记。九月，朱大鹏也奉调去延安学习。于是豫鄂边区党委决定刘子厚接任地委书记，信南第三团队与撤至四望山的第五团队合编，仍称第三团队，肖远久任团长，刘子厚兼政治委员。

任质斌在豫南不到一百天的时间里，深入抗日第一线，积极贯彻党的六届六中全会精神和豫鄂边区党委旨意，妥善处理了豫南党所领导的抗日武装的团结问题，培训了大批抗日骨干，成功地组编了新四军豫鄂独立游击支队（信南）第三团队，为豫南抗日游击根据地的创建，奠定了坚实的基础。

二　任豫鄂边区党委副书记

一九三九年八月，朱理治主持召开豫鄂边区党委扩大会议，讨论巩固党的组织，选举出席中共七大的代表。在会上，任质斌被选为区党委副书记。会后，任质斌即从豫南赴竹沟就任。

　　任质斌来到竹沟时，朱理治正患疟疾，无法正常工作。任质斌在危拱之（女）的协助下，负责日常工作。

　　危拱之，河南省信阳县人，一九二六年参加革命，一九二七年加入中国共产党。土地革命战争时期，曾任河南省委妇女科科长、中央苏区办公厅秘书兼俱乐部主任、红军剧社社长兼导演、陕西省委妇女部部长。抗战爆发以后，任河南省委秘书长、豫南特委组织部部长、信阳中心县委书记兼信阳挺进队政治部主任。此时她是豫鄂边区党委组织部部长。

　　任质斌深知全面负责区党委的日常工作，必须对河南的社会环境，特别是党在河南的工作情况有全面了解，可他到河南虽有三个多月，但基本上在豫南活动，对其他各地情况知之甚少。于是，他主动向危拱之等请教。危拱之认真细致地向他介绍了各地干部和抗日武装的组织情况，为他顺利开展日常工作，创造了条件。对此，任质斌十分感激并念念不忘。一九八四年八月，在纪念危拱之诞辰八十周年时，他在《人民日报》上发表署名文章《纪念党的好女儿——危拱之同志》。文中写道："当时我被任命为河南省委副书记，她是组织部长。但我的革命经历和学识都不如她，论年龄也比她小若干岁，而且我刚从延安出来不久，对河南的社会环境和党在河南的工作情况都不具体了解，省委书记朱理治同志又正在生病，不便多去打扰他。就在这种情况下，危拱之同志不仅没有给我出难题或者看我的笑话，而且积极地向我介绍各方面的情况。她介绍得很具体、很生动，使我印象很深。豫东、豫西，我从未去过，但直到现在我还记得活动在西华、扶沟、杞县、太康一带的地方实力派胡晓初、魏凤楼和淅川、内乡、镇平地方自治派如彭锡田、别廷芳等。还有我党在杞县、西华、扶沟等地埋头工作的干部吴芝圃、沈东平、王其梅、郑平等人。这都是危拱之同志介绍情况时给我留下的印象。"①

————————————

① 《人民日报》，1984年8月10日。

　　按照豫鄂边区党委的安排，任质斌和危拱之一起搭伙。当时的生活条件非常艰苦，尽管竹沟镇上的副食品很便宜，但他们没钱购买，只能每隔几天，买几两猪肉炒点大头菜拌饭吃，算是改善生活。所以危拱之的身体很瘦弱，但她从未叫过苦。

　　在危拱之等大力支持下，任质斌严格执行中原局的指示，在十分重视建立抗日根据地的同时，扩大了原来的教导大队，继续举办各种训练班。在他的关心下，竹沟后来又办了地方武装干部训练班和电台、机要、卫生、司号、供给、妇女等各种训练班。全国各地的青年，特别是中原各省矢志抗日的青年，纷纷来到竹沟。竹沟成了"小延安"，处处洋溢着浓烈的抗日气氛。

　　任质斌虽为边区党委副书记，但他时刻把自己融入群众之中。清晨，竹沟大沙河岸嘹亮的军号声将人们唤醒，教导大队和党训班学员、机关干部、武装青年队都聚集在东门外广场跑步、出操，进行军事训练。傍晚，一队队抗日健儿，又在这里打球、唱歌，《大刀进行曲》、《延安颂》、《送郎参军》等救亡歌声，响彻街头田野。夜晚，业余识字班里，书声琅琅。任质斌经常参加这些活动，随时都可见到他的身影。

　　任质斌还亲自到教导大队和各种干训班给学员讲课，宣传党的六届六中全会精神和我党抗日的路线、方针、政策。竹沟的教导大队和各种干训班共培训了学员三千余人，其中党员二千二百人，还为延安抗大选送了二百二十名学员。这些经过培训的人员，除党训班学员部分回到地方工作外，大部分后来都到部队工作，大大充实了主力部队和地方武装的骨干力量。

　　在任质斌负责豫鄂边区党委日常工作前后，国际国内形势骤变。德国法西斯悍然进攻波兰，在美国的支持下，英法对德国宣战，第二次世界大战全面爆发。同时，国民党召开五届六中全会，确定了以"军事限共为主，政治溶共为辅"的方针，并在武汉外围不断制造反共摩擦，使惨案频频发生。六月，国民党顽固派在鄂南制造了"平江惨案"；七月，七百余人的"梁湖大队"遭受国民党方步舟部的袭击，全军覆没；在鄂皖边，新四军江北游击第八大队也遭受国民党王丹侯部的进攻，先后有二百余军民惨遭杀害；在天汉湖区，国民党一二八师师长王劲哉摆"鸿门宴"，将汉川游击大队连以上的军官尽数杀害，部队被鲸吞；九月，在鄂东，国民党顽固派制造了"夏家山惨案"①。同时，国民党中央政府还给第一战区司令长官卫立煌，下达了用武力解除新四军第四支队第八团队竹沟留守处的反动命令。

在此情况下，任质斌同朱理治等断然作出应付逆转形势的决定，一方面坚决反对妥协投降，积极把握武装，随时准备开展游击战争，在政治上、思想上、组织上作好粉碎国民党顽固派反共高潮的准备。一方面积极开展广泛的统一战线工作。为此，任质斌经常到教导大队、各种训练班，以及设在竹沟的其他机关了解情况，征询大家的意见，号召大家提高警惕，随时准备粉碎国民党顽固派的进攻。同时，他还派干部去竹沟外围做统战工作。共产党员张月波到桐柏，做国民党桐柏县县长邓复的统战工作，与其建立了长期友好的关系。竹沟地委统战部部长刘放到信阳，做国民党信阳县长马显扬的工作，最大限度地避免了摩擦。刘放曾回忆：我和任质斌同志在河南竹沟（"小延安"）认识，我当时到竹沟地委工作不久，他是河南省委（即豫鄂边区党委）副书记，为避免摩擦，曾派我去尖山一带与信阳县国民党县长马显扬进行抗日统战工作，并让我骑他的白马。这表明他勤于思考，善于抓住机遇进行统战工

---

① 夏家山事件：1939 年 9 月 1 日，桂军第一七三师两个团配合鄂东第十八游击纵队及黄冈、麻城县自卫队，在夏家山、芦泗坳、龙王山、回龙山等地，围攻由鄂东抗日游击队改编而成的国民革命军第二十一集团军独立游击第五大队，致 50 余人被俘，百余人被害。

作和对部下的关心①。

面对竹沟及其外围严峻的局势，中原局书记刘少奇及时向党中央作了汇报。九月十七日，党中央及毛泽东发来指示："……五、六大队及先念、竹沟各部在国民党武力进攻之下，必须有充分战斗准备，并须有坚持在原地活动一个必要时期之决心，在严格的自卫立场上予进攻我之部队以有力的还击，以争取我军之存在。"②

九月中旬，刘少奇带着党中央的指示，再次从延安抵达竹沟，在详细调查竹沟周围敌、友、顽、我等情况后，对豫鄂边地区的抗日游击战争和应付突然事变问题作了详尽指示。他首先找朱理治、任质斌、危拱之等了解情况，分析形势，提出坚决撤离竹沟，转入敌后坚持抗日游击战争的方针。随后，他主持召开了中原局、豫鄂边区党委、竹沟留守处及竹沟地委、竹沟县委的干部联席会议，任质斌参加了此次会议。在会上，刘少奇作了题为《国民党反共高潮必然到来，我们如何应变》的报告。强调指出，由于豫南、鄂中敌后根据地的开辟，国民党顽固派对竹沟的包围和破坏，竹沟作为党在中原敌后开展游击战争的战略基点的历史任务已经完成，再坚持已不可能。并就下一步的行动作出了具体的战略部署：

一、对业已产生的反共逆流必须保持清醒的头脑，做好充分的思想和组织准备，用全力从思想上、政治上、组织上巩固我们的党，巩固党所领导的军队和政权，以准备对付可能危害中国革命的突然事变，使党和革命在可能的突然事变中不致遭受意外的损失。

二、鉴于抗日战争的持久性和国民党顽固派的反共活动日趋严重，必须迅速把国民党统治区的组织和工作与日军占领区的组织和工作严格分开。豫鄂边区党委和在竹沟的机关、部队，迅速深入敌

---

① 湖北省新四军研究会、北京新四军研究会五师分会、鄂豫边区革命史编辑部编：《风雨历程　光辉人生》，中央文献出版社，2000 年 3 月版，第 67 页。

② 丛书编委会：《新四军文献》(1)，解放军出版社，1992 年 6 月版，第 549 页。

后，与李先念会合，以加强敌后工作的领导，发展和扩大抗日游击战争，创造根据地。国民党统治区的党组织应立即转入地下，重新成立中共河南省委，专门领导国统区党的秘密工作。同时还决定将豫南、鄂中、鄂东的中共党组织和党所领导的抗日武装，进行统一领导、统一整编。

三、在敌后的部队，要克服对国民党顽固派的软弱心理，在顽固派挑衅时要敢于自卫还击，要敢于和善于在摩擦中捍卫抗日民族统一战线，壮大抗日力量①。

刘少奇和中原局的重要部署，使各级干部进一步明确了形势和任务，坚定了坚决还击国民党反共高潮的信心和决心。

会后，由于朱理治的疾患尚未痊愈，任质斌、危拱之等在刘少奇亲自指导下，认真落实会议精神，制定了"一分为三"的方案，即：一部分人由刘少奇带走，这里面包括中原局机关以及一批随他东进的干部；第二部分包括干部及部队约五六百人，由朱理治、任质斌等率领南下与李先念会合；第三部分由危拱之带领，与刘子久负责的豫西特委合并转入地下。根据刘少奇的指示精神，布置停当以后，任质斌便深入到教导大队和各训练班以及机关中，进一步向大家讲明在目前情况下，既不要惊慌失措，也不要有太平观念，要抓紧时间，在思想上、组织上做好充分准备。并号召大家积极行动起来，作好撤离竹沟和分散隐蔽工作，该去前方的去前方，该隐蔽的隐蔽下来，相机夺取武装，开展游击战争。

十月九日上午，刘少奇在周密部署中原局、豫鄂边区党委主动实行战略转移之后，率领中原局机关及包括徐海东、刘瑞龙在内的干部大队、教导大队学员共三百余人武装，离开竹沟东进。朱理治、任质斌等区党委领导一直陪送他过了大沙河，双方才挥手告别。临

---

① 樊有山主编：《豫南抗日民主根据地史稿》，河南人民出版社，1988年9月版，第116～117页。

别之际，刘少奇再次嘱咐朱理治、任质斌尽快南下与李先念会合。

十二日，根据刘少奇和中原局的部署，豫鄂边区党委决定：由朱理治、任质斌率领竹沟大部分工作人员及教导队去四望山地区，发动群众，筹措给养，然后挺进鄂中，用最大力量开展敌后工作。缩小的竹沟留守处，主要办理地方勤务和交通。同时，从河南地方党中抽调一批党员到部队中工作，到敌后创立根据地。

朱理治、任质斌在新的河南省委组建后，即率领豫鄂边区党委机关干部和部分武装共六百余人迅速南下。和他们一同南下的有：刘少卿、方正平、周志刚、夏农苔、张执一、夏世厚、方正、李林中（胥治中）、吴祖贻、孙西岐、宋世荣、冷新华、李国友（徐明）、王曦（女）等。这些同志后都成为新四军第五师和鄂豫边区的重要领导和骨干。

这是一次令人难忘的行军活动，王曦曾回忆：从河南往四望山地区转移，当时对于我们来说是一次深刻的锻炼。我万万没想到这次长途跋涉是这样的艰辛，不分昼夜，不管风雨，一股劲地走山道，穿小村，翻高山峻岭，钻森木丛草，越湖水、涉小溪，真累呀！往往是今天好像在湖北的山区，明天不知怎的又转到河南的山坳里，在离公路的交叉点时必须准备跑步，未上公路时跑三里，跨过短短的路面后又必须跑五里。我们一行在朱理治、任质斌的率领下，紧紧依靠沿途群众，终于顺利地到了目的地，与李先念会合①。

就在任质斌、朱理治与李先念、陈少敏等会合不久，"竹沟惨案"发生了。一九三九年十一月十一日，国民党第三十三集团军总司令汤恩伯命其少将参议耿明轩为总指挥，纠集信阳、确山、泌阳、桐柏四县的自卫团和第一战区信南游击司令戴民权部共两千人，对

---

①　湖北省新四军研究会、北京新四军研究会五师分会、鄂豫边区革命史编辑部编：《风雨历程　光辉人生》，中央文献出版社，2000年3月版，第114页。

新四军第四支队第八团队竹沟留守处发起突然袭击。竹沟军民奋起反击，终因敌众我寡，被迫撤离。国民党顽固派占领竹沟后，大肆捕杀新四军伤病员、抗日军属和革命群众，殉难者计二百余人。

竹沟惨案，是国民党顽固派企图从根本上摧毁共产党在中原地区指挥机关的一次军事暴行，由于中共中央的英明决断和刘少奇亲自指导，经任质斌等周密部署，才使损失大大减少。任质斌曾回忆："当时，我们虽然对形势的变化有所认识，但从内心讲，实事求是地说，没有刘少奇同志站得那么高，看问题那么远、那么深刻，就连朱理治同志当时都认为太仓促、太急。而现在看来，刘少奇同志的作法是对的，如果当初不是他那么明确、坚决地布置，说不定一些不大愿意去敌后的同志就要吃大亏，并且对后来新四军第五师的发展也有影响。"①

任质斌在就任豫鄂边区党委副书记期间，积极宣传党的六届六中全会精神，创办和发展了各种干部训练班，广泛开展抗日民族统一战线工作，特别是在竹沟面临严峻局势时，忠实地贯彻执行中原局、刘少奇的指示精神，认真部署撤离竹沟和分散隐蔽工作，并与朱理治等一道，率豫鄂边区党委机关干部和部分武装共六百余人顺利到达四望山，这对于及时组建新四军豫鄂挺进纵队乃至于后新四军第五师建军，均具有十分重要的意义。

三　参与筹组新四军豫鄂挺进纵队

"夏家山事件"、"竹沟惨案"的发生，进一步表明国民党顽固派在豫鄂边区的反共高潮已经开始，而边区自养马畈会议以后，豫南和鄂中地区党所领导的抗日武装虽然实现了统一，但豫南地区的

---

① 李少瑜、何光耀、张肇俊主编：《任质斌在中原八年》，湖北人民出版社，1998年12月版，第68页。

独立游击支队第二团队、信南第三团队、第五团队更多的还是受豫鄂边区党委的领导，而鄂中地区的第一团队、第三团队、第四团队和挺进团主要受鄂中区党委领导。在鄂东地区，原属鄂豫皖区党委领导的"独立游击第五大队"和新四军游击第六大队，在一九三九年八月，由于国民党第五战区政治上的倒退和反共活动的出现，鄂豫皖区党委被迫撤离立煌（今安徽金寨）后，实际上已在豫鄂边区党委和鄂中区党委的指导下进行工作，鄂东地委和罗（山）礼（山）（黄）陂孝（感）中心县委也主要接受豫鄂边区党委的领导。这种不完全统一的党组织、抗日武装，容易被国民党顽固派各个击破，难以应付日益严峻的武装斗争形势，也不利于游击战争的进一步开展和根据地的创建。因此，建立全面统一的豫鄂边区党和军队组织的工作，是坚持和发展敌后抗日游击战争，建立和巩固根据地的客观需要。

早在竹沟时期，任质斌就参与了关于建立统一的豫鄂边区军事指挥的筹备工作。当时，朱理治提出了《关于统一豫鄂边区指挥的建议》，指出："（一）为应付目前顽固派进攻及建立豫鄂边根据地起见，鄂中、鄂东原有的武装有建立统一指挥的必要。（二）统一指挥建立之方针，我建议最好将江北指挥部子息同志派来竹沟，或即去前方组织军政委员会，或由延安另派人去。如不可能，要即从述申、位三及我三人中决定一人。（三）如此种方案不行，可暂时指定前方军政同志统一指挥。军事干部自然以李先念为适当……"① 就此建议，刘少奇与任质斌等个别进行了讨论，特别是关于这支武装的名称、主要干部配备等问题交换了意见，作了明确指示：赞同朱理治意见，尽快将鄂东、鄂中、豫南的党组织及武装统一起来，统一指挥，朱理治作为中原局的代表，担任即将成立的这支武装的政治委员，李先念作司令员，任质斌任政治部主任，周志刚任政治部

---

① 张文杰主编：《朱理治纪念文集》，河南人民出版社，1993 年 12 月版，第 171 页。

副主任。

为此，中原局于一九三九年九月十九日作出了《关于创立鄂东、豫南、鄂中抗日根据地决定》，指出："鄂东、豫南、鄂中敌占区域，是今天开展华中游击战争最重要地区之一。创立坚强的游击队伍，建立鄂东、豫南、鄂中抗日根据地，并使之逐渐打成一片，这是今天鄂豫皖、豫鄂边以及鄂中三个区党委最主要的任务。"① 并在朱理治、任质斌率部向李先念等所在的四望山转移时，命令鄂东"独立游击第五大队"和新四军游击第六大队会合西进，向李先念部靠拢，到平汉铁路西安陆赵家棚集结整编。

任质斌、朱理治到达四望山后，即与李先念、陈少敏等一起开展准备工作。十一月十六日，当罗礼陂孝中心县委书记贺建华到达时，朱理治、李先念、陈少敏、任质斌、贺建华、刘子厚等在龚家湾召开会议，后来通称此次会议为"四望山会议"。

会上，朱理治、任质斌传达了中原局和刘少奇的指示，强调为了反击国民党顽固派的猖狂进攻，根据豫鄂边区的形势和实际需要，必须加强党对敌后抗日游击战争的领导和建立统一的抗日武装。会议决定：坚决执行中原局和刘少奇的指示，建立新的豫鄂边区党委，统一领导原豫鄂边、鄂中及鄂豫皖区党委所属的豫南、鄂中、鄂东等地党的工作，并将这三个地区的抗日武装力量统一整编为新四军豫鄂挺进纵队，以实现豫南、鄂中、鄂东地区党和军队的全面统一。大家还就刘少奇提出的关于边区党委和挺进纵队有关人事安排、挺进纵队编几个团、各个团的主要负责同志、新成立的挺进纵队司政两部如何与原"独立游击支队"司政两部合并等问题，进行了初步研究，并取得一致意见。会议还决定，鉴于被国民党军队包围中的四望山地区的形势显著恶化，豫鄂边区敌后抗战的指挥中心，将由

―――――――――

① 丛书编委会：《新四军文献》（1），解放军出版社，1992 年 6 月版，第 551 页。

豫南转移到鄂中。这次会议，与会人员统一思想认识，增加了战胜敌顽夹击的决心和信心，为迎击国民党顽固派掀起的第一次反共高潮，作了组织和思想准备。

任质斌是在四望山会议期间，第一次见到李先念、陈少敏的。

李先念，湖北省黄安（今红安）人。一九二六年参加革命，一九二七年加入中国共产党。土地革命战争时期，曾任（黄）陂（黄）安南县委书记，红四方面军第十一师第三十三团政治委员、第十一师政治委员、第三十军政治委员，是四方面军著名将领。抗战爆发以后，任豫鄂边区党委军事部部长，豫鄂边区军事委员会副主任。此时是新四军豫鄂独立游击支队司令员。

陈少敏，山东省寿光人。一九二七年参加革命，一九二八年加入中国共产党。土地革命战争时期，曾任天津市委秘书长、妇女部部长，唐山市委宣传部部长，冀鲁豫特委组织部部长、副书记。抗战爆发以后，任江西省委妇女部部长，河南省委组织部部长。此时是鄂中区党委书记。

在四望山，李先念给任质斌留下了深刻的印象。他晚年回忆道："在四望山是我第一次见到李先念，他给我的印象是：瘦瘦的，一看便知是饱经风霜、有生活阅历的人，眼睛有神，看起来很英武、很精干，讲话温文尔雅。"① 从此，任质斌与李先念并肩作战，在创建新四军第五师和鄂豫边区抗日民主根据地过程中，殚精竭虑，风雨同舟，建立了深厚的革命友谊。

四望山会议结束以后，任质斌受命筹组即将成立的新四军豫鄂挺进纵队的司政机关和配备有关团的主要干部，以及部署与原独立游击支队司政两部的合并事宜。

当时，豫鄂边区的干部来自五湖四海，四面八方。其中，一部

---

① 李少瑜、何光耀、张肇俊主编：《任质斌在中原八年》，湖北人民出版社，1998 年 12 月版，第 71 页。

分是参加过第一、第二次国内革命战争的，约有一百多人。这些同志大多是党中央从延安派出来的红一、二、四方面军的干部和在当地坚持三年游击战争的干部。另一部分是在北平、天津、上海、南京、武汉等大城市沦陷前后，从白区撤退出来的党的干部，多数是知识分子。再就是抗战爆发后，在党领导下的武装斗争中涌现出来的一大批工农干部和知识分子干部。

在安排新四军豫鄂挺进纵队司政机关和有关团的主要干部时，任质斌等坚持任人唯贤，人尽其才原则：一是将为数不多的、有战斗经验的红军干部大都安排在关键岗位上，多数就任团长或团政治委员，让他们在作战和建军中发挥带头和骨干作用，以保证党对这支人民军队的绝对领导。二是将一批有党群工作经验的知识分子干部，安排在政治工作岗位上。三是恰当安排各种不同经历的干部。如对本地区的工农干部，主要安排他们协助军事或从事后勤工作，以发挥他们联系地方群众、熟悉民情的特长。为了团结抗日，对由伪军反正、土匪武装改编等所带来的"特殊成分"的人，也都恰当地分配工作，使各类干部都能充分发挥自己的特长。无论是工农干部，还是知识分子干部，青年均占绝大多数，在当时县团以下的各级党政军干部中，党龄只有三四年的年轻人约占百分之八十九左右。

新四军豫鄂挺进纵队合理配备和正确使用干部，使这支以农民为主要成分的军队的领导权，牢牢地掌握在马克思主义者手中。它一诞生就显示出强大的生命力。任质斌在这项重要工作中，展现了他作党的工作和政治工作的领导艺术和杰出才能。

在干部配备方案基本确定后，任质斌等即从四望山向京山县八字门进军。冬夜的山区，寒风瑟瑟，天空漆黑一片，大家在崎岖不平的山路上摸索前进。通过广（水）应（山）公路时，突然发现敌机在头上盘旋，队伍即刻出现骚动。任质斌指挥大家要沉着冷静，熄灭所有带光亮的物件。一会儿，敌机飞走，部队继续前进。到赵家棚以后，任质斌与鄂豫皖区党委委员、鄂东地委书记程坦等会合。

在赵家棚休息了三天，大家又一同继续前进。第一天晚上宿营在大山头脚下的一个村子里。当晚下了大雪，漫山遍野，白雪皑皑。清晨部队再次行军，刚走不远，传来日军"扫荡"的消息。新四军战士穿的大多是夹袄和布鞋、草鞋，轻装前进，很快翻过山岭摆脱了敌人。日军都穿着高统马靴，在雪地行走极不方便，不得已放弃"扫荡"计划。关于这次紧急转移，蒋立曾回忆：当时，我是任质斌的秘书，我爱人洪涛也在组织科当干事。一天清晨，情报传来，周围日伪军要出动"扫荡"，任主任决定部队迅速转移。当时正下着鹅毛大雪，路滑难行，洪涛已怀有六个月身孕，背包由我背着，挂着一根竹杖，行军十分艰难。这情景正好被骑在马上的质斌同志看到了，他立即跳下马来，让洪涛骑了上去，我极力劝阻也无效，只好和质斌同志一起步行。质斌同志这一举动，成为我们初交的第一个见面礼，使我和洪涛终身难忘①。

就在任质斌等到达八字门不久，十二月五日凌晨，鄂中区党委驻地马家冲突遭日军"扫荡"。驻应城、京山的日军步兵第二十六旅团旅团长奈良晃少将和步兵第一〇三旅团旅团长山本源右卫门少将，调集日伪军一千五百余人，附炮四门、飞机一架，兵分五路，闪击马家冲。当时，李先念、陈少敏、陶铸等正在马家冲。李先念临危不惊，沉着应战，当即指挥部队和机关工作人员，在当地群众掩护下，顺利地突出重围。日军占领马家冲，因群众早已转移上山，并进行了坚壁清野，毫无所获。野蛮的敌人丧心病狂，放火烧毁房屋百余间。

任质斌得知马家冲被袭消息后，召集夏农苔、庞俊、王国光等开会，决定由庞俊率民运工作组迅速赶往马家冲。并指示："你们去

---

① 湖北省新四军研究会、北京新四军研究会五师分会、鄂豫边区革命史编辑部编：《风雨历程　光辉人生》，中央文献出版社，2000年3月版，第120页。

后，要向当地群众作宣传，揭露日军的野蛮残暴行径，鼓起群众的抗日义愤，组织和帮助群众互助互救、恢复家园、恢复生产，首先要把烧毁的房屋搭起来。"庞俊等到了马家冲后，迅速动员群众把躲在外面的青壮年找回来，带领大家上山砍树木、背柴草，因陋就简搭建临时住房。同时还根据任质斌的指示，对穷困户发放了救济款，组织群众恢复生产。对于这次战后的群众工作，庞俊曾回忆："我们回到政治部汇报后，任政委①很高兴地说，你们要总结经验，不仅要会做部队的战后政治工作，还要学会做战后战地居民的政治工作。做好群众工作，对争取战争胜利很重要。"②

　　经过近一个月的筹备，一九三九年十二月中旬，新的豫鄂边区党委组建完成。中原局委员、组织部部长朱理治在京山八字门主持召开了第一次党委会，并宣布了有关人事安排。新的豫鄂边区党委由郑位三、陈少敏、李先念、陶铸、任质斌、杨学诚、夏忠武、吴祖贻、刘子厚、程坦、葛启卜（一九四〇年六月脱党）等委员组成。中原局委员郑位三任书记，陈少敏任副书记，李先念任军事部部长，杨学诚任组织部部长，夏忠武任宣传部部长，陶铸任统战部部长，吴祖贻任民运部部长，葛启卜任秘书长。郑位三在皖西根据地染病未能到职，区党委书记由陈少敏代理。葛启卜也未到职，秘书长由新到达边区的原鄂西北区党委书记王翰担任。后来又陆续增补了王翰、刘少卿、郑绍文、陈秀山、文敏生等为边区党委委员，顾大椿、刘慈恺为候补委员。

　　一九四〇年元旦前后，新成立的豫鄂边区党委完成了对各地武

　　①　任质斌后来曾代理新四军豫鄂挺进纵队和第五师政治委员，所以五师老同志大都称其"任政委"。
　　②　湖北省新四军研究会、北京新四军研究会五师分会、鄂豫边区革命史编辑部编：《风雨历程　光辉人生》，中央文献出版社，2000年3月版，第87～88页。

装力量的整编。一月三日，中原局、刘少奇等电示李先念等："所有在鄂中、鄂东活动皆我党所领导的部队，统归你们指挥节制。部队番号改称纵队，由纵队首长组织纵队委员会，以理治、先念、质斌、少卿、少敏诸同志组织之。以理治同志为书记。中级干部任免、部队行动，及一切重要军事政治计划，均须经过纵队委员会讨论后执行，这是纵队党的最高领导机关。"①

根据中原局的电示精神，新四军豫鄂挺进纵队于一月上旬在京山八字门正式建军，司令员李先念，政治委员朱理治，参谋长郑绍文（后刘少卿），政治部主任任质斌，政治部副主任周志刚（后王翰）。下辖五个团队和三个总队：第一团队团长罗厚福，政治委员方正平；第二团队团长周志坚，政治委员黄春庭；第三团队团长肖远久，政治委员钟伟；第四团队团长李人林，政治委员罗通；第五团队团长蔡松荣，政治委员杨焕民。信（阳）应（山）游击总队总队长张裕生，政治委员刘子厚；鄂东游击总队总队长熊作芳，政治委员程坦；应城抗敌自卫总队总队长许子威。原竹沟教导队和新四军豫鄂独立游击支队教导队合并为挺进纵队随营军事学校，校长李先念兼，政治委员黄春庭。

边区党委和挺进纵队成立后，为了加强党政军统一领导，边区成立了军政委员会，其成员与纵队委员会相同，亦由朱理治任书记。

在挺进纵队建军前后，豫鄂边区党委根据中共中央关于"争取伪军反正，瓦解敌伪军"的指示，在原鄂中区党委已做了大量工作的基础上，仍继续派陶铸做伪军郭仁泰部的策反工作。经过一段时间的争取和教育，郭仁泰于一月十九日率部反正，正式编为挺进纵队第六团队，郭仁泰任团长、郑绍文任政治委员。

为了加强对这支部队的改造，任质斌亲自选调了一批有革命斗争经验的军政干部去第六团队，进行政治和军事训练工作。临走前，

① 丛书编委会：《新四军文献》（1），解放军出版社，1992年6月版，第558页。

他专门召集大家开会，介绍郭仁泰部的历史、现状和营以上干部情况，明确指示对该团的工作方针和要点。强调："一要大力宣传我军的性质、宗旨、任务、优良传统作风和三大纪律八项注意；二要建立健全各级政治工作组织，活跃部队文化体育生活；三要团结全体干部战士，尤其是正确对待参加'汉流'的上层干部，既要信任他们，使其做巩固部队工作，又要警惕他们安于腐朽生活、不愿艰苦的旧思想，逐步清除'汉流'封建组织的影响；四要发现培养先进分子，发展党员，建立党的组织。告诫大家要以身作则，以艰苦奋斗的精神工作，影响他们，改造部队。同时，他还特邀豫南红军干部王国华（即王老汉）同志介绍改造收编土匪部队的经验。"①

郑绍文、吴若岩、刘杰全、庞俊等一批有革命斗争经验的军政干部到该团后，加强了政治工作和军事训练，在团队机关建立了党支部、政治处和参谋处，向各营连调派去教导员、指导员，选送了一批有培养前途的干部到纵队随营军校去学习。清除一些坏分子，取缔部队中封建性的"汉流会"组织，对全体指战员进行了民族气节和革命传统教育，整顿了纪律，改善了军民关系，使这支原本陋习严重的旧武装，很快改造成为纵队的一个主力团队。

新四军豫鄂挺进纵队的建立是新四军第五师建军史和豫鄂边区抗日战争史上的一个重大事件，是党中央和中原局的一项重大战略决策。它的成立，实现了党在豫南、鄂中、鄂东三个地区掌握的武装力量的统一领导、统一编组、统一指挥；完成了豫鄂边区党的工作重点向武汉外围的沦陷区，主要力量向敌占区进军的转移；有计划地展开了在豫鄂边区创建抗日根据地的斗争。从此，豫鄂边区的抗日游击战争进入到一个新的阶段。对此，中共中央给予了高度的评价："武汉附近新四军挺进纵队（有九个团）的创造是一个伟大

---

①　湖北省新四军研究会、北京新四军研究会五师分会、鄂豫边区革命史编辑部编：《风雨历程　光辉人生》，中央文献出版社，2000年3月版，第88页。

的成绩。这次经验证明了一切敌后地区，不论在华中或华南，我党均可建立自己的武装部队，并且可以存在和发展，但其先决条件是地方党应有组织武装的坚强决心与工作布置，有不怕与顽固派摩擦的勇气与意志。"[1]

挺进纵队建军以后，任质斌负责部队的政治工作。在他的主持下，挺进纵队政治部健全了机构，设立了组织、宣传、锄奸、民运、联络、敌军工作等科，周志刚（兼）、冷新华、李林中、夏农苔、张执一、黄宇齐等任科长，后不久又分别改为部，迅速开展各项工作。

新四军豫鄂挺进纵队的主要成分是农民，为了把这支武装建设成为一支革命的军队，任质斌十分重视部队的思想政治教育，强调要把它作为政治工作的中心内容，要求各部发扬红军的优良传统，按照政治建军的原则，建立政治处及党的总支、分总支和支部（均未公开），积极在战士中发展党员，把政治工作贯彻到每个党员、每个战士和各项活动之中，使党支部逐渐成为连队的战斗堡垒，从组织制度以及内容和形式上，不断健全和完善思想政治工作。在李先念、任质斌等领导与指导下，挺进纵队的思想政治工作逐步形成自己的特色。即：注意把握时代和形势发展的脉搏，正确处理民族解放教育与阶级教育的关系；根据不同的对象、不同层次，进行侧重点不同的教育，尤其是注意针对农民的特点进行教育，开展革命理想教育、革命纪律教育、党的政策教育、文化知识教育等具体内容；采取灵活多样、生动活泼的方式、方法进行教育。如开展"干部会、党员会、军人大会"的"三会制度"和"三分钟讲话"、"五分钟支部大会"、"火线喊话"等。同时还建立了经济委员会，管理伙食；组织宣传队，开展干部、战士喜闻乐见的文体活动，寓教于乐；开展群众工作，检查群众纪律和个别扩军。

———————————

[1]　丛书编委会：《新四军文献》（1），解放军出版社，1992年6月版，第559页。

任质斌直接领导和指导了新四军豫鄂挺进纵队机关报——《挺进报》的工作。一九四〇年一月，挺进纵队建军后，纵队政治部着手筹备组建挺进报社，任命谢中烽为社长，并调一批知识分子干部参与报社的工作，分别担任编辑、记者和刻版、印刷工作。任质斌亲自给报社的同志上课，介绍自己在中央苏区编辑《红色中华》的有关经验，并指导制定了《挺进报》的办报方针：宣传中国共产党抗日主张、统一战线政策和游击战争理论；本着"从群众中来，到群众中去"的精神，反映部队建设、训练、生活，总结作战经验教训；表扬英雄模范人物，鼓励士气，巩固部队，提高战斗力。二月初出版了创刊号，纵队政治委员朱理治为《挺进报》题写报头，司令员李先念为创刊号题词。在任质斌亲切关怀与支持下，《挺进报》逐渐成为边区主要舆论阵地之一。

新四军豫鄂挺进纵队成立不久，政治部锄奸科长李林中向任质斌提议创办锄奸干部轮训班。任质斌欣然同意，并出席第一期轮训班的开学典礼。在会上，他要求大家切实加强对保卫干部的培训工作，并告诫在今后工作中，凡重大案件必须由集体讨论决定，坚持实事求是的态度，多做深入细致的侦查工作，坚决取消刑讯和逼供信，千万不要伤害革命同志。他强调，保卫部门是一条隐蔽战线，希望大家当好无名英雄。

任质斌还千方百计在各级政治部门建立对敌伪工作机构，配备充实干部力量，保证了对敌伪斗争有效开展。任质斌主持政治部工作后，即致电延安对敌伪工作总部，要求派专业能力强的敌工干部到边区。不久，中共中央派来凌云、李震、孙惠民、向阳、乔复民等有对敌工作经验的同志，挺进纵队迅速建立各级对敌机构。任质斌还从边区实际出发，按照延安总部"敌工干部学校"的模式，指示对敌工作部会同组织部、锄奸部等组成三部联合工作小组，到部队、机关、学校，考察抽调一批有政治觉悟，有一定文化水平，接受能力较快的青年，筹办敌工干部训练班，培养既懂日语，又能掌握对敌政策和斗争策略的专业敌工人员。

对新四军豫鄂挺进纵队的机要工作，任质斌也非常重视。他对这支队伍要求很严，挑选机要干部时一要政治可靠，二要有一定文化。特别强调提高他们对机要工作和保守党的机密重要性的认识，要守口如瓶，自觉遵守工作纪律。同时，任质斌对机要人员的政治思想状况和行军安全也关怀备至。对此，曾任新四军豫鄂挺进纵队司令部机要科长的宋世荣回忆道：任质斌同志对我们非常关心，每当行军时，他总让我们跟在首长后面，途中还总是询问机要科的人跟上没有？每到宿营地，他总是吩咐总务科的同志赶快给机要科安排住房，而且一定要挨近首长住处。战争年代生活条件艰苦，我们机要科又常需夜里工作，任政委很关心我们的健康，要求供给部不定期给我们一些补助，改善我们的伙食，让大家深感党的温暖比海深①。

正是在任质斌及纵队政治部的领导、组织下，开展了一系列卓有成效的政治宣传教育工作，使部队党的建设和政治、军事建设日臻健全。

四 欢迎史沫特莱一行

正当新四军豫鄂挺进纵队在敌后建军时，美国著名女作家史沫特莱在中国女作家安娥等陪同下来豫鄂边区采访。豫鄂边区军政委员会对此事也非常慎重，指派纵队政治部主任任质斌主要负责有关欢迎与接待事宜。

一九四〇年一月十一日，史沫特莱一行随同押送六名日本战俘到五战区，完成任务后返回的部队一起进入豫鄂边区，受到了任质

---

① 湖北省新四军研究会、北京新四军研究会五师分会、鄂豫边区革命史编辑部编：《风雨历程 光辉人生》，中央文献出版社，2000年3月版，第92页。

斌派来的政治部工作人员的迎接。十二日，她们安全到达纵队司令部驻地京山八字门，受到了朱理治、李先念、陈少敏、任质斌等边区领导人的热烈欢迎。十三日，任质斌亲自安排布置了盛大欢迎仪式。

清晨，正当史沫特莱一行准备由政治部赶往司令部时，任质斌派人给她们送去由他签发的通知，上面写着："今晨一点钟，发现番号不明敌军一队，由襄花路向云梦县开来，有向我方行动的可能，各部应于今晨九时在篮球场紧急集合。"①

尽管已经有人私下告诉过史沫特莱及安娥，今天，挺进纵队将准备用紧急集合的形式来欢迎她们，但她们仍然装作不知道，匆匆赶往集合地，路上别人说什么，她们也随着答应什么。后来，大家才知道，这场"紧急集合"的导演正是任质斌。

集合地点设在司令部门前的篮球场。球场中间搭了一个台，并用松柏枝扎了台口，横楣上挂了条红布，写着"欢迎国际友人大会"，柱子上也贴有标语。

会议开始时，李先念让任质斌做大会主席，并介绍说，这是我们的政治部主任任质斌。任质斌宣布开会后，说：我报告大家一件可喜的消息，我们这里来了三位客人，三位朋友。这位黄头发的，是我们的国际友人史沫特莱女士，这位就是《渔光曲》的作者安娥女士，这位是翻译方练百先生。他们都是爱护我们的，帮助我们的。他们这次来到边区，一定会给我们很多的指导与益处，我们千万不要放掉这个难得的学习机会啊！

接着，任质斌略带歉意地解释说：她们来到边区后，我就一直在想，用什么来欢迎三位先生呢？在这穷乡僻壤的地方，既没有好吃的，也没有好喝的，更没有好看的。所以我们临时指挥部决定用紧急集合来欢迎三位先生！一则我们一个月来没有大的战斗，也没

---

① 安娥著：《五月榴花照眼明》，华中师范大学出版社，1989年5月版，第32页。

有行军，再这样待下去，我担心人会长懒筋，不能打鬼子了！二则我们想用我们的精神，我们的热诚，来欢迎三位贵客，应更有意义！

史沫特莱女士在长久而热烈的掌声中和大家见面、讲话。台下的人非常兴奋地听着翻译方练百解说。随后朱理治、陶铸也都讲了话。

散会以后，任质斌又请史沫特莱一行到政治部参观。政治部满屋子的漫画、标语，除了中文，还有英文，都写的是美术字，同时还配有图案画和水彩画，有的镂刻空花，后面用灯衬起字画。屋子里还点缀着刚从山上采来的簇簇野花，琳琅满目，熠熠生辉，别具一格。

任质斌的主持与发言，给安娥留下了深刻的印象："这些人中最引我注意的是任主任。他原是中国大学的肄业生，二十几岁，看起来却像是有三十岁以上；近视眼，皮肤又黑，动作迟钝，如果给他穿上短衣裤，谁都要当他是老粗。他和刘科长的外表恰恰相反，一个是翩翩少年，一个像'古板先生'。可是在脑子里边这位翩翩少年却比不上这位'古板先生'。'古板先生'真可以说是深沉坚定的人物；不过所有他的内在的智慧，如非注意观察，都不容易从他外表上看出来。他不大说话，说起话来也不用新名词，而用通俗语言，任何'愚夫愚妇'都可听懂得。史沫特莱女士和他谈一些问题，他只做很简短的答复，但看上去史沫特莱女士对他的回答已经很满意。"①

晚上，任质斌把政治部各科的同志组织起来，与史沫特莱、安娥等举行一场别开生面的座谈会。座谈会设在政治部招待所。几盏汽灯照得屋内如同白昼，墙角的鲜花，散发着淡淡清香。大家围着火盆又侃侃而谈。

---

① 安娥著：《五月榴花照眼明》，华中师范大学出版社，1989 年 5 月版，第 38～39 页。

　　首先，任质斌向客人介绍了挺进纵队成立的经过。他说，我们这个部队成立不到一年光景，是由一支支小游击队汇集后发展起来的，现在已发展到了六个团队，每个团队一千五百人，我们目前最感缺乏的是知识分子和干部。

　　任质斌讲完以后，史沫特莱女士与大家热情交谈起来。

　　"你们的士兵都是哪儿来的？"

　　"我们士兵的最大来源，首先是农村共产党员为骨干的农民积极分子，也有一批国民党军队溃散下来的散兵游勇和当地有枪械的农民，后来收编了一些土匪和伪军以及不能独立存在的地主武装、杂牌游击队。目下主要是自愿参军的农民。"

　　"志愿兵？不是抽壮丁？"

　　"不是抽壮丁，他们是自愿来的。"

　　"老百姓愿意来当兵吗？"

　　"本来这个地方，在历史上就不出军队，近代以来商业发展，更没有人愿意当兵了。自从敌人占据后，他们也企图偷安过，但敌人不给他们安居乐业，没武装的被拉去了当夫役，有枪的连枪带人一块儿编为伪军。中国的老百姓并没有多少愿意当伪军的。因此就起来自卫了，再加上我们的宣传，志愿兵便一天多似一天。而且志愿兵的纪律和战斗精神一般都比较好。"①

　　对史沫特莱女士的提问，任质斌一一作了解释与回答。后来，史沫特莱女士也讲了她一年多来在各处战地的所见，特别是其他地方的游击队的战斗生活。其中有一个故事讲得很有趣，她说：我曾看到过一个游击部队因为打退了鬼子，当地士绅们请他们吃饭看戏的场面。游击队员在未去之前还商量着说："这次咱们去了后，都要装点斯文给大家看看，不要还像在自己家里似的粗鲁，回头给主人们笑话。"同时还定下了几个规矩，如坐立都有个样子，说话也不要

---

　　① 安娥著：《五月榴花照眼明》，华中师范大学出版社，1989年5月版，第42页。

带"妈的"，吃饭不要大口填，称呼都要正规化，不要老三老四、同志老哥的乱叫。约定好了后，大家把衣帽借的借、缝的缝、补的补，都弄得整整齐齐地去了。绅士们迎接着他们，一见确实发了一愣？心想："一个打退了鬼子的赫赫有名的田大队长，该是多么威风凛凛、杀气腾腾的汉子！没想到却是这么个土包子！"可是，大家见了面交谈以后，士绅们更是感到惊讶，说："看不出他们倒还是蛮有学问的人呢！"但是一到吃饭的时候，他们就拿捏不住了！三杯酒下咽喉，游击队作风就来了，忘记准备好的停筷相让等礼节，只管鱼呀肉的大口紧向嘴里放，把爱吃的菜碗底都快刮光了。特别是看戏的时候，本来是几个代表们和乡绅坐在前头，战士们坐在后边，可是过了一会，大队的战士们都来看戏，他们没有参加吃饭，没受约束，稀里糊涂的都向前面坐，官兵挨肩擦臂。这让大队长非常生气，狠狠地埋怨了一番，但战士们却认为大队长是在提倡"官僚化"。

大家听了这个故事，又是一阵大笑。张执一插话说：我们现在都已经"官僚化"了！自从我们接到中央通令以后，就尽量"正规化"，我们也这个"长"那个短的称呼起来了。这是一个愉快而又令人难忘的夜晚。

史沫特莱与安娥在边区采访了近三个月，足迹遍及京山、安陆、应城、汉川等县的山地、平原、湖区。这与任质斌的精心安排是分不开的。在八字门，他主持史沫特莱与《七七报》工作人员的座谈会。在会上，史沫特莱发表了热情洋溢的演讲。她说：你们说我有名，说我很会写文章，事实上不是我有名，而是中国共产党有名，中国共产党伟大，我只是因为写了中国共产党领导中国人民进行正义的反侵略战争才有名的。

任质斌指示各地要认真妥善安排史沫特莱的访问。在大洪山，史沫特莱访问了设在农村民房、庙宇里极其简陋的纵队野战医院，看望了在新街和马家冲反"扫荡"等战斗中受伤的伤员。当她看到战士们垫盖的是稻草，医生用竹子削成的探针进行医疗时，感动得热泪盈眶。在天汉湖区，她采访了根据地群众的民选活动和"抗十团"① 的会议，与农民、与妇女、与各界人士进行了真诚的交谈。通过与战士们同吃、同住、同战斗，史沫特莱对武汉外围敌后这块抗日根据地的军队和人民有了真实的了解，深切地感到新四军"战士们是创造世界奇迹的队伍。"她还盛赞鄂豫边区：这里到处洋溢着爱国歌声，迎接我们的是一张张快乐的脸。"我很快发现我生活在一群认为知识和枪杆子同样重要的人群之中"②。这是一群多么勇敢的人啊！在他们看来，祖国比生命更宝贵。我将是这支队伍里的普通一名战士，在他们战斗行列里向前挺进！

　　史沫特莱在《中国的战歌》里，记述了鄂豫边区抗战这段感人肺腑，扣人心弦的历史，给任质斌留下了深刻的印象。他称赞："史沫特莱以她的深刻的洞察力和对真理与正义的执着追求，敏锐地'看到我们国家有两个世界——新的和旧的'，从而谱写了中华民族抗日进步力量的高亢战歌。"③

---

　　① "抗十团"是豫鄂边抗日根据地初创时期，群众运动中最初出现的组织形式。该组织以每十人为一基层单位，区、乡为分团，县为总团，是一个半军事、半政府性质的不脱产的群众性组织。

　　② 安娥著：《五月榴花照眼明》，华中师范大学出版社，1989 年 5 月版，第 121 页。

　　③ 安娥著：《五月榴花照眼明》，华中师范大学出版社，1989 年 5 月版，序言。

第十三章　全面主持豫鄂边区工作

从一九四〇年三月至一九四一年四月，任质斌代理豫鄂边区军政委员会书记、新四军豫鄂挺进纵队政治委员，全面主持豫鄂边区工作。在此期间，他同李先念等率部东进和部署向西作战略展开，建立了大、小悟山和白兆山根据地，发展襄（河）西和天（门）西，扩大了根据地和部队的回旋余地，率领边区军民粉碎了国民党顽固派发动的第二次反共高潮，在实践中形成了正确的军事指导思想。他主持召开边区军政干部大会，指导开展"反不良倾向斗争"的运动，在不断加强部队正规化建设的同时，开展根据地建设的各项工作，使部队和根据地获得了新的发展。由此奠定了中国共产党在具有战略意义的中原地区的敌后抗战中的领导地位，为尔后新四军第五师的发展创造了极为有利的条件。

一　率部东进和部署向西战略展开

早在竹沟时，刘少奇曾找任质斌单独谈过一次话，告之朱理治、陶铸均为中共七大代表，在新四军豫鄂挺进纵队建军后，他们都要去延安，朱理治的职务将由任质斌代理①。

---

① 李少瑜、何光耀、张肇俊主编：《任质斌在中原八年》，湖北人民出版社，1998 年 12 月版，第 66 页。

一九四〇年三月，朱理治奉命去延安，任质斌代理豫鄂边区军政委员会书记、新四军豫鄂挺进纵队政治委员，并将办公地点从政治部驻地搬到司令部驻地，全面主持豫鄂边区的工作。

任质斌上任伊始，边区正面临着严峻形势。一方面是国民党顽固派自一九三九年十一月召开五届六中全会，由政治反共进入军事"剿共"，决定在全国范围内发动第一次反共高潮。另一方面是新四军豫鄂挺进纵队，根据中共中央"对于顽固派的军事进攻，应在有理又有利的条件下坚决反抗之，极大地发挥自己的顽强性，绝不轻言退让"的指示，以部分兵力坚持鄂中，主力挥师东进。但东进过程中，由于个别军事指挥员在战斗中不听指挥，擅自撤退，使李先念几乎遇险，部队被迫退守赵家棚一带。任质斌得知情况后，迅速从八字门赶到赵家棚，和李先念一起重振旗鼓，率部再次攻打大、小悟山。

大悟山位于大别山脉西部。这里群山环峙，峰回路转，南通武汉，雄视江汉平原，鸟瞰长江；西与桐柏山、武当山脉相连，扼南北交通动脉平汉铁路；东则峰峦绵亘，直指吴越。小悟山位于大悟山山脉南端，与大悟山相衔接。它东起黄陂蔡店、梅店、官田畈，西迄孝感东阳岗、周家巷、青山口、槐河店。大、小悟山连接在一起，有广阔的回旋余地和开展游击战争的优势地理条件。

这次战斗，任质斌和李先念等一起作了认真的研究和部署，决定采取分进合击战术。经过激战，活捉了顽团长刘亚卿以下两三百人并有所缴获，但没有占领大、小悟山。

四月八日，刘少奇获悉蒋介石亲自策划华中地区的国民党军队重点进攻新四军第四、第五支队及皖东根据地，驻大别山的桂军李品仙部第一三八师和第一七一师东越淮南铁路，赴皖东围攻新四军江北指挥部和第四支队，以中原局名义致电李先念、任质斌等，指出：为"吸引桂军不能向东进攻我四五支队，先打程汝怀及其他两面派顽固武装，开展大别山工作"①。同时，中共中央军委、毛泽东、王稼祥也来电指示：对路西"采取守势，来攻者还击之"②。

根据中央军委、中原局的指示，任质斌同李先念等认真总结前几次东进的经验教训，制订了集中兵力先打小悟山，再取大悟山的作战方案，继续攻打大、小悟山。

四月十七日，任质斌、李先念等再次率纵队主力第一、第二、第三团队，越过平汉铁路向小悟山地区进攻，同时调鄂东部队和信应总队参战。信应总队沿九里关、三里城、二郎店南下蒋家楼子一线，切断程汝怀同北部国民党军队的联系，保障主力部队正面攻势。拂晓，战斗打响后，挺进纵队分南北两路向刘梅溪、刘亚卿、杨希超部盘踞的据点发起进攻。第三团队先后攻取了五斗田、白云洞、泉水岭、八角门楼等据点；第一团队攻取了苎麻岭；第二团队攻取了严家冲等据点，完全控制了小悟山。接着任质斌、李先念命挺进纵队乘胜向大悟山追击，并于十八日下午夺取了刘梅溪、刘亚卿、杨希超盘踞的大悟山前后两个据点——歪歪寨和望府山，控制了大悟山。与此同时，信应总队也在蒋家楼子附近击退了国民党豫南游击指挥部第四游击纵队顾敬之的策应部队。此时，鄂东地委书记程坦率地委机关和一个大队到达陂安南。二十三日，顽鄂东第十六游击纵队李九皋部二千余人窜扰陂安南，后被张体学率领的鄂东部队驱逐。这样，大、小悟山与陂安南根据地连成一片。

对于此次东进的胜利，四月二十一日，《挺进报》第十期，以头版头条发表了"将顽伪两面派部队完全击溃，我军恢复大悟山抗日根据地"的消息。二十六日，又发表社论"建立豫鄂边的巩固抗日根据地"，对这次击溃刘梅溪部的胜利意义进行评论，提出了乘胜巩固根据地的口号。

---

① 1940 年 4 月 8 日，刘少奇致李先念、陈少敏、任质斌、陶铸并中共中央电报。
② 1940 年 4 月 5 日，中央军委、毛泽东、王稼祥致刘少奇、李先念电报。

占领大、小悟山之后，由于斗争的需要，任质斌、李先念等决定以第一、第二、第三团队组成平汉支队，作为司令部直接掌握的主力部队，任命周志坚为支队长，方正平为政治委员。同时还将一部分地方武装扩编成主力团队。随即，纵队司令部迁驻小悟山，周志坚、方正平率平汉支队和另外两个团驻在大悟山。当时，边区党委及陈少敏等还驻在京山八字门，为了工作方便，任质斌等发电请他们搬过来。这样，大、小悟山成为当时部队和地方党的指挥中心。

对任质斌、李先念等几次率新四军豫鄂挺进纵队东进，坚决打击鄂东顽固派的举动，党中央和毛泽东给予了高度的评价。一九四〇年五月四日，毛泽东在为中共中央写给东南局的指示电中指出："在一切敌后地区和战争区域，应强调同一性，不应强调特殊性，否则就会是绝大的错误。不论在什么地方，也不论什么部队均能够发展，均应该发展。所谓发展，就是不受国民党的限制，超越国民党所能允许的范围，不要别人委任，不靠上级发饷，独立自主地放手扩大军队，坚决地建立根据地，在这种根据地上独立自主地发动群众，建立共产党领导的抗日统一战线的政权，向一切敌人占领区域发展。……凡一切有理之事，不但我党中央应该提出，我军的任何部分均应该提出。例如，张云逸对李品仙，李先念对李宗仁均是下级向上级提出强硬的抗议，就是好例。……李先念纵队反对顽固派向鄂中和鄂东进攻的自卫战争……不但是绝对必要和绝对正确的，而且是使国民党不敢轻易向我们进攻的必要步骤。"①

五月，日本帝国主义为了压蒋投降，集中了七个师团的兵力，对鄂西北国民党正面战场发动了一次战役性进攻（敌称"宜昌战役"）。六月一日，敌侵占了襄樊。七日，刘少奇来电指示："大悟山既不能守，以不固守为宜。襄西失陷，纵队主要发展方向应暂向

---

① 毛泽东著：《毛泽东选集》第二卷，人民出版社，1991 年 6 月版，第 753 页。

路西。"① 根据战局的变化和中原局刘少奇的指示，任质斌及边区军政委员会决定，除路东原有武装继续坚持鄂东斗争外，纵队主力回师鄂中，向西作战略展开，借以牵制敌人，加强统战工作，配合正面战场作战，相机改善在鄂中敌后抗日阵地的回旋区域。

在任质斌、李先念等领导下，新四军豫鄂挺进纵队，抓住一切有利时机，大胆深入敌后，主力挥戈西进，矛头直指白兆山地区。六月，周志坚等率平汉支队第一、第二两团队猛攻白兆山地区重镇坪坝。

坪坝，是京山县的大镇之一，方圆四五里，四周有坚固的石墙，镇外三面都挖有护镇河，镇西是漳河，易守难攻。抗战以来，日寇在这里安插过据点，此时被伪军丁巨川、谢占奎盘踞。

六月二十日凌晨，平汉支队第一团队从西北面，第二团队从东南面以快速动作包围坪坝。按照纵队领导的指示，指战员们先向镇内喊话，要丁、谢放下武器，争取通过和平方式解决问题。但丁巨川有恃无恐，屡屡搪塞，妄图凭借坪坝的险固，顽抗到底。李先念、任质斌遂于二十二日晨令部队强攻坪坝。激战仅一小时，即予攻克。谢占奎被击毙，生俘丁巨川以下三百人。丁巨川被送到纵队司令部后，李先念、任质斌等与他作了长谈，他表示愿意戴罪立功，参加新四军抗日。坪坝被攻克，清除了大山头与白兆山之间的障碍，切断了驻安陆县城的日军与三阳店据点之间的联系。挺进纵队首脑机关遂从鄂东大、小悟山移驻白兆山九口堰。

挺进纵队控制白兆山后，任质斌及边区军政委员会又命令所部，乘胜挺进京山南山，发展襄（河）西，开辟天（门）西。

南山系大洪山余脉，横亘在京（山）钟（祥）边，汉（口）宜（昌）公路从旁而过。它西挽襄河，南接天西，是重要的军事要冲。京山失陷后，南山驻有国民党第五战区第六游击纵队曹勗部的刘辅珩、汪寿芝两个支队，同时还驻有土顽周良玉（外号周老八）的部

①　1940 年 6 月 7 日，胡服（刘少奇）致李先念电。

队，他们在此地欺压百姓，强征暴敛，弄得民不聊生。

七月，任质斌、李先念命令挺进纵队第五、第六团队各一部挺进京山南山。第六团队在击溃南山国民党地方游击武装汪寿芝部后，说服刘辅珩消除对新四军的敌对情绪，支持新四军在南山进行抗战工作，并顺势改编了刘辅珩的部队及其地方政权，成立南山行政委员会，使京（山）南出现了一个新的局面。同时，挺进纵队第五团消灭了周良玉部。此后，周良玉逃至襄西投敌。

南山局势初定后，任质斌等即决定进军襄西。这时日军已占领宜昌、荆门、当阳一带，并将其前卫据点推到这里。

襄西是指襄河以西、长江以北的湖北境内地区。包括荆门、当阳、远安、南漳、保康等县全部和钟祥、宜城、江陵、宜昌、枝江、宜都等县的河西与江北地区。抗战开始以后，中共鄂西北区党委在这里建立了襄西特委，统一了襄西党的组织领导。为了准备抗日游击战争，襄西特委动员了一批党员、进步青年到国民党第七十七军第一七九师新成立的搜索队当兵。这是一支在七十七军副军长何基沣（共产党员）掩护下组织起来的部队。该队已于一九四○年四月，由周正率领东渡襄河，参加了新四军豫鄂挺进纵队。为了有利于襄西的工作开展，任质斌与李先念、陈少敏商定，还是先派周正率部过去，与襄西地下党掌握的武装联系上。七月，周正和钟祥卢祥瑞游击队及挺进纵队第六团第三营先后进军襄西，与襄西特委书记李守宪及其领导的一部分武装会合，再次击溃了伪军周良玉部，在石牌附近获得了一个立足点。豫鄂边区党委随即决定在襄西成立地委与军政委员会，作为襄西党和军队的临时领导机关，李守宪任书记。九月，中共襄西党组织掌握的各地武装，统一整编为襄西独立团，毛恺任团长，李守宪兼政治委员。襄西敌后游击战争规模也随之逐渐扩大。

天西，是天门县的西部。临襄河，枕南山，汉（口）宜（昌）公路横贯其中，是鄂中进出襄南的咽喉。此时被土匪武装潘典华、潘尚武、张明道、徐其山等所控制。为了加强对开辟天西的挺进纵队武装的领导，边区军政委员会决定成立天西指挥部，由刘少卿兼任指挥长，杨学诚兼任政治委员。指挥部在分析了天西情况后，决定首先消灭土匪武装潘氏父子，争取张明道和徐其山中立。

八月十五日，刘少卿亲自率领第五团全部、第四团两个营及第二团一个营，从南山出发，十七日到达天西地区，随即发起对潘匪的进攻，仅用三个小时就将其全部击溃，歼其一部。张明道部经争取编为挺进纵队第八团，但因张恶习不改，后又拖旧部投敌。徐其山部除一个大队倒戈参加新四军外，其余被击溃。中共天（门）京（山）潜（江）县委和县行政委员会也宣告成立，随着群众团体的建立，乡保政权的改造，土匪恶霸的肃清，抗日武装的壮大，天西抗日根据地得到了扩大与巩固。

任质斌坚决执行中共中央、华中局的战略意图，为解决豫鄂边区孤悬敌后的局面，奠定中国共产党在中原抗战中的领导地位，与李先念等一起率部东进和向西作战略展开，歼灭了国民党顽固派程汝怀部的有生力量，牵制了桂军向东对新四军第四、第五支队的进攻，有力地支援了兄弟部队的抗战，巩固了基本区，扩大了游击区，为大规模地发展豫鄂边区抗日根据地打下了坚实的基础。

二　反不良倾向的斗争和主持军政干部大会

一九四〇年五月五日，中共中央对新四军豫鄂挺进纵队发出指示："挺进纵队是党的武装中的一个有重要意义的独立战略单位，一时还不能与八路军、新四军取得地域上的联系。因此，必须努力扩大自己，务求在一年内扩大到四万人枪。"并强调"军队中的工作是发展与整军交替进行"[①]。

---

① 丛书编委会：《新四军文献》（1），解放军出版社，1992年6月版，第559～560页。

　　任质斌及边区党委和纵队领导也都十分清楚，形势的迅猛发展，战斗频繁和相对独立的作战环境，固然是部队和根据地扩大的很好机遇，但也不可避免地带来了一些亟待解决的问题。战斗的频繁使得部队的伤亡相对增大，部队以农民为基础和新成分的迅速补充，良莠不一；相对独立的作战环境，亦势必在少数指挥员中滋长分散主义、本位主义和游击习气等。这一切都会影响到部队素质和战斗力的提高。这些问题如不尽快解决，将难以应付更困难的局面，争取更大的胜利。

　　在率部东进的过程中，任质斌不时同李先念等交换看法，求得共识，认为要使部队迅速发展壮大，要建立一支强大的正规化党军，争取更大的胜利，必须在军政干部中开展以反对本位主义、分散主义和游击习气为主要内容的"反不良倾向的斗争"。

　　阳光明媚，草长莺飞，大、小悟山处处洋溢着勃勃生机。五月九日，任质斌在姚家山连以上干部大会上，作了题为《开展干部中的反不良倾向的斗争》的报告。

　　在报告中，任质斌首先高屋建瓴地阐明提出这个问题的必要性，指出："革命的阵营、革命的军队、革命的政党，都是从不断地开展反不良倾向的斗争中巩固起来、壮大起来的。而开展干部中的反不良倾向的斗争，则是整个的反不良倾向斗争中的基本一环。""中国党和军队中的干部，农民和小资产阶级成分占着比任何国家更多的数量。因此，这一问题在中国党和军队的发展和建设中，占着更重要的地位。"他还紧密联系实际，着重论述了"在今天，在豫鄂挺进纵队里，更值得强调提出这个问题"的三个理由：一是"我们这个部队目前确实存在着相当多的不良倾向需要纠正。"他列举了部分干部中存在着的不良倾向的种种表现，诸如：苟安偷懒、不负责任、疲沓懈怠的倾向；自由主义的倾向；本位主义的倾向；贪污腐化、颓废堕落的现象；骄傲自大的倾向；不顾一切，任性妄为的现象；气量狭小，没有涵养的倾向；英雄主义、锦标主义的倾向等。二是

"目前我们所处的环境更加困难了，要使我们能够胜利渡过这个难关，须要首先整顿与巩固内部。而开展反不良倾向的斗争则是整顿与巩固内部的最重要的前提"。三是"最近中央军委和中原局所分配给我们的任务更重大，不克服目前干部中所存在着的这些弱点，是没有办法来完成中央军委和中原局所赋予我们的这些光荣任务的"①。此外，任质斌还进而剖析了各种不良倾向产生的原因，并围绕怎样在干部中进行反不良倾向的斗争，着重提出了要做到"六个必须"。即：必须明确地规定开展这一斗争的目的，必须在全体干部中进行深入的解释和动员，必须用一种非常坚毅的精神来进行这一斗争，必须大公无私地来进行这一斗争，必须健全党的生活、健全干部小组的生活，必须系统地加强干部教育等。最后，在总结中他满怀信心地说："全国民众在期望着我们，党在号召我们，部队要愈益巩固与扩大，而干部也要愈益进步。我们的干部都是愿意执行党的路线，响应党的号召。因此，我们是会把这些不良倾向克服下去的。"②

十五日，《挺进报》全文登载了任质斌的报告，王翰撰写了"编者按"，指出这个报告"内容丰富，发人深省。为了巩固我们艰难缔造的豫鄂边区抗日根据地和我们的挺进纵队，配合全国抗战，使我们每个同志都能忠贞坚定地为民族为阶级发出我们最大的力量，在不断地斗争中不断的进步，每一个同志都应深刻地研究这一报告，虚心地检查自己"。"希望各级政治领导机关立即发动各部门进行研究和讨论，并正确开展这一斗争"③。

六月，中共中央向全军发布了《关于整训部队的指示》，要求各

---

①　李少瑜、何光耀、张肇俊主编：《任质斌在中原八年》，湖北人民出版社，1998年12月版，第208～209页。

②　李少瑜、何光耀、张肇俊主编：《任质斌在中原八年》，湖北人民出版社，1998年12月版，第211页。

③　张衡主编：《王翰传》，人民出版社，1999年9月版，第116页。

部队"在现有物质基础上与战斗生产间隙中,把我军的军事训练与政治工作极大地提高一步",以便克服不良倾向,把部队的政治工作"作一次普遍的彻底的有计划的改造"。七月,在抗战三周年之际,中共中央又向各抗日根据地发出指示:抗战第四周年将是异常困难与危险的一年,全党必须紧急动员起来,使自己成为团结全国抗战力量的核心,克服投降危险,争取时局好转。八路军、新四军必须用最大毅力,在困难的条件下坚持敌后抗战,一切做法应以长期坚持斗争,积蓄人力、物力为出发点。

任质斌、李先念在率部向西作战略展开,发展襄(河)西,开辟天(门)西,巩固鄂中根据地,使豫鄂边区出现一个短暂的相对稳定的局面后,根据中共中央的指示精神,果断决定抓紧这一有利时机,将大部分主力部队集中在安(陆)随(县)京(山)应(城)一带,进行政治和军事整训。要求整训工作紧密联系挺进纵队和边区实际,采取上下结合的办法,在各级军政干部中开展反不良倾向的斗争。

八月一日,任质斌同李先念在安陆的彭家祠堂主持召开了军政干部大会,边区绝大多数县、团以上的党、政、军、民主要领导干部参加了会议。会议主题是贯彻近期来中央和中原局的一系列指示精神,总结边区近一年来的各方面工作,进一步研究在干部中正确开展反不良倾向的斗争。会上,李先念作了军事报告,任质斌作了反对不良倾向斗争的报告,陈少敏作了关于根据地建设的报告。

会议分析了豫鄂边区抗战的形势,认为今后日军的"扫荡"必将更加残酷,国民党顽固派的投日反共活动必将进一步加剧。因而,边区抗日武装战斗将会更加频繁,根据地的巩固和发展将会更加艰巨,财政经济将会面临更大的困难。会议要求边区的党和部队要有充分的思想准备,兢兢业业地巩固和发展自己,克服一切困难继续前进。

任质斌在报告中强调提出反对犯法行为，严厉批判个别中层干部的分散主义和违反纪律的严重错误，也指出一些干部身上的军阀残余、游击习气和贪污腐化等严重毛病，要求全体干部服从领导，服从指挥，遵守纪律，克服各种不良倾向。会议还根据任质斌的意见，向各团队发出了《关于开展干部中反不良倾向斗争的问题》的指示，要求全军指战员明确目的，端正态度，运用批评和自我批评的武器，发扬大公无私的精神，健全党的生活和加强干部教育以克服工作作风和生活作风方面的各种不良倾向，以维护部队的统一，提高部队的战斗力。在会上，与会同志结合任质斌的讲话精神，对钟伟的错误进行了面对面的严肃批评。

钟伟，湖南省平江县人，时任挺进纵队第三团队政治委员。一九四〇年春，新四军豫鄂挺进纵队东进大、小悟山时，钟伟等率第三团队奉命坚守四方山山头，与国民党顽固派军队激战四天四夜。第四天，李先念司令员命令第三团队坚守到深夜十二点后撤离阵地，以掩护第二团队和其他部队转移。四方山山头是当时战斗的制高点，如果过早撤离，第二团队等就很有可能撤不出来。可是就在当天下午五时，第三团队团长肖远久、政治委员钟伟上山将部队撤走了，仅留下一个班给营教导员任子衡，要他坚持到黄昏时分撤退。当肖远久、钟伟带领部队下山后，接到纵队司令部要求第三团队坚守四方山至午夜十二点的急电时，钟伟等既不严格执行命令，也没有及时通知山上的任子衡。黄昏时分，任子衡按钟伟等原先的安排，带部队也撤离了山头。正在这时，国民党顽固派发动了疯狂进攻，径直打到李先念的指挥阵地前，使李先念的指挥所险遭敌毁，幸亏周志坚带领部队及时赶到，掩护李先念和第二团队等脱险。

战斗结束后，由于第三团队擅自撤离阵地，致李先念遇险，前方同志立即将任子衡关押起来，准备进行公审后执行枪决。消息传到任质斌那里，他感到非常震惊，即令追查责任。任子衡如实反映了当时情况。任质斌深感问题复杂，于是命王翰火速赶到第三团队，代表纵队委员会宣布撤销枪决任子衡的决定，并调任子衡到政治部任总务科长。

　　一天，钟伟找到任质斌处，要求单独谈话。钟伟认为任质斌与他都曾在红一方面军工作过，可以帮助减轻一点责任。任质斌则以为他是来主动检讨错误的，没想到他竟当着任质斌的面散布一些不利于团结的话。任质斌义正词严地告诉钟伟，不要到处瞎说，要认真反思和检查自己的错误，并告诉钟伟，刘少奇在竹沟同他谈，李先念是可信的。

　　钟伟问题出现后，任质斌与陈少敏、王翰商量，在处理钟伟问题上，主要由他们三人负责。任质斌说：因为钟伟在私下散布谣言，把矛头直指李先念，如果让李先念出面来解决这个问题，容易造成一些误会。经过研究，任质斌、陈少敏、王翰决定迅速召开干部会，统一思想认识。为此，任质斌于七月底在京山水漾泉主持召开了整顿思想作风和军事纪律的干部会。在会上，任质斌严厉地批评了钟伟和其他个别干部存在的严重错误。他说：在我们新四军豫鄂挺进纵队里，目前确实存在着相当多的不良倾向需要纠正，比如在上次攻打大、小悟山的战斗中，个别同志不服从指挥，几乎造成严重后果，这是万万要不得的，是必须严厉纠正的。

　　经过任质斌等的批评教育，钟伟承认了自己的错误。因此，这次军政干部大会对钟伟作出了处理。任质斌与李先念及时将处理意见电告刘少奇与朱理治。电报中说：关于钟伟问题，我们已公开地开展了斗争。钟伟也承认了自己的错误。因此，我们决定：将他留党察看一年，并即分配他到随营军校去当教员①。

　　对于豫鄂边区军政委员会对钟伟问题的报告及处理意见，刘少奇作了回电，并建议将钟伟送到中原局，由他亲自处理。这样，钟伟离开了鄂豫边区。

---

　　①　任质斌、李先念致刘少奇、朱理治等电报，1940 年 10 月。

八一军政干部大会的召开，是豫鄂边区的党和军队从组织上统一以后，真正从思想上达到统一的一个重要标志。而钟伟问题的处理，在当时亦具有非常积极的意义。这对于新四军豫鄂挺进纵队及后来的第五师开创政治工作新局面，进一步加强共产党对部队的绝对领导，增强内部团结，切实做到统一领导、统一指挥起了决定性的作用。在尔后的几年中，新四军第五师再没有出现类似的问题，为根据地的各项建设事业和抗日、反顽斗争以及部队的进一步发展，奠定了坚实的思想基础。

钟伟问题的妥善解决，不仅教育了边区广大干部，也教育了他本人。钟伟离开鄂豫边区以后，到新四军第三师，改换了新的环境，也获得了新的进步。他先后任抗大第五分校代理校长，淮海军区第四支队司令员，新四军第三师第十旅副旅长。解放战争时期，任东北民主联军第三师第十旅旅长，第二纵队第五师师长，东北野战军第十二纵队司令员，第四野战军第四十九军军长，成为第四野战军中的著名将领，为东北解放作出了重大贡献。中华人民共和国成立后，钟伟任广西军区参谋长，中国人民解放军防空军司令部参谋长，北京军区参谋长。一九五五年被授予少将军衔。

任质斌《关于开展干部中的反不良倾向的斗争》的报告及在"八一军政干部大会"上的讲话，都给李先念留下了深刻印象。一九四二年十一月，李先念在干部大会上作报告时，仍念念不忘地说："自挺进纵队成立以来，就强调反贪污腐化、反不良倾向。大家总还记得，任政委在姚家山作过开展干部中反不良倾向的报告。在军政干部大会上，他强调提出反对犯法行为，对贪污腐化的干部曾给了严厉的批评。"① 新中国成立后，李先念还多次提到此次会议。程振声回忆："在整理先念同志的谈话过程中，先念同志曾对新四军豫鄂

---

① 李少瑜、何光耀、张肇俊主编：《任质斌在中原八年》，湖北人民出版社，1998年12月版，第7页。

挺进纵队时期的一九四〇年'八一军政干部大会'给予了很高评价，认为这次会议在挺进纵队和五师建军史上具有里程碑的意义。"①

任质斌《开展干部中的反不良倾向的斗争》的报告，是豫鄂边区抗日根据地和新四军豫鄂挺进纵队，加强党和部队政治工作及思想建设起点高、要求严、作用大、影响深的一份重要文献。他在主持豫鄂边区开展"反不良倾向的斗争"中，妥善解决"钟伟问题"，坚决维护了新四军豫鄂挺进纵队的统一领导，为以后新四军第五师的发展和思想政治工作打下了良好的基础。

三　部队和根据地建设全面展开

豫鄂边区军政委员会代理书记任质斌，忠实履行自己的职责，在同李先念等率部进行抗日、反顽的军事斗争的同时，指导边区全面开展部队和根据地的建设，使豫鄂边区抗日民主根据地初步形成，从而奠定了中国共产党在中原抗日战争中的领导地位。

在任质斌、李先念等领导与组织下，新四军豫鄂挺进纵队一九四〇年在宣传、锄奸、对敌工作、统战、卫生等方面开展了一系列卓有成效的工作，使部队建设全面展开。

任质斌非常注重部队的宣传教育工作，特别是《挺进报》的建设与发展。四月，在他的主持下，新四军豫鄂挺进纵队政治部发出了《关于〈挺进报〉工作给各级政治机关的训令》，明确指出《挺进报》是纵队政治部出版的机关报，它所刊载的社论及负责同志的文章，就是对各种政治问题及工作问题的意见，就是对政治问题、工作问题的决定。号召大家共同办好《挺进报》，要求各部：建立读报制度，培养《挺进报》通讯员，发动大家踊跃投稿，改善报纸投

① 湖北省新四军研究会、北京新四军研究会五师分会、鄂豫边区革命史编辑部编：《风雨历程　光辉人生》，中央文献出版社，2000年3月版，第117页。

送的交通工作，广泛征求对《挺进报》的改进意见。为了加强《挺进报》的战斗性，充分发挥其舆论的指导作用，任质斌要求每期都必须突出一个宣传中心。对宣传的中心工作和重要新闻，要配发短小精悍，富有战斗性、鼓动性的短评。他自己还经常撰写此类文章。

一九四〇年六月，国民党鄂中行政专员、第六游击纵队司令曹勖制造了反共流血事件。为了揭露其罪行，严惩顽固分子，《挺进报》编辑部撰写了题为《顽固分子杀了人，我们要拿起枪与他干》的社论。王翰审阅后觉得标题不够醒目，缺乏针对性，就改成"要坚决自卫"。任质斌看后很欣赏这个提法，也写了一篇全文只有五十多字的短评：

"顽固分子杀了人！顽固分子杀了人！！顽固分子杀了人！！！杀了我们的人应该怎么办？我们准备用革命的法律手段去制裁他们。"①

短评言简意深，理直气壮，掷地有声，揭露了国民党顽固派的反动嘴脸，燃起了全军的革命义愤，收到了强烈的效果。

任质斌还十分关心《挺进报》的记者、编辑人员的工作和生活。每当部队进行重大战斗时，他都要通知报社派记者随行，有时还特批前线记者通过机要电台向编辑部发稿。在日常生活中，他经常叮嘱总务科的同志，要为报社上夜班的同志备蜡烛、做夜餐，尽量为他们提供方便。除《挺进报》外，任质斌还主持创办了《挺进》、《战斗》、《政治工作通讯》、《连队生活》等杂志和刊物，使部队的舆论宣传渐成体系。在他的领导下，挺进纵队还适时开展篮球、乒乓球、投弹等体育锻炼与军事比赛，丰富广大指战员的生活。一九四〇年十月，任质斌把来自延安鲁迅艺术学院毕业的学员、国统区的文艺青年和小战士及民间艺人组成纵队政治部文工队。指导他们自编、自导、自演文艺节目，宣传抗日救国，针砭时弊，深受边区军民的喜爱。

---

① 张衡主编：《王翰传》，人民出版社，1999 年 9 月版，第 124 页。

任质斌强调要加强干部的理论学习。在他的主持下，挺进纵队制定了一系列的学习制度，对各级干部作出不同要求：纵队干部认真研究中国问题，学习马列主义、联共（布）党史、政治经济学、世界革命史等；团营干部学习社会科学常识、列宁主义概论等；连排干部学习新民主主义理论、党的建设、步兵战斗条例等。通过理论学习和文化教育，全军指战员的政治觉悟有了显著提高，官兵关系更加融洽，部队的战斗力大大加强。

任质斌坚决贯彻执行中央关于锄奸工作的方针，始终认为这是一项政治性非常强的工作。他反复强调工作中要实事求是，慎而又慎，千万不要伤害革命同志。"杨庚事件"发生后，他以此为典型，严肃批评锄奸工作中的错误作法，给大家上了一堂生动的教育课。

杨庚原是广西大学学生，后赴延安参加革命，到豫鄂边区后任挺进纵队第九团队政治处宣传股长。一九四〇年夏的一天，该团队政治处把他捆绑着送到纵队政治部，要求锄奸部处理。罪名主要有两条：一、杨庚的大学老师是"托派"，在团里召开的理论座谈会上他有"托派"言论，可能也是"托派"；二、杨庚喜欢夜里工作，可能是搞反革命活动。理由是发现他在给其妹妹的信中说："营长送给我一支小手枪，很可爱。我留在身边打敌人。"身边哪有敌人，这显然是想谋杀领导。任质斌、王翰等认真阅看上报的材料，觉得所谓杨庚"托派"、"反革命"的证据均牵强附会，于是责令锄奸部认真审查。经过一个多月的调查核实，所有证据全被推倒，任质斌亲赴第九团队召开大会，给杨庚恢复名誉，并在会上严肃批评该团政治处的错误做法。后来在其他各种场合，他总是以此为例，告诫各部门。

任质斌非常关注对敌工作。他要求全军普遍都做对敌工作，规定每个战士应学会五至十句日语口号，如"缴枪不杀"、"新四军优待俘虏"等，学会唱一两支日文歌曲，如《到新四军里来》、《思乡曲》等。指示各部门支持对敌工作，为对敌工作创造好的条件。如在敌人严密封锁下，纸张特别缺乏，但是最好的油光纸总是先满足敌工部门的工作需要；边区印刷厂工作十分繁忙，常常首先安排印刷对敌伪宣传品；交通部门也是先保证把对敌伪宣传品、器材及时运送。任质斌还经常过问敌工业务，审阅各敌工部门报送的敌情资料。一次，他看了敌工队截听的敌军电话记录后，亲自听取敌工队的汇报，并交代司令部有关同志，一定要保证敌工人员的安全。任质斌还十分关心对敌工作干部和学员的生活与安全。一次，国民党顽固派正向边区领导机关驻地进犯，为了安全，任质斌命对敌伪工作部率敌训班学员转移到环境较为稳定的信（阳）南谭家河一带，并从警卫团抽调一个连的武装随队进行保卫，同时还嘱司令部专为敌训班配备一定数量的轻武器，使敌训班有自我防卫能力。对学员的生活标准，他叮嘱供给部要给予特别照顾。他认为这些学员都是青少年，正值长身体的时候，要让他们健康成长，要让他们有一个强壮的体魄，将来好担当起对敌斗争的艰险任务。就连他们的冬衣夏服，他都亲自过问，要求被服厂派人到敌训班量体裁衣。凡是敌工人员被俘或受伤，任质斌必是千方百计营救和看望。比如特务旅政治部敌工科长凌云，在执行任务时被捕，关在麻城宋埠镇。特务旅决定攻打宋埠，进行军事营救。行动前，任质斌亲自主持召开了营以上干部会议，作动员报告，要求大家计划做到周密细致，万无一失。此役不仅救出了凌云，还活捉了伪保安大队长朱正舜，缴获了一大批布匹和枪支弹药。还有一次，十三旅敌工科长孙惠民在随县白兆山的一次对日作战中，火线对敌喊话，英勇负伤。战后任质斌委托敌工部长林滔专程去医院看望，进行慰问。

汉阳伪军的反正，是一九四〇年对敌伪工作的重要成果之一。这年春，以顾大椿为书记的中共天汉地委就开始对汉阳伪军做策反工作。五月，任质斌又专门派政治部联络部长张执一去汉阳，具体进行争取伪"中国人民自卫军"汪步青部黄人杰旅（一六五旅）和

　　袁罡旅（一六四旅）等的反正工作。通过接触，张执一了解到，隐居在敌占区的爱国人士杨经曲对这两个旅有着较大的政治影响，黄人杰又是杨经曲的外甥。于是，受任质斌、李先念之命，张执一、顾大椿及天汉地委组织部长易家驹等，持董必武的信件前去做杨经曲的工作。杨经曲与董必武同为湖北同盟会会员，交情甚笃。经过争取，杨经曲决定亲自做两个旅的反正工作。

　　事关重大，任质斌、李先念亲赴天汉地区具体部署。八月十三日，反正部队开始行动。当晚在行军途中，第一六四旅袁罡突然变卦，率部离去。该部杨瀛团（约五百人枪）则随第一六五旅反正。反正部队在天汉地区抗日军民的帮助下，渡过襄河和汈汊湖，经韩家集转赴天（门）西参加新四军，受到任质斌、李先念等纵队首长的热烈欢迎。

　　任质斌、李先念会见了杨经曲，高度赞扬他的义举，并共同商讨这支部队的整编工作。八月二十一日，挺进纵队将反正部队编为两个团，以纵队第四团队与该两团合编组成挺进纵队的第四支队，任命杨经曲为支队长，郑绍文为政治委员。任质斌就整编后的整训和加强政治教育作了指示，并告诉郑绍文"中央有指示，建立外围武装，改造不宜过急"[①]。

　　关于这次湖区之行，任质斌回忆道："我与先念同志曾到天汉湖区去了一次，接见了杨经曲等。""在接见杨经曲时，我们和湖区的同志布置，要求在当地组织一支坚强的水军，可以两栖作战，这件事后来也没有抓紧，没有完成好。如果当时能有一支真正的水军，那以后就好办了。""这是我在中原八年中唯一一次到天汉湖区。那时湖区荒凉的景象至今仍给我留下很深的印象。"[②]

――――――――――

① 顾大椿主编：《郑绍文回忆录》，国防大学出版社，2000年11月版，第98页。
② 李少瑜、何光耀、张肇俊主编：《任质斌在中原八年》，湖北人民出版社，1998年12月版，第90、92页。

此次合一个旅加一个团共一千五百余人的伪军反正，极大地鼓舞了边区人民的斗志，沉重地打击了日军的诱降阴谋，动摇了边区周围的伪军，造成重大的政治影响。当时中共在重庆的《新华日报》和国民党中央社都曾作了专题报道。李先念在总结豫鄂边区抗日游击战争时，也称此是"震动豫鄂边的壮举"①。

任质斌善于做统战工作，他能够正确处理民族矛盾与阶级矛盾的关系，运用抗日民族统一战线策略，发展进步势力，争取中间势力，孤立顽固派。对边区外围国民党各派，区别不同情况，采用不同方式，有效地开展有团结、有斗争的统战工作。

对此，中共中央和中央军委是深表认同的。一九四〇年四月十二日，在《关于对待中间派方针的指示》中指出：我们对于先念部附近之川军、桂军、西北军，必须采取如下方针：（一）直接派人或间接托人或公开寄信、发传单，表示我们不愿同他们摩擦，请他们顾全大局，保存友谊，以免两败俱伤，渔人得利。（二）当他们迫于某方命令向我们进攻时，我应在不妨害自己根本利益条件下，先让一步，表示仁至义尽，并求得中途妥协，言归于好。（三）当他们不顾一切向我进攻，妨害我之根本利益时，我应对某一部分给予坚决打击，作为警告，打后仍求得互相妥协。五月五日，中共中央在致刘少奇、新四军、李先念的电报中进一步强调：在挺进纵队周围有很多的友军，因此，应开展对友军的联络工作，即是利用一切可能进行交朋友工作。

七月一日，任质斌同李先念等致电中共中央、中央军委和中原局，对中央来电表示"完全同意"，并作如下布置：（一）暂时停止向大洪山挺进，避免与该地友军冲突。（二）暂不增加路东的兵力，以减少与桂军的冲突。（三）各团队、各地方武装积极配合友军袭击

---

① 李先念著：《李先念文选》，人民出版社，1989年1月版，第22页。

敌伪。（四）加紧统战工作，呼吁团结，即对过去与我打过的亦然。

　　任质斌同李先念在军事斗争中，灵活运用统一战线的策略，取得了良好的效果。驻守大洪山的川军第一六一师三个团，在国民党第五战区的驱使下，于三月中旬从圣场南下，以京（山）安（陆）地方顽军丁巨川部为先锋，向大洪山一带进攻。为争取川军同新四军保持统战关系，任质斌先嘱以纵队司令部名义致函其上层官员，并印发告川军书，呼吁以民族利益为重，团结对敌，共御外侮。但川军不听劝告，依然继续搞军事摩擦。迫不得已，任质斌与李先念命挺进纵队第二、第五团队及特务大队、应抗总队等部予以还击。川军在损兵折将、丢人弃枪的情况下，据险对峙。这时，任质斌指示参战部队，一方面发动指战员阵前喊话，向川军官兵宣传共产党的抗日民族统一战线政策，一方面对被俘的川军人员进行教育后予以释放。这一系列行动，使川军官兵受到触动，迅速撤防。此后，鄂中地区的绝大部分川军部队一直与新四军保持着良好的统战关系，他们即使迫于第五战区的反共命令，不得不向新四军进攻时，也都能事先通报消息，让新四军有所准备。

　　时任国民党第二十九集团军（川军）第四十四军某部团长的李稔，在回忆该部驻守大洪山的经历时，赞称新四军豫鄂挺进纵队主动团结友军，共同抗日的正义之举。"第二十九集团军守备大洪山的三年间，不论是总部或军、师、旅、团所派的侦察人员，到李先念所部去了解日军的情况时，人称'陈大姐'的陈少敏常常亲自接见和介绍敌情。……新四军里的许多同志也常常到我团前哨来联系，并几次把我团在抗击日军的运动战和'旋磨打圈'的战斗中被新四军收容的伤兵，连同枪支一起送来。"①

　　新四军豫鄂挺进纵队与驻扎襄西地区的西北军第三十三集团军，

---

　　①　丛书编委会：《新四军·参考资料》（2），解放军出版社，1994 年 11 月版，第 738～740 页。

也一直保持着较好的统战关系。正如李先念回忆："原西北军何基沣、张克侠的部队，从我军组建之日起，就通过个人关系和我们保持秘密联系，并在人员装备、经济等方面给过我们一些帮助。他们在被迫执行国民党当局的反共命令时，总是事先向我们打招呼，从未发生过真正的武装冲突，有时还供给我们一些重要军事情报。"①

驻守天汉的国民党第五战区第一二八师王劲哉部，具有很明显的两面性。他们既抗日，同时也侵扰天汉敌后抗日根据地。对第一二八师，任质斌正确运用统战策略，采取了一打一拉的办法。一九四〇年三月，第一二八师派兵越过襄河，开到北岸干驿镇西北竹桥一带，伪装成土匪进行抢掠，企图乘机进占抗日民主根据地。任质斌命第四团队在天汉地方武装配合下予以还击，将其击溃，迫使回返原防。五月间，任质斌又派易家驹与王劲哉谈判，双方达成了各守防区，互通情报，共同对敌的谅解协议。可是，到了年底，国民党顽固派发动第二次反共高潮时，他们又蠢蠢欲动，任质斌果断采取措施："一方面加紧统战工作，劝他乘敌西犯之机向西发展，而不要向我进攻；同时由集结于京安边之主力中抽调两个团南下，增强天汉湖区的兵力（共三个团），严阵以待。"② 这样王劲哉不得不与新四军保持中立和友好的关系。

政策和策略是党的生命。新四军豫鄂挺进纵队对国民党军队的策略，正如任质斌所说："我们对国民党正规军是有节制的，他不打我们，我们也不打他。我们应利用矛盾，争取生存，壮大力量，建立抗日根据地。"③ 正是由于坚持了正确的统一战线策略，挺进纵队才能在成立后不长的时间里，面对敌伪顽夹击的严重局势，不仅英

---

① 李先念著：《李先念文选》，人民出版社，1989 年 1 月版，第 437 页。

② 李少瑜、何光耀、张肇俊主编：《任质斌在中原八年》，湖北人民出版社，1998 年 12 月版，第 215 页。

③ 1980 年 3 月 29 日访问任质斌谈话记录，存鄂豫边区革命史编辑部。

勇抗击了日伪的"扫荡"和国民党顽固派的进攻，还壮大了抗日武装，巩固了基本区，不断开辟了新的根据地和游击区，为争取更大胜利创造了条件。

任质斌、李先念等在运筹敌后游击战争，加强部队建设的同时，坚决执行中原局和刘少奇的指示，全面加强根据地的建设。

新四军豫鄂挺进纵队每到一地，便在新开辟区域建立起地方党组织。随着根据地的不断发展壮大，边区党员队伍也迅猛发展，其中混进了少数投机分子和阶级异己分子。为提高党员的政治思想水平，纯洁党的组织，一九四〇年七月和十月，经任质斌、李先念、陈少敏等商定，边区党委两次召开组织工作会议。会议总结了党在组织建设上的经验与教训，决定将原豫鄂边区党员干部训练班扩大为豫鄂边区党校，调集区营以上干部进行轮训，开始审干，清洗腐化堕落分子和变节分子，强调发展对象的成分和政治质量，要求各县县委举办党训班、干训班，加强对新党员、新干部的教育，制定了实现更大发展的规划。任质斌参加了这两次会议，并就加强民运工作、改进领导作风、活跃支部生活等作了明确指示。

在豫鄂边区党委的领导下，一九四〇年边区的群众工作也逐步展开，先后成立了农民救国会、妇女救国会、青年救国会、商民救国会等群众组织。五月，在黄陂姚家山召开了边区各界救国联合会代表大会，任质斌、李先念、陈少敏等领导人出席了大会。会上，成立了边区各界救国联合总会，号召在边区党委的领导下，全面开展群众工作。会议还表扬了开展群众工作先进分子，布置了减租减息工作，并在信阳、应城等地开展试点工作。此后，在根据地内各县、区乡的救联机构都逐步建立起来。到年底，全边区参加各类群众组织的人数约有十五万多人。

任质斌要求边区的财经工作必须坚持一切为了抗战，一切服从抗战的最高原则，财政的开支首先必须保证军费的开支。当时的情况是，由于日军的野蛮掠夺，边区生产下降，物价上涨，加之部队不断发展壮大，边区的财经状况无法满足军需和民生。为此，边区在八月间召开了财经会议，做出调整供给标准的决定：地方机关干部伙食标准比主力部队应少百分之二十；地方部队人员的津贴比正规部队指战员应少百分之二十五；地方机关干部与地方部队供给标准相同；各级党委会干部比部队指挥人员供应标准少百分之十五。十月，再次召开了边区财经工作会议，讨论发展生产，整顿税收等问题。任质斌、李先念、陈少敏等参加了会议，并作了重要指示。会后，边区各县开征救国公粮与积谷；取消各地仇货①检查所，设立边区贸易局，实行贸易管制。

　　任质斌对建立统一的边区政权机构非常关注。早在一九四〇年三月一日，中原局和刘少奇就曾指示豫鄂边区："急需建立整个政权领导机关，……一面推行宪政，一面领导已改造之乡、区政权及领导与统一各种政权工作。"②同月，边区党委邀请了基本区内各县政权负责人和开明绅士张谦光、汪心一、娄光琦、向岩、黄曙晴、丁瑞甫等在京山丁家冲开会，任质斌与李先念、陈少敏等参加了会议。会议刚开始时，附近据点的敌伪军悄悄出动偷袭，可是他们尚未到达，沿途的群众已纷纷送来情报，守卫在丁家冲地区的挺进纵队第五团队第一大队，迅速掩护与会代表从容转移到石板河以北地区，使会议得以在敌人进攻的炮声中安全复会。根据中共中央的统一部署，在这次会上，成立了豫鄂边区宪政促进会，推选陶铸为主席。宪政促进会成立后，立即创办了《宪政之路》杂志作为机关刊物，宣传抗日民主政治，指导各地政权建设工作。不久，陶铸奉命去延安后，任质斌指示有关同志，继续做好政权建设工作，为建立统一的边区政权组织机构而努力。

---

① 仇货，指从日伪统治区贩运来的物资。
② 1940 年 3 月 1 日，刘少奇致中央书记处电。

九月一日，边区党委在京山八字门召开第一次军政代表大会，任质斌、李先念、陈少敏等参加了会议。会议按照"三三制"的原则，选举成立了军政联合办事处，推举许子威为办事处主任，杨经曲、文敏生为副主任。办事处下设民政、财政、教育、公安、司法等处。办事处成立以后，颁布了县以下各级政权组织暂行条例，具体指导各地进一步开展政权民选活动。同时，在边区广泛实行减租减息和兴修水利，进行农田基本建设，以及发展生产互助，建立各种类型的合作社和工厂等，使豫鄂边区在困难的环境中创造出经济恢复，物价稳定，人民生活逐步改善的良好局面。对此，中原局和刘少奇曾向华中的其他抗日根据地表扬和推广豫鄂边区经验，称赞他"虽有三十余师国军的限制，他们还能发展（已有一万五千人枪），财政充裕，这是要学习的"①。

豫鄂边区军政联合办事处成立后，边区民众自卫组织得到了极大的发展。当时自卫组织形式有：脱离生产的基干队、不脱离生产的后备队及半脱离生产的游击小组等。为了使各乡、保的自卫队不致因为分散而削弱力量，军政联合办事处颁发了《边区国民自卫队组织条例》，要求各地政府采用"联村自卫"办法，统一各自卫武装的训练与指挥。这样，边区民兵与地方武装得到了大的发展。至年底，边区有十万民兵武装，他们担负着锄奸除恶、保卫生产、配合主力部队作战等任务，同时为正规部队提供了强大的兵源。

在任质斌、李先念、陈少敏等领导下，豫鄂边区的共产党组织和新四军，坚决执行中共中央的政治、军事路线，使抗日武装和根据地的建设得到了新的发展。到一九四〇年底，边区已建立了九个县的抗日民主政权，部队也扩大为拥有近一万五千余人的游击兵团，民兵发展到十余万人，由此奠定了中国共产党在具有重要战略意义的中原地区敌后抗战中的领导地位。

---

① 1940年6月26日，刘少奇对彭雪枫部队财政问题的指示。

四　粉碎第二次反共高潮

　　一九四〇年九月，日本帝国主义急谋结束侵华战争，与德、意订立军事同盟。日本帝国主义在配合德国法西斯，准备向太平洋扩张的同时，加紧向蒋介石诱降。英、美为其自身利益，也大量增加援华贷款，企图迫使蒋介石彻底投靠英、美集团，从而利用中国牵制日军南进。国民党顽固派则乘机掀起第二次反共高潮。这次反共高潮以华中为重点，国民党第五战区的反共摩擦骤然加剧，豫鄂边区面临严峻局势。在此情况下，任质斌、李先念等一方面紧急动员边区军民，揭露国民党顽固派破坏统一战线，破坏抗战的罪行；一方面精心部署，作好充分准备，在襄西、鄂东、鄂中等地迎击国民党顽固派的疯狂进攻。

　　从国民党顽固派开始发动第二次反共高潮之日起，第五战区当局即部署进攻豫鄂边区，矛头首先指向襄西和鄂东根据地。任质斌、李先念率部迎击，坚决粉碎顽固派的进攻，巩固边区抗日阵地。

　　一九四〇年十月二十七日，蒋介石嫡系汤恩伯部新二军第九十一师第二七一、第二七二团各一营，配合地方顽军曾宪成等部共三千余人，向襄西抗日根据地进攻。受任质斌、李先念之命，新四军豫鄂挺进纵队襄西部队奋起自卫，歼灭了窜入钟祥县石牌以南抗日根据地的曾宪成部。为坚持襄西的斗争，任质斌等还决定增派挺进纵队第六团开往襄西，并将原襄西独立团改为纵队第八团。在鄂东，顽第十七、第十八游击纵队及保安第八团等部，从十月起发动了所谓"三月围剿"，进攻鄂皖边抗日根据地。任质斌、李先念等令挺进纵队独立团，一面留少数部队配合地方便衣队坚持三角山地区，一面派部队向广济湖区和陂安南行动，分散顽军兵力，挺进纵队主力则远出皖西宿松、太湖地区，在外线侧击与牵制顽军。十二月，挺进纵队独立团在宿松滴水崖，歼灭了顽第十七纵队两个中队。一九四一年一月，又在宿松许家岭歼灭顽军一个中队，使国民党顽固派的"三月围剿"以失败而告终。

一九四一年一月四日，新四军军部及所属部队九千人奉命北移。六日行至皖南泾县茂林地区，突遭国民党七个师八万人的包围袭击，血战七昼夜，终因弹尽粮绝，除约两千人突围外，大部壮烈牺牲或被俘。新四军军长叶挺被俘，副军长项英遇害。蒋介石制造了震惊中外的"皖南事变"，把第二次反共高潮推到了顶点。

关于皖南事变发生时豫鄂边区的情况，任质斌曾回忆：一九四一年一月七日上午，由于事先已得到日军要来"扫荡"的情报，李先念在八字门，我正率纵队司令部和政治部的机关工作人员准备转移时，机要科长宋世荣跑来，大声喊："任政委，我们刚收到一个万万火急电报，正在译，请稍等一下。"电报的内容大概是这样：皖南新四军及直属部队七八千人大部被歼，叶挺被俘，项英下落不明。我一看电报非常伤心和气愤①。

在制造皖南事变的同时，蒋介石任命李宗仁为华中"剿共"最高总司令，以三十万大军向华中的新四军发起进攻。李宗仁遂将豫鄂边区划为鄂中、襄西和鄂东三个"清剿"区，出动近十万兵力，妄图于二月底消灭新四军豫鄂挺进纵队，摧毁豫鄂边区抗日民主根据地。

在此严重形势下，中共中央指示华中的党和军队继续坚持抗日民族统一战线政策，独立自主地长期坚持华中敌后抗战，反对国民党的投降分裂活动，坚决击退"反共"军队的进攻。根据中共中央的指示，中共中原局和新四军军部赋予豫鄂边区党和部队的战略任务是：独立坚持战略地位日益重要而又在地理位置上却远离兄弟解

---

① 李少瑜、何光耀、张肇俊主编：《任质斌在中原八年》，湖北人民出版社，1998年12月版，第97页。

放区、孤悬敌后的鄂豫皖抗日阵地，并以一部武装沿江而下，打通与新四军第七师的联系。任质斌及豫鄂边区军政委员会坚决执行中共中央、中原局、新四军军部的指示，对边区广大军民进行紧急动员，并积极部署，充分作好迎击国民党顽固派发动的反共高潮的准备。

任质斌和豫鄂边区党委以及纵队的其他领导同志，从实际出发，及时向各部队、各地区发出紧急指示和命令，号召边区全党全军紧急动员起来，为粉碎国民党顽固派发动的这次反共高潮，为完成边区新的历史任务坚决奋斗到底。遵照边区领导的指示，各级党政军民领导机关迅速开展工作。各部队普遍向指战员们进行了深入的形势教育，从而极大地激发了干部战士的阶级义愤，大家纷纷写请战书、保证书，决心化悲痛为力量，奋勇战斗，为皖南事变中牺牲的烈士报仇，誓死保卫边区抗日民主根据地。各地党政机关也在群众中广泛开展了宣传教育和反内战动员，揭露国民党顽固派破坏团结抗战、准备投降的罪行，宣传共产党和八路军、新四军反对投降，反对内战的政策和决心。一些县区召开了万人大会，群众纷纷控诉国民党顽固派制造皖南事变和揭露顽军进攻边区的罪行。各地农救会、妇救会等群众组织协助政府动员扩军、筹粮，掀起了热烈的参军参战高潮。

同时，任质斌、李先念还根据新的形势，作出了如下战略部署：一、为了巩固和扩大边区抗日根据地，统一各个地区的主力部队与地方武装的指挥，并在必要时便于各地独立坚持斗争，建立鄂东、豫南、天汉、襄西等四个作战指挥部。鄂东指挥部由刘少卿兼任指挥长，程坦任政治委员；豫南指挥部由黄林任指挥长，刘子厚任政治委员；天汉指挥部由王海山任指挥长，顾大椿任政治委员；襄西指挥部由朱立文任指挥长，周志刚任政治委员。纵队直接指挥主力一部，集结于平汉路西的鄂中根据地，准备打击由桐柏山、大洪山向边区进攻的顽军，并随时策应边区各地作战。二、对向边区进攻的顽军，以灵活的游击战不断袭击与歼灭其小股部队，逐渐削弱其有生力量，待其各种弱点均已暴露，客观情况又极为有利时，再集中兵力予以各个击破。三、各部队在坚决反击顽军进攻的同时，严密注意敌顽夹击，加强对敌伪军的瓦解工作，随时粉碎敌伪军的"扫荡"。四、对边区周围的非蒋介石嫡系部队（杂牌军），如第三十三集团军、第二十九集团军、第二十二集团军、第一二八师以及鄂东、鄂中某些国民党地方武装，广泛进行统一战线工作，欢迎他们抗日，争取其同情或保持中立。五、加强根据地各项工作，统一边区抗日民主政权，动员全党全民支援战争、参加战争、彻底粉碎敌顽进攻，巩固边区、扩大边区。

早在皖南事变发生前，一九四〇年十一月十二日，任质斌就向挺进纵队各部发出《关于顽军向我进攻之剖析和目前我之方针与部署》，强调指出："目前我之方针是积极进行统战活动，呼吁抗战，呼吁团结，以推迟（顽固派发动的反共——作者注）战争爆发的时日，使我得到更充分的时间，来准备一切，及争取某些友军在战时保持中立或不积极行动。"① 按照此方针和办法，纵队及其各部，边区和各地区紧急动员起来，广泛进行统战工作。任质斌与边区党委及纵队其他领导分别以写信、派代表等方式，对边区周围的许多国民党杂牌军队进行统战工作，使其在顽固派进攻时按兵不动，或略作敷衍，以保持中立，便于挺进纵队集中优势兵力，对来犯的顽军进行坚决的自卫反击。

受第五战区驱使，国民党新二军三个师纠集独立十四、十五旅，于一九四一年一月由桐柏山南下，配合第二十二集团军一部及四个游击纵队，向信（阳）应（山）随（县）各地进攻，矛头主要指向边区领导机关白兆山。

---

① 李少瑜、何光耀、张肇俊主编：《任质斌在中原八年》，湖北人民出版社，1998年12月版，第214页。

任质斌、李先念对顽军的进攻作了积极布置：令挺进纵队第三团一部配合地方武装在随（县）南开展游击战，迟滞顽军向前推进；令第十团配合京（山）应（山）地方武装，在京北向曾家冲和大小焕岭一带活动，防其进犯京北地区；任质斌、李先念指挥纵队主力，进至京（山）安（陆）地区，待机反击。这一部署得到了毛泽东等中央领导的肯定。一月十四日，毛泽东、朱德、王稼祥致电任质斌、李先念称："你们的布置是对的，你们所得情报是确实的。王仲廉、陈大庆正向你们分路进攻，你们应取灵活游击战，准备在长时间中粉碎"反共"军进攻。对其他各部积极进行统战工作，但同时应注意他们亦可能被压迫向我们进攻。"①

遵照中央及毛泽东的指示，任质斌、李先念等决定坚决还击深入根据地内顽固反共的新二军。一月二十七日（春节），挺进纵队集中主力第二、第三团及京安、京应、随南地方武装，运用迂回包围战术，突然袭击正在刘店一带花天酒地过春节的新二军预备第十五师一个团，连续攻下青莲寨、白莲寨、天宝山、火烧寨、龙耳山等顽军阵地，直取刘店街，歼灭了新二军一个团大部，击溃国民党豫鄂边区第六纵队的两个支队，顽军气焰大挫。

任质斌等指挥挺进纵队在白兆山根据地进行自卫斗争的同时，为了牵制大别山中的"反共"军向皖中、皖东的新四军进攻，接援由皖南突围的新四军部队，命令挺进纵队第一团于一月二十五日从京安地区出发，跨过平汉铁路东进。二十六日，该团在孝感松林岗一带击溃前来袭击的日伪军一千余人。二十七日，在黄陂梅店西湛家河附近与顽鄂东第十六纵队第三支队一部遭遇，将其击溃。二月初，该团同自鄂皖边回师的挺进纵队第九团在黄冈回龙山会师。同时，在豫南、襄西地区，挺进纵队各部遵照指示，给来犯的国民党顽固派以坚决有力地回击。

---

① 丛书编委会：《新四军文献》（2），解放军出版社，1992年6月版，第637页。

当时，国民党顽固派在集大军进犯鄂中抗日民主根据地时，鄂东地区由五战区鄂豫皖游击兵团总指挥部鄂豫分区司令莫树杰主持，指挥桂军两个师及鄂东、豫东南的两个游击纵队和保八团等共两万余人，企图以大悟山为基地围攻共产党在鄂东的抗日武装。任质斌、李先念等决定进行针锋相对的斗争，并于二月中旬，乘鄂东顽军反共部署尚未就绪之际，集中四个团的兵力再次东进，向占据大悟山的顽第十九纵队进击。

二月十七日夜，豫鄂挺进纵队两个团由赵家棚地区出发，越过平汉路后分路挺进，从西线包围大悟山；另两个团由陂安南出发，控制大悟山的东线阵地。顽第十九纵队处于挺进纵队的包围之中。次日，挺进纵队发起总攻，经连续三天战斗，攻克顽军固守的全部阵地，还击退了从北面前来增援的桂军一部。这次震撼鄂东的战斗，挺进纵队俘顽第十九纵队第四支队长刘亚卿以下官兵二千余人，完全恢复了大、小悟山根据地，再次打开了鄂东局面。从此，大悟山便成为边区首脑机关新的指挥阵地。这一指挥阵地的建立，对以后边区的巩固和发展具有重大意义。

一九四〇年三月至一九四一年四月，是豫鄂边区抗日民主根据地创立的重要时期，在新四军第五师的建军史上占有重要地位。在这一时期，任质斌全面主持边区工作，在实践中形成了正确的指导思想，为以后第五师的发展提供了成功的经验。

一是充分利用一切时机，广泛发动抗日游击战争，不断发展壮大自己的武装力量。任质斌回忆说："这个指导思想首先来源于中共中央的指示。一九四〇年五月五日，中央对挺进纵队工作的指示中明确指出：挺进纵队是一个有重要意义的独立战略单位，一时还不能与八路军、新四军其他部队取得地域上的联系，因此必须努力扩大自己，务求迅速扩大到四万人枪。这对我的影响很深。当时我认为中央对我们作出此指示，一方面是根据过去根据地的经验，枪杆子里面出政权。另一方面也是客观形势逼迫我们采取这种措施。当时，豫鄂边区面临严重的敌顽夹击，我们来边区晚、力量又比较小，为了生存，要在中原立住脚，取得发言权，不把武装扩大是绝对不行的。先念同志从延安出发时，刘少奇代表中央找他谈话，讲南下中原的任务，第一是抓武装，第二是抓武装，第三还是抓武装，这反映中央的指示是一致的。但要发展武装，仅靠赵家棚、大山头等是不行的，只能充分利用一切时机，有空就钻，广泛地发展游击战争，哪里能去就去哪，哪里是敌占区就到哪里去。"①

二是发展与巩固交替进行。任质斌在豫鄂挺进纵队每一个发展的间隙，都十分注意进行部队和根据地的巩固工作，适时领导边区开展反不良倾向的斗争，使边区在武装统一后，实现思想上的统一，使根据地在发展中巩固，巩固中扩大。实践证明建军与整顿、发展与巩固交替进行，是扩大武装、巩固根据地的一条重要经验。对此，任质斌说："这不是哪一个人的发明，同样是历史的经验教训总结和客观形势发展的需要。"②

三是坚持向东发展。任质斌说："自从豫鄂挺进纵队建军后，我们就和中共中央的联系不能公开了，交通也时时中断，朱理治去延安就是通过化装，由七十七军护送的。那时中央的指示，只能靠电台和公开的新闻，以及通过密码和半密码译出的电报。我们和中央取得联系的电台就在纵队司令部，至于其他的什么文件、武器、干部等就来不了啦，只有豫南突围出来的部分干部和鄂西北区党委撤退的部分干部陆续来到边区，从延安和其他地方都没有干部派来。面对这种情况，那时我们分析来分析去，认为有希望打通的地方只

<hr/>

①　李少瑜、何光耀、张肇俊主编：《任质斌在中原八年》，湖北人民出版社，1998 年 12 月版，第 88 页。

②　李少瑜、何光耀、张肇俊主编：《任质斌在中原八年》，湖北人民出版社，1998 年 12 月版，第 89 页。

有皖西新四军，所以确定了向东发展的指导思想。""向东发展，同时也不放弃其他方面发展的指导思想的确立，还有一个重要的原因就是新四军军部和中原局来电报，要求我们向东发展，配合新四军第二师反击广西军的摩擦。""向东发展的指导思想，一直延续到郑位三同志的到来。"①

在此期间，任质斌与李先念工作中互相配合，互相支持，建立了深厚的战友情谊。正如任质斌回忆："在此阶段，我主要是协助李先念同志实施战略展开计划，他比我年长，更有斗争经验。但在总体布局上，由于我是代理军政委员会书记，有决定权，所以我起的作用有时大一些。而具体来说，工作做得更多的是李先念同志。我同先念同志一直配合得很好，总是支持他的工作。"②

---

① 李少瑜、何光耀、张肇俊主编：《任质斌在中原八年》，湖北人民出版社，1998 年 12 月版，第 89 页。

② 李少瑜、何光耀、张肇俊主编：《任质斌在中原八年》，湖北人民出版社，1998 年 12 月版，第 88 页。

第十四章　代理新四军第五师政治委员

一九四一年一月皖南事变后，中共中央军委于二十日发布重建新四军军部的命令，任命陈毅为代理军长，刘少奇为政治委员，统一整编华中新四军部队为七个师和一个独立旅。新四军豫鄂挺进纵队奉命整编为第五师。二月十八日，中共中央军委任命新四军各师领导人。第五师由李先念任师长暂兼政治委员，任质斌任政治部主任。三月十四日又任命刘少卿为参谋长，王翰为政治部副主任。任质斌受命后，即协助李先念进行部队整编工作。四月五日，新四军第五师组建完毕。六月，召开全师政治工作会议。七月十八日，根据李先念的提议，中共中央任命任质斌代理新四军第五师政治委员兼政治部主任。从一九四一年四月至一九四三年二月，任质斌在从事部队党的工作和政治工作中，注重实际，勇于探索，不断进取，在敌顽夹击中谋生存，使第五师党的工作和政治工作又上一新的台阶，为其正规化建设和快速发展作出了不可磨灭的贡献。

一　第五师建军和全师政治工作会议

皖南事变后，遵照中共中央军委的指示和命令，任质斌同李先念等开始筹组新四军第五师。

首先健全司、政机关。第五师司令部设参谋处、军需处、军医处和副官处；政治部设组织部、宣传部、锄奸部、敌工部、民运部、联络部；后又陆续建立了情报处、后勤部和卫生部。

其次进行部队整编。第五师下辖第十三旅、第十四旅、第十五旅以及第一、第二游击纵队和边区党委警卫团。每个正规旅下辖三个团。在李先念与任质斌等组织、领导下，部队整编工作进行十分顺利。原挺进纵队第二团改编为第十三旅第三十七团，原第三团改编为第三十八团，原第五团改编为第三十九团；原第一团改编为第十四旅第四十团，原黄冈地方武装合编为第四十一团，原第九团改编为第四十二团；原第六团改编为第十五旅第四十三团，原第八团改编为第四十五团；原第四团与第十团合编为第一纵队（不久该纵队第三团改为第十五旅第四十四团）；原第七团与信南地方武装合编为第二纵队；原边区党委的警卫部队扩大为区党委警卫团。

第三，进行干部配备。师、旅一级的干部由中央军委任命。周志坚任第十三旅旅长、方正平任政治委员，罗厚福任第十四旅旅长、张体学任政治委员，王海山任第十五旅旅长、周志刚任政治委员，杨经曲任第一纵队司令员、张执一任政治委员，黄林任第二纵队司令员、刘子厚任政治委员。在司令部各处长、政治部各部长以及团一级的干部配备过程中，任质斌、李先念、陈少敏等反复研究，按照挺进纵队时干部配备所取得的经验，把红军干部安排在团的主要领导岗位，同时十分注意吸收和使用知识分子干部。第五师的政工部门中各部长、科长大多由知识分子出身的干部充任。到后来，师政治部各部的正、副部长中，有大学以上文化程度的占百分之八十，全师营连政工干部中，知识分子也占百分之六十强。

一切准备就绪以后，一九四一年四月五日下午，在白兆山召开了新四军第五师成立大会。会场红旗招展，庄严肃穆，广大指战员整齐地坐在临时搭起的高台前，附近的群众也成群结队地蜂拥而至。大会开始时，军号声、锣鼓声和鞭炮声响彻云霄，李先念、任质斌、陈少敏、刘少卿、王翰等健步登上高台。李先念庄严宣布，中国共产党领导的新四军第五师正式成立。并号召大家一定要在党中央、中央军委和新四军军部领导下，为讨伐日寇、汉奸、亲日派而奋斗到底；一定要高举坚持抗战、反对投降，坚持团结、反对分裂，坚持进步、反对倒退的大旗，坚持抗日民族统一战线的方针，团结边区各抗战党派、抗战将士、各界同胞，为中华民族解放的神圣事业而奋斗到底①！会上宣读了中央军委关于第五师的各级干部任命令，李先念师长率全体将领通电就职。四月十日起，第五师部队一律使用新番号。

新四军第五师组建完毕以后，任质斌回政治部主持工作。此时中央军委总政治部颁发了《皖南事变后我八路军、新四军必须进行的紧急工作训令》，作出了关于"必须用一切努力来巩固部队，克服非战斗减员，加强政治工作，提高抗日反投降的情绪。加强军事训练，提高战斗力"的指示。《训令》还指出"巩固我们党领导的五十万大军是决定今天胜败的第一重要任务。"中共中央华中局、中央革命军事委员会华中分会扩大会议也作出了关于"为把新四军建成一支无产阶级的正规化部队而奋斗"的号召。

到政治部主持工作后，任质斌即与王翰等商量如何贯彻中央军委《训令》和华中局指示精神，决定召开全师政治工作会议。接着任质斌和王翰等一起，认真地从理论到实践，从原则到具体，总结挺进纵队建军后的政治工作成就，分析存在的缺点和问题，确定今后部队正规化建设的任务与要求等，指定由王翰代表军政委员会起草政治工作会议主题报告——《巩固部队的政治工作》。

一九四一年六月十六日，新四军第五师政治工作会议在湖北随（县）南九口堰隆重召开，参加会议的主要是团以上的政治工作干部，还有部分营教导员和连指导员，共约三百人。在临时用木料搭起的会议主席台中央，挂着毛泽东主席和朱德总司令的画像，两边

_____

① 张衡主编：《王翰传》，人民出版社，1999年9月版，第129页。

是鲜红的党旗和军旗，还有各旅、团送给大会的锦旗。在布置会场时，王翰特意把第三十八团赠送的，写有"政治工作是革命军队的生命线"的那面锦旗铺在讲台上。任质斌出席并主持了大会。大会由李先念师长作动员报告，王翰副主任作《巩固部队的政治工作》主题报告。与会人员认真总结新四军豫鄂挺进纵队成立以来的政治工作经验，讨论如何对干部和战士进行政治思想与文化教育，如何巩固部队，建立正规化党军。

王翰在作主题报告时，先指着铺在讲台上的锦旗说：三十八团的这面锦旗讲得很好！它点明了我们这次会议的主题。接着他依次讲了三个问题：（一）怎样才算是一个巩固的部队？（二）一年来巩固部队工作的简单总结；（三）今后巩固工作的方针。其中，第三个问题是主体部分。着重讲了部队中党的工作、宣传教育工作、干部问题、克服非战斗减员、提高部队战斗力、锄奸工作和工作方法及作风等七个问题。

报告指出：现在在全国、全世界的范围里，在政治上都有很迅速的变化，国际国内的形势是很严重的，所以我党我军本身的巩固是重要的任务。部队的巩固就是我们胜利的决定因素。巩固部队工作就是我们的主要工作，巩固部队就是巩固战斗力，具体地说就是保证打胜仗。

报告还突出引证了总政治部《政治工作条例》关于"政治委员就是共产党的代表，政治部就是共产党的机关"的规定，强调指出：八路军、新四军的扩大巩固、战斗力的提高，依靠着党的工作。一方面是依靠政治委员或政治机关以命令的形式来实现其领导，政治委员有最后决定权；一方面是通过党的机关、党的组织甚至基层支部党员来团结群众、说服群众，依靠党员的积极性来领导群众前进。应当把连队支部工作作为一切政治工作的基础，要把支部看成团结群众的堡垒。广大政治工作干部要到连队去，到支部去，使支部切切实实地成为连队的核心。必须坚决反对任何轻视、削弱或限制我军中党的组织及工作的现象。必须纠正狭隘的军事观点，更好地发挥政治工作的保证作用和配合作用。

关于宣传教育工作，报告中针对普遍存在的"重组织、轻宣传"的思想偏向和组织领导差、不注重实际效果的现象，要求各级政治机关切实加强对宣传教育工作的领导。师政治部的着重点是教育方针的确定，编写长期课本和教育计划；颁发适合于全师用的宣传大纲、宣传要点和宣传品；编写带有全师性的较长期的补充读物。旅政治部确定本旅教育计划、进度，编印全旅范围的宣传解释大纲、补充读本和宣传品。团政治处负责具体的组织实施工作，执行上级宣传教育计划，翻印上级材料。此外，还要求开展战斗解释，组织歌咏文体活动，召集教育准备会，扫盲识字，文化测验，批改干部日记等项工作。在宣传教育方法上，报告中提出了三条原则要求：一是少而精；二是从具体到抽象，即从浅到深，从近到远，从中国到外国；三是理论联系实际，特别是要与当前的斗争实际相联系。

关于干部问题，报告中指出：产业工人出身的干部是干部中最坚决、最进步的骨干，但我们绝不能当着偶像崇拜，以为每个工人都是一样的好，完全没有缺点，不需要教育。知识分子对中国革命的贡献是很大的，有意无意地低估他们的革命性是不正确的。不管他们本身有多少缺点，但他们对革命的确有很大的帮助。我们也并不排斥旧军人（出身的干部），相反我们欢迎他们，并且向他们学军事。同样，对于专门人材，我们也是很器重的。总之，任何阶层的人，只要他们与我们的基本要求不相违反，我们就一概表示欢迎。报告对关心爱护干部提出具体要求：爱护干部，使其感受到革命队伍的温暖和同志间的友爱；从政治上出发爱护干部，大公无私，赏罚严明；不要随意把干部身上的小毛病扩大为思想意识错误或政治问题；要以诲人不倦的精神来培养和帮助干部，不要专门批评干部的缺点，而要经常检讨自己给予的帮助够不够。报告还从第五师的实际出发，要求进一步加强对干部的培养和提拔工作。要反对本位主义和保守观点，有计划、有系统、有准备地提拔干部，要经常性地检查干部工作，对诸如提拔、教育、优缺点和思想倾向等问题进行考查。要逐步健全完备的干部档案，在干部调动工作时，须作详细的介绍，并成为一种制度。

报告还对政工人员的工作作风提出了两个基本要求：一是要有紧张性、突击性、战斗性、创造性，坚决反对疲怠、敷衍、老大、迷信、传统、动摇、怕死等不良现象，要组织竞赛，建立奖罚制度来改变不良的工作作风。二是要提倡实事求是，反对形式主义，坚决克服追求形式、不要内容的会议、汇报、评比等做法，以脚踏实地的精神开展工作。

报告还指出：加强教育，巩固部队情绪，是克服战斗减员和反逃亡斗争的基本办法。首先是加强政治上的认识，进行基本教育。对发生的重大事变进行解释，特别是在战斗的动员时，注意强调夺取胜利的信心，遇到困难时强调有利条件和鼓励创造条件，争取进步，使每个指战员对前途充满信心。其次，注重宣传我军十分器重人才、提拔人才的特点，发扬和鼓励革命的英雄主义，组织革命竞赛，反对农民的阿Q精神、家庭观念及其他落后的意识，进行反逃亡教育，说明逃亡没有出路及其罪恶。同时还注意发扬革命队伍中的团结友爱精神，互相关心、互相帮助，努力解决指战员日常生活中的实际问题。在严格纪律管理的同时，提倡同志间的交流和广泛开展各种体育娱乐活动，以抵制外界的诱惑，尽一切可能防止非战斗减员。锄奸工作的主要内容是与敌特奸细作斗争，肃清隐蔽在军队内部的奸细特务、阴谋破坏分子，保证部队的巩固。

整个报告还系统地总结了新四军豫鄂挺进纵队建军以来的政治工作经验，提出了关于巩固部队的七项要求，即：在党的绝对领导下，执行党的政策；高度的政治觉悟与胜利信心；思想意识的正确；内部的团结一致；具备高度的战斗力；克服非战斗减员，主要是克服逃亡；清除奸细活动，没有内部破坏者。

任质斌与李先念等组织与会者对报告进行了热烈的讨论。在充分肯定一年来挺进纵队在巩固部队和政治工作成绩的基础上，以无产阶级的党性原则和今后斗争任务的需要为衡量尺度，指出了部队巩固程度及政治工作建设的不足之处。强调要保持和发扬人民军队的无产阶级本质及优良传统，使第五师部队成为坚决执行党的革命政治任务的武装集团。一致认为这个报告非常深刻和透彻，对于第五师今后政治工作的改进和深入具有重要意义，并决定将它印成小册子发到连队。任质斌亲自为《巩固部队的政治工作》写了按语：称它"是师政治工作会议的重要报告之一，对于本师今后政治工作的改进，求得实际和深入，在这一方面的价值和意义是不待而言的"。并强调指出："这个报告从理论到实践，从原则到具体，阐明得非常深刻和透彻，对于实际工作的帮助是很大的。每个政治工作人员必须经常地参考研究，和自己的工作对照，检查自己在工作上还有什么毛病，还应该怎样来努力。所以这个报告，应当成为每一个政治工作人员时刻不离的指针。"[1]

在任质斌具体领导下召开的第五师政治工作会议，前后共进行了近一个月的时间，总结了新四军豫鄂挺进纵队政治工作的经验，提高了干部对加强政治工作建设的认识，研究了政治工作面临的任务，确定了工作的方针和方法。这次政治工作会议的召开，也标志着第五师部队的巩固工作和正规化建设迈开了新的步伐。

李先念、陈少敏等不仅对这次政治工作会议的召开给予了大力的支持，而且还给予了充分的肯定。一九四二年十一月李先念在第五师干部大会上作报告时指出："全师政工会议，明确地指出，标准模范的党员思想意识，应具有真正的布尔什维克的思想观点。更明确地提出了反贪污反不良倾向的问题，严正了党的军纪。"[2]

---

① 张衡传：《王翰传》，人民出版社，1999年9月版，第138～139页。
② 李少瑜、何光耀、张肇俊主编：《任质斌在中原八年》，湖北人民出版社，1998年12月版，第11页。

任质斌是这次会议的组织者和领导者。会议的主题报告是在他的主持下，集中第五师政工人员集体智慧的产物。《巩固部队的政治工作》的发行，对新四军第五师的政治工作步入新阶段产生了积极的影响。

二　第五师党的工作和政治工作的新发展

新四军第五师奉命组建时，中央任命李先念任师长暂兼政治委员。此后，李先念一直向中央军委和新四军军部推荐任质斌担任师政治委员和军政委员会书记，建议由他全面主持政治工作和党的工作。

一九四一年四月十三日，遵照中共中央的指示，李先念致电中央军委，提出第五师军政委员会委员名单。电文中说："书记任质斌，委员李先念、陈少敏、刘少卿、王翰。"[1] 但是任质斌却从边区工作实际出发，反复强调要以李先念为领导核心，又多次向中央申明李先念任军政委员会书记的必要性。四月三十日，中央军委公布了李先念任书记，由李先念、任质斌、陈少敏、刘少卿组成第五师军政委员会。

就在军政委员会宣布后的一个月，即五月三十日，李先念、陈少敏、刘少卿又致电中央军委并刘少奇、陈毅，指出："五师政委，李（先念）兼顾不来，我们一致意见，中央未派人任政委以前，由任（质斌）暂代政委之职。"[2] 七月十八日，中央军委根据此建议，任命任质斌代理第五师政治委员，仍兼政治部主任。中央任命到达以后，李先念迅速通令第五师各部。当时，任质斌并不在第五师机关，而是率部在鄂东前线。接到中央任命和李先念的通知后，任质斌火速赶回司令部，切实负责第五师党的工作和政治工作。

上任以后，任质斌首先在全师宣传贯彻中共中央于七月一日发

---

① 1941 年 4 月 13 日，李先念致中共中央军委电报。

② 1941 年 5 月 30 日，李先念、陈少敏、刘少卿致中共中央军委并刘少奇、陈毅电报。

出的《关于增强党性的决定》，于九月五日颁发了《关于传达讨论中央增强党性的决定，以及提高纪律加强党性的问题》的训令，并把此"决定"作为第五师九、十月党课教育的内容。训令指出：我党中央七月一日所发关于增强党性的决定是一个重要的文件，正对着我们在目前环境下党所产生的各种各色缺乏党性的现象，向全党提出注意。要求每个党员，特别是各级负责同志，深刻地检讨纠正这些现象，以增进党的团结，提高纪律，巩固党的领导，使党更进一步地成为思想上、政治上、组织上完全巩固的布尔什维克的党，来应付革命过程中长期的复杂的斗争。要求各级政治机关接到这个决定后，应深入地传达到每个党员，并在全体党员中，特别是干部党员中组织讨论。在传达和讨论中，应绝对避免作空洞的一套形式主义的报告，必须联系到各部的实际情况，具体地检讨各方面的缺点，加强纠正。

在实际工作中，任质斌根据军委指示，着力加强第五师党的工作。首先是进一步健全各级党的组织，完善政治委员制度和政治工作制度。任质斌要求各部迅速建立各级政治机关，逐步将连队共产党员公开，吸收进步群众参加党的会议，进行公开的党课教育。他还多次强调：政治工作是我军的生命线，一切战争如果没有政治工作的保障，是不能完成任务的。我们的工作目的，就是为了打倒日本帝国主义，解放全国人民，而政治工作是提高战士与群众的积极性，提高战斗力的原动力，我们一定要认真做好各项政治工作。号召大家都来做党的工作、政治工作。当时在新四军第五师军事指挥员中有一种观点，认为政治工作不好做，也不愿意做，特别是不愿当政治委员。因为做政治委员，既要负责全部的政治工作，掌握党的政策，还要承担更多的领导责任。对此，任质斌反复强调，作为一个革命者，革命需要你干什么，你就应该干什么，特别是共产党员，党分配你做什么，你就应该愉快地服从，而且要尽心尽责，努力做好。

第二，切实加强连队的支部工作。为了使党支部成为连队战斗堡垒，任质斌高度重视和切实加强对支部工作的领导。在他的主持下，第五师成立了党务委员会，并由他兼任书记。第五师党务委员会明确规定了各支部党员的数量、质量、减增、教育，并要求支部和党员日常工作的作用和经验、一切党员处分等，都要直接向师党务委员会报告。同时，任质斌还主持在第五师成立师、旅、团三级连队工作研究委员会，自己兼任师连队研究委员会书记，着力抓好以支部建设为重点的连队工作。任质斌号召各级政工干部到连队去，到支部去，切实抓好支部这个"基础"的政治工作。要求各连队党支部，坚决按照支部工作的规定，结合本连队支部工作的实际，加强对党员的思想建设。要普遍建立上党课制度，并在党课中加强马克思列宁主义的基本理论、党的基本知识的教育，以增强党员的共产主义信念。在思想建设方面，要万分耐心地引导党员逐步清除头脑里的各种非无产阶级思想意识，要毫不例外地进行一番自我思想改造，以增强无产阶级的思想意识。在抓党员思想建设的同时，要对党的组织建设也毫不放松。除了积极吸收优秀分子入党外，还应特别注意清洗阶级异己分子、政治面目不清的分子、叛变自首分子、贪污腐化分子和其他不合格党员，以保证党组织的纯洁性。在此基础上，任质斌又适时发动全师各级党组织广泛深入地开展了创建"模范党支部"的活动。

第三，充分发挥广大党员的先锋模范作用。任质斌号召每个党员，努力使自己在新型的人民军队里成为"英勇作战的模范、执行命令的模范、遵守纪律的模范、政治工作的模范和内部团结统一的模范"。同时还要求各支部在日常工作中，发动党员与非党员广结朋友，帮助非党战士，加强对部队中先进青年的群众性组织——"青年队"的领导，定期听取战士委员会、青年队、俱乐部（救亡室）等群众组织的批评和建议，在各连队实行政治民主、军事民主和经济民主，使党的意志变为每个指战员的自觉行动。教育各级政治机关要善于总结和宣传党员先锋模范作用的生动事例，激励和推动广大党员进一步发挥先锋模范作用。

任质斌深知：中国的革命，实质上是农民革命；农民的力量，是中国革命的主要力量；新四军第五师是一支以农民为主体组织起来的革命军队。为了把新四军第五师建设成为在党领导下的无产阶级铁军，使广大农民指战员由一个自在阶级变为一个自为阶级，任质斌着力加强对部队的思想政治教育。在他的主持下，第五师政治教育工作在斗争中得到了不断的发展和完善，逐步形成了自己的特色。

一是注意把握时代和形势发展的脉搏，正确处理民族教育与阶级教育的关系。为教育广大指战员忠实于民族解放事业，任质斌始终坚持以民族解放教育为主，常抓不懈。在他的主持下，第五师政治部将"抗战问题"、"民族问题"、"阶级关系"、"抗战必胜"等，作为新兵入伍和部队战士系统教育的重要内容。一九四一年，在他主持编写的常规性政治教材《政治一百课》中，第一部分就是灌输抗日救国思想，课文从日本侵略中国的历史讲起，讲抗战的性质、党的统战政策、抗战的持久性、艰苦性和抗战必胜的原因。在第五师各教导队、训练班中，亦开设"帝国主义与中国"、"世界两大阵营的斗争和法西斯阵线的末日"、"日寇的危机和对华新政策"、"大后方人民生活的痛苦"等内容的政治课。各级政治部门还充分利用'七七'、'九一八'等抗战纪念日，宣讲抗日形势和党的抗日民族统一战线政策及抗战必胜的道理。通过这些教育，广大指战员提高了民族觉悟，认清了中国抗日战争乃至世界反法西斯战争的形势和前途，激发了爱国热情，增强了必胜的信心。

第五师在广泛深入地进行民族解放教育的同时，对干部战士的阶级教育也抓得很紧。实施《政治一百课》教育时，各教导队的教学内容中，就设有"蒋介石与法西斯"、"国民党的两面政策"、"中国共产党是人民的救星"、"八路军新四军的前身——中国红军"等阶级教育的内容。在任质斌领导与主持下，第五师还先后编写了《政治教育课程及进展》、《干部阶级教育提纲》、《干部阶级教育传达提纲》和《反内战反法西斯读本》。通过这些常规性和突击性的教育，使干部战士提高了阶级觉悟，加深了对国民党顽固派及蒋介石反动本质的认识，懂得了只有中国共产党才能救中国的真理，增强了打退顽固派反共高潮及反共摩擦的决心和勇气。

二是重视在政治教育中加强针对性，根据不同的对象、不同的层次，进行侧重点不同的教育，而其中又尤其注意针对农民的特点进行教育。在任质斌的主持下，第五师针对农民身上存在的不良习气，着重进行了如下几项教育：

革命理想教育。为了使广大干部和战士摆脱农民小生产者的狭隘眼光，不断克服非无产阶级意识，树立远大的革命理想，确立全心全意为人民服务的思想，第五师在部队中加强了这一教育。第五师各部通过报告会、上党课等形式，教育党员、干部、战士，弄清楚农民的革命性和缺点，革命和家乡观念，消灭军阀残余，反对贪污腐化，以及什么是流氓思想和反对平均主义，正规军与反游击习气，发扬阶级友爱，艰苦奋斗与英勇战斗，遵守纪律与服从命令，爱护民众与尊重地方政策和保持革命军人气节等。任质斌等还充分利用一切机会，教育部队立足抗战，面向未来，树立远大革命理想。一九四二年十一月七日，正值敌人向边区发动万人大"扫荡"前夕，第五师召开庆祝十月革命二十五周年大会。在会上，任质斌作了《记住我们的任务》的演讲，深刻地指出："中国共产党领导下的八路军、新四军的任务……不仅要推翻日本帝国主义，争取民族解放，而且要领导全国民众争取社会的解放。"他号召说："我们应该牢牢地记住：我们肩上还有这个伟大的历史责任。革命是长期的伟大事业，我们每一个同志，每一个指挥员、战斗员，都应该从各方面，政治上、军事上来锻炼我们自己；对革命，对抗战事业，对社会解放事业，能够做出历史要我们做的伟大贡献。"①

---

① 李少瑜、何光耀、张肇俊主编：《任质斌在中原八年》，湖北人民出版社，1998 年 12 月版，第 231～232 页。

　　革命纪律教育。任质斌一直把这一教育看成是提高部队战斗力、保证部队团结统一、步调一致的有力武器。随着部队的扩大和组织成分的复杂化，第五师不断加强了对干部战士的纪律教育。一九四二年，第五师政治部发出《严格群众纪律改善军民关系》的训令，明确要求指战员们加强纪律意识；部队要有计划地经常督促检查并加强群众纪律教育，尤其是对杂务人员和新兵、俘虏的教育；发动检讨过去破坏纪律的事实，剖析其不良影响；选择适当时期，组织群众突击周，造成遵守纪律的热潮，每个战士要学唱纪律歌，对经常破坏纪律的分子展开批评斗争会，对违反纪律严重者予以制裁；各连队组织纪律检查队，经常检查；以团为单位，开展纪律竞赛活动等。

　　党的政策教育。为了把第五师造就成"执行党的政策的工具"，任质斌重视培养广大指战员的政策观念，努力加强这方面的教育。第五师政治部将"什么是党的政策"、"土地政策"、"军事政策"、"瓦解伪军、团结友军、锄奸政策"、"没收政策"、"纪律条例"、"干部政策"等九个问题，作为重点列入政治教育课程计划之中，并多次强调加强党的政策教育的重要性，号召大家用党的政策去发动群众，去巩固部队。

　　文化教育。这是第五师针对部队农民比例大、文化水平低的特点，为提高部队政治、军事素质而着力抓的一项基础工作。任质斌亲自主持和参加编写新兵入伍教材、工农干部文化读本、青年教材、战士识字及自然、算术等课本，供干部战士学习。时任第五师政治部宣传部部长刘放曾回忆："一九四一年编的《政治一百课》，是在任质斌的指导下，以总政的教材为蓝本，结合边区情况改写而成的。在改写的过程中，我们花了不少工夫，许多同志都动手写了，任质斌也亲自参与写作。"[1]

　　三是充分考虑战争环境，在政治教育中采取灵活多样，生动活

---

　　① 1962年3月26日，采访刘放记录。原件存鄂豫边区革命史编辑部。

泼的方式方法。行军、战斗是部队主要的军事活动，第五师一般在出发前都召开军人大会，由首长作动员，随后政治部门还召开临时政治工作会议，专门布置行军中的政治工作。在战场上，各连队还有"三分钟讲话"、"五分钟支部大会"的政治教育，广大指挥员和党员骨干也都积极做火线政治工作。任质斌非常重视此方式方法。陈少敏在《回顾一九四一年的边区》一文中写道："在敌人几次的北犯、西犯时，任政委总是下紧急动员令，动员整个第五师和地方武装，积极地打击敌人，破坏敌人，牵制敌人，配合正面的友军作战。"①

　　报刊舆论的宣传教育，也是第五师政治教育的重要阵地之一。任质斌十分重视这方面的工作。在他的领导与主持下，第五师在进一步加强《挺进报》的同时，还加强了对《挺进》、《战斗》杂志、《政治工作通讯》、《连队生活》等内部刊物的管理。各报刊及时报道国内国外时事、解放区的发展情况、第五师工作动态，宣传党的方针政策和马列主义理论，刊登各种专论和文艺作品等，力求大众化、民族化、地方化和战斗化，成为党的宣传鼓动工作的锐利武器。

　　第五师政治教育的又一有效方式，就是以干部战士喜闻乐见的文体活动，寓教于乐。新四军第五师从创建之初起，部队的文体活动就十分活跃，尤其是演唱抗战歌曲非常普及。无论是行军、宿营，或列队集合，拉拉队喊声此起彼伏，众人纵情歌唱，四野应和，群情振奋。为了进一步加强和丰富部队的文体生活，一九四一年十月，政治部专门发出了《关于开展部队娱乐与体育工作问题》的训令，强调娱乐、体育工作"在巩固部队与提高战斗力上，有重大的积极意义"，从而进一步推动了部队的娱乐、体育工作。政治部还建立了由干部组成的文工队，后扩建为文工团，同时还动员民间艺人参军，组建了楚剧队。文工团（队）深入基层，创作了大量紧密结合连队思想建设的作品，深受广大指战员和人民群众的热烈欢迎。

----

　　① 《七七月刊》（1942年1月）总第6期。

　　健全了卫生保健机构。在任质斌等关心支持下，一九四一年六月，第五师成立了师卫生部，负责边区部队医务干部的调配、培训和对各野战医院的领导，统一筹划药材供应等工作。在近两年时间内，卫生部办了两期医训队，共培训医务人员一百三十余人，充实了医疗卫生队伍。同时还健全了一些医疗制度，改进了许多医疗技术和护理操作，以及战伤抢救的包扎、止血、固定等，重视外科消毒灭菌工作，加强了卫生宣传教育。一九四二年五月，政治部又发出了《关于夏令卫生运动的政治工作指示》，更加有力地推动了卫生工作的开展。

　　在任质斌的主持下，第五师的政治教育很有特点，也很有效果。它不仅为第五师的发展壮大和夺取战争的胜利发挥了重大作用，也受到了其他兄弟部队的重视。一九四二年，新四军政治部在给第五师的电报中，充分肯定第五师"对一般战士的文化教育进行得比较有成绩"。王震率第三五九旅南下支队与任质斌在河南会师时，就对第五师的思想政治工作很感兴趣，专门要了《政治教育课程及进展》和《政治一百课》，借以对部队加强政治教育。

　　新四军第五师及其前身新四军豫鄂独立游击支队、豫鄂挺进纵队在创建过程中，一直存在着部队发展与干部不足的矛盾。为了解决这一矛盾，任质斌与李先念等除了在组织工作上注意做到合理使用干部，充分发挥各方面干部的特长，使已有的干部能够办好更多事外，决定创办抗大十分校，加强干部培养。同时，贯彻中央《关于调查研究的决定》，颁布《关于大量提拔工人农民干部参加政治工作》、《关于加强知识分子新干部对于烦琐日常工作锻炼问题》的训令，大力加强干部队伍的建设。

　　任质斌为第五师大力培养军政干部，不遗余力地为创办中国抗日军政大学第十分校而呐喊。第五师成立以后，为了适应部队发展的需要，于一九四一年十月，决定在原来随营军校和师政治部干部训练大队的基础上，成立抗大十分校。方针是自力更生，培养干部，把有一定文化程度的干部送到抗大或各种训练班学习；宗旨是大量培养忠实于民族，能胜任正规军或地方军的排、连、营级军政干部。在筹办抗大十分校的同时，第五师还先后开办了"参谋训练班"、"测绘训练班"、"译电员训练班"、"报务员训练班"、"卫生员训练班"等。对于办抗大和各种训练班，任质斌和李先念的思想是一致的。任质斌虽然没在学校兼职，但他对这项工作一直是非常重视和支持的。为此，第五师政治部发出了《关于创办抗大十分校的工作》指示，要求"各部队应根据培植人才的远大眼光出发，有计划地挑选干部到抗大受训"。还特别严肃地指出"全体同志应该了解"这"是边区及五师的最重要工作之一。抗大是敌顽压迫下青年的光明出路。创办抗大是边区巩固与发展的主要保证"。"对培养干部工作任何消极怠工，都是对革命的犯罪"①。

经过一段时间的筹备，一九四二年二月十五日，抗大十分校正式开学。为此，任质斌特撰写了《边区青年解放的先声》一文。他在这篇文章中列举了一系列事实说明："中国共产党从来就把青年看做国家、民族的命脉，她一直都在以极大热情来系念着各地青年的命运。"任质斌为"抗大十分校的建设和豫鄂皖边区广大青年求知欲的满足，是一件艰难的巨大工程"而大声疾呼，并充满信心地说："抗大十分校的开办，已经造成了豫鄂皖边区青年的先声。依靠于在校教职学员的进一步努力，和广大校外人士的不断帮助，必然会使豫鄂皖边区的青年在抗战中发挥极大的作用。"

任质斌支持青年学习，先后将黄永贵、唐旭中、苏明等在其身边工作过的同志送到抗大训练班学习。他们后来都成为我军高级领导干部。

---

①　李少瑜、何光耀、张肇俊主编：《任质斌在中原八年》，湖北人民出版社，1998年12月版，第228～230页。

任质斌还十分注意加强干部队伍的建设。首先是进行干部队伍的组织建设，大力提拔工人农民干部参加政治工作。一九四一年九月五日，第五师政治部发出了《关于大量提拔工人农民干部参加政治工作》的训令，指出：由于部队迅速扩大，战斗中大量干部的伤亡，以及大后方的交通困难，外来干部无法供应，现在干部恐慌，不够分配，已成为工作上的严重障碍。就在政治工作范围内，由于干部的缺乏以致机构不健全，使政治工作开展受到极大的限制。要克服这些困难，只有依靠大量的培养和提拔干部。

报告还从分析第五师部队组成的特点、过去干部政策的不足指出：由于我们部队成分百分之八十是农民，干部中农民同志亦是大多数。知识分子虽在我们部队起了很大的作用，但数量毕竟是有限的，来源又很困难。过去我们对于政治工作干部的培养常常有意无意地自己限制于狭小的知识分子这个范围之内，以致今天下层知识分子可以被吸收提拔的差不多已到取之已竭的程度。为了今后连续不断地在政治工作干部中增添新生力量，以应工作的迫切需要，我们只有跳出这个故步自封的狭小圈子，只有大量吸收工人和农民同志到政治部门来，也只有如此，才能解决问题①。

但是，大量吸收工人农民干部担任政治工作，也并不是一件容易的事情。为此，第五师政治部要求各部必须做好如下工作：（一）加强工人农民干部的自我学习和政治文化教育，克服他们在思想上、政治上、文化上各种落后地方。（二）多吸收工人农民干部参加各种政治工作的活动和会议，提高他们积极参加政治工作的热情。（三）各连支部、营团总分支部应多吸收工农出身的下级干部参加，以便在党内实际工作中锻炼他们。（四）各级知识分子干部，必须认定一个工人农民干部作为自己教育对象，并经常考查教育的结果。（五）

---

① 李少瑜、何光耀、张肇俊主编：《任质斌在中原八年》，湖北人民出版社，1998年12月版，第220～221页。

各种政治工作的训练班，必须选拔大量工农干部受训。对于工农干部的教育，必须特别的耐烦与实际。（六）必须加强对工农干部政治上、组织上的领导，帮助他们布置和开展工作。通过"抗大"十分校和各种训练班的培训锻炼，第五师的干部队伍，特别是政治工作干部队伍不断扩大。

任质斌十分注重加强干部队伍的作风建设。一九四一年七月二十七日晨，第五师发生了日军俘虏水源、高田逃亡事件。任质斌经过调查研究，发现这一严重事件竟与乔复民的工作态度有关。乔复民当时是对敌部干事，具体负责这项工作。由于他在工作上一贯好高骛远，虽是领导一方工作，而又不愿做日常的烦琐工作，一开始对待俘虏就不感兴趣，不愿在对敌部工作，所以造成如此严重后果。在分析这件事情的背后，任质斌发现一个现实问题，就是必须加强干部队伍的作风建设，特别是加强知识分子干部对于烦琐日常工作的锻炼。于是在他主持下，师政治部于八月一日发出《关于加强知识分子新干部对于烦琐日常工作锻炼问题》的训令，强调指出：今天在我们党和部队内存在一些言过于行的空谈家，他们满口天花乱坠，空谈领导工作，但自己并不来参加实际活动、耐烦地解决日常发生的问题。这些清谈家高谈阔论，善于谈论人家的是非，但并未花一分钟的时间来检讨自己的工作，使其更深入、更实际。正因为这样，所以有很多干部不愿做事务工作，或者当他们工作环境比较麻烦的时候，就用种种理由来要求调动工作。这些现象有其普遍性，是一个值得注意的问题。为着更彻底纠正这些不良现象，各级政治机关必须要注意下列几点：一、必须开展工作中的实际主义教育，提高他们的认识，使他们了解除掉下层的事务工作以外，革命工作是没有内容的，并鼓励和帮助他们克服实际工作中的困难，使他们受到更多的锻炼；二、奖励埋头苦干、耐烦刻苦、任劳任怨的干部，对于言行不一致的清谈家，严格地开展斗争，并予以处分；三、在工作中不要受这些漂亮的、口头的、一方面的工作报告所迷惑，而要多到实际工作中去检查其是否切实负责；四、必须抓紧这些干部，不要让他们偷闲，多叫他们处理日常生活的烦琐事宜；五、知识分子新干部的提拔，最好经过事务工作或烦琐的下层工作锻炼①。

一九四一年八月一日，中共中央作出《关于调查研究的决定》下达后，任质斌立即组织贯彻执行，不仅师政治部分别对本军、友军、敌军、民众等四个方面很快开展了调查研究，而且于十一月决定各旅政治部、团政治处设立调查员，各营、连设立调查网，并对党员提出了严格的要求，使全师调查研究工作成为一个"热烈的运动"。

任质斌身体力行，率先垂范。一九四二年初，鄂东由于部队的集中，加上春荒，各地粮价飞涨，老百姓产生了怨言。为了解决这个问题，任质斌亲赴鄂东调查，并于二月十九日给边区行署发出了《解决粮价狂涨的救急办法》的电报。电报分析指出：年成不好加上敌寇的掠夺，是目前粮食狂涨之基本原因。但我们要对民众所说的"新四军买高了粮价"的怨言引起高度重视。这说明我党我军之毫无限制地公买公卖政策是有不足和缺陷的，因为它已成为有粮阶级，即地主和囤粮户的发财利器了。同时，他提议行署立即通令各地方政权，迅速登记各地方地主及囤粮户的存粮，并照各地的实际情形分别规定各地之比较公道的粮价，用最大决心来强制地主，以该价卖给军队，同时还建议用摊派形式进行，借此广泛发动群众②。边区行署根据他的建议，立即采取了相应措施，妥善解决了这个问题，密切了部队与群众的关系。这是任质斌注重调查研究，将政治工作与经济工作完善结合的又一典范。

通过这些指示和训令的贯彻执行，既在一定程度上缓解了政治

---

① 李少瑜、何光耀、张肇俊主编：《任质斌在中原八年》，湖北人民出版社，1998 年 12 月版，第 218～219 页。

② 李少瑜、何光耀、张肇俊主编：《任质斌在中原八年》，湖北人民出版社，1998 年 12 月版，第 224～225 页。

工作干部的不足，也有利于知识分子新干部的锻炼提高，同时还促进了政工部门作风的转变，使第五师干部队伍的构成更适应边区抗日游击战争的需要。

在任质斌的主持下，一九四一年，第五师政治部还要求各部从实际出发，取消营、连中锄奸的特殊系统，改由教导员统一领导，使锄奸工作与其他政治工作密切联系起来。这样，彻底纠正了锄奸工作中的特殊化，以及为少数人所包办的现象，发挥和调动了广大指战员参加这一工作的积极性，使锄奸工作形成一个群众性的运动。熊作芳曾回忆："任质斌在主持五师政治工作中，十分注重领导锄奸工作，五师部队没有发生什么叛变，说明部队的锄奸工作是抓得好的。"①

日本反战同盟第五支部，是由被俘日军和脱离日军的士兵，经教育觉悟后组成的一支反战力量。它是在任质斌等关怀下，于一九四一年十一月组建起来的，直属第五师对敌伪工作部领导。任质斌对这些日本反战朋友倍加爱护，他曾和李先念亲自参加了欢迎坂谷义次郎加入新四军的隆重大会，亲手把新四军灰布军服送到这位日本反战友人的手上。坂谷义次郎后带领在华日人反战同盟第五支部的日本朋友，在鄂豫边区的抗日战争中，与新四军并肩战斗，对华中武汉周边地区的日军震动很大，对瓦解日军起了很大作用。后来坂谷义次郎为中国的抗日战争献出了宝贵生命。

任质斌在主持第五师党的工作和政治工作中，坚持一切从实际出发、理论联系实际、实事求是的思想路线，力求将马列主义基本原理同第五师及其根据地的实际相结合，更好地理解和执行党的政治路线和各项方针政策，创造性地贯彻执行毛泽东建党思想和军事思想，切实加强政治建军，从而使第五师党的工作和政治工作迈上新的台阶，保障第五师逐步成为党领导下的一支坚强的人民军队。

---

① 1962 年 12 月 10 日，采访熊作芳记录。原件存鄂豫边区革命史编辑部。

三　在敌伪顽夹击中谋发展

随着新四军第五师的建军和边区抗日民主根据地的不断扩大，日军和国民党顽固派都感到恐慌，不断加强对边区的"扫荡"和发动反共摩擦。一九四一年四月至一九四二年四月，是第五师和边区抗日根据地历史上最为艰难的一年。在这一年里，日军先后发动了三次大规模的"扫荡"，国民党顽固派的反共摩擦不断。在此严重的夹击形势下，任质斌同李先念等率领边区军民，同心同德，进行顽强的反"扫荡"战，坚决反击国民党顽固派的进攻，在斗争中谋求发展。继开辟汉（阳、川）孝（感）（黄）陂抗日根据地后，又派兵南下（汉）川汉（阳）沔（阳），东指鄂皖边，进一步实施战略展开，不仅壮大了武装，还扩大了抗日根据地。

一九四一年五月，日军为确保其在华占领区，加强经济掠夺，"以战养战"，以作好北犯南侵的准备，在进攻全国解放区的同时，对鄂豫边区进行了第一次大规模的残酷"扫荡"，先后侵占了许多地区，根据地军民曾一度陷入十分困难的境地。

面对日伪军的疯狂"扫荡"，任质斌同李先念等指挥第五师主力部队，一面在襄河两岸、平汉铁路两侧，跳跃回旋，粉碎敌人的进攻，保卫根据地；一面敏锐地捕捉战机，率部向鄂东敌后发展，开辟新的根据地。五月一日，当任质斌同李先念率第五师指挥机关及主力一部，由白兆山地区东进，越平汉铁路，移师大、小悟山时，即遭日伪军三千余人分十三路前来"扫荡"。任质斌、李先念命令第十四旅第四十团抢占黄安（今红安）红毛寨、马鞍山、傅家寨一线，利用有利地形进行伏击，给敌人以有力杀伤。是日夜，又命第十四旅一部采取小股多处偷袭战术，向日军驻地神速突击，快打快撤，使敌心惊胆战，疲于奔命和应付，不得不撤回据点。

七月，日军再次以数千之众"扫荡"边区，重点进攻陂安南根据地。任质斌同李先念等领导根据地军民展开激烈的反"扫荡"战，坚决打击敢于组织维持会的汉奸，号召边区军民实行坚壁清野，对日伪军进行围困和不断袭扰，使其陷入人民战争的汪洋大海，再次粉碎日伪军大规模的"扫荡"。

十一月，日军对边区发动了第三次大规模的"扫荡"。十七日，任质斌向第五师各部发出了《对于反"扫荡"战斗的准备决不能有任何放松》的指示，称："根据敌在平汉及襄（阳）花（园）路沿线增兵甚多，信阳、安陆城内均已集中万人，云梦窗塔到敌两个师团，看样子敌似又将在鄂西北与豫南有所行动。"因此，"必须将这些情报告诉周围友军，以动摇其向我进攻的决心或推迟其开始进攻的时间。并在这一基础上，与其较进步的一部分结成统一战线"。同时要求各部"不论时局的演变究将如何，对于战斗的准备决不能有任何的放松"①。于是鄂中、鄂东军民立即行动起来，提高警惕，充分做好反"扫荡"战的准备，终于在有准备的情况下，分别粉碎了日寇对安（陆）应（山）中心区赵家棚和对陂安南地区的大规模"扫荡"。

在进行一系列反"扫荡"战的同时，任质斌同李先念都敏锐地感到，单纯地在根据地内进行保卫战式的作战，对部队的发展和根据地的扩大，对解决经济困难等，还是远远不够的，必须主动深入敌后，开辟新的根据地，扩大部队的回旋余地。就在进行第二次反"扫荡"战时，任质斌、李先念决定派第十三旅旅长周志坚率部分武装挺进武汉近郊，开辟汉（阳、川）孝（感）（黄）陂游击根据地。临行前，任质斌、李先念分别找周志坚谈话。李先念指出：最近，日伪军在鄂中、鄂东等地频繁"扫荡"，在各交通沿线构筑许多碉堡，集中兵力把守，企图扼杀我们。国民党顽固派助纣为虐，对我

---

① 李少瑜、何光耀、张肇俊主编：《任质斌在中原八年》，湖北人民出版社，1998 年 12 月版，第 223 页。

们不断摩擦和挑衅。为了生存和发展，师党委决定派你带一支部队南下武汉近郊，挺进到汉孝陂地区活动，开辟游击根据地。主要任务有两个：一是去加强和配合当地的工作组，建立抗日民主政权，充分发动群众，扩大武装，威逼武汉；二是充分利用抗日民主政权，建立和扶持税收工作，扩大部队的财政来源，打破日伪军和国民党顽固派对我们的经济封锁。任质斌强调：你们这次南下的意义重大，你们既是一支战斗队，又是一支工作队、宣传队，要尽快打开局面，把汉孝陂地区的斗争轰轰烈烈地开展起来。周志坚当即表示：请二位首长放心，坚决完成任务。

周志坚率第十三旅第三十七团二营、第三十九团二营六连和旅手枪队南下，以孝感县地方武装活动的基地孝南乡为依托，四面出击。部队每到一地，都遵第五师首长指示，向群众宣传共产党的抗日主张，执行抗日民族统一战线政策，争取各阶层人士共同抗日。在茅庙集，周志坚率部粉碎了驻汉口日军百余人的"扫荡"，并趁势发动群众，争取地方士绅合作，建立了抗日民主政权，并将带有封建迷信色彩的地方武装"红枪会"改造为抗日人民自卫队。经过广泛的群众工作和一系列的战斗，周志坚以第十三旅部分武装为基础，在当地抗日武装的支持配合下，开辟了长江埠、横店以南，汉口至黄陂公路以西，襄河以北，长江埠至汉川公路以东，连接武汉近郊的汉孝陂抗日游击根据地。

汉孝陂抗日游击根据地的开辟，不仅给盘踞武汉之敌从军事上造成直接威胁，而且使第五师能在武汉市郊的茅庙集、黄花涝、姑嫂树、北经嘴等处，长期设卡收税，对解决边区的严重财政困难起了重要作用。

九月，日军为准备发动太平洋战争，集中了十万兵力进攻长沙，后又转攻郑州，并不断抽兵南调，致使武汉外围各据点守备减弱。在此极为有利的情况下，任质斌、李先念等冷静地分析形势，果断地作出决策，抓住战机，进一步作战略展开，立即部署南下（汉）

川汉（阳）沔（阳），东进鄂皖边，扩大新的敌后根据地，彻底粉碎日伪的大"扫荡"，在地域上从东西两面构成对武汉之敌的战略包围态势。

汉川、汉阳、沔阳地区，位于长江、汉水（襄河至汉川后称汉水）交汇处的三角地带，为武汉的西部屏障。开辟这一地区，即可北控襄河，南扼长江，东逼武汉，西迫荆（州）沙（市）。

十月，任质斌同李先念等召开军事会议。在会上，任质斌详细地分析了川汉沔地区的日伪军情况和我们所面临的形势。他说：天汉特委以及天汉地委，一直在做川汉沔地区的伪军工作，成绩非常显著。通过他们调查得知，日军在川汉沔地区兵力薄弱，主要靠伪军守备。其主力是伪定国军刘国钧部。该部下辖第一、第二两个师，军部盘踞在沔阳沙湖。伪第一师汪步青部辖三个团约五千余人，是该地区伪军中实力最大者，盘踞在汉阳的侏儒山、桐山头、永安堡、肖泗沟、九沟及汉川的南河渡一线，并设有兵工厂。伪第二师李太平部一千余人，盘踞在沙湖、彭家场一带。此外，尚有伪军熊剑东、王维哲等部，各约二三百人，盘踞在汉川的系马口及汉阳的黄陵矶、蔡甸、大集厂等敌据点内。这一地区的敌伪矛盾尖锐，伪军与伪军之间亦矛盾重重。同一伪军内部的各师、团也都拥兵自重，互相倾轧，特别是汪步青部的国民党特务与汪的亲信之间争权夺利矛盾很深。这是我们打击敌人，开辟此地区可以利用的有利条件。但是川汉沔地处武汉近郊，是敌人军事要地，敌伪据点稠密，易于互相支援，不利于我们持久战，而且河湖港汊纵横交错，也不利于我们大兵团作战。会议最后决定，命令王海山、周志刚率第十五旅立即抓住战机，选定汪步青的伪第一师为主要打击目标，发起侏儒山战役。

十二月初，王海山、周志刚率第十五旅夜渡襄河，与天汉支队会合。随后，他们立即派出小分队四处散发传单和"反正通行证"，宣传中共抗日主张，告诫伪军应识时务，拖枪反正。经过宣传，伪军中不断有人前来投诚。与此同时，第十五旅也做好了进攻侏儒山的准备：征集渔船、渡船，组织担架队、运输队；在通往日军据点蔡甸的公路上组织破路队。当一切就绪后，受任质斌、李先念之命，第十五旅于十二月七日发起了第五师历史上著名的侏儒山战役，对盘踞汉阳侏儒山及其附近的伪定国军主力，实施连续攻击。至一九四二年一月下旬，将侏儒山地区的伪军大部歼灭。期间，日军一部向在侏儒山地区作战的第十五旅发起进攻。任质斌与李先念接到报告后，立即决定第十三旅火速前往增援，命令他们要一鼓作气，全歼汪步青的伪第一师和进攻侏儒山的日军。第十三旅与第十五旅会合后，紧密配合，采取穿插分割、迂回包围、拦截包抄等战术，将伪第一师全部歼灭，汪步青仅率亲信数十人逃窜。第十三旅还将由仙桃镇前来进攻的日军百余人包围在胡家台的大祠堂内，采用火攻，使日军狼奔豕突，大部葬身火海。截至二月四日，侏儒山战役胜利结束。

　　侏儒山战役的胜利，标志着在李先念、任质斌等领导下的新四军第五师已由分散的、多地区的、灵活机动的游击战术，发展到集中优势兵力，实施向心攻击的大规模运动战。该战役历时两个半月，共对日伪军作战十四次，歼灭伪定国军第一师约五千人和日军二百余人，俘伪军九百五十余人，击溃伪定国军第二师等部千余人，缴获了大批武器弹药、兵工设备和军用物资。这次战役的胜利，使第五师基本上控制了汉阳之侏儒山、桐山头、永安堡、肖泗沟、九沟，沔阳之西流河、周家帮、何家帮，以及汉川之南河渡、西江亭等地区，扩大了边区抗日根据地，还有力地配合了国民党军队保卫长沙的作战。二月二十一日，《七七报》为此发表了题为《庆祝襄南的伟大胜利》的社论。

　　任质斌在与李先念等指挥第五师开辟川汉沔地区的同时，还亲率主力一部配合兄弟战略区的行动，向鄂皖边发展。

　　鄂东顽固派程汝怀部不顾新四军多次劝告，甘受桂军李品仙驱使，充当反共先锋。程部保二旅及所辖县顽地方武装，一再向鄂皖边地区新四军进攻。桂军第一三八师及第一七六师一部，配合地方顽军也向皖西新四军第七师进行"清剿"，割断了新四军第五师与第七师的联系。在此情况下，新四军第五师在任质斌与李先念等领导下，被迫投入自卫作战，于一九四二年初发起了浠水、广济等战斗，严惩了顽军。

二月十二日，参加"剿共"会议后归抵黄冈黄土岭本部的程汝怀，声称"鄂东已到生死存亡关头"，变本加厉电令各部"进剿"，企图歼灭第五师在蕲（春）黄（梅）广（济）地区的第十四旅，还指令各部在"进剿"期间停止对日作战。任质斌经过调查研究，于二十一日向各部发出了《坚决粉碎鄂东严重反共摩擦的部署》的命令，指出"程部各保安旅战斗力虽弱，但因数量很大，且有桂军、陈诚为其后台，故我仍不宜轻易与其主力决战"，因此第十四旅"除经常控制一个主力团外，其余部队均需分散游击，避免与其主力决战"。特别指出第五师主力"十三旅则可于最近突袭正向（黄）冈麻（城）开动之保一旅，务期将其全部歼灭，然后派兵一部进入麻南，以造成威胁黄土岭之形势"，"使程汝怀在此种压迫下不得不再与我妥协"等①。他还亲赴鄂东，在长时间作争取工作的基础上，又进一步运用政治攻势和军事打击相结合的策略，并根据程部各保安旅团干部对我之态度，有选择地对保一旅进行争取工作，呼吁其下层官兵反对打新四军，促进该旅第一团团长张维生率第一团及第二团一个营共一千余人脱离程而独立，组成与第五师联系并配合行动的鄂东抗日自卫军。这个正确的部署，先后得以实施。程汝怀在保一旅大部被歼后，其指挥部驻地受到威胁，不得不于四月中旬将"进剿"部队调回，以保护其后方安全。配合"围剿"的桂军，因在蕲黄广找不到第十四旅主力，也于四月下旬开始返防。鄂东顽军

① 李少瑜、何光耀、张肇俊主编：《任质斌在中原八年》，湖北人民出版社，1998年12月版，第226～227页。

所发动的这次反共摩擦以失败告终，鄂皖边沿江抗日阵地得以坚持。

　　争取张维生脱离程汝怀部而独立，组建鄂东抗日自卫军的工作，是在任质斌亲自领导下进行的。一九四一年七八月份，中共中央决定各抗日民主根据地，除进一步巩固抗日武装外，还应努力创造条件组建外围军配合行动。根据中共中央的指示精神，任质斌与李先念等决定将鄂东保一旅张维生部组建成第五师的外围军。张维生当时一方面为了保存实力，抗拒桂系的改编，另一方面又与其保一旅旅长李九皋有矛盾，担心被吃掉，急于寻找出路。正是在这种条件下，任质斌派与张维生有亲戚关系的蔡光耀作为第五师特派员进驻该部工作，同去的还有徐达三、韩光表等，配合做争取工作的有鄂东地委以及第五师政治部秘书长齐光等。临行前，任质斌亲自召集蔡光耀、徐达三、韩光表等开会，传达中央关于组建外围军的指示精神，部署安排工作，并提出了有关注意事项。蔡光耀等进驻张部以后，张维生的态度比较积极，一切工作紧张有序地进行。后来鄂东地委与齐光写信给蔡光耀等，建议干脆把部队拉过来。蔡光耀根据来信精神，与张维生一起把部队带到陂安南，驻在禹王城，于一九四二年二月底宣布脱离保一旅，打出"鄂东抗日自卫军指挥部"的旗号，将原来的五个营编为四个营，由张维生任司令，蔡光耀任特派员，徐达三任参谋长。并发表了抗日宣言，称：我们是鄂东人，要保家卫国，团结抗战，反对摩擦。可惜的是，张维生部队整编组建后，出现了一些新的矛盾，特别是部队的供给难以解决。加上我们有些同志思想保守，又听说张维生与黄陂河口的国民党部队有来往。于是，在四月一天拂晓，部队突然集合时节，鄂东地委和第五师第一军分区派部队缴了他们的械，张维生等并未反抗。

　　任质斌是一个能够面对历史、正视历史，对历史负责任的人。关于这件事，他回忆说："现在反思起来，这件事办得不算很成功，我有责任，其主要原因就是机械地执行中央关于建立外围军的指示。其实，当时最好的办法不如干脆把张维生的部队拖过来编成第五师正规部队。突然缴械，影响总是不好的。虽然我们对张维生也比较宽大、没怎么处理，但影响还是有的。"①

　　任质斌是新四军第五师党的工作和政治工作的卓越领导人，也是杰出的军事指挥员。在他和李先念等领导下，新四军第五师成立后的一年时间里，先后粉碎了日伪三次大规模的"扫荡"和国民党顽固派的频繁进攻，在斗争中不断发展壮大，主力部队发展到一万五千余人；各县独立团、独立大队、保安部队等发展到七千八百余人，比一九四〇年扩大了一倍；边区自卫队（民兵）发展到十九万九千余人。边区已建立了黄冈、黄陂、黄安、麻城、蕲春、广济、鄂城、大冶、汉阳、汉川、沔阳、天门、荆门、当阳、钟祥、京山、安陆、随县、应城、云梦、孝感、应山、信阳等二十三个县的抗日民主政权，为新四军第五师和根据地的进一步发展打下了坚实的基础。

四　风狂雨骤八个月

　　一九四二年四月始，任质斌同李先念等又面临更加严峻的夹击局面和困难的考验。

　　这年春，日军在进攻南洋的战争告一段落后，随即抽兵北进，集中力量对付中国共产党领导的八路军、新四军。国民党顽固派亦打着援助苏联、反攻日军的幌子，进攻华中、华北解放区，妄图一举消灭共产党及其领导的人民武装，加紧"反共"军事活动。蒋介石早在三月二十三日就电令第五战区："应划分清剿区，指定负责清剿部队，限期清剿。鄂东方面并须加派一部支援程汝怀并李仙洲部确切协同，遮断奸伪东西联络而击灭之，政治配合部分另电饬遵。

---

　　①　李少瑜、何光耀、张肇俊主编：《任质斌在中原八年》，湖北人民出版社，1998年12月版，第116~117页。

在剿匪期间，各集团之对敌袭击任务暂时停止。"四月，国民党第五战区根据蒋介石的"剿共"旨意，将豫鄂边区划分为随（县）南、随（县）北、信（阳）罗（山）、襄（河）西、鄂东等五个"清剿"区，以第四十五军军长陈鼎勋、第三十军军长池凤城、第六十八军军长刘汝明、第五十九军军长黄维纲、桂系第八十四军军长莫树杰，分别担任各区"清剿"司令。四月下旬，各路国民党军先后到达边区周围。

国民党地方反共顽固分子还勾结日伪，夹击新四军第五师部队。鄂东的程汝怀、王啸风等顽固派，曾亲笔致函麻城县伪县长，要求日伪军在他们"进剿"新四军期间"予以谅解"，并保证决不攻击日军，与新四军作战距日军据点八里之外；同时还与汉口日军特务部交涉，要求彼此"互不侵犯"。鄂中第六游击队司令曹勖也派人请求京山、安陆等地的日伪军配合"进剿"新四军。

此时鄂豫边区正经历连续两年旱灾，处于春荒严重、军民交困的时刻。天灾、战祸纷至沓来，一时间，边区抗日根据地上空乌云密布，沉雷滚滚，四处枪声不断，鸡犬不宁，被迫跑反的民众，扶老携幼，颠沛流离。仅鄂中的白兆山、大山头、小花岭一带，跟随新四军跑反的民众即达十万以上，真可谓黑云压城城欲摧，边区处于最危难的时刻。

面对这种空前严重的夹击形势，任质斌与李先念、陈少敏等一起，根据中共中央、中央军委、华中局和新四军军部的指示，提出了"咬紧牙关，熬过困难，沉着应战，坚决自卫"的方针；确定在战略指导上，充分发挥游击战和运动战的效能，不轻易地和顽军主力决战，不硬拼消耗，把主要打击目标对准最顽固的"反共"军队；要求各部在战术上，注意充分利用顽军内部及敌顽矛盾，粉碎其对我夹击的阴谋。同时抓住日军进攻浙赣线的时机，派第五师一部挺进鄂南，大力开展鄂南敌后抗日游击战争，建立根据地；决定在指挥体制、领导机构、组织形式上，进行重大调整，成立更加适应艰苦斗争环境，更能因地制宜地进行独立作战的军分区。

从五月一日起，国民党顽固派先后以十二个正规师、四个保安团、十一个游击纵队和五个独立支队计十万之众，采取多路推进，杀气腾腾地向鄂豫边区扑来。顽第四十五军第一二五、第一二七师各两个团、第二十七师、暂第一师、保九团、第六纵队及第五战区独立第一、第二支队，首先进攻随南和京（山）安（陆）地区，尔后深入应城、云梦地区；第三十军一个师和第一、第七游击纵队，向随北和信应地区进攻，逐步深入安应地区；第六十八军两个团及豫南挺进军，负责"清剿"信罗地区；第五十九军两个师及第四十一军第一二三师、第三游击纵队等部，与第六战区协同进攻襄西地区，尔后以第三游击纵队转移到襄东，向京（山）钟（祥）以南地区"清剿"；桂军则以数万兵力，分左、中、右三路，向鄂东地区进攻，右路侵入信罗边、罗礼边，左路伸向浠蕲黄广地区，中路向安麻公路以南、河（口）汉（口）公路以东地区。国民党特务人员也随即配合，分批窜入边区抗日根据地内，在根据地边境地区编制保甲，组织"五家连坐"，培植土匪势力，杀害中共地方干部和抗日群众，疯狂地破坏抗日根据地。

在国民党顽固派全面进攻鄂豫边区，第五师领导机关和主力部队被压迫至平汉铁路以西、涢水以东狭长平原丘陵地带的严峻时刻，任质斌同李先念等一道，同心同德，运筹帷幄，采取了一系列重大措施，最终彻底地粉碎了国民党顽固派发动的持续八个月的"反共"高潮。

开展强有力的宣传鼓动工作。一九四一年春，毛泽东曾指出"打退反共高潮有七分须靠宣传工作"。任质斌据此决定对部队开展强有力的宣传鼓动工作。一九四二年七月，第五师发出了《关于当前宣传鼓动工作的指示》，要求各级首长切记毛泽东的指示，高度重视加强反顽斗争中的宣传鼓动工作，明确地提出了关于对顽军、对友军宣传和对民众、部队内部宣传鼓动工作的任务及方式方法，并规定了突击宣传的统一口径和基本口号。同时，任质斌与李先念首先做出表率，以"率新四军第五师全体指战员"的名义，发出了题为《全民动员，呼吁停止祸国殃民内战》的告边区同胞书，号召全边区同胞伸张正义，一致奋起，运用一切力量向第五战区当局和友军官兵，呼吁团结，要求停止内战，用人民自己的力量制止内战浩劫，保卫自己的利益。并坚决表示新四军第五师是边区人民的武装，保卫边区，保卫人民，是我们的天职，我们决不离开边区，将誓死保卫边区，与人民共存亡，与敌伪及亲日派斗争到底。我们自信，有边区千万同胞作为我们的后盾，我们将一定能够制止自相残杀的内战浩劫，而求得抗战之最后胜利。

在七七抗战五周年到来的时候，任质斌同李先念以"新四军第五师全体指战员"的名义，发出了《为纪念七七抗战五周年敬告全边区友军将士书》，指出：你们和我们今天都被迫投入内战的惨境，在这种情况下来纪念伟大的七七（抗战），是多么令人悲愤。还指出：你们参加内战是出于被迫而情非得已。你们与我们新四军守哨相望，相处有年，你们也一定知亲日派对新四军造谣诬蔑是诬陷忠良，心怀鬼胎。并表示：我们主张团结抗战始终不变，即使是在被迫太甚而自卫时候，也仍在盼望你们谅解我们的苦衷，希望你们立即向你们上级要求，停止自相残杀，团结对敌，我们愿与你们共同努力。

七月二十四日，任质斌同李先念又发出了《对反共派祸国殃民罪行的严重抗议》，以铁的事实揭露了反共派的三大主要罪恶：一是便利日寇抢占浙赣，祸害国家，祸害抗战；二是为了达到消灭抗日军队的阴谋、竟不惜停止对敌任务，堕落到公然勾结敌伪；三是破坏边区，扰害人民，屠杀抗日人员。在这个《抗议》电的最后，还表明"仍然热望着边区反共派能悬崖勒马，回头是岸"。

通过突击开展宣传运动，第五师所属各部各自采取多种多样的形式对顽军、友军进行宣传，对广大民众和广大指战员的宣传亦生动活泼。在这个运动中，任质斌是主要领导者和组织者，在他的主持与领导下，全边区仅散发宣传品，张贴与粉刷标语和写信分别达百万份、百万条、十万封之多，造成了一种强大的政治攻势，取得了非常积极的效果。

猛烈展开战争动员，进行人民战争。任质斌对依靠边区群众进行人民战争非常重视，积极提议并帮助地方猛烈展开群众战争动员。一九四二年年初，豫鄂边区党委作出了《关于经济建设的决定》。三月召开的边区首届抗日人民代表大会，又通过了《豫鄂边区施政纲领》等，边区掀起了春耕生产热潮。但是，此时鄂豫边区的第五师部队已发展到近三万人，加之敌人对根据地"扫荡"、掠夺、严重灾荒等给财政经济带来了极大困难。如何解决豫鄂边区的严重经济困难，华中局和新四军军部也极为重视。

三月，新四军军部就解决粮荒问题给第五师发来指示，指出：解决目前粮食恐慌，应一方面加紧发展春耕运动，多种生长成熟较快、能济春荒之农作物。另一方面可向地主粮商进行借粮募粮。但在借募方式上，必须特别注意耐心审慎，应向地主及群众进行深入耐心的宣传解释工作，公开说明我军目前苦况和借粮募粮的万不得已的苦衷，以获取其同情与谅解。借募时则应分别富裕程度，实行合理负担。深入调查囤粮、存粮之实情，并防止强迫攫取过左行为。必须使借粮运动与发动基本群众、救济灾荒、发展春耕运动、提高生产等工作加以密切联系，否则可能发生混乱，造成广大群众不安，影响统一战线之巩固。

四月，中共中央华中局给第五师发来关于解决粮财问题的指示，指出：借粮、募粮是一种极端复杂的工作，务须防止简单摊派的过左行动，需要进行艰苦深入的调查研究与耐心的宣传解释工作。各地应举行士绅座谈会、参议会及群众会议，来公开讨论这个问题。强调：不仅要使各界了解我们借募粮食是不得已的苦衷，而且也要使各界了解我们在借募方法上也是力求公道合理，以免除地主富农对我们的疑惧和不满。因此，向地主、富农借募粮之口号，似乎以改作向有余粮、剩粮者借募粮为较妥。

任质斌严格按照新四军军部和华中局的指示精神，在实际工作中十分注意统一战线政策的正确运用，为调动一切积极因素，共同粉碎严重的敌顽夹击，作出了重要贡献。七月底八月初，豫鄂边区党委在湖北黄陂姚家山召开会议，谋求解决边区经济困难的出路。在会议上，有同志提出秋收问题，征收下忙田赋及救国公粮，并发动减租减息斗争。对此，任质斌冷静地对当时边区面临形势进行分析，认为当前最紧迫的共同任务是打退国民党顽固派发动的反共高潮，粉碎空前严重的敌顽夹击，而战争又驱使着第五师部队不得不去紧张进行战争动员，发动和依靠人民群众，大打人民战争。因此，在结束这场战争之前，不宜马上开展减租斗争，需麻痹一下地主，免增内部困难因素。任质斌的分析与建议，通过大家讨论之后被会议采纳。于是，会议着重讨论了实行群众动员，并把粉碎敌顽夹击同武装保卫秋收结合起来的问题，同时也研究了从实际情况出发，抓紧准备征收下忙田赋及公粮等问题。

八月三日，第五师发出了《关于猛烈开展群众战争动员的指示》，强调了人民战争的重要性，指出要依靠群众力量，打退反共高潮，粉碎日寇的长期反复"扫荡"。各地方党立即以全力克服一切困难，认真进行群众战争动员工作，这也是党长期坚持边区的关键。在这一指示中，还提出了战争动员的具体要求和工作方法。边区党委还在八月一日发出的《关于积极准备征收下忙公粮的指示》中，要求各地从工作基础、环境安全等实际情况出发，具体划分急征区和缓征区，陆续开征等。

与此同时，第五师部队的民运工作也迅速开展起来。师政治部发出了《关于紧急动员边区民众打退反共高潮》的指示，要求各军分区和旅、指挥部、团建立和健全民运机构，组织民运工作队、宣传队或政工队，立即帮助地方党、政、民组织完成群众战争动员的各项工作任务。各地在力求实行全民武装的战争动员中，提出了"打垮敌伪'扫荡'，保卫秋收！""打走反共派，不让抢走一粒粮"的口号。充分发动起来的各基本区群众，一边派人望哨，一边派人秋收；有的分班生产，分班战斗，使敌伪和顽军一闯进根据地便陷入人民自卫战争的汪洋大海，为第五师主力部队的机动作战创造了有利条件。由于武装保卫了秋收，并在一定的程度上真正执行了合理负担的原则，田赋、公粮得以顺利征收。随着人民战争的胜利进行，一九四二年的减租斗争在有条件的基本区也逐步开展。

以整风精神整顿和建设部队，不断加强战斗力。一九四二年五月十日，任质斌同李先念等作出了《关于具体执行中央整顿三风指示的步骤问题》的安排，号召全师广大指战员开展整风学习，后由于面临严重的敌顽夹击，边区环境动荡，所有部队不得不全力投入紧张的战斗，但他仍要求各部将"整顿三风"的精神贯彻于边作战边整训之中，并在第五师《关于政治工作作风问题》的指示里，更加明确地指出了"战时整顿三风"的要求：反对宗派主义，以加强团结；反对教条主义，以转变工作作风；反对党八股，以提高宣传的实际效果。第五师还先后发出了关于《干部团结原则》、《巩固部队提高正规军战斗力》、《严格群众纪律改善军民关系》等指示，反复强调"各级党应以干部团结的重要性教育全体干部。须知情况紧急，因不团结而妨害工作，便是革命罪人"；"迅速地加强部队巩固程度，以提高战斗力，是打退这次反共高潮、保卫边区的决定因素"；"遵守群众纪律，是改善军民关系，亲密军民团结，共同建设敌后抗日根据地最主要的条件"等。十一月七日，在庆祝苏联十月革命二十五周年大会上，任质斌发表了《记住我们的伟大任务》的讲演，号召广大指战员立足抗战，面向未来，树立远大革命理想。同时，在第五师各级干部尤其是党员中，发动了一次严正党纪军纪的自我教育运动，自觉开展自我批评，从而促进了广大党员干部牢记我党我军的伟大历史使命和全心全意为人民服务的根本宗旨，加强党性锻炼和各方面锻炼，在工作与战斗中更好地发挥先锋模范作用，使部队的战斗力明显提高。

建立军分区，第五师直属中央军委指挥。为加强武装斗争和根据地的建设，统一各地区党政军民工作的领导，任质斌、李先念等向中央提出：把部队地方化，建立便于机动灵活作战的军分区的建议。经中央军委批准，第五师在一九四二年春夏之交建立了三个军分区。第一军分区辖湖北境内西平汉铁路，东至鄂皖边，南至鄂南，北至黄安、麻城地区。第二军分区辖湖北境内平汉铁路以西，广（水）应（山）马（坪）公路以南，宋（河）应（城）公路以东地区。第三军分区辖东至湖北汉阳，西至宜昌，北至京钟公路，南至襄河地区。在豫南一带，则分设信（阳）应（山）罗（山）礼（山）指挥部和罗（山）礼（山）经（扶）光（山）指挥部，坚持当地斗争。每个军分区是一个独立的作战单位，在第五师师部指挥下独立作战。

五月，为了牵制日军向浙赣铁路的进攻，配合鄂东部队的反顽斗争和扩大第五师的回旋余地，任质斌同李先念等果断作出决定，命令第十四旅以一个团以上的兵力作为先导，渡江南进，开辟鄂南根据地。八月，经华中局批准，江南兵团指挥部成立时，边区又成立了第四、第五军分区。黄冈及鄂南为第四军分区（江南兵团指挥部兼），鄂皖边为第五军分区。这时五个军分区分别由罗厚福、郑绍文、杨经曲、刘少卿（兼）、张体学任司令员。程坦、文敏生、周志刚、杨学诚、刘西尧兼政治委员。

关于当时军分区的情况，任质斌曾回忆："军分区的司令员是部队上的，政治委员是地委书记兼，还有些正规武装也与地方武装进行了合编。当时我们提出每个军分区要发展到四个小团，每团四个步兵连，一个机枪连，没有营的建制，团长直接指挥，并且有的团不设参谋长和政治处主任，也没有机关，活动起来十分精干灵活。

每一个军分区的团都叫一个名字，有的称'挺进'，有的称'独立'，有的称'自卫'等等，各不相同。军分区成立以后，五师的各个组成部分更加适应艰苦斗争的环境，更能因时因地制宜地进行独立作战，为全边区的抗日游击战争既撒得开，又收得拢创造了新的条件。"①

　　在新四军第五师和鄂豫边区处于极端困难的时刻，中共中央和华中局作出了重大决策。一九四二年七月二十一日，毛泽东同意华中局意见，第五师暂由中央军委直接指挥，坚持和发展武汉外围敌后抗日游击战争，进一步使鄂豫边区抗日根据地发展成为战略区。

　　关于新四军第五师归中央军委直接指挥的问题，任质斌曾回忆："那是一九四二年五月，刘少奇到中央以后，华中局没有十分了解五师情况的人。而这时五师已发展到了几万人，活动地域也比较大，与军部的联系又没有打通，各方面联络不通畅，所以陈毅同志提出建议由中央军委直接指挥五师。这件事反映了陈毅同志实事求是的作风。"②

　　抓住一切机遇，争取对敌和反顽作战的彻底胜利。在这期间，任质斌参与组织、指挥了较大规模的圣场战斗、礼北战斗和粉碎日伪万人大"扫荡"的战斗。

　　一九四二年五月下旬，国民党顽军气势汹汹地分几路进攻第五师部队，任质斌、李先念等根据侦察了解到的情况，决定攻打积极反共的战斗力强的顽正规军暂编第一师王认曲部。

　　六月二日，任质斌、李先念率领第十三旅和第十五旅之第四十

---

①　李少瑜、何光耀、张肇俊主编：《任质斌在中原八年》，湖北人民出版社，1998 年 12 月版，第 109～110 页。

②　李少瑜、何光耀、张肇俊主编：《任质斌在中原八年》，湖北人民出版社，1998 年 12 月版，第 115～116 页。

三团来到京山县平坝西南山区集结，制定了"声东击西"的具体攻击部署：以第四十三团在圣场西南进逼顽军第六纵队曹勖部，造成进攻态势，将顽主力吸引过去，为第十三旅歼敌创造条件；集中第十三旅三个团攻击圣场顽军第二团，力争全歼，得手后再向古城畈和刘店地区进军，歼灭顽军暂编第一师师部及第一、第三团。

五日凌晨，战斗打响。第三十九团指战员争先恐后地向圣场街冲击，顽军不少官兵此时还在睡大觉，他们做梦也没有想到新四军会来袭击他们。待他们清醒过来后，拼死抵抗，企图固守待援。第三十九团以凌厉攻势，不给其喘息之机。至十时左右，一举歼灭了顽第二团。当晚六时，第十三旅又乘胜向古城畈前进，攻击驻扎在那里的暂编第一师师部和第一团、第三团。第三十八团首先占领了古城畈西北的两个高地，以断顽军退路；第三十七团、第三十九团联合攻击。战斗打响后，顽军一片慌乱，稍作抵抗，便作鸟兽散，连夜狼狈而逃。圣场街一战，毙俘顽团长以下官兵千余人，缴获山炮五门，机枪六十余挺，各种长短枪七百余支，大煞了国民党暂编第一师的威风。

一九四二年六月，一向与新四军作对的顽军蒋少瑗部，分驻在汪洋店、丰王店、冯家店等地，严重威胁第五师安全。为确保大小悟山根据地，任质斌与李先念等决定在礼山北部一线，集中优势兵力，采取"围城打援"的办法，一举全歼蒋少瑗部。

礼北战斗的前线指挥员是周志坚。任质斌命令周志坚派一个团在北面先把汪洋店包围起来。结果围了一天多，也不见敌人援兵来，周志坚和战士都急了，于是先将汪洋店拿下，消灭了蒋少瑗旅的一部。接着，周又率部一鼓作气攻打丰王店。那里虽是蒋少瑗的老巢，结果又很快被攻了下来。最后，部队士气正旺，又一鼓作气打下冯家店。

礼北战斗由"围城打援"变成了"分割围歼"，取得了重大胜利，歼灭了顽保四旅旅部及两个团、三个中队，俘该旅旅长蒋少瑗以下二千余人，使进犯我罗礼经光、安麻等地顽军闻讯震惊，纷纷北撤，鄂东局势渐趋缓和。为此，新四军军部曾来电嘉奖："顽敌向我鄂豫皖边区大举清剿，经你们三个月来艰苦奋斗的结果，严重的形势暂已过去，殊甚欣慰。此次实行自卫战，将进攻之顽保四旅全部歼灭，斩获甚众，顽敌胆寒，尤属可嘉。证明边区在团结抗战的进步大旗下，是能过黎明前的黑暗，争取胜利曙光的到来。现除将此战线通告全军嘉奖外，希你们妥为部署，继续在自卫的原则下，准备应付顽敌一切报复行动，并鼓励全体指战员，再接再厉地继续努力，以迎接将来更艰苦的斗争环境，克服困难，完成党中央及军委、军部所给予的任务。"① 任质斌对周志坚等指挥员在战斗中的机动灵活给予了充分肯定，赞扬他们打得好。

一九四二年十二月十五日，日军以第三师团全部及第五十八师团、第四十三联队和伪第十一师一部，共一万二千余人，附炮八十余门，于礼山县大小悟山周围日军据点秘密集结，并在平汉铁路和河（口）汉（口）公路线上构筑封锁线。十六日，日伪军分十四路向大小悟山逼进，分进合击，发起突袭，企图一举围歼第五师领导机关及其主力部队。

为了粉碎敌人的万人大"扫荡"，任质斌同李先念等决定把部队、机关分成若干路，趁敌人还未形成封锁线之前，以迅雷不及掩耳的动作跳到外线，避其锐气，然后再派部队插入敌后，击其惰性，四面开花，以退为攻。

随后，司令部很快根据任质斌与李先念的意图，下达了转移的命令：大悟山地区内的所有党政军机关的部队，分为五路，准备向敌后穿插；第十三旅第三十七团掩护师直机关向四姑墩方向转移；第三十八团向青山口转移；第十三旅旅部越过平汉路，向十八潭、赵家棚地区转移；第三十九团向西越过平汉路与第三十八团在安应

① 1942 年 9 月 14 日，陈（毅）、饶（漱石）、赖（传珠）电新四军第五师。

地区会合。留下第四十五团一个营，在大悟山区配合地方武装打"麻雀战"，迷惑和牵制敌人，扰乱敌人的"扫荡"行动，减少群众的损失；另两个营也转移到外线去。

傍晚，各路部队陆续向外转移。任质斌与李先念带领司政机关和第三十七团，冒雨朝着四姑墩方向前进。在步竹岭稍事休息后，部队又继续东进，大约走了五公里时，只见周围村庄都已被日军进驻，且都生起了火，并一线排开。任质斌与李先念等分析研究认为，从敌人进驻的情况看，他们没有后续的纵深配备，第五师部队只要穿过这道封锁线，就等于突围出去了。于是任质斌、李先念命令部队迅速调整行军序列，令后卫变前锋，向南前进。大约走了两公里左右，任质斌又与李先念等商量，认为部队不能向南走了，因为整个大小悟山都是敌人"扫荡"的目标，既然进至河口以北的敌人已向西拐弯，而我们对河（口）夏（店）公路的敌情又不了解，如果继续向南，再与敌人遭遇，天亮以后则大为不利，说不定就突围不出去了。而当前的情况说明，敌人还未发现突围部队的行动企图。在这种情况下，应仍按原计划，从刚才发现敌人的那个村子以北，向东插出去。这个意见获得一致同意，于是部队又掉头往回走，在任质斌与李先念等带领下，安全地通过了两个村庄之间的羊肠小道，消失在茫茫的夜色之中。

十七日拂晓，任质斌同李先念率部胜利地突出了敌人的包围圈，到达四姑墩以东的大吴家湾，其他各路部队也陆续突围出来。天亮后日军开始进攻，因为找不到新四军部队，只是胡乱地打了几枪，到处搜索，烧了几间民房，放了一阵空炮就撤走了。日伪万人大"扫荡"最后彻底失败，标志着第五师和边区胜利地粉碎了空前严重的敌顽夹击，打退了持续八个月的反共高潮。

新四军第五师为何能以弱胜强、以小胜大，任质斌在一九四三年三月《关于粉碎空前严重敌顽夹击的简单总结》中，对这个问题作了精辟的分析。他说"虽有客观的因素，但终不能改变问题的实

质"。"最主要的原因，是我们主观努力的成果"。"我们正确地执行
了自卫斗争的方针"；"我们灵活运用了策略方针"；"我们在紧张的
战斗中，未忘记加强自己的力量"；"我们毅然地在组织形式上来了
一个大改革，领导一元化了"①。其实，在这些主要的原因中，可以
说任质斌所主持的部队党的工作和政治工作充分发挥了能动性，充
分显示了党的坚强领导和压倒强敌、排除万难的威力，对于夺取这
场大搏斗的胜利，无疑起了根本保证和重要保障作用。

　　从一九四二年五月至十二月，新四军第五师和鄂豫边区军民在
任质斌、李先念等领导下，经历了艰苦卓绝的八个月的生死搏斗。
国民党顽固派在此次反共高潮中出动了十二个师、十一个游击纵队、
四个保安团、五个独立支队，总计达十万之众，多次围攻"清剿"
第五师部队。与此同时，日伪也配合出动重兵对第五师部队和边区
连续进行"扫荡"，妄图一举歼灭第五师主力。然而，第五师在任质
斌、李先念等指挥下，不仅没有被歼灭，而且在战斗中发展和壮大
了自己。截至一九四二年十二月底止，第五师主力军发展到一万二
千余人，地方军发展到一万三千余人，与一九四一年十二月相比，
主力部队增加了近百分之四十，地方部队增加近百分之六十。

---

① 李少瑜、何光耀、张肇俊主编：《任质斌在中原八年》，湖北人民出版社，
1998 年 12 月版，第 234~235 页。

第十五章　在鄂豫边区大发展的一年

一九四三年二月，中共中央决定李先念担任豫鄂边区党委书记兼新四军第五师师长、政治委员，任质斌担任新四军第五师副政治委员兼政治部主任，陈少敏担任豫鄂边区党委副书记，鄂豫边区形成了以李先念、任质斌、陈少敏为核心的领导集体。在一九四三年，任质斌和李先念等一起成功主持了蒋家楼子会议和全师军事工作会议，作出了符合时局发展的决策和战略部署；率新四军第五师和地方武装"英勇作战，粉碎了日伪多次残酷的'扫荡'和'清乡'，并配合各抗日根据地军民打退了国民党顽固派的第三次反共高潮。同时，还开辟了赣北游击区，恢复了襄西根据地，创造了以洪湖为中心的襄南根据地，挺进洞庭湖滨，进一步形成了从武汉周围威胁日军的战略态势。"[①] 为新四军第五师从胜利走向更大的胜利奠定了坚实的基础。

一　边区蒋家楼子会议和五师军事工作会议

一九四二年底，陈少敏率边区党委机关从京山小焕岭迁到大悟山。鉴于边区和第五师面临的种种问题，为了统一思想、统一行动，

[①] 李先念著：《李先念文选》，人民出版社，1989年1月版，第53页。

　　任质斌和李先念、陈少敏共同商量，决定召开边区党委扩大会议。一九四三年二月，党委扩大会议在大悟蒋家楼子召开，边区党、政、军、民组织的党员负责同志参加了这次会议，史称蒋家楼子会议。

　　会议的召开有深刻的时代背景。年初，苏联军队取得了斯大林格勒战役的胜利，世界反法西斯战争开始从战略防御转为战略反攻。日本帝国主义在太平洋战场损失惨重，日益临近彻底失败。中国共产党领导的解放区军民愈战愈强，加紧积蓄力量，准备最后战胜日本侵略者。在鄂豫边区，一方面是抗日武装的不断发展壮大，抗战局面日益好转，一方面是面临严重的财政困难，巩固与发展的矛盾日益突出。

　　任质斌同李先念、陈少敏一起主持了会议。会议首先讨论一九四二年底由李先念、任质斌、刘少卿等向中央军委、新四军军部拟报的豫鄂边区一九四三年军事建设计划。计划的要点是：（一）将新四军第五师的几个主力团，各补充到一千二百人；（二）五个军分区和罗礼经光、信应罗礼指挥部各建立两个小团，每团四百人以上；（三）每县建立二三百人的游击大队，每区（或中心乡）建立一个七十人左右的基干游击队，每乡建立一个二十人左右的游击队；（四）普遍建立民兵；（五）加强抗大十分校的领导，协助各军分区、旅办好教导队，师部办好团营干部轮训队，全师在校受训干部经常保持三千人左右；（六）整训部队。

　　李先念在讲话中，深刻分析了世界反法西斯战争和中国抗日战争进入大转变时期的形势，论述了边区党的中心任务是发展武装和加强军事建设，着重阐明在实际工作中必须坚持"一切为了战争"、"一切服从战争"的原则。李先念的发言无疑是正确的，但是会议的气氛是民主的，所以边区党委宣传部长夏忠武、民运部长吴祖贻等发言，则认为边区武装部队发展过快，地方工作已经承受不了，说再这么下去，就是驴子也要被压垮的。接着边区党委委员、鄂中地委书记兼军分区政治委员文敏生和其他一些地方工作的负责同志也都纷纷发表意见，希望部队的发展缓一缓，支持夏忠武、吴祖贻的观点。

在会议气氛沉闷，处于僵持状态时，任质斌发言。他心平气和地说：地方工作确实很重要，但李师长提出的发展意见很正确。苏联已经转入反攻，世界反法西斯战争面临转折的关键时刻，我认为大家应该把眼光看得远一点，看问题应力求更全面一点。大家想一想，如果现在不抓紧发展力量，战败日本之后，我们怎么办？中央早指示我们，作为独立的战略区，要努力发展到四万人枪的任务怎么完成？当然，群众工作、党的建设、政府工作都应加强，但是我们应该清楚，如果现在不抓紧发展武装，那么一年打败希特勒，两年打败日本之后，我们就无法在鄂豫边区立住脚。任质斌的发言一语中的，开阔大家视野。

接着，边区党委委员、第五师政治部副主任王翰发言。他说：我刚从天汉打仗回来，我有体会，发展武装一定要加强，政府工作也要加强，党委要充分利用政权的力量。为此，他还形象地说，党委如不加强政府工作，就等于娶了老婆不懂得和老婆睡觉生孩子一样。

边区党委组织部长杨学诚，年轻有为，是当时边区党委的中坚力量，刚从鄂南打仗回来。他在发言中支持李先念、任质斌、王翰的观点。他说：武装斗争的发展应是我们工作的中心，有武装才能打出天下，有武装才能保卫根据地，其他的工作都应为此服务。任质斌、王翰、杨学诚发言以后，整个会议的气氛发生了改变。

后来大家的发言都充分肯定李先念、任质斌等的意见，主张发展，就连原先发言的一些同志也改变态度，比如文敏生当场补充说：听了任政委的讲话，很受启发，有恍然大悟之感。

最后，会议在肯定一九四二年边区军事工作和地方工作成就与经验的同时，紧密联系实际，统一了对发展军事力量与迎接抗战胜利相互关系的认识，解决了军队与地方、军力与民力、短期斗争与长期斗争的问题，通过了一九四三年军事建设计划，提出了"训练重于扩大"的口号，作出了符合时局发展的战略决策，从思想上解决了边区党政军民组织中的某些不协调现象。并强调指出：加强各抗日根据地领导的统一，是为了更顺利地进行反对日寇的战争；一切服从战争，是统一领导的最高原则。新四军第五师作为一个独立的战略单位，为了坚持艰苦斗争和积蓄反攻力量，必须遵照中央在挺进纵队建军时的指示，完成发展到四万人枪的战略任务，不断提高部队的作战能力和指挥能力，使这支部队具有良好的军民关系，有力的政治工作，健全的党的组织，并保证共产党的绝对领导，这样才能适应形势的需要。为此，还必须加强党对地方工作的领导，充分发挥政权机构的职能作用，使其更好地肩负起支援战争的重任。

在蒋家楼子会议期间，一九四三年二月十三日中共中央致电新四军军部和豫鄂边区党委，特别指出："根据中央九一决定，鄂中五师地区之党政军统一领导机关为豫鄂边区党委，以前之党政军委员会取消。中央决定，李先念为区党委书记兼五师师长兼政委，并以陈少敏为区党委副书记，任质斌为五师副政委。"[①]

任质斌得知中央决定由李先念任边区党委书记兼第五师师长和政治委员后，非常高兴，迅即与杨学诚、王翰、夏忠武、吴祖贻等边区党委委员联名致电华中局并中央，称："一、得到中央办公厅关于发表先念同志任党委书记的通知后，党委各同志均感欣慰，唯先念同志仍在推让，且由其又向华中局及中央提出政委别人的要求，对此我们建议华中局及中央坚持原来的决定，切勿再更改，以致使问题陷于不能以民主方式解决，以及无法解决趋陷纷乱之境。二、先念又宽大又富有民主精神，此是边区任何其他同志所不及者也。三、华中局和中央可以放心，我们已经在全体会议中反复强调党内团结和统一领导的精神，但我们都深深知道，一个独立的战略单位

---

① 丛书编委会：《新四军文献》（3），解放军出版社，1994 年 11 月版，第 669 页。

的负责人是如何之不容易，我们决心用一切之努力来与先念同志考虑，我们绝对尊重先念同志的领导，我们将以最大的热情爱护先念同志，我们相信在实现了统一的领导之后，豫鄂边区将有空前之发展。"①

至此，鄂豫边区和新四军第五师形成了以李先念为首，由任质斌、陈少敏等组成的领导核心。

蒋家楼子会议，在新四军第五师和鄂豫边区抗日民主根据地的发展史上，是具有重大意义的又一里程碑。它为边区迎接新的斗争，支持长期战争，作了思想上、组织上的准备，并作出了符合时局发展的"一切服从战争"的决策和战略部署。

为进一步加强第五师的建设，任质斌等于一九四三年二月二十八日电告中央军委与新四军军部，报告第五师决定召开全师营以上干部参加的军事工作会议。中央军委复电后，第五师军事工作会议于三月十六日召开，会议由李先念、任质斌主持。

任质斌在会上作了题为《目前政治形势和军事建设任务》的报告，特别强调了"积蓄力量，等待时机"的重要意义，阐明了新形势下加强军事建设的紧迫性，要求今后必须进一步提高军事指挥能力，改进部队管理体制，加强各级司令部工作和供给、卫生保障工作，提高部队的战斗力。同时，还要加强对地方武装的领导，建立适用于地方军的管理教育制度和工作方法。他所作的报告，对于这次会议总结第五师诞生以来的军事斗争经验，研究与部署适应新形势的各项军事建设工作，起了政治动员和理论指导作用。

会后，在任质斌等主持下，全师贯彻"训练重于扩大"的口号，加强部队的参谋和训练工作。对抗大十分校加强了领导和教师力量，

---

① 1943 年 2 月 15 日，任质斌、杨学诚、王翰、夏忠武、吴祖贻致华中局并中共中央电报。

并由训练班排干部为主，改为训练连营干部为主。在此之前，新四军第五师已创办了师模范教导总队，下设参训、通讯、报务、财务、医训等队。一九四三年，各军分区、各旅继续办教导队，培养大批班排干部及各种专门射手、政治战士。为此，任质斌与李先念曾两次签署指示。第一次指示规定教导队的教育目的为"培养有相当军事能力并有正确政治认识之班级干部；培养技术娴熟，政治坚定之各种专门射手，培养一些政治战士"。第二次指示又要求把"大量培养和充实下层干部，迅速地提高下层干部的军政水平"，作为更加巩固部队，提高战斗力和对付严重局势的关键问题来抓。指出："加强和充实教导队工作已成为当前军事建设的重心工作。"为保证抗大十分校能集中力量培养好连营干部，第五师决定将培养班排干部的任务交给教导队来完成。教导队由师部统一规划，各旅、军分区经办。其规模之大，招收学员人数之多为前所未有。按照任质斌等最初计划，在全师各教导队学习的人数应在一千八百人左右，但后来远远超过此数。仅第十三旅的教导队就有四百五十人，第一军分区、第二军分区、第三军分区、第四军分区的教导队也都在三百五十至四百人之间。对参加受训的人员，任质斌提出了严格的要求，曾严肃通令各部应选优秀分子入学，要"下决心抽足人数"，"今后各单位首长对这一工作倘若仍然忽视马虎，不予改进，以致一无成绩者，应受到党的严厉的批评"。任质斌还十分重视第五师兵工建设，将原第五师兵工厂的有关技术人员和设备下放到各军分区，新建小型兵工厂，就地充分利用资源，不仅使第五师兵工生产的人数增加，而且军用物品也大幅增加，增加了部队的实力。

在政治工作方面，在任质斌等主持下，第五师抓住一九四三年初出现的战斗间隙，由各级学习委员会继续组织整风学习，开展反贪污腐化斗争，广泛进行革命传统教育，表扬好人好事。各级地方军也进一步健全政治工作机构，加强支部工作和政治教育。同时还制定和颁布了一系列政令和训令，全面加强军事、政治、后勤、文化教育等各项工作的建设。

　　一九四三年六月十三日，任质斌主持制定的《对敌斗争》训令，以师政治部名义发布。在训令中，首先分析了敌人对我进攻的新形势、新特点。认为：敌人为了应付中国和英、美的总反攻，正在加紧组织自己的力量，准备将来的决战。因此，掠夺沦陷区的人力、物力，将会日益加剧。他们在军事上，强化伪军，不断收编扩大伪军队伍，因此伪军在数量上、质量上将都会比以前强大。在经济上，对我粮食、棉花等物资之掠夺也将更厉害。同时还指出敌人对我进攻的新形势，第一是"扫荡"，第二是"蚕食"，第三是"清乡"。其次，探讨了我们怎样对付敌人的进攻，指出：敌人进攻我们，不惜采用一切手段，阴险毒辣，达于极点，为了粉碎敌人的进攻，我们各地必须做到如下几点："一、加强情报工作，随时了解敌伪的动静。二、不要死住一个地方，要常常移动，使敌人找不着目标。三、在有利的条件下，经常派出强悍小型武装，伏击敌人，扰乱敌人。四、坚决肃清敌人的情报侦察，加强岗哨盘查，不使一个奸细混到内地来。五、审查自己乡公所、游击队中的成分，清除内奸分子，对组织拖枪投敌、通风送信的人，采取坚决镇压的手段。六、民众中实行坚壁清野工作，把粮食、耕牛、农具都严密藏好，使敌人到了，一无所有，扑一个空。"①

　　除此之外，在已被敌人"清乡"或"蚕食"了的地区内，加强小型武装的活动，时进时出，不分日夜，随时打击敌人，坚决镇压汉奸特务，争取各阶层的人和士绅、青年同情我们，使我们在敌占区朋友多、依靠多。这样，失地迟早终可收得，敌人一切毒计终会被击破。

---

　　① 鄂豫边区革命史编辑部编：《鄂豫边区抗日根据地历史资料》（2），内部印刷，1984 年 3 月，第 238～239 页。

　　《训令》还明确指出："对伪工作的目的在于根本毁灭伪军、伪政权，孤立日寇，减少敌人的力量。为了达到这一目的，对一般不坚决替敌人干事或被迫盲从的伪方人员，一律实行宽大，但对死心塌地的汉奸，又必须坚决镇压，杀他本人并没收他本人的财产。一般的对伪组织和伪军，采取逐步瓦解，逐步削弱的办法。"同时还强调："对伪工作要想做得好，必须把武装活动、经济封锁、政治攻势和宣传工作，同时展开，并在统一领导下，齐一步骤，在各条战线上用各种办法来打击，威胁敌伪。"对敌工作的主要任务，"是鼓励敌军反战思家，觉得侵略中国没有前途，启发他们对日本军阀的仇恨，以削弱敌军的战斗力，以致使敌军叛变逃亡"。要做好对敌工作，必须做到："一，加强对敌军宣传工作，多印宣传品，花样要多，内容要真实生动，利用各种关系设法送到敌兵手中。二，耐心执行俘虏政策，无论伤兵或俘虏，都不应侮辱杀害，除武器外，不得没收他的私人物品，用友谊的态度关心他们的生活，教育他们一些粗浅的道理，愿留工作的可留工作，不愿的一律释放，教他们一些应付长官的办法。对逃出来的日军，一律护送政府，不准杀害或报告日方，否则应严厉惩办。"①

　　训令颁发后，任质斌等抓了部队敌伪工作组织机构的建设，除在师设对敌伪工作部外，各旅、军分区设立了敌伪工作科，各科至少配备敌伪工作干事一名，下属敌工队一个；各团设立敌伪工作干事一名。决定敌伪工作教育时间由对敌伪工作科与宣传科统一支配，各部必须把敌伪工作课作为主要政治课内容之一。

　　任质斌根据中央军委总政治部关于游击地区政治工作机构的指示，参照第五师具体情况，主持制定了《关于改变政治工作组织机

---

　　① 鄂豫边区革命史编辑部编：《鄂豫边区抗日根据地历史资料》（2），内部印刷，1984 年 3 月，第 239～241 页。

构的决定》，对现行政治工作组织机构进行调整。规定：一、连队及机关俱乐部（救亡室）一律暂行取消，另设经济委员会，在连长、政指直接领导下进行改善伙食、检查账目等；二、连队及机关支部，根据党员数决定支出之数目；三、地方武装中不满五十人的连队可不设青年队；四、小团（四百人以下之独立团、自卫团）或相当于营的小团之政治处，皆不设立股，政治处主任最好由政委兼任；五、正规团（八百人以上）之政治处，每股应设干事二三人，并设脱离军职之总支书记；六、连队之锄奸工作网仍归政治机关，加强其领导，应经常召集政指施以锄奸工作的教育。

任质斌在革命战争的实践中体会到，动员群众、组织群众参加革命斗争，与模范的群众纪律，是我军政治工作中的特点。鄂豫边区抗日民主根据地的创造，正是保持这一优良传统作风所获得的成绩。随着战争的进一步发展，为了夺取最后的胜利，进一步健全民运工作机构，加强民运工作，显得尤为重要。在任质斌的主持下，第五师颁布了《关于健全各级民运机构，加强民运工作》的训令，决定如下："一、各军分区、各旅政治部、各团政治处未建立民运科、股者，必须迅速建立，已建立的必须加以健全充实。二、地方相当于营单位的应有一民运干事，在政委或教导员的领导下进行工作。三、连队及机关应恢复健全宣传队，每队至少五人，经常训练，在指导员领导下，以一部分的时间来进行民运工作。四、所有各级民运干部，不得师政治部批准，绝对不许任意调动或兼任其他职务。五、对于扩军、搜集军用资料等工作，应该责成民运部门去领导民运工作队或临时指定的工作队去做，不在特殊情况下，不应把民运科长、股长委充作新兵队长，因为这类工作仅是民运工作的一部分，而不是他的唯一工作。"①

---

① 鄂豫边区革命史编辑部编：《鄂豫边区抗日根据地历史资料》（2），内部印刷，1984年3月，第244～245页。

同时还强调指出：部队民运工作，目前首先是加强纪律教育，提高部队纪律自觉性，违犯群众纪律者必严加制裁，绝不纵容，以严肃群众纪律。只有在模范纪律的基础上，才能谈到改善军民关系，获得民众的爱戴。

蒋家楼子会议后，鄂豫边区各级政府和人民群众为完成战争动员任务，从多方面加强了对第五师部队的支援。第五师师部为求得军政、军民更加亲密团结，以利敌后抗战的长期坚持和根据地建设的发展，决定开展拥政爱民运动，并确定一九四三年五月为"拥政爱民月"。在李先念、任质斌等领导下，第五师各机关、部队进行了一系列活动，先后展开了拥政爱民大会，邀请政府人员及民众参加，征求地方政府和人民群众的意见；举行拥政爱民公约的宣誓；上拥政爱民课，进行三大纪律八项注意教育，并对照检查执行纪律的情况；在干部会、支部会、连队军人大会上作自我批评，研究改进办法；做社会调查，根据人民群众的需要，与地方党政机关协商，有计划地参加根据地的生产建设，协助民众挖塘、修坝、积肥、割麦、插秧等。通过这些活动，进一步密切了军政、军民关系。十月一日，中共中央发表了《开展根据地减租、生产和拥政爱民运动》的指示，指出：为了使党政军和人民打成一片，以利于开展明年的对敌斗争和生产运动，各根据地党委和军政领导机关，应举行一次大规模的拥政爱民的群众运动。遵照这一指示，任质斌指导五师政治部迅即下达训令，专门布置了此项工作，要求部队给政府送春联、请房东聚餐、召开军民联欢会等，使党政军民亲如一家。

任质斌牢记毛泽东的教导：没有文化的军队是愚蠢的军队，而愚蠢的军队是不能战胜敌人的。他非常重视对部队干部、战士的知识、文化教育。一九四三年三月，在他主持下，第五师政治部作出了《关于发动全师文化学习运动问题》的训令。指出："我师文化学习工作，由于客观环境的流动分散，干部战士原有文化水平低下，及部分干部的老大不求进步，不肯专心学习，特别由于领导上抓得不紧，宣传部门的工作不够切实，倡导得不够，甚至轻视文化学习的现象还浓厚的存在。因此直到今天，全师文化水平依然低得惊人。""这样低落的文化水平，已直接妨碍到干部军政水平的继续进步，影响到部队战斗力的继续提高，为了突击这一工作，特决定在全师范围内发动文化学习运动。"① 要求在一年之内，连以上干部达到能够读写或勉强能够读写，班排干部和战士不识字者都要识五百字，识字者能勉强阅读通俗书报。文化学习的重心放在识字教育上面，特别着重识五百字以下的人员而且主要是连以上军事干部。要求各级政治机关要帮助连以上干部拟定学习文化的计划。文化学习的重点应着重练习应用文，应达到有看地图的知识和必要的军事、经济、史地、自然等方面的知识；参加文化学习的各级干部，要放下架子，虚心学习，接受宣传部门的督导。

政治部还规定，凡参加文化学习者，除了军事情况紧急，行军三十里以上过于疲劳之外，每天都要保证学习。三次不到课，三天不写日记、不识字，三次不作文者，在小组会上作检讨；检讨不改者，党员的应受党内处分，非党员的则由行政上给予批评。除此之外，第五师还设文化学习奖金，用于购买文具用品，奖励学习成绩优良的干部和战士。经过一系列措施保障的第五师文化学习运动，取得了重大收获，使原有的文化状况有根本改变。一九四四年到鄂豫边区来的外国记者和美军联络组人员，对第五师和边区有一个突出的印象，就是见到的人，差不多都有一支钢笔。他们说：这是一支有文化的军队。

一九四三年五月，第五师军医处在小悟山附近的鲍家冲，召开了全师卫生工作会议，任质斌与李先念、陈少敏等先后到会并讲话。

---

① 鄂豫边区革命史编辑部编：《鄂豫边区抗日根据地历史资料》（2），内部印刷，1984 年 3 月，第 186～187 页。

会议对四年来的部队卫生、战场救护、医疗工作、卫生人员培训、自制药材器材等方面，作了比较系统的总结，交流了经验，同时对防治流行病和传染病、创伤的治疗工作，进行了深入的研讨，审议并通过了《五师医疗卫生工作暂行条例》，促进了第五师和边区卫生工作的发展。

任质斌非常重视第五师的统计、档案管理、统一出版物等方面的工作。一九四三年，在他主持下，第五师政治部陆续颁发了《关于部队中的统计工作》、《关于档案文件教材妥善保存及严格交代手续问题》、《关于关心党报、统一出版物问题》等训令。

《关于部队中的统计工作》的训令指出："军队中的统计工作，是知己工作中的一部分，就是更重要的调查研究工作的一种。因为一个精确的统计，是含有其异常丰富与宝贵的内容。从一个精确的统计中，即可以了解一个部队的质量、战斗性能及战斗力的强弱与否。"① 任质斌认为新四军第五师是处在敌伪顽夹击，极端动乱的环境中日益成长和壮大起来的，在这种状态之下，部队的战斗较多，任务较复杂，流动性与分散性非常大，因之部队的增减率也就随之变化多端，如果没有精确的统计工作，是难以深刻了解与掌握自己的部队的。于是，对今后的统计工作作出了如下要求与规定：一、师司政两部各（处）部，尤其是司令部之参谋处与政治部之组织部的各种统计表册样式与内容要重新统一规定。二、各种表册的填法、人员分类的说明与时间规定等等，应另有详细指示与说明。三、在做统计工作的干部选择配备与培养方面，在旅（军分区）、团（县指挥部）司政两部之参谋处与组织科（股）中，应各设一健强的统计参谋与干事，在营（县大队）、连（区中队）中应由书记、文书负责做统计工作。四、应克服过去粗枝大叶、敷衍塞责的现象。

---

① 鄂豫边区革命史编辑部编：《鄂豫边区抗日根据地历史资料》（2），内部印刷，1984 年 3 月，第 141 页。

《关于档案文件教材妥善保存及严格交代手续问题》的训令规定："一、以后凡于收到上级文件后，应彻底遵照师司政两部《关于切实研究执行命令、通令、训令、指示问题》的训令，立即组织传阅、讨论、传达、执行，并将进行情况报告上级。二、重要训令及文件由团旅（军分区）首长分别亲自保存，一般性文件及几种基本刊物、各种条例，由团首长指定有关干部负责保存，营、连保存经常必用军政教材、各种条例和两月内的报纸。发给每连内排班战士的课本，连营应有登记并作为必要交代手续之一。所有各种文件书籍，旅团应指定专人登记。未注明阅后烧毁者，不得无故烧毁。各种训令、通令、指示档案应保存两年，听候师部命令销毁。三、各种文报、文件遗失时，须立即向发文机关报告遗失详情。四、工作调动时，各种书报、文件、地图等绝对不许私自带走，应比枪支、经济手续更为重视地办交代手续。接受工作干部要求原任干部清楚交代档案文件为必不可缺的手续，事后并向上级报告。五、各种公开文件，如课本、教材、书籍等，编制印刷皆甚不易，应妥为携带爱护，一律不准烧毁及无故弃失，如无故遗弃烧毁，则以破坏文化工作论罪。"①

《关于关心党报、统一出版物问题》的训令规定：《挺进报》和《挺进》、《战斗》杂志为第五师三大中心刊物。关心和帮助党的中心刊物，是一个党员干部应尽义务。各部门负责同志及各级干部必须牢牢记住毛主席的话："各部门要想把工作做得更好，一定要善于利用党报的力量。"应把供稿中心刊物及组织阅读等工作，当着重要的经常工作之一，各单位应在干部中进行关心党报的教育②。在　九

---

① 鄂豫边区革命史编辑部编：《鄂豫边区抗日根据地历史资料》（2），内部印刷，1984 年 3 月，第 148 ~ 149 页。

② 鄂豫边区革命史编辑部编：《鄂豫边区抗日根据地历史资料》（2），内部印刷，1984 年 3 月，第 209 ~ 210 页。

四三年，第五师第十三旅政治部主办了《好战士报》、日本反战同盟第五支部主办了《反战旗报》等。第五师政治部要求各级干部切实关心、爱护和帮助以上诸报刊，认真做好供稿和组织阅读等工作。同年秋，边区交通总局还召开了各分局局长会议，研究了保证报刊发行工作的措施，要求各军分区所属单位分别由其政治部统一分发，做到发行及时，不浪费出版物。

一九四三年，鄂豫边区军事建设计划的全面实施和第五师部队建设的全面加强，是贯彻蒋家楼子会议精神的结果。任质斌为此付出了许多心血，作出了重大贡献。一九四七年一月在延安中原局会议上，谈到蒋家楼子会议时，任质斌还说："到一九四三年初在蒋家楼子召开边区党委扩大会议，我既要发动地方工作，并同意师长的发展意见。我当时在扩大会上讲的是苏联已转入反攻。要准备反攻，就要把军队、政权、群众、党建都加强，提出平列的四大任务，同时强调了作为根据地来说，军队要扩大到四万人枪的观点，虽然很繁重，而认为需要这样做。"李先念在此次会上也说："以后军队之加大，得力于这个会议。"[①]

二　形成对武汉的战略包围

任质斌同李先念组织与指挥鄂豫边区的第五师部队、地方武装和广大民兵，在一九四三年把军事斗争推进到一个新的发展阶段。在这一年里，边区部队不仅粉碎了日伪军对边区发动的频繁而又残酷的"扫荡"与"清乡"，还打退了国民党顽固派发动的，以鄂东为重点的猖狂进攻，发展襄南，恢复襄西，挺进洞庭湖滨，开辟赣北，沟通鄂南襄南，完成了从四面八方对武汉的战略包围态势。

一九四三年春，苏、美分别在苏德战场和太平洋战场发起战略

---

①　1947 年 1 月 24 日，中原局会议记录。原件存鄂豫边区革命史编辑部。

反攻后，法西斯阵线的灭亡已成定局。日本帝国主义做垂死挣扎，妄图以中国内地作为与盟军决战的战场。为此，日军对鄂豫边区各地进行了频繁的"扫荡"。

在李先念、任质斌等领导下，第五师主力部队和地方武装，一面出击敌伪，牵制敌人的进攻；一面配合各地民兵广泛开展游击战，粉碎敌伪军对边区的"扫荡"与"清乡"。在一月至三月的春季"扫荡"间，第五师部队相继攻克应山之双河、随县之淅河和安陆之马尾塘，袭入云梦城之东关和西关、武昌之流芳岭与汉阳之黄陵矶，以及黄冈北部的柳子港等敌据点。在四月至六月的夏季"扫荡"间，第五师部队对敌作战四十余次，攻克敌据点二十余处。其中四月二十一日，第五军分区特务团全部配合挺进第十九团两个连，袭入蕲春县城，缴获大批物质。五月二十七日，云梦县大队又一度攻克县城，毙敌伪十余人。在七月至九月的秋季"扫荡"间，任质斌与李先念要求豫鄂边区党委、行署和第五师师部分别发布布告、指示和命令，号召边区党政军民一致动员，坚壁清野，广泛组织武装工作队，深入敌据点附近或据点内，对敌进行军事、政治、经济斗争，彻底粉碎日伪军的"扫荡"与"清乡"。

一九四三年五月下旬，蒋介石令国民党第五战区"进剿"部队进入划定地区，对鄂豫边区发动以鄂东为重点的猖狂进攻。新四军第五师决定，由师副政治委员任质斌亲率主力一部奔赴湖北浠水，迎击国民党顽固派，发起白石山战斗。

此时，驻鄂东的国民党第五战区桂军，在与鄂东地方势力程汝怀的相互倾轧中占了上风，程汝怀下台。原程汝怀指挥的国民党地方武装由第五战区编为鄂东挺进军第十六、第十七、第十八三个纵队，总指挥由桂军第七军副军长程树芬兼任。桂系视鄂东为其独家的势力范围，在使国民党地方武装"桂化"以后，便更集中精力加紧了对抗日民主根据地的"围剿"。

五月三十日，顽第三十九军暂五十一师约二千五百余人，袭击黄安八里湾及黄陂长堰地区新四军第五师兵站医院，俘去伤兵员七名，捕杀陂安南地方行政人员数名，正在长堰兵站医院住院的第五师第一军分区侦察科长路征被杀害。六月二日晚，顽军又继续向驻黄陂东北小寨顶的第五师第三十八团进攻。是夜，李先念、任质斌命令集中第三十七团、第四十二团、第十三旅特务团各两个营的兵力，将顽军围困于长岭岗地区，经过两昼夜的激战，被围顽军在增援部队的接应下，仓皇从根据地撤走。这一切已充分表明，国民党顽固派发动的第三次反共高潮在鄂豫边区已经开始。

六月八日，李先念在司令部主持召开临时军事会议。他说：目前，蒋介石又下令以国民党第五战区部队为主力，与鄂、豫、皖三省地方顽军"协同进剿"我们，并限令于六月底前予以肃清。前几天，国民党第三十九军暂五十一师一部侵占我陂安南中心区，刚被打退。现在，顽鄂东挺进军第十七纵队又抢占了浠水一带，切断了我鄂东与皖西新四军第二师、第七师的联系，封锁了我军渡江南下的通路。为了配合全国军民制止国民党顽固派发动第三次反共高潮，我们必须坚决进行自卫还击。

会议中，司令部情报处长吴若岩提供了一份紧急情报。上面写着：现已查明顽鄂东挺进军程树芬部勾结日军的事实。今春，程树芬派其中校副官邓耀煌与伪黄冈县县长罗荣衮会面，同时并派人在汉口，经过伪黄冈旅汉同乡会陈朗轩等关系与敌之汉口军部特务部接头，要求日方承认挺进军为"反日中立部队"，对剿灭共军互通情报、互相配合。经过数月之酝酿，交涉中心复移于黄冈。六月六日，程树芬又托其军法处处长李香屏派胡必坤等四人，约罗荣衮在柳子港会商联合剿共问题，被我军发觉，已加以逮捕。其后又复派总部王参谋至仓子埠与罗荣衮及敌汉口的特务部代表会见，已协议达成条件，其要点如下，一、程（树芬）日双方承认共产党（新四军）为共同敌人，在军事上采取一致之夹击、会剿。二、程方划黄冈五、六区全部为日军剿共驻防地，担保挺进军不进行攻击之战斗。三、日方承认挺进军为反日中立部队，日方保证不向程方进攻。四、交换军事情报及军需物资。

任质斌阅后，神情气愤地对大家说：我们已查获了顽鄂东挺进军程树芬部勾结日军、树我为敌的事实。挺进军第十七纵队这次抢占浠水就是他们勾结后的具体行动。为了粉碎国民党第三次反共高潮，我们一方面要揭露程树芬通敌、破坏抗日的罪行，同时，还要给予这种勾结日寇、最反动的国民党顽军以狠狠打击！

为了粉碎国民党顽固派的阴谋，李先念、任质斌等研究决定：一、司令部和政治部立即拟一通电，以《敬告鄂东同胞及各友军将士书》的形式，揭露程树芬的通敌罪行。二、成立鄂东临时指挥部，立即集中主力一部挺进鄂东，配合张体学、刘西尧率领的第四军分区，坚决打击程树芬的部队，重新打通与皖西新四军的联系，配合苏皖兄弟部队的斗争，恢复向江南发展的通道。

经研究决定：鄂东临时指挥部由第五师第十三旅旅长周志坚任指挥长，任质斌兼政治委员。率第三十七团、第三十八团挥戈东进。

十日傍晚，一场雷雨过后，天气格外凉爽，大悟山的山山水水也显得更绿更翠。战士们的情绪高昂，个个精神抖擞。出发前，第三十七团团长夏世厚作了简短动员。他说：同志们，蒋介石想发动第三次反共高潮，顽鄂东挺进军程树芬部又勾结日寇占领了我浠水一带，封锁了我军渡江南下通道。这次任政委亲自率领我们到浠水，就是要狠狠地打击程树芬部，夺回鄂东阵地。我们一定不辜负师首长对我们的信任，坚决完成好任务。

当部队行军至黄冈白羊山以南，回龙山一带夜宿时，遭顽军偷袭，任质斌率部猛烈反击，敌狼狈逃窜，我无一伤亡，可是在战斗中却把电台的马达丢失了。十一日下午，任质斌、夏世厚率领的第三十七团两个营到达浠水西南张家山，与鄂东第四军分区司令员张体学、政治委员刘西尧及率第三十八团先期到达此地的周志坚、冯仁恩（第三十八团团长）汇合。

当任质斌深为马达丢失惋惜时，张体学汇报说：我们控制有一部特务电台，随时可以夺取。任质斌听后非常高兴，马上召集有关同志进行研究，制定了既不打草惊蛇，更不开枪打炮，实行夜间突袭的秘密行动计划，并决定由地委社会部部长王全国率队执行。临行时，任质斌还特别交代：任务交给你们了，要做好充分准备，特别是备好手电筒，要严守秘密，勇敢敏捷，把敌特和电台马达统统擒获回来。是夜，王全国率队顺利到达目的地，成功地剪断了周围的电线，控制了敌据点，如神兵天降，不费一枪一弹，共俘获了特务六名，电台、马达各一部，文件箱、工具箱、密码本各一个。当王全国等汇报战斗情况时，任质斌激动地说：我要感谢同志们，真的要感谢同志们！我们又可以和师部联系了。

在张家山，任质斌召集有周志坚、张体学、刘西尧、熊作芳（第四军分区副司令员）、夏世厚、冯仁恩等参加的军事会。会上，听取了张体学和刘西尧关于浠水一带敌顽活动情况的汇报。

张体学说：浠水一带活动的主要是鄂东挺进军第十七纵队王丹侯部，人员大约三千人，主要驻扎在白石山一带。他们在白石山下的山岭上构筑了一字排开的一大二小的三个碉楼，碉楼周围又挖了一道壕沟。平时，他们大都分散住在浠水城及外围，一旦受到攻击，就退守到白石山及碉楼一带，固守顽抗。接着，刘西尧和熊作芳又介绍了第四军分区部队的有关情况。

情况明，决心大，大家热烈议论一番。最后，任质斌指出：这次，打王丹侯部，根据大家的意见，我同意采取南北夹攻的打法，即冯仁恩率领第三十八团占领浠水北边的白石山，切断顽军向其总部黄土岭及英山、罗田方向的退路，得手后，再由西北向浠水城进攻，张体学、熊作芳率第四军分区部队由南向北压上，形成"双龙出洞"之势，一定要全歼该敌。为确保此战胜利，夏世厚率第三十七团进入毕家冲，拦截敌后援部队。

十二日凌晨，战斗打响。第三十八团战士一马当先，首先占领了白石山。接着张体学、熊作芳率第四军分区部在浠水南发起攻击，很快占领了浠水城。试图前来增援的顽鄂东挺进军第十八纵队和保安第八团，在第三十七团的英勇阻击下只能铩羽而归。

整个战斗由于任质斌的精心部署，进行得非常顺利，"经过一天战斗，将保二旅大部歼灭，并打垮援兵保八团。该团长当场击毙，团副被俘，营长、营副击毙、被俘各一名。另国民兵团团副及县各科长均被俘。俘虏官兵一千二百人，缴步枪千支，重机三挺，轻机十余挺，小炮一门，五瓦电台一架，其他军用品甚多"①，我军大获全胜。程树芬一怒之下，将王丹侯撤职查办，并撤销了鄂东挺进军第十七纵队的番号。

浠水战斗的胜利，击退了敌人对我鄂东地区的猖狂进攻，粉碎了其妄图分割新四军第五师第一军分区与第四、第五军分区之间乃至第五师与皖西新四军兄弟部队之间联系的计划，对改变孤悬敌后的处境，保护江南和江北根据地的联系，巩固江北，发展江南，实现从东线包围武汉的战略部署，都有"极重要的意义"。

十七日，任质斌率部返回大悟山。李先念亲自出迎，高度赞扬浠水战斗的胜利。李先念后于一九四七年和任质斌等谈起这段往事时，还说："你那时想在浠水搞一个根据地"，"对发展一点不想放松。"②

在胜利开展反"扫荡"、反"进剿"作战的同时，任质斌与李先念等还以敏锐的战略眼光，及时抓住一切有利时机，积极决策与实施向根据地四周发展。指挥第五师部队、地方武装和广大民兵，发展襄南，恢复襄西，挺进洞庭湖滨，开辟赣北，沟通鄂南与襄南，

---

① 1943 年 6 月 16 日，李先念、任质斌致中央军委、新四军军部电。

② 1947 年 1 月 24 日，中原局会议记录。原件存鄂豫边区革命史编辑部。

构成对华中重镇武汉的战略包围态势。

襄南,即襄河以南的江汉平原,北靠襄河,南临长江,包括江陵、潜江、监利、沔阳、汉阳等县和天门、汉川、荆门、石首等县一部分。面积约一万二千平方公里,人口约二百万。这里是典型的河湖港汊地带,著名的鱼米之乡。一九四三年二月中旬,日军进犯襄南,"扫荡"当地国民党军第一二八师及第六战区第二游击纵队,结果,第一二八师被歼,师长王劲哉被俘;第二游击纵队司令金亦吾率部投敌。两支国民党军队大部被编为伪军,襄南地区完全沦陷。

为了配合正面战场作战,解放深处水深火热之中的襄南人民,以李先念、任质斌、陈少敏为核心的豫鄂边区党委和第五师师部,决定进军襄南,开展河湖港汊地区的抗日游击战争,创造襄南敌后抗日根据地。这是第五师在武汉以西所作的又一次具有重大意义的战略展开。为此,三月一日,任质斌与李先念致电中共中央军委,请示开辟襄南工作的问题。六日,中央军委复电:"同意你们派部队到襄南开辟工作,并设法解决王劲哉及收容散兵。"①

三月下旬,受李先念、任质斌派遣,第三军分区参谋长李人林,第四十五团政治委员戈林,率第四十五团一营,从潜(江)北泗港、京山多宝湾两敌据点之间夜渡襄河,进入聂家滩,迅即挺进江陵三湖地区,与江陵地方党取得联系。随后,第十五旅政治部主任刘放等率第四十五团第二营南渡襄河,与先遣队会合。为适应形势发展,李先念、任质斌果断决策,成立中共襄河地委襄南工作委员会和襄南军事指挥部,刘真任工委书记兼指挥部政治委员,李人林任指挥长。五月十四日,方正平、吴林焕率第十五旅旅部进入襄南后,遵李先念、任质斌的指示,撤销了襄南工作委员会,成立了以方正平为书记的中共襄河地委襄南代表团,统一领导襄南的军事与地方工作。

---

① 丛书编委会:《新四军·文献》(3),解放军出版社,1994 年 11 月版,第 676 页。

在襄河地委、襄南工作委员会（后襄南代表团）、襄南军事指挥部的积极努力下，在襄南的第五师部队取得了与国民党游击队王伯膏部的合作，争取伪军曾尚武部暗中为我所用和潜江伪军团长李正乾率部八百余人反正，歼灭伪军朱秉坤旅、伪军王一鸣部等胜利。九月，李先念、任质斌决定撤销襄南代表团，成立中共襄南中心县委、政务委员会和军事指挥部。由李人林任中心县委书记、指挥长兼政治委员，刘宝田任政务委员会主席。襄南政务委员会下辖江陵、荆（门）潜（江）、监（利）沔（阳）、天（门）潜（江）沔（阳）、（汉）川汉（阳）沔（阳）等县，每县都有两三百人的县大队。政务委员会的成立，标志着襄南抗日民主根据地的正式形成。

一九四三年，由于军事建设计划的顺利实施，新四军第五师不仅粉碎了日伪更加残酷的"扫荡"、"清乡"和"蚕食"，配合全国制止了第三次反共高潮，并且发展了襄南、恢复了襄西，进军洞庭湖滨，主力部队发展到近四万人，完成了对日本侵略者盘踞的华中重镇——武汉的战略包围态势，开创了新的大发展局面，同时各项建设亦得到加强。这些成绩的取得，是与李先念、任质斌、陈少敏等一手抓坚持发展，一手抓巩固分不开的。

随着一九四三年的即将过去，任质斌所想的不是已经取得的胜利，而是思考下一步新的战略部署。是年初冬，他撰写了《加紧战斗准备，为突破更艰苦的局面而斗争》一文，发表在《挺进》杂志上。该文从回顾、剖析边区所处的严重敌顽夹击形势入手，展望和预测了未来总反攻时期更激烈的斗争。任质斌高屋建瓴地分析道，"由于国际形势的飞跃变化，这个总反攻时期，这个斗争空前激烈与复杂和更需要我们有强大力量的时期，是为期不远了，也许只有短短一年半载的时间了。因之，我们今天的斗争决不能单纯地为了应付目前的斗争而已，而同样重要的甚至更为重要的，是加紧准备力量，迎接未来的最激烈的最艰苦的斗争局面。就是说，我们今天许

多的斗争，都应该使它一方面具有现实的利益，为了争取目前的胜
利；而另一方面也需要有未来的意义，为了争取未来的最大的胜
利!"他还具体提出了要加强同时应付两面作战的准备；要更多注意
巩固自己已有的地区与提高自己已有的力量；应当更注意到争取时
间加紧准备，并号召说："多一份准备，也就多一分力量，多一分胜
利! 让我们用最坚韧的精神来争取最光明的前途吧!"① 这篇文章，
充分体现了任质斌的远见卓识。

三　与胡志学结为革命夫妻

一九四三年十一月十五日，在大悟山白果树湾，任质斌与胡志
学结婚。

胡志学，曾用名胡凤珍、胡凤鸣，一九二一年十月出生于河南
省光山县卡房乡（今属新县）胡家河村的一个贫苦的农民家庭。父
亲胡廷善，以租种佃田为生。夏天，山洪下来，他便到河里放排。
冬天，便上山烧炭。母亲黄氏是织布机匠的女儿，操持家务，成年
累月忙忙碌碌，任劳任怨。胡志学有两个哥哥、一个姐姐，大哥叫
胡明山，二哥叫胡绍山，姐姐叫胡福珍。五岁时，母亲就给她缠足。
一九二七年、一九二八年，家中连遭不幸，她的母亲、姐姐、嫂子、
侄儿相继离开人世。从七八岁起，她就挑起了独立生活的重担，洗
衣、做饭、喂猪养鸡，缝缝补补。

卡房乡翻过一道山梁，就属湖北的黄安县。豫鄂交界处是一片
浸透着革命烈士鲜血的红色土地，胡志学就是在这红色的土地上成
长的。大革命失败后，黄麻起义惊天动地，对当时的光山县卡房乡
产生强烈影响，党的活动发展到了胡家河。胡廷善为人老实正派，

---

① 李少瑜、何光耀、张肇俊主编:《任质斌在中原八年》，湖北人民出版社，
1998 年 12 月版，第 241～244 页。

有正义感，常为乡亲打抱不平，调解纠纷，在当地有很高的威望。因此，中共地下党员邱光美常常来到胡家，启发他的阶级觉悟，动员他参加革命，领导民众翻身闹解放。不久他便加入了中国共产党，并任卡房乡苏维埃政府粮食委员，胡家便成了党的联络站。胡明山、胡绍山也都参加了游击队，加入了共产党。

一九二九年，卡房乡成立了苏维埃，建立了革命政权。胡志学进了学堂，由教师将原名"胡凤珍"改为"胡凤鸣"。当时，各村组织了童子团（即儿童团）。童子团不论烈日严冬，在村头、路口站岗放哨，查路条，打菩萨、反迷信，还参加打土豪，把地主扫地出门。胡志学是童子团的分队长，在父兄辈的影响下，逐渐接受了革命思想，带头放足、剪辫子，每天早晨带着团员们出操。

一九三二年十月，红四方面军主力西征后，鄂豫皖革命根据地笼罩着白色恐怖。国民党反动派磨刀霍霍地杀向边区，在革命根据地实行惨无人道的"三光政策"，到处一片焦土，许多人无家可归。

一九三三年十月，十二岁的胡志学被父亲接到自己所在的部队，从此参加了红军，成了一名光荣的女战士。不久，胡廷善被敌杀害。从那时起，她就随部队一直在山上同国民党反动军队周旋，开始作些事务工作，烧水、洗衣服、站岗、送信。一九三四年初，她被派到鄂东北道委的休养所工作，这是鄂豫皖地区三年游击战争最艰苦的时期。当时，国民党反动派进行清剿，整天飞机轰炸。有的伤员被炸得血肉模糊，抬到休养所，由胡志学等帮助护理。后来又被分配到后方工厂，做衣服和鞋、袜等。

抗日战争爆发后，国共合作建立抗日民族统一战线，鄂东北道委与卫立煌停战谈判也达成协议。一九三七年十月，在东大山大小鸡笼工作时，胡志学由郑维孝的夫人李世云和吴湘莲介绍加入中国共产党。

一九三八年一月，胡志学随部队下山，到黄安七里坪一带集中。下山以后，当她要求去地方工作时，组织上同意了，于是通过闵汉清找到鄂东北道委代理书记吴先元，被安排在宣化店附近做地方工作，属罗（山）礼（山）经（扶）光（山）中心县委领导，直接领导人是石健金。

一九三九年初的一天，郑维孝在宣化店见到胡志学。他是看着她长大的，是其父兄辈的好战友，想到胡廷善牺牲，姑娘还小，没有人照护，安排在地方工作不安全，于是就带她回部队，安排在新四军游击第六大队宣传股工作，股长是林涛（女）。

在第六大队工作一年左右，胡志学又被派到地方工作，仍回罗礼经光中心县委。当时的书记是石天华，他的妻子叫魏淑娟，是个大学生，胡志学和她都做地方群众工作。当时，到地方实际上就是做秘密工作，危险性很大。胡志学经常将自己装扮成农村老百姓一样，扎个假髻，以掩护身份。她始终坚持一条，对革命有利的事就做，对抗战有利的事就做，动员老百姓参军，打日寇，保家卫国，反对国民党顽固派的摩擦。当遭到国民党顽固派进攻时，就动员群众坚壁清野，同时还对当地的保长、士绅做统战工作。

一九四〇年夏，胡志学到鄂东地委设在陂安南的训练班学习三个月。在那里，她第一次见到任质斌。当时任质斌是豫鄂边区军政委员会代理书记和新四军豫鄂挺进纵队代理政治委员，到训练班作形势报告。胡志学回忆说："他讲话很慢，很有条理，按当时的理解，是典型的知识分子领导干部。"①

从训练班结业后，胡志学被分配到陂安南县金育乡搞减租减息工作。一九四一年又调到麻城两道桥中心区委任组织委员。在麻城没工作多久，又回陂安南县政府工作，任优抚股长，当时的县长是魏天一。一天，陈锡联的妈妈来县政府，就是胡志学接待的，当她反映生活困难时，胡当即就给予了资助。从一九四二年起，胡志学

---

① 2001 年 5 月 23 日，采访胡志学记录。原件存鄂豫边区革命史编辑部。

任黄陂县长堰区委书记，至一九四三年六月到磙子河边区党校学习止。

任质斌与胡志学的结合，是战争年代由党组织"包办"的。他们的"红娘"是陈少敏和李先念。

胡志学回忆说：我在边区党校学习期间，有一天，我们普通班都到司令部机关政治处门口集合，先以为是听首长做报告，我们坐在那儿有说有笑，等一会儿，也没见有人来讲话，后来来了几个人，我们也不大认识，只见有人比比划划、指指点点，谁也不知道干什么，不久又无缘无故地都回去了。不知过了多少天，夏菲大姐跟我说，我们一起到组织部去一趟。到了组织部，副部长孙西岐坐在那儿，夏菲把我领到，交代一下，没有坐就出去了。孙部长直截了当地跟我说，边区党委决定你与质斌同志结为夫妻，征求你意见。还没等我会过神来，夏忠武进来了，一会儿陈大姐也来了，李师长也来了，当时我确实没有一点思想准备。我想既然组织都已决定了，边区主要领导师长和大姐都定了，我还能说什么呢？所以，当师长问我怎么样，我只好说："组织决定吧！"师长很高兴，似乎还有点激动，他说："就这样定了，我当大舅舅了。"①

任质斌与胡志学结婚那天，虽然仪式简单，但气氛非常热烈，李先念师长、陈少敏大姐和边区党委、第五师司令部的同志都到了，大家在一起会餐，摆好几桌，大家为了祝贺他们新婚，还带了礼物。陈少敏大姐送给胡志学一件新毛衣，刘子厚送给他们一床被面，任质斌的警卫员黄永贵送给他们一个肥皂盒（被面和肥皂盒现存白果树湾纪念馆）。

任质斌是个一心扑在工作上的人。当时他只有战争，几乎没有爱人、小家庭的概念，夫妻之间没有说说笑笑、打打闹闹之类的事，

---

① 2001 年 5 月 23 日，采访胡志学记录。原件存鄂豫边区革命史编辑部。

更谈不上花前月下的闲情逸致。比如：一九四四年下半年，他率部挺进河南时，事先并未和胡志学商量，只是临走时跟后勤机关交代把胡志学送到卫生部长粟秀真那里，因为她当时已有身孕。分手时，也只说一声"我上前线去了"。一九四五年三月，胡志学快要分娩了，任质斌接受任务要赶到河南前线，毫无迟疑地走了。李先念师长始终像兄长一样关心着他们。为了照顾胡志学，让任质斌放心工作，李先念派夫人尚晓平日夜和胡志学住在一起，照顾她，直到孩子出生。

任质斌是个严于律己的人，他对自己要求严，对爱人也要求严。他处处事事都注意影响，从无玩、乐。他不会跳舞，也不会唱歌，只是经常写些歌词。因为忙，他连说笑话的机会也不多。但他待人热情，无论是上级、同级还是下级，他从不分高低，总是一视同仁，有工作谈工作，有问题谈问题，有思想谈思想，始终非常严肃。如果有人在工作上没有完成任务，或者完成得不好，他定要批评，决不姑息错误。

胡志学非常尊重、体贴任质斌，他们结婚以后，她除了在生活上关心体贴任质斌外，还努力提高自己，争取做好助手，维护任质斌在干部战士中的形象。当时生活非常艰苦，大家都吃不饱，每天早一顿夜一顿，不论什么时候，胡志学总是等任质斌吃完饭后自己才吃。任质斌工作非常忙，经常至深夜，不管他是看文件、还是写材料，她从不打扰。任质斌工作多晚，她就陪多晚。关于部队及工作上的事，她从不打听。他们相敬如宾，总是客客气气。结婚后很长时间，任质斌称胡志学为"胡同志"或"小胡同志"，而胡志学则一直称他"政委"。胡志学特别约束自己，很少参加唱歌、跳舞等，从不以首长夫人的身份出现，非常注意任质斌的公众形象，从不给他添任何麻烦。

胡志学与任质斌，革命一生，夫妻恩爱一生。对此，胡志学深情地说："在我心目中，质斌是我的丈夫，更是我的良师益友。他有一颗金子般的心，永放着亮光。他的一生对得起党，对得起人民，是党和人民的好儿子。"① "质斌的性格决定了他的思想、作风，他全身心地投入工作，没有任何杂念。他的知识水平、领导方式、思维方式等等许多方面，我无法与他相比。在当时，他是首长，也是我的老师，我很敬重他。质斌同志几十年来，对我对家庭都很关心，他这个人修养非常好。" "几十年过去了，我与质斌同志风雨同舟、相濡以沫，无怨无悔。"②

　　一九九九年六月，在北京新四军研究会第五师分会召开的纪念李先念诞辰九十周年的大会上，胡志学回忆说："我和质斌同志的结合是先念师长和陈少敏大姐撮合的结果。记得当年先念师长和陈少敏大姐都曾对我说过：'质斌同志是个忠于革命事业的好同志，他为人忠厚、老实，心地善良，事事处处替别人考虑。他对党、对革命忠心耿耿，从不计较个人得失，不顾自己身体多病，带病坚持工作……希望你们结婚以后，你要从生活上多照顾质斌同志，多支持他的工作，我们相信你们结合以后，一定会是一对革命的夫妻，一定会白头到老。'时光如梭，我和质斌同志共同生活了五十五年，风雨同舟，相濡以沫，革命到白头。"③

---

①　湖北省新四军研究会、北京新四军研究会五师分会、鄂豫边区革命史编辑部编：《风雨历程　光辉人生》，中央文献出版社，2000年3月版，第22页。
②　2001年5月23日，采访胡志学记录。原件存鄂豫边区革命史编辑部。
③　《地方革命史研究》，1999年第2期。

第十六章　迎接抗日战争的最后胜利

　　一九四四年，中国抗日战争即将步出相持阶段的困难，转入夺取最后胜利的反攻阶段，鄂豫边区亦面临着大发展的有利形势。为此，中共中央和华中局多次向第五师发出了进军河南、缩毂中原的指示。然而，由于豫鄂边区党委内部意见分歧，"以巩固为主"的指导思想占了上风，缩手缩脚，犹豫徘徊，丧失了大发展的好时机。同时，第五师亦在"减少战斗频繁"口号的影响下，一度陷入被动局面。任质斌在困难的处境中，一面按照中央的方针、政策和统一布置，正确领导边区的整风运动；一面坚决维护党的团结，同意"以巩固为主"的方针；一面自告奋勇到河南抗日前线，担负起领导发展河南的重担，率部创建敌后抗日根据地，尽力纠正和消除"减少战斗频繁"带来的消极后果。

　　一九四五年一月，八路军南下支队第三五九旅与新四军第五师会合，带来了中共中央和毛泽东的指示，豫鄂边区党委终于统一了"以发展为主"的指导思想。李先念和任质斌等领导边区军民放开手脚，英勇奋战，积极收复失地，迎来了鄂豫边区抗战的最后胜利。

一　全面开展整风运动

　　鄂豫边区和新四军第五师的全面整风运动，是在"战时整顿三风"的基础上，从一九四三年冬开始的；是在郑位三、李先念的指导下，由以任质斌为书记的边区总学习委员会领导进行的。

郑位三，湖北省黄安县人。一九二二年参加革命，一九二五年加入中国共产党。土地革命战争时期，任黄安县农民协会常务委员，黄安县总工会委员，黄安县委委员，黄安县委书记，鄂豫皖特委委员，鄂豫皖特区苏维埃人民委员会代理委员长，鄂豫皖中央分局候补委员，鄂豫皖省委常委，鄂豫皖省苏维埃主席，鄂东北道委书记兼鄂东北游击队总司令，红二十五军政治部主任，豫陕特委书记，鄂豫陕特委书记。抗战爆发以后，历任鄂东特委书记，鄂豫皖区党委书记，新四军第四支队政治委员，新四军第二师政治委员。一九四三年十一月，以华中局代表的身份，抵达鄂豫边区，负责全面领导工作。

在郑位三到边区以前，任质斌并未与他谋面，只知他是黄麻起义的领导人之一。后来听李先念介绍，才知道此人很正派、廉洁、理论水平高，在鄂豫皖地区的干部中享有极高的威望，从三十多岁始，大家便称他为"位老"。

郑位三到鄂豫边区来的有关情况是这样的：郑位三当时在新四军第二师身体一直不好，曾多次向中央要求去延安。恰好，正赶上各部队都在开展整风运动，当时第五师"不仅李先念同志，我们都觉得五师这么大一个摊子，几个人要掌握起来有困难，所以希望中央派一位有威望的、水平很高的人来掌握全局"①。而在延安对第五师地区情况了解的人又不多，于是只好和华中局商量，要求派郑位三到第五师去，华中局经过考虑，后来才同意。可是当时郑位三还不想来，推说身体不好，后来"中央和华中局采取妥协的办法，跟他讲，你去五师把审干搞一下，搞完了就回延安来"②。因此，郑位

---

① 1982年8月11日，采访任质斌记录。原件存鄂豫边区革命史编辑部。
② 1982年8月11日，采访任质斌记录。原件存鄂豫边区革命史编辑部。

三是持着"尚方宝剑"，带着审干任务到五师来的。

豫鄂边区党委于十一月十八日正式发出了《关于彻底开展整风运动的决定》。对于整风的主要任务、方针、政策和步骤、方法均作出了明确规定。为加强对整风运动的领导，边区党委还决定成立总学习委员会和分学习委员会。总学委会由李先念、任质斌、陈少敏、夏忠武、吴祖贻、顾循等六人组成，任质斌任书记，具体领导全边区党政军机关、部队的整风运动。

郑位三、李先念都十分关心和重视边区的整风运动。十一月十二日，李先念代表边区党委在边区和第五师直属机关干部大会上，作了"整风、生产、精兵简政"的动员报告。传达了区党委的决定，阐明了斗争形势与整风的关系，列举了边区还存在着三风不正的弱点及其表现，分析了彻底开展整风运动的有利条件与困难因素，指出了整风的目的和党风整顿应达到的标准，并要求边区和五师直属机关成为全边区整风的模范。郑位三则介绍了土地革命战争时期共产党内两条路线斗争和抗战初期共产党内斗争的情况，使长期孤处敌后的边区党员干部进一步了解了以毛泽东为代表的正确路线同王明"左"倾路线和右倾投降主义错误斗争的实质及其重大历史意义，武装了党员干部的思想。

根据李先念的动员报告和郑位三的讲话精神，任质斌领导总学习委员会制定了长期整顿、分段学习、利用战斗间隙开展整风的方法和边区整风计划。

鄂豫边区这次整风的普遍内容，首先是对全党进行一次认真的阶级教育。各分学委组织广大党员干部在前段突击开展阶级教育的基础上，自十二月初开始，把继续深入地进行阶级教育纳入整风运动。广大党员干部在这一时期的阶级教育中，对于国民党的阶级基础及抗战前的政策，对于抗战以来共产党与国民党的联合与斗争，对于当前抗战形势及其前途，对于肃清国民党的反动思想影响和掌握马克思列宁主义，都分别作了比较系统的研究和讨论，从理论与实践的结合上区分了两个阶级、两个政党、两个主义和两个战场的本质差别；进一步明确了三民主义与蒋介石的主义、新民主主义与共产主义、无产阶级人生观与资产阶级人生观的区别，提高了党员干部的阶级认识和觉悟，坚定了其阶级立场，从而树立远大的斗争目标，增强了夺取抗日胜利的信心。一九四三年十二月十九日上午，总学委会举行了高级干部政治测验，检查直属机关部、处级，旅团级干部的学习情况。这次高级干部政治测验，由任质斌、夏忠武当场命题，采取答卷的方法进行。陈少敏监考，她向参加考试的同志宣布纪律："第一，不许开小组会；第二，不许看书；第三，正正经经，一笔一画，好好答卷；第四，将来的卷子还要你们自己改；第五，大家不会写的字不要问我。"说完，就坐在门口。李先念非常关心这次考试，一会儿走过来，在门口望了望，笑道："这真是高考，还有纸烟抽。"任质斌、夏忠武在考场巡视，他们随便看了看干部们的答卷，脸上露出了微笑。

一九四四年一月中旬，阶级教育阶段结束，任质斌及时指导边区的整风转入"以加强党性锻炼为中心"，切实整顿党风的第二阶段。

从二月到八月，边区在大悟山八角门楼，先后举办了两期整风学习班，轮流抽调县、团以上干部短期离职学习。每期二个班，均分高、中、低三个组，六个整风小组共二百九十五人。其中高级整风组一百一十五人，中级整风组九十人，低级整风组九十人，由于参加整风班学习的对象、级别和水平不同，各组整风学习的内容和要求也有所区别。高级整风组学习"整风文献"，中低级整风组主要学习党的政策、党的知识等。

第一期整风班，于二月四日开学。任质斌带领边区党委组织部副部长孙西岐和干部科科长魏景昌主持工作。郑绍文、周志坚、程坦、刘西尧、张执一等都参加了高级组的学习。在整风班还成立了支部委员会，郑绍文任支部书记。

任质斌等坚决按照中央的方针、政策和统一布置，首先组织高干组学员认真学习中共中央制定的二十三个整风文件。通过学习，认识到主观主义是反马克思主义的，是革命的大敌，是党性不纯的表现。要坚持和巩固根据地，争取抗日战争的胜利，就必须坚决肃清主观主义的作风。同时按照共产党员的六条标准，反省检讨自己，看各人有无缺点或错误，立场有无歪曲，个人与党的关系有无问题。在讨论中，首先遇到的问题是大家对学员的历史不够了解，地方党员干部与部队党员干部平时接触较少，大都只有年谱式的介绍和组织上的简单评语，讨论不能深入。其次是有些学员对整风不重视，特别是个别红军老干部，认为："自己革了十几年的命，从来没有谁说我不忠于革命，我有什么歪风可整！"

针对上述暴露的问题，任质斌等作了耐心细致的工作。首先带领大家重读毛泽东主席关于《整顿三风》报告的第二部分，以及陈云的《怎样做一个共产党员》和刘少奇的《论共产党员的修养》。接着指导学员写整风自传，从自己的历史检讨思想变化与发展，反省自己的思想有无毛病。同时还制订了"反省提纲"，要求学员一面阅读文件，一面对照"反省提纲"进行自我反省，写反省笔记，然后进行典型交流。在交流的过程中，反映的问题主要有两个。一是对坚持鄂豫边区游击战争缺乏信心，有的干部有失败情绪，认为"建设么事？建设好了，还不是垮台的"。特别是地方工作干部担心"失败了怎么办"，怕正确执行想"留有余步"。另一个是地位、权势、物质享受问题。在这方面的问题较多，有的找理由为自己辩护，说"共产党员也是人，干革命是共产党的本分，有个人的欲求，则是人的本分"。于是，任质斌等带领大家以整风文件为武器，边学习边研究产生这些错误思想的原因，同时提出克服这些错误的办法。这是第一阶段，即学习教育启发阶段。

在第二阶段反宗派主义中，五师和边区党委引导干部将宗派主义的表现分类进行专题反省。批判山头主义、个人英雄主义、小团体主义时，也同样是边学习边对照自己检查，最后发现存在的问题与不足有：对中间分子，抱有成见，认为他们非土豪即劣绅，因而执行党对中间分子的政策不认真，以致对一部分中间分子、中间武装的工作没有做好；在党和群众的关系上，群众观点下降，官僚主义和享乐作风滋长，违反群众纪律时有发生；在局部与全体的关系问题上，有些部门独断专行，各自为政，随意调动干部；在干部相互关系上，存在新老干部、工农干部与知识分子干部之间不够协调，不顾党的利益，甚至搞政客作风等现象；在个人与党的关系上，存在个人主义、自由主义、退却思想、名利思想等种种错误。通过学习，党员干部懂得了宗派主义是主观主义在组织关系上的一种表现，它妨碍党内外的统一和团结；并认识到党是无产阶级组织的最高形式，必须严格执行少数服从多数，下级服从上级，局部服从整体，全局服从中央的民主集中制原则；必须加强党的观念，按照无限忠心、联系群众、有独立工作能力和遵守纪律以及共产党员必须为共产主义奋斗终生、个人利益无条件服从党的利益、尊重组织和执行决议等标准来严格要求自己。通过整顿党风，增强了党员干部的党性，改善了军政关系、军民关系、部门与部门之间的关系、新老干部之间的关系，加强了民主集中制和党内外的团结，加强了党的一元化领导，提高了党的战斗力。

第三阶段就是深入检查每个人的世界观、人生观，号召坦白交代历史问题，深刻反省，多作自我批评，清算自己过去的历史。当时，边区党委提出了"纯洁队伍，迎接新任务"的口号，要求干部向党交代自己的政治历史问题，清算自己的历史。通过自觉的反省，广大干部受到了深刻的革命气节教育，认识到在中国复杂的民族斗争、阶级斗争的环境中，如不进行思想改造是很危险的，并表示一定要保持革命气节，为保卫民族利益和人民利益而坚决斗争。实际上，第三阶段就是审干阶段。在华中局代表郑位三和边区党委书记李先念的支持下，任质斌及总学习委员会正确地执行了中央"关于审查干部的决定"，重视启发党员干部的自觉性，没有搞"抢救运动"，没有搞"逼供信"，没有搞"残酷斗争、无情打击"，始终坚持了"团结——批评——团结"和"惩前毖后、治病救人"的方针，坚持了"思想批评从严，组织处理从宽"的原则。还允许干部申诉。对不适当的处分，经党组织重新审查后，可以变更或取消。干部之间尚未证实的问题，可向对方提出质疑。对那些有问题尚有顾虑的，先由负责同志给予开导启示，再在小组内展开批评，并配以个别说服，给以时间让其考虑，使其幡然悔悟，改过自新。由于任质斌等正确掌握了政策，没有采取过急的手段和方法，审干工作进行得比较平稳、比较正常，使大家在没有压力的条件下进行。通过审干，党的组织进一步纯洁，党更全面地了解干部的情况，对如何培养、教育、选拔、使用干部提供了有力的依据。

　　第一期高干整风班于七月二十八日结束，任质斌写了《整风班基本总结》一文，对整风班的成就和成功经验作了概括，指出其主要成就有：一、基本上完成了整风学习计划，给整风打下了初步的基础，纠正了干部对整风的错误认识，使干部思想有了初步改造，比较正确地认识了自己。在整风中，大大提高了干部学习情绪和理论文化水平，知识分子了解到自己最无知识，工农干部热烈地学习文化，大家都认识到学习理论的重要。二、摸索了一部分整风的实际经验。在这半年的整风中，经过了许多试验和改变。在组织领导上，更深刻体会到领导与民主的关系，体会到正确的领导必须走群众路线。在学习方法与方式上，了解到整风学习必须熟读文件，反省自己，必须高度发扬民主批评。在学习、工作、生活方面，有了一套比较完全的制度。这实际经验的获得，对今后开展整风运动有莫大的便利。三、推动了边区的整风学习。使边区干部看到整风班的学习之后，对整风有着更高的渴望，下决心改造自己，如有的干部受到整风班坦白反省的影响，自动地向组织上作政治问题的坦白，在工作中的整风运动亦在逐步开展中。

文章认为，所取得的基本经验是：一、事前应有很好的准备工作，如关于抽调干部、配备干部、学习动员以及各种组织工作，均应周密计划，被调整风学习的干部，思想上应该有所准备。二、领导必须掌握经验，深入小组，了解具体情况，及时发现问题，迅速加以解决。要正确地掌握方向，随时纠正偏向，必须从群众中来，到群众中去。不仅有一般号召，而且要注意个别指导，不同的对象应用不同的方法。要充分发挥工作上的创造性。三、要高度发扬民主批评，组织上应特准在整风学习期间，可以纷纷议论，互相揭发，对党和上级亦可尽量提意见，无论正确与否，不加压制。四、对有政治问题的人，先说服一个有重大政治问题的坦白者，党迅速做出宽大决定并公布，使其他有政治问题的人更有勇气坦白，造成坦白运动。五、小组编组，应以互相熟识为主要条件，最好以同一地区工作为编组单位。每组配备，应使新老干部、知识分子与工农干部尽量交流，发扬互助，补救偏向。六、要培养和帮助积极分子，使其成为真正的领导骨干。支部和小组长对于领导骨干，要多给予鼓励和帮助，充分发挥其作用。七、文件必须熟读，才能深刻反省。八、整风学习过程，应该按部就班，不能操之过急。反省坦白必须经过反复的思想酝酿，不是一下子就可痛快解决。因此在组织领导上，学习计划必须步骤明确、逐渐深入，循循善诱①。

在任质斌的正确领导与指导下，第一期高干整风班的成功作法和所取得的成功经验，不仅推动了全边区的整风，而且还提供了一个样板。后来，边区党委又举办了第二期高干整风班，进展情况亦非常顺利。两期整风班结束后，任质斌代表总学委向郑位三和边区

① 李少瑜、何光耀、张肇俊主编：《任质斌在中原八年》，湖北人民出版社，1998年12月版，第245～247页。

党委汇报说：位老，审干工作也结束了，只发现少数个别同志有点历史问题，再也搞不下去了，你看怎么办？郑位三从实际出发，充分肯定了任质斌和总学委的工作，没有受延安整风的影响，没给他们施加压力，只是说：既然只能搞这个样子，那就搞这个样子算了①。

在以任质斌为书记的鄂豫边区总学习委员会的组织、领导和郑位三、李先念的大力支持下，鄂豫边区和第五师的整风运动健康发展，促进了马克思列宁主义、毛泽东思想在边区的传播，使得边区党在政治上、思想上和组织上更加统一。部队经过整风，无论是军事还是政治素质都有了显著提高，少数干部的军阀主义残余和宗派主义倾向得到较好的纠正和克服，部队内部关系和外部关系更趋良好。地方干部经过整风，进一步增强了政策观念和群众观点，提高了执行党的各项方针政策的自觉性，群众踊跃参军参战，积极发展生产，从根本上保证了边区抗日斗争和根据地建设的顺利发展。整风运动的成功，为边区和第五师加强无产阶级政党的思想建设，积累了丰富的实践经验，对于边区和第五师夺取抗日战争的最后胜利，乃至后来为赢得解放战争全局的胜利，都起了重要作用。

二　在发展河南的日子里

郑位三于一九四三年十一月抵达鄂豫边区后，以华中局代表的身份全面领导工作。十二月十七日，郑位三拟稿，以李（先念）、任（质斌）、陈（少敏）、郑（位三）的名义，向新四军军部发了请示电，提出鄂豫边区一九四四年工作的如下方针："一、以巩固为中心；二、争取时间整训和做党的建设工作；三、突击式的组织基本

---

① 李少瑜、何光耀、张肇俊主编：《任质斌在中原八年》，湖北人民出版社，1998 年 12 月版，第 131~132 页。

群众的多数；四，加强统战工作；五、加强伪军工作；六、减少战斗频繁，对土顽、伪军尽量争取，切不侵犯；七、执行精简；八、个别调动干部。"① 十二月二十八日，军部将这一电报摘报党中央，并说明"我们已复电同意他们上述方针"②。

一九四四年三月十五日，中共中央华中局作出了《对新四军第五师地区工作指示》，指出："由于敌寇向西出击与打通平汉路的可能，因此五师地区可能在客观条件上仍存在着顺利发展的机会与可能。但你们由于过去长期战争环境，很少有时间去进行各方面的巩固工作，因此争取时机，巩固自己是你们目前中心任务。只有巩固自己，才能更有效迎接明天的时局的好转与逆流。"还指出："你们于郑位三同志到达后所讨论和决定的工作方针和部署，我们基本上同意。"③ 这样，"以巩固为中心"的工作方针便在鄂豫边区确定了。

为了贯彻"以巩固为中心"的工作方针，豫鄂边区党委召开了扩大会议，进一步研究确定执行这一方针的部署与措施，先后作出了集中主力部队整训、减少战斗频繁、组织人民大多数、扩大交友工作等一整套部署。这一切对根据地的巩固虽起到了一定的积极作用，但因在一定程度上脱离了实际，亦造成了不小的被动局面。比如"减少战斗频繁"，强调把作战的决定权集中于高级领导机关，仗仗要请示，仗仗要汇报，结果束缚了一些指战员的手脚，致使一些部队出现消极避战，丧失战机，陷于被动的状况。尤为可惜的是，在日寇已发动豫湘桂战役，河南大片国土沦丧，在第五师多年来梦寐以求的和八路军打成一片的局面有可能实现的情况下，郑位三却继续坚持"以巩固为中心"，反复向党中央、华中局强调第五师的困难，把最精锐的主力部队统统集中在大悟山，而未去积极发展河南，

---

① 1943 年 12 月 17 日，李先念、任质斌、陈少敏、郑位三致新四军军部电报。

② 1943 年 12 月 28 日，张云逸、饶漱石、曾山致中共中央电报。

③ 丛书编委会：《新四军·文献》(4)，解放军出版社，1995 年 2 月版，第 226 页。

任质斌对此非常痛心。也正是在这种情况下，他自告奋勇率有限部队奔赴河南前线，指挥河南敌后发展工作。

四月间，日军集结五六万人的兵力，从河南发起了打通大陆交通线的作战，企图在海上交通被美国切断时，能由中国内地交通线给侵入东南亚的日军提供补给。处于正面战场的国民党汤恩伯、胡宗南指挥的四十万军队在敌人进攻面前，三十七天失城三十八座，损军二十万。饱受"水、旱、蝗、汤"之苦的河南人民，沦陷后又受到敌伪的残暴蹂躏，他们渴望共产党、八路军和新四军早日挺进河南，打击敌人。

中共中央在日军进攻河南情况下，当机立断，确定开辟河南，发展苏浙皖，进军湘鄂西。五月十一日，中共中央书记处在致华中局并豫鄂边区党委电报中指出："敌人已大举向河南进攻，目的在打通平汉线并控制陇海路潼关以东一段。估计敌人暂时不会退出，河南平汉路以东及河南大部地区已成敌后地区，而国民党汤恩伯等部业已大败，溃散者颇多。河南秩序紊乱，人民抗日武装必然蜂起。……河南地方党员在目前情况下，应该起来参加与领导河南人民抗战，应该组织抗日游击队及人民武装，建立根据地，保卫家乡。"中央决定，在目前"河南党的组织与中央已断绝联系"的情况下，豫南地区的工作由豫鄂边区党委负责，应切实侦察河南情况，并选择河南籍干部党员，秘密派回去进行群众工作，及在可能条件下组织抗日游击队与人民武装，以便将来能给河南敌后游击战争以一般指导①。

接到上述指示后，李先念、任质斌等积极行动起来，遴选河南籍的干部和战士。首先派第十三旅副旅长黄林率第三十八团等部分河南籍的干部战士回河南，做进军河南的前期准备工作。黄林等到

---

① 丛书编委会：《新四军文献》（4），解放军出版社，1995年2月版，第301～302页。

河南后，李先念、任质斌十分关心他们的行动，经常给予指导，积极了解河南各阶层的状况，并及时向中共中央报告。

随着河南战局的发展，第五师与鄂豫边区许多高级干部主张立即进军河南敌后，抗击侵略者，建立根据地，从根本上解决第五师长期以来孤悬敌后的处境。特别是六月二十三日，刘少奇、陈毅关于发展河南的工作指示发来后，他们更是摩拳擦掌，整装待发。刘少奇、陈毅在电示中明确指出："河南战役现暂告一段落，敌寇一面作局部东退，似在引诱宗南出关，寻求再度歼灭；一面则积极修复平汉路，图确实占领。但目前敌全盘战局重心在攻略粤汉路。长沙陷落，衡州亦将不守，敌由广黔向北进行夹击，亦计日可待。因此，使我五师的战略地位和作用益形增高，五师今后发展方向应该确定向河南发展，完成缩毂中原的战略任务。这一任务完成，使我华中、华北、陕北'呵成一气'，便解决了我党我军颠扑不破的战略地位。"①

李先念、任质斌感到压力很大，认为机不可失，主张立即出兵河南，从战略上改变第五师长期孤悬敌后的处境。但郑位三则认为边区原根据地尚不巩固，主张继续坚持"以巩固为中心"的方针，不宜派出主力发展河南。为了统一思想，中共豫鄂边区党委于七月一日在大悟山白果树湾召开扩大会议，讨论边区工作方针与进军河南敌后问题。

参加白果树湾扩大会议的，除了边区党委委员和行署主要领导同志外，各地委、军分区、旅的主要领导同志也参加了。在此之前，边区党委于二月举行了扩大会议，作出了在边区贯彻"以巩固为中心"的工作方针的部署，会后又已实施了四个多月。所以赴会的各负责同志感到纳闷，原来在决定边区工作方针这类重大问题时，总是由李先念、任质斌、陈少敏等领导核心成员统一思想，决定后再

①　丛书编委会：《新四军文献》（4），解放军出版社，1995年2月版，第303页。

公布执行的。现在在一年之内两次召开这么大规模的会议来讨论，这不仅是第一次，而且很显然地看出边区领导层对工作方针与发展河南有意见分歧。

会议一开始，就出现两种不同的观点：一是主张根据形势变化，应将"以巩固为中心"的工作方针，改为以发展为主，并提出从三个主力旅中派出两个旅去发展河南。襄河地委书记兼第三军分区政治委员张执一慷慨陈词，他说："哪里有敌人，需要革命，我们就要向哪里发展。月球上如果有敌人，需要革命，我们就要向月球上面发展。"① 主张不惜一切抓住战机，"倾巢而出"，以完成缩毂中原的战略任务。另一种主张则是不同意主力去河南，强调第五师面临的困难，支持郑位三"半年内继续贯彻以巩固为中心"的工作方针，而以发展为辅。在讨论的过程中，郑位三发言，主张小发展，讲质变与量变的关系，认为边区已经很大了，如不巩固再去发展，会吃不消的。有巩固的地区，才能发动群众，才能进行整风。陈少敏同意郑位三的看法。任质斌在会上"主张发展，起码是中发展"②。会议最后，采取举手表决方式，通过了"以巩固原有地区为主，进军河南、湘鄂赣为辅"的方针。

关于此次白果树湾边区党委扩大会议，李先念事后曾说："在讨论发展河南的会议上，我很欣赏张执一同志的那一炮。他说要'倾巢而出'！这当然是极而言之的话。如果当时能派出足够兵力发展河南，我们不仅能同华北根据地打通，而且还能进一步壮大自己，扩大回旋余地。"③ 任质斌也有一段意味深长的回忆。他说："我想，如果当时在会上，无论是先念还是我来否定'以巩固为中心'的方

① 1963年1月26日，李先念在洪山宾馆的讲话记录。原件存鄂豫边区革命史编辑部。

② 1962年12月10日，采访熊作芳记录。原件存鄂豫边区革命史编辑部。

③ 1963年1月26日，李先念在洪山宾馆的讲话记录。原件存鄂豫边区革命史编辑部。

针，位老（郑位三）肯定会不高兴，也不会同意。先念当时恐怕也这样想：第五师孤悬敌后独立工作这么多年，多次希望中央派人来指导工作，现在中央派代表来了，原第五师的主要干部就来反对，特别是在这么大的会议上来反对上级派来的党代表，恐怕会出现分裂局面。这个责任谁担得起？我担不起，李先念师长当时也担不起。所以我们也都举了手，赞成以巩固为主的。当时我们都感到很苦闷，明明觉得发展河南是梦寐以求的解决第五师孤悬敌后的大好时机，但为了保持党内的团结，尊重个别领导人的意见，却又不得不举手表示'支持'另一种意见。"他又说："为什么位老当时不大愿意去发展河南？我想是不是他认为，中央派他来五师，主要是帮助整风和审干，所以不想在这里呆久，有'临时'思想。另外，也可能他认为五师的发展'先天不足'。五师的队伍大多数是从当地的游击武装整编而成的，虽然有些红军干部，但不是成建制的红军部队，老底子不硬，如今发展到地跨鄂豫皖湘赣五省边界的广大地区，人口达一千多万的大摊子，到底巩固程度怎么样，他有怀疑。如果情况有变，根据地能保留多少，是个问题，所以他一心想做好五师的巩固工作。总的来说，可能是由于一方面受上面这些思想的约束，另一方面他到五师不久，有些情况还没摸透原因。"① 李先念说，这样的结果"是对力量的估计、军队的估计、干部的估计发生了偏差"②。

　　会后，郑位三于七月三日以郑（位三）、李（先念）、任（质斌）、陈（少敏）的名义，就五师"向河南发展工作的布置"致电刘少奇、陈毅等："关于河南战略任务指示电收到，我们对河南发展的可能和需要完全同意来电。"但"我们现在存在几个困难，确与发

---

　　① 李少瑜、何光耀、张肇俊主编：《任质斌在中原八年》，湖北人民出版社，1998 年 12 月版，第 134～135 页。

　　② 1963 年 1 月 26 日，李先念在洪山宾馆的讲话记录。原件存鄂豫边区革命史编辑部。

展河南的任务有矛盾。（一）严重的财政困难……少四个月的给养……财政困难已成为主要危险，况且河南又是不好解决财政之地区。（二）地方工作落后的现象还很严重，主要地区的群众还未组织起来，不可抽兵、抽干部太快。（三）干部的数量，只有需要的三分之一，分子复杂，数年来无时间学习和教育"。因此，经"我们一周详细交换意见之后，认为至少在半年以内，仍应布置原地区的巩固工作为主，逐渐增加力量。发展河南，必须在对财政的危机基本上有所克服、基本区群众组织以后，才可较多转移力量到河南"。还提出"如果认为这样是对的，那么对河南工作提议：一、中央多调别的力量，少指望我们；二、我们请中央及华中局多派干部来，以便将河南籍干部完全抽去；三、我们拟马上组织河南工作，等于地委，兵力约七个连，暂在原信（阳）罗（山）两县境内推进工作。"①

毛泽东收阅此电后，批复"请刘（少奇）陈（毅）协拟复"。七月六日，华中局电复郑李任陈："关于你们七一扩大会议所拟讨论的各项问题，已有前电同意外，我们兹有下列意见，请你们研究。中原会战后，敌人已将平汉路打通，为第五师与华北八路军及华中新四军基本地区打成一片有利时机。同时根据中央指示发展河南，打通八路军、新四军联系，为我党目前颠扑不破的战略方针。因此，五师必须争取时间，迅速准备向北发展的一切条件，加强豫南党与群众工作，以地方群众名义，发动各种可能的群众性抗日自卫运动与建立游击据点，设法派遣大批豫皖地方干部，以公开社会关系或以小的便衣武装和游击队掩护，用各种灰色与隐蔽的名义，相机深入平汉路东敌后一带，发动群众与侦察情况等等。主力部队在目前条件下，虽尚不宜过早挺进，以免过分刺激国民党，但你们必须准备一定主力，以便时机一旦成熟，即可出动。我们深悉你们目前集中力量进行巩固工作之重要，但目前五师向北发展客观顺利条件，

① 丛书编委会：《新四军文献》（4），解放军出版社，1995年2月版，第399页。

对五师与全国今后发展前途均有极大意义，不可错过。我们同样在动员华中各师集中河南干部及责令第四师部队作同样准备部署，以配合你们。"

华中局对第五师及鄂豫边区的状况及形势分析，是十分深刻的，对发展河南的指示是富有远见的，他们对边区党委扩大会议关于发展河南问题的不同观点，也非常清楚。因此，指示电中还指出："你们应在扩大会议后，召集各地委、各军分区党政军主要负责干部打通思想，开展自我批评，以加强团结。打通思想会议，应首先号召各负责同志放下一切阻碍自己前进的负担，进行深刻思想反省与相互批评，以求彼此思想打通，误会消除。"

最后，华中局电示还肯定地指出："过去五师与鄂中区党委在李（先念）任（质斌）陈（少敏）领导下，获得很大成绩。今后鄂中工作在华中局代表郑位三与李（先念）任（质斌）陈（少敏）等同志领导下，我们深信你们一定能完成党中央与华中局所给予你们的光荣任务和获取更大的胜利。"①

任质斌、李先念等收到华中局的指示电后，就与郑位三商量，建议从第十三旅派两个团去河南。但郑认为，发展河南固然是好，但现在的根据地不巩固，财政困难又没有解决，所以还是等给中央报告后再说。郑位三在致中共中央的电文中，重述鄂豫边区和新四军第五师的财政困难，要求减少第五师北上任务。为此，七月十日，刘少奇又亲拟电稿，以中共中央名义指示郑位三、李先念、任质斌等，指出："我们赞成你们在半年内以巩固原有地区为主，以发展河南及湘鄂赣工作为辅的方针。至于发展河南工作，应首先沿平汉路两侧向北发展，以求得和华北八路军打通联系，以便中央能派干部到你们地区来。中央已令华北部队到密县、登封、淮阳、西华一带

---

① 丛书编委会：《新四军文献》（4），解放军出版社，1995 年 2 月版，第 231 ~ 232 页。

活动，望你们由信阳、罗山逐渐向北发展。目前你们有一个团的兵力，并有一批干部组织河南工作委员会，工作是好的，但须有得力干部去领导。"①

毛泽东十分关注河南的战局发展，于七月十五日向边区发来了《关于时局近况》的电文。指出："蒋之军队由于其士兵是捆绑与购买来的，军官极其腐败，与根本没有民族民主教育，提倡反共教育，因而大部分军队充满失败情绪，失去战斗意志。蒋军在河南、湖南作战中，绝大多数不战而溃，或一触即溃，损失在四十万以上。进攻河南敌军不过四个师团，蒋军近四十万，除少数武器较差，待遇较坏的杂牌军比较能作战外，几乎无不望风而逃。胡宗南有十个师，由陕甘开入豫西参战，但是只有一两个师能打一下，其余都是一触即溃。河南人民，在蒋军残酷压迫下，引起他们普遍地与军队对立，群众暴动围缴军队枪械。这些地方的共产党早已被国民党摧残，但是这些地方的人民在对国民党失望后，希望中共军队到临抗敌之心甚为强烈。"②

任质斌、李先念等接到电文后，征得郑位三的同意，立即调兵遣将，将原在豫南活动的淮南支队两个连、信（阳）应（山）独立二十五团三个连和驻守大悟山的第三十八团二营等部共千余人，组成豫南游击兵团。任命黄林为兵团指挥部指挥长，并确定到河南以后，立即成立中共豫南工委，由豫鄂边区党委宣传部长夏忠武兼任书记。

准备工作刚刚就绪，七月二十五日，中共中央又发来了关于进军河南的全面部署指示电。指出：八路军太行、太岳、冀鲁豫军区各一部南下，开辟豫西，加强豫东睢（县）杞（县）太（康）地区；新四军第四师西进，恢复萧（县）永（城）夏（邑）宿（县）

① 丛书编委会：《新四军文献》（4），解放军出版社，1995年2月版，第401页。
② 丛书编委会：《新四军文献》（4），解放军出版社，1995年2月版，第15页。

根据地，打通与睢杞太地区的联系，相机控制新黄河以东地区；新四军第五师一部首先由平汉铁路两侧经信罗边向北发展①。同时，中央还发布了关于进军河南敌后的指示，规定八路军、新四军进入河南敌后的各项政策。指出：河南敌后情况复杂，关键在于正确执行党的各项政策，更灵活地去适应具体情况，建立抗日秩序，要抓紧建立新的抗日武装，在局面初步稳定后，再转入组织领导群众斗争，实行减租减息政策，建设根据地②。

七月二十六日，任质斌与郑位三、李先念、陈少敏致电中共中央、华中局，报告第五师发展河南的部署。称："豫中确是我们去发展的好机会。据说，顽军退得很狼狈，丢掉很多的枪支，并有重武器、电台等，我应很快出兵到豫中。……我们决定：令信罗为基地，经路东敌占区，派出一部武装向舞阳前进，以舞阳建立与中央的联络据点，迎接八路军南下。"③

奉命作为豫南游击兵团先遣部队的信应独立第二十五团三个连和淮南支队两个连，采取声东击西的战术，于七月二十九在陡沟西的沈湾、邱湾一带渡过淮河、进入淮北，随即以地下党工作基础较强的正阳县胡冲店地区为中心，开展地方工作，建立立足点。此后，任质斌、李先念又指示该部在平汉线以东，正阳、陡沟一线以西两侧地带，采取分散游击战争，坚持进行统战活动，巩固原有地区工作，并命令黄林司令员即刻率豫南游击兵团主力继续渡淮。黄林接到命令后，迅速进抵淮南地区，与信应独立第二十五团和淮南支队会合。渡过淮河后，以远距离奔袭的战术，一举歼灭了投敌反共的正阳县保安团，解放了胡冲店。随后，黄林又主持召开了各界人民

---

① 丛书编委会：《新四军文献》（4），解放军出版社，1995年2月版，第309页。
② 丛书编委会：《新四军文献》（4），解放军出版社，1995年2月版，第310～312页。
③ 丛书编委会：《新四军文献》（4），解放军出版社，1995年2月版，第402～403页。

代表大会，宣布成立汝（南）正（阳）确（山）、汝（南）上（蔡）遂（平）县委和抗日民主政府；接受并赞同共产党抗日主张的乔玉林、许玉珍、张明斋、邓立钊等部参加豫南游击兵团，并与淮南支队一个连合编为豫南游击兵团挺进第三团，赖鹏任团长，同时将信应独立第二十五团改称为兵团挺进第二团，林国平任团长，邵敏任政治委员。至此，初步开创了汝正确边的局面，创建了进军河南敌后的前进阵地。

黄林率部在河南敌后忠实执行李先念、任质斌的作战意图，不断扩大战果，使任质斌、李先念兴奋不已，他们便多次到郑位三那里报告。经郑位三同意，他们一面命令第十三旅三十八团政治委员周庆鸣率一部兵力火速赶往河南与黄林会合，一面命令以淮南、汝正确、汝蔡遂三县为基础成立路东指挥部，胡仁任指挥长，张难任政治委员，负责领导坚持淮河南北地区的抗日斗争，建设根据地；豫南游击兵团的主力则继续挺进路西。

九月，黄林率兵团挺进第二团和第十三旅三十八团三营九连由张扬店奶山出发，越过平汉铁路西进，到达泌阳牛蹄、沙河店一带。同时，周庆鸣率第三十八团三营七连、八连也赶到了黄梅店一带，准备在此渡淮河，向路西挺进，但却遭到顽张嵩山等部一千五百余人的阻击。在淮南县地方武装的配合下，周庆鸣率部突破国民党军队的防线，越过淮河进入确山瓦岗东南的木掀岗。十月，黄林率部在沙河店至驻马店的公路上伏击日军运输后，南下木掀岗，与周庆鸣会合。于是，豫南游击兵团又以竹沟东南的孤山冲为中心，建立了路西的豫南抗日根据地。

周庆鸣顺利到达豫南，且与黄林会合，游击兵团又建立了豫南抗日根据地等消息接二连三地传到白果树湾，使任质斌、李先念更加坚信第五师发展河南大有可为。可是随着河南形势的发展，兵力不足的问题也越来越突出，他们一方面觉得问题的复杂，一方面采取灵活机动的办法，利用勤汇报、多请示的形式，不断征得郑位三

的同意，后又陆续将靠近豫南的第十五旅第四十五团二营等部开赴
河南。十月二十日，豫南游击兵团集中了第三十八团三营、第四十
五团二营和挺进第二团一部，将驻竹沟东南爬头寨原制造"竹沟惨
案"的祸首之一张明太部包围，迅速攻下外围碉堡，将其全歼，使
新四军声威大震。迫使原信阳、确山一带的游杂武装高章亭等部，
先后接受豫南游击兵团的改编，参加抗日。在此期间，豫南游击兵
团又组建了中共信（阳）确（山）、确（山）泌（阳）桐（柏）两
个县委和抗日民主政府，以及军事抗日指挥部，蔡云生、杨玉璞分
任县委书记兼县长和指挥部政治委员，周庆鸣、刘汉三分任总队长。
同时还将第三十八团三营在补充了大批参军农民后，改编为游击兵
团挺进第一团，吴坤为团长。将第四十五团二营与一部分地方武装
合编为游击兵团挺进第四团，张和智任团长，余嗣贵任政治委员。

　　根据中共中央的命令，九月，八路军太行军区皮（定均）徐
（子荣）支队奉命渡过黄河，以嵩山为中心创建了抗日根据地。新四
军第四师西进部队也已控制了萧（县）永（城）夏（邑）地区，配
合从冀鲁豫军区南下的水东部队向西南发展。十月，中共中央又决
定王树声、戴季英率张才千、刘健挺两个支队和一批干部，从陕北
经过太岳地区进入豫西地区。李先念、任质斌命令豫南游击兵团迅
速向舞阳、叶县、宝丰地区挺进，与地下党取得联系，组织群众武
装，开展游击战争，竭力打通与北面兄弟部队的联系。接受命令后，
黄林即率豫南游击兵团挺进第二、第四团和第一团一部向豫中挺进。
他们日夜兼程，从嶙峈山经舞阳西南的庙街，进抵叶县西南的三皇
店、罗冲一带。新四军所到之处，敌伪、土匪武装望风披靡。沿途
各县，包括西平、遂平、舞阳、叶县地区的地方党组织，尽管在国
民党顽固派发动的反共高潮中遭到了严重破坏，但保存下来的共产
党员在新四军到达后，纷纷出来主动联系，为开辟豫中敌后游击战
争作出了贡献。

　　为了加强对河南敌后党和军队的领导，一九四四年十一月间，豫鄂边区党委决定将豫南工委扩大为河南工委，豫南游击兵团改为河南挺进兵团，并派任质斌代表边区党委和第五师前去负责领导。黄林任兵团司令员，任质斌兼工委书记和兵团政治委员。不久，任质斌率第十三旅第三十九团一个营和抗大十分校的一批干部从大悟山出发。

　　在此之前，鉴于王翰身体健康原因（肺病已休息一年）和任质斌要前去河南，师政治部缺负责同志，第五师决定由张树才任政治部副主任。

　　任质斌率部去河南，是他革命第一、工作第一优秀品德的体现。他说："我是自己要求去河南的。鉴于当时实际情况，我一时又没有什么好办法，就和先念反复商量，看自己到那儿是否能起点作用，挽回一点损失，先念是非常同意我去的。当时我一个人去，位老也很容易答应，但要抽一个团去恐怕就困难。在这种复杂关系中，李师长会处理这些事，他的思想我完全了解，他也想大力发展河南，但他在会上也是举手同意'以巩固为中心'的。可是会议以后，他就开始到位老那里去磨，天天去汇报工作，说：'位老，河南形势发展很好，我们去一个营吧！'磨了几次，位老同意了，就派一个营去了。又过了几天，他又去说：'位老，还去一个营吧！'结果就又派去一个营，就这样断断续续去了一个团加一个营的部队。说实在话，我没有先念那本事，当时我只要求亲自去，免得在家（师部）坐失良机，我是用自己的脚，来否定自己的手！"[①]

　　李先念对任质斌奔赴河南敌后前线既支持又担心，因为任质斌身体一直不好。临出发前，李先念找到司令部的肖健章参谋，对他说："任政委身体一直不很好，他此次到河南去，责任重大，现我派

---

　　① 李少瑜、何光耀、张肇俊主编：《任质斌在中原八年》，湖北人民出版社，1998 年 12 月版，第 136 页。

你和他一起去，你要好好照护政委，除了日常生活外，还要尽可能地多帮助他干些具体工作。"① 李先念对任质斌的关怀之情，溢于言表。

任质斌到达河南确山孤山冲兵团指挥部，听取了黄林等的汇报以后，主持召开了营以上干部会。会上，他总结了挺进河南以后的工作经验，鼓励大家英勇奋战，争取创造更大的根据地，彻底改变边区面临的困境，确定了部队及根据地发展和建设的方针。会后，部队进行了整编和训练，整顿了思想作风，建立和健全了组织制度，设置了后勤基地。同时，他还非常重视武装政权建设，召集军队和地方干部会进行研究。决定首先在确（山）泌（阳）桐（柏）一带展开群众工作，建立武装政权，尔后向北舞阳、叶县、方城发展。根据这个规定，河南部队展开了反"扫荡"，打击土匪、地主武装和日伪的斗争。经过一个月的艰苦作战，建立了五个县的抗日民主政权，紧接着向北发展，又在遂平、西平和叶（县）方（城）舞（阳）成立县委和各级民主政权。此外，还主持召开了统战、群众工作等一系列会议，布置了扩军、优抗等工作，设置后勤基地。后来，还成立了豫南军政干校，招收和培养了一大批抗日知识青年学生，充实到部队和地方政府工作。

为了完成一九四四年十一月六日中共中央和华中局指示第五师迅速挺进豫中，迎接八路军第三五九旅南下的任务，任质斌命令河南挺进兵团派出一部分武装北上襄城、郏县一带活动；为策应冀鲁豫军区向水东地区的进军，还派出一部分武装到平汉铁路以东的上蔡等地活动。随着平汉路西抗日根据地的开辟，建立了中共路西中心县委和军事指挥部，杨玉璞任中心县委书记兼指挥部政治委员，周庆鸣任指挥长，巩固以孤山冲为中心的根据地。

---

① 李少瑜、何光耀、张肇俊主编：《任质斌在中原八年》，湖北人民出版社，1998年12月版，第137页。

任质斌到河南，对发展河南，建立豫南、豫中南抗日民主根据地起了根本性的领导作用。在他的亲自指挥与领导下，挺进河南的部队不断取得战斗胜利，根据地日益扩大与巩固。在发展河南的过程中，有许多重要的战役和战斗都是他亲自指挥进行的。比如：就在送走三五九旅的第三天晚上，挺进兵团得到情报，有大批日伪军从确山、瓦岗寨、明港、信阳几个方面朝孤山冲而来。任质斌当即召集黄林、周庆鸣等连夜研究对策。他说："敌人从五个地区同时出发，围攻孤山冲，很可能是冲着三五九旅来的。因为那天联欢，欢迎他们的目标很大，加上他们来的那天，又在瓦岗寨把鬼子打了一下。各据点敌人一起出动，看来下的本钱不小，来势汹汹。我的意见应当避其锋芒，部队马上分散，缩小目标，尽快跳出敌人的包围圈。"当时他指着肖健章和葛天明说："你们赶快把便衣队派出去，组织各地乡、保武装，寻机袭击敌人，扰乱敌人的进攻部署，使他们不得安宁。小肖赶快把部队的转移安排一个方案，我看了就立即行动。"最后他决定：司令员黄林率领第一团到孤山冲以北打阻击；参谋长周庆鸣带直属队及第三十八团一营到确山竹沟附近打掩护，他自己亲率第三团过平汉线转移到信阳尖山一带。所有的部队在天亮以前部署完毕，全部离开驻地开始行动。天色微明时，掩护部队派出的小分队，已和敌人的前卫部队接上火了。由于顽强阻击，敌人进攻受滞，直到中午才到孤山冲，结果"扫荡"了一天，一无所获。第二天又撤回各据点去了。敌人一走，挺进兵团各部又陆续返回孤山冲。

肖健章作为随从参谋，同任质斌在河南抗日前线朝夕相处达半年之久，对此段工作深有体会。他曾回忆说：任政委对发展河南的态度是非常积极、坚决的。他主张多派些部队去，把场面、声势搞大些，希望打到黄河边与黄河以北的晋冀鲁豫的部队连接起来，从战略上根本改变第五师长期孤悬敌后的处境。在个别领导认为原有根据地尚不巩固，部队新兵太多，主张继续坚持"以巩固为中心"，

"减少战斗频繁"的方针，不宜派出主力发展河南时，任政委一方面对会议的决议保留看法，一方面仍对发展河南充满信心。他是自告奋勇挑起领导发展河南抗战力量的重担。对于发展河南的意义，他曾说："我们多去些部队到河南，有百利而无一害，如果能一直打到黄河边沿上去，将会有很大的战略意义的。""发展河南是抗战的需要，为了打击日本鬼子，为了将来的发展，必须开辟河南抗日根据地。"任政委对部队和根据地的发展和建设的指导思想是非常明确的，那就是部队尽可能多发展一点，根据地尽可能扩大一点。任政委亲自到河南前线，对挺进河南敌后的广大指战员以极大的鼓舞，大家感到有了主心骨，增强了抗日和夺取胜利的信心[①]。

一九四五年初，王震率部抵达大悟山，传达了中共中央、毛泽东关于第五师的工作以发展为主的方针以后，为了进一步加强河南的军事领导力量，开展河南敌后抗日游击战争，三月，第五师又命令第十三旅旅长周志坚率第三十八团第一、第二营挺进河南。四月，经请示中共中央同意，任质斌、李先念等又决定以罗（山）礼（山）、信（阳）应（山）、信（阳）随（县）、信（阳）罗（山）和淮南等县为基础，成立了第六地委、专署和军分区，夏忠武（后方正平）任地委书记兼军分区政治委员，陈刚任军分区司令员，余益庵任专员。

周志坚率部挺进河南，进入嵖岈山与黄林会合，于三月二十六日围攻舞阳尹集敌据点，全歼伪和平建国军第一师商振亚部一个团，俘其八百多人。四月十三日，河南挺进兵团第二团进攻西平合水镇，取得了击毙日军指挥官松木，俘敌伪三百余人，其中包括张国威、吴春亭两名伪军少将的重大胜利。随后，挺进兵团开展了对国民党第六十八军的统战工作和瓦解伪军工作，又组建立了中共西平、遂

---

① 李少瑜、何光耀、张肇俊主编：《任质斌在中原八年》，湖北人民出版社，1998年12月版，第137页。

平县委、县抗日民主政府和两个县独立团。至此，又建立了以嵖岈山为中心的豫中抗日根据地。

五月，第五师又将河南挺进兵团第二团、第四团和西平独立团、遂平独立团等武装，在已组建的西（平）遂（平）泌（阳）舞（阳）指挥部的基础上，组建豫中游击兵团，同时建立中共豫中工作委员会，栗在山任工委书记兼游击兵团政治委员，黄林任兵团司令员。六月，又以信（阳）确（山）、信（阳）桐（柏）、泌阳等县的抗日武装为基础，成立新的豫鄂边区第四地委、专署和军分区，夏忠武任地委书记兼军分区政治委员，韩东山任司令员，娄光琦任专员。八月，豫中游击兵团与八路军河南军区陈先瑞支队会师，任质斌、李先念等根据中共中央的指示，命令组建新的豫中地委、专署和军分区，栗在山任地委书记兼军分区政治委员，陈先瑞任司令员，欧阳景荣任专员，并决定将豫中党政军组织划归河南区党委和河南军区领导。至此，河南新区的局面迅速打开，新四军第五师和进军河南的其他兄弟部队一起，共同为开辟河南抗日根据地而斗争。

新四军第五师在发展河南之初，尽管受到"以巩固为中心"方针的限制，只以一小部分兵力进军河南，但任质斌与李先念等采取灵活机动的方式方法，在极为复杂的环境与条件下，陆续将部队派到河南敌后。后豫鄂边区党委又派任质斌亲赴河南敌后前线，具体领导敌后抗日根据地的开辟工作。特别是一九四五年初，王震、王首道率领的八路军第三五九旅南下支队抵达鄂豫边，带来了毛泽东的指示，重新确定了以发展为主的工作方针，致使像周志坚、方正平、栗在山等一些著名军事指挥员，率部纷纷开赴河南前线，加上任质斌"干得很起劲"，从而开辟了东起汝南、西至泌阳、南至信阳、北接舞阳，纵横二百余华里的敌后抗日根据地。豫中、豫南敌后抗日根据地的建立，使鄂豫边区与华北八路军兄弟部队初步取得了联系，牵制了敌伪顽袭扰边区的部分兵力，开辟了兵源、财源。

豫中、豫南地方武装亦发展到八千余人，加强了中原的抗日力量。这些成绩的取得，无不凝结着任质斌具体领导的心血。

　　尽管新四军第五师在发展河南的过程中取得了重大胜利，中共中央和华中局也一再肯定其成绩，但李先念、任质斌从更高的要求，更长远的目标来分析问题，认为它是整个第五师发展过程中的"一次很大的失误"①。任质斌是一位富于历史责任感的人，在总结这次大的失误教训时，他沉重地说："现在来看这个问题，我认为不能算是位老一个人的责任，我们领导集体都有责任。"因为在最后确定"以巩固为中心"的方针时，虽然是"位老亲自草拟电文，并且署上李（先念）任（质斌）陈（少敏）的名字给中央发报"，但"这个电报给我们看时，我们又没有否定"。"作为领导，如何正确认清形势和分析自己的力量，把握好机遇，制订正确的行动方针和作战计划是很重要的"②。

三　建立盟军无线电通讯网

　　李先念、任质斌等在率第五师发展河南的同时，参加了配合盟军的对日作战。一九四三年以来，美驻华空军第十四航空队（即"飞虎队"）在轰炸日军占领的武汉等战略要地及长江、平汉、粤汉等交通运输线军事目标的作战中，时有飞行员跳伞降落在武汉近郊的情况。一旦发现，李先念、任质斌即指示边区军民组织大力营救。比如：一九四四年五月六日，美军飞行员莱威士驾机轰炸武汉后，飞机被日军击毁，他跳伞降落在监利周老咀一带，被当地军民救起。同年五月七、八日，监沔指挥部在沙湖地区岗塔又营救了两名美军

---

　　① 李先念著：《李先念文选》，人民出版社，1989年1月版，第445页。
　　② 李少瑜、何光耀、张肇俊主编：《任质斌在中原八年》，湖北人民出版社，1998年12月版，第135页。

飞行员，一名是葛莱格中尉，一名是机师白劳德中尉。此外，在汉沔、潜江、大悟山、陂安南等地，还前后营救了麦卡美、瑞尔法夫、道尔等美军飞行员。

李先念、任质斌对被救护的美军飞行员，不仅给予了及时的治疗和生活上的无微不至的关怀，并且积极联络安排他们归队。一九四四年五月十七日，李先念、任质斌在致中央军委并新四军军部电中指出："职部本月上旬于监利营救一美籍飞机师，名白劳德。……现该机师返回心甚切，可否转告重庆办事处，说明此事，由职部派部护送或重庆派人来接。"① 五月三十日，在致毛泽东、朱德、王稼祥等的请示电中又指出："我襄河区部队近营救出五月六日监沔空战失事美国飞机师两名，现已先后抵师部，我们拟稍加招待后，即送五战区。"另"我们提议由延安电重庆大使馆，由美大使请蒋令五战区派队至我师来接，以扩大影响及保障其安全"。毛泽东阅后指示："剑英即办。"② 当这些反法西斯的空军战士先后被安全护送归队后，都热情地颂扬鄂豫边区军民的友好情谊，积极宣传新四军第五师在敌后战场对日作战的功绩。

美国驻华空军第十四航空队司令陈纳德将军，对李先念、任质斌等精心部署与安排被营救美军飞行员安全归队一事，曾这样写道："两名战斗机驾驶员，在汉口上空一次大战中被击下来，六十天毫无消息，我们认为他们已经死了，便把他们的名字从名册中划掉。四个月后，他俩竟走进我们的前进基地来，满脸络腮，腰围瘦损，两个都在空中受过焚伤，一个还断了一条腿，他们在日军防线内给农民救起，送到共产党新四军那里。那里新四军的活动范围竟达汉口市郊。他们在新四军阵地后方医院里住了两个月，然后被匿藏在舢

① 1944 年 5 月 17 日，李先念、任质斌、刘少卿致中央军委并新四军军部电。
② 1944 年 5 月 30 日，李先念、郑位三、任质斌、陈少敏致毛泽东、朱德、王稼祥电。

板内，经长江支流偷过日军的防线。"①　并于七月三日致函朱德总司令，称："飞行员葛莱格中尉与白劳德中尉，此次获得中国游击队诸战士营救，纳德对彼等之光荣工作，尤深感奋，彼等见义勇为，敝军全体官兵均钦佩之至。为此恳请将此钦佩感奋之情代为转达，不胜感荷！"

正是由于五师和边区多次营救美军飞行员，并安全护送归队，引起驻重庆美国空军人士对鄂豫边区的战略作用的重视。第十四航空队即请求派联络组到边区，处理此类事宜和搜集日伪军事情报。一九四四年八月，经中共中央批准，陈纳德将军派代表欧高士到达大悟山，具体商谈美国驻华第十四航空队在武汉外围地区设立无线电通讯网问题。

欧高士，美国威斯康星州人，一九○三年生，威斯康星大学毕业，美共和党人。在美国为一木器厂主，有工人二百余，是一典型自由主义者，家庭观念重，对共产主义有认识，对国民党无好感，对共产党和新四军从战友立场有好印象。"欧（高士）曾为驻中国总部侦察参谋，前在樊城工作，为人活跃健实，精通中国情形，来华已一年有余"②。

李先念、任质斌等热情接待了欧高士一行，欧高士面交了陈纳德致李先念的亲笔信，感谢五师对美飞行员的营救。八月十四日、十五日，双方进行了友好的交谈与协商。十八日，李先念、任质斌等致电毛泽东、朱德等，报告会谈结果："据初步谈话，知其（欧高士）来五师任务有三：一、商谈以汉口、上海、广州为中心建立无

---

①　陈纳德著、陈香梅译：《陈纳德将军与中国》，台湾传记文学出版社，1978年7月版，第259页。

②　1944年8月18日，李先念、任质斌、陈少敏致毛泽东、朱德并饶漱石、张云逸、赖传珠电。

线电通讯网。在目前主要是建立汉口附近之无线电网。其办法，在师部设总站，边区通敌据点、铁路设若干分站，总站与樊城联络。二、要求我们供给敌军情报，凡有电台站均设专人一人，专门接收译发我之情报，俾能随时与轰炸敌人后方补给线联络。三、初步磋商在中国沿海各地，美国海陆军登陆，新四军与美军的协同配合作战问题。他表示可以帮助我们资材，看我们怎样帮助他们。"①

八月二十一日，毛泽东亲自电复李先念、任质斌等，指示："关于美军十四航空队陈纳德将军派炮兵少校欧高士到新四军五师，他们所提三项问题，已得延安批准，均可合作办理。第一，可先在五师范围设无线电网，将来再在长江下游及广州附近设置，惟均须得到延安批准。第二，可供给敌军情报。第三，美海陆军登陆协同作战问题，我们正在与驻延美军观察组人员协商，准备一切。"②

得到党中央、毛泽东的指示后，李先念、任质斌再次正式与美十四航空队代表会面，举行欢迎宴会和作深层次的交谈，并于八月二十五日，向毛泽东、朱德等作了详细汇报："（一）我们对他提出之三项，表示愿以盟友之谊，为可能之最大努力，但目前还不能进行结论式之谈话。我们提议：请其首先了解情况；关于上海，广州附近建立情报及海岸登陆问题，我们须报告上级；我们即派幕僚供给有关之情况，供其研究；待彼等谈话材料充足后，对方再初步交换意见。（二）他在表示一切听凭我们的决定，怎样办便怎样，当地工作上都按李将军指示办理。他在正式谈话中表示：过去情报依靠国民党慢，往往失去时间性，例如上次敌机三架降落广州附近，修理三日，待俩礼拜后，他们才得到情报，想去轰炸，敌人已起飞十余日矣。其次是巴多格里奥投降的时候，放走一只意国巡洋舰，自

① 1944年8月18日，李先念、任质斌、陈少敏致毛泽东、朱德并饶漱石、张云逸、赖传珠电。
② 1944年8月21日，毛泽东致李先念、郑位三、任质斌电。

炸未沉，一日后使得情报，待去轰炸时，日本已修好开走，像这类损失很大也很多。此次如能在沿江沿海沿铁路敌后建立无线电通讯情报网，便可以随时得报我军轰炸敌军海陆线，这样在时间上迅速。关于何地建立，建立若干处，依我们决定，我们允许建立好多，便建立好多。同时，他也说明，也知道现在的许多事也并非五师可解决，但他称至彼五师找李将军，如需还就找到上级。（三）我们估计，欧来此，不是单纯来五师建立情报关系，而且我整个华中、华南的共产党，因为这里的地区，对反攻中作用价值殊大，他们苦于外交形式束缚，不用美国政府出面，而以陈纳德个人出面，把此种重要外交用局部的地方性的形式出现，而且他其中有很大的试验性、侦察性质。其主要任务有二：一是在军事任务，确实地建立对敌侦察的情报站，从五师做起，甚至到上海与广州附近。二是政治任务，有顺便了解我们的政治态度、军政设施，甚至战后能否与美国主张相融洽等。但此次他仅以此为托者，仅以材料及我们宣传的面目出现。（四）我们对策上，李作正式谈话，对我们地区及民众力量可稍夸，对我们之困难及敌后之特点和战略地位，则说明真实实况；派参谋处、统战部等军政负责干部供给其边区敌伪友各方实况，对我之力量不作夸大宣传，其余避其不谈，想待谈有头绪，再初步商谈；妥为招待，使其深感我们诚态。秘密除指定人外，不准任何人与之谈论，边区军政问题及不宜说的国内问题，并绝对不作对外宣传。"①

经过进一步的协商，美十四航空队与五师达成如下意见："（一）同意十四航空队在五师范围内设立无线电网，在九江、蕲春、汉口、鄂城、天门、新堤附近设立六个支台，在师部设立中文台一部、英文联络台一部，共八部。第一步先请印度总部发六部电台，继续请求增加两部，以后以工作需要方为增加，全部侦察业务

---

① 1944 年 8 月 25 日，李先念、任质斌致毛泽东、朱德并饶漱石、赖传珠电。

由五师自行处理，各支总台工作人员亦由五师配备，用中文收发，惟联络台由十四航空队派美籍情报参谋一人，报务员、机务员各一人，该处以英文译发。情报供给目前答复分三类：第一，现在可做到的，如飞机场、仓库、兵营、指挥部等静的情报。第二，将来可以做到的，如敌人空中行动、给养、运兵的行动。第三，将来做不到的，如飞机已升时间、有何任务、轮航吨位、速度等百分之百的科学的情报。此种情报由于过去我无空军轰炸之比较准确情报。（二）南京、上海、香港附近电报网之建立，非五师范围，请其派人与军部、中央、华南分别接洽，并将去军部之交通线详为说明，欧高士决定呈昆明上级，大约在十月以后便可决定。（三）美军登陆作战配合问题，待其分别与中央、军部、华南接洽，当能得到圆满结果。五师只能大略地介绍沿海我党部队分布状况，供其研究上之参考，前述三事于九月一日商决。欧高士已电昆明与印度请示，俟待回电便正式确定。"①

　　毛泽东对李先念、任质斌等就五师与美军十四航空队协作的协商结果，给予了高度肯定。称："你们对欧高士所承诺事项及对他们所取态度均是对的，即照来电所说施行。"② 并指示："与欧高士少校所谈及你们工作方式均甚妥。惟边区军政情况及国内问题须宣传者，不妨派人向其多作解释，对于国方进攻更宜多搜证据，使其得信理屈在彼，而抗战真实力量却在我方，以便影响上级，如欧高士能向陈纳德建议派飞机至五师降落，准备将来接济军火，我方可即答应建筑机场，并引其察看适当地点。"③

---

① 1944 年 9 月 7 日，李先念、郑位三、任质斌、陈少敏致毛泽东、朱德并饶漱石、张云逸、赖传珠电。

② 1944 年 9 月 7 日，毛泽东、朱德致李先念、郑位三、任质斌、陈少敏并饶漱石、张云逸、赖传珠电。

③ 1944 年 9 月 9 日，毛泽东致李先念、郑位三、任质斌、陈少敏电。

一九四五年春，经中共中央与驻华美军总部协议，驻华美军十四航空队派往五师的观察组在大悟山正式建立。在约半年的时间内，五师为美机轰炸武汉地区、平汉铁路、汉宜公路等敌伪军事目标提供了准确的情报。自在预定地点设台后，五师每日或间日向美方提供以上地区关于敌军机场、仓库、兵营、指挥部以及敌伪兵力调动等情况，及时校正美机轰炸目标，提高美机轰炸效果。因此，美方多次赞扬五师是真正抗日的友好部队，所提供的情报准确及时，故十分重视五师的战略作用。边区及五师对美军的援助支持，加深了中美两国人民的感情。

四　夺取抗日战争的最后胜利

日本侵略军在打通平汉线、侵占我河南大片国土后，又进犯湘桂和闽浙沿海地区。一九四四年六月陷长沙，八月陷衡阳，十月陷福州，十一月陷桂林、柳州、南宁，打通了大陆交通线。这是国民党军队继中原大溃退后的湘桂大溃退，致使华南数千万人民陷于水深火热之中。为了在抗日战争最后阶段，能收复更多失地，中共中央和毛泽东确定了在巩固和发展华北、华中、华东抗日根据地的同时，提出向南发展的战略方针。九月一日，中共中央政治局会议正式决定王震等同志率领干部到华南去开展工作。十月三十日，中央命令王震、王首道等率八路军第一二〇师第三五九旅为主力的八路军南下支队挺进湘粤，开辟以衡山为中心的华南敌后抗日根据地，使其北与鄂豫边、南与华南东江抗日根据地连成一片。

八路军南下支队由第三五九旅和三个干部大队组成，司令员王震、政治委员王首道，下分六个大队。第一、第二、第三大队是第三五九旅的战斗部队，第四、第五、第六大队是干部队。其中第四大队是以原红六军团暨湘赣苏区的老干部为基础，加上第三五九旅干部训练队，由郭鹏任大队长，廖明任政治委员，准备随第三五九旅南下开辟湘粤新区。第五、第六大队是中央准备补充给新四军第五师的干部。第五大队是以原红二军团暨湘鄂西苏区的老干部为基础，由贺炳炎任大队长，廖汉生任政治委员，任务是返回洪湖老苏区一带，加强第五师在那里的干部力量；第六大队是以原红四方面军暨鄂豫皖苏区的老干部为基础，由文建武任大队长，张成台任政治委员，准备到鄂豫边区加强第五师的力量。

　　鄂豫边区是这一战略性进军的出击地和直接后方。在此之前，新四军第五师已开创了地跨鄂、豫、皖、湘、赣五省边界的抗日民主根据地。一九四四年六月二十二日，中共中央军委秘书长叶剑英在延安与中外记者参观团的谈话中，公布第五师活动地区为鄂豫皖军区。八月五日，新四军领导人张云逸、饶漱石致电毛泽东、刘少奇，提出：由于"目前我们与五师间之交通仍然困难，我们对五师情况之了解，比中央所了解者较少，而不会更多。同时自中央最近决定在河南敌后发展方针后，五师今后与北方之关系更加密切。为了加强对五师之领导，我们建议今后五师仍以中央直接领导为好"[1]。中共中央军委批复同意。九月二十八日，李先念、任质斌又致电中央军委和新四军军部，提出："看到新华社广播《华中抗日根据地》一文内宣称，五师地区为鄂豫皖军区，过去我原对内外均用五师名义，对军分区地方军的命令指令，亦用五师名义，似有不妥。故我们拟公开公布五师地区为鄂豫皖军区，或鄂豫军区，以后对正规旅团下达命令，用五师名义，对军分区下达命令用鄂豫皖军区名义，妥否，请指示。"[2] 十月十九日，刘少奇以中共中央军委名义复电称："同意划五师活动地区为湘鄂豫皖军区，五师首长兼任军区首

---

①　丛书编委会：《新四军文献》（4），解放军出版社，1995 年 2 月版，第 233 页。
②　丛书编委会：《新四军文献》（4），解放军出版社，1995 年 2 月版，第 240 页。

长。"① 此后即通称鄂豫皖湘赣军区，任质斌兼任军区副政治委员和政治部主任。

新四军第五师根据中共中央派王震、王首道南下的战略决策，具体布置了迎接第三五九旅八路军南下支队的各项工作，把协助第三五九旅南下发展华南抗日根据地，作为鄂豫皖湘赣边区的重要任务之一。

一九四四年十一月九日，八路军第一二○师第三五九旅第一梯队四千人，改称国民革命军第十八集团军第一游击支队（简称南下支队），由王震、王首道率领，从延安出发，两渡黄河，南越陇海路，经鲁山、叶县、方城、舞阳等敌占区，突破日军的重重封锁和顽军的不断阻击，胜利抵达豫中南。

李先念、任质斌在指挥第五师部队积极向河南发展的同时，也加紧了对发展鄂南的工作布置。七月，他们向第五师第四军分区提出巩固鄂南根据地，准备向南发展的要求。据此第四军分区党委作出决定：加强对鄂南中心县委和鄂南指挥部的领导，整顿鄂南工作，大力发展鄂东南（长江两岸）人民的抗日游击战争。当得到王震、王首道将率部南下的消息后，他们又命令鄂南各地党组织，要认真做好建立鄂南桥头堡的工作，积极为大军渡江作准备。在鄂南各地党组织的努力和广大人民群众的支持下，到十二月，已屯粮十余万斤，并在沿江一带设立交通站，组织船民利用打鱼和行船机会，摸清鄂城、黄石港等日伪军据点情况，积极为大军渡江提供军事情报。鄂南中心县委和鄂南指挥部还在沿江各根据地组织船队，对船民进行护送部队渡江的训练，并令所属沿江挺进第一支队积极活动于金水闸、牌州、老官咀一带打差船筹军粮、为迎接第三五九旅南下积极准备工作。

---

① 丛书编委会：《新四军文献》（4），解放军出版社，1995 年 2 月版，第241 页。

　　一九四五年一月上旬，王震、王首道率部抵达旧县镇，快接近第五师的活动区域时，李先念致电在河南主持发展工作的任质斌，指出在迎接王震、王首道等第三五九旅的同志时，一定要热情、隆重和周到，一定要虚心向他们学习。

　　任质斌遵照李先念的指示精神，精心细致地安排了迎接第三五九旅的活动。一月十三日，他命令河南挺进兵团司令员黄林亲率部队前去薛庄附近迎接第三五九旅南下支队。十五日，正当第三五九旅决定通过牛蹄、沙河店西敌据点之间的公路，到达板桥西北之靳庄、刘庄、老君庙一带宿营时，任质斌派去接应联系的河南挺进兵团司令部作战参谋肖健章及时赶到，向第三五九旅的首长报告，老君庙有近千敌人驻守，那条路线不能走，而沙河店以东没有敌据点，直到驻马店才有，只要过到张台以东就顺利了。于是，第三五九旅改变了行军路线，于一月十七日顺利到了雷家岩河南挺进兵团指挥部，与任质斌等胜利会合。任质斌代表郑位三、李先念及第五师全体指战员热烈欢迎南下支队指战员，并盛情地款待了王震一行。

　　与王震、王首率领的第三五九旅南下支队会合时情形，任质斌回忆说："会合的当天晚上，我们请南下支队营以上干部会餐，我和王震、王首道都讲了话。随后，我们向南下支队的同志要了一些文件和学习材料。王震对我说，五师搞得不错，这支队伍是在共产党绝对领导下的人民军队。"①

　　当时，任质斌与他们还商谈了继续前进的路线和今后的行动等问题，决定休息一天，十九日继续前进，通过平汉路到路东南，进入第五师师部礼南区域。

　　第三五九旅南下支队所到之处，均受到鄂豫边区军民的热烈欢

---

　　① 李少瑜、何光耀、张肇俊主编：《任质斌在中原八年》，湖北人民出版社，1998 年 12 月版，第 141 页。

迎。当他们经过姚庄时，当地群众列队吹喇叭、吹笙欢迎；在从下陈庄到雷家岩，路过石滚河乡公所时，当地群众送来了七头肥猪，以示慰问。随着部队的顺利前进，第三五九旅越来越接近第五师师部驻地，即将与第五师主力会师。为了严格遵照毛泽东一月六日作出的关于"对南进各部队大会合时的团结问题"的指示精神，一月二十四日，王震、王首道主持召开了第三五九旅各大队干部会议，强调与第五师会合时应高度注意团结。王震在会上恳切地说："现在，我们就要同自己亲爱的兄弟部队新四军五师胜利地会合了。五师的战友们在李先念、郑位三同志的领导下，同豫鄂皖湘赣边区人民一起，在敌后收复了广大的国土，创造了中原解放区。他们已成为一支不可战胜的人民抗日武装，我们要向他们好好学习。"① 接着王首道向部队宣布了有关注意事项，要求大家一定要谦虚谨慎，戒骄戒躁，模范地执行三大纪律八项注意，特别要注意向新四军第五师的战友们学习，搞好团结，并肩战斗。

一月二十七日，在湖北大悟汪洋店附近的陈家湾，李先念、陈少敏等与王震、王首道等胜利会合。二十九日，在陈家湾的大河滩上召开了欢迎八路军南下支队的大会。三十日，郑位三、李先念、任质斌、陈少敏、张树才联名发出了《为庆祝大会师慰问八路军兄弟书》内容如下：

八路军南下支队同志们：

豫鄂边区的人民以及子弟兵多年渴望着你们的来临，现在你们终于在千百万人民与数万兄弟部队殷切热望之下来临了。我们仅代表全边区的军民向你们致以热烈的欢迎的敬礼！

同志们！你们胜利地完成了全国人民付托你们与党中央给予你们的伟大任务，到达了久已渴望你们的豫鄂边区

---

① 王首道：《忆南征》，人民出版社，1983年10月版，第67页。

了。同志们，这是你们的大胜利！也是全中国人民的大胜利！我们谨代表着全边区的军民向你们致以真诚的亲切的慰问！

由于你们带来了新的力量，这力量象征着广大敌后的新发展、新胜利。黑暗在下降，光明在上升！千百万被侮辱与损害着的沦陷区的兄弟姐妹们必然振奋起来，都会联想到，是起来的时候了！是奴隶做主人的时候了！是大翻身的时候了！

由于你们带来了新的力量，使孤军苦战七年的边区军民不再孤单了，就地建国的信念已最后确立了，而且将必然使边区抗战局面全然为之一新，伟大的战果将随着你们的足迹而不断地涌现出来，该有多少人流着欢欣的泪眼在期待你们一展身手啊！

同志们！你们带来了新的力量，带来了党中央、毛主席的指示。我们已号召边区的党、政、军、民，以最虚心最赤诚的心来接受，来向你们学习，这将必然使边区各方面的工作迅速的走上更巩固的道路！

同志们！让我们紧密携起手来，让我们团结得像一个人一样，我们将肩并肩的为完成党给予我们的任务而共同奋斗！

祝你们胜利！祝你们健康！

　　　　郑位三、李先念、任质斌、陈少敏、张树才①

从此，在豫鄂边区党委和第五师党委的号召下，掀起了向南下支队学习的练兵热潮。

任质斌送走王震、王首道率领的八路军南下支队，又率河南挺进兵团成功地粉碎了日伪军对孤山冲的五路大"扫荡"。不久，接

① 王首道著：《王首道回忆录》，解放军出版社，1988年3月版，第311~312页。

豫鄂边区党委通知，火速赶回大悟白果树湾，参加边区党委扩大会议。

二月一日，天阴地沉，北风凛冽。第三五九旅的干部都到八角门楼，参加第五师在白果树湾礼堂举行的干部联欢会。会上，许多南下干部第一次见到在鄂豫皖地区久负盛名的领导人郑位三。郑位三首先向王震、王首道等表示欢迎，并对因公未能亲到陈家湾迎接表示歉意。王震则激动地说：位老是我们的学习榜样，在延安时，毛主席就嘱咐我向你问好。接着，由李先念简要地向第三五九旅的同志介绍了新四军第五师的成长发展过程，以及目前所面临的困难与有利时机；郑位三介绍了五师创造根据地的经验；任质斌介绍了五师党的工作和政治工作的开展情况；陈少敏介绍了鄂豫边区群众斗争的经验。王震在会上也简要介绍了延安情形以及临行前毛主席的指示。这次联欢会开得情深义重、喜气洋洋，直至下午五点多才散会。

雪后初晴，白果树湾银装素裹，分外娇娆。二月三日一大早，王震、王恩茂率领南下支队军政委员会成员贺炳炎、廖汉生、文建武、张成台、刘型等，直奔白果树湾，出席在那里召开的豫鄂边区党委扩大会议。李先念、郑位三主持会议。首先，李先念请王震传达毛主席关于鄂豫边区下一阶段工作方针的指示精神。王震说：在延安动身南下时，毛主席叮嘱我两件事，一是向坚持在鄂豫皖湘赣边地区敌后孤军作战的新四军第五师全体指战员表示问候；二是要我代为传达关于我们南下以后，鄂豫边区工作的指示。主席说，你们南下以后，要取得李先念他们的支持与配合，要立即渡江南下，并转告郑位三、李先念，他们今后的工作将应以发展为主，同时照顾原有地区的巩固工作，而发展的主要方向应以鄂南为主，其他各面也应有发展的打算。

王震发言以后，不少同志相继发言，进行热烈讨论。任质斌表示完全同意中央和毛泽东主席对鄂豫边区工作方针的指示，认为一九四五年的工作方针，应坚持以发展为主。郑位三作了大会总结。他说，经过大家的充分讨论，我们一致同意边区今年的工作方针，应严格遵照党中央和毛泽东主席的指示，以发展为主，着重发展鄂南，恢复与扩大鄂南抗日游击根据地，同时照顾原有地区之巩固工作。关于这次边区党委扩大会议，王恩茂在日记中记载："郑老（位三）开始讲指示精神，认为今年的方针，应以巩固为主。但经很多同志发言，强调发展的意思，结果郑老接受了大家的意见，同意以发展为主。这种民主精神，是领导者的正确态度。"①

豫鄂边区党委扩大会议，统一了思想认识，确定了第五师和鄂豫皖湘赣边地区一九四五年的工作方针以发展为主，这就为夺取抗战的最后胜利准备了条件。会后，任质斌带着会议精神，信心百倍地重返河南抗日前线。

二月十二日（农历大年三十），任质斌和刘友海等率领一个营的兵力，从大悟山出发，经三里城、九里关、二郎畈，直奔河南罗山。在二郎畈，部队发现国民党豫南第四游击纵队和国民党礼山县政府的一个区署都在忙过年，疏于警戒。刘友海赶忙给任质斌报告，结果打了一个漂亮的遭遇战。

对此战，任质斌回忆道："现在回想起来，如果当时我们更镇定一点的话，先摸掉他们的哨兵，悄悄进到跟前，大概还可以捞一把。结果是我们放枪早了，敌人乱作一团跑了，我们当夜就在那里宿营、过年。那天晚上，我没怎么睡，过年嘛，即是'守岁'，同时周围老百姓爆竹声也使我无法入睡。……这一次，我们得到一些收获，同时也让战士们过了一个较好的年，吃了一些东西。正月初一早晨，我们出发了，敌人还在周围的山地上，我们走时还向我们打枪，但

---

①　王恩茂著：《王恩茂日记——南征北战》，中央文献出版社，1995 年 9 月版，第 79 页。

没有伤亡。"①

三至四月间，日寇发动豫西、鄂北战役，为牵制敌人西进，任质斌率河南挺进兵团主力进军信（阳）南地区，决定消灭盘踞在申阳台的国民党信阳县地方武装马显扬部，恢复四望山根据地。

申阳台位于信阳西北部。这里依山傍淮，地势险要。一九四〇年，日军发动枣宜作战。由明港向桐柏进犯时，马显扬即带信阳县政府和武装由北王岗迁至申阳台。豫南游击兵团挺进淮北后，马显扬不断截击游击兵团（后来改挺进兵团）南北过往交通人员，并同日军暗中配合进行袭击活动。

三月，信（阳）确（山）县委根据任质斌和河南工委的决定，在尖山组建了信（阳）桐（柏）工委，抽调信确总队第七连同到淮北补充兵源的新四军第五师第十四旅四十一团一营三连和第二军分区一个连组建信桐支队，宁淮任工委书记兼支队长、政治委员。二十八日，信桐工委和支队召开会议，制订了作战计划。四月一日，信桐支队佯去西北毛集，驻扎沙子岗一线，并向小林、月河等地派出小股部队，宣传第五师重返老区抗日，收复失地，以麻痹马显扬。二日晚，信桐支队得知离申阳台西五公里李田牢狱只有马显扬部三十余看守人员时，临时决定围李田，解救被马显扬关押的党员和基本群众。三日午夜，三十余看守人员除一名被击毙外，全部交枪投降。

马显扬得知李田被袭后，带全部人马近千人前来增援。次日拂晓，信桐支队与马显扬部在李田东展开激战。中午，正在淮北补充兵源的第十三旅一部接到挺进兵团司令部命令，由谢占云营长带领迅即从侧面攻击马显扬部，迫使马部全线后退，撤回申阳台据守。信桐支队则返回桐柏境内。

---

① 李少瑜、何光耀、张肇俊主编：《任质斌在中原八年》，湖北人民出版社，1998 年 12 月版，第 143 页。

　　信桐支队袭击李田，马显扬增援受挫后，其内部极为恐慌。有的主张南逃，有的主张坚持，不少县政府官员已开始疏散家属。当信桐工委和支队得知马显扬准备逃走的消息后，立即向任质斌等报告了具体情况。

　　四月五日，冯仁恩、曹玉清根据任质斌的命令，带第三十八团两个营迅速集结于信桐边界。信桐支队亦根据命令佯装后撤，以麻痹马显扬部。七日黄昏，第三十八团由李田南渡淮河，经南观山直插申阳台，周子怀营进攻许小寨，信桐支队九连进攻碾盘山，十连进攻黑石坡。

　　战斗打响后，第三十八团一部直插申阳台街心，活捉了信阳县政府后备队队长杨兰皋，将其残部包围于街炮楼。周子怀营攻入许小寨，活捉了县政府警备队队长刘万盛，然后直逼县政府，活捉了马显扬。信桐支队九连亦攻占碾盘山，黄经九部全部投降。十连一举攻破黑石坡，击溃杨友三部。至八日晨，马显扬部大部被解决，残部仍占据炮楼顽抗。为迅速结束战斗，减少伤亡，第三十八团和支队负责同志决定让马显扬出面劝降。九时左右，马显扬残部纷纷出炮楼投降。

　　攻占申阳台后，信桐支队奉命留在信桐边界地区进一步扩大战果。第三十八团于十二日转战至泌阳马谷田，击溃顽军第二十九师一部，接着在任质斌等率领下，又乘胜向随（县）北挺进，进驻随（县）东朱家店。在此，任质斌连续三个昼夜不合眼地指挥战斗，结果患了重感冒，高烧四十度，吃不进饭。当地农民朱光均上山挖草药，用土方对他进行医治，方才治愈。二十四日，盘踞在四望山一带的顽豫南第一游击纵队进犯朱家店，任质斌再次率部反击，一举歼灭该纵队大部，收复了四望山。

　　五月十三日，任质斌所率河南挺进兵团部队与李先念所率部队，在信（阳）应（山）边界地区的岩子河会师。之后，第五师集结第三十九团、独立第五团、挺进第一团、挺进第三团、第三十七团等部兵力，连续进击天河口、殷家店、两河口一带的国民党顽固派军队，完全控制了桐柏山东南地区，巩固了四望山根据地。

申阳台和四望山的收复与巩固，具有重要的意义。首先，打通了由平汉铁路两则通往淮北和豫中敌后的通道。第五师部队可以经平汉铁路两侧源源不断地向河南敌后挺进，有利于淮北和豫中敌后根据地的巩固和发展。第二，四望山的恢复，造成了四望山、大悟山、白兆山三足鼎立，互为掎角之势，实现了第五师"将其相互连贯之为统一体，形成居高临下，俯视武汉之雄姿"①的战略设想，对鄂豫边区中心区域和大悟山指挥阵地的巩固起着巨大的作用。第三，随着四望山和申阳台的恢复，信南敌后根据地向西扩大到信（阳）随（县）应（山）边区，这不仅完成了对信阳之敌的包围，而且为第五师进一步向敌后发展，夺取抗日战争的最后胜利开辟了新的前进阵地。

任质斌与李先念汇合后，鉴于德国于五月八日正式签署了无条件投降书，法西斯第三帝国彻底崩溃，欧洲的反法西斯战争胜利结束，世界反法西斯战争进入最后阶段等情况，率主力一部迅速返回大悟山。

一九四五年四月至六月，中国共产党第七次代表大会在延安举行。大会制定了党的路线，即：放手发动群众，壮大人民力量，在我党的领导下，打败日本侵略者，解放全国人民，建立一个新民主主义的中国。会上，李先念、郑位三被选为中共中央委员，陈少敏当选为中央候补委员。鄂豫边区全体党员和全体军民为中共七大的胜利召开而欢欣鼓舞，表示要为执行党的七大路线而奋斗。

七月二十六日，中、美、英三国联合发表了《波茨坦公告》，敦

① 《豫鄂边根据地兵要地理》，1941年。

促日本无条件投降。八月八日，苏联对日宣战，苏联红军随即出兵
中国东北，向日本关东军大规模进攻。九日，毛泽东发表了《对日
寇的最后一战》的声明，号召中国人民的一切抗日力量举行大规模
的反攻。十日，延安八路军总部朱德总司令连续向各解放区发布命
令。指出："一、各解放区任何抗日武装部队均得依据波茨坦宣言规
定，向其附近城镇交通要道之敌人军队及其指挥机关送出通牒，限
其于一定时间内向我附近部队缴出全部武装，在收缴后，我军当依
优待俘虏条例给以生命安全之保护。二、各解放区任何抗日武装均
得向其附近之一切伪政权机关送出通牒，限其于敌寇投降签字后，
率部反正，听候编遣，过期须全部缴出武装。三、各解放区所有抗
日武装部队如遇敌伪武装部队拒绝投降缴械，即应予以坚决消灭。"
还指出："在鄂豫两省的日军，应至新四军大悟山地区，接受李先念
将军之命令。"①

　　接到命令后，李先念、任质斌、张树才以中国解放区鄂豫皖军
区暨新四军第五师名义，于十一日，对日本驻军发出通牒。内容
如下：

　　　谨奉本军总司令朱命令：

　　　　日本政府已于八月九日向盟国及本国无条件投降，本
　　军认为此系日本军民免除无谓之牺牲，求获早日和平之最
　　后机会，兹特通牒：

　　　　一，立即命令所属部队及党羽停止一切抵抗，并在原
　　驻地点不得调动，听候处置。

　　　　二，须于二十四小时内派遣代表前来接受无条件投降
　　处置。

　　　　三，自接到本通牒之时起，对于一切军器、交通工具、
　　军用器材及所有物资，不得有任何损坏，并不得交于本军

————————

① 丛书编委会：《新四军文献》(5)，解放军出版社，1995年10月版，第41页。

以外之任何方面。否则，本军概不负责。

日本军接受无条件投降后，本军当按优待俘虏条例予以生命安全之保障，如违背上列任何一项条例，将视其敌对行为，本军当予以坚决消灭。

军区司令员兼师长兼政治委员　李先念

副政治委员兼政治部主任　任质斌

政治部副主任　张树才①

同时，指挥第五师部队迅速占领所辖地区的大小城市和交通要道，令日伪军在一定时间内缴械投降，并在指定地区驻扎，否则予以消灭。

八月十四日，日本宣告接受《波茨坦公告》，无条件投降，中国的抗日战争取得了最后的胜利。

日本宣布无条件投降时，任质斌正从河南抗日前线返回大小悟山途中。时任第六军分区政治部主任的蒋立回忆：任政委"路过六军分区，我向他汇报工作。我们正在交谈时，他带的电台，突然收到延安发来日本投降的消息。我们看完电报，沉默良久，相对无言。当时我的心情是喜忧参半，喜的是八年抗战毕竟熬出了头，忧的是国民党蒋介石要下峨眉山抢夺胜利果实，新四军第五师和鄂豫边区又要面临新的战争。任政委比我当然想得更多，他低头围着屋子兜了好几圈，沉吟了半晌后终于开了口，劈头就说，对我们来说，不是喜忧参半，至多应是喜三忧七，只能三七开啊！他说：'希特勒垮台，日本必败无疑，但按党中央毛主席估计，中国战场可能还得拖上几年，没有料到日本投降这样快，看来王震部队南下筑堤计划要落空，我党我军的地盘，必然大加收缩，国民党蒋介石倚仗着美帝的援助，气焰必然嚣张到极点，我们应有充分的忧患意识和充分的

---

① 李琦、穆青、逄先知、郭超人主编：《李先念》画册，中央文献出版社，1993年6月版，第61页。

思想准备，因为压在新四军五师和鄂豫边区肩上的担子特别重呀!'"① 从此，为了争取和平、民主的光明前途，任质斌又踏上了新的征程。

　　从一九三九年四月到一九四五年抗战胜利的七年中，在党中央、中央军委和华中局（前为中原局）、新四军军部的领导下，任质斌与李先念等同甘共苦，并肩战斗，依靠边区党政军民组织的共同努力，依靠人民群众的伟大支持，创建、巩固、发展了新四军第五师和鄂豫边区抗日民主根据地，建立了拥有五万余人的正规军和三十万民兵的武装力量，先后抗击了十五万日军和八万多伪军，对敌伪的主要战斗达一千二百六十余次，共歼灭日伪军四万三千余人；对顽军的自卫作战八百七十八次，毙伤俘顽军和顽军起义投诚的共有三万二千余名。第五师在英勇战斗中，伤亡一万三千余人。七年间，鄂豫边区抗日民主根据地已发展到东起安徽的宿松、太湖及江西的彭泽、瑞昌，西达湖北的襄樊、荆门、当阳、宜昌，南起湖南的南县及湖北的通城、通山，北抵河南的叶县、舞阳（均不含县城），跨越鄂、豫、皖、湘、赣五省交界的广阔地区，拥有人口一千三百余万，连同游击区全边区人口共约两千万。建立了八个专区和十一个中心县、六十六个党政军组织齐全的县级政权。新四军第五师及其根据地，有力地从战略上配合了八路军、新四军兄弟部队在敌后战场的抗战，也支援了国民党抗日部队在正面战场的作战，为赢得中国抗日战争和世界反法西斯战争的胜利做出了重大贡献。

　　在整个抗日战争时期，任质斌在新四军豫鄂挺进纵队时，曾全面主持边区工作，在新四军第五师有一年半时间代理政治委员，有"最后拍板权"，也曾只担任纵队、师政治部主任，无论在什么岗位，

　　① 湖北省新四军研究会、北京新四军研究会五师分会、鄂豫边区革命史编辑部编：《风雨历程　光辉人生》，中央文献出版社，2000 年 3 月版，第 122 页。

他都能上能下，从不计较职位高低，始终坚持一切为了党的事业，一切为了战争胜利的原则，始终以最诚恳的态度对党对人民对革命事业负责。他正是以这种大公无私、高度负责的精神，一直同李先念等亲密合作，并肩作战，共同为第五师的创建和成长壮大作出不可磨灭的贡献。在中原敌后抗战中的光辉实践充分证明，他是"我军杰出的政治工作领导者"①。

　　①　湖北省新四军研究会、北京新四军研究会五师分会、鄂豫边区革命史编辑部编：《风雨历程　光辉人生》，中央文献出版社，2000年3月版，第3页。

第十七章　中原战略坚持

一九四五年八月抗日战争胜利后，中国历史进入重要的转折时期。代表大地主大资产阶级利益的蒋介石集团，频繁调兵遣将，抢夺抗战胜利果实，急欲实现其独裁统治；中国共产党顺应民心，力主和平民主，与国民党蒋介石展开了针锋相对的斗争。在这场关乎中国命运与前途的大决战中，由新四军第五师开创的鄂豫皖湘赣解放区，以其特殊的战略地位而成为国共两党关注的焦点。

作为这一解放区的重要领导人，任质斌与李先念等一道，带领新四军第五师及随后组建的八路军新四军中原军区部队，坚定不移地执行中共中央和毛泽东的战略部署，坚守中原战略要地，为中国共产党及其领导的人民军队作好迎击国民党军的全面进攻赢得了极为宝贵的时间。他精心运筹，周密部署，成功地争取了国民党第十三游击纵队司令程耀德率部五千余人起义；与李先念深谋远虑，组织新四军第五师部队实现战略转变；参与指挥桐柏战役，开辟反内战基地；领受重任，北上延安向中共中央报告和请示工作。在抗战胜利后的半年多时间里，任质斌胸怀全局，兢兢业业，忘我工作，为中原部队完成中央赋予的战略坚持重任作出了突出贡献。

一　争取程耀德部起义

当抗日战争胜利的喜讯在中原大地回荡之时，另一个令人振奋的消息也通过特殊渠道传递到新四军第五师司令部——国民党豫南挺进军第十三游击纵队司令程耀德，因不愿充当国民党蒋介石打内战的炮灰，决定弃暗投明，加入新四军第五师的行列。

李先念、郑位三等对程耀德起义工作十分重视，确定由任质斌全权负责程部起义的有关工作。

任质斌担此大任并非偶然，实际上，从抗战后期他已开始了对程耀德部的联络和争取工作。

程耀德，字道荣，一八九八年出生于河南省平舆县辛店乡淇沟村程庄的一个农民家庭。早年在冯玉祥西北军吉鸿昌所部任连长。九一八事变后，蒋介石采取不抵抗政策，致使东北三省在不到三个月时间里全部落入敌手。一九三三年五月，冯玉祥、吉鸿昌建立察哈尔抗日同盟军北上抗日，程耀德随部队奔赴抗日前线。但由于蒋介石勾结日寇，合围察哈尔抗日同盟军，使同盟军惨遭失败。程耀德一时陷入痛苦和迷惘之中。

一九三六年十二月西安事变，促成国共第二次合作。是年底，国民党组团到延安考察，程耀德经过一番努力，得以成行。在延安，程耀德拜会了博古等中共领导人，并在抗日军政大学聆听了毛泽东关于抗日民族统一战线等问题的讲座。延安，这座闻名中外的红色之都，以其团结、民主、向上的崭新气息，深深地感染了程耀德，给他留下了难以忘怀的印象。

一九三七年五六月间，程耀德从延安返回故乡河南。七月七日卢沟桥事变爆发。程耀德在家乡开始抗日军事活动，拉起了一支上千人的队伍。一九四四年四月，日军发动河南战役，驻守河南的汤恩伯、胡宗南四十余万大军丢盔弃甲，不战而败。程耀德抓住时机，大举扩充部队，使队伍迅速发展起来。

程耀德的"发迹"，引起了国民党蒋介石的注意。为利用程部牵制豫南地区的新四军第五师部队，蒋介石特地委任程耀德为国民党豫南挺进军第十三游击纵队少将司令。程耀德亦趁机向蒋介石要钱要装备，使十三纵队一举成为国民党豫南挺进军三个纵队中实力最强的一个纵队，共拥有四个支队和独立的被服厂、兵工厂、医院，总人数达到五千人。

程部被改编为豫南挺进军第十三游击纵队后，蒋介石不让其抗日，而是一再令其与豫南的新四军摩擦。豫南挺进军总指挥张轸对程部的壮大亦心存嫉妒，想方设法控制和渗透程部。对此，程耀德深为不满，希望摆脱国民党、蒋介石的束缚，另谋出路。

一九四四年秋，程耀德主动派人同鄂豫边区豫南专署专员娄光琦联系。娄光琦当即将情况电告新四军第五师师部和鄂豫边区党委。李先念和任质斌认为，对程耀德部的争取工作意义重大，要想尽一切办法将程部争取过来。为此，确定由任质斌具体领导这项工作。

任质斌认为，对程耀德部的争取工作十分复杂，不能急于求成。为慎重起见，他特地带上第五师司令部秘书长齐光、第五师政治部侦察科长徐达三，一同前往豫南，会同娄光琦等，对争取程部的工作进行了深入研究。经过缜密思考，确定先由齐光起草一封信，以李先念师长的名义，给程耀德送去，表明新四军第五师欢迎他联合抗日的诚意，看看程耀德的反映。

程耀德收到密信后，反映较为积极。任质斌当机立断，派徐达三前往第十三游击纵队，以程耀德私人参议的名义开展工作。行前，任质斌指示徐达三，到十三纵队之后，要耐心细致地开展工作，一定要与程耀德以诚相待，全力合作。

根据任质斌的指示，一九四五年二月，徐达三化名进入第十三游击纵队，多次与程耀德促膝谈心，宣传中国共产党的抗日民族统一战线政策。在取得程耀德的信任之后，徐达三又积极帮助程耀德开办教导队，培养和训练骨干；组建特务支队，加强部队的作战和应对紧急情况的能力。从一九四五年二月至七月，徐达三在程耀德部工作整整半年多时间，他多次转达了李先念、任质斌等新四军五师首长对程耀德真诚的关心，帮助程耀德整训部队，并与程耀德建立了良好的私人关系。

正是因为程耀德复杂的个人经历和任质斌具体领导下对其长期细致的争取工作，使程耀德在抗战即将胜利之时，毅然作出加入新四军的决断。

然而，如何确保程耀德部成功起义却是一件十分棘手的事情。首先，程部成分复杂，对加入新四军很难说是众人一心；其次，国民党对程部的监控甚密，除了在内部安插特务之外，在十三纵队周围，还驻有张轸的豫南挺进军第十四、十五游击纵队。万一起义泄密，或是组织准备工作失当而致起义失败，不仅会造成重大的损失，而且会带来恶劣的政治影响。

任质斌深感责任重大，他反复思考起义的各项工作，仔细运筹其中的每个环节。为确保起义万无一失，他先派齐光秘密进入第十三游击纵队与程耀德取得联系，随后亲率第五师十三旅三十八团一部，到达豫南第四军分区所在地确山县孤山冲坐镇指挥。

齐光与程耀德在延安相识，此次他以新四军第五师代表的身份到第十三纵队，程耀德十分高兴。齐光首先转达了李先念、任质斌对程耀德的问候，代表第五师首长对程耀德的义举表示欢迎。

程耀德激动地对齐光说："我程耀德之所以能当上十三纵队司令，就是有一个日本帝国主义打进了河南，要没有日本人打进河南，我本事再大，蒋介石也不会让我当第十三纵队司令。今天日本人投降了，从重庆方面得到消息，尽管中共方面力争国内和平，力争共同建国，但蒋介石怎能把中原、华北、西北、东北都让给共产党呢！谁执中原牛耳，谁就保有中国。峨眉山上的大军一下到中原地区，逐鹿将从这里开始。我的部队中，连我的老婆、弟弟在内，没有一个共产党员。但要我打共产党，是不可能的。不打共产党，蒋介石还要我这一个旧军人出身、没有加入国民党任何小集团、没有后台的程耀德当司令吗？事情是清楚的，我再干下去，只有死路一条！难道我能坐以待毙吗？"①

程耀德慷慨陈词，起义态度十分坚决，齐光亦为之感动。两人如久别重逢的知己，掌灯把酒，彻夜长谈。齐光根据任质斌的指示，就程耀德控制部队的能力，十三纵队的人员和装备，后勤补给，中上级军官与程的关系，家眷聚居处所，起义的方式和时间、行动路线，可能遇到的困难，以及需要新四军如何帮助等问题，一一与程耀德交换了意见。

从程部回来，齐光将情况向任质斌一一作了汇报。根据第十三纵队的具体情况，任质斌召集河南工委、第四军分区的有关同志，又就接应和掩护十三纵队起义的一些细节问题进行了研究和部署。随后，任质斌又派徐达三前往程耀德处通报情况，并留在该处协助程耀德组织起义。

根据双方商定的计划，程耀德部起义的时间定在八月十五日。

八月十四日，确山县陡沟国民党豫南挺进军第十三游击纵队驻地一派繁忙。根据豫南挺进军总指挥张轸的命令，十三纵队准备向西开进，执行"任务"。

上午九时，程耀德召集中队长以上干部到纵队司令部开会。程耀德全副武装，表情严肃而凝重。他首先宣读了总部的"命令"，接着宣布纪律，并宣读了"留守"人员的名单。

"留守"的人员，大都是蒋介石和张轸安插在第十三纵队的一些"钉子"。司令部会议一结束，这些"留守"人员就被程耀德的特务支队一一解除了武装，集中起来严加看守。

---

① 齐光著：《风雨沧桑》，武汉大学出版社，1994 年 1 月版，第 260～261 页。

当晚，程耀德命令特务支队接管了兵工厂、被服厂、医院和弹药库。并派人向任质斌、齐光通报了情况。

根据既定部署，任质斌指示第四分区部队和三十八团一部迅速开至陡山至孤山冲一线，严密监视豫南挺进军第十四、十五纵队的动向，掩护第十三纵队行动。同时，他还指示豫南分区动员了二百多辆大车，顺利地进入第十三纵队后方，将第十三纵队中高级军官的家属二百余人，以及兵工厂、被服厂、医院的物资和大量武器弹药运往孤山冲。

八月十五日，程耀德正式通电起义，宣布加入新四军第五师。同时率队向新四军第五师豫南根据地进发。

十八日，在新四军第五师部队的掩护下，程耀德率第十三游击纵队五千人，携带迫击炮八门、轻重机枪八十余挺、长短枪四千余支、子弹三百余万发，以及大量其他军用物资，顺利抵达豫南四分区腹地孤山冲，与新四军第五师部队会合，从而宣告起义胜利成功。

任质斌在孤山冲为程耀德部的到来举行隆重而热烈的欢迎晚会。他紧紧握住程耀德的手说："我代表党感谢你。你为人民做了一件了不起的好事，你的起义非常适时，它是对蒋介石假和谈面目的揭露，它将在国民党将士中产生良好的影响。人民不会忘记，历史不会忘记。"①

程耀德激动得泪流满面，他代表十三纵队五千官兵，感谢中国共产党，感谢新四军第五师首长将他带向了光明之路。

接着，任质斌又传达了第五师的决定，对第十三纵队各支队长、大队长、中队长，本着"来去自由"的原则，凡欲留者均加任命；不愿留者，发给退伍金和回家路费，欢送离队。凡家属已被接入根

---

① 驻马店地委党史办编：《中原烽火》，河南人民出版社，1985 年 8 月版，第481 页。

据地的军官，一律准假探亲，并发给家属慰问金和差旅费。对广大士兵，均发给慰劳费和会餐费，以示庆贺。

在孤山冲休整数天后，任质斌和程耀德率第十三纵队继续南进，于八月二十九日抵达湖北应山县浆溪店尹家湾。李先念亲自主持欢迎第十三纵队起义的大会，郑位三、李先念均在会上讲话，盛赞程耀德和十三纵队官兵的义举。

八月三十一日，郑位三、李先念电报中共中央："河南国民党第十三游击纵队司令程道荣（程耀德）率部五千余人已与我部全部合作。我们拟以团为单位混编，每团程两个营我一个营，事先程已同意。"九月一日，中共中央复电郑、李："你们争取程道荣部合作混编，是一个大成绩。"①

的确，争取程耀德起义是中国共产党在抗战胜利伊始所取得一个政治上和军事上的伟大胜利。在政治上，程耀德是抗战胜利后第一个公开反对内战、举行起义的国民党将领，他以实际行动证明，国民党蒋介石打内战、搞独裁不得人心；在军事上，它不仅削弱了国民党在豫南地区的反共实力，而且充实、壮大了中原地区党领导的反内战力量。

程耀德起义，堪称抗战胜利后的又一重大历史事件。事过四十年后的一九八五年十月，任质斌在《关于对记述程道荣部起义历史的几点意见》中指出："在鄂豫边区革命史和新四军第五师的战史中，确应对这一历史事件做必要的记载和叙述。因为程道荣部五千多人的起义是一次非常成功的起义，这次起义以及起义后（部队）编入新四军第五师，不仅增大了新四军第五师和鄂豫边区的革命力量，而且它充分表明国民党顽固派当时的倒行逆施是如何严重的不得人心，以及我党我军的政治影响的日益扩大。"②

---

① 鄂豫边区革命史编辑部编：《中原突围电报资料》，原件存中央军委档案馆。

② 载《地方革命史研究》1985 年第 6 期，第 4 页。

程耀德起义后，被任命为新四军第五师野战军副司令员兼第十四旅旅长。中原军区组建时，又担任第二纵队副司令员兼第十四旅旅长。此后不久，李先念、任质斌根据他个人的请求，将其送到延安学习。一九四七年夏，程随刘邓大军南下，被任命为晋冀鲁豫军区豫南军分区司令员。由于国民党特务将程耀德留在家中的老父和小妾扣押，以此要挟程耀德。加之当时根据地个别地方对待国民党起义将领不尊重，一些做法偏"左"，程耀德顾虑重重。一天夜里，程耀德只身脱离革命队伍，后潜往台湾。一九八二年，程耀德在台湾病逝。

但是，人民并没有忘记程耀德曾经为革命所作的贡献。一九九一年六月三十日，程耀德的继母孙庭香因生活困难写信给时任全国政协主席的李先念，请求人民政府给以照顾。该信先由孙庭香之子程新德面呈任质斌。任质斌收信后，即于七月三日写信给李先念秘书许克有，信中说："转来孙庭香写给李主席的信一封，请读给李主席听听。信中所说的程耀德是原国民党第十三游击纵队司令，河南省汝南县人，一九四五年率部五千人起义，投入我中原军区，被任命为中原野战军第二纵队副司令员，对我军的建设是有重大贡献的。但一九四七年刘邓大军南下时，他离队出走，不知下落。孙庭香的情况我不了解。如果她确是程耀德的继母，似应加以照顾。"七月六日，李先念批示湖北省有关部门："程耀德是在抗战胜利以后、全面内战爆发前率部起义的，无论他以后怎样，这一段历史功不可没。""派人了解一下，看孙庭香是不是程耀德的继母，如果不是冒充，确应予以特殊照顾。"① 根据批示，湖北省有关部门，调查核实了有关情况，地方人民政府解决了程耀德继母的一些生活困难。

---

① 1991年7月3日"先念同志处"给鄂豫边区革命史编辑部的信。存鄂豫边区革命史编辑部。

二　组建第五师野战军与发起桐柏战役

抗日战争胜利后，中国国内政治形势和阶级关系迅速发生变化，民族矛盾被尖锐的阶级矛盾所取代。

八年艰苦抗战，使中国人民付出了巨大的代价，同时也在斗争中得到了锻炼。中国共产党更加成熟，威望日益提高，人民革命力量空前发展。饱受战争苦难的中国人民，普遍反对内战，要求和平，迫切期望战后的中国走和平民主、团结建国的道路。但代表大地主大资产阶级利益的国民党蒋介石集团却坚持内战和独裁方针，在美国政府的支持下，大肆调兵遣将，抢夺地盘，图谋发动全国规模内战。针对美蒋的内战阴谋，中国共产党进行了针锋相对的斗争。一九四五年八月十三日，毛泽东在延安干部大会上作了《抗战胜利后的时局和我们的方针》时报告，明确提出"针锋相对，寸土必争"的策略方针，号召全党保持清醒头脑，一方面，力争和平民主，反对内战；另一方面做好自卫战争的准备。

一场关乎中国命运和前途的生死大决战在抗战胜利的欢呼声中悄然孕育。

"中原逐鹿，鹿死谁手，谁主神器"。自古就被称为"兵家必争之地"的中原地区，迅速成为国共两党关注的焦点，而作为中原解放区的重要领导人，任质斌和李先念、郑位三、陈少敏一起，被推到了历史的风口浪尖之上。

任质斌和新四军第五师其他领导人清醒地认识到，抗战胜利后，兄弟解放区可能会有一个相对稳定的发展时机，而中原地区则不可能。因为国民党四百三十万军队，有一半以上位于远离内战前线的西南、西北后方。蒋介石为了迅速占领大城市和交通要道，控制华北、华东，抢占东北，其主力东进、北上、南下，必须经过中原。而雄踞中原的新四军第五师，是其心腹之患。因此蒋介石发动内战，必欲先取中原。八月十一日，第五师领导人联名致电中共中央，表达对内战的忧虑和中原地区应对内战而进行战略转变的思考："形势突变，一切出人意料之外，我们领导机关及干部。对此全无经验，加之地区辽阔，难以照顾周全，深抱急忧……国内蒋军必四方逼近，我主观弱点太多，虽有兵四万，但地区太大，不敷应用。且今后内战需要正规战、运动战方能解决问题。我目前全力抢武器、资料，作一切准备，着重为了应付内战。"① 电报同时向中央建议：（一）某些地区，特别是平原地区丧失后，应以大别山西部、桐柏山东部作为反内战基地。（二）中央拟派的八路军南下二梯队尽快出发，到中原后待机一时，协助控制山地，调整阵容。如能留在边区，则可整编四至五个旅，应付内战就会更有把握。

果如任质斌等第五师领导人所料，抗战胜利不久，国民党即出动第五、第六、第九、第十战区二十多个师及九个游击纵队，向新四军第五师辖区大举进犯，并抢占了早在新四军第五师战略包围之中的华中重镇武汉，以及河南的郑州、信阳、驻马店、洛阳、南阳等重要城镇和交通要道。与此同时，国民党第一战区和第十一战区部队对在河南嵩岳地区活动的八路军王树声、戴季英部（亦称河南军区部队）大举围攻；国民党第七、第九战区部队，对抗日南征刚刚到达湘粤边五岭地区的八路军三五九旅南下支队王震、王首道部加紧合围。很显然，蒋介石将其内战的首要目标锁定在中原。

中共中央和毛泽东对蒋介石的内战企图洞若观火，在做出应对时局变化的全国性战略部署的同时，特别关注新四军第五师及周边八路军河南军区部队和三五九旅南下支队的战略行动，并分别作出重要指示。

八月十日，中共中央电示新四军第五师：苏联参战，日本投降，内战迫近。你们所处地位不可能夺取大城市，而应乘机扩大地区，

① 鄂豫边区革命史编辑部编：《中原突围电报资料》，原件存中央军委档案馆。

夺取武装，夺取小城市，发动群众，准备对付内战。同日，中共中央亦电示河南军区：你们应放手扩大地方，相机占领平汉线、陇海线，坚持河南，迅速打通与第五师、水东（即新黄河以东）之间的联系，配合八路军夺取全华北。十一日，中共中央又电示三五九旅南下支队，迅速到达湘粤边与广东部队会合，坚决创造根据地。

为加强中原地区党的领导，根据第五师领导人的提议，八月十三日，中共中央同意在鄂豫皖建立中央局，并决定派徐向前任鄂豫皖中央局书记，因徐患病，"中央指定郑位三为副书记，在徐向前未到（之前），代理书记，李先念、陈少敏、傅钟、任质斌、程世才、戴季英、刘子久、王树声等为中央局委员"（后徐向前、傅钟、程世才均未到任）。中央确定"鄂豫皖中央局直接受中央领导，管理现在五师活动范围之内党政军及河南区党委与河南军区"①。（鄂豫皖中央局后于九月二十四日正式成立）十五日，毛泽东又电示李先念等："时局虽急变，大局于我有利，你们是有经验的，必须对付新环境！只要手里集中一至二万精兵，什么也不怕。整编四五个旅甚为重要，半月左右能否完成？"②

从八月下旬开始，任质斌和李先念、郑位三根据中共中央和毛泽东的指示，指挥部队迅速停止对日伪军的受降工作，开始实施战略转变，汇集主力部队整编野战军。九月初，任质斌和李先念等率领第五师师部及主力一部，由平汉铁路东之大悟山，转移至平汉铁路西鄂豫两省交界的四望山机动位置，着手组训部队。

任质斌将绝大部分的精力放在了组训部队之上。当时，新四军第五师下辖第十三旅、十四旅、十五旅，第一、二、三、四、五、六军分区和鄂南军分区及鄂皖指挥部，全师武装共五万余人。但为了适应抗战时期的游击环境，部队基本上处于分散状态，仅只第十

---

① 鄂豫边区革命史编辑部编：《中原突围电报资料》，原件存中央军委档案馆。

② 鄂豫边区革命史编辑部编：《中原突围电报资料》，原件存中央军委档案馆。

三旅比较集中，第十四旅、十五旅时分时合。要想将如此分散的数万人马在短时间内汇集起来，其难度是可想而知的。为了在最短的时间内完成整编任务，任质斌不辞辛劳，联络部队，调配干部，一遍又一遍地草拟和修改部队整编方案。

对刚刚起义不久的程耀德部的改编，是部队整编过程中的一个难点，任质斌亲自抓了这项工作。为了加强和巩固这支部队，使之成为反内战的一支生力军，任质斌认真听取程耀德的建议，将程部与第五师部队进行彻底混编。他深入基层，听取各方面的意见，耐心细致地做说服教育工作，使各级干部配备较为得当。正是由于改编工作周到细致和彻底，使程耀德起义部队的绝大部分官兵后来经受住了中原突围和创建敌后根据地严峻斗争的考验，成为坚定的革命者。

在整编部队的过程中，任质斌和李先念针对部队新成分较多，军事素质和战斗力不够高的实际情况，以及部分指战员存在抗战胜利回家乡安居乐业的和平麻痹思想，对部队抓紧进行了军事和政治训练。经过大练兵，提高指战员在射击、投弹、刺杀等方面的军事技术水平；通过讲解形势，分析国民党蒋介石的反动本质，提高指战员的阶级觉悟，破除和平麻痹思想。通过短暂的军事训练和政治教育，部队上下群情振奋，斗志昂扬。

经过半个多月的整训，五师野战军组建完毕。九月十五日，任质斌和李先念联名向中央军委和新四军军部报告：为适应目前环境变化，坚决打击顽固派之进攻，坚持和创造鄂豫皖根据地，五师决定成立野战军。任命文建武为野战军司令员，任质斌兼政治委员，周志坚为第一副司令员兼参谋长，程耀德为第二副司令员，张树才为政治部主任。野战军下辖三个正规旅共一万六千人：第十三旅旅长吴世安，政治委员周志刚，辖第三十七、三十八、三十九团；第十四旅旅长程耀德（兼），政治委员杨焕民，辖第四十、四十一、四十二团；第十五旅旅长王海山，政治委员汤成功，辖第四十三、四

十四、四十五团。同日，李先念和任质斌还下达命令，在鄂豫皖军区以下暂设两个二级军区：鄂东军区，张体学暂代司令员，聂鸿钧暂代政治委员；江汉军区，贺炳炎为军区司令员兼独一旅旅长，郑绍文兼代军区及独一旅政治委员。同时任命了其他干部。

九月十七日，第五师野战军在湖北应山吴家大店举行万人反内战誓师大会，李先念、郑位三、任质斌等出席大会。广大指挥员群情激奋，斗志高昂，表示要在鄂豫皖中央局的领导下，坚决反对内战，誓死捍卫人民的胜利成果。

野战军的成立，标志着新四军第五师战略转变的初步完成。这次战略转变，使新四军第五师由以游击兵团为主体的抗日人民武装力量，转变为一支以正规兵团为主体的反内战战略力量。它为坚持中原斗争，完成中共中央赋予的战略坚持重任奠定了基础。在完成这一重要战略转变的过程中，任质斌发挥了重要作用。

在组织实施五师战略转变的同时，任质斌与李先念等根据形势的变化发展，积极争取战略上的主动，着手开辟反内战基地。

其时，蒋介石玩弄两面派手法，一方面电邀毛泽东到重庆谈判，企图掩世人耳目，争取其内战部署的时间；另一方面又大肆向解放区进兵，不断挑起国共军事冲突。中共中央针对蒋介石的阴谋，决定相机组织几个"有力战役"，打击国民党军的进犯，迟滞其对华北、华东和东北的布兵，同时加强中国共产党在国共谈判中的地位，达到争取和平的目的。为此，华北、华东等解放区部队先后发起了上党、绥远、邯郸、津浦路徐（州）济（南）段等战役。

在中原地区，国民党军对解放区的蚕食日盛一日，新四军第五师鄂中、襄西、襄南、鄂东、鄂南、豫中、豫西等大片地区，相继被国民党侵占，部队生存空间日益缩小。为开辟反内战基地，同时配合全国斗争，一九四五年九月二十八日，李先念、郑位三、任质斌等以鄂豫皖中央局的名义致电中共中央，提出《夺取桐柏山地区》①的作战计划："桐柏山地处豫鄂要冲，我如打开这一局面，阵地即可大开展，河南、湖北之根据地也可连贯起来。同时，从战略上考虑，对华北、华东之国民党军进攻解放区可起很大牵制作用。"为此，准备集中新四军五师和王树声、戴季英领导的河南军区主力二万五千人以上的兵力，消灭孤立、突出、分散驻扎在桐柏山区的国民党第六十九军主力及鄂豫挺进军第一、三、六、七游击纵队。十月一日，中共中央电复鄂豫皖中央局，肯定了桐柏战役计划，并指出：集中主力，充分准备，能打几个胜仗，消灭第六十九军主力，在桐柏山站住脚，这对于坚持中原斗争是重要的，对其他解放区也是有帮助的。

任质斌和李先念一道，精心拟定桐柏战役作战计划，选择战役时机，进行战前的组织准备工作，并根据形势的变化适时调整战役部署。十月初，中共中央在批准桐柏战役计划时，曾指示战役不要打得太早。但是，由于国民党秘密部署"围剿"南下向五师部队靠拢的河南军区王树声、戴季英部，如若再等王戴部会合再开展战役，可能延误战机。因此，李先念、任质斌等于十月十二日向中央提议，不等主力会师，适时由五师部队单独发起战役，以接应王戴部队南下。十六日，中央军委电示李先念等，指出作战有充足理由，对全国大局好转只有帮助，决无妨碍，望大胆作战。

十月十七日，李先念、任质斌亲率新四军第五师野战军三个旅向桐柏周围地区运动，鄂东、江汉、河南地方部队同时展开活动，牵制敌人。二十日下午，第十三旅采取分割包围战术，以优势兵力率先向桐柏县城的国民党第七游击纵队反击。担任主攻任务的第三十七团以凌厉攻势突入城内。国民党军猝不及防，国民党县长弃城逃窜，桐柏县城被一举攻克。而后，第十三旅部队又连克固县和平

---

①　李先念著：《李先念文选》，中央文献出版社，1998年1月版，第66页。

氏两镇，歼敌一千余人。二十一日，第十四旅快速进逼随县以北之戴家仓屋，击溃国民党独立第一支队戴焕章部，歼其八百余人，并缴获军械弹药仓库一座，获大量军用物资。

桐柏战役初战告捷，极大地鼓舞了五师野战军的士气。经过短暂的休整，李先念、任质斌又率部展开连续作战。十月二十七日，第十四旅解放了枣阳以东刘升店、鹿头镇、吉河镇。二十八日，第十三旅、十四旅共同解放枣阳县城，歼敌五百余人。继之，第十三旅一部又进占枣阳以西的双沟镇，第十四旅、十五旅攻占唐河以南的湖阳镇。十一月三日，第十四旅、十五旅解放新野县城，歼国民党守军三百余人。

与此同时，第五师江汉部队一举收复大洪山地区；鄂东部队占领罗（山）礼（山）经（扶）光（山）四县之东、西大山和商城之余集，以及三里城、东新店、大新店、王家店等地区。刚刚南下的八路军河南军区部队皮定均、徐子荣支队，亦攻占唐河县城。

至十一月三日，桐柏战役第一阶段的作战胜利结束。经过半个月的连续作战，共歼敌两千多人，解放了桐柏、枣阳、新野、唐河四座县城，控制了桐柏山大片地区。

任质斌与李先念共同组织指挥的桐柏战役第一阶段的作战，是新四军第五师实现战略转变之后，从分散的游击战向运动战转变的一次成功演练。它不仅打击了国民党军进犯中原解放区的嚣张气焰，配合了全国的反内战斗争，更重要的是为此后八路军、新四军三大主力会师中原开辟了战略基地。其政治意义和军事价值均十分重要。

三　中原军区成立与担任第二纵队政治委员

还在桐柏战役开始之前，中共中央就根据全国战局形势的发展，作出了汇集主力，加强中原战略力量的重大部署。

一九四五年八月底，由王震、王首道率领进军湘粤边五岭地区的八路军三五九旅南下的支队，因国民党重兵阻截，无法继续向广东发展，要求北返与李先念部会合。九月上旬，王树声、戴季英领导的河南军区部队亦遭国民党重兵"围剿"。中共中央和毛泽东根据形势的变化和坚持中原斗争的需要，于九月七日和十日分别电示王震、王首道和王树声、戴季英，指示三五九旅南下支队"即由现地自己选择路线北上，与五师靠拢"；河南军区部队"在情况严重时向南转移，与五师靠拢"①。据此，八路军三五九旅南下支队自粤北返，河南军区部队自豫西南下，一起向新四军五师靠拢。

十月二十四日，八路军三五九旅南下支队、河南军区部队以及王定烈率领的冀鲁豫军区水东第八团，与正在进行桐柏战役第一阶段作战的新四军第五师部队在随（县）枣（阳）桐（柏）唐（河）四县交界地区胜利会师。

"三大主力"胜利会师之后，经中共中央十月三十日批准，于十一月上旬整编，组成八路军、新四军中原军区，充实鄂豫皖中央局的领导力量，改称为中共中央中原局，同时成立中原解放区行政公署。中央决定，中原局由郑位三、李先念、王首道、陈少敏、王震五人为常委。任质斌、戴季英、刘子久、王树声为委员，郑位三代理书记。中原局下设江汉、鄂东、河南三个区党委，郑绍文任江汉区党委代理书记，聂鸿钧任鄂东区党委代理书记，刘子久任河南区党委书记。中原行署由许子威任主席，杨经曲、涂云庵、刘子厚为副主席。

中原军区由李先念任司令员，郑位三任政治委员，王树声任副司令员，王震任副司令员兼参谋长，王首道任副政治委员兼政治部主任。中原军区下辖第一、第二两个野战纵队和江汉、鄂东、河南三个军区。第一纵队辖第一、第二、第三旅共三个旅，由王树声兼司令员，戴季英任政治委员。第二纵队辖第十三、第十四、第十五

---

① 　鄂豫边区革命史编辑部编：《中原突围电报资料》，原件存中央军委档案馆。

和第三五九旅共四个旅，由文建武任司令员，任质斌任政治委员。江汉军区由贺炳炎任司令员、郑绍文任代理政治委员，下辖独立第一旅。鄂东军区由张体学任代理司令员、聂鸿钧代理政治委员，辖独立第二旅。河南军区由韩东山任司令员、刘子久任政治委员，辖独立第三旅。拥有共计十个旅、六万余人的中原军区，成为当时全国的七大重要战略区之一。

中原局、中原军区和中原行政公署的成立，使中国共产党在中原地区形成一只战略"铁拳"，它把守着全国其他兄弟解放区的门户，又如一只匕首，插在蒋介石南京政府的"卧榻之侧"，使蒋介石寝食难安。

中原军区成立之后，国民党军迅速调整部署，增调第六十九军、第四十七军、第五十九军、第七十五军、第七十七军等部力量，从南北两线夹击中原解放军，并企图于十一月内一举"肃清"。

中原局、中原军区为了歼灭国民党军的有生力量，改变局面，争取主力在桐柏山地区休整补充，并使桐柏山、大洪山根据地连接起来，遂决定在国民党军南北夹击之势尚未全部形成之前，展开桐柏战役第二阶段作战。

任质斌与文建武率领中原军区第二纵队，全力以赴，投入到桐柏战役第二阶段的作战中。

十一月八日，国民党鄂豫挺进军第三游击纵队乘中原军区部队整编之机，侵占枣阳县城。九日，任质斌、文建武令第三五九旅对枣阳实施奔袭，当夜攻占枣阳，歼敌二千二百多人，二度解放枣阳，并由此拉开桐柏战役第二阶段作战的序幕。

其时，国民党第五战区部队为牵制中原军区主力，以期早日与第六战区部队对中原部队形成夹击之势，先以第四十七军第一二五、第一二七师共四个团的兵力，由唐河向湖泊进犯。中原军区首长决定利用敌孤军突出的弱点，集中第二纵队主力，歼敌于湖阳之北黑龙潭、丁爬山地区，并将第一纵队作为预备队。任质斌、文建武等二纵队首长，坚决贯彻军区意图，认真研究作战方案，迅速将二纵队各部部署进入指定地区。十一月十一日，第十四旅在湖阳镇、丁爬山正面部署就绪，第十三旅、第三五九旅则进入祁仪地区，拟对敌实施包抄。十三日下午，国民党第一二七师三八一团孤军冒进至丁爬山以西地区，第一二七师主力进至黑龙潭地区后却始终停止不前。任质斌、文建武、周志坚等当机立断，令第十四旅对三八一团发起攻击，经数小时激战，俘敌团长双宗海以下六百余人，毙伤其四百余人，敌第一二七师主力连忙向新野、唐河方向逃窜。

在湖阳战斗中被歼的国民党第一二七师三八一团，曾在山西与八路军共同对日作战，深知共产党军队的英勇。该部抗战胜利后被蒋介石调至中原内战前线与共产党军队作战，不少人早就心存不满。此次与中原军区部队刚一接触便成俘虏，经过教育，八三一团官兵都开了窍，认识到把枪口对准抗战有功的八路军新四军部队，是何等愚蠢，许多人表示不愿再当蒋介石打内战的炮灰。

任质斌、文建武和随同指挥第十四旅作战的中原军区副参谋长朱早观，确定将不愿打内战、自愿放下武器的国民党三八一团官兵全部释放，并于十一月二十五日举行了一次别开生面的战场联欢会，欢送三八一团官兵。在联欢会上，朱早观代表中原军区致欢送词。起义不久的中原军区第二纵队副司令员兼第十四旅旅长程耀德现身说法，以自己的切身经过揭露国民党的反动本质。国民党三八一团朱副团长代表全团官兵表示，回去之后一定劝告同僚，反对内战，捍卫和平，决不再当国民党蒋介石屠杀人民的工具。这次战场联欢会，教育了国民党官兵，鼓舞了中原部队的士气，发挥了良好的政治影响。

湖阳战斗后，中原军区主力即于唐河以南之祁仪、湖阳、苍苔、枣阳西北及桐柏一带进行短期休整，准备继续战役的后期作战。

十二月初，国民党第十军第二十师侵占枣阳以西之双沟镇。十二月六日，中原局和中原军区根据中共中央要求中原部队依托桐柏山根据地相机作战的指示，决定以第二纵队第十三旅为主攻部队，第十五旅为助攻部队，第三五九旅为预备队，歼灭进犯双沟之敌第二十师。同时，命令第一纵队第二、第三旅位于襄阳县之程家河、徐家集和枣阳之杨垱地区，控制唐、白两河，并向新野、唐河方向警戒；第二纵队第十四旅守备湖阳、新城一线，保障主攻部队侧翼安全。

任质斌、文建武对双沟战斗十分重视，战前与所属各旅首长认真研究敌情，制定战斗方案，组织对部队进行动员，并确定纵队副司令员周志坚赴担任主攻任务的第十三旅实施现场指挥。十二月七日黄昏，双沟战斗打响。经一夜激战，第十三旅三十七团攻占双沟以北敌之阵地，三十八团一部占领双沟东北之赵家仓屋，三十九团攻战双沟以东之周家岗，共歼敌五百余人。与此同时，第十五旅四十四团亦占领双沟以南三里庙、尚家庄等地，并对大黄庄、杨家庙等地展开攻击。至此，双沟外围国民党军大部被肃清，双沟镇内国民党军第二十师守军惶恐待援。

八日黄昏，第二纵队首长下达了对双沟之敌的总攻令。中原部队指战员士气高涨，高呼口号，决心活捉国民党军第二十师师长谭乃大，全歼第二十师。第十三旅三十七团、三十八团先后从双沟镇东北和西北突破守军土城工事。三十七团在团长夏世厚的率领下，一度攻入镇内，歼第二十师师部特务连二个排，击溃其师部机炮连，缴获迫击炮八门。但由于国民党军附隅顽抗，战斗十分激烈。当战斗进入白热化时，国民党军出动第四十七军第一二五师、一二七师，第六十九军第一八一师、第四十一师、第一二二师、一〇四师等部，大举增援双沟，其先头部队已与中原部队交火。鉴于形势骤变，中原军区决定撤出双沟战斗，主力向唐河以南祁仪转进。此役，歼国民党军一千余人，但未能全歼第二十师。

双沟战斗后，国民党军尾追中原部队主力至祁仪附近。中原军区遂决定集结主力，歼灭率先进至祁仪的国民党第一八一师，而后歼灭位于杨垱之第一二七师。遂以第一纵队第二、第三旅由程家河地区进至祁仪东南一线；第二纵队第十三旅由双沟东北进至祁仪以西一线；第十四旅位于湖阳镇阻击新野、郭滩、杨垱方向国民党军第一二五师、一二七师；第十五旅由双沟以南进至湖阳南之黄家岗、罗家围子，对双沟国民党第二十师警戒，并担负打援任务；第三五九旅为预备队，进至祁仪以南地区。

任质斌参加了祁仪之战作战方案讨论和制定。为打好这一仗，中原军区拟定了两套方案：一是待国民党军第一八一师进入中原部队阵地前沿，则一举将其歼灭；二是如其先头部队进入祁仪地区停滞不前，则乘其立足未稳而后续部队亦未赶到之时，迅速将其歼灭。中原军区部队进入战斗状态后，国民党第一八一师先头部队五四二团进至祁仪镇即停止不前，并就地构筑工事，摆开防御之势。中原军区首长遂决定实施第二套作战方案。十二月十四日夜，第一纵队第二、三旅和第二纵队第十三旅各一部向祁仪之敌发起攻击，激战昼夜，因地形不利，加之各部协同不够，未能克敌。同时，自身伤亡亦较为严重。十五日，国民党军主力向祁仪大举增援。为避免消耗，中原军区决定撤出战斗。是役，共歼国民党军一千余人。

以祁仪战斗结束为标志，桐柏战役第二阶段作战结束。这一阶段的作战，由中原军区统一指挥，采取运动战的形式，先后组织了湖阳、双沟、祁仪三次较大战斗，共歼国民党军五千余人。此阶段的作战，虽未达到预定歼敌目的，但却进一步打乱了国民党军的部署，使其在中原地区的兵力增加到十一个军、二十四个师，以及八个游击纵队，从而有力地支援了华东、华北和东北解放区部队的反内战斗争，在战略全局上起到了重要的配合作用。经过这次战役，还极大地锻炼、提高了中原军区部队打运动战的作战能力、协同作战能力，以及干部的组织指挥能力，为中原部队实施大兵团作战积累了宝贵经验。对此，中共中央在战役进行过程中的十一月二十八日给中原局的电报中即予以充分肯定："你们最近在豫南、鄂北的行动已取得重要的胜利，因而吸引了刘峙五六个军（后增至十一个军）对着你们，这就大大帮助了刘伯承在平汉北段的作战，使他们在打破蒋军第一次进攻后，得有休整机会，至今顽军不能集中兵力北上。虽然你们自己的胜利不大，但在整个战略配合上作用是极大的。"[1]

四　赴延安汇报和请示工作前后

桐柏战役后，国民党第五、第六战区以大军向桐柏山地区推进，企图对中原军区部队实施南北夹击。由于桐柏战役未能完全实现中原军区的战略构想，中原解放区进一步缩小，部队给养日益困难。在此种情况下，中原局、中原军区领导同志分析形势，为争取主动，确定部队转移。

一九四五年十二月十八日，郑位三致电中央军委："提议改变方针，以主力靠拢（新四军）军部，原地留游击兵团。"十九日，郑位三、李先念、王震再电中央："提议主力靠拢军部，此地留五千到一万人（坚持）游击战争"。二十日，中共中央电复郑位三、李先念等："同意你们的主力向东转移到军部地区，留一部主力多带电台，配合地方游击队分散坚持鄂豫边区。"[2]

为粉碎国民党军的南北夹击计划，中原局、中原军区领导同志确定，江汉、河南两军区部队仍留原地坚持斗争，以牵制国民党军，主力部队则分为南北两路先东越平汉铁路，而后再相机将主力一部转移至华东解放区。

确定主力撤离中原地区，任质斌和李先念一样心情十分沉重，而在确定谁留下坚持斗争的问题上，两人意见亦十分接近。他们认为，第一纵队是红军部队的老底子，是党的宝贵财富，应想方设法

---

① 鄂豫边区革命史编辑部编：《中原突围电报资料》，原件存中央军委档案馆。

② 鄂豫边区革命史编辑部编：《中原突围电报资料》，原件存中央军委档案馆。

保持其战斗力；第二纵队、特别是其中的原新四军第五师部队，在鄂豫边区成长壮大，群众基础较好，熟悉地理环境，留下坚持斗争比较适宜。他们的这一意见得到了中原局、中原军区绝大多数领导同志的赞同。十二月三十一日，中原局向中央提议："王戴部全部转移，并带成千的干部走，原五师及三五九旅都留下坚持。"① 两天后，即一九四六年一月二日，中共中央批准了这一提议。

在部队转移过程中，李先念、任质斌等为确保第一纵队的行动安全，还确定王震和任质斌带第二纵队第十三旅和三五九旅护送第一纵队。当时的计划是，第一纵队到皖中之后，由华中局安排；第三五九旅和第十三旅则相机行事，能返回便返回，不能则留在皖中。李先念、郑位三、陈少敏率第十四旅和部分地方部队到鄂东坚持斗争。

就在中原军区东进的过程中，传来了国共两党即将达成停战协议的消息。原本就不想撤离中原的李先念、任质斌，与中原局其他委员，一致认为应停止向华东转移的行动，继续坚持中原地区的斗争。一月八日，中原局致电中共中央：考虑到最近停战有很大可能，决定中原军区主力停止执行去华东或华北的计划，全部留原地坚持，大部分散游击，暂集结四个旅作游击性的运动战。中原局的这一建议，很快得到中共中央的肯定。九日，中共中央电复中原局，指出停战谈判已有结果，你们停止东进北上的计划，在原地坚持是对的。

从抗战胜利到一九四六年初，中国共产党领导中国人民，与国民党蒋介石发动内战的倒行逆施进行了坚决斗争，严重挫败了蒋介石的内战部署。迫于国际、国内反战压力，同时亦为争取时间部署内战兵力，蒋介石被迫同意召开政治协商会议。一九四六年一月十日，张群、周恩来分别代表国共两党，在重庆签署了《国共双方关于停止冲突、恢复交通的命令和声明》（即"停战协定"）。该协定规定：自一月十三日二十四时起停止国内一切军事冲突和军事调动。

---

① 鄂豫边区革命史编辑部编：《中原突围电报资料》。原件存中央军委档案馆。

为监督停战令的实施，同日还在北平成立了由国共美三方代表组成的军事调处执行部，郑介民为国民党代表，叶剑英为中共代表，罗伯逊为美方代表。执行部下设由三方人员组成的若干军事调处执行小组，分赴各冲突地区执行调处任务。

为严格执行停战协定，中共中央于一月十日电令中原军区部队，务必于十三日二十四时前停止一切军事行动，谨守防地。正在东进途中的中原军区部队，恪守停战协定，沿罗山、光山以南一线就地停止待命。第一纵队在光山南部的白雀园、泼皮河一带，第二纵队在罗山周党畈、涩港店、定远店一带集结待命，中原局、中原军区首脑机关则进至礼山县（今大悟县）宣化店。此外，鄂东军区部队驻麻城、经扶（今新县）之间，江汉军区部队在大洪山、河南军区部队在四望山待命。可是，一路尾追中原部队的国民党军却步步进逼，先后抢占了第一纵队控制的息县、光山县城。至停战令生效，中原军区数万人的部队，被压缩到罗山、礼山、经扶、光山四县边界方圆不足一百公里、人口仅四十余万的狭小地区，江汉、鄂东、河南三个军区及部队亦被分割成"品"字形。

中共中央和毛泽东、周恩来对中原地区的局势十分关注。一月十七日，中央电示中原军区，指出一切计划要放在克服困难、坚持斗争的基础上，而不能寄托在和平的希望上，要进行斗争，坚持自卫原则，坚决反击国民党军的进攻。周恩来亦在军事三人小组上专门提出解决中原地区的停战问题，并敦促成立了专门负责中原地区停战调处工作的军调部第九执行小组。

正如中共中央和毛泽东所预料的那样，中原地区的局势并未因停战协定的签订而好转。恰恰相反，停战协定生效后，国民党军对中原军区部队大搞军事蚕食和经济封锁，使中原解放区面积日益缩小，中原军区部队很快陷入严重的给养困难。一月二十六日，中原局致电中央并叶剑英：中原地区的现状对中原部队极为不利，"数万人的给养，已到无米之炊的程度"。并提议将中原问题进行个别谈判，争取"早日将主力移动一部到华北"①。

面对国民党军重兵围困、部队绝粮断炊的严重局面，中原部队如何应对、何去何从？为解决这一重大问题，中原局决定派任质斌北上延安，向中共中央汇报中原地区的情况，并请示行动方针。

一月二十九日，任质斌以中原军区少将副参谋长、中原军区谈判代表和身份，从宣化店起程，中原军区司令部参谋肖健章随同前往。

任质斌先骑马到达宣化店以南昌王城，在那里与李先念、王震一起，同军调部第九执行小组就中原地区停战问题进行谈判，达成了《中原临时停战协议》。随后，又和王震同乘军调部第九执行小组的吉普车前往汉口。途经河口停留时，驻扎该地的国民党川军一个团长一边大谈中原军区部队如何如何"进攻"国民党军，一边不停地向任质斌提问题，故意挑衅，并诬称中原部队为"共匪"。任质斌严词以对，以大量无可辩驳的事实，回击国民党军官，使其无言以对。之后，任质斌等又经过黄陂，并在国民党胡琏第十八军军部小憩，受到了胡琏的款待。当晚，任质斌一行到达汉口，下榻中原军区驻汉口办事处所在的德明饭店。

三十一日，任质斌改穿国民党军少将军服，与王震、肖健章及一位美国代表福特，一起飞抵北平。中共驻北平军调执行部的陈锐前往机场迎接。当晚，他们下榻中共代表团驻地翠明庄。在翠明庄，任质斌第一次见到叶剑英及时任军调部中共政治顾问的饶漱石。叶剑英对中原部队的情况十分关心，向任质斌询问了一些问题。任质斌一一了作了介绍。

二月一日，任质斌与时任中共中央华中分局书记的谭震林及饶漱石和有关随员同机到达延安。当晚，刘少奇、任弼时接见了谭震林、饶漱石、任质斌三人，听取有关情况汇报。

---

① 鄂豫边区革命史编辑部编：《中原突围电报资料》。原件存中央军委档案馆。

任质斌在饶漱石汇报完北平军调部的工作之后开始汇报中原的情况。他说，停战令生效后，中原军区部队根据中央指示，严守停战令，数万人的部队在罗（山）、礼（山）、经（扶）、光（山）四县交界地区停止待命。由于国民党军围困封锁，百般阻挠中原部队外出购粮，加之根据地地盘狭小，百姓穷苦，数万部队给养发生严重困难。尽管中原部队节衣缩食，生产自救，采取了各种办法，但仍难以为继。中原局请求中央设法帮助解决给养困难。同时，任质斌还就中原部队行动方针等问题请示了中央。

刘少奇、任弼时听取了任质斌的汇报，任弼时作了详细记录。当任质斌汇报完之后，刘少奇说，中央对中原的情况十分关注，中原部队的困难，中央虽可想办法，但陕甘宁边区也不富裕，华北解放区也不富裕，因此主要还应依靠中原部队自身设法克服。他分析了国内、国际形势，指出迫于国内外和平力量的压力，国共可能将实现一段时间的和平。鉴于此，中原军区部队可考虑适当精简部队，复员两万人，第一期先复员一万人。他同时还让任质斌带回一份中央关于和平民主新阶段内容的新文件①。

二日上午八九点钟，刘少奇、任弼时请任质斌等共进早餐，胡乔木亦在座。席间，大家畅谈时局，气氛热烈。十点多钟，任质斌等即乘飞机飞往北平。

四日，任质斌与王震应第九执行小组美方代表福特之邀，偕同第九执行小组绕道上海回汉口。在上海，任质斌和王震一起下榻华懋公寓美军招待所。中共上海市委听说王震、任质斌抵沪，特派夏衍前往华懋公寓看望。当时，中共上海市委尚未公开活动，夏衍向王震、任质斌转达了市委书记刘晓的问候，并带来一些进步书刊。由于美蒋代表在上海停留，任质斌等亦在上海逗留了三天，于六日

---

① 李少瑜、何光耀、张肇俊主编：《任质斌在中原八年》，湖北人民出版社，1998年12月版，第161页。

飞返汉口。

二月七日，任质斌回到宣化店，即将中央指示向中原局作了传达。

在听取任质斌传达中央指示之后，中原局随即开会，研究和部署中原部队的工作。二月十日，中原局致电中共中央并周恩来、叶剑英、饶漱石：质斌回来传达有关精神后，我们开会的结果，认为粮食太难，部队拟迅速转移，最好是由周（恩来）在渝交涉好后合法转移，否则就周张（治中）马（歇尔）飞（武）汉徐（州）之时，照叶饶指示办法，以停战命令第二条①为依据，只通知执行小组，不等允许即行转移。会后，即开始积极准备转移②。

任质斌的延安之行，一方面使中央更加了解中原部队的艰难处境，从而发动兄弟解放区及社会各方面的力量支援中原解放区军民；另一方面，也使中原局、中原军区领导人更加坚定了自力更生、顽强斗争的信心。

在此后的一段时间里，中原军区部队在积极争取和平转移的同时，一手拿枪，一手拿锄，发动和依靠群众，大力开展生产自救。同时，中共中央发动华东、华北等兄弟解放区节衣缩食，支援中原解放区；周恩来、董必武亦通过国统区爱好和平的力量，筹粮筹款，支援中原部队。通过多方努力，中原军区部队终于战胜了国民党军的严酷封锁，度过了一段异常艰难的岁月。

从抗战胜利至一九四六年三月，任质斌和他的战友们一起，艰苦奋斗，顽强拼搏，坚定不移地执行中共中央和毛泽东主席的战略意图，始终战斗在中原战略要地，出色地完成了各项任务。

---

① 停战协定第二条内容规定，停止军事调动，但换防及为地方安全必要之调动例外。

② 李少瑜等编著：《中原突围纪事》，解放军出版社，1992年10月版，第36页。

第十八章　中原突围

一九四六年三月，任质斌接任中原军区副政治委员，仍兼第二纵队政治委员。从这时到七月底，中原军区部队为了粉碎国民党军的"围歼"阴谋，进行了异常艰难曲折的斗争。作为中原局、中原军区的重要领导人，任质斌与郑位三、李先念、陈少敏、王震、王树声等一道，领导中原部队大力进行生产自救，积极开展武装突围的准备工作；精心制订突围作战计划；指挥中原军区五万将士，展开震惊中外的中原突围战役。在中共中央和毛泽东的正确领导下，中原军区部队团结一心，顽强拼搏，出色地完成了战略坚持重任，实现了伟大战略转移，奏响了全国解放战争胜利的第一曲凯歌。

一　接任中原军区副政治委员

一九四六年三月，中原局常委、中原军区副政治委员兼政治部主任王首道奉命调离中原解放区，任质斌接任中原军区副政治委员一职，仍兼第二纵队政治委员。

为方便工作，任质斌根据组织安排将住所由竹竿河西的一所小学搬至河东，住在宣化店南街中原军区司令部对面的一栋旧屋里，与李先念、郑位三比邻而居。

三月的鄂北，春天还蹒跚着脚步，山野一遍枯黄，大地仍在沉睡。横贯宣化店南北的竹竿河，全然听不见河水的欢腾。河两岸高大的杨柳，摇曳在寒风之中，迟迟不肯吐绿。

虽然抗战胜利已经半年多，"停战令"下达也已两个多月。可中原大地仍笼罩在战争的阴霾之中。国民党、蒋介石视中原部队为到口的"肥肉"，一方面百般阻挠中原部队转移到其他解放区，另一方面又大搞军事挑衅和经济封锁，企图困死、饿死中原部队。从"停战令"下达至三月十五日，国民党军进攻中原部队达二百余次，侵占村镇七十九处，打死打伤中原解放区军民二千余人。与此同时，国民党军还一再违反协议，大肆捕杀中共购粮人员和区乡干部，中原军区粮秣科科长李光华等数十人在正常购粮中惨遭杀害。由于国民党军大搞军事蚕食和经济封锁，中原解放区面积日益缩小，中原军区部队面临着巨大困难。

任质斌在危难之时就任中原军区副政委，深知责任大、担子重。他一面要求政工部门的同志加强政治工作，鼓舞士气，增强胜利的信心；一面亲自深入连队，宣传坚持中原的战略意义，了解基层情况，与指战员们讨论克服困难、战胜粮荒的办法。

中原局会议后，任质斌积极贯彻"三胜"精神，组织中原军区部队、尤其是他兼任政委的第二纵队千方百计坚持苦熬。指战员们发扬工农子弟兵自力更生、艰苦奋斗的光荣传统，广泛开展生产节约运动，挖野菜，捕鱼虾，磨豆腐，生豆芽，编篾货，织草鞋，砍木柴，贩山货，想方设法克服经济困难。中原军区后勤部将废弃枪炮集中起来，冶炼后制成锹耙犁铧，发给部队和群众使用。中原解放区行政公署，还将各部队、机关送来的上百种水产品、山货和野菜存列出来，举行了一次别开生面的野菜展览会。一场声势浩大的生产自救运动在中原解放区轰轰烈烈地开展了起来。一时间，中原部队驻地附近的山野田原上、河流小溪旁，到处是将士们开荒种地、打鱼捞虾的身影。

任质斌和中原局、中原军区领导人带头参加生产劳动，并以身作则，节衣缩食，减少开支。中原局、中原军区首长带头参加生产、节衣缩食的故事在中原解放区产生了很大影响，指战员和人民群众将它们编成歌谣，广为传唱。

部队困难之时，任质斌和李先念、郑位三等更多地想到中原解放区的人民。为了减轻民众负担，中原军区和中原行政公署联合发出布告，从四月一日起，中原军区各部一律停止向群众借粮。军爱民、民拥民，患难之中见真情。中原解放区人民为子弟兵的爱民之举所感动，开明士绅李华廷发起"缸里匀米、锅里匀饭"运动，群众纷纷响应，节衣缩食支援部队，仅礼山县新民乡万家河村的村民就匀出了三百多斤大米送给了部队。四月上旬，中原军区在宣化店召开军民万人大会，郑位三将亲笔题写的一块"民为邦本"的金字匾额赠送给当地群众，代表中原军区部队感谢人民群众的支持。

中原支持全国，全国支持中原。中原解放区军民团结苦熬的情形，深深牵动着中共中央领导人和全国其他解放区军民的心。三月中下旬，周恩来副主席领导发起了一场声势浩大的舆论宣传，《解放日报》、《新华日报》连续发表《反动派蓄意消灭有功部队，新四军第五师被围粮绝》、《为新四军五师呼吁》等社论，揭露国民党军破坏和平，围困中原军区部队的罪行，报道中原军民为争取和平而坚持苦熬的感人事迹，呼吁社会各方行动起来，制止国民党当局的罪恶阴谋，急救被困绝粮的中原将士。全国许多进步报刊纷纷转载。重庆等市的一些工人、公务人员、学生纷纷捐款，并写信慰问中原军区将士。与此同时，中共中央于三月十四日致电华东、华中、晋冀鲁豫各中央（分）局，指示他们迅即筹款援救中原部队。

三月三十日，董必武带着各解放区紧急筹措的三亿元法币到达宣化店，代表中共中央慰问被围困的六万中原将士。李先念、郑位三、任质斌等列队在宣化店镇口热情迎接。三十一日，中原局、中原军区举行盛大晚会，欢迎董必武的到来。郑位三代表中原部队致欢迎词，感谢中共中央和全国兄弟解放区军民对中原解放区的关心和支援。一名文工团员热情地朗诵了中原局、中原军区机关报《七七日报》刊登的长诗《祝福你，董老》。董必武在热烈的掌声中讲话。他说，中原军区部队为和平民主事业战斗在武汉外围，担负着党中央交给的伟大战略任务，全体指战员是八年抗战和几个月来反内战前线上的英雄，为国家、为人民做出了很大贡献。中共中央和毛泽东主席关心着中原，全国其他各解放区正在接济中原。经过八年抗战磨炼的中原军民，一定能够团结一心，战胜国民党军的围困。董必武的讲话，极大地鼓舞了中原军民的士气，欢迎晚会上，掌声雷动，欢声四起。

　　在随后的几天里，任质斌和李先念、郑位三等分别陪同董必武到基层部队视察，他向董必武如实汇报了中原解放区的情况，谈了自己对中原局势的看法，并认真听取了董必武的指示。董必武亦分别找高级干部谈话，传达中共中央对中原地区斗争方针的指示，与高级干部们一起讨论战胜危局的办法。四月一日，董必武在宣化店致电周恩来、叶剑英，陈述中原部队的财政困难，请他们向国民党政府交涉解决部分给养和合法转移问题，并请他们速催负责中原停战调处的军调部第九执行小组（汉口小组）尽快确定中原部队千余名伤病员的运送计划。七日，董必武在数千中原将士的夹道欢送中离开宣化店。当日，中原局电报中央："董老在此九天，形势与方针已得圆满解决。全体高级干部一致拥护中央所指示的方针。"

　　董必武此次宣化店之行，给困境中的中原解放区军民带来了和煦的春风，正如任质斌后来回忆的那样："董老到宣化店，意义还是很重要的。当时中原部队正处在很困难时期，士气受到影响。董老来，不仅带来了款子，缓解了一下困难，更重要的是给大家鼓了劲，增强了大家斗争的信心。董老走后，又同周恩来同志一起，与国民党武汉行辕、国民党政府粮食部，以及联合国救济总署多方商谈，搞了一批款子和粮食,这对缓解我们的粮食困难起了很大的作用。"①

在参与领导中原部队生产自救,粉碎国民党军的经济围困的同时,任质斌除了参与处理中原局、中原军区大量繁重的日常事务之外,还着重抓了如下几项工作:

（一）整编部队

一九四六年三月上旬,鉴于国民党军加紧对中原解放区进行蚕食,根据地日益缩小,中原军区为了精干部队,适应斗争形势的需要,对所属部队进行了一次整编。撤销第二纵队第十四旅,所属各团分别编入第一纵队,依次编为第一纵队第一、二、三旅之三、六、九团;河南军区独立第三旅与第二纵队第十五旅合并,撤销独立第三旅番号;撤销江汉军区独立第一旅旅部,所辖各团归江汉军区直接指挥;撤销鄂东军区,组建鄂东军分区,保留独立第二旅;撤销江汉军区之襄北、襄南、洪山等军分区及河南军区之第一、二、三、四、五军分区。因王震副司令员兼参谋长当时作为中原军区首席谈判代表忙于谈判,王树声副司令员又兼任第一纵队司令员,具体负责第一纵队的日常工作,任质斌实际上成为李先念的主要助手。为了减轻李先念的工作担子,使他有更多精力考虑中原军区其他重要工作,任质斌承担了部队整编的大量具体工作。

这次整编,是中原军区组建以来规模最大的一次整编行动。部队的调遣、合并、补充,干部的选配、安置,工作量很大。且整个工作要在半月左右完成,时间也十分紧张。任质斌以高度的责任感对待部队整编工作,他起早贪黑,废寝忘食,与李先念等一起精心制定整编方案;不厌其烦地找干部谈话,耐心细致地解决整编中遇到的种种问题。

---

① 李少瑜、何光耀、张肇俊主编:《任质斌在中原八年》,湖北人民出版社,1998年12月版,第169页。

在部队整编过程中，任质斌和李先念重团结、顾大局，表现出了革命者宽阔的胸襟和崇高的品格。第二纵队第十四旅是新四军五师的主力部队之一，是在李先念、任质斌领导下创建和发展起来的一支老部队，李先念、任质斌对这支部队有着深厚的感情。但考虑到第一纵队减员较为严重，而一纵队又是红军、八路军的底子，其建制不全不好，李先念与任质斌商量，又征得郑位三同意，最终决定撤销第十四旅，将其成建制地补充到第一纵队。作为带兵之人，任质斌、李先念作出这种决定是极其不易的。五十年之后，任质斌回忆这件事时谈到："当时要下这个决心，的确是很不容易的。十四旅和五师其他部队一样，是从一九三九年开始，逐步发展壮大起来的，是先念同志和我们一手创建的，现在要撤销完全补充出去，这在当时不是一般的指挥员做得出来的。要知道，带兵的人，都把部队看作自己的孩子一样，从小哺大，长成人了，一下子给人家，谁心里都难受。但先念同志能首先提出来，并下了决心，这的确不容易，反映了他作为无产阶级革命家的高风亮节。"[1] 的确，将第十四旅成建制地补充给第一纵队这件当时就令大家叹服的事，反映了李先念崇高的思想境界，但同时，也反映出同是"带兵人"、同是第十四旅这支部队"家长"的任质斌胸怀全局的崇高品格。

正是由于李先念、任质斌革命家宽广的胸怀和深入细致的工作，中原军区部队的这次整编在极短的时间内顺利完成，它为此后中原部队胜利进行武装突围奠定了重要基础。

（二）组织复员

整军复员是早在国共重庆谈判期间就提出的问题。当时，中共为表示和平诚意，曾提出国共双方军队本着公平合理的原则整编全国军队，中共领导的抗日军队可以大量复员，甚至可以将广东、浙

---

① 李少瑜、何光耀、张肇俊主编：《任质斌在中原八年》，湖北人民出版社，1998 年 12 月版，第 168 页。

江、苏南、皖南、皖中、湖南、湖北、河南（豫北除外）等八个地区的部队迅速着手复员，并即从上述地区撤往苏北、皖北等地。后因国民党另有企图，这一和平建议未能全面付诸实施。一九四六年二月初，任质斌代表中原局赴延安请示中原部队行动方针时，中共中央根据全国局势和中原部队遭受国民党军围困，财粮发生严重困难的实际情况，指示中原部队准备复员两万人，第一期先复员一万人。为此，中原局在三月十五日的高干会议上作出决定，立即着手复员工作。

任质斌是部队复员工作的主要领导人之一。他不仅要参与制定整个中原军区复员计划，负责复员中的思想政治工作，而且还要具体负责第二纵队复员工作的组织领导。当时，复员工作无论在哪支部队中都是一件难度较大的事情，战士们把部队当作自己的家，谁也不愿离开；指挥员把战士当做兄弟、"孩子"，哪肯轻易舍弃。带兵多年、爱兵如子的任质斌，思想上也十分留念一手带起来的部队，留念一张张熟悉的面孔。正如他后来回忆复员工作时所谈到的那样："对于'复员两万人'（中共中央对中原局的指示），我们思想上的确有些顾虑，当时我们总人数六万多，复员两万，就意味着减掉三分之一。"[1] 但是，为了党的事业，为了全局的利益，任质斌还是坚定不移地执行中共中央的指示。在他及中原局、中原军区其他领导同志的精心组织下，复员工作很快开展起来。中原军区和两个纵队均成立了复员委员会，中原军区统一印制了"复员证"，制定了发放复员费的具体标准，各级领导干部均耐心细致地做好复员战士的思想工作。

在复员工作中，任质斌和李先念再一次表现了无私的胸怀。他们考虑到第一纵队是八路军部队，老红军较多，因此将复员重点放

---

[1]　李少瑜、何光耀、张肇俊主编：《任质斌在中原八年》，湖北人民出版社，1998 年 12 月版，第 165 页。

在第二纵队；而在第二纵队中，又主要从原新四军第五师部队中复员，尽量保留三五九旅的战士。他们的这种高风亮节，赢得了第一纵队和三五九旅指战员们的普遍赞誉。

由于复员工作组织得细致周密，因此尽管难度很大，但仍取得了很大成绩。至四月中旬，全军区复员非战斗人员及部队中的老弱病残人员累计八千余人，其中仅军区直属队就复员了六百五十余人。

（三）转移干部

抗日战争时期，新四军五师锻炼培养了一大批干部。三五九旅从延安南下时，亦带了一个干部大队，准备开辟和发展根据地。这些干部，都具有丰富的斗争经验，是党的宝贵财富。可是，由于形势变化，根据地大大缩小，部队减员、复员，富余干部日益增加。为了保护党的财富，精干部队，减轻财粮供给压力，中原局报经中央同意，决定通过各种渠道向其他解放区转移干部。

中原局对干部转移工作高度重视，确定中原局常委、组织部长陈少敏全面负责，并在中原局组织部专门成立一个交通科，担负干部转移中的一些具体工作。而所有团以上干部的转移，则必须经郑位三、李先念、陈少敏、任质斌四人一起研究确定。

从三月份起，任质斌除处理其他一些重要事务之外，即将很大一部分精力放在干部转移工作上。他以对党、对革命、对干部高度负责的精神，与陈少敏一道，认真组织，精心安排，千方百计将干部转往其他解放区。

当时干部转移的渠道是多种多样的。有的以"合法"名义，通过谈判小组的往来飞机，比较顺利地转移，如廖汉生、贺炳炎、聂洪钧、栗在山、刘型等高级干部；有的通过与国民党军谈判，得到国民党方面的认可，通过火车转运到华北等地；有的通过地下党组织的秘密交通线，暗中护送；而更多的则是通过各种社会关系，乔装打扮，以各种名目化装到达解放区。

任质斌和陈少敏对干部的化装转移格外重视。他们深知，化装转移危险重重，稍有疏忽，就会给革命事业造成损失。为了最大限度地保护化装转移干部的安全，他们指示中原局组织部交通科，在宣化店以北三十里地的罗山县定远店长塘埂村专门设立了一个化装转移站，并挑选了五十多名隐蔽斗争经验丰富的同志，分成化装、材料、交通保卫和总务四个小组，负责干部化装转移的具体工作。准备化装转移的干部经陈少敏、任质斌等审定后送到转移站，先由化装组根据各人的年龄、口音、肤色、长相、文化素养、气质、原任工作等具体特点确定装扮的身份，如商贩、教员、传道士、探亲访友者等。身份确定之后，由材料组编写假经历、答辩词，仿造各种证件，然后帮助化装者背熟假经历和答辩词，并进行体貌、衣着方面的准备，最后经严格的盘问演习，确认毫无破绽之后，交保卫组护送离开解放区。交通保卫员一般都由具有丰富地下斗争经验、政治上坚定可靠、社会关系众多的县、区级干部担任。每个交通保卫员一次护送四五人，护送的办法大至为三种：一是短距离护送出中原解放区；二是护送交给中继交通站；三是直接护送到达目的地。由于化装转移工作组织得细致周密，通过这种渠道转移了数百名干部，极少出现意外。

在陈少敏、任质斌等具体组织领导下，中原解放区通过各种渠道先后向全国其他解放区转移干部近两千人。这批转移出去的干部，在各解放区的反内战斗争中，均发挥了重要作用。

（四）参与谈判斗争

一九四六年一月十日国共双方签署停战协定之后，为监督协定的执行，国、共、美三方代表共同组成了军事调处执行部（简称军调部），并组成若干军事调处执行小组，分赴各冲突地区。一月十九日，军调部应周恩来要求，在重庆组建了第九执行小组，亦称汉口小组，负责中原地区的停战调处工作。该小组于一月下旬赴中原地区开始工作，中原军区与国民党军的谈判斗争亦随即展开。

中原部队的谈判斗争在中原局、中原军区的领导下，由王震任首席谈判代表，任质斌亦以"中原军区少将副参谋长"的身份多次参与这项工作。

早在二月初中原停战调处工作开始不久，任质斌代表中原局赴延安向中共中央汇报和请示工作，他即以"中原军区少将副参谋长"身份辗转武汉、北平和上海，多次与国民党军政要员及美蒋谈判代表交锋，他利用一切有利机会，申明中原部队的和平立场，揭露国民党军破坏停战协定、不断进攻中原解放区的事实，显示出了非凡的才华，其名亦多次见诸报端。

三月下旬，国民党军在鄂中安应地区制造事端，造成流血冲突。应中原军区强烈要求，第九执行小组于二十五日赴应山调处，任质斌作为中原军区代表参加谈判。他深入到张杨店、太平镇等地认真调查，发动群众揭露国民党军破坏停战协定、挑起冲突的事实真相，使美蒋代表无可辩驳。二十八日，国共双方口头达成"应山协议"，下令双方军队立即后撤，从而制止了军事冲突的进一步扩大。

三四月间，国民党第七十二军（后改为整编七十二师）等部大举进犯中原（黄）陂（黄）安南解放区，造成严重流血冲突。四月三日，任质斌应第九执行小组之邀，再次以中原军区全权代表身份前往国民党七十二军驻地河口进行谈判，同行的有中原军区情报处长吴若岩、鄂东保安司令张体学、黄安自治县县长蔡云林、《七七日报》记者曾言等。谈判中，第九小组国方代表邓为仁理屈词穷，恼羞成怒，竟举起茶杯掷向中共代表薛子正。任质斌拍案而起，疾言厉色地予以回击，迫使邓为仁公开道歉。四日，谈判继续进行，任质斌作长篇发言。他首先诚恳地表明了中原部队希望和平、维护和平的立场和态度，接着结合国民党第七十二军进攻陂安南解放区的事件，以大量有力证据，揭露停战令下达以来国民党军掠城夺地的事实。他代表中原军区全体将士，严正要求国民党军退出侵占的地盘，释放中原军区被俘人员，赔偿中原解放区人民的各种损失。任质斌的发言，义正词严，雄辩滔滔，语惊四座。相形之下，国民党七十二军的代表油腔滑调，拿腔摆势，信口雌黄。主持谈判的美方代表未等国民党七十二军代表发言完毕即中止了他的发言。

在前后几次的谈判斗争中，任质斌以其凛然正气和机敏睿智，为中原部队赢得了斗争的胜利，同时也显示了他这方面的卓越才能。

二　参与制订突围方案

中原军区部队一手拿枪，一手拿锄，顽强坚持中原地区的斗争，取得了反击国民党军军事、经济双重围困斗争的初步胜利，为全国其他解放区作好迎击国民党军的全面进攻赢得了极为宝贵的时间。

一九四六年四月底，国民党当局调集十一个军、二十六个师总计三十余万人的兵力，决计从中原地区发动内战，计划于五月五日至五月九日，以平息土匪暴乱为由，一举歼灭被其围困已久的中原军区部队。蒋介石于五月一日到西安、二日到武汉，亲自策划和部署。何应钦、白崇禧则奔走于徐州、开封、郑州、新乡之间，调兵遣将。中原内战一触即发。

中共中央和中原军区情报部门先后及时获悉了国民党军的罪恶阴谋。四月二十九日，中共中央发言人发表声明严正指出，国民党军"五·五—五·九"围歼中原部队的计划，是一个极端严重足以牵动大局的问题，国民党当局应采取有效办法制止这一重大流血阴谋的实现，不要玩火自焚，否则其一切后果均由国民党当局负其全责。新华通讯社播出这一声明后，国内外舆论顿时一片哗然。

五月一日，中共中央连续三次电告李先念、郑位三、任质斌等：国民党有五月五日至九日围歼你们的计划，你们应在五月五日前完成转移的一切准备工作。向东向北行动均很困难，国民党已有周密准备，似应以一部向东，一部留原地分散游击，主力向西到鄂西、陕南、豫西地区为宜。

对于国民党军的"围歼"行动，任质斌、李先念等中原局、中原军区领导人早有思想上的准备，在组织上亦采取了诸如复员人员、转移干部、精干整编部队等一系列行动。因此，当战争和危险即将降临之时，中原部队的领导人们表现出了自信和决心。五月一日当天，中原局两次电复中共中央：如国民党军大举进攻，拟在原地打两仗，不轻易走。万不得已时则突围，拟向西不向东，因东方国民党有重兵，地区狭窄。中原局同时表示："决心从死里求生，力求保存精华。"① 与此同时，中原部队亦抓紧进行临战准备。

此时，远在重庆的周恩来，亦高度关注着中原的局势，当他获知国民党即将进攻中原部队的情况后，立即采取行动，竭力挽救危局。五月一日晚九时半，他紧急约见国民党代表徐永昌，会谈两个小时。随后又致电美方代表马歇尔，指出：据极可告情报，国民党政府已秘密下令"围歼"中原军区部队，这是反动派有计划的阴谋，企图在东北未能攻陷长春以前，突然发动全国性的大内战。中原军区新四军、八路军计有六万之众，如国民党反动派敢于进攻，破坏停战协议，以至全国糜烂，其全责由国民党负之。周恩来同时向徐永昌、马歇尔提议："立即采取有效办法，阻止此项阴谋之实现，制止对停战协定之任何破坏。"并表示"愿与徐将军及美方代表同赴宣化店监督"②。五月三日，鉴于国民党政府还都南京，周恩来亦率中共代表团由重庆飞往南京。他一下飞机立即发表谈话。希望首先协议停止中原内战，以免牵动全局，发展成为全面内战。晚间，他又不顾旅途劳顿，在梅园新村中共代表团住处举行中外记者招待会，除阐明中共对东北问题的态度外，着重指出要在南京重开谈判，首先应就停止中原内战达成协议。四日，周恩来又到宁海路五号拜会马歇尔，抓紧做马歇尔的工作，促使马歇尔同意委派北平军调部执

---

① 中原局 1946 年 5 月 1 日致中共中央电。

② 李少瑜等编著：《中原突围纪事》，解放军出版社，1992 年 10 月版，第 53～54 页。

行处长白鲁德从北平直飞汉口参加调处①。

在周恩来的再三督促下，军事三人小组决定前往宣化店视察调处。五日下午，周恩来和国民党代表徐永昌飞抵汉口，与从北平飞汉口的白鲁德会合。到汉口后，徐永昌托病，由武汉行营副参谋长王天鸣全权代表。三方代表商定六日赴宣化店。

得知周恩来即将偕美蒋代表来宣化店视察调处，任质斌和郑位三、李先念、王震等抓紧准备谈判材料，以便更加有力地揭露国民党军的阴谋。他还指示《七七日报》发表了题为《我们希望于军事小组者》的社论，指出中原问题具有全国性，希望三人小组迅速、实际、根本地解决中原地区的问题。五日，他们又以中原军区的名义发表严正声明，揭露国民党军"围歼"中原部队的阴谋计划蓄谋已久，中原大战"已如箭在弦上，一触即发"。声明警告说：中原内战的爆发，必将成为全国内战的起点，国民党反动派不要玩火自焚。

六日上午，周恩来与美蒋谈判代表、工作人员和新闻记者共六十多人，分乘四辆吉普车和两辆卡车，冒着滂沱大雨前往宣化店。途中，因山洪冲毁桥梁，交通受阻，美蒋代表以此为借口企图返汉口。周恩来毅然从黄陂姚集赤脚涉过齐胸深的河水，并指示随行的中共谈判人员就近动员群众，将美蒋代表及汽车背抬过河。由于一路曲折，周恩来一行八月上午始达宣化店。

八日上午，雨过天晴，宣化店沐浴在喜庆的气氛中。任质斌和郑位三、李先念等陪同周恩来一行穿过列队欢迎的人群，跨过竹竿河，来到位于河西、由从前的"湖北会馆"改成的"中原军区国际招待所"下榻。时间已至十一时，周恩来请美蒋代表"稍事休息"，自己则和秘书宋平、李金德等悄然来到位于竹竿河东的中原军区司令部，听取中原军区领导人关于谈判工作情况的汇报，向李先念等

① 童小鹏：《风雨四十年》（第一部），中央文献出版社，1994年10月版，第438～439页。

面授谈判机宜。

下午，军事调处会议在"国际招待所"上屋正厅举行。李先念首先发言，他历数了停战令下达以来国民党军违约进攻、抢村占寨、残杀中原解放区军民的种种暴行，表明了中原将士维护和平的立场和不惧战争、斗争到底的决心，正告国民党军不要玩火自焚。对于李先念的发言，白鲁德不置可否，而王天鸣则如坐针毡，只得矢口否认国民党军计划"围歼"中原部队的事实。周恩来在会上严正指出：中原战争如果爆发，必将宣告和谈结束，现在全国需要和平，内战应无条件停止！

晚间，中原军区为三方代表及随行人员举行欢迎晚会。李先念代表中原军区致词，恳切表明中原部队希望团结、维护和平的态度。白鲁德表示，他来此的目的就是维护协定，决不干涉中国内政。王天鸣则一再声称，国民政府方面"绝对"没有围攻中原军区部队之意，武汉行营亦未接到任何命令。周恩来在会上再次呼吁各方携起手来，共同制止中原内战。

晚会结束已是深夜，周恩来又同李先念、郑位三、任质斌等来到中原军区司令部，继续听取汇报。他赞扬中原军区指战员坚持中原斗争，拖住了国民党军队，有力地支援了东北战场，也配合了华北战场，取得了很大成绩，立了大功。周恩来最关心的是部队的士气，他反复指示："你们不要依靠谈判，绝对不要幻想国民党军发善心，他是不会发善心的。你们必须依靠自己的力量。""你们脑子必须复杂一点，一定要设法用枪杆子突围出去！"①

九日上午，周恩来一行返回汉口。十日，三方代表在汉口杨森花园签订了制止中原内战的《汉口协议》。协议规定：国共双方指挥官立即下令停止军事冲突；立即停止违反停战协定之部队移动；立

---

① 金冲及主编：《周恩来传（1898—1949）》（修订本），中央文献出版社，1998年2月版，第782～783页。

即停止新碉堡及永久工事之建筑；双方应派联络员与执行小组取得
联系，以确定对峙部队之界线；同意遣返中共伤病人员连同眷属及
医护人员共一千一百六十人到华北解放区；双方被俘人员应在六月
一日前释放；保证中原部队复员人员在途中及到达目的地后之安
全等。

一九四六年五月周恩来的宣化店之行，对缓解中原危局、推迟
全面内战爆发，产生了重要的历史作用。作为当事人，任质斌对此
印象极为深刻。四十八年之后的一九九四年六月，任质斌曾作过如
下评说："周恩来同志此次宣化店之行是具有很重要的历史意义的。
从总体上讲，挫败了国民党军妄图在五月五日至九日对中原我军围
歼的阴谋，从而推迟了内战的爆发，为中原我军及兄弟解放区进一
步做好应付全面内战的准备工作赢得了时间。就中原地区局部而言，
通过这件事，更深刻地警醒了我们大家，也就促进我们更快地进行
突围的准备。另外，周恩来赴汉后，又签订了一个《汉口协议》，这
是一个很重要的协议，它对以后将一批伤员和干部家属坐火车转移
到华北解放区起了直接的促进作用。"①

正如任质斌所谈到的那样，国民党对中原部队的"五·五—
五·九"围歼阴谋的败露，使中原部队领导人更加深刻地认识到：
中原地区已无和平可能，中原部队武装突围已不可避免。因此，五
月中旬开始，中原部队更抓紧了武装突围的准备工作。

作为中原局委员、中原军区副政治委员，任质斌除了继续组织
领导复员和干部转移工作外，将更多的精力放在了参与突围方案的
研究和制定上。他和李先念、郑位三、王震等一道，对中原部队突
围的方向、各路各支部队的行动部署，以及突围的时机等重大问题
进行了精心谋划。他后来回忆时谈到：

---

① 1994 年 6 月任质斌谈话录音，存鄂豫边区革命史编辑部。

关于突围的方向，中原局、中原军区反复讨论过多次。主要有三个方案：一是向东突围，到苏皖解放区去。这条路线行程最短，经过的地区基础好，给养也好解决，但要过长江与巢湖或淮河与巢湖之间的狭窄地带。更麻烦的是当时国民党判断我们将东进，因此从兵力部署上有所顾虑，而且津浦线是我们东进必须经过的，国民党在津浦线上布置了重兵，我们大部队要过去，比较麻烦。这是一案。第二个方案，是向北到晋冀鲁豫解放区，这条路不利因素也较多，要通过豫中平原，沿途有黄泛区和陇海路挡道。第三个方案，就是向西挺进秦岭、武当山，而后转入太岳或陕甘宁边区，或相机入川。这条路线路途遥远，地瘠民贫，山大路险，表面看不利因素很多，但也正是如此，国民党军才可能疏于防范，而且山多地广，正符合我们善于游击战的特长，有我军回旋游击的空间。因此中原局、中原军区认真讨论、权衡利弊后，倾向于这个路线。

关于突围的部署，大体上分这么几路：先念同志、位老（注：郑位三）、王震同志、陈大姐（注：陈少敏）和我，率中原局、中原军区机关和第二纵队第十三旅、三五九旅、十五旅四十五团，以及中原军区干部旅、警卫团作为北路军，经豫南向西突围；王树声同志率第一纵队第二旅、三旅为南路军，经鄂中向武当山突围；陈先瑞、王海山同志率第二纵队第十五旅（欠四十五团），先在大悟王家店、汪洋店一带掩护南路军过平汉铁路，然后在唐河以南祁仪与二纵队主力会合；皮定均、徐子荣同志率第一纵队第一旅先在泼皮河、白雀园一带往来穿梭，向东佯动，掩护主力向西突围，然后根据实际情况，可以尾随主力西进，也可以向其他方向突围，或者在大别山打游击战争；张体学、吴诚忠同志率鄂东独立第二旅，先守住宣化店的南大

门吕王城、佛塔山一带阵地，掩护突围主力南翼，同时以
精干小部队，在中原局、中原军区机关撤出宣化店之前接
替宣化店的警备，制造中原局、中原军区领导机关仍在宣化
店的假象，掩护机关和主力突围后，再分路向东突围，到华
东军部会合；罗厚福、文敏生、李人林等同志率领江汉军区
部队主力，渡襄河先到武当山而后相机入川，创造根据地；
黄林、张水泉同志率河南军区部队在原地积极出击，从北面
扰乱敌人，掩护主力突围，然后在桐柏山地区坚持斗争①。

　　突围的大方向和各部队的行动部署既定，突围时机又该如何把
握？任质斌和李先念等中原部队领导人站在全局的高度思考着这一
问题。他们认为：中原部队的突围绝不仅仅是自身的行动，而是
"牵一发动全身"、关乎整个解放区反内战大局的重大问题。中原部
队如果过早突围，不仅不利于兄弟解放区为迎击全面内战而进行的
战略准备，而且会给国民党反动派以破坏和平的政治口实，陷中国共
产党和人民军队于政治上的被动。因此，中原部队不到万不得已不能
轻易突围。基于这一思考，任质斌、李先念等一方面组织部队抓紧进
行武装突围的各项准备，一方面密切注视着国民党军的行动变化。

　　六月中旬，中原军区情报部门获得准确情报，国民党当局已决
定从围攻中原解放区开始，发动大规模全面内战。蒋介石委任郑州
绥靖公署主任刘峙为进攻中原军区部队的总指挥，令其统一指挥第
五、第六两绥区的兵力，"统于已月养日（注：六月二十二日）前
秘密完成包围态势及攻击准备"，"按既定计划先速歼鄂中李先念部，
便尔后主力作战之利"②。刘峙则令其所部"二十八日开始围攻，七

---

①　李少瑜、何光耀、张肇俊主编：《任质斌在中原八年》，湖北人民出版社，
1998 年 12 月版，第 171～173 页。

②　湖北省鄂豫边区革命史编辑部、湖北省军区中原突围史专题编纂室著：《中原
突围史》，军事科学出版社，1996 年 6 月版，第 68 页。

月一日发动总攻击"，妄图在"四十八小时内，一举包围歼灭"中原军区部队①。鉴于这种情况，中原局于六月二十、二十一日先后两次致电中央，指出形势十分严峻，中原军区的局势确已发展到必须迅速主动突围的地步。并提议：中央能允许中原部队于六月底开始实施主力突围计划，即经鄂中分两个纵队分别向陕南及武当山突围，然后转至陕甘宁边区。二十三日，毛泽东电复中原局："二十一日电悉，所见甚是，同意立即突围，愈快愈好，不要有任何顾虑，生存第一，胜利第一。今后行动，一切由你们自己决定，不要请示，免延误战机，望团结奋斗，预祝你们胜利。"至此，中原突围的战略方向和时机确定下来。

　　大战在即，任质斌心里异常平静，唯一牵挂的是怀孕在身的妻子胡凤鸣（就在此后不久改名胡志学）和刚满周岁的长子戎生。

　　戎生是抗战胜利前夕的一九四五年三月降生的，是任质斌与胡凤鸣的第一个孩子。孩子出生百天之后，任质斌才从前线归来。望着襁褓中幼小的生命，任质斌心中升腾着难以名状的喜悦和希冀，他为孩子取名戎生，以志革命战争的纪念。

　　戎生半岁刚过，日本投降，抗战胜利。由于国民党蒋介石大肆进犯鄂豫皖湘赣解放区，新四军五师部队被迫东进。组织上为精干战斗部队，确定带孩子和身体不好的女同志在民间隐蔽。任质斌夫妇经过痛苦抉择，决定以革命事业为重，将心爱的孩子送到离河口不远的一个村子，托付给一对卖窑货的农民夫妇抚养。

　　"停战令"下达后，中原军区部队以大悟宣化店为中心就地驻扎，任质斌夫妇决定将戎生接回身边。中原局组织部特地派了一名姓陈的交通员，与胡凤鸣的表兄一起去接戎生。在返回途中经过河口时，国民党军将一行人无理扣押，胡凤鸣的表兄能言善辩，找到

---

　　① 中原突围战役敌情资料，存鄂豫边区革命史编辑部。

国民党军团长理论，方才将戎生救出。但国民党仍将姓陈的交通员扣押，该同志后借机从国民党军中逃出。

由于营养严重不良，戎生十分瘦弱。一岁多仍不会说话、不会走路，任质斌夫妇又将他送到离宣化店不远的胡家河，放在胡凤鸣的姑母家调养了两个多月。

一九四六年六月，中原部队已基本确定要进行武装突围。在进行干部转移的过程中，组织确定胡凤鸣带戎生化装去解放区。为此，中原局组织部派了一位老交通，准备与胡凤鸣和戎生扮作三代人一起走，可是戎生就是不认这位"爷爷"，见面就哭个不停，一个多星期过去仍无好转，任质斌夫妇十分着急。一天，李先念到任质斌住处，见戎生哭闹，便对任质斌夫妇说："不要化装走了，让凤鸣带着戎生跟部队走。也就三十几位女同志，我就不信带不走，突围总比长征的困难小些吧！"

但任质斌有自己的考虑。尽管他内心多么希望妻子、娇儿能与自己一起突围，但他又深知，作为中原局、中原军区的领导人，他不能搞半点特殊，戎生弱小，妻子身怀六甲，随军突围将会给部队带来多大的麻烦！为此，他还是说服妻子：带着戎生，化装到解放区去。胡凤鸣理解自己的丈夫，二话没说就同意了任质斌的意见。

任质斌让胡凤鸣到中原局组织部，立即办理化装转移的有关证件，并进行其他必要的准备工作。中原局组织科长李其祥对胡凤鸣的化装转移很重视，委派有丰富斗争经验的李明同志负责护送，并确定李明与胡凤鸣伴成兄妹。李其祥还让组织科的同志编就应答词，让李明和胡凤鸣熟记，以应对沿途可能遇到的盘查。

李先念得知胡凤鸣带戎生化装转移，特地派警卫员送来二十万元法币，以备沿途急需。他捎话给负责护送的李明：一定要把胡凤鸣母子安全护送到解放区！

即将与妻儿分别，任质斌的心情难以言状。形势日趋紧张，战争如箭在弦，此番分离，不知是短别还是长诀！他让妻子改名为

"志学"，又意味深长地将戎生改名为"在楚"，希望儿子以后永远记住荆楚大地上发生的这一幕幕撼人心魄的故事。临别的前一天晚上，他特地将自己心爱的"火车头"表和一支自来水笔用手帕包好，放在儿子小衣服的口袋里。

六月二十三日，亦即中共中央电示中原部队"立即突围，愈快愈好"的当天，胡志学和在楚由交通员李明陪护，在微露的晨曦中匆匆北去。

送走妻儿，任质斌即大步走向中原军区司令部。作战室电台清脆急骤的"嘀嗒"声，仿佛在催促他前行；宣化店四周村舍此起彼伏的鸡鸣声，更使他精神振奋。一场更加严峻的考验已经来临。

三　千里西征

一九四六年六月二十六日，是一个伟大的历史性日子。国民党以大举围攻中原解放区为起点，发动了大规模的反人民的全面内战；八路军新四军中原军区部队根据中共中央和毛泽东的战略部署，展开了震惊中外的中原突围战役，由此拉开了全国解放战争的帷幕。

拂晓，处在内层包围圈的国民党整编第四十一师、四十七师、四十八师、七十二师等部共八万余人，从东、南、北三个方向向中原部队发动进攻前哨战，其目标直指中原军区首脑机关所在地宣化店。

隆隆炮声，打破了鄂北大地清晨的宁静，竹竿河上不时激起冲天的水柱。任质斌和李先念、王震等坐镇中原军区司令部作战室，沉着镇定地向各路各支部队发出了武装突围的号令。

对于大战的来临，任质斌等中原部队领导人思想上早已有了充分的准备，进行战役总的决策的同时，对战役的细节也进行了精心的谋划。

当时，中原部队五万多人驻扎在宣化店周围的狭小地带，处于国民党军的包围之中；在宣化店，又驻有军调部第三十二谈判小组。谈判小组的十多名美蒋人员，名为和谈代表，实为国民党军的耳目，无时无刻不在注视着中原部队的动向，并通过电台及时将情报传递给国民党武汉行营和驻马店前线指挥所。因此，如何从美蒋特务的眼皮底下将中原部队首脑机关及主力部队撤离宣化店及其周围地区，成为整个中原突围战役胜败的关键。

任质斌和李先念、王震等深思熟虑，大胆地导演了一曲现代"空城计"。他们先让鄂东独二旅政委张体学率一个营的兵力，秘密进入宣化店，悄然接替中原军区首脑机关的警备任务。接着，又于六月二十六日晚布置了一台"精彩"的文艺晚会，将三十二小组的美蒋代表邀请至中原军区大礼堂观看演出。黄昏时分，李先念、任质斌等还出现在宣化店街头，悠闲自在地散步。这一切，使美蒋代表深信：中原军区首脑机关和主力仍在宣化店及周围地区。然而美蒋代表哪里知道，正当他们在宣化店礼堂为精彩的文艺节目喝彩、心中为国民党军即将"围歼"中原共军而窃喜之时，李先念、任质斌等已率部趁夜暗撤出了宣化店及周围地区。

按既定部署，任质斌和李先念、郑位三、陈少敏、王震率领由中原局、中原军区领导机关和第二纵队第十三旅、第三五九旅、第十五旅四十五团和中原军区干部旅组成的北路军一万五千余人，秘密向（北）平汉（口）铁路鄂豫交界的武胜关至信阳柳林地区开进，准备从那里打开突破口，跳出国民党的内层包围圈。

平汉铁路武胜关至柳林段，是国民党军企图"围歼"中原军区部队的重点防线之一。这里地处大别山西麓，峰峦叠嶂，沟壑纵横，地势十分险要。抗战时期，日军就在这一带据险构筑了一些碉堡；抗战胜利后，蒋介石积极准备内战，又在原碉堡上构筑了大量集团工事。刘峙还特地将精锐部队整编第十五师和第六十六师布置在这一线防守。蒋介石和刘峙均以为，有大量坚固的集团工事和两个精锐整编师把守，平汉铁路可谓"钢铁防线"，料想中原军区部队绝不可能在这一带突围。

　　可是蒋介石、刘峙打错了算盘！中原部队偏偏选中了平汉铁路这个"硬骨头"啃。任质斌后来在回顾中原突围的谈话和撰写的有关文章中曾指出，中原部队领导人之所以选择在武胜关至柳林一带突围，主要出于三方面的考虑：一是出敌不意，攻其不备；二是抗战时期新四军第五师部队经常从柳林一带穿越平汉铁路，往来路东路西，因而对这一带的地形十分熟悉；三是柳林车站是国民党整编第十五师和第六十六师的结合部，大有"空子"可钻。有这三条，中原部队成功突围的可能性大增。

　　一向胆大心细的李先念、任质斌，对突围战役的首战格外重视，进行了精心部署。突围前，他们指示中原军区司令部侦察科，对柳林一带敌情和地形进行了多次侦察，绘制了敌人的兵力部署和火力配系图。根据侦察情况，中原部队领导人共同研究决定，中原部队主力实施多路向西突围：王树声率南路军从平汉铁路广水至花园间突破；李先念等率北路军从武胜关至柳林突破。而北路军又分为两支行动：李先念、郑位三、陈少敏、任质斌率首脑机关及第十三旅、第十五旅四十五团从柳林车站附近突破；王震率第三五九旅和中原军区干部旅从武胜关以北的李家寨突破。南北两路军统一于六月二十九日夜间展开突破行动，务必于七月一日黎明前突破平汉铁路。

　　六月二十九日，北路军如期到达平汉铁路东侧周家塘埂，部队隐蔽在一条长冲里，紧张地进行冲越平汉铁路封锁线的最后准备。任质斌先带着二纵队首长巡视部队，抓紧进行战前的思想政治工作；而后又来到长冲东头的一座小庙里，参加李先念主持召开的战前动员会。会上，李先念下达作战命令：第十三旅三十七团担任主攻，突破口打开后，由三十八团担任前卫，与三十九团一道掩护首脑机关过路，第十五旅四十五团断后。他要求，突围首仗，只许成功，不许失败！

　　黄昏时分，天下起了小雨，柳林车站笼罩在一层淡淡的雨雾中。担任守备任务的国民党军整编第十五师第一三五旅四〇四团的官兵，龟缩在柳林车站的营房和附近的集团工事里，猜拳行令，饮酒作乐。他们做梦也没想到，远在百里之外宣化店的中原共军，已埋伏在他们的眼皮底下。

　　晚八时整，李先念下达进攻令。随着三颗红色信号弹腾空而起，担任主攻任务的十三旅三十七团三个营，分别由团长夏世厚、政委丁先国、副团长邹顺华率领，从柳林至黄庄一线展开，向守敌发起了猛烈攻击。战士们扛着用湿棉被裹着八仙桌制成的"土坦克"，勇猛地向敌人的"洋碉堡"冲击，待接近碉堡后，将绑着集束手榴弹的长竹竿伸进敌碉堡爆破，仅半个多小时，就将柳林车站附近的五六个集团工事送上了西天，撕开了一条近千米长的缺口。随后，三十七团部队又向南北两翼展开，并与反扑之敌展开激战。

　　缺口打开后，中原部队首脑机关和主力部队开始突越平汉铁路。晚十时，柳林车站附近的山谷里，顿时燃起三条巨大的火龙，中原军区指战员们，打起火把，自东向西穿越平汉铁路。马鸣啸啸，人声鼎沸，平汉铁路被火光映得通红。

　　任质斌没有匆忙过路，他站在铁路基下的一座涵洞边，指挥部队翻越平汉铁路。他不时地提醒指战员们保持队形，告诫大家互相帮助，不要掉队。遇到各团首长，他都一再要求他们注意整理部队。敌人迫击炮弹不时在附近落下，有的战士倒在血泊之中。警卫员多次催促任质斌赶紧过铁路，但他仿佛没有听见。警卫员执拗不过，干脆架起任质斌就走。翻过铁路，部队要经过一片三百多米宽的水田。由于天雨人多，狭窄的田埂上布满泥泞，任质斌高度近视，一不小心跌倒在水田中，眼镜和左轮手枪都掉进泥泞里。他和警卫员一起摸了一阵，才将眼镜摸起，而那支争取程耀德起义时程送给他的德国造左轮手枪却怎么也没找到。多年后任质斌谈到此事，仍感惋惜。

　　经过整整一夜的强行突破，中原局、中原军区首脑机关和主力部队，终于在六月三十日凌晨三时左右胜利越过平汉铁路。而几乎与此同时，王震率领北路军另一支，亦从李家寨胜利突越平汉铁路。王树声率领南路军主力，经过激烈战斗，硬是撕破国民党军以飞机、大炮、装甲车构筑的"立体封锁网"，于七月一日从孝感王家店至卫家店一线突过了平汉铁路。担任侧应和掩护任务的江汉军区部队、河南军区部队第一纵队第一旅、鄂东独立第二旅等部，亦先后胜利地突破了敌人的内层包围圈。

　　在李先念、郑位三、陈少敏、王震、王树声、任质斌及中原部队领导人的精心部署和指挥下，中原军区部队五万余人，出敌不意，攻其不备，抢在七月一日国民党军发动总攻击之前，突破了国民党军苦心经营了半年之久的"内层包围圈"，粉碎了国民党蒋介石制造第二个"皖南事变"的阴谋，取得了中原突围首战的胜利。

　　七月一日，中共中央通告全国各解放区："敌反共反人民的大内战已从二十六日围攻五师①开始。我即将进行自卫战争。"

　　中原军区部队奇迹般地向西胜利突围，使蒋介石震怒，他急令刘峙所部全力追击。刘峙误断中原军区主力将在桐柏山区立足，乃令三个整编师，在鄂北厉山、高城、天河口等地构筑堵击圈，企图在空军配合下，围歼中原部队于天河口、高城地区。

　　突破敌人内层包围圈后的中原军区主力并未驻足桐柏，而是顶着烈日，冒着酷热，乘胜向西进击。李先念、任质斌等中原部队领导人冷静分析了形势。他们认为，中原部队胜利突围，蒋介石、刘峙决不会善罢甘休，必将组织新的围堵。中原部队北路军继续西进，必先经天河口、高城，而后是豫西南平原河网地区。这一带交通便利，河流纵横，不利于我军行进，却便于国民党军调动兵力。因此，

――――――――――

　　①　指八路军、新四军中原军区部队。

北路军必须准备同国民党军展开一场争时间、抢速度的"竞赛"，尽快通过这一危险地带。

当部队进至应山以北泉口店、浆溪店、吴家大店一线之时，中原部队决定进行短期休整，以便轻装前进。任质斌抓住时机深入部队，给指战员们打气鼓劲。他告诫指战员，国民党蒋介石发动内战，违背民意，注定会失败。但是，中原部队离最终胜利还很遥远，大家既要看到光明的前途，也要做好战胜困难的准备，更艰巨的任务和更严峻的考验还在后头。针对有些同志舍不得轻装的思想，他耐心地进行说服，希望大家立足长远，放眼未来，不要因舍不得眼前的坛坛罐罐而误了大事。在他的耐心开导下，许多同志高兴地进行了轻装，将诸如抗战时期缴获的日军军毯等不便携带的物品就地送给了老百姓。

七月三日，经过短暂休整和轻装后的北路军继续向西挺进。途中，中央军委电示中原部队："你们进至天河口以西、枣阳以北地区，争取数天休息。待查明敌情后，在有利条件下可考虑用伏击方法，歼灭敌一部，顿挫其追击计划。"一向忠实执行中央指示的李先念、任质斌，在综合分析各方面汇集而来的敌情之后，认为国民党军正在构筑新的堵击圈，我军暂不宜在鄂北豫西地区停留，仍应按预定部署大踏步西进，以求进一步争取主动。他们的意见，得到了郑位三等其他中原部队领导人的赞同。

七月四日，北路军进至天河口以西青苔镇，击溃奉命前来堵击的国民党整编第三师先头部队。五日，中原局、中原军区首脑机关进抵枣阳县城以东吴山镇、新集一线，国民党枣阳县长闻风而逃。六日，北路军主力胜利越过天河口、高城，进至枣阳以北地区。而此时，奉命"追剿"北路军的国民党军整编第四十一师、第十五师等部始抵桐柏及信阳谭家河地区。而奉命前往天河口堵截的整编第三师先头部队，与北路军稍一接触即被击溃。正是由于李先念、任质斌等中原部队领导人正确分析形势，灵活执行中央指示，中原部队北路军又一次粉碎了国民党军的合围阴谋，取得了"竞赛"的初步胜利。

北路军的神速行动，使国民党追堵部队痛感"望尘莫及"、"永无追及之日"。蒋介石一面斥责刘峙"作战不力"，一面下令务于白河东岸地区寻找战机，全歼北路军主力①。七月七日，刘峙部署对北路军的第三次追堵，企图于白河东岸之苍苔地区"围歼"北路军。

李先念、任质斌等洞悉国民党军的阴谋，指挥北路军乘胜前进。七月正值雨季，大雨滂沱，道路泥泞，部队克服疲劳，昼夜兼程，以日行一百八十里的速度强行军，终于在七月七、八两日胜利跨越唐河、白河，进入邓县、镇平之线。国民党军"围歼"中原部队主力于白河东岸地区之计划又告破产。

国民党军对中原部队的合围追堵计划接二连三地落空，使蒋介石颜面失尽。他一面下令对整编第十五师师长武庭麟等以"行动迟缓，未能阻歼共军"而"勒令查办"，一面严令刘峙务于七月二十日前寻找有利战场，全歼中原部队主力。他甚至不惜调整部署，将驻守陕西关中地区、专门对付陕北解放区的胡宗南整编第一师、第九十师等部，调至豫鄂陕三省交界之咽喉荆紫关地区，以防北路军入陕。

鉴于国民党军追堵日击，为分散敌之兵力，中原局于七月十一日在内乡师岗召开临时会议，作出了"北路军决心分两（路）纵队向西挺进"的决定，由李先念、郑位三、任质斌等率首脑机关及第十三旅、第十五旅四十五团、中原军区警卫团一部为左翼，经湖北郧县南化塘、陕西山阳漫川关一线，向宁陕方向前进；由王震率第三五九旅和干部旅为右翼，取道荆紫关、山阳向镇安、柞水前进。从此，北路军分为左、右两翼部队继续西进。

---

① 中原突围战役敌情资料，存鄂豫边区革命史编辑部。

河南内乡、邓县、淅川一带，原为土顽别延芳统治的地盘，国民党与土匪勾结，在这一带建立了严格的保甲制度。北路军进入这一地区后，不仅时常受到土匪骚扰，而且群众由于受到国民党的欺骗宣传，大都空室清野，逃避一空，这给部队带来极大困难。作为中原军区副政治委员和第二纵队政治委员，任质斌及时加强部队政治工作，一方面向群众宣传共产党和人民军队反对内战、争取和平的政治主张，一方面要求部队严格遵守群众纪律，坚决执行三大纪律八项注意。部队借用民房，走时打扫得干干净净；借吃群众的粮食，一律留钱附信，表示感谢。中原部队爱护人民、秋毫无犯的实际行动，很快感染了人民群众，不少群众回到村里，自发给北路军送水、送粮、带路，这给了北路军行动以极大的支持。

七月十三日，李先念、任质斌等率北路军左翼部队进抵淅川境内丹江东岸地区。滔滔奔涌的丹江，成为部队西进的"拦路虎"。

绵延八百里的丹江，与唐、白二河同为汉江支流，其流经淅川的这一段，江面宽阔，水流量大。平时，丹江河面宽、流速缓，一般可以徒涉。但入夏之后，由于暴雨连绵，山洪突发，丹江水位猛涨。浑浊的江水，卷着山上冲下的树枝草渣，翻腾咆哮，巨浪撞击着江边的岩石，卷起数尺高的浪花。

李先念命令三十七团团长夏世厚立即组织小分队，沿江寻找全部人马可以徒涉过江的渡点。任质斌则组织部队在丹江东岸的树林里集结，抓紧进行徒涉前的准备工作。他沉着镇静地指挥部队，将会水的与不会水的、体弱与体壮的、男同志与女同志，进行搭配编组。

经过几个小时的紧张准备，部队于十三日下午二时许从距离淅川县城以西约二公里的人字坎城开始了渡江行动。任质斌协助李先念，指挥部队按照先机关人员和伤病员、后战斗部队的秩序，有条不紊地渡江。渡江过程中，敌机不时飞来，俯冲轰炸，任质斌和李先念又指挥部队还击，尽量减少渡江伤亡。十四日，主力部队大部渡过丹江，任质斌才在几位会水战士的帮助下，艰难地涉过丹江。

七月十四日，北路军左、右两翼部队均胜利渡过丹江，蒋介石、刘峙欲将北路军消灭于丹江东岸地区的计划再告破产。

七月十五日，刚刚率部渡过丹江的李先念、郑位三、任质斌，一连接到毛泽东主席和中央军委的三份电报。毛泽东对中原突围给予了很高评价："整个突围战役是胜利的，敌人毫无所得。你们这一行动已调动程潜、刘峙、胡宗南三部力量，给反动派以极大的震动与困难，故你们的行动关系全局甚大。"毛泽东和中央军委还根据全面内战爆发后的全局形势，对中原部队的行动方针给予了指示。

与此同时，蒋介石亦三次电令刘峙、胡宗南："务于荆紫关以南将李部包围歼灭。"蒋介石最为担心的就是中原部队入陕，破坏对延安的进攻计划。根据蒋介石的电令，刘峙急忙调兵遣将，企图与胡宗南部密切配合，前堵后追，将中原部队北路军主力歼灭于荆紫关、南化塘地区。

荆紫关、南化塘地区，地处豫、鄂、陕三省交界处，为入陕之门户。这一带山岭连绵、地势险峻，素为兵家必争之地。胡宗南在接到蒋介石密令之后，星夜将其整编第一师、第九十师等部调至荆紫关、南化塘、鲍鱼岭之线，据险构筑工事，抢先阻断了北路军西进的道路。

七月十七日晨，王震率北路军右翼部队进至鲍鱼岭地区，与敌整编第九十师展开激战。上午十时许，李先念、任质斌率左翼部队进至南化塘玉皇山附近时，又与号称"天下第一军"的整编第一师一旅相遇。国民党军抢先占领了玉皇山制高点及西南一线山梁，构筑梯形工事，将中原局、中原军区首脑机关及七千多人的部队压制在玉皇山右侧的一条峡谷之中。中原部队正前方及左右两侧均有敌重兵把守，而尾追的国民党军正源源渡丹江而来。中原局、中原军区首脑机关和主力部队面临着千军覆没的巨大危险。

李先念、任质斌等处险不惊,镇定自如。他们一面安排部队紧急销毁重要文件,做好最坏打算;一面调遣部队,调整战斗队形。布置停当之后,李先念、任质斌又带领第二纵队司令员文建武、副司令员周志坚及三十七团、三十八团的指挥员,冒着巨大危险,来到敌人的阵地前沿观察地形,研究突击方案。最后,李先念作出强攻部署:三十七团主攻,三十八团、四十五团和军区警卫团助攻,三十九团断后。全军要不惜一切代价,杀开一条入陕的血路。

下午三时,雨霁天晴,刚刚被雨水冲刷过的山岭,青葱滴翠。担任主攻任务的第十三旅三十七团一千六百多名指战员,在敌主阵地对面的一座山包的树林中,抓紧进行突击前的最后准备。李先念、任质斌来到战士们中间,为他们壮行。军区首长的到来,给战士们以极大鼓舞,大家齐刷刷地排好队,接受首长检阅。

望着眼前这些钢铁般的战士,李先念、任质斌心情都很激动。李先念大声地说:"同志们,这一仗关系着我们的生死存亡,打不好,就有全军覆没的危险。敌人,是胡宗南所谓的'天下第一军';我们,是共产党、毛泽东领导的人民军队。在今天这场生死较量中,我们要以一当十,坚决与敌人斗争到底!"[1]

三十七团团长夏世厚代表全团指战员们表示:请首长放心,请同志们放心!三十七团决不辜负党和同志们的希望,只要有一人在,也要坚决夺取敌人的阵地!

任质斌没有讲话,面对与李先念一起在艰苦抗战岁月中带起来的这支钢铁团队,他全然不必多说什么。他深信,三十七团没有完不成的任务。此时此刻,他唯一的愿望,就是多看战士们一眼,能够永远记住眼前每一张可爱的脸!

随着李先念一声令下,强攻开始。北路军左翼部队集中数十挺轻重机枪和全军仅存的四门"八二"迫击炮,向国民党军主阵地猛

---

[1] 朱玉主编:《李先念传》,中央文献出版社,1999年6月版,第613页。

烈攻击。在强大火力的掩护下，三十七团三个营一线排开，同时向
敌阵地发起冲锋。

当时，国民党军主阵地与三十七团进攻出发地之间有一条深谷
相隔。当三十七团向沟底冲锋时，国民党军立即组织猛烈火力射击。
子弹雨点般地倾泻而来，炮弹在山腰开花。三十七团指战员顿时倒
下一片，一营教导员薛国斌当即牺牲，二营营长李俊山头负重伤。
情急之中，不少指战员干脆抱着枪支，不顾一切地向山下滚去，许
多同志被石头、树枝扎伤。三十七团的指战员们，就是这样不惜牺
牲，前仆后继，硬是冲至谷底。

部队进至谷底后，夏世厚稍稍整理了一下队伍，便接着指挥部
队从谷底向山顶的敌主阵地发起进攻。由于敌阵地树少、坡陡，攀
登极为困难。战士们有的用刺刀铲，有的用枪托捣，有的用手指挖，
弄出一个个小坎子，一步一步地向山顶逼近。当距敌阵地十余米时，
指战员们一齐投出一排手榴弹，在一阵阵隆隆的爆炸声中，大家呐
喊着冲向敌阵，与敌人展开白刃战。经过一番激烈的搏杀，三十七
团终于打败了胡宗南的"天下第一军"，为主力部队突围杀开了一条
血路。

南化塘战斗，是中原突围战役中最危急、最壮烈的一场战斗，
这场战斗，给任质斌留下了终生难忘的印象。时隔四十八年之后的
一九九四年六月，他在回忆这一战斗时谈到：

当时敌我双方都是作了拼的准备的。国民党几次围歼
我们失败，这一次算是有了一次好机会。蒋介石、胡宗南
又格外怕我们入陕，所以不惜从关中大老远把精锐部队调
来设伏。而我军当时已无退路，只有背水一战，绝处逢生。
这一仗，在先念同志亲自指挥下，最终打败了国民党，充
分说明我们中原军区部队是能够打苦仗、硬仗的。对于这
次战斗，先念同志后来为南化塘战斗革命烈士纪念碑刻写
碑文时说，南化塘、鲍鱼岭战斗，标志着我军突围战役的

胜利，这充分说明了这次战斗的重要意义①。

南化塘战斗的同时，王震指挥北路军右翼部队亦在鲍鱼岭地区与国民党军整编第九十师部队激战，取得了战斗的胜利。经过这两场血战，北路军敲开了入陕的大门。战斗之后，李先念、任质斌等率左翼部队进入商南，王震率右翼部队进入山阳，两军互为犄角，并驾齐驱，直指陕南腹地。

蒋介石、胡宗南唯恐北路军在陕南立足，又匆忙调集兵力，构筑多层次、大纵深堵击网，企图在陕南崇山峻岭中寻歼北路军。

七月十九日，李先念、任质斌率部进至商南县赵川镇以东地区，又与奉命实施"超前追击"的国民党整编第三师两个旅相遇。中原部队第十五旅四十五团奉命迎击敌军，掩护中原局、中原军区首脑机关和大部队通过。英雄的四十五团指战员，在前坡岭主阵地上，阻击十倍于己之敌达二十多个小时，打退敌人十七次冲锋，以伤亡四百余人的代价，胜利完成了阻击敌人的任务。战斗中，四十五团团长汪世才英勇牺牲。

七月二十日凌晨和二十一日正午，中原局、中原军区首脑机关又在商南县石柱河和梁家坟两次与敌遭遇，李先念、任质斌沉着指挥部队，亲自参加战斗，最后均化险为夷。

经过一系列的生死血战之后，北路军主力胜利地摆脱了刘峙的追兵，进入到了陕南的崇山峻岭之中。由于全国内战打响，苏中战役展开，蒋介石出师不利，四顾不暇，不得不从中原抽兵，北路军面对的敌情有所缓解。然而，秦岭支脉中恶劣的自然环境，又使北路军陷入极度疲惫、饥饿的境地。任质斌后来回忆这一段的情况时谈到："部队进入陕南山区后，行军、作战、吃饭、住房都很困难。吃饭问题，由于人烟稀少，很难搞到吃的。记得有一次我和先念同志在一个小村里宿营，警卫员好不容易搞到一点玉米粉，准备煮一

---

① 任质斌谈中原八年录音，存鄂豫边区革命史编辑部。

点玉米糊糊吃。他找了一个瓦罐煮熟，我们一吃，感到味道不对，再一看，发现是个尿罐子。大家也顾不得那么多了，仍然吃掉，由此可见一斑。行军也格外困难。陕南山路崎岖，七弯八拐，部队只能蛇形前进。部队行进在山沟里，布满利石，沟里有时有冰冷刺骨的冷水，有时又是干的。干干湿湿，指战员们的鞋子全都烂掉了。有的战士脚底打起了大血泡，拄着拐棍艰难地行走，最后实在走不动了，只能坐在大路边，望着路过的同志哭泣。这时骡马也不多，有的骡马习惯了挂掌，掌磨掉了就无法行走，不挂掌而能行走的极少。所以望着战友掉队，大家也没办法。当时部队的减员，真正在战斗中减员的很少，大部分都是像这样减员的。"①

　　然而，英雄的人民军队，是任何艰难困苦也难不倒的。在李先念、任质斌等的带领下，中原军区北路军终于熬过了这段艰难的日子。七月底八月初，部队和前来接应的陕南地方党和游击队取得了联系，从而胜利结束了中原突围战役。

　　在此期间，中原军区突围的其他各路部队，亦先后战胜国民党军的围追堵截，成功实现了战略转移。

　　从一九四六年六月二十六日起，任质斌和李先念、郑位三、陈少敏、王震等率领中原局、中原军区首脑机关所在的北路军，历时一个多月，西征一千公里，彻底粉碎了国民党军一次又一次的围追堵截，胜利实现了从宣化店到秦岭的伟大战略转移。

　　任质斌参与指挥的中原突围战役，是中国革命历史上的一个重大事件，是全国解放战争的胜利起点。中原突围战役，无论在政治上、军事上，还是在战略上、战役上，均取得了全面胜利。在政治上，它以有力的事实，揭露了国民党、蒋介石"假和平、真内战"的阴谋，向世人昭示了蒋家王朝反动、虚弱的本质，显示了中国共

---

　　①　任质斌谈中原突围录音，存鄂豫边区革命史编辑部。

产党及其领导的人民军队的强大威力，鼓舞了全党、全军打败国民党、蒋介石的革命信念。在军事上，它一举击碎了蒋介石制造第二个"皖南事变"的图谋，夺取了解放战争的首战胜利。在战略上，它先后共牵制了国民党军十五个整编师三十二个旅共三十六万人的兵力，有力地支援了华东、华北和东北等解放区部队的作战。在战役上，它不仅胜利实现了战略转移目的，保存了百分之八十的军力，而且还取得歼敌万余人的辉煌战绩。中原突围战役的全面胜利，是中共中央、中央军委和毛泽东主席英明决策的结果，是以李先念、郑位三为首的中原部队领导人正确指挥的结果，是中原军区全体指战员英勇顽强、浴血奋战的结果，是广大人民群众大力支援的结果。同时，也凝聚了任质斌的智慧和心血。在中原突围的史册上，任质斌书写了光辉的一页。

第十九章　创建豫鄂陕根据地

在中原军区部队胜利突围期间，中共中央根据全国战局形势的变化，适时调整了南线作战部署，对中原突围北路军主力原拟进入陕甘宁边区的战略转移终点作了改变。指示中原部队在鄂、豫、皖、川、陕广大地境开展游击战争，在敌后创建根据地，继续牵制敌人，配合内线部队作战。任质斌和中原局、中原军区其他领导人，从解放战争的全局利益出发，坚定不移地贯彻执行中共中央的战略决策。一九四六年七月二十三日，中原局在陕西省商南县白鲁础召开会议，讨论和部署在敌后创建根据地的问题，决定北路军以团、营为单位，分散发动群众，在豫鄂陕边建立根据地。同时，鉴于部队极度疲劳、部分领导同志病倒等情况，决定郑位三、陈少敏、戴季英离队休养，由任质斌协助李先念全面主持中原局、中原军区的工作。

从一九四六年七月下旬至九月底，任质斌度过了一段异常艰难而又意义非凡的时光。在李先念胃病复发、身体虚弱的情况下，他更多地担当起了指挥重任。他以对党、对革命事业高度负责的精神，克服自身心脏病复发的困难，以顽强的毅力、高昂的斗志，全身心地投入到创建豫鄂陕根据地的工作中。在这六十多个日夜里，任质斌废寝忘食，殚精竭虑，运筹帷幄，为中原部队发动敌后游击战争，创建革命根据地，支援兄弟解放区部队夺取反内战斗争的胜利，作出了重要的历史贡献。

一 白鲁础会议

在陕西省商南县的崇山峻岭之中，有一座平凡普通的小村落——白鲁础。它位于商南重镇赵川西北十公里处，西接山阳，南邻郧西，尽管村庄坐落在绿峰百重的峡谷之中，但平均海拔高度仍达九百三十多米。

一九四六年七月二十二日，中原突围北路军左翼部队经赵川、梁家坟战斗之后，在李先念、郑位三、陈少敏、任质斌等率领下，由商南县黑龙洞、白龙洞、大沟、何家沟，从朝阳沟进入白鲁础。白鲁础葱郁的树木竹林，成为部队隐蔽休息的天然屏障，李先念与任质斌等决定部队就地宿营。

任质斌和中原局、中原军区其他几位首长住在白鲁础的陈家屋场。虽然经过几场恶战之后，突围部队已经甩掉了尾追之敌，但大家心情并不轻松，因为中共中央和中央军委根据全国战局形势的变化，又赋予了中原部队新的战略任务。

在中原部队突围之前，中共中央就拟定了一个南北两线的作战计划。其中在南线，以晋冀鲁豫野战军主力和山东野战军分别向豫东和津浦路徐（州）蚌（埠）段出击，着重在野战中歼灭敌人的有生力量；以华中野战军进击津浦路蚌（埠）浦（口）段作为策应。尔后，如形势有利，则以晋冀鲁豫、山东两野战军主力向大别山、安庆、浦口一线推进。在此期间，中原军区主力在豫西吸引敌人，一部在原地吸引敌人。其战略意图，一是着重向南，与国民党军着重向北相反，可将很大一部国民党军抛在北面，使之处于被动地位；二是可保障中原军区部队不致被消灭或吃大亏。

中原军区部队于六月底被迫突围后，国民党军又以四十多万人，欲向华中、山东解放区部队发起多路进攻，企图由南向北、由西向东逐个压缩，逼其决战。鉴于此，中共中央于七月上中旬调整了南线计划的部分内容，决定将原来的外线出击改为内线歼敌，指示华东野战军在中原突围战役打响后发起苏中战役，先在内线打几个胜仗，挫败国民党军的锐气。根据这一调整，中共中央对正在突围的中原部队的战略任务提出了新的要求。七月五日，中央军委电告郑位三、李先念："你们的任务是活动于鄂西北、豫西南广大地区，一面保存自己，同时牵制敌人，对全局贡献极大。"① 七月十三日，中央又电示郑、李，指出："我中原军之任务是，以机动灵活之行动，在鄂、豫、皖、川、陕广大地境内，在外线牵制反动派大量军队，帮助我内线作战部队取得胜利。"② 十五日，毛主席再次电示中原局、中原军区：胡宗南有强兵节节堵击，北上很难通过，且牵制大批敌军，在敌后创立根据地，是我中原军的光荣战略任务。指示中原军区部队全部应在鄂、豫、皖、川、陕五省境内进行机动灵活之作战。此后，中共中央和中央军委又连续电示中原局、中原军区，指示考虑部队分散于陕南十余县，发动群众、打击敌人。同时，中央亦电示南路军王树声、刘子久、张才千，下决心在鄂西山地各县建立根据地。这些，都说明中共中央和中央军委对中原突围部队战略转移的终点有了新决断。

中共中央对中原部队战略转移终点的转变，是任质斌和他的战友们始料不及的。因为在突围前，大家都抱着一门心思要打回陕甘宁边区去。领导层这样考虑，对部队的宣传亦是如此。现在，中央要求中原部队停止西进，在豫鄂陕边创建根据地，大家思想上多少有些转不过弯来。但是，既然中央已有明确指示，为了全局利益，中原部队必须留下来。为此，中原局决定在白鲁础召开会议，研究

---

① 李少瑜、何光耀、张肇俊主编：《任质斌在中原八年》，湖北人民出版社，1998 年 12 月版，第 183 页。

② 李少瑜、何光耀、张肇俊主编：《任质斌在中原八年》，湖北人民出版社，1998 年 12 月版，第 184 页。

和部署创建根据地的问题。

七月二十三日上午，在白鲁础大字沟口的关帝庙内，由中原局代书记郑位三主持召开了中原局会议。任质斌和李先念、陈少敏、戴季英等中原局委员出席会议，第二纵队司令员文建武列席了会议。王震因率三五九旅和干部旅已进至山阳县而未能出席。会议首先传达了中共中央关于中原部队停止西进，在敌后创建根据地的指示，随后认真讨论了如何贯彻中央指示的问题。

讨论中，有的同志认为，部队刚刚突出敌人的重围，突然要停下来创建新的根据地，基层干部战士都没有思想准备，部队情绪恐难稳定。也有同志说，陕南和鄂西北地瘠民贫、山大人稀，大部队难以生存，创建根据地谈何容易。但李先念和任质斌则认为，中共中央对中原军区部队战略转移终点的调整和赋予中原部队新的任务，是根据解放战争全局形势变化而作出的重大战略部署，体现了中央对中原部队的高度信任。中原部队应以全国解放战争的大局为重，牺牲局部利益，坚决执行中央的战略决策。陕南、鄂西地处秦岭、巴山之间，为鄂、豫、陕、川、甘五省之战略枢纽，地位突出。控制这一地区，既可与陕北相呼应，又可进出中原策应华东、华北解放区，战略意义十分重大。中原部队具有在敌后、在复杂条件下创建根据地的经验，只要克服困难，团结一心，依靠人民群众和地方党组织，一定能够完成党中央交给的光荣任务。李先念、任质斌等的意见，得到了与会大多数同志的认同。经过整整一个上午的讨论，大家统一了思想，一致认为应坚决执行中共中央的战略部署，克服一切困难，以有力的行动配合内线部队的反内战斗争。

白鲁础会议作出了两项重要决定：一是北路军以团、营为单位化整为零，兵分七支，在镇安、郧西、商南、山阳等地，分散发动群众，打击国民党地方政权，建立根据地。具体部署是：二纵队参谋长方正平、政治部主任张树才，率十三旅三十八团的两个营向镇安方向活动；十三旅副政委肖元礼、参谋长周光策，率十五旅四十五团的两个营向郧西县西部活动；二纵队副司令员周志坚、十三旅政委杨焕民，率十三旅三十九团全部随军区前进（后因被敌隔断，主力一部辗转到达延安）；中原局、中原军区首脑机关，率十三旅三十七团全部，向竹林关以南龙山地区，与陕南游击队指挥巩德芳会合；三十八团政委秦振，率该团一营留商南县就地打游击；四十五团政委齐勇，率四十五团一个营在山阳县东部地区打游击；中原军区司令部参谋处副处长魏国运和军区警卫团政委吴杰，率警卫团一个营掩护部分机关人员向山阳以北行动，相机进入陕甘宁边区。

鉴于部队长途征战，部分领导同志极度疲劳和病倒的情况，白鲁础会议还决定：郑位三、陈少敏、戴季英离队休息，由陕南游击队掩护，相机护送到延安；由任质斌协助李先念，主持中原局、中原军区的领导工作。

面对异常艰难、复杂的局面，任质斌毅然担负起党赋予的重任，并以顽强的毅力、高昂的斗志投入了工作。

中原局会议结束后的当天下午，任质斌即与李先念、文建武认真研究了如何贯彻中央指示和中原局会议精神等问题，并迅速组织实施。二十三日下午，北路军左翼部队即离开白鲁础，分头行动。

二十四日，任质斌和李先念、文建武或联名，或以中原局名义，连续发出六份电报：

——十三时，电告中央并王震：郑位三、陈少敏、戴季英已离开部队，交由陕南游击队张奎、谭道鹏、刘占山负责掩护，请中央设法接到解放区。

——十四时，针对国民党飞机散下公函，要求中原部队二十四小时内派代表到龙驹寨（今丹凤县城）谈判一事，建议中央请西安办事处派人前往，争取短暂停战，以便整理部队，恢复战斗力。

——十五时，电告南路突围部队王树声、刘子久并报中央：北路军已决定在陕南、郧北分散游击。并指示南路军在鄂西北创造游击根据地。

——十七时，就北路军主力分散行动问题报告中央，指出：自通过豫西南平原，进入豫鄂陕山地后，主客观的各种情况即进入严重阶段，部队困苦之状绝不亚于长征后一阶段。为克服困难，除王震已率三五九旅及警卫团、干部旅单独行动外，已决定将直接率领的十三旅及十五旅四十五团分七支单独行动。中原局、中原军区率十三旅三十七团，已到竹林关以南龙山地区，并正与陕南游击队指挥巩德芳联系。

同日，还向魏国运、吴杰以及江汉军区罗厚福、文敏生发出电报，指示行动路线和方针。

短短一天时间，一边指挥部队行军，一边发出六份电报，而且以后得知这些电报大多是由任质斌起草的。由此可见任质斌进入"角色"之迅速、指挥之果敢以及工作紧张的程度。

对于"李任文"的一系列部署，中共中央和毛泽东主席给予了高度重视。二十五日，中共中央和毛泽东三次电示李先念、任质斌、文建武，通报敌情，指示行动路线，同时指出："同意你们分散行动的布置"，"告诉各部，紧紧依靠民众即有出路"；"已电西安办事处周子健代表李先念与三十二执行小组接洽，声明愿意调处，要求政府军停止围追，以利谈判"，"只要你们能生存，恢复谈判及实行停战是有希望的"；"应下决心以团为单位分散于陕南各县，划分区域，每团管一至二县，分散程度以能打民团及国民党一连一营为标准"①。

在作出一系列部署之后，任质斌和李先念决定尽快与陕南游击队会师。他们深知，在当前情况下，在陕南穷乡僻壤，大部队要立足生根创建根据地，离不开陕南地下党和游击队的支持。二十六日，

---

① 李少瑜等编著：《中原突围纪事》，解放军出版社，1992年10月版，第99～100页。

当部队抵达山阳东南之红岩沟时，任质斌与李先念、文建武即电告中央："我们改道北上，并拟于明日通过山阳县至竹林关山道，向龙驹寨西北之小北山方向前进，随将于陕南游击队领袖巩德芳会师，以便有计划的布置陕南的游击战争。"①

二　与陕南游击队会师

七月初夏，陕南的早晨格外妩媚迷人。远处，千山初醒，朝云出岫，青青苍苍之中，乳白色的云纱像仙娥在山腰间飘舞；近处，满枝满树的核桃丸儿、柿子果儿，沁出特有的清香，百鸟啼鸣，万花争妍，似乎在欢迎远方贵客的光临。

二十七日一大早，任质斌就和李先念、文建武率领部队离开红岩沟，过龙泉寺，越银花河，于上午十点多钟进至丹凤县的毛栗岗垴，在这里巧遇了陕南游击队中队长张青山。

这天，张青山带领三十余人在毛栗岗垴一带活动。突然，哨兵报告："队伍来了！"张青山忙隐蔽好队伍，自己小心翼翼地上前观察，发现"核桃树底下，路边石头边上，直到毛栗岗村，坐的站的，队伍一大片。又听见河里喊：'注意群众纪律，不要踏老百姓的庄稼。'"张青山据此判断，这些队伍可能是新四军②。正当他犹豫不决时，突围部队已发现了他。李先念、任质斌令参谋肖健章上前盘查，当得知是陕南游击队后，大家都异常兴奋。

随后，在毛栗岗村一老乡的家里，李先念、任质斌向张青山详细询问了巩德芳和陕南游击队的情况。对于这一段故事，党史工作

---

① 《李先念传》编写组编：《李先念传》，中央文献出版社，1996 年 6 月版，第 636～637 页。

② 张青山著：《带路》，《西征》，武汉大学出版社，1989 年 12 月版，第 240～241 页。

者曾专门作过寻访：

> ……这位领导人（指李先念）听见"巩德芳"三个字很高兴，把张青山叫到院子里坐下，一连串地问："你们有几个大队？""队长是谁？""队长到延安去过吗？""巩德芳现在在哪里？""其他各队在哪里？距这里有多少路程？……"张青山一一回答。这位领导笑容满面地边听边点头，并叫把地图拿出来，亲自用红蓝铅笔在上面点，叫肖参谋用尺子在地图上量。亲切交谈之后，他问："你多大了？""带多少人？""都是啥武器？"张青山回答之后，他叫张青山把游击队叫下来，分成两班，一班当前卫，领路去找巩德芳；一班作后卫，把掉队的伤病员隐蔽到群众家里，把枪配给你们的队伍。最后，他从一个小鬼手上拿来一支手枪给张青山，问："你喜欢吗？"张青山高兴地说："喜欢。"这位领导风趣地说："我们一来你们的队伍就扩大了，你这个队长也当大了，武器也阔气了！"在场的人哈哈大笑。
>
> 这位领导和张青山谈话时，中原军区副政委、二纵政委任质斌在旁。他看见张青山年轻英俊，对答如流，很赏识。张青山走后，他夸奖说："这个队长很精干，很机灵，和小肖一样。"转身问肖参谋："和你年龄差不多吧？"肖参谋答："我俩都是民国十三年生，同龄。"和张青山谈话的这位领导一听，瞅一瞅朝夕相随的肖参谋，笑着说："你俩是一对双胞胎吧！"肖参谋诙谐地解释："新四军和游击队本来就是双胞胎嘛！"①

这段生动的故事，真实地反映了任质斌、李先念当时期盼与陕南游击队会师的急切心情。的确，党的利益、革命的事业，把突围

----

① 李文实著：《寻觅元帅的踪迹》，陕西人民出版社，1994年11月版，第53～54页。

部队和陕南游击队结合在了一起，豫鄂陕革命根据地的创建工作，离不了陕南游击队这位"同胞兄弟"。

陕南游击队，是抗战初期在中共陕西省委领导下，由共产党员巩德芳创建起来的一支革命武装。抗战中期，由于国民党顽固派的残酷"清剿"，游击队活动被迫转入地下，巩德芳被调往延安学习。抗战胜利后，中共中央西北局和陕西省工委，先后派遣巩德芳、王力、薛兴军等干部返回商洛，加强对这支武装的领导。陕西省工委认为，商洛"有建立根据地的条件，且有它很大的解放西北的战略意义。但由于该地区尚处于国民党统治区，四周均受国民党包围，虽敌人在此统治较弱，但整个看来，敌人尚占绝对优势。我一时尚不能够推翻它。因之，我们的方针在目前情况下应是建立隐蔽的根据地"①。据此精神，巩德芳等积极开展群众工作，发展党的组织，广泛开展统战活动，逐步将原分散的地下武装统一起来，并争取了丹江南北十余股地方武装，形成了下辖三个大队、两个独立大队，共千余人武装的队伍。一九四六年五月，中共商洛工委成立，王力任书记；六月，陕南游击队指挥部组建，巩德芳任指挥，王力任政委。在巩德芳、王力等的领导下，陕南游击队开辟了以龙驹寨南北二山为中心，北至河南省卢氏县境，南至湖北省郧西县关防、大小石门一带，东至豫陕交界，西到秦岭黑龙口牧护关，南北约二百五十公里、东西约一百公里的"隐蔽根据地"。这块根据地，为中原部队发动敌后游击战争，创建更大的革命根据地打下了坚实基础。

还在中原突围部队挥师陕南之时，远在陕北的毛泽东，即敏锐地将商洛山中这支千余人的小"卒"，置于他宏大的战略棋盘之中。七月十五日，在指示北路突围部队"考虑是否可能在陕南建立临时

---

① 《中共陕西省工委一九四六年关于商洛区工作报告》，《中共商洛工委和陕南游击队》，陕西人民出版社，1990年2月版，第74页。

根据地”的同时，毛泽东即以中央军委名义向李先念等通报了陕南游击队的情况，指出“我陕委在商（县）、洛（南）、山（阳）、柞（水）、卢氏之间，今年搞起数部非法武装，现统一归巩德芳（党员）指挥……并已由边区派去五十余名干部，帮助发展，积极准备建立根据地”。“可找巩德芳接头，一切情况可知”①。十七日，毛泽东又拟电通报巩德芳及游击队活动区域，指示李先念等“应和巩部联络，给以干部与武装之帮助”；“应考虑依靠巩部及广大民众在陕南十余县建立根据地的问题”②。二十二日，中共中央向中原局再次通报了陕南游击队三个大队的活动地域，指出：“在联系陕北与中原，在配合华北斗争上，以及对于你们在鄂、豫、陕、川、甘边创造根据地，陕南地位是很重要的。”并指示中原部队以一部分队伍编入游击武装中作骨干，“使陕南地方斗争很快地发展起来，创造较大地区的游击根据地”③。

中共中央和毛泽东主席关于陕南游击队的几次电示，早已深深地印在了任质斌、李先念的脑海中，因此，巧遇张青山之后，他们立即让张青山带路寻找陕南游击队领导人。

经过两天的急行军，七月二十九日，任质斌和李先念在丹凤县寺坪花园岭油房村，见到了前来接应的商洛工委书记、陕南游击队政委王力。双方热烈拥抱，长时间握手。欢声笑语驱散了长途行军的劳累，也给静寂的山林带来了生机。王力一边向几位首长简要介绍情况，一面吩咐游击队员宰猪杀鸡，招待首长和部队。下午四时，

---

① 《中共中央军委关于陕南敌团队和我游击队情况给郑位三、李先念、王震电》，载于《中共商洛工委和陕南游击队》，陕西人民出版社，1990年2月版，第79页。

② 《中共中央军委关于中原解放军应依靠陕南巩德芳部及广大人民群众在陕南十余县建立根据地给郑位三王震的指示》，载于《中原解放军北路突围与豫鄂陕革命根据地》（上册），陕西人民出版社，1998年3月版，第59页。

③ 湖北省鄂豫边区革命史编辑部、湖北省军区中原突围史专题编纂室著：《中原突围史》，军事科学出版社，1996年6月版，第106页。

任质斌和李先念、文建武电告中共中央、西北局并王震："我们今在龙驹寨西南约六十里之土地庙与王力同志见面，正在商讨此地工作及行动问题。"①

　　稍作安顿后，任质斌和李先念、文建武一起，听取了王力关于陕南游击队及陕南情况的报告，交换了创建根据地的意见。根据李先念、任质斌、文建武的指示，王力一面派人向西追赶王震的部队，一面派人前往商县麻街接护西北局派遣接应中原部队的民运科长刘庚，同时向巩德芳传送鸡毛信，准备会师事宜。

　　此时，远在数千公里之外的巩德芳，正翘首期待着中原部队的消息。

　　二十多天前，根据西北局和陕西省工委的指示，商洛工委和游击队指挥部就召开会议，传达了上级关于接应中原突围部队的指示精神，布置王力到丹江以南具体安排接应事宜；巩德芳、薛兴军率游击队主力在商县和洛南川道地区筹措给养，准备与突围部队会师。中原部队进入陕南后，巩德芳又增派了一些游击小队，四处寻找中原部队。七月二十三日游击队中队长刘占山在白鲁础与中原部队取得联系、二十七日张青山"巧遇"中原部队，均是巩德芳妥善布置的结果。

　　连日来，巩德芳一直操心着接应中原部队的事。因劳累过度他胃病复发，不得不住在留仙坪鹰窝沟彭传德家吃药诊病。但他无时不在挂念着中原部队首长的安全。接到王力派人送来的鸡毛信后，他又找来游击队中队长田申荣，让他赶快去打前站，并一再吩咐接到中原部队首长后，带着他们从苗沟、条子沟到留仙坪来，因为这是最安全的一条路。

----

　　① 《李先念、任质斌、文建武关于与王力见面正在商讨此地工作及行动问题给中央、西北局并王震的电报》，载于《中共商洛工委与陕南游击队》，陕西人民出版社，1990年2月版，第88页。

　　而对于安全问题，任质斌和李先念似乎并没有考虑，有陕南游击队的同志在，他们感觉就像在自家门前一样放心和自如。经过与陕南游击队同志几天的接触，他们对陕南的敌情和地理民情已有了一定的了解。此时，在他们胸中，已开始运筹根据地的创建问题。

　　八月一日，在王力的带领下，任质斌和李先念率领部队沿流岭西进，从万家湾西沟口徒涉丹江，进入苗沟。在这里，他们作出了开创根据地的第一项部署：决定将三十七团第三营与陕南游击队两个中队合编，组成蓝洛支队，首先赴秦岭之巅开辟具有重要战略意义的蓝田、洛南地区。对此，时任三十七团三营营长、后成为威震敌胆的蓝洛支队支队长陈德志曾回忆当时的情景："司令部设在一家老乡的普通房间中，墙上挂着商洛地区的地图，木桌上放着简单的办公用具。军区及二纵队领导同志李先念、任质斌、文建武，还有参谋机关的几个工作人员早已等在那里。"在宣布成立蓝洛支队的命令后，"首长们面向地图，指着一些方位，详细指示蓝洛支队的任务是：迅速占领蓝洛地区之灞龙庙、青岗坪、两岔河，以此为中心展开，西向厚子头、许家庙、西荆公路之线发展，东向两岔河以东洛南北部的黄龙铺、金堆城之线展开，把蓝（田）、渭（南）、洛（南）、商（县）、华（阴）边境连成一片，尽快与关中地下党取得联系，接通与陕北往来的地下交通线"①。蓝洛支队成立后，不辱使命，迅速打开局面，屡建战功，并一度威慑国民党西安大本营。为此，毛泽东主席曾拟电通令嘉奖。

　　八月二日，地处商县、丹凤、洛南三县结合部的陕南"隐蔽根据地"中心留仙坪，迎来了它历史性的一天——李先念、任质斌率领的中原突围部队与巩德芳领导的陕南游击队在这里胜利会师了。

----

　　① 《鏖战秦岭的蓝洛支队》，载于《中原突围》（3），湖北人民出版社，1986年12月版，第88~89页。

这天，留仙坪焕发了她"仙坪"般的美丽。山吐玉翠，水如流泉，古老的小街青石铺路，画栋飞檐。接近中午，巩德芳听说中原部队和首长到了，忙和薛兴军一道从鹰窝沟下来，走到砖磨沟口，就见到王力和李先念、任质斌、文建武等一行。

当时会面的情形，田申荣曾这样回忆："德芳和兴军在鹰窝沟接到报告马上进沟来接。山路有牲口不能骑。王力和师长（指李先念）在我的引导下，步行上岭下到砖磨沟，在沟口的阳崖底遇着巩德芳和薛兴军来接。这天天气晴的光光的，正当中午，两军领导人在山沟会面，解放军、游击队很多，山沟里和过喜事一样，人人都笑眯眯的。见面时，王力站在中间，指着李师长向他的战友介绍说：'这是我们过去在陕北成天听说的李师长李先念。'巩德芳、薛兴军立正敬礼，师长向前亲切握手。王力忙指着憨厚的一个人介绍说：'这就是陕南游击队指挥巩德芳，从陕北回来的。'师长微笑。王力又指着灵动的一个人介绍说：'这是副指挥薛兴军，打仗机智灵活人叫狐子。我俩才从陕北回来。'师长笑着点头，表示向他们问好"①。

田申荣的回忆没有提及任质斌。其时，任质斌已融入兴奋欢乐的人流中，无暇顾及会面的一些细节，以至四十多年后，他几乎什么也记不清了。但任质斌却记住了巩德芳，记住了他清瘦、刚毅的面庞和有力的握手。从这次握手开始，在不长的时间里，他们就建立了兄弟般的战斗情谊。任质斌深情地回忆巩德芳说：

……他是陕南本地人，农民出身，一九三八年入党。抗战初期，他利用当国民党常备队副队长的身份，为党掌握了一支武装。一九四二年赴陕西省委所在地马栏学习培训。抗战胜利后，他奉命带领一批干部返回商洛，很快发展起一支一千余人的武装，在陕南建立了一块"隐蔽根据

---

① 李文实著：《寻觅元帅的踪迹》，陕西人民出版社，1994 年 11 月版，第 66 ~ 67 页。

地"。中原突围部队进入陕南后，巩德芳同志积极配合，全力支持，为我军在陕南生根立足作出了重要贡献。根据地组建军分区时，他任二分区司令员，直接保卫根据地首脑机关。一九四七年初由于形势发生变化，豫鄂陕军区主力撤离陕南，巩德芳同志奉命留下来，继续坚持陕南的斗争。在敌人的白色恐怖下，他毫不畏缩，带领游击队的同志经常袭扰敌人，使我党旗帜在陕南不倒。之后，他积劳成疾，于一九四七年三月下旬不幸病逝，年仅三十八岁。他牺牲后，敌人惨无人道地掘尸示众。对于他，所有突围到达陕南的同志都十分敬佩，为了表示对他的缅怀，一九八三年，李先念同志特地撰写了《纪念巩德芳同志》一文，对巩德芳同志给予了高度评价，表达了熟知他的同志对他的敬仰和缅怀之情。

会师是简单的，然而气氛是热烈的。游击队员们挨家挨户组织群众，为部队安排房子。安置伤员，筹粮做饭。群众听说是巩德芳的队伍来了，就像当年迎红军那样，热情地把战士们迎进屋、烧水、做饭。不多会儿，中原部队的指战员们便吃上了又香又甜的糁子糊汤。

巩德芳将李先念、任质斌、文建武及西北局民运科长刘庚安排住在小王沟张孝仓家里。小王沟是留仙坪街下边不远处的一个小偏沟，只有张孝仓这一家住户，位置比较隐蔽。而张孝仓行侠仗义，表面上是国民党乡政权的副保长，实则是巩德芳的要好朋友。把任质斌等安排在这里住，是巩德芳精心考虑过的，这样既安全又便于工作。

住下之后，李先念召集大家开了一个小会。任质斌和李先念向陕南同志重点传达了中共中央和毛泽东主席要求中原突围部队在敌后创建根据地，继续牵制国民党军，配合解放区内线部队作战的有关指示，并谈了中原局关于在陕南建立根据地的一些设想。巩德芳、王力、刘庚重点介绍了陕南的情况，他们表示，欢迎中原部队到陕南创建根据地，陕南地方党和游击队坚决服从中原局、中原军区的领导，坚定地与中原部队一起，为完成中央赋予的战略使命而奋斗。

中原部队与陕南游击队胜利会师，标志着中原突围战役胜利结束，中原军区部队从此转入创建敌后根据地的新阶段。

三　商洛山中撒豆成兵

古老的商洛山，崔巍峥嵘，雄视秦楚。连绵起伏的峰峦，迂回曲折的沟壑，苍翠茂密的丛林，使它自古就成为兵家养马藏兵的宝地。明崇祯十一年（公元一六三八年），闯王李自成兵败潼关，仅带刘宗敏、田见秀、李过、顾君恩等十八骑杀出重围，转移到商洛山中。经过一年多的秣马厉兵，便重树战旗，杀入河南，后又攻洛阳、夺开封、占河北、直取京师，推翻了大明的江山。

任质斌和李先念是熟知这段历史的，部队刚进陕南时，李先念就曾用闯王的故事给指战员们鼓劲加油。进入商洛山后，尤其是与陕南地方党和游击队会师后，他们深入地了解了陕南的地理民情，分析了在这里创建根据地的有利条件。如今，经过运智铺谋，他们已经兵甲在胸，对于开辟豫鄂陕根据地的全盘工作有了较为成熟的考虑。

任质斌、李先念认为，经过一个多月的连续征战，中原突围部队已是人困马乏，进入陕南后，人地生疏，群众尚未发动起来，一切行动均很困难。因此，必须充分发挥陕南地方党和游击队的作用，尽快使中原部队与陕南游击队融为一体，然后化整为零，将小股部队分散在商洛山中，以游击活动来取得必要的休息和补充，并个别扩军，建立群众关系，熟悉地形敌情，在此基础上建立众多小块游击根据地。到那时，国民党军必化整为零，分散"清剿"，中原部队则反其道而行之，化零为整，相对集中兵力，消灭国民党"清剿"

部队，并抓住时机打通各小块根据地之联系，进行比较正规的根据地建设。而在当前，首先是要将中原部队与陕南游击队进行合编。

八月三日，晨曦初露，酣睡的留仙坪小镇被阵阵鸡鸣声唤醒。一大早，小王沟张孝仓家的禾场上就热开了锅。穿灰布军装的中原部队干部和穿土布褂衫的游击队大队长、中队长们，从镇子的四面八方汇拢而来，参加中原部队与陕南游击队合编大会。

任质斌和李先念坐在屋场中间的小板凳上给大家讲话。他们总结了一个多月"小长征"所取得的胜利，分析了全国解放战争的形势，阐述了中原部队在陕南敌后创建根据地的伟大意义，号召全体指战员克服困难，坚定信心，在李闯王当年创造辉煌的地方创造出更大的辉煌。他们着重强调了中原部队与陕南游击队合编的重要性，要求中原部队要学习和帮助游击队，搞好军民团结，大力发动群众，发展地方武装，积极开展游击战，建立政权。巩德芳在会上也讲了话，表示要以中原部队为榜样，在中原局、中原军区首长的领导下，搞好根据地的创建工作，完成党中央交给的光荣任务。

会后，陕南游击队即以大队为单位，成建制地编入到中原军区部队之中。巩德芳带领游击队两个大队与中原军区主力三十七团及河南军区部队合编组成一个军分区。李先念、任质斌任命巩德芳为司令员，而把骁勇善战的三十七团团长夏世厚任命为副司令员。为消除巩德芳的顾虑，李先念、任质斌特意把巩德芳和夏世厚找到一起谈话，对巩德芳说：你是这一带的农民领袖，人民很信任你。为什么人民信任你呢？因为你是共产党员，是共产党的代表。夏世厚的部队很有战斗力，交给你指挥，你有这么多的部队，就是名副其实的巩司令了①。李先念还诙谐地对巩德芳说：俗话说得好，恶虎难搬地头蛇。你们土生土长，人情地形都很熟悉，现在和正规军在一起，就像老虎添了翅膀，国民党打不赢你们。任质斌嘱咐巩德芳和

---

① 《乱山高下入商州》，陕西人民出版社，1991年5月版，第11页。

夏世厚："你们第一步做群众工作，搞饭吃搞衣服穿；第二步把部队整顿好，把游击队的武器装备一下，扩大地方武装，兵多了，你这个巩司令就可以指挥大兵团作战了。"①

在合编部队的同时，任质斌、李先念胸中已经勾画出豫鄂陕革命根据地的蓝图。任质斌回忆说：

> ……另一件事就是把根据地的架子搭起来，一方面根据各支部队分散到达的地域划分军分区，一方面筹组豫鄂陕边区党委和军区。当时，王震同志率领三五九旅和干部旅已进至镇安、柞水一带；方正平、张树才等同志率三十八团、三十九团和四十五团等部进至山阳、商南及镇安等地；黄林、张水泉等同志率河南军区部队，进至豫陕交界的商南、洛南地区。根据部队分布的情况，我们决定初步划分为三个军分区：以三五九旅分散于安康、柞水、蓝田、临潼以西地区作为一分区，郭鹏任司令员、王恩茂任政治委员；以河南军区部队、十三旅三十七团三个营和陕南游击队两个大队活动于西荆公路以北、陇海路以南作为二分区，巩德芳任司令员、黄林任政治委员；以汉水以北、丹江以南为三分区，方正平任司令员、张树才任政治委员，统一指挥十三旅三十七团一个营、三十八团、三十九团、十五旅四十五团和陕南游击队一部。关于豫鄂陕边区党委和军区，当时我们也有一个设想，就是以王震同志任司令员兼政治委员兼边区党委书记，或以王震同志任司令员，汪锋同志任边区党委书记兼军区政治委员②。

---

① 肖健章：《刺破青天锷未残》，载于《西征》，武汉大学出版社，1989年12月版，第177页。

② 李少瑜、何光耀、张肇俊主编：《任质斌在中原八年》，湖北人民出版社，1998年12月版，第187～188页。

八月三日，任质斌与李先念以中原局名义向中央报告了上述部署，并向各支部队发布了进入指定区域的命令。中共中央很快电复中原局：同意成立豫鄂边区党委、军区和划分三个军分区，建议王震为司令员兼政委及区党委书记，汪锋为副书记兼副政委，任质斌为第二副书记兼副政委，周志坚为副司令员。并指出：区党委待汪锋到达时正式成立，在此之前，一切工作均由中原局负责。

但是，情况是瞬息变化的。就在任质斌、李先念作出部署期间，突围到豫鄂陕边的几支部队因敌情变化而不得不部分改变了行动方向。王震率领三五九旅和干部旅七月二十八日进占商县黑山街后，即开会布置分散游击，拟与陕南游击队会合，在镇安、柞水一带创建根据地。八月二日，三五九旅攻占镇安县城，又召开团以上干部会议，决定按中原局部署分散开展游击战争。不料，国民党大军压境，三五九旅被迫于八月三日退出镇安县城，继续向宁陕、佛坪转进，后经李先念、任质斌向中央建议并取得中央同意进入陕甘宁边区。而因过襄河受阻的南路突围部队一部，在一纵三旅长闵学胜率领下，从宜城流水沟转道北上，于八月初进至豫陕边境的卢氏县五里川、双槐树及洛南庚家河地区，与河南军区部队胜利会合。二纵队副司令员周志坚率领的十三旅三十九团一部，被阻隔于赵川、荆紫关以东地区，与中原局、中原军区失去了联系。

鉴于上述情况的变化，任质斌、李先念又及时调整了部署，命令第二纵队政治部主任张树才和十三旅旅长吴世安，率领原拟开辟第三分区的十三旅三十八团，由山阳西进，到镇安、柞水一带组成第一军分区，任命吴世安为司令员、张树才为政治委员；命令原拟进入陕南，与十三旅三十七团及陕南游击队两个大队共同组建第二军分区的河南军区部队返回豫西，与闵学胜部组建第四军分区，在卢氏、灵宝、洛南等地活动，任命闵学胜为司令员、黄林为政治委员；任命巩德芳为二分区司令员、刘庚为政治委员；任命十三旅参谋长周光策为三分区司令员、方正平为政治委员。

在部署创建豫鄂陕根据地的过程中，任质斌和李先念还以战略眼光将根据地的创建工作与全国战局结合起来加以考虑。为使中原部队迅速渡过创建根据地的困难时期，尽快转入主动地位，他们多次向中央提议，要求晋冀鲁豫军区、陕甘宁边区、中共中央西北局及陕西省工委展开策应行动，牵制和调动一部分仍在围攻中原军区部队的国民党军，以造成创建豫鄂陕根据地良好的外部环境。七月三十日，李先念、任质斌、文建武就曾电报中央："我们极盼晋冀鲁豫及陕甘宁边区，能即以有力的行动将孙震之第四十一师及胡宗南之整编第九十师、第七十六师拉牵在平汉及陇海两路，使我们能得到两个月的休息整顿与部署工作的时间，如此则豫鄂陕根据地之创造将可奠定一定基础，而将来争取全陕的形势，亦可造成。"[①] 八月四日，在调整划分豫鄂陕军区四个军分区之后，李先念、任质斌又与文建武、刘庚、巩德芳联名，就造成豫鄂陕根据地的条件，再次向中央并西北局发电建议：请令陕西省工委立即行动，领导所有地下武装配合行动，在陕西省内普遍开展游击战争，造成顺利建立豫鄂陕根据地的条件[②]。

对于任质斌、李先念等的战略性建议，中共中央、毛泽东主席以及西北局均给予了高度重视。八月九日，毛泽东主席以中共中央名义电示刘伯承、邓小平、陈毅、粟裕：国民党军有三十二个旅用于对付中原军区部队，故中原军负担极重，急需援助。"八月十日至九月十日一个月内，如我粟裕军能在苏中歼敌二至三个旅，陈毅、宋时轮军在徐蚌线及其以东歼敌二至三个旅，刘邓军能占领汴徐线及豫东、淮北十余城，并歼敌二至三个旅，共歼敌六至九个旅，则

---

① 李少瑜等编著：《中原突围纪事》，解放军出版社，1992 年 10 月版，第 104～105 页。

② 李少瑜等编著：《中原突围纪事》，解放军出版社，1992 年 10 月版，第 113～114 页。

于大局有极大利益。一则蒋军向苏中、苏北之进攻必受顿挫；二则新黄河受我军威胁。这两点均将迫使蒋介石从我中原军方面抽调至少数个旅向东向北增援。如嗣后我军有更大胜利，中原军面前之蒋军被调向东、向北者必愈多，因而使我中原军能在陕南、豫西、川东、鄂西、鄂中、鄂东、皖西等七八处地方站住脚跟，即是战略上一大胜利。"①从这一电文中可以清楚地看出，中共中央和毛泽东主席，不仅采纳了李先念、任质斌等的建议，而且将此一建议置于全国战局中加以综合考虑，在原有思想上作出了更为大胆、更加科学的战役构想。正是根据这一精神，刘邓部队于八月十日至二十一日，向陇海路开封、徐州段发起攻击，占领铁路线一百五十余公里，攻克县城五座、车站二个，歼敌一万六千余人，迫使刘峙从豫鄂陕边抽调了整编第四十一、第四十七、第三师等部回援开封。与此同时，陈赓纵队亦从绛县、曲沃等地挥师北上，先后攻占洪洞等五座县城，控制了同蒲路一百多公里的路段，吸引了胡宗南部七个整编旅；太岳军区与太行军区亦组成若干武工队向黄河以西发展，积极打通与豫鄂陕边的联系。此外，西北局和陕、甘两工委亦积极配合行动，在陇东、关中两区发动攻势，并派出大批干部到陇南、西府、渭华一带，"发动与领导一切必要起来的武装积极行动"②，牵制了部分国民党军。这些，都大大缓解了豫鄂陕、鄂西北及大别山、桐柏山地区的敌情压力，为中原突围部队在外线敌后创建根据地创造了有利的外部条件，同时，对全国战局，也起到了不可低估的积极作用。

　　任质斌、李先念关于创建根据地的上述措施，使创建豫鄂陕根据地的内部和外部环境大大得以改善。合编后的中原军区部队和陕

---

①　中国人民解放军军事学院编：《毛泽东军事文选》，1981年12月版，第289～290页。

②　李少瑜主编：《中原突围纪事》，解放军出版社，1992年10月版，第114页。

南游击队，根据中原局、中原军区的部署，迅速进入指定地区，宣传和发动群众，打击国民党乡保武装，建立民主政权。商洛山中、丹江南北，根据地建设的烈火遍地燎原。

八月三日，第三军分区率先成立了山阳、郧（西）商（南）、郧（西）山（阳）等县委和县政府。八月五日，第二军分区蓝洛支队在商县北宽坪举行了进军蓝洛的誓师大会，随即由二分区副司令员夏世厚亲自率领，挺进蓝洛地区。六日，蓝洛支队于进军途中在洛南阎山展开根据地建设过程中的第一次战斗，歼敌保安团一个营。同时，二分区组建的另外两个支队迅速进入指定地区，并建立起了商南、商（县）洛（南）、商县、卢（氏）洛（南）等县委和县政府。八月八日，第一军分区于镇安七里峡正式成立后，即将三个支队分散开赴镇安、柞水、安康一带，并迅速建立了南宽坪工委和山（阳）郧（西）镇（安）办事处、镇（安）郧（西）旬（阳）县工委与办事处、镇（安）柞（水）工委和办事处等县工委和办事处。第四军分区八月六日正式成立后，以武装斗争为先导，在灵宝朱阳镇、洛宁上戈等地连续作战，歼国民党地方保安团1000余人，并发动群众建立起卢（氏）灵（宝）洛（南）、卢（氏）嵩（县）等县委和县政府。与此同时，各分区区乡政权及地方武装亦如雨后春笋般地发展壮大起来。八月上中旬的这段日子里，留仙坪小王沟张孝仓家院里嘀嗒的电台声，几乎每天都传来根据地建设喜人的捷报。

根据地建设取得了初步胜利，可任质斌、李先念的健康却每况愈下。由于连续征战，日夜操劳，加之缺医少药，李先念的胃病已经到了十分严重的程度，剧烈的疼痛使李先念难以承受，有时几近晕厥。任质斌也经常咳血，当时还以为患的是肺病，直到新中国建立后才被确诊为"心脏二尖瓣狭窄"。望着李先念日益消瘦的身躯和发病时痛苦的神情，任质斌心里十分难受。尽管此时他也骨瘦如柴，病痛难忍，但深深的同志情、战友爱以及对革命事业高度负责的精神，使他毅然承担起更大的责任。他与文建武商量，提议李先念在边区敌情较轻的这段时间，暂到群众家中隐蔽休息，以便早日康复，继续全面领导根据地的建设。对任质斌、文建武的建议，李先念十分理解，由衷感激多年并肩战斗的战友。同时，对任质斌高度的信赖，也使他果断作出决定：暂到民间休养，一切工作交由任质斌负责，文建武协助。八月十一日，在任质斌妥善安排好一切安全事宜之后，李先念暂别战友，由游击队护送至商县北沟、上庄坪一带隐蔽休养。

李先念走后，任质斌深感自身责任的重大，加倍努力地投入工作。他在文建武的协助下，一方面积极联络分散行动之各部，适时调整部署，使四个军分区的工作逐渐步入正轨；一方面开始运筹根据地下阶段的工作。

仲夏的陕南，天气清明，丝毫没有中原那种熏人的暑气。入夜，天高月明，微风徐来，袭人衣襟。任质斌似乎感到了秋冬的气息。他敏锐地意识到，万人大军聚集在陕南穷乡僻壤，给养被服将成为大问题。正如他后来回忆这段工作时所谈及的那样："陕南山大人稀，地瘠民贫。我们预计秋冬临近之后，部队给养被服将成大问题。因此部队一展开，我们就提出要想方设法尽早地筹集到一些财粮被服，以此求得部队生根立足。"[①]

八月十一日，即李先念离开部队到民间休养的当天，任质斌就以"李任文"的名义，起草并发出了《要求各分区准备收集资财解决冬衣》的指示，指出寒冬日近，急需解决部队之冬衣及被子，要求各分区应督促所属部队，熟悉地形敌情，开展统战工作，建立群众联系，并准备发动由各分区分别组织以收集资财为目的的军事行动，以解决冬衣及棉被问题。随后，任质斌又以中原局名义起草了《各部当前的工作应转成以解决财政给养为中心的指示》，发给豫鄂陕各分区和鄂西北军区部队并报中央。该电文首先说明各部根据中

① 李少瑜、何光耀、张肇俊主编：《任质斌在中原八年》，湖北人民出版社，1998年12月版，第191页。

原局、中原军区的部署，已分散游击，进入指定区域，并获得了休整，这是建设根据地第一步的胜利，接着指出："但现在部队的给养问题尚未解决，冬装（棉衣被子）的准备亦多未开始，这是今年秋冬进行斗争的一个重大危机。因此，各部于接电后，应即进行部署，使当前的工作迅速转成以解决财政给养为中心。"① 电文还提出了解决财政给养的具体办法，要求控制川道、捕捉恶霸、劫获敌人的资财、征收商业入境税等。同时强调要大力发动群众，打好群众基础，为创造正规根据地做好前期准备。

根据任质斌起草和发布的电示精神，豫鄂陕及鄂西北各分区部队积极展开政治、军事行动，筹集粮草被服。经过一段时期的突击，至八月底，各部队冬衣被服问题得到了相当程度的解决，给养亦大为改善，这为尔后开展更大规模的根据地建设、为部队在陕南渡过严冬，均起到了重要作用。

与此同时，任质斌更多地运筹着如何大刀阔斧地开展根据地建设的问题。在李先念尚未离开部队之前，他们就在一起经常讨论、反复琢磨这一问题。李先念离开部队后，任质斌又集中时间，以中原局名义起草了一份关于根据地建设若干问题的指示。八月下旬，李先念病情稍好后回到部队，他又与李先念交换了意见，李先念表示非常赞同。八月二十二日，任质斌、李先念即以中原局名义向豫鄂陕边区各部队发出了这份关于创建豫鄂陕根据地的纲领性文件。对此，任质斌后来回忆说：

> 记得在留仙坪，我花了两三天时间，在群众家的一个小院里，根据平时与先念同志一起琢磨的意见，起草了一份关于根据地建设若干问题的指示。当时我起草好后，给先念同志看了，他表示很同意，便以中原局的名义发了下

---

① 李少瑜、何光耀、张肇俊主编：《任质斌在中原八年》，湖北人民出版社，1998 年 12 月版，第 44 页。

去。一九八八年编《李先念文选》时，有关同志找出了这
篇文电，希望能收入文选中。先念同志让他的秘书程振声
同志征求我的意见，我认为这篇文电本来就反映的是我们
共同的思想，因此表示同意。这篇文电后来被收入《李先
念文选》，定名为《为创建豫鄂陕根据地而斗争》①。

李先念和任质斌共同讨论、任质斌起草、后来被作为重要历史
文献收入《李先念文选》的这份指示电，全面系统地阐明了创建豫
鄂陕根据地的方针、原则和方法。

文电首先将豫鄂陕根据地的建设置于全国解放战争战略全局中
考察，指出根据地建设的重大意义："目前摆在我们面前的唯一出
路，只有按中央的指示，在豫鄂陕边区发动大规模的游击战争，创
建豫鄂陕边根据地，以此来争取我们的生存，掩护我南路军在川鄂
陕地区创造根据地的行动；以此来支持陕甘宁边区及晋冀鲁豫边区
甚至整个华北、华东的斗争；以此来增强我党我军在鄂西北的有利
战略地位。"②

任质斌、李先念指出：创建根据地的前提条件，是集中优势兵
力各个击破敌之进攻部队。但由于目前在豫鄂陕边的国民党军仍有
十万多人，而中原部队地理民情不熟，因此，在创建根据地初期，
只能化整为零，在取得休整、发动群众、熟悉情况的基础上，先建
立起许多小块游击根据地。待站稳脚跟后，再以分区为单位，集中
优势兵力，各个击破国民党部队，打通各小块根据地的联系，并使
游击区逐渐巩固起来。

争取群众、团结群众与依靠群众，是创造与发展根据地的基本
问题。必须以较大的决心与最有效的办法，严格执行"三大纪律八

① 李少瑜、何光耀、张肇俊主编：《任质斌在中原八年》，湖北人民出版社，
1998 年 12 月版，第 193 页。

② 李先念著：《李先念文选》，人民出版社，1989 年 1 月版，第 74 页。

项注意"，并动员部队尽可能帮助群众劳动。同时在群众中广泛开展抗捐、抗税、抗丁、抗差等宣传，以发动群众和部队一起与敌斗争，并建立各种群众组织和民兵自卫队，在地方发展党员，建立党组织。在此基础上，要迅速建立各级政权组织。在游击队活动已久的地区，应即建立正规政权；在立足未稳的地区，应建立两面政权。这是目前地方工作的中心环节。

根据地要迅速建立，必须大力培植地方武装。要在已有的地方武装中，大力发展党员，培养骨干，开展政治工作；要帮助地方武装解决武器弹药及干部问题，迅速提高其军政素质。同时，正规部队要尊重地方武装，学习地方武装的各种长处。在没有地方武装的地区，应抽出一定的干部和武器迅速建立起地方武装，使将来正规部队化零为整时，各地区仍有地方武装坚持斗争。

广泛开展统战工作，是部队生根立足的重要环节。各独立活动的部队，对一切自发武装及国民党基层武装，均应开展积极的联络工作。应尽可能争取其与中原部队合作，结成统一战线，避免到处都打、到处树敌，致使中原部队陷于孤立。此外，对地方上的士绅名流和国民党政权机关的行政人员，亦应多方联络，以争取其暗中与中原部队联络或保持中立。即便是坚决反动的人，亦应尽可能做到先礼后兵。

关于部队的给养问题，任质斌、李先念进一步指出，现阶段解决的方法是：劫夺国民党军的物资；在通商要道处，对来往客商征税；通过统战工作，使国民党的乡保政权和两面政权，从给国民党筹办的钱粮中抽出一部分；对少数群众不满的地主恶霸罚款；在不得已时，可用七分说服三分勉强的方式向富户筹募一部分粮款。总之，解决给养问题的基本精神，是不使基本群众增加负担，并使地方富户的负担尽量合理公平。

任质斌、李先念在指示中指出，根据地建设需要大批干部，各部队应将富余干部配备于各独立活动的部队中，去开展地方工作和创建地方武装。对现在流散在各地的干部，各部应将其收容起来，分配工作或安排到地方休养，无论如何不能使这一部分宝贵财富轻易损失。此外，对于某些干部中存在的悲观失望、不负责任、逃避困难的思想，各级领导机关应以严肃的态度批评教育之；对其不可挽救者，应给予组织纪律制裁。各部应有计划地开办各种培训班，培养大批做地方工作的本地干部。

任质斌、李先念在文电中最后强调："现敌我双方都在重新部署，谁能抢得时间首先完成自己的布置，谁就会取得主动。局面严重，时间紧迫，望各部立即依照以上指示，毫不犹豫地布置工作，争取迅速站稳脚跟，以备进行即将到来的斗争。只要我们一心一意，团结奋斗，则困难的最高峰即将过去，在不远的将来我们的局面是一定能改善的。"①

这份电文发出后，任质斌和李先念又于八月二十七日发布了《加紧根据地建设》的指示，就八月二十二日指示电中的有关问题作了进一步说明，并同时将电文内容报告中央。任质斌、李先念这些关于根据地建设的方针、原则、方法和步骤，是他们根据中原部队的实际，创造性地运用毛泽东军事思想、尤其是创建敌后根据地思想的结晶。指示电的发出，对豫鄂陕根据地的创建和发展指明了方向。八月二十八日，中共中央电复中原局，指出中原局关于根据地建设的若干意见"很好很正确，望以陕南各部活动之经验通知王树声等部，鼓励他们建立根据地"②。

在李先念、任质斌等的正确部署和具体领导之下，豫鄂陕根据地的各项建设工作如火如荼地开展起来，各级政权组织继续巩固和扩大，群众工作、统战工作均取得了很大成绩。至九月初，豫鄂陕

---

① 李先念著：《李先念文选》，人民出版社，1989 年 1 月版，第 78 页。

② 湖北省鄂豫边区革命史编辑部、湖北省军区中原突围史专题编纂室著：《中原突围史》，军事科学出版社，1996 年 6 月版，第 122 页。

根据地已经形成四个军分区、十多个县级政权和五十多个区乡党政组织的规模，地方武装也扩大了一千余人，中原突围北路军广布在商洛山中的革命火种，已遍地燎原。

四　反"清剿"，豫鄂陕边区党委成立

豫鄂陕革命根据地的创建，打乱了国民党军的内战部署，特别是扰乱了胡宗南进攻延安的计划，并对其大本营西安构成了直接威胁。国民党《西京日报》刊载《李先念应离开陕境》的社论，惊呼："陕南及鄂西北，山岭盘结，正是共军一个理想的根据地，这地区，若任其盘踞，则关中即受威胁，川北亦有被窥伺的可能。"① 国民党蓝田县参议会在向陕西省参议会的电函中亦称，"溯自李先念股匪窜入陕境，盘踞秦岭，四出扰掠，如虎负隅，如蛟得水，万山重叠，沟浍交错，攻守均有余裕。两月以来，滋乳卵育，凶焰日炽，星星之火，已成燎原"。"虽曾派队伍追剿而众寡悬殊，如杯水车薪，偶一接触，屡遭损失"。"最可虑者公路梗塞，四区如何接济，蓝城若失，省垣如何安枕"②。为扑灭燎原的革命烈火，从八月底开始，胡宗南、刘峙便从洋县、鄂西等地抽调了五个正规旅，连同豫鄂陕边的十一个保安团，共计五万人以上的兵力，对豫鄂陕边区进行了第一次大规模的"清剿"。

敌人的来势是十分凶猛的。九月初，国民党整编第十五师一三五旅、六十四旅，整编第七十六师一四四旅、二十四旅，在当地保安团的配合下，从镇安、山阳及其附近地区，首先向豫鄂陕第一、

---

① 湖北省鄂豫边区革命史编辑部、湖北省军区中原突围史专题编纂室著：《中原突围史》，军事科学出版社，1996年6月版，第14页。

② 中共商洛地委党史办编：《中原解放军北路突围与豫鄂陕革命根据地》（下册），陕西人民出版社，1988年3月版，第488～489页。

第三军分区发动"清剿";继之,整编第十七师八十四旅进至洛南,与当地保安团一起,对豫鄂陕边区第二、第四军分区实行"清剿"。国民党军每至一地,占据城镇,控制川道,在一些山垭道口建立据点,修筑碉堡,并以团、营为单位,对新建立起来的民主政权和武装进行突袭合围。国民党军每到一处,即大肆进行反动宣传,残杀革命干部和群众,组织或恢复反动保甲,加强反动统治,企图以军事"清剿"和经济封锁双管齐下,将新生民主政权扼杀于襁褓之中。

对于国民党军的"清剿",任质斌、李先念早有预见,在根据地建设之初就曾向部队指出过应对策略。因此,当国民党五万大军向根据地汹涌而来时,他们处险不惊,应对自如。针对国民党军"清剿"部队内部矛盾重重、难于协同,正规部队与地方保安团配合不力等弱点,以及中原部队已基本消除疲劳、熟悉地形,初步建立了一些乡保政权和地方游击队,得到了大部分群众的支持,并有兄弟解放区部队配合等优势,九月一日,任质斌与李先念、文建武一同致电中央报告《关于反"清剿"部署》:

(一)蒋军胡宗南、刘峙两部已开始对我豫鄂陕区大"清剿",其兵力共有五万以上。其战术似以正规军与保安团配合,使用团和营为单位分散"清剿"的办法。

(二)我们准备根据以下原则,指导此次反"清剿"斗争:(1)基本上还是采取分散游击的方针。但拟集中一千人左右的主力部队,控制于适当地区,以便在有利时机,配合分区部队歼击敌之较弱部分。(2)基本上采取内线作战的方针,以便保卫刚建立起来的地方政权,稳住地方武装及群众情绪。一部分队伍则积极向外线发展游击战争。(3)作战对象主要是敌地方武装及保安团,但在有利条件下,亦可集中一定兵力,歼灭以营为单位分散"清剿"之敌正规军。(4)我们准备在最近几天,集中一千五百至两千人，以分别击破由淅川及郧县两地开来之保安团，然后再相机以一部配合巩德芳部或吴部（指一分区吴世安部）作战①。

九月二日，毛泽东以中央军委名义电复李先念、任质斌、文建武："完全同意你们计划"，并指示，"作战时，着重打保安团，只要你们用各个击破方法歼灭大部分保安团，顽军正规军即被孤立，那时再打正规军不迟"，"你们一般应避开这些正规军，专门打保安团"②。据此，九月四日，李先念、任质斌又向豫鄂陕各分区发《作战的指导方针》，就反"清剿"作战的对象，策略、战术等问题，作了更加明确的指示：

（一）为了扫除开展地方工作、创建根据地的障碍，目前打击的对象，以保安团及乡保武装为主。对敌正规军，寻找有利机会，打击与歼灭其分散外出活动及"清剿"、抢粮的小股部队。如果没有十分把握取胜，暂须避免与敌正规军作战。

（二）对保安团及乡保武装，必须正确掌握与运用一打一拉、又打又拉的策略，并实行打一儆百办法，严格避免处处树敌，以免使我处于不利之境地。对其最坏者，坚决打击与消灭之；对其动摇者，则争取之。尤应设法加紧建立统战工作及内线工作，使其逐渐变成我之外围武装，或在某种情况下实行起义。

（三）由于此地山高地狭，道路崎险，因此采取各种伏击战法，于沟峪、狭道、隘路歼敌，最为有利。或乘敌立足未稳之际，施行潜进合击的战法，偷袭歼灭之。还可采

---

① 李先念著：《李先念文选》，人民出版社，1989年1月版，第80~81页。

② 湖北省鄂豫边区革命史编辑部、湖北省军区中原突围史专题编纂室著：《中原突围史》，军事科学出版社，1996年6月版，第142页。

取小部队正面与敌接触，拉住敌人，以主力迂回到敌后，猛烈攻击而歼灭之。准确掌握情况，熟悉地形，抓住有利机会，集中优势兵力，统一指挥，协同动作，这是我们战胜敌人的关键①。

十日，中共中央向中原局和鄂西北区党委通报全国战局战况及中原军区部队面临的敌情，任质斌和李先念、文建武立即将此一情况通报给豫鄂陕边区各部队，并就反"清剿"斗争及加强根据地建设的若干问题再次发出指示，要求各分区利用各种方法继续加强创造根据地的动员与教育，克服单纯游击、不注意建立政权与创造根据地的思想。他们强调指出：在军事战斗方面，要加强军事进攻与统一战线工作，集中绝对优势兵力，坚决消灭敌之保安团，以巩固与发展根据地；在政权建设方面，要在控制地区建立各级行政机构，并争取在十月以前，每个分区建立包含十万人口以上的行政区划来；在地方武装方面，应力求继续扩大，并对已建立的地方武装加强党的领导和政治教育工作；在统一战线工作方面，要特别注意利用敌民团对胡宗南和刘峙的不满，广泛地建立反胡、反刘的统一战线。

任质斌、李先念等关于反"清剿"和根据地建设的上述论述，是他们正确、灵活运用毛泽东敌后游击战争理论和根据地建设理论的结果，也是他们高超军事指挥艺术和丰富敌后斗争经验的体现。根据他们的这些指示，豫鄂陕边区各分区部队积极行动，与国民党"清剿"部队展开了针锋相对的斗争。各分区根据自身的实际和敌情，采取不同的斗争策略，机动灵活地开展反"清剿"斗争。

四分区首先传来反"清剿"战斗的捷报。九月九日，四分区集中优势兵力，采取合围突袭战术，对自恃装备精良而孤军冒进的国民党河南第十专署嵩县保安团进行打击，在卢氏县杜关镇全歼该团，生俘团长高茂斋以下三百余人，缴获大量轻重武器。十日，分区部

---

① 李先念著：《李先念文选》，人民出版社，1989年1月版，第82~83页。

队又乘胜进击，在洛宁戈镇击溃国民党卢氏、洛宁、陕县三县保安团的联合"清剿"。十二日，任质斌与李先念、文建武将四分区战况报告了中央。十六日，毛泽东亲拟电文指示："四分区反顽战斗迭获胜利，甚好甚慰。望传令嘉奖。"①

二分区地处豫鄂陕根据地的腹地，是国民党军"清剿"的重点。分区部队根据李先念、任质斌等"主动出击、拒敌于大门之外"的指示，内、外线结合，四处打击敌人，先后在蓝田灞龙庙和厚子镇、华县高塘、华阴县华阳川镇、商县板桥和夜村、条子沟等地，袭击国民党地方部队和小股正规军，频频告捷，迫使"清剿"的国民党军转攻为守，从而有力地保卫了根据地民主政权。二分区部队的作战经验，后亦受到中央军委的通令嘉奖。

为保卫新生政权、坚定群众信心，一分区部队在反"清剿"中采取了分散游击、内线作战的方针。地委和分区领导要求"部队、工委、乡政府要坚持县不离县、乡不离乡"，充分利用山大沟深的特点，开展反"清剿"斗争。分区部队先后在山阳两河口、柞水凤凰嘴、蓝田草坪、商县上秦等地，给敌"清剿"部队以迎头痛击，并一度攻入镇安县城。

三分区部队在反"清剿"斗争中，充分运用伏击、奔袭、迂回等灵活战术，避实就虚，出其不意，打击国民党"清剿"部队。先后合击商南赵川镇，奔袭山阳照川镇，奇袭漫川关，于商南县清油河伏击国民党整编第十五师运输车队，狠狠地打击了国民党"清剿"部队的气焰。

在李先念、任质斌、文建武等亲自指挥下，豫鄂陕根据地第一次反"清剿"斗争取得了彻底胜利。国民党镇安县县长赵文彬、柞水县县长周梦飞因"李先念部窜扰陕南，放弃职守"而被革职查办，

① 中共商洛地委党史办编著：《豫鄂陕革命根据地史稿》，陕西人民出版社，1994年11月版，第142页。

蓝田县县长梁向黎因"剿匪不力"被扣押。国民党驻四区（商洛地区）保安司令部参谋曹健生在其日记中写道："最近，四区各县之奸匪与土共合股，大者两三千，小者数百。迄今未能击溃一股，以致愈剿愈多，横行无忌……如不增派劲旅痛剿，将被奸匪蚕食鲸吞，势必演成陕北局面。"①

　　经过近两个月的艰苦努力，豫鄂陕革命根据地已经形成了相当规模，反"清剿"斗争取得了初步胜利，根据地各项建设亦逐步走上正轨，尽快成立豫鄂陕边区党委和军区，已成为当务之急。为此，任质斌和李先念在指挥部队继续开展反"清剿"斗争的同时，还在积极筹划着豫鄂陕边区党委和军区成立事宜。

　　早在八月初，任质斌和李先念、文建武就曾向中央上报过豫鄂边区党委和军区领导人员组成的建议。八月六日，中央电复同意了他们的建议，确定王震为司令员兼政委及区党委书记，调时任陕西省工委书记的汪锋为区党委副书记兼军区副政委，任质斌为区党委第二副书记兼军区副政委。但由于敌情变化，王震率三五九旅辗转进入了陕甘宁边区。同时，八月上中旬，中共中央鉴于李先念健康状况极差，确定调李先念回延安工作。李先念考虑到任质斌身体亦很差，向中央建议任质斌同回延安。由于上述变化，二十六日，李先念就豫鄂陕边区领导干部配备问题再次报告中央，提议以汪锋为边区党委书记兼军区政委，文建武为军区司令员，调此时在鄂西北的第二纵队十五旅政委陈先瑞为副司令员，方正平为副政委，张树才为政治部主任，魏国运为参谋长。八月二十八日，中共中央电复李先念、任质斌、文建武：同意李先念关于豫鄂陕边区党委和军区领导人选调整的意见，并指示"任质斌在汪锋到达、党委正式成立

---

　　① 中共商洛地委党史办编：《中原解放军北路突围与豫鄂陕革命根据地》（下册），陕西人民出版社，1988 年 3 月版，第 496 页。

后，可回延安休息一个时期"①。

根据中共中央八月初的指示，陕西省工委书记汪锋于八月十日从陕西省工委所在地旬邑县马栏出发，到陕南主持豫鄂陕边区工作。他历尽艰险，化装秘行，于九月十二日到达中原局所在地丹凤县大峪乡封地沟，与李先念、任质斌、文建武会合。对于汪锋的到来，任质斌回忆：

> 一九四六年九月，中共陕西省工委书记汪锋奉中共中央指示辗转到达陕南。为什么要汪锋同志来呢？主要是因为他对陕南的情况比较熟悉。汪锋同志是蓝田人，一九二六年参加革命，一九二八年参加渭华起义。土地革命战争时期，曾数度进出商洛，对这里的情况、地理民情比较了解。派他来，的确是比较恰当的。他带了几个人，化装成国民党的军官，他自己化装成国民党的副军长，在沿途地下党的掩护下，于九月上旬到达边区，大约是九月下旬（注：应为九月十二日），与我们在今丹凤县的封地沟会面。

> 会面之后，先是汪锋同志介绍了一下西北局、陕西省工委的情况，接着由我把这段时间陕南创建根据地的情况，包括部队、分区划分、干部配备等情况作了介绍，先念同志也说了一些事情。大家商量，一致认为要尽快地把边区党委和军区正式成立起来。见面之后，我们就动手做准备工作，我与汪锋同志又具体商量了一些人事配备问题，交换了创建根据地的一些思想，先念同志也多次与汪锋同志长谈②。

---

① 李少瑜等编著：《中原突围纪事》，解放军出版社，1992 年 10 月版，第 133 页。

② 李少瑜、何光耀、张肇俊主编：《任质斌在中原八年》，湖北人民出版社，1998 年 12 月版，第 197 页。

　　经过十多天的精心商讨和准备，李先念、汪锋、任质斌等决定召开豫鄂陕边区高级干部会，正式成立豫鄂陕边区党委和军区。

　　九月二十四日，天清气爽，兰桂飘香，位于秦岭深处的封地沟，以她绚丽的秋姿，迎来了豫鄂陕边区党委第一次扩大会议。这天，封地沟西沟老院李明章门前禾场上，枫红松绿，桌凳摆得整整齐齐。大会的会场就设在这里。接近中午，李先念、任质斌、汪锋、文建武以及张树才、夏农苔、魏国运、齐勇、夏世厚、赖春风、黄林、刘庚、王力、巩德芳等团以上干部百余人来到会场。大家欢欣鼓舞，庆祝这商洛山中的盛会。

　　任质斌与李先念并排坐于会场中央，此刻，他心情很不平静。六十多个日夜，他和李先念、文建武用心血和汗水培植的豫鄂陕革命根据地之花，今天就绽放在眼前，他与豫鄂陕根据地的山水、人民已经建立了难于割舍的感情。他是多么希望能继续和同志们一起战斗下去！但是病情的恶化、中央的指示，使他不得不暂时告别这片热土。连日来，他多次与汪锋促膝长谈，把根据地创造的经过、干部的情况、工作中的困难、对敌斗争的战略战术、未来的设想，几乎他能够想到的一切，都与汪锋交换了意见。令他感到欣慰的是，汪锋具有丰富的敌后斗争经验，对陕南的地理民情了如指掌，有汪锋在，有中原部队和陕南游击队广大指战员的共同努力，豫鄂陕根据地的事业一定能够发展下去。

　　会议由文建武主持。李先念先将汪锋介绍给大家，接着宣布豫鄂陕边区党委和军区正式成立，并宣读了中共中央及中央军委关于中共豫鄂陕边区党委、豫鄂陕军区干部任命的电令：任命汪锋为豫鄂陕边区党委书记兼豫鄂陕军区政治委员，文建武为军区司令员，陈先瑞为副司令员兼参谋长，方正平为副政治委员，张树才为政治部主任，夏农苔为副主任，魏国运为参谋处处长。以上军区领导成员均为豫鄂陕边区党委委员。宣布完中共中央和中央军委的命令后，李先念又宣布了中原局关于豫鄂陕边区各分区地域划分及干部配备的命令，这是近几日他和任质斌、汪锋共同研究确定的：

> 甲、自西安、蓝田、商州、山阳、漫川关、上津，沿小汉水至汉水之线（线上均不含）以西，为一分区。任命吴世安为司令员，张树才兼政委，肖元礼为副政委兼主任，曾广泰为副司令员兼参谋长。直辖三十八团全部。

> 乙、自西安、蓝田、商州、龙驹寨、荆紫关之线（线上均含）以东以北，陇海路（含）以南，豫陕省界以西，为二分区。任命巩德芳为司令员，丁先国为副司令员①，薛兴军为第二副司令员，刘庚为政委，邹顺华为参谋长。该军区直辖三十七团（内一个营随军区行动）。

> 丙、西荆公路沿线以南（线上均不含）山阳、漫川关、上津，沿小汉水之线（含）以东、汉水以北，为三分区。任命周光策为司令员，齐勇为副司令员兼参谋长，方正平兼政委，许道琦为主任。直辖四十（五）团。

> 丁、豫陕边境以东，陇海路以南，丹江以北，为四分区。任命黄林为司令员，张忠为副司令员，闵学胜为政委，许子威为副政委，张水泉为参谋长，吴钊统为主任。原闵、黄两部为该分区下辖。

> 戊、各分区所属辖区内之游击队，附属各该分区领导指挥②。

接着，李先念代表中原局讲了话。他首先介绍了全国各战场的形势，特别是华东七战七捷的情况，阐述了中原军区部队突围及在敌后创建根据地对全国战场重大的战略配合作用。他要求中原部队放下包袱，克服北归延安思想，服从命令，牢固树立扎根陕南、建

---

① 丁先国后调任第三分区副政委，夏世厚任第二分区副司令员。

② 《李先念传》编写组编：《李先念传》，中央文献出版社，1999年6月版，第660～661页。

立根据地的思想。他从陕南光荣的革命传统、良好的地理位置、人民的革命热情、地方党和游击队长期斗争的积累等多方面，深刻分析了在陕南创建巩固根据地的有利条件，号召大家紧密团结、加强协作，搞好部队与游击队、与群众的关系，在汪锋、文建武为首的豫鄂陕区党委和军区的具体领导下，发展和建设好根据地。汪锋在会上也讲了话，表示要在中共中央和中原局的领导下，继续发扬中原突围和根据地建设过程中连续作战、不怕困难、不怕牺牲的精神，共同奋斗，建设好豫鄂陕革命根据地，完成党中央赋予的光荣使命。

中共豫鄂陕边区党委和军区的诞生，标志着李先念、任质斌等亲自指挥创建的豫鄂陕边区革命根据地正式形成。截至九月底，全边区已成立了第一、二、三、四等四个地委和军分区，建立了郧山、山阳、商山、商洛、镇郧旬、山商、卢灵洛、卢嵩、长柞、南宽坪、卢灵、商山蓝、郧商、商县、卢洛、商南、郧均等十七个县（工）委和县政府（办事处），近百个区乡级党委和政府，地方武装亦发展到三千余人。同时，突围到鄂西北的第二纵队第十五旅主力一部，根据李先念、任质斌的指示，在旅政委陈先瑞率领下，亦已抵达豫鄂陕边，在宁陕一带筹组第五地委和第五军分区。正如任质斌、李先念九月二十四日会议结束后给中央电报的那样："只要今后此地情况不再变得很坏，并注意将各种工作排列出轻重先后，有步骤、有计划地做下去，则生根立足的阶段当可迅速结束，并逐渐步入大发展及创造正规根据地的阶段。"①

---

①　湖北省鄂豫边区革命史编辑部、湖北省军区中原突围史专题编纂室著：《中原突围史》，军事科学出版社，1996年6月版，第128页。

第二十章 在延安和晋城

豫鄂陕革命根据地的各项工作全面展开后，任质斌和李先念奉中共中央之命前往延安。他们一行密行关中，历经艰险，于一九四六年十月下旬到达陕甘宁边区。十一月，中共中央鉴于大部分中原局委员已先后抵延，确定将中原局指挥机关设在延安。经过短暂学习、休整之后，任质斌又以饱满的热情投入工作。他认真总结经验，积极协助李先念指挥中原军区仍在外线作战的各路部队，继续配合兄弟解放区部队的内线斗争。他甚至冒着可能牺牲的危险，主动请缨，携妻重返陕南，领导那里的敌后游击战争。全国战略反攻前夕，任质斌在山西晋城参与领导对北渡黄河的豫鄂陕军区主力进行整训，为该部尔后投入刘邓大军千里跃进大别山的战斗行列积极准备。在此期间，他顾全大局，维护团结，忘我工作，表现出了革命者崇高的品格和风范。

一 关中秘行

一九四六年九月二十五日，豫鄂陕边区党委和军区成立大会的第二天，任质斌、李先念根据中共中央的指示，启程前往延安。

从陕南到陕北，路途艰险而遥远。自打中原突围部队进入陕南之后，国民党军为阻隔陕南陕北的联系，在两地之间加强了兵力部署，而且密布关卡暗哨，对过往行人严格盘查。因此，任质斌、李先念一行如何安全到达延安，成为一项棘手的难题。

谨慎细致的任质斌，连日来反复思考着这一问题。此刻，他并不是在为个人的生死而忧虑，他牵挂的是李先念的安危。他当时考虑："先念同志是'七大'中央委员，又是中原军区司令员，因此其安全问题涉及政治影响，来不得半点马虎。"① 为确保李先念安全到达延安，他与新到任的豫鄂陕边区党委书记汪锋反复商量，设计了多种方案。

汪锋是陕南人，又长期担任陕西省工委书记，对陕南、陕北的情况可谓了如指掌。他从陕北前往陕南上任之前，中共中央西北局的领导同志就曾指示他千万注意李先念等北上的安全。因此，他也一直在考虑着采用哪种办法最为可靠。

当时，从陕南到陕北有两条通道可走：一是走西荆公路。这条道距离近，沿途有陕西地下党布置的多处联络点，是陕南到陕北通常的一条秘密通道，中原军区政委郑位三、中原局组织部长陈少敏前往延安，走的就是这条通道。但这条通道国民党盘查甚严，而李先念目标大，容易引起敌人的注意。另一条通道是走商县的大荆、腰市，经关中前往陕甘宁边区。这条通道虽然路途曲折，但由于是新近开辟的，国民党特务毫无知晓。经过周密研究和反复比较，任质斌、汪锋均倾向于走后一条通道。他们的意见得到了李先念的赞同。

二十五日夜，任质斌、李先念及随从参谋肖健章，由汪锋和二分区司令员巩德芳、副司令员夏世厚陪同，乘着月色离开封地沟，从茶房李家湾北渡丹江，到达二分区腹地庚家河。

在庚家河，任质斌和汪锋对北上延安的一些细节问题再次做了研究。为确保万无一失，最后确定整个北上行动分两个阶段进行：

---

① 任质斌 1994 年 6 月谈话录音，存鄂豫边区革命史编辑部。

第一阶段，由汪锋和巩德芳、夏世厚率领一个营的武装护送，经北宽坪，过大荆、腰市，再从二分区蓝洛县中心区灞龙庙出豫鄂陕边区；第二阶段，由熟悉关中一带情况的蓝洛县委书记魏平（尹省三）负责、地下党沿途护送，经关中到达陕甘宁边区。

根据计划，任质斌一行在庾家河稍作停留后北上，一路顺利地到达商县北宽坪，再往北，就是大荆、腰市了。大荆、腰市一带，时为商洛"剿共"总司令员谢辅三的心腹周寿娃控制着。周寿娃是商县一霸，平时仗着谢辅三的势力横行乡里，鱼肉百姓。中原部队在开辟豫鄂陕根据地的过程中，曾计划消灭这股势力。周寿娃眼看大事不妙，托人找到陕南游击队，希望给他留一条生路。李先念、任质斌从大局出发，捎信给周寿娃，指出他只要不再与人民为敌，中原部队可以给他留条后路。汪锋从陕北到陕南，途经北宽坪时，又亲自给周写信，宣传党的政策，并派板桥游击队队长张俊芝前往谈判，与周达成六条协议。其中重要的一条就是陕南党组织如有人过往大荆、腰市，周一律不得阻拦。这实际上就是开辟了一条由豫鄂陕根据地腹地通往关中地区的新通道。任质斌、李先念此行北上延安，是首次尝试这条通道。

为慎重起见，任质斌一行到达北宽坪附近的画眉台时，就地休息一夜。汪锋则找来张俊芝，让其火速通知周寿娃，告知汪锋率队伍明日要经过大荆、腰市，令周确保沿途安全。周寿娃一听汪锋带队伍路过，哪敢说半个"不"字，当即表态负责安全。

第二天，任质斌、李先念一行在汪锋的陪同下行至腰市闵家村，周寿娃果然安排一个连前来迎接，并一路护送，使李先念、任质斌等顺利地通过了腰市地区，到达蓝洛县的青峪坪。

青峪坪是二分区的辖地，这里地处秦岭北麓，是武装护送的最后一站。青峪坪以后的行程，由关中地下党负责人、时任蓝洛县委书记的魏平负责。

魏平早已等候在青峪坪，他不仅安排好了下阶段的行程，而且为李先念、任质斌等准备了一套新的"行头"：李先念化装成国民党军"少将高参"，任质斌扮成"上校书记官"，肖健章为"勤务兵"，魏平和秘密交通员任民分别扮作"参谋"和陪同的"地方官员"。同时，魏平还精心伪造好了各种证件。

十月一日，任质斌、李先念与汪锋、巩德芳、夏世厚及负责护送的蓝洛支队支队长陈德志等依依惜别，一行五人沿着蜿蜒起伏的山间小道进入关中国民党统治区。

进入关中后的第一个联络点是渭南县大王镇地下交通站，其负责人名叫王德民。王德民的公开身份是国民党渭南县参议员、马峪乡乡长，在当地颇有影响。此前，王德民已接到地下党"接待重要领导同志"的指示，他多方准备，并派地下党员刘正印率武工队前往接应。任质斌一行与刘正印接上头后，先后在刘正印家住了一两天，后秘密移住王德民家。

李先念、任质斌听取了王德民关于渭南一带的情况介绍，又与魏平一起研究了下一步的行动路线。魏平提出可以从临潼县新丰镇其家乡渡渭河北上，然后经北渠河村进入陕甘宁边区。但沿途国民党的保甲统治甚严，特务密探横行，存在着一定的危险。李先念和任质斌认为，要经过国民党统治区，困难和危险在所难免，但首先要有战胜困难的信心和智慧。陕南和关中地下党都是久经考验、具有丰富斗争经验的党组织，要充分相信和紧密依靠他们，依靠沿途的老百姓。

离开大王镇，任质斌等沿着秦川常见的洼道行走，在途经临潼县铁炉镇时果然遇上了麻烦。铁炉镇是从大王镇到新丰镇的必经之地，镇上的国民党保警队平日里常借盘查过往行人而敲诈勒索。任质斌等刚到镇口，就遭保警队盘查，魏平机智巧妙地应付过去。到镇内后，任质斌、李先念想在一杂货铺前喝口水休息一下，刚一落座，几个身着便装、斜挂短枪的家伙就气势汹汹地闯了进来，全然没把眼前的"将军"、"上校"放在眼里，口里还不停地嚷着要检查证件。任质斌与李先念互相使了眼色，目不斜视地照常谈话，还不时地与店主人拉家常。那几个家伙见李先念、任质斌的"派头"不小，顿时气焰消了一半。其中为首的一个恭恭敬敬地走到李先念面前，行了个礼说：鄙人是本镇保警队队副，不知长官驾到，特来恭请几位到保警队小坐。李先念爱理不理地说：非常时期，不必客气。任质斌趁机说道：长官有紧急公务在身，只是路过此地，不用麻烦诸位。那家伙还不死心，魏平赶紧上前扯起了关系：老兄不知认不认识尹之健？尹之健是魏平的胞兄，早年离乡，后在南京任职，在这一带颇有名气。保警队队副以为魏平即是，连忙点头哈腰，请李先念等去"视察"他们的工事。李先念见推辞不掉，便对任质斌挥了挥手说：走，去看看。他一边"视察"，一边煞有介事地说：搞得不错嘛，本人一定好好向上峰反映你们的情况。不过，此处是通往陕北之要地，你们可要特别小心，严加防范！保警队员们连声称是。"视察"完毕，保警队的几个家伙又毕恭毕敬地将李先念、任质斌一行护送出镇。

铁炉镇遇险，引起了任质斌的高度警觉，他与魏平商量，在以后的行程中要尽量避免与敌人纠缠，以防出现万一。

从铁炉镇出来不久，一行人就来到了魏平的家乡新丰镇。因担心镇上人认出魏平，任质斌确定暂不入镇，先从侧面了解一下镇里的情况再说。恰巧魏平有位舅舅住在临潼贵妃池附近，魏平就建议先到他舅舅家暂歇。不料来到魏平舅舅家，却发现有国民党军在站哨。原来，这几天国民党军的一个副团长带着太太前来游玩，借住在魏平的舅舅家里。好在国民党军副团长因事到西安去了，只有太太在家。李先念、任质斌决定会一会这位太太。通过简单的闲谈，李先念、任质斌即把附近国民党军的部队番号、主官姓名、驻防情况等摸了个八九不离十。

鉴于国民党军在渭河一带设防甚严，任质斌、李先念决定不在此久留，当天夜晚即设法北渡渭河。魏平根据任质斌的指示，联系当地地下党，连夜找了位可靠船工，乘着夜暗将一行五人送到了渭河北岸。当天深夜，他们一行就到达了最后一个联络点——北渠河村。

由于长途跋涉，劳累过度，李先念犯了严重的胃病，剧烈的疼痛，使他连腰也直不起来。任质斌看在眼里，急在心中。他与魏平商量，决定将李先念安置在一位姓李的"保险户"家里休息养病，同时请可靠医生为李先念治病。

北渠河村隶属安阳镇，安阳镇镇长魏景源是关中地下党长期的统战对象之一。此人思想进步，对国民党的腐败黑暗十分厌恶。任质斌了解这一情况后，指示魏平通过地下党前去请魏景源帮忙，一来关照北渠河村的"客人"；二来请他帮助请名医给"客人"看病。魏景源爽快地答应了魏平的请求，他拍着胸脯说：不说也知道你的客人是什么人，有我姓魏的在，谁也别想动他一根毫毛！有了魏景源的表态，任质斌的心中踏实了许多。

不久，名医请来了。任质斌一面安排李先念治病，一面布置进入陕甘宁边区最后的准备工作。为了缩小目标，他与李先念商议，确定大家分开居住，每天保持联系，有情况及时通报。任质斌特别注意李先念住处的安全，要求关中地下党派人在住处周围暗中保护。

一天下午，地下党的暗哨发现村里来了两个鬼头鬼脑的家伙，不停地在村里转悠，遂将情况报告给任质斌和李先念。任质斌与李先念果断决定：先下手为强，揭开这两个家伙的真面目。根据指示，地下党以抓"共军密探"为由，不由分说地将两个家伙扭送到魏景源的镇公所。两个家伙一见魏景源便亮明了特务身份。魏景源借机斥责特务对镇公所不信任，特务们无奈，只好灰溜溜地离开了安阳镇。

经过数天的治疗，李先念的病情有了好转，而陕甘宁边区关中分区的联络员却迟迟没有露面。任质斌与李先念决定，主动与陕甘宁边区关中分区的同志联络，争取早日到达边区。为慎重起见，任质斌将魏平留在家中照顾李先念，自己亲自带着参谋肖健章到耀县附近的秘密联络站与关中分区的联络员接头。

任质斌与肖健章化装成走亲戚的学生，任质斌骑头小毛驴，肖健章紧跟在后。两人整整走了一天，天黑时方才赶到联络点。好不容易找到联络站，可是用暗号敲门却无人应答。任质斌知道，联络站出了问题。他当即带着肖健章往回赶。十月陕北的秋夜，已有了浓浓的寒意。任质斌和肖健章二人衣衫单薄，加之饥肠辘辘，走了几个小时之后，实在难以支撑，便找了一个破窑洞，二人相拥度过了漫漫长夜。第二天拂晓，二人又启程回赶，中午才回到北渠河村。

鉴于一时无法与关中分区的联络员接上头，李先念、任质斌决定到耀县红水镇找另一个联络点。十月下旬的一天，一行人赶到了红水镇。由于红水镇离陕甘宁边区只有十多公里，国民党特务对过往行人盘查得格外严。李先念、任质斌刚到红水镇的一个小旅店，就引起了特务们的注意。一名特务疑惑地走到李先念面前问：请问长官是哪一部分的？李先念没有理会，泰然自若地坐在八仙桌前品茶，特务又问：长官到这穷山恶水的小镇上来，不知有何贵干？李先念突然猛地一拍桌子，厉声呵斥：你是干什么的？问这些干什么？特务们一时不知所措。恰在这时，旅店的茶炉冒起浓烟，熏得大伙直流泪。李先念借题发挥，"啪"的一声将茶杯摔在地上，大发雷霆：怎么搞的，这么熏人？又指着一名特务说：还站着干什么，快去把炉子弄好。特务们一看这行人不好惹，胡乱地摆弄了一下茶炉便匆忙离去。李先念的机智，着实让任质斌等打心眼里佩服。

任质斌等迅速找到了位于红水镇的秘密接头点，与关中分区取得了联系。当晚，关中分区一位姓吴的参谋带着几十名全副武装的手枪队员，越过敌人的封锁线，将任质斌、李先念等接到关中分区。随后，关中分区一位姓王的团长率一个营的兵力，将李先念、任质斌护送到延安。

　　十月下旬，任质斌一行终于历经艰难，到达延安。中共中央办公厅主任杨尚昆特地出延安二十里迎接，代表党中央和毛泽东主席对李先念、任质斌表示慰问。

二　重聚延安

　　任质斌到达延安后，被安排住在中央军委蓝家坪招待所，李先念和参谋肖健章被安排住在枣园。杨尚昆让他们先休息几天，然后再谈工作。

　　十一月初的一天，毛泽东主席在枣园亲切接见的李先念、任质斌。望着眼前两位消瘦不堪的功臣，毛泽东用浓重的湘音连声说道："你们辛苦了!"他高度评价了中原部队坚持中原、胜利突围以及创建敌后根据地的伟大斗争，代表中共中央和中央军委向中原军区全体指战员表示亲切慰问。随后，又认真听取了任质斌和李先念关于中原突围的情况汇报。

　　任质斌和李先念都是善于总结斗争经验的人，他们向毛泽东如实汇报了自己的一些感受。关于这段情况，任质斌后来曾作过详细的回顾：

　　　　十一月初，毛主席接见了我和先念同志。我们向毛主席汇报了中原突围的过程，并谈了几点感受。第一点，我们认为中原突围与二万五千里长征不一样。长征时，国民党的军令、政令没有真正统一，军阀割据各自为政。当时贵州是王家烈的天下，湖南是何健的领地，云南是龙云的，陕西是川军的，他们相互之间，你争我夺，有许多矛盾可以利用。而中原突围时，国民党之间虽也有矛盾，但总体上是统一的，可利用的矛盾更少一些。第二点，是国民党的武器装备较以前加强了。我们过平汉线以后，到了豫南、鄂北，以为已经甩掉了敌人，结果敌人坐汽车、飞机，很快跟上了我们。而长征时，敌我双方都是两条腿走路。另外敌人的火力也强了，而我们的武器装备与长征时差别不很大。突围时，敌人的装备，特别是嫡系部队一个班就有一挺机关枪，而我们一个连也只有三挺。因此，他们在陕南的各个隘口、关口实行交叉火力封锁，我们就很难通过。第三点，是国民党的保甲组织这时也健全了。长征时没有，现在有了。保甲联防，都有电话，信息灵通。我们一到，消息就传走了。国民党实行坚壁清野，让你吃、住都没有办法。

毛主席听了我们的汇报以后对我们说："你们辛苦了！先好好休息休息吧。"我想主席当时如果对我们感受多少听了一些的话，那么对后来派刘邓挺进大别山、派粟裕过长江的艰苦性就会有所理解①。

在任质斌等抵达延安前后，郑位三、陈少敏、戴季英等中原局、中原军区领导人亦先后到达延安。鉴于此，中共中央于十一月上旬决定将中原局设在延安，继续领导与指挥中原军区仍在外线作战的各路部队和豫鄂陕、鄂西北两个根据地的斗争。

新的中原局机关就设在蓝家坪，任质斌自然挑起了繁重的工作担子。当时，陆陆续续地有中原部队的同志辗转来到延安，任质斌就和中原局秘书长郑绍文、副秘书长李学先一起，将这些同志组织起来，分配给适当的工作。在不到一个月的时间里，中原局机关就拉起了四五百多人的摊子。

任质斌抓住时机，组织中原局机关的同志学习党的"七大"文件，学习毛泽东、朱德、周恩来等同志的报告。他以身作则，模范

---

① 李少瑜、何光耀、张肇俊主编：《任质斌在中原八年》，湖北人民出版社，1998年12月版，第200页。

带头，学习时认真做笔记，学习之后撰写心得体会，并组织大家互相交流。通过学习，任质斌政治上有很大的提高，"感觉获益匪浅"。直到逝世前，他仍然珍藏着在延安学习的笔记。

任质斌在延安见到了妻子胡志学。虽然宣化店分别只有四个多月，但胡志学却像变了个人似的，颜容憔悴，瘦骨嶙峋。任质斌心中爱怜之情油然而生，然而，羞于表达的任质斌并没有说什么。夫妻二人只是默默地久久相视。

原来，胡志学六月二十三日带着儿子在楚离开宣化店，由军区警卫团政委李明护送先到信阳车站，通过李明一位在车站当警察的大姨，搭上了一辆北上的运煤货车。母子俩和李明，整整在煤堆上扒了一天，傍晚时分才到达驻马店车站。由于国民党军盘查很严，三人就在车站里呆了一夜。第二天拂晓，换乘轻便快车继续北上。车上，国民党兵很多，离胡志学不远处，就有几名国民党兵不停地叫骂着。胡志学有些紧张，有意拧了一下在楚，让在楚大哭，然后又不停地哄他，以此来缓解紧张的气氛。二十五日下午，车到郑州，三人就近找了一个小店住下。小店里乱糟糟的，挤满了各色人等。胡志学带着在楚睡在一条通炕上，李明则要了一张席子铺在地上，就这样熬过了一夜。

二十六日，车到安阳，这里离解放区已经不远了。出车站时，国民党军将男、女分开，实行严格检查，好在没有出什么纰漏。当晚，三人在安阳车站附近住了一夜。二十七日天未亮就匆匆起床，准备到租车场雇辆马车到安阳解放区，不料车主嫌人少，死活不肯单独雇车。恰好前面有几名青年学生雇了一辆车，车上还空着几个位子，胡志学三人就挤了上去。

车到国民党统治区与安阳解放区分界线，全体人员下车接受检查。国民党兵看了胡志学的证件，见写的是"军官家属"，又见胡志学抱着孩子，没说什么就放行。当查到李明时，李明自报身份说是卖杂货的。国民党兵左看右看不像，顿生疑心。胡志学见状，忙上前说："他是我亲哥，原先是卖杂货，现在在教私塾。"国民党兵见查不出破绽，只好放行。

过了国民党军警戒线，又往前走了一二里，就到了安阳解放区警戒线。胡志学按捺不住"回家"的喜悦，将自己和李明的身份如实报给检查的武工队员。可武工队员并不听，相反对所带的行李检查得更严。当他们翻出皮箱里李先念司令员送给的二十万元法币时，不由分说地把李明和胡志学扣留下来，派人押送到了区公所。好在区公所里有李明认识的人。李明说明情况后，区公所的同志十分客气，专门派了一辆马车，将三人送到了邯郸。

到了邯郸，胡志学见到了许多中原化装过来的同志。中原军区第二纵队政治部组织部部长袁文专门负责化装而来的人员的安置。胡志学找到袁文，被安排住下，李明则赴张家口执行新的任务。

在邯郸，胡志学无时无刻不在挂念着突围的同志们，挂念着身体一直不好的任质斌。她每天在报纸里搜寻中原突围部队的消息，碰到熟人便询问李先念、任质斌的情况。她是多么希望早一点与自己的丈夫团聚！

七月底的一天，胡志学得知袁文要到延安，便心生去延安的想法。因为在突围前她曾听质斌说过，此次突围的最终目的地是陕甘宁边区。她深信，中原部队的突围一定能够胜利，质斌一定会到达延安。她鼓起勇气，到华北局组织部找宋任穷部长，得到了批准。

七月底，胡志学带着在楚，与袁文、于溪及一位姓滕的女同志，一同踏上了去延安的路途。

从邯郸到延安，路途遥远，加之胡志学怀着孩子，又带着幼小的在楚，一路有诸多不便。他们一行横穿山西，渡过黄河。在去往绥德途中，胡志学不慎从毛驴上摔下来，摔伤了腿，无法行走，不得不让人抬着前行。到陕北绥德已是九月份。

绥德到延安，有四五百里山道。山路崎岖，骑着驮骡，一天至多也只能走七八十里。中秋节前夕，一行人到达清涧县境内的石嘴驿兵站，下午四五点钟的时候，胡志学临盆了。由于是难产，五六个小时过去，孩子一直生不下来。胡志学失血过多，气力用尽，脸色苍白，奄奄一息。于溪和姓滕的女同志不知所措，二人急得直哭。胡志学拉着二人的手说："我恐怕过不了这个坎了。我死后，你们把我埋在石嘴驿就行了。"她又用力地指着幼小的在楚说："这是质斌的骨肉，请你们一定把他带到延安，交给中央组织部！"胡志学最终还是将孩子生了下来。

这是一个可爱的女孩。由于事前准备不足，孩子出生时，竟无一件衣裳，不得不用窗纸垫在身下。于溪和姓滕的同志花了好大气力买了几尺白布和半斤棉花，连夜缝制了一个小被袄，总算能够给孩子御寒。

第二天早晨，一行人又要上路。袁文从老百姓家里买了一块门板，上面垫上稻草，胡志学和孩子躺在门板上，由两位民伕抬着前行。

在楚当时正拉肚子，胡志学分娩的第二天就下水为他洗衣裤，不料着凉发起了高烧。由于高烧，胡志学的奶水没有了，只得弄点红糖化水给孩子充饥。到了离延安还有四十华里的后四十里铺兵站，孩子饿得直哭。胡志学对于溪说："我实在支撑不下去了，孩子这样会饿死的，还不如给她一条生路。你到附近村子里去问一问。看有没有人家要收养孩子。"当时刚好有位村妇生了孩子，孩子未满月就夭折。于溪上门一说，这家人满口答应。胡志学对这家人说："孩子是我生的，给你们养，长大后就算是咱们共同的孩子吧！"

离开后四十里铺的当天，胡志学一行到了延安，组织上将她安排在王家坪中央组织部招待所，这时已近十月了。

任质斌和胡志学带着在楚住进了位于王家坪的中央党校二部。任质斌给还没见面的女儿取名任在秦。有妻子胡志学的支持和帮助，任质斌更可以全身心地投入工作。

三　心系敌后战场

一九四六年十一月，解放战争已进行到第四个月，人民解放军在各解放区反击国民党的全面进攻，予敌以重大杀伤，累计消灭国民党军近三十万人，沉重地打击了国民党军的嚣张气焰。蒋介石为保持其全面进攻的攻势，不断从后方抽调兵力开赴前线。因此，继续开展敌后游击战争，巩固和开辟敌后战场，牵制国民党军，对于人民解放军在正面战场大量歼灭国民党军有生力量，尽快实现军事形势向有利于我军的方面好转，具有极其重要的战略意义。

任质斌、李先念身在延安，心系着敌后战场。他们以战略眼光观察分析时局，根据时局的变化发展指导中原局、中原军区的工作。他们尤为重视豫鄂陕、鄂西北两个敌后根据地的工作，对这两个根据地的发展方向和工作原则、方针等做了大量指示。而这些指示，大量是由任质斌亲自起草的。

十一月九日，中原局电示豫鄂陕、鄂西北区党委，指出：时局的特点是，蒋介石决心发动全面内战，南京和平谈判是没有希望的。你们留在蒋后方坚持游击战争，巩固和扩大根据地，有重大战略价值。目前在配合全国作战上，仍牵制敌人十多个旅，将来更有极大发展前途。因此，必须坚决克服干部与战士不安心的思想，尤其要克服与反对那种认为"战略上无价值，穷乡僻野不能创造根据地"等极端错误的思想。电报说：在近四个月的战斗中，蒋之有生力量已经受到严重的打击。你们周围的情况可能缓和一些，但决不能轻敌，在思想上与组织上要有应付严重情况的准备。要抓住当前较好的环境，放手开展工作，广泛发动群众，扩大正规部队，建立地方武装，建立政权，解决财经困难，发展党的组织。在军事上，由于我立足尚不够稳定，一般还不采取集中大打的办法，但亦不是绝对分散隐蔽。对于反动地主武装，应有计划地集中优势兵力，一个一个地包围歼灭。对于敌之正规部队，无把握时，不轻易作无益之消耗战。电报还提出：应大胆而切实地向外扩展游击阵地，我控制的地区愈大，愈能应付将来的艰苦斗争。豫鄂陕部队应向宁陕、石泉、城固、洋县及甘南和伏牛东南部发展。鄂西北部队应向川东及陕南、镇坪、平利地区发展。其发展的方法：一则以主力打开局面，一则以隐蔽方式跳出我主力所在地五十至一百公里，去"插足打眼"，建立歇脚点①。

　　十一月上中旬，蒋介石从晋南、陕南等地抽调兵力，配合原包围陕甘宁边区的部队，准备从宜川、洛川方向突袭延安。中共中央决定挫败国民党军的计划。任质斌、李先念把豫鄂陕、鄂西北根据地的斗争与保卫延安的战略行动结合起来考察，及时向两个根据地发出了重要指示。十一月十三日，他与郑位三、李先念联名电告文建武、汪锋："胡宗南进攻延安不可避免，而且在十天半月就可能打起来，我党方针决定打退胡敌之进攻。为配合延安作战，为解决本身冬衣困难，你们在当前应集中一定力量向西安平原作积极的活动，在山地对地方保安团队亦应集中兵力寻求机会，一个一个地消灭之，如此将胡敌在南山之部队钳制，使其不能轻易顺利增向陕甘宁边区的进攻。"十四日，又电示豫鄂陕军区，集中一定主力在西安平原打几个胜仗，"一方面解决本身困难，一方面配合陕甘宁边区作战"。十八日，他们以中原局名义电告鄂西北区党委，指出在目前内战形势下，发动川内游击战争是很有意义的，要求鄂西北军区抽调兵力挺进川东北，发动广泛的敌后游击战争。二十日，他们再次电示豫鄂陕军区文建武、汪锋等，指出目前的基本原则，是乘敌空虚之际，加紧根据地建设，发动群众，巩固政权，歼灭一切可以歼灭之敌，如此才能打下在陕南创建牢固根据地的基础，才能应付将来可能到来的恶劣环境。另一方面，为配合保卫陕甘宁边区，应积极对渭河

---

　　① 李少瑜等编著：《中原突围纪事》，解放军出版社，1992 年 10 月版，第 170 页。

平原，特别是对陇海路采取攻势。要求豫鄂陕军区二分区部队尽可能在潼关、陇海线上开展行动，三分区部队则向湖北郧县、郧西地区发展，以便打通与鄂西北根据地的联系。这些指示，使豫鄂陕、鄂西北两个根据地抓住了发展时机，同时也以有力的军事行动配合了保卫延安的斗争。

与此同时，任质斌等还高度重视重组大别山、大洪山、桐柏山等地的敌后游击战争，指挥中原军区部队在这些地方燃起熊熊的敌后游击战争的烽火。

大别山地区是新四军五师的老根据地，这里的群众基础很好，战略地位重要。中原突围战役结束后，张体学率领鄂东独二旅一直在这一地区坚持斗争。由于敌我力量悬殊，独二旅损失较大，电台被打坏，无法直接与中央和中原局联系。任质斌、李先念等即通过其他途径，多次给鄂东独二旅指示行动方针。他们指出："大别山的游击战争，原则上仍要决心坚持。依靠大别山的群众及统战关系，谨慎地处理问题，是可能留一部分种子，以待时机成熟时，仍能起重大作用。"[1] 他们希望鄂东独二旅坚持斗争的同志增强信心，依靠群众，分散坚持，以待时机。

江汉军区副政治委员李人林，率一部兵力从鄂西北进入大洪山、桐柏山地区游击发展，任质斌、李先念获悉后积极给予鼓励。他们通过王树声转告李人林："全国内战必大打下去，我重组与坚持原地区的游击战争，以待时机大发展，在战略上是有特殊意义的。必须鼓励与教育全体党员及战士，坚决与蒋介石作艰苦英勇的斗争，只有如此，前途才是光明的。"指出："我主力突围以后，留在原地区的武装极其零散，加强与统一领导是极关重要的问题，人林同志必须努力去完成此一任务。"[2] 根据李先念、任质斌等的指示，李人林

---

① 1946 年 11 月 24 日李先念、任质斌致董必武并告张体学电。

② 中原局十一月十二日给王树声转李人林电。

率部汇集坚持桐柏山地区游击斗争的张波、牛德胜部，组成鄂豫边游击支队，灵活机动，跳跃回旋，使大洪山、桐柏山地区的游击战争如火如荼地开展起来。

在中共中央、中原局和李先念、郑位三、任质斌的指挥下，中原军区在外线作战的各路各支部队克服困难，英勇奋战，取得了令人欣喜的成绩。豫鄂陕、鄂西北两个区党委和军区，抓住时机，放手发动群众，积极扩大武装，建立政权，打击敌人，根据地得到巩固和迅速发展。截至十一月，两个根据地共建立起十个地委和军分区，八个中心县委和县政府，四十多个县（工）委和县政府（办事处），二百多个区、乡级政权组织，地方武装发展到五千余人。鄂东独二旅，在异常艰难的条件下，高度分散在大别山地区，时常袭扰敌人，搞得"围剿"之敌不得安宁。鄂豫边游击支队，在大洪山、桐柏山地区，采用兜大圈子与套小圈子相结合的战术，机动灵活地与国民党军周旋，寻机打击国民党乡保武装，部队不断发展，影响日益扩大。

豫、鄂、陕三省国民党地方政府惊恐万状，纷纷上书请求派大军"围剿"，或是增设"绥靖区"。湖北省府参议员何成浚等七十七人，联名向国民党政府呈送关于"肃清匪患"的提案，惊呼："共军李先念部，本年六月自宣化店突围后，即窜扰于三、四、五、八各区县，张体学残部现仍窜扰于鄂东。""其踪迹遍及全省七十二县"。该提案忧心忡忡地说："此种匪患有主义，有组织，勿谓星星之火，实可立即燎原。"建议"速划鄂、豫、川、陕边境为绥靖区，派军事大员统一指挥，限期肃清"①。

中原敌后游击战争的蓬勃开展，迅速显现出其重要的战略作用。

---

① 李少瑜等主编：《中原突围纪事》，解放军出版社，1992年10月版，第186、187页。

从十一月下旬开始，蒋介石被迫从陕北、华东、华北等战场抽调兵力，对豫鄂陕、鄂西北根据地以及大别山、大洪山、桐柏山等地实行更加残酷的"清剿"。

为战胜敌人的反扑，任质斌、李先念等又及时给豫鄂陕、鄂西北根据地发出一道道指示。

十二月一日，他们电示豫鄂陕边区党委："由于敌不攻延，陕南情况可能更加严重。因此，你们一切工作应依据既定方针，扩大与巩固部队和根据地。河南敌情较轻，为进一步开展伏牛山局面，应集中相应兵力帮助四分区部队，以打拉并用，给敌以严重打击，从而打开河南的局面。"十二日，又电示王树声、刘子久，指出："在敌对你们进行残酷清乡的情况下，如鄂西北地区过小，而部队过大，则可多抽一部兵力去陕南，或选择有利时机，派兵一部渡江，去湘鄂西地区开辟江南的游击战场。"二十六日，任质斌和李先念两次电示豫鄂陕边区党委，要求各分区干部坚定信心，加强团结，顾全大局，坚决创造豫鄂陕根据地。指出：中原军区主力一部进至豫鄂陕边地区，通过努力和群众支持，已大体立住了脚跟。这给了蒋介石、胡宗南一个很有力的打击，给我党在陕、甘、川、鄂、豫发展革命战争，起了很大作用，而且将来还要起更大的作用。正因为如此，敌人对这支力量是不会放松的，现正组织力量向你们进攻与"清剿"，但只要政策恰当，依靠群众，尤其是内部安心与团结，敌人的进攻是可以粉碎的。二十九日，他们又电示鄂西北区党委：你们的处境的确艰苦，但在内战日益激烈的政治形势下，鄂西北根据地应坚决坚持，这是有伟大的战略意义的。中央在一定时期内，大军可能向蒋管区展开，因此你们的方针要决心坚持湖北游击战争，万一襄河以西地区日益缩小，部队过于拥挤，可以争取分散隐蔽，东渡襄河去大洪山、桐柏山打游击，以求保存力量，以待时机。三十一日，他们再次电告鄂西北区党委，指出："如果你们能保存骨干，坚持斗争，再过半年或一年时间，必定能取得大的胜利和光明前途。"

　　一九四七年的新年元旦，任质斌、李先念仍惦念着远在敌后战斗的同志们。他们以中原局名义给豫鄂陕、鄂西北两个区党委发出指示：敌正在加紧进攻与"清剿"。由于你们现所处地位，对于全国战略形势十分重要，必须坚持游击战争，克服一切动摇情绪。为了在严重情况下坚持斗争，必须改变一切铺张不隐蔽、搭架子及建立正规根据地的做法，而转变到一切适合于严重游击战争的形式，多建立分散的、隐蔽的游击根据地，以与公开的游击根据地联系起来。对于斗争的方法，他们指出："必须善于及时地集中作战和分散隐蔽，较大的主力部队必须善于机动，大踏步进退，和敌人打圈子。必须力求打几个胜仗，才能提高信心与士气。因此要认真整训部队，严密侦察，在有利地形及其他条件下来消灭几股分散的敌人。其他分散的游击部队应分得越散越好，活动地区越大越好。""当敌集中时，要善于分散困敌；当敌分散清剿时，要灵活集中，歼灭敌人分散部分。"任质斌、李先念充满信心地鼓励大家："现在全国的斗争形势对我们甚为有利，蒋介石困难极多，全国各解放区都在直接间接配合你们，望你们咬紧牙关，坚持斗争，保存力量，在不久的将来，你们将取得其他解放区直接有力的援助，那时你们将发生伟大的作用。"

　　李先念、任质斌的一系列指示，为豫鄂陕、鄂西北以及坚持大别山、大洪山、桐柏山等地游击战争的中原军区部队指明了方向，坚定了胜利的信心。

　　豫鄂陕边区党委和军区领导全体指战员，与国民党军进行了英勇顽强的斗争。他们放手发动和依靠群众，开展统战工作，设法粉碎敌人的经济封锁；同时整顿、巩固部队，以坚决有力的军事行动和机动灵活的战略战术打击敌人。鄂西北区党委和军区，采取集中和分散相结合的战术与"清剿"之敌周旋。指战员们以坚忍不拔的毅力，克服种种艰难险阻，打击敌人。肩负重组原地区游击战争之重任的李人林，在组建鄂豫边游击支队后，率部以机动灵活的战略战术，在大洪山、桐柏山广大地区，辗转作战，寻机歼敌，成为中原敌后游击战争的一支轻骑兵。大别山区的鄂东独二旅，尽管遭受了很大损失，仍始终坚持着大别山地区的游击战争。

中原军区部队广泛开展的敌后游击战争，正如李先念、任质斌在发出的一系列指示中所指出的那样，"有重大战略价值"，"有特殊意义"。截至一九四七年二月，中原军区部队在敌后转战了八个月，而这正是解放战争战略防御的关键时期。中原部队不仅成功地开辟了豫鄂陕、鄂西北两块新的根据地，而且重组与坚持了大别山、大洪山、桐柏山以及湘鄂边地区的游击战争，继续牵制了国民党大量正规军，多时达三十二个旅，平时则在二十四个旅以上，最少时亦有十四个旅。这些，均从战略上有力地配合了各解放区正面战场的军事行动，并为尔后战略反攻中原创造了有利条件。

一九四七年一月二十四日，中原局在延安召开会议，系统地回顾和总结了抗战和中原突围前后的工作，并认真研究了中原军区部队下阶段的工作意见。郑位三、李先念、陈少敏、戴季英、任质斌等中原局委员参加了会议，并一一发言。刘少奇到会听取意见并作了重要讲话。任质斌在会上所作的发言中，回顾了抗战和中原突围前后的工作，着重从新四军五师的群众工作、根据地的建设、政治工作以及中原突围和创建根据地等问题发表了意见。刘少奇在讲话中则高度评价了新四军第五师和中原军区部队的工作。他特别指出："抗战胜利后，中原部队对和平民主运动起了很大作用，是党的一支力量，中国人民的一支力量，一个战略单位，今天与以后都要起战略作用。中原部队在外线作战，今天已经起了战略作用，不比到华北编几个纵队、打几个胜仗所起的作用小。"①

在这次中原局会议上，任质斌主动请缨，提出重回陕南，加强

---

① 1947 年 1 月 24 日中原局会议记录，存鄂豫边区革命史编辑部。

那里的领导工作。对于重返陕南的原因，任质斌作过如下回忆：

　　　　为什么我要提出再回陕南呢？这里面主要有两个方面
　　的原因。一个原因是由于听了刘少奇同志的一个报告。在
　　延安的这段时间里，为了组织干部学时事，我们请了一些
　　中央领导同志给大家作报告、讲形势。刘少奇、朱德、周
　　恩来、叶剑英，还有廖承志等同志，都给大家作了报告，
　　有的还参与了我们组织的关于中原突围问题的讨论。刘少
　　奇同志的报告在高度评价和充分肯定我们的工作的同时，
　　也严厉批评了一些同志怕困难、不愿在根据地坚持斗争的
　　行为。他以曾镜冰同志在福建坚持斗争的事例来批评中原
　　部队的有些同志。他的这个讲话，当时对我的刺激较大，
　　会后我即产生了去陕南的想法，这是一个原因。另一个原
　　因，当时文建武、汪锋同志不断地从陕南发来电报，申述
　　困难。对他们提出的困难，当时我们也很理解。建武同志
　　一九四五年才到五师来，对部队和陕南的情况都不大熟悉；
　　汪锋同志虽然对陕南的情况比较熟，但对部队却很陌生，
　　因此他们确有难处。鉴于这两个方面的原因，同时也考虑
　　到中原局其他成员身体都不大好，我就主动提出到陕南去，
　　协助文、汪做些事情，稳定一下部队的情绪。我提出回陕
　　南的建议后，大家商量了一阵，都表示同意，先念同志也
　　没有反对①。

　　中原局会议之后，任质斌即着手到陕南的准备工作。临行前，
他先后到刘少奇和毛泽东住处辞行并听取指示。刘少奇很干脆地对
他说，到陕南后，要好好给部队指战员讲讲，就是要在陕南坚持到
底，即使打到只剩一人，也要坚持。他还告诫任质斌，要做好可能

---

　　① 李少瑜、何光耀、张肇俊主编：《任质斌在中原八年》，湖北人民出版社，
1998 年 12 月版，第 203 页。

回不来的思想准备。第二天，任质斌又到毛泽东住处辞行。当时毛泽东和江青、李讷正在吃饭。江青是任质斌在中央党校学习时的同学，彼此熟识。李讷很顽皮，见任质斌来找毛泽东，连忙跑过去紧紧抱着毛泽东的腿说："这是我的爸爸，这是我的爸爸！"毛泽东边吃饭边与任质斌谈话。他告诉任质斌：陕南斗争很重要，你去那里看看，能够坚持就坚持，如果不能坚持可以回来。任质斌将毛泽东、刘少奇的指示向郑位三、李先念一一作了汇报[①]。

　　离开延安之前，任质斌出席了中共中央于二月一日在枣园召开的政治局扩大会议（即"二月会议"）。出席会议的共三十六人，其中中央政治局委员八人，中央委员和候补中央委员十人，党政军重要工作人员十八人。毛泽东主持会议，刘少奇对会议议题作了说明，彭德怀、周恩来先后在会上作了发言。这次会议，讨论和通过了毛泽东为中共中央起草的《迎接中国革命的新高潮》的党内指示，系统总结了全面内战爆发以来形势的发展、国共双方情况的变化和党的工作经验，在国共双方力量对比尚未根本改变、国民党军尚有进攻能力的情况下，明确作出了人民大革命高潮即将到来的科学判断。这次会议，对鼓舞全党全军的必胜信心，加速人民解放战争的胜利进程，作好迎接中国革命新高潮的各项准备，发挥了重要作用。参加这次重要会议，使任质斌受到很大鼓舞，同时，也使他对中国革命胜利形势的发展有了更加清晰的认识。

　　一九四七年二月初，任质斌带着妻子胡志学、长子任在楚，以及秘书、警卫，携带电台一部，从延安启程，计划经吕梁南渡黄河，进入豫鄂陕边区。行前，郑位三、李先念、陈少敏都前来送行，李先念还特地打电报给时任吕梁军区司令员的王震，请他派兵护送任质斌一行过黄河。

---

① 　1994年6月任质斌谈话录音，存鄂豫边区革命史编辑部。

　　出延安第一个兵站就是后四十里铺，他们到了寄养在秦的老乡家，正好一家人均在。孩子已五个月大了，长得白白胖胖，十分逗人喜爱。任质斌抱着孩子，亲了又亲，看了又看，舍不得放下。临走时，还给了老乡一些边币。谁曾想，任质斌夫妇从此再未见到过女儿。

　　——艰险的战争环境，使他们不得不暂时舍弃骨肉亲情。但是，对女儿的强烈思念却与日俱增。一九五〇年，任质斌曾通过当地政府寻找，找到了孩子的养父母，被告知孩子在一岁多时生病夭折了。作为父亲，任质斌一直心存怀疑，他觉得孩子还在。其后多次委托当地政府查找，结果都是一样。一九九二年，任质斌和胡志学重返陕北，次子任在鲁随行，他们在参观延安、瓦窑堡等革命旧址的间隙，又到了后四十里铺。兵站旧址尚存。两个白发苍苍的老人，来到与在秦见最后一面的地方，窑洞旁的那棵树还在，窑洞早已破弃。如果女儿在世，已是四十六岁了。他们怆然默立，许久才离去。

　　任质斌到达吕梁后，受到王震的盛情款待。战友重逢，格外亲切，两人从一九四五年大悟山第一次会面谈起，谈到宣化店的日日夜夜，仿佛有说不完的话。不知出于何种考虑，王震以部队均上前线为由，迟迟不肯给任质斌派兵。万般无奈之下，任质斌在吕梁停留了半个多月。

　　在此期间，豫鄂陕根据地形势恶化，经请示党中央、中原局同意，文建武、汪锋决定率领豫鄂陕军区主力分批北渡黄河，进入山西晋城。鉴于此，任质斌只得放弃重回陕南的计划。

四　晋城整训

　　一九四七年二三月间，豫鄂陕军区部队七千余人，分两批北渡黄河，进入山西晋城休整。任质斌决定从同蒲路到晋城，与豫鄂陕军区主力会合。

此时，国民党胡宗南部以十二个旅的兵力为第一梯队，于三月十三日开始北犯延安。中共中央为将胡部吸引在陕甘宁边区而加以分割消灭，于三月十八日主动撤离延安。设在延安的中原局机关，亦同中共中央及中央军委机关大部，转移至晋绥解放区。在晋绥稍作休整之后，李先念、陈少敏率中原局机关干部战士共四百余人，绕太原以北到五台地区，经正太路前往晋城。而此前，郑位三已率部分干部战士前往晋城。

于五月初先期抵达晋城的任质斌，一方面为中原局机关到达晋城积极进行准备工作，同时，他深入到豫鄂陕军区部队中，分别找各级干部谈话。当他了解到不少干部思想情绪很大，相互之间责备、埋怨的情况后，即于五月七日致电中原局，说明晋城干部中存在着一些问题，并建议有必要召开一次干部会议，总结经验教训，统一思想认识，以利之后的工作。

五月十二日，郑位三一行抵达晋城，任质斌及时向郑位三汇报了所了解的情况。郑位三在亲自作了一些调查研究后，赞同任质斌的意见。十八日，任质斌和郑位三联名致电晋冀鲁豫中央局并转中央，报告了在晋城了解的情况，向中央请示下一步的工作原则，同时建议中央给晋城部队来一嘉勉电，以鼓舞士气。

中共中央对任质斌、郑位三的意见十分重视。五月二十八日，毛泽东主席亲拟电文，慰问中原军区全体指战员。电文指出：

> 我中原各部为着反对卖国贼蒋介石的进攻，从去年七月起在陕南、豫西、鄂西、鄂中、鄂东、湘西等地，在极端困难条件之下，执行中央战略意图，坚持游击战争，曾经牵制了蒋介石正规军三十个旅以上，使我华北、华中主力度过蒋介石进攻的最困难时期，起了极大的战略作用。所有参加这一英勇斗争的指战员均为全国人民所敬佩，中央特向你们致慰问之意。所有参加这一斗争的部队在和优势敌人的战斗中，虽然遭受了不少损失，但是基本骨干依

然保存。中央希望你们在位三、先念二同志领导之下，加紧学习，根据中央路线检讨经验，团结一致，准备为着新的战斗任务而奋斗。

这份电报，对中原军区全体指战员是一个极大的鼓舞。

五月二十九日，晋城高干会议开幕。这次会议的主题，是检查总结中原局、中原军区的工作，传达中共中央和毛泽东主席关于迎接中国革命新高潮的指示，介绍全国各解放区的斗争形势，以及太行、太岳解放区土改和群众运动的经验，鼓舞斗志，以便早日投入新的战斗。

会议由郑位三主持并首先讲话，任质斌第二个讲话。他的讲话主要是对中原军区的工作进行初步总结。任质斌认为，中原军区部队自成立始，在坚持中原、中原突围及创建敌后根据地的整个过程中，始终坚定地执行中央的指示，始终顾全大局、为全局利益而斗争。中原军区的全体将士，在郑位三、李先念领导下，胜利地完成了党中央赋予的光荣使命。虽然在斗争中也有一些教训值得总结，但从整体上讲，中原军区的工作是出色的。

任质斌讲话之后，李先念、陈少敏以及其他一些同志又先后作了发言。这些发言，绝大部分都客观、正确地总结了中原部队的斗争经验。但随着发言和讨论的深入，会议在组织上发生了偏差。由于部分同志对中原突围及坚持敌后游击战争的重大战略意义认识不足，过分强调部分减员和根据地丧失的负面，因而使会议过分突出了对教训的总结。这就助长了部分干部思想上本已存在的互相埋怨、互相指责的情绪，从而使会议越开越长，越开越觉得晦气。七月十七日，中央军委电示郑位三、李先念："五师①之会议应早日结束，迅即先行整训。"

在此期间，任质斌和李先念等一道，领导了豫鄂陕军区部队的

---

① 指豫鄂陕军区部队。

组训、整编工作。中共中央和中央军委对此项工作极为重视，多次电示刘伯承、邓小平等给予大力支持。在中共中央的关怀和晋冀鲁豫军区的大力支持和帮助下，豫鄂陕军区部队完善了建制，调整充实了各级干部，补充了一千多名新兵。

一九四七年六月，当解放战争进入到第二个年头时，中共中央和毛泽东主席根据全国战局形势的发展，及时作出了战略进攻的伟大决策，并将实施战略进攻的方向选在了大别山区，将实施战略突击的光荣任务交给了晋冀鲁豫野战军。六月三十日，刘邓大军强渡黄河，七月一日发起鲁西南战役，接着于八月七日开始南征，开始了千里跃进大别山的伟大历史壮举。八月初，经过整训的豫鄂陕军区主力被改编为晋冀鲁豫野战军第十二纵队，投入到了反攻中原的战斗行列。

胡志学在延安时又怀了孕。在从延安向太行山的行军途中，她和任质斌商定：此去陕南，战争将很激烈，不能带着新生婴儿上前方去，不管是生男生女都不带，就地送给老乡扶养。十月三日，他们的次女在晋城出生，任质斌为她取名为任在晋。孩子非常可爱。眼看着母女就要离别，胡志学实在是舍不得，一面给孩子喂奶，一面流泪。在战争年代，许多革命家庭都要忍受这样骨肉分离的痛苦。那个愿意收养孩子的老乡，一直没有来，在晋就留下了。任质斌非常疼爱这个女儿。

任质斌因健康原因，与郑位三等暂留晋城休养了一段时间。一九四八年初，任质斌奉调到山东工作。

第二十一章　在山东解放区

一九四八年三月，任质斌到达山东解放区。此时，华东野战军山东兵团正进行胶济西段战役。

抗战胜利后，国民党反动派策动内战，调集数十万大军向山东解放区大举进攻。山东军民在中共中央的领导下，配合我华东部队，浴血奋战，粉碎了国民党的重点进攻，夺取了鲁南、莱芜、孟良崮、潍县和济南战役的重大胜利，保卫和扩大了解放区。为了迎接解放战争在全国的胜利，遵照中共中央的部署，山东曾两次派出大批军队、干部分赴东北和南方，以支援东北和大江南北的解放战场。

从一九四八年四月到一九四九年底，任质斌先后担任中共华东中央局政策研究室副主任、宣传部代部长、鲁中南南下干部团党委书记、中共中央山东分局城工部部长、淄博矿区特委书记等职务。他工作上兢兢业业，恪尽职守，为解放战争的胜利，为淄博矿区的重建做出了重大贡献。

一　任中共华东中央局宣传部代理部长前后

一九四八年一月，任质斌和两个警卫员、一个饲养员，由兵站护送，越过敌人的封锁线，一路跋山涉水，历尽艰险，于三月到达山东惠民地区的商店镇。胡志学带着三岁的在楚和尚在襁褓中的在晋随行。

惠民是革命老区，在解放战争中是华东地区的可靠后方之一，在支前、参军、南下等工作中做出了卓越的贡献。当时，邓子恢领导着中共华东中央局的一部分机关驻在惠民商店镇及其周围几个村庄。不久，华东中央局书记饶漱石带着一部分同志也来到商店镇。任质斌被任命为华东中央局政策研究室副主任，主任由华东中央局秘书长魏文伯兼任，他们的主要任务是进行调查研究，全面掌握情况，协助华东中央局领导制定应对措施和方针政策。任质斌在《我在山东工作的简单情况》中写道："中原突围后，因为我的故乡是山东，我要求回山东工作，中原局和党中央批准了我的要求。我回到山东时，正值华东局召开的大鲁南会议、渤海会议刚刚结束。当时华东局成立了一个政策研究室，由华东局秘书长魏文伯兼任主任，我被任命为副主任。研究室的研究员有林浩、景晓村、王斌等人。此时，华东野战军正在攻打潍县，华东局要我们研究草拟了一些接管城市的文告。"（按：华东中央局以下一般简称华东局）

其后不久，任质斌、胡志学夫妇随同华东局部分机关渡过黄河，越过胶济铁路，一直往南，昼行夜宿，长途跋涉，于一九四八年的四月底到达五莲县大茅庄。华东局首脑机关早在一九四七年十月就进驻了这里。大茅庄地处涓河东畔，土地肥沃，水源充足。但由于长年战争，尤其是国民党军队进攻山东时的摧残和搜刮，老百姓的生活很苦。华东局的干部战士和群众吃一样的饭食。没粮食吃，就挖野菜充饥。华东局领导指示，为了群众能就近挖野菜，让警卫连的战士到远一点的地方去挖。挖来野菜，洗干净，放点葱姜油盐调成馅子，把杂面擀成薄薄的皮，包上野菜，蒸成菜团子，一顿每人两个。不够吃，就猛喝开水。警卫连的干部战士帮助老百姓拉犁、送粪，由于吃不饱，有的战士干着活就突然饿晕倒了。因为营养跟不上，胡志学奶水很少，在晋饿得直哭。

　　由于战争的需要，也为了减轻大茅庄的群众负担，在任质斌夫妇到达之前，华东局决定留下少部分同志继续帮助五莲实验县的工作，华东局和华东军区机关移驻到青州闵家庄和东南营一带。任质斌夫妇只在大茅庄住了一个礼拜左右，就随同华东局部分同志迁到东南营，后搬到闵家庄。

　　闵家庄地处弥河西岸，《水浒》中所说鲁智深、武松占山为王的二龙山就在庄东南十几里处。华东局驻此后，陈毅、饶漱石、张云逸、许世友等曾在此工作。

　　闵家庄很大，面积约有一平方公里。四周有围墙，墙高四米，西、北面为石头垒成，东、南面为三合土筑造。围墙修筑于清末，主要用来防土匪绑票。修围墙的钱主要由几个大户出，周围村的富裕户只要拿钱也可以到庄里来住。此时闵家庄有钱的大户都在上海、烟台、青岛做买卖，家里只留下很少的人看家，所以空房子很多，这是华东局和华东军区机关迁驻这个庄的主要原因。

　　闵家庄东北三华里的东南营紧靠弥河，也是个比较大的村庄。一九四八年春，华东局的部分机关驻此，其中包括任质斌所在的政策研究室。胡志学回忆说："这一段生活相对安定些了，我和任质斌在政治上互相帮助，在生活上互相照顾。当时实行供给制，任质斌抽烟到公家去领，抽得不太厉害，一天一包左右。为了控制他抽烟，我有时故意不让去领。当时无论多大的干部，都没有生活补贴，只有小孩子有生活补贴。于是就有人开玩笑说：'有一个孩子是贫农，两个孩子是中农，三个孩子是富农。'我们家是'中农'。"①

　　任质斌担任华东局政策研究室副主任不久，即撰写了《华东局两个月工作汇报》。任质斌汇报了工作情况，找出了存在的问题，总结了经验教训，指出了今后的工作方向。报告说：

---

① 《胡志学口述》（未刊），第21页。

　　灾荒情况：二月份约有一百万灾民没饭吃，三月份发展到三百万人。滨海某些地区发生了抢粮、抢集的现象。这是由战争、水灾、瘟疫三者结合造成的。饿死的、自杀的在各地均有零星发生，鲁中、鲁南最为严重。生产状况：缺牛（一是蒋军杀戮，一是因强迫变工，民众不愿养牛），工具损坏了，劳动力减少了，种子吃掉了，缺少肥料。胶东有些村子有吃斗争饭的，有专门依靠共产党救济的，普遍的怕打乱重分，农民负担重，种地划不来，生产情绪低。

　　方针政策问题：把生产救灾当作中心工作，并提出"不荒一亩地，不饿死一个人"的口号。但在进行这一工作时有几个困难：干部不纯，思想混乱，不会做工作；群众对地权有顾虑，怕土地再打乱重分，怕富、怕斗，群众体力差，劳动力缺乏，被斗户没饭吃的很多；干部怕犯错误，但求无过，不求有功；尾巴主义，对群众某些落后的行动放任旁观。为了解决群众顾虑问题、劳动互助问题、改变作风问题，召开了一系列会议，大会与小会结合，派干部下去，掌握了几个基点村，改变作风，动员了机关中的人力、物力、财力来帮助群众生产；采取措施，狠抓救灾工作，减轻了群众负担。

　　几个还未完全解决的问题：公平合理负担问题、侵犯中农问题（五莲县二百多家被斗户有一百二十多家定为中农）、把地主富农变为劳动生产军的问题。

　　在生产救灾中所发生的错误偏向：普遍地发生了麻木不仁的现象，后来又发生了一些恐慌现象；单纯经济观点，狭隘的群众观点，缺乏革命观点，为了救灾不顾一切，严重的官僚主义、主观主义、独立主义。

　　现在存在着的严重问题：老百姓的穷困、购买力很低、工作中的错误造成的恶果、工资问题、新区的救灾生产工作怎样做、散匪与被斗户等。

经验教训：有正确的政策方针与努力，灾荒是可以克服的；只要党能掌握人民群众的利益与人民的近期要求，坚持走群众路线，生产救灾工作是可以做好的。

关于两个月的整编工作，任质斌在报告中指出：

有很多成绩，整编下来的人员有十几万，清理资财共约五百万万元，仅胶东就有二百万万元。缺点也很严重，主要是动员工作不够，复员了很多干部，有极端民主化现象，但也有未发扬民主的地方；只注意清理私人资财，对公家的资财的整理反倒不够；只注意检查生活问题，而未好好检查政策、思想上存在的问题。

任质斌在担任华东局政策研究室副主任的四个月中，特别注意学习和研究，对党中央毛主席的重要指示和战略部署，认真学习领会；对华东局领导的讲话进行了认真记录和整理，然后在工作中一一贯彻落实。他一方面深入基层做了大量的调研工作，一方面经常听取山东各大战略区和华东局驻地周围昌乐、益都、安丘、临朐几个县的工作汇报。他的这种高度负责的工作态度从他的大量笔记中可以看出。

华东野战军山东兵团于四月二日发起潍县战役，并于二十七日攻克潍县县城，全歼守敌，解放潍县。是役，歼敌四万五千人，活捉国民党第九十六军军长陈金城，击毙国民党山东省第八区专员兼保安司令张天佐。潍县解放的当日，华东局批准成立中共潍坊特别市委、市政府。曾山任市委书记，姚仲明任市长，潍坊市直属华东局领导。

五月十五日，华东局、华东军区直属机关及驻地群众五千余人集会，庆祝延安收复和潍县大捷。张鼎丞在会上号召大家做到三件事：一、在毛主席的战略指导下，一定要把华东地区的蒋军完全歼灭干净；二、党政军民要努力把生产救灾工作贯彻到底；三、完成土地改革。任质斌参与了会议的组织工作，并和全家一起参加了庆祝活动。

　　五、六两个月，任质斌经常夜晚加班写材料。笔记中详细记录了中央领导同志、华东局领导同志的报告和指示，山东各大战略区的工作汇报以及五莲实验县的工作汇报。笔记中有毛主席的报告、刘少奇的指示以及饶漱石、康生、傅秋涛等人的讲话，有大鲁南会议精神等。

　　当时，新解放的城市接管工作是一项迫在眉睫的重要工作，搞得不好，社会秩序必定大乱。潍坊在城市接收方面工作做得比较好。为了给以后解放的大中城市的接管提供范例，任质斌认真听取潍坊的汇报，并亲自动笔归纳总结出了《潍坊市是怎样被接收的?》报告，他写道："（一）入城之前先调集了大批干部，并加以训练，攻城部队也普遍地进行了政策教育；（二）在入城之前先组织了军管会，并分设了八大部门；（三）入城之后迅速地结束军管时期，宣布解除戒严与成立市政府；（四）入城之后召开了各种座谈会，解释了党的政策及宣布了施政方针；（五）入城之后立即组织了善后委员会，拨粮贷款，及运用以工代赈的办法来救济城市难民；（六）开设油坊、粮食、煤炭等商号，以调剂市场，供给市场需要；（七）限期收兑伪款，以稳定市场金融；（八）清查户口，允许国民党员、特务分子自首自新；（九）整理市容，划定零售市场；（十）对保护工厂机器及仔细交代公物的人员给以奖励；（十一）没收政策的实行非常审慎；（十二）发还反动派所强占的机器，帮助和推动工商业者复工复业，公营企业首先复工复业；（十三）接收物资的原则及处理原则。"接着又写出了《潍坊接收工作的经验》："预先将接收干部私人东西登记是一个办法，但要充分动员解释清楚，以免引起干部不满；一进城就要派武装保护仓库和各公共机关场所、学校及一切公共建筑物，以免被人破坏；接管之前应预先准备好多处仓库，以便及时将各种缴获的资材分别存放，特别是易着火的东西或不能受潮湿的东西要分别收藏，仓库要有专人负责长期的、固定的看管；不逮捕、俘虏敌伪企业、学校医院的职员，是使敌方职员向我办理移交的好办法；要及时地奖励看管工厂、矿山、企业、银行、铁路、邮电、学校的人员，对报告敌伪物资地的亦应奖励之；要把接收工作与恢复工作紧密地结合起来，特别是煤矿、电灯、火车的迅速恢复对市面的恢复有极大的意义；接收与缴获的物资，一部分要当作财政收入，一部分可供再作战用，一部分可作建设之用，一部分（日用品）可分给部队，在接收时应特别注意把重要的物资好好地掌握，使之不要分散，以便作为财政收入或供应部队作战，至于日常用品亦应集中，并迅速分给部队——首先是慰劳攻城的部队；接收委员会必须掌握足够的武装和交通运输工具，以备看管转运物资之用。"任质斌写的这些材料，为各地做好新解放城市的接管工作，提供了操作性很强的工作参考。

任质斌深知教育对国家和人民的重要，他起草了《关于新解放城市教育工作的几条经验》："（一）接收文化教育机关的人员如果穿军装会引起原文化教育机关的人员的畏惧，使之不敢接近（特别是女教职员不敢接近），因此，接收文化教育机关的人员最好不穿军装。（二）接收了原有的文化教育机关以后，一般的均可要他们立即复课或复工，以免这些机关学校的教职员学生走散了而一时收容不起来，并可避免因为这些机关学校恢复得太迟而引起群众对我的疑惧及不满。（三）学校复课的关键问题是三个：一为经费问题，一为课程与课本问题，一为教员问题。对这三个问题一般的则应暂时维持原状，以免仓促中处理得不恰当，反而造成以后的困难，但在课程与课本一项可将其原有的课程与课本中反动的部分删去，而稍微选增一些进步的课目或课文进去。（四）在接受原有的文化教育机关时，要注意不要给原有的文化教育机关的教职员冠以伪教员或伪学生的名义，同时也不要进行那种形式主义的甄审，以免造成我们与这些教职员学生的普遍对立。"

　　任质斌还组织政策研究室的同志调查总结整理出《潍坊市入城工作的经验》、《潍坊的工商业是怎样恢复起来的》等材料，这对不久先后收复的泰安、曲阜、济宁、兖州等城市的接管工作提供了宝贵的借鉴。

　　潍县战役俘虏国民党军官较多，华东军区在东、西朱鹿等村举办国民党被俘军官训练班，由华东军区教导团具体负责。训练班集中训练，主要任务是改造潍县战役被俘国民党军中、高级军官。通过上时事政治课、组织讨论、文艺演出等多种形式，启发他们觉悟，投向光明，投向人民。训练班一直办到第二年的四月才结束。任质斌担任华东局宣传部代理部长后到训练班作过时事形势报告。

　　六月十日，华东局在益都闵家庄召开高干会议，传达并讨论毛泽东、刘少奇关于形势和任务的报告；研究和探讨山东党组织执行政策的情况，求得思想上的统一；讨论成立大鲁南区（即鲁中南区）党委的问题。二十八日，傅秋涛作《关于鲁南工作中的政策检讨》的报告。这次会议开了二十多天，任质斌自始至终参加了会议。会议期间，任质斌参与审定华东局于六月十八日发出的关于执行《对新恢复区处理地权及其农作物所有权暂行办法》的指示。指示规定：凡地主倒回已分给农民的土地而自行耕种者，应一律宣布为非法行为，并限期归还原得地户；这些土地上已种植的农作物（包括即将收割的在内）亦统归原得地户所有。接着，华东局又在益都闵家庄召开新区工作会议，确定在新区首先进行清剿散匪，建立政权，然后再搞减租减息、反奸诉苦，进行土地改革。

　　稍后，任质斌参与制订华东局于七月十日确定的《执行中央一九四八年土改工作与整党工作的指示的计划》。这一计划指出：在老区、半老区、新收复区均以生产救灾为中心，在生产救灾过程中处理土地悬案，调整土地关系，并按照正确标准纠正过去土改中侵犯中农利益的错误，进行划阶级、定成分等工作。二十日，中共中央对华东局的计划作了批示，表示同意，并指出：重点示范不要过于分散，时间不要太长。此后，山东各地遵照中央指示，执行华东局的计划，逐步纠正了土改复查和整党中的"左"倾错误。

八月下旬，为解放、接管济南做准备，在益都城南闵家庄，任质斌协助华东局秘书长魏文伯带领政策研究室的研究员景晓村、曹漫之，办公厅秘书陈麒章等人，在总结接管潍县、兖州两座城市经验的基础上，起草了一个全面阐明我党城市政策的文告。文告共七条，当时称为"约法七章"。主要内容有：本军保护城市各阶层人民的生命财产；保护民族工商业及私人资本；凡国民党省市县各级政府机关官员和警察，只要交出武器，本军一律不加俘虏和逮捕等规定。经反复研究定稿后，于九月七日以华东军区司令部政治部名义下达。济南战役打响前，作为对攻城部队和准备进城接管人员进行城市政策教育的教材，要求将这七条规定与《三大纪律　八项注意》和入城守则一并予以切实遵守。战役打响后，这七条被印成了布告，随攻城部队和接管人员一起进城，张贴于大街小巷，对国民党军政警宪人员、工商业者和市民起到了安抚作用，受到广大市民的欢迎和拥护。①

任质斌既善于学习，又勤于思考，还常常把思考的问题用书面形式总结出来。就在参加华东局高干会议期间，他撰写了一篇杂感。文中写道："一个党的好干部必须把批评与自我批评结合起来，光有批评，没有自我批评，不仅使受批评的人不服，而且更重要的是不符合布尔什维克的品质要求；同样的，光有自我批评没有批评也是对党、对人民不负责任的一种表现，其实质是纵容和包庇阶级敌人。怎样认识人？方法是：听其言，观察其行，反复地观察其行，特别是在紧要关头的行动。要重视患难之交，不仅是由于道义的原因，

---

① 湖北省新四军历史研究会等编：《风雨历程　光辉人生》，中央文献出版社，2000年3月版，第187、188页。

更重要的是由于患难之交是经过在紧要关头的考验的。理直而不激愤，是和胜而不骄，败而不馁，原则性强而又讲方式，全心全意为人民服务而又能联系群众接近群众属于同样的哲学范畴的。"①

九月，任质斌被任命为华东局宣传部代理部长。宣传部下设宣传科、教育科、文艺科。部长先后为彭康、刘顺元（代）、任质斌（代）、舒同（兼），副部长先后为冯定、匡亚明（兼）、陈辛仁。此时，胶东、渤海、鲁中、鲁南、滨海等五个区党委和济南市委都直属华东局领导。

解放战争是一场军事力量的决战，也是一场精神力量的决战。在整个解放战争时期，中国共产党继承发扬自身宣传、教育工作的优良传统，结合形势发展和工作斗争的进行，不断探索总结、改进提高，各项宣传教育工作取得了显著的成绩，为解放战争的胜利做出了不可磨灭的贡献。作为华东局和山东分局驻地的山东解放区，曾是国民党军队重点进攻的主要战场之一。不断变化的形势和任务，严峻的战争环境，复杂的新老解放区方方面面的工作，对地方党组织宣传教育工作的指导提出了新的更高的要求。为了不断改进宣传工作的指导，华东局暨山东分局宣传部门付出了多方面努力，开展了多项工作，主要是注重了各级领导干部的学习教育，坚持了整体工作和宣传教育工作的调查研究，适时进行了宣传教育工作经验教训的总结。他们认为：各级领导干部整体素质的提高，是搞好宣传教育工作的先决条件；整体工作的调查研究，各行各业的调查研究，专门宣传教育工作的调查研究，是搞好宣传教育工作应有的基础；经验教训的及时总结，是各项工作改进提高的重要途径。根据这一工作思路，华东局、山东分局先后多次发布了各方面宣传教育工作的指示。这些指示，有的是在有关工作会议上提出，有的是在部署

---

① 摘自任质斌1948年的笔记。

工作开展的文件中提出，有的是专门的宣传教育工作开展的文件中提出，有的是专门的宣传教育工作的指示。

任质斌早在土地革命战争时期和抗日战争时期就是宣传教育工作的行家里手，既有理论知识，又有实践经验。在他担任宣传部代理部长的半年多时间里，华东局对不同领导干部的学习教育提出了一系列新要求，强调领导干部要适应战局的变化，提高思想政策水平，克服各种不良思想和行为。一九四八年九月济南解放后，山东一些小城之敌纷纷弃城而逃，人民解放军迅速收复临沂、烟台等城，山东境内的战争基本结束。华东局宣传部结合党提出的关于工作重点向城市转移等各项指示，对各级领导干部的学习教育和各项宣传工作的开展进行了及时部署。

为了适应形势的迅猛发展，尽快培养大批政工、文教干部，华东局研究决定：七月份在潍坊市建立华东大学。与此同时，还建立了华东第二高级工业学校、华东新闻干部学校、华东交通专科学校和华东工商干校等。任质斌参与了上述学校的筹备工作。

十二月，山东全境除青岛和沿海个别岛屿外都已解放，各地陆续把恢复与发展作为主要任务，加上全国新解放区不断扩大，因而需要培养大量干部和各类建设人才。为此，华东局决定除将华东大学、华东白求恩医学院迁往济南，扩大招生，吸引各类知识分子和青年学生入学。此外，还迅速接管、恢复与改建了济南的山东师范学院、山东医学专科学校、私立齐鲁大学、商业学校、农业专科学校等院校。原在解放区创办的华东第二高级工业学校、鲁中南建国学校、淄博建国学校等也继续扩大招生。一九四九年一月，还成立了山东教育干部学校。在上述学校的筹建、扩建、招生等一系列工作中，都凝聚了任质斌的心血和辛劳。

任质斌还参与了华东保育院的创办工作。在楚、在晋都太小，一时还离不开母亲，就没有送保育院。任质斌对抚育后代的工作非常关心，经常去保育院看望工作人员和孩子们，帮助解决具体困难。

保育院的许多孩子都认识这位文质彬彬、戴眼镜的叔叔。

一九四八年十二月，任质斌帮助华东局政策研究室总结了济南、潍坊两市接管工作的经验。主要有：（一）城市是经济集中、人口稠密、社会情况复杂、生产与生活状态比较紧张的地方。因此，解放之后要迅速而正确地开展各方面的工作，如肃清散兵游匪、打扫战场、收容伤俘、调剂煤粮、稳定物价等等，以彻底摧毁国民党的反动统治。（二）入城后的政策方针及工作步骤必须正确与明确，使党的城市工作政策迅速生效。（三）根据济南、潍坊的入城经验，今后在接收城市工作中应重视以下问题：入城人员要严格遵守入城纪律，这是接管城市与迅速建立革命秩序的关键；依靠已解放城市的接收政策所收到的成效来影响未解放城市，加上入城后的深入宣传，使旧机关和公营企业的管理人员、职员及工人，深信我们的宽大政策与处理方针而不逃跑、不躲避，在原职位上忠实地办理移交；接管工作要分轻重缓急，等等。（四）新解放城市必须立即实行军事管制，维持秩序，严禁破坏。（五）入城后要立即解决货币统一与粮、煤等日用品供应等问题，这是党在城市建立各种工作的第一步物质基础。

进入一九四九年，任质斌仍然是围绕华东局的中心工作而忙碌。华东局和华东军区经常根据宣传工作需要，联合发布有关宣传工作的指示，对地方和军队宣传工作做出统一部署。一些地方宣传组织机构与军队宣传组织机构，根据军事斗争和地方工作的需要，常常配合工作搞一些宣传活动。在任质斌任宣传部代理部长期间，华东地区（主要是山东解放区）广大宣传战线上的干部，按照党对干部教育的统一要求，积极学习马克思主义理论，学习党的方针政策，不断检查自身思想认识上存在的问题，努力提高思想理论水平；同时，结合专业工作要求，不断开展调查研究，总结经验教训，探索开展宣传教育工作的新途径和方式方法，不断提高业务指导能力；在干部配备上，党组织贯彻宁缺毋滥的原则，严把干部质量关。经过教育培养和艰难困苦的工作锻炼，一大批宣传工作干部成长起来，较好地适应了各项工作的需要，各系统均涌现了不少宣传工作干部的典型和模范。

党政军民高度协调统一的宣传组织，为搞好党的整体宣传工作和各项具体宣传工作，奠定了良好基础，发挥了重要作用。

一九四九年一月十四日，毛泽东以中共中央主席的名义发表《关于时局的声明》，批驳了一月一日蒋介石发表的《新年文告》，提出了以彻底消灭反动势力为基础的八项和谈条件。任质斌反复阅读了《关于时局的声明》，有一种扬眉吐气的自豪感。

一九四九年初，由于战争在山东境内基本结束，在繁重工作之余，任质斌下决心努力学习，尽可能多读点书，不断充实自己，不断提高理论水平。他这种学习态度和读书实践，在他一九四九年一月十七天里撰写的日记中完全可以体现出来。以下谨录其中五天的日记。

一月一日："已经下了决心，从今年元旦起，效法刘顺元同志的优良作风，每天早饭前读两个钟头的书，所以今天早晨起来较早。在吃饭以前读了几页刘少奇同志的《人为什么犯错误》。下午从位老那里回来，读新华社的社论《将革命进行到底》。"

一月二日："早晨起床后读薛暮桥的《思想方法与学习方法》第一章，并读毛主席的《农村调查序言》。从读这两篇文章中引出了一个问题，想在今后研究一下：调查研究主要的目的是什么？调查研究具体的内容是什么？调查研究除了研究事物的性质及其运动规律以外，还有哪些具体的内容？"

一月五日："早晨又将薛暮桥的《思想方法与学习方法》第一部分看了一遍，这一部分除了说明人之所以犯错误的两个基本原因：立场错了，或认识问题的方法错了之外，并着重地说明了一切正确的行动必须是主观与客观相一致。客观事物的发展是有一定的规律性的，人正确认识了这种规律性，即顺应着事物发展的自然规律，定出自己的行动方针，使事物向着有利于我们自己的方向发展。某些事物有利于我，我就帮助他发展；某些事物不利于我，我就阻碍他发展。为着事物能向一定方向发展，我们可以用主观的努力来创造各种有利的条件，排除各种不利的条件，这样来实现我们自己的主观愿望，同时要认识到任何事物都有它的特殊性、特殊的发展规律，所以不能完全一概而论。此外，每一事物在不同的时间、空间和不同的条件下，其发展的规律又会发生变化。因此，如果客观事物变化了（时间、空间、条件不同），我们的行动方针（方法）也就必须变化，否则主观与客观就会不一致，就会犯错误。我们之所以要反对主观主义，也就是因为它违背客观事物的发展规律。一切改造社会的计划（革命的战略与策略），都必须顺应着社会发展的自然规律的。只有在客观规律的容许的限度以内，人的主观努力是有很大的能动性、创造性的。说来也可怜，自己过去在很长一个时期对这个问题却无明确的认识。吃过早饭以后，替冯定①写介绍信介绍他到华大去，并处理了一些零星的事情。这几天的重大新问题是，蒋介石、孙科都发表了元旦演辞，表示愿意和我党谈和；罗维特、杜鲁门相继发表谈话，对我们所宣布的战犯名单表示不满。"

一月十六日："早晨看了看陆定一写的《什么是从实际出发》，午饭前读《参考资料》及报纸。昨天睡晚了，精神不好，便又睡了一觉。中午起来，听说陈（毅）、饶

---

① 冯定（1902～1983），时任华东局宣传部副部长。

（漱石）都回来了，正准备去看他们，郑（位三）、陈（少敏）也来了，便和他们一起去。我和陈军长已经十七年不见了，但我一提起在江西曾见过他（其实我已经没有具体记忆了），但他马上便记起来了，他的记忆力真好。他和我谈了很多，谈到毛主席的声明，谈到大军过江的时间，谈到过江以后的形势等问题。"

　　一月十七日："华东局请陈军长吃饭，饭后开营以上干部会欢迎陈军长，并由陈军长传达此次政治局会议的决议。其主要内容是：目前我们在军事上可以说基本上已经把国民党打倒了，如果我们能继续占领京、沪、武汉等地，则可以说在政治上、经济上也把国民党打倒了；只要我们大军渡江南进了，则我们即可宣布我们已经基本上把国民党政权打倒了，在两年以内取得全国的胜利已经没有问题了；现在我们必须说服群众把革命进行到底。至于渡江之举，那是势在必行的。渡江之后，我们有许多有利的条件，但也有不利的条件，所以我们应该好好地运用那些有利的条件，并克服那些不利的条件。在我们渡江以后，解放军的胜利愈快、愈大，则美国人将愈有顾虑，愈不敢直接干涉。在我军渡江以后，美国人可能组织一批地方军阀来与我们对抗，也可能组织一批反对派混入我们内部来进行破坏工作。此外，在国民党完全坍台之后，则可能以承认我们来换取他进行阴谋活动的合法地位。因此，我们不必急于取得英美等帝国主义国家的承认，我们所应该争取的是苏联及新民主主义国家的承认。两年多以来我们之所以能获得这样大的胜利，主要的是因为党的总路线能贯彻下去，同时也因为我们学会了农村工作，城市工作，从运动战到正规战的军事工作。总之是因为我们学会了东西，纠正了偏向，今后还需继续努力这样做。至于今后的具体任务则是：

（一）大军过江；（二）在自愿的基础上征调大批干部到江南工作；（三）部队要正规化，为此要继续建设大量的炮兵、工兵，以及铁路、公路；（四）建立空军、海军；（五）要继续进行新式整军，建立部队中的党委制；（六）加强支部工作，建立部队中的新青团；（七）支前工作要把就地取给与后方供给结合起来；（八）土改整党不应分开孤立地进行，土改整党可以生产为中心来逐渐地进行；（九）乡村的民主选举要以简捷的方法进行，不要因此妨碍生产支前的进行，一年以内必须召开各级人民代表会议，成立各级政府委员会；（十）各部党委按期召开党的代表大会及党代表会议，不要把召开党的代表大会看神秘了；（十一）新解放区也不一定马上就普遍地实行减租减息，可以先有一个准备的步骤；（十二）加强干部的马列主义的理论教育；（十三）加强解放区的文化建设；（十四）加强党的纪律性；（十五）加强保卫工作；（十六）准备召开二中全会，研究召开政协会议及成立中央政府，确立外交政策等。”

担任华东局宣传部代理部长的任质斌对教育情有独钟，他在笔记本上记录了许多有关山东教育的具体资料。在其中的一则笔记中，他写道：“就现有的材料来看，渤海最好，胶东次之，鲁中南最差。这主要的是由于这几个地区的条件不同。在渤海似乎又以三地委对恢复教育最热烈，大家怕华东局在这个问题上犯慢性病。一般的有两个反映：一是感到新规定的教员的待遇太高了；一是民办学校问题，大家不同意。胶东对教育会议的政策方针也无意见，他们回去立刻举行教员登记工作。鲁中南因战争原因，来开会的人，一回去就被拉去支前，因而教育干部的情绪受到了影响。渤海已经恢复了五所中学（四个分区四所，德州一所），一所渤海师范，干部都配备了，正在招生。但招学生有困难，因为过去的中学都是公费的，现在则是自费的。但三分区则主要的是由于有保守倾向，怕教员、经费等问题解决不了，而不敢多招生。渤海规定的教员的条件如下：凡是参加过教育研究会及过去给我们当过教员的一律任用；新吸收的教员需经过训练（博兴办了两期教员训练班，共训练了三百余教员）。"

一九四九年一月二十五日，华东首届学生代表大会在济南召开。到会的有胶东、渤海、鲁中南、徐州、潍坊、济南以及华东直属各校等八个代表团。大会广泛交流了各地的学运经验，号召各地青年学生发扬革命光荣传统，在中国共产党领导下将革命进行到底。任质斌参与筹备会议并出席了这次大会。

三月五日至十三日，中共七届二中全会在河北省平山县西柏坡召开。会议主要集中讨论彻底摧毁国民党的反动统治，夺取全国胜利，在新形势下党的工作重心实行战略转移，即从乡村转到城市的问题；确立了城市工作必须以生产建设为中心。会议着重研究并规定了全国革命胜利后，党在政治、经济、外交等方面的基本政策，指明了中国由农业国转变为工业国、由新民主主义社会转变为社会主义社会的发展方向。七届二中全会要求全党在胜利面前，务必保持谦虚、谨慎、不骄、不躁和艰苦奋斗的作风。华东局立即把七届二中全会精神传达贯彻到各级党委。全党上下欢欣鼓舞。任质斌把二中全会精神记在笔记本中，以供经常翻阅，力求学深学透，深刻领会精神实质，以指导自己的言行。

二　任鲁中南南下干部团党委书记

一九四九年三月下旬，华东局南下，中共中央山东分局重新成立（山东分局于一九四五年十月与华中局合并成立华东局）。华东局宣传部部长由舒同兼任，任质斌被任命为鲁中南南下干部团党委书记。根据中央关于抽调干部南下新区的指示，四月二十九日，山东分局抽调二万二千九百六十八名干部随军南下，超额六千余名完成中央下达的任务。华东大学学员近千人也南下参加新区工作。六月二十五日，华东局根据中央关于再从华东抽调一万四千二百名干部的指示，又从山东解放区抽调一千二百名干部南下支援新解放区。

任质斌带领去浙江的南下干部随军到达津浦铁路上的临城（今薛城）站，暂时驻下学习整训。临城南靠微山湖，是津浦铁路线上的重要车站，抗日战争时期是鲁南铁道大队主要活动的区域。铁道大队辉煌的战斗历史在新中国成立后拍摄的影片《铁道游击队》中有生动的表现，一曲"微山湖上静悄悄"风靡了全国。二十世纪八十年代，任质斌还专门去微山湖看了看。故地重游，了却夙愿。

一九四八年底，在开始酝酿派干部南下支援新区时，任质斌曾给华东局书记饶漱石写了一封信。信的大意是，不会普通话，南下江浙，语言不通，会直接影响工作的开展；希望能留在山东工作，做点工农业生产的具体工作。到临城后，任质斌又向华东局提出了留在山东工作的问题。这时山东分局刚刚恢复，极需要干部，特别是随着战争即将结束，今后工作的重心要转向城市，华东局就同意了他的请求，决定他留在山东工作。这些情况是他多年后对长子任全胜讲的。任质斌自己有以下回忆："一九四八年冬，人民解放军准备渡江南下。华东局奉党中央之命，分别从胶东、渤海、鲁中南三个地区抽调了几千干部组成三个干部团，准备在大军南下以后，分别接管上海、苏南、浙江等省市。当时我被调任鲁中南干部团党委书记，同党委的其他成员刘少卿、李培南、张雨帆、林乎加等共同带领一千多名鲁中南的南下干部，到临城学习整顿，准备去接管浙江。一九四九年春，党中央又决定在华东局南下以后成立山东分局，统一领导山东境内的几个区党委。华东局因为我是山东人，又将我调回山东分局，任分局委员兼任城工部部长。后来中央确定省以上的党委工作重心应该放在城市，城市工作由省以上党委直接管理，不必成立城市工作部。山东分局于是将城市工作部改为政策研究室，并任命我为政策研究室主任。研究员有庄泽华、鲁干、方正①等人。"

任质斌担任中共中央山东分局城工部部长（没正式发文公布）时间不长，却做了大量工作。曾与任质斌一块在城工部工作的方正回忆说："我调到分局时，时值任质斌也调到分局工作。我们先住市委招待所，以后搬到交际处。任质斌则一直住交际处。在一九四九年四月间，康生往往派车接我们到他那里去吃午饭并研究设立分局城工部的有关问题。不久，给了我们一座日式小房（在现在的省委第一宿舍）做办公室，后边是省妇联主任李坚贞的办公室。说是成立分局城工部，但一直没下文公布。当时任质斌是头，我和黄棣侯是兵。我们三人组成城工部。黄棣侯是鲁中南报社的编辑，也是位笔杆子，是康生的爱人曹轶欧（时任鲁中南区党委组织部部长）派了和我一起来的。后来分局决定成立与中央对口的政策研究室，于是，任质斌又被任命为政策研究室主任。后来由中央派李景春担任分局政策研究室主任，任质斌调淄博工矿特委任书记。这一次和任质斌相处时间虽不长，给我留下了很好的印象。任是一个很实在的人，我既把他当领导，又把他当兄长，相处得很融洽。"

三　任淄博工矿特区党委书记

经过三年多的解放战争，消灭了八百万国民党军队，中国人民解放战争已经取得了基本胜利。革命在全国范围的胜利，要求建立全国的人民政权。一九四九年六月三十日，毛泽东发表了《论人民民主专政》，阐明了即将成立的中华人民共和国的性质，以及各阶级

---

① 方正（1923～　），原中共山东省委党史资料征集研究委员会副主任，二十世纪五十年代初曾担任《大众日报》副总编辑。

在国家政权中的地位及其相互关系，指出中国不可能建立资产阶级共和国，唯一的道路是经过工人阶级领导的人民共和国。他说："总结我们的经验，集中到一点，就是工人阶级（经过共产党）领导的以工农联盟为基础的人民民主专政。"

为了加强统一领导，大力发展淄博地区的工矿生产，迅速生产出大量煤炭，支援前线，特别是支援刚解放不久的济南等大城市的煤炭供应，一九四九年七月二十六日，中共山东分局、山东省人民政府决定成立淄博工矿特区。特区管辖淄川、博山两县和张店、周村、博山三市。山东分局同时还决定，华东财经办事处工矿部党委并入淄博工矿党委。八月二日举行大会，正式成立中共淄博工矿特区委员会和淄博特区专员公署，任质斌任书记，李人俊任副书记，宋竹庭任专员，归山东分局和山东省政府领导。特委工作机构设组织部、宣传部、青委、第一直属党委和第二直属党委。

关于在淄博近半年的工作，一九八五年九月三十日，任质斌在写给淄博市委党史部门的复信中说："我在淄博工作的时间是一九四九年的七月到十二月。当时山东全境解放不久，山东全省的行政区划是：三个行政区（鲁中南、渤海、胶东），两个直辖市（济南、青岛），一个工矿特区（淄博）。当时的淄博特区是山东的重工业基地，全省的煤炭、电力、铁矿、军事工业、耐火材料、制酸工业大都在这里生产。这里还有日本人建而未成的大铝厂、新华制药厂、鲁丰纱厂、周村的丝绸工业、博山的陶瓷工业、琉璃工业等。因此，华东工矿部（部长李人俊、副部长孙象涵）也设在这里。上述厂矿，在行政上多由华东工矿部领导，而党群工作则由特区党委领导。我在来淄博特区任党委书记前是中共山东分局委员兼城工部部长。后因中央指示全党的工作重心应从农村转到城市，各省党的领导机关应该直接抓城市工作，不必另设城市工作部，同时淄博工矿特区党委又缺第一把手（当时淄博特区只有一个副书记李启华在维持日常工作）。所以山东分局便改派我到淄博特区任党委书记，我愉快地接受了这一任命。当时淄博特区的党政机关设在博山的四十亩地。几个主要负责人是：书记任质斌，副书记李启华，行政专员宋竹庭，党委秘书长赵沂川，组织部长李启华兼，宣传部长周南，公安局长杨文英，共青团书记蓝铭述。这些同志朝气蓬勃、勤勤恳恳，很想把工作做好。大家团结得也很好。我记得当时出了张报纸，叫《勤俭报》。为了使特委机关的工作人员普遍学习工业生产的基础知识，每星期还聘请专家、学者到特区党委给全体干部讲授工业方面的课程。

"我开始到淄博特区去的时候，本想在那里埋头工作一个相当长的时间。但为时不久，山东分局根据山东的实际情况，又把工作重心转到农村的生产救灾方面。所以在当年的十二月份又把我调回山东分局担任秘书长职务。当时淄博特委的同志很不愿意我走，我也很不想走。但山东分局的主要负责同志坚持要调，我只好离开了淄博。我在淄博工作的这半年，主要是做了一些调查研究、了解情况，配备班子、健全组织的工作。正当要全面开展工作的时候，却被调走了，而且以后相当长的时间没能再回淄博特区看看。这是十分遗憾的事情。由于当时山东分局的主要负责人不大重视淄博工矿区的工作，在我调回山东分局以后，淄博特区党委书记一职空了很长的时间，仍由副书记李启华主持工作。直到一九五一年才派张辑五去担任书记工作。后来，同我一块在特委工作的特委委员也都陆续调走了。李启华调往上海，宋竹庭调往浙江，赵沂川调往东北，周南调往山东省委宣传部（以后又调到中央党校），杨文英调到公安部，只有蓝铭述仍然在山东。

"我在淄博工作期间发生的一件大事：一九四九年的七八月间，我刚到淄博工作不久，位于淄川县境内的洪山煤矿的一个矿井，在打眼采煤的过程中，误和报废的古井打通，以致发生了'过空'事件，被古井里的存水淹死了二十几位采煤工人。洪山煤矿的有关负责人曾因此而受到了行政处分，山东分局还就此事发过通报。"

一九八七年六月五日，中共淄博市委在北京召开《中共淄博党史大事记》审稿会。任质斌在会上的发言又对他在淄博当年的工作情况进行了介绍。他说："淄博是一九四八年三月获得最后解放的。解放以后，特别是淄博特区成立以后，主要任务是恢复和发展生产，支援前线，支援上海、济南等大城市。因为这些城市刚刚解放，煤炭供应十分紧张，而其他地方煤炭生产大都停止了。以后又搞兵工生产，耐火材料、药品生产。药品生产主要靠新华制药厂。抓农业生产、手工业生产的恢复、五〇一厂的接管等。作为党的主要活动，就是搞党的建设。我是一九四九年的七月份去淄博的，当年底又调回分局。以后，淄博的工作主要是李人俊领导。李人俊在那里领导工矿部，团结党外知识分子、中层专家，在恢复和发展淄博工矿业生产方面做了大量工作。"当时，淄博是山东最大的煤炭生产基地，"淄博地区的主要工业是采煤业，据日本人调查这一地区煤的蕴藏量共十万万吨以上。战前（一九三六年）年产一百一十万吨，日占时期（一九四二年）年产三百三十万吨"。但是在整个解放战争中，淄博煤矿遭受了国民党反动派三四次大的洗劫，矿区地面建筑破烂不堪，机器大部被劫走或毁坏，矿井大部被淹没，恢复煤炭生产的任务十分艰巨。到一九四九年十月，"已经恢复的煤矿有九个，其中公营煤矿三个，上半年的总产量共四十万吨；私营煤矿有六家，上半年产煤十万吨。公营煤矿存在着最重要的问题是：器材缺乏；党群工作与生产管理经验都很差，还没有完备的生产管理制度和系统的党群工作活动；机构不健全等。私营煤矿存在的问题则主要是资本家怕不久以后，政府会将重工业收归国有，故实际上没有进行任何带有长期性的建设工作"①。

当时由于全国还没有全部解放，许多人心里不踏实，有顾虑，

---

① 据 1949 年 10 月 15 日任质斌撰写给山东分局《淄博特委八、九月份工作报告》，第 2～3 页。

害怕有反复。任质斌在一九四九年九月的一次会议上，专门讲了《目前淄博地区的形势与党的任务》。他在报告中说，由于党的中央和华东局领导的正确，由于全国人民（山东人民、淄博人民包括在内）的努力，由于国际条件对我空前有利，现在战争已经打到中国的西南部了，珠江以北的广大地区已无敌军，淄博已变为战争的后方和和平建设的地区了，这是和一年以前迥然不同的形势。也正因如此，淄博地区的广大人民对拉锯的顾虑已完全打消，生产建设的积极性大大提高。当然在另一方面，我们还应该清醒地看到：在淄博地区的特务、匪徒还没有完全消灭；相反的，国民党匪帮现正积极的组织与派遣各种各样的破坏分子进行破坏活动，这正需要我们高度的警惕。任质斌在总结了淄博的工矿业取得的成绩后说，由于上级党的领导的正确，由于整个战争形势的进展，由于过去的淄博特委、工矿部党委和专员公署及各级党政军群与广大的干部、党员、人民的努力，一年半以来，淄博地区的党群工作和政府工作也有了初步的建树，主要表现在：各级党委政府，以及工会、农会的组织已初步建立起来，并在一年半的时间里，初步的给工人、农民和其他阶级的人民办了一些事情，如安定社会秩序、支援战争、组织领导农村中的生产救灾、恢复与举办文化教育事业以及治河、修路等。

面对新形势、新情况、新任务，任质斌与特委的领导同志一起，率领矿区广大煤矿工人，投入到医治战争创伤、恢复发展煤炭生产的战斗中。他们改造、制修了水泵、绞车，修复了铁路和电车道，排水工作也取得了很大成绩，各个矿井面貌很快焕然一新。为了加快煤炭生产，特委组织、发起增产立功竞赛运动。在竞赛中，各矿发扬共产主义风格，互相帮助，互相支持，团结合作，多出煤，出好煤，以实际行动支援前线，迎接全国的胜利。

一九四九年十月一日，中华人民共和国成立。淄博城乡也沉浸在一片欢乐之中。一向善于搞宣传的任质斌同特委其他领导一起组织广大干部、工人、农民、学生及其他各界人士，纷纷做彩旗、写标语，排演文艺节目，敲锣打鼓，上街游行，欢庆翻身解放，欢庆新中国的诞生。

任质斌十分重视党的建设，而且积累了丰富的工作经验。他同特委其他领导同志一起，在抓好恢复生产的同时，制定有力措施，重点抓了党组织的建设。截至一九四九年十月，淄博特区共有基层党支部六百七十多个，党员一万三千四百余名。为了及时了解各级党组织的工作情况，按时审阅工作报告、工作计划，及时商讨、处理和答复日常工作中的问题，特委决定实行集体领导下的分工责任制，并对任质斌、李启华、周南、李维光、赵沂川、朱可琨、宋竹庭等负责同志的工作进行了具体分工，明确了各自的任务。为了加强对淄博市的领导，一九四九年十月，报请山东分局批准，成立了中共博山市委，原归特委领导的博山、黑山、原山分区委划归该市领导。同年十二月，博山市委召开首届党员代表大会，任质斌到会作了关于《今后工作方针和任务》的报告。会议确定了今后党的总任务是恢复与发展生产，后来博山市成为山东的一个工业基地。

在淄博矿区的一次干部会议上，针对一些干部缺乏朝气、工作松懈拖拉的实际状况，任质斌专门作了一次《论朝气》的报告。他说，朝气是什么？朝气就是一种新生的事物所必须具有的一种新的作风和新的气象，也是每个革命者所必须具有的革命品质。要做到：（一）认真负责，积极紧张；（二）钻研研究，不怕困难；（三）吃苦耐劳、艰苦奋斗；（四）专心事业，不争其他；（五）团结友爱，愉快活泼。任质斌指出："一件新的事业的创造，非有一种蓬蓬勃勃的朝气不可。只有旺盛的朝气，才是锐不可当的力量；只有旺盛的朝气，才能冲破一切困难；只有旺盛的朝气才是最可宝贵的力量。苏联建国的经验证明了这一点，中国革命的经验也证明了这一点。淄博的许多干部是有朝气的，这也正是淄博地区过去在某些方面能够获得相当成绩的重要原因。许多干部是有一部分朝气的，虽然是一部分，但在过去的各种工作中也起了不少的作用。但是有些干部，或上述干部中的一部分还缺乏朝气，或朝气不完全，这也是一个事实。它表现在：某些干部中还存在着严重的松懈疲怠，不负责任的思想；某些干部存在着严重的资本主义的思想。这些现象的造成，当然不完全由那些同志本人负责，领导上也负有一部分责任。但不管是谁负责，问题总是严重的。目前，淄博地区所需要的朝气主要的是紧张的生产，紧张的工作；节约资材，劳动建设；努力学习，刻苦研究。"在谈到怎样才能养成一种旺盛的朝气时，任质斌强调要坚定全心全意为人民服务的革命的人生观；要认清当前的形势与正确的方向；由此当可产生高度的事业心。他要求："要反复教育，反复号召；首长带头，以身作则；党员团员，树立模范；表扬典型，推动一般。"

时任博山市委书记的王保民晚年回忆说："一九四九年十二月份召开了中共博山市第一次党代表会议，任质斌代表淄博矿区特委作了形势任务报告，副书记李启华作了工作报告，我作了具体工作安排的报告。在任质斌的亲自指导下，会议通过了《博山市关于形势和任务的决议》。至此，各项工作全面铺开。工作中，我们遵照特委和任质斌的指示，主要抓了恢复生产和稳定社会秩序。特别是在恢复煤矿、陶瓷、琉璃三大支柱产业，解决困扰生产和销售过程中的种种困难时，任质斌支持我们让供销社收购，以此启动市场的工作建议。最后，又亲自和我们一起研究成立生产救灾委员会，实行生产——销售——管理一条龙服务，从而彻底打开了局面。我们在任质斌的支持下，有计划有组织有领导地进行了一次全市统一清剿行动，抓捕了一大批隐藏的反革命分子，基本稳定了全市的社会秩序。经过上下共同努力，博山的三大行业很快恢复了生产，工人失业问题得以基本解决，市场繁荣，人心安定，社会秩序井然，较好地完成了七届二中全会决定的任务。"

任质斌和特委的其他领导深知党报和党刊的重要作用，于一九四九年十月决定编辑出版《淄博通讯》，为党内参考性质的刊物，每月出两期，每期印刷五六百份。同月又创刊《建设报》，这是一张以反映工矿建设为主要内容，以工人群众为主要对象的地方性、综合性报纸，每月出四到六期。由任质斌亲自过问、亲自指导的一报一刊，在激励、鼓舞人民群众恢复发展生产、战胜各种自然灾害的斗争中，发挥了巨大作用。

解放初期，工矿企业是淄博的主导企业，工会组织在企业中起着非常重要的作用。一九四九年十月十六日至三十一日，淄博工矿特区工会筹委会工作会议在博山召开，一百七十八名工会干部出席了会议。淄博特委书记任质斌出席会议，并作了题为《发展生产　完成国家工业化号召》的报告。报告主要内容是发动教育工人，扩大组织，献纳器材，完成生产任务；开展生产竞赛，提高产量和质量；通过生产，大量发展会员，扩大组织；建立职代会和管委会，组织工人参加管理；私营企业签订集体合同；在可能的条件下，举办职工福利事业，活跃职工生活；总工会机关帮助化学总厂选定厂址。并且积极筹备二次工代会召开，成立总工会。

在工矿生产方面，除继续进行煤炭工业的恢复与发展，又根据淄博的具体情况，重点抓了军工生产和药品生产。

在淄博工作半年，任质斌给山东分局写过两次综合报告，把当时淄博工矿企业以及各项事业的情况作了比较详细的说明。任质斌是七月份到淄博工作的，十月十五日就以淄博工矿特委的名义撰写了《淄博特委八、九月份工作综合报告》，报告分全区概况、全区工业情况、全区农业状况、全区各城市的商业状况、全区的金融业五部分。报告开头，任质斌作了说明：这个报告主要是全区的各种基本情况，关于我区的各厂矿生产情况、整编转业情况、工会工作情况、秋收秋种情况，召开各界人民代表会议情况则另有专门报告送分局有关部门。年底，任质斌又撰写了《淄博工矿特委十、十一月份工作综合报告》。报告分工运工作情况、农民运动和农会组织状况、妇女工作情况、青年工作状况四部分。在第一部分工运工作情况中，任质斌写道："远在战前，在淄博的煤矿工人中，便有我党的秘密活动，抗战开始后，党又以苏鲁战区的名义建立了淄博工会，并成立了工人游击支队参加抗战。日军投降，淄博解放后，一九四六年三月召开了淄博地区的第一次工人代表大会，成立了淄博总工会，但当时的工运工作主要是领导工人进行增资斗争，由于'左倾'思想的指导，后来一直发展到工人要什么资方答应什么的程度。在街道上也组织了包括各种工人在内的工会，有的是以抓阄的方法找出会长、组长，然后发展会员。主要是组织起来反奸诉苦，开斗争会分东西。一九四八年三月最后一次解放淄博时，没有马上着手组织工会，八月特委成立后，方开始整理，并自下而上发展会员，成立各级工会。"

一九五〇年一月七日，中共山东分局通知公布：中央及华东局已批准中共淄博特区委员会由任质斌、李启华、孙象涵、许光明、苏冠英、周南、宋竹庭、李荆和、陈明达九人组成。任质斌任书记，李启华任副书记。同日，中共山东分局公布：赵沂川任淄博特委秘书长，朱可琨任组织部部长，周南任宣传部部长。但是不久，任质斌即调任中共山东分局秘书长。

对任质斌调走，淄博的同志，特别是几位领导同志是不乐意的。副书记李启华于一九五〇年一月十二日、二十七日接连给任质斌写了两封长信，在第一封信中说："闻听你调动是有八成，但我个人却感到极度苦闷、彷徨。我相信对个人还不致迷信，我还不成熟，我还不能负重责，不是深思熟虑的人，在一个细密全面同志的领导培养和同志们的鼓励帮助下，我相信个人倒是可以学得一些东西，逐渐把工作往好处做的。但你若离此地，不能另派新人，全面由我负责，却会把问题弄糟的。我想你会了解其中问题的。我才干不能和你比，你走又没副书记，工会又无正主任，我如何搞得起，何况合并后工作正在向前移了半步，工矿这大堆事业呢？我已向傅政委

（傅秋涛）写了一信，并托宋竹庭同志代达此意。希望你能对分局详陈此中利害。以我个人还是愿负责的，但你若走，大责由我负，却是超出我的能力，不能不度德量力！除非有继你任的。"任质斌调分局后，李启华在第二封信中说："你的调动，对特区是极大损失，我痛恨自己不能支起大厦，为组织分忧也，但积极工作，尽力以赴是不会卸责的。希望能来一位既通工矿，又通农村，能力与兄相差不多，则诚属淄博事业之幸也。"

第二十二章 建国之初（上）

从一九五〇年一月到一九五二年十二月，任质斌担任中共中央山东分局委员、秘书长。

建国初期，山东的政治、经济形势错综复杂，新生的人民政权面临着严峻的考验。中共山东地方组织和人民政府通过没收、改造官僚资本，整编、改组解放区公营经济，投资新建国营企业，逐步建立起地方国营经济体系。与此同时，还领导了稳定物价、统一财政的重大斗争。为保卫新生的人民政权，中共山东分局指示各地政府，严厉镇压匪特，严防敌人利用会道门进行活动，加紧侦破反革命分子的破坏，开展剿匪、肃特、反霸及重点取缔反动会道门斗争。镇反运动的胜利，沉重地打击了敌人，推动了土地改革运动，支援了抗美援朝战争，使全省社会治安迅速好转，社会秩序大为稳定。山东城乡各地以恢复和发展生产为中心任务，通过开展各项社会改革运动和增产节约运动，使原来凋敝不堪的国民经济得到了恢复和发展。作为分局秘书长的任质斌协助分局领导，努力做好方方面面的工作，兢兢业业，深受部属的赞赏和拥戴。

一 任中共中央山东分局秘书长

一九四九年三月下旬，华东局南下，山东分局重新成立。中共中央批准由康生、张云逸、傅秋涛、向明、郭子化、许世友、彭康、李林、袁也烈等九人组成山东分局，暂不设常委。不久，中央又批准张晔、赖可可、高克亭、王卓如、任质斌、彭嘉庆、李士英等为分局委员。康生任书记，傅秋涛任第一副书记，向明任第二副书记①。一九五〇年三月以后，康生称病休养，傅秋涛主持山东分局工作。一九五一年八月一日，傅秋涛调中央军委工作，山东分局的工作由第二副书记向明主持。

一九五〇年一月二十一日，任质斌调离淄博，接替刘贯一，担任中共中央山东分局秘书长。他时年三十五岁，年富力强，精力充沛。一九五〇年七月四日，经中央批准，赖可可、高克亭、任质斌、王卓如为分局委员。在此前后，还于一九四九年十一月、一九五一年十一月、一九五三年一月、一九五三年十二月先后增补张晔、彭嘉庆、李士英、王路宾、晁哲甫、王近山、张辑五、夏征农为分局委员②。

任质斌调离淄博，不仅淄博的干部、群众很留恋，他本人也不愿离开淄博。在正式调离之前的一月十二日，他给分局主持工作的傅秋涛第一副书记写信表明了自己的一些想法。信中说："关于我的工作问题，我觉得回分局来做秘书长实在是不够条件，原因是：我不会写东西，看东西也很慢，而做秘书长的人则需要能写东西，看东西又看得快的；我对外交工作从未做过，而目前分局里的秘书长则需要兼做一些对苏联同志的交际工作；我做事拖拉，而做秘书长的人则需要眼到、口到、手到、脚到，做事敏捷的；特别重要的是我的精力不强，而做秘书长的人则必须精强力壮，能拖能熬的……至于秘书长的人选，我提议可改以谷牧同志或孟东波同志来担任，谷牧同志调离济南后，济南市委书记可由姚仲明同志兼任，我觉得

---

① 《中共山东党史大事记》，山东大学出版社，1992 年 12 月版，第 514 页。

② 《中共山东历史大事记》，中共党史出版社，2001 年 3 月版，第 118 页。

这样分工对分局的工作是更会加强的。我的意思是很真实恳切的。我绝不是怕麻烦，而确是为了把工作做好，请你考虑一下看是否能行得通。"

实事求是、谦虚谨慎、举荐贤能是任质斌为人处世的一贯原则。任质斌一向把干好工作看得很重，而把职务看得很轻。他不愿担任秘书长，有实事求是的一面，也有他谦虚谨慎的一面。事实上，组织上在任命任质斌担任分局秘书长这件事上是知人善任的。

任质斌到任后，除负责处理文电和机关行政工作外，还分管省直机关党委和青年、妇女工作。主要任务是当好分局领导的参谋和助手，工作职责是：列席分局的重要会议，参与分局一些重大决策的制定并抓好决策落实；整理审定呈办分局的重要文件；分管办公厅、政策研究室和保密委员会，主持办公厅工作。任质斌协助分局领导为迅速医治战争创伤、恢复山东国民经济做了大量的工作，并为分局办公厅的各项建设开了个好头。

千头万绪的工作，严重地影响了任质斌的身心健康，过分的劳累，使他常常咯血。

解放初期，山东面临着极其复杂的政治、经济、社会形势，摆在新生的山东党委、政府面前的，是一个满目疮痍、凋落破败的烂摊子。农村经济严重萧条，经过连年战争的破坏，特别是国民党军队进犯的摧残，到解放前夕，全省河道山林失修破坏严重，大片土地荒芜。一九四九年又遭受特大自然灾害，农村生产力受到的严重破坏，给经济恢复带来很大困难。城市工矿企业千疮百孔，残破不堪。到山东全境解放时，全省绝大部分的工商业已处于瘫痪、半瘫痪的状态，许多企业已经停工歇业，甚至倒闭破产，致使城市工人大批失业。在经济萧条的情况下，投机商乘机大肆活动，囤积物资，哄抬物价，扰乱市场，牟取暴利。在长期通货膨胀的影响下，物价上涨速度高得惊人。各种反动势力的猖獗活动，严重威胁着新生人民政权的巩固，阻碍着各项恢复建设事业的开展。

在这种严峻的政治、经济形势面前，中共中央山东分局按照党在建国初期的工作方针和基本政策，团结带领全省人民，以极大的努力建立和巩固了各地各级党政机关，没收了官僚资本，稳定了物价，完成了土地改革，开展了抗美援朝、镇压反革命和"三反"、"五反"运动。"中共中央山东分局在制定一九五〇年施政纲要时，明确为各级党组织和政府规定了具体工作任务，即以城市工作为重点，改造接收过来的官僚资本企业；平抑物价，恢复私营工商业经营，建立以社会主义经济为主体的新民主主义经济秩序；在广大农村以实行生产救灾为首要任务，逐步恢复农业生产，在此基础上完成土地改革，消灭封建土地关系，解放农村生产力；为保证经济恢复工作顺利进行，加强对反动社会势力的镇压，肃清各种反革命分子，切实巩固人民民主专政。"①

从一九五〇年初到一九五二年底短短的三年时间内，山东迅速恢复了遭到严重破坏的国民经济。这期间，任质斌直接参与了分局的一系列重大决策的制定，狠抓落实，在全面加强党的建设、建立健全党委工作制度、加强组织建设、作风建设等方面，付出了艰辛的劳动，尽心尽责，做了大量的具体工作。

过去，在战争环境下，山东分局忙于打仗，尽管也有一些规章制度，但是不完善、不健全，有时在一些特殊情况下也无法执行。全国解放后，随着分局工作重点的转移，工作地点的稳定，建立健全各项规章制度，促进分局工作的规范化，就提到分局工作的重要议事日程上了。任质斌经过大量的调查研究，吸收了过去一些规章制度的长处，协助分局先后主持制定了《山东分局委员会各项制度的试行规定》、《中共中央山东分局委员会会议简则》、《中共中央山东分局办公及各种制度暂行条例（草案）》等，对山东分局委员会

---

① 吕景琳、申春生主编：《山东五十年发展史》，齐鲁书社，1999年9月第1版，第3~4页。

的会议、办公、议事、日常工作等各项制度，都做了明确规定。比如分局委员会议制度，就对会议的时间、议题、参加人等明确规定：分局委员会议每星期一上午举行，时间一般不超过三小时，无重要原因不得延期或变更时间；会议主要讨论中央及华东局的指示、决定，分局有关思想、政治、军事、经济、文化、教育等事项，以及下级请示的事项；参加人包括分局全体委员，分局秘书长列席会议。为了使上述规章制度更科学、更规范、更具有可操作性，任质斌和执笔同志一道连续突击，撰写好后，亲自逐段逐句逐字加工修改，直到自己满意了，再呈送分局领导们审定。这些制度的建立，使分局的工作秩序开始逐步走向正规，全省党的建设等各项工作开始步入正常轨道。

一九五〇年五月一日，中央发出《关于全党全军进行大规模整风运动的指示》，要求全党全军结合总结工作，开展批评与自我批评，以克服党内首先是领导干部内存在的居功自傲、命令主义和官僚主义作风，以及少数人贪污腐化、政治上堕落颓废、违法乱纪等错误，密切党与人民群众的联系。六月三十日，中共中央又发出关于整党的指示，决定在全国范围内进行一次大规模的整党运动。这次整党的主要任务是：改善党的组织状况，整顿党的工作作风，提高党的政治质量，以巩固党与人民的团结。整党的方式是：阅读文件，总结工作，分析情况，展开批评与自我批评。中共中央山东分局和各地、市委先后制定整风计划，进行整风动员，并开始学习整风文件。六月下旬，山东分局召开扩大会议，传达党的七届三中全会精神，制定了《山东分局关于整党工作的指示》等文件，要求各地在初步准备的基础上，进一步深入动员与布置，通过阅读文件、总结工作、分析情况、展开批评与自我批评等方式进行一次全面整党，以改善党的组织状况，整顿党的工作作风，提高党的政治质量，巩固党与人民的团结。

整风运动中，任质斌在分局委员会议上多次发言，强调搞好自身的对照检查，深挖思想根源，提高思想认识水平。他在《关于整党的问题的报告》中说："山东的党组织两年以来，在领导支援前线，组织战争，生产救灾，接管城市，组织经济建设等方面取得了很大的成就。现在党的战斗力量比过去任何时期都要雄厚，党在人民中的威信也比过去任何时期都高。但是，在这个伟大的革命的胜利中，正像中央和华东局整党指示中所提出的，由于客观形势发展迅速，工作环境日益复杂，工作任务特别繁重，党的教育工作还来不及有系统地进行，因而党内便相当普遍地产生了各种不良的思想倾向。很多新党员带来了极为不纯的思想作风，部分老党员老干部也表现着骄傲自满，存在着严重的命令主义作风，任意违反党与人民政府的政策，采取蛮横态度去完成工作任务，破坏党与人民政府的威信，引起人民不满，脱离群众，甚至有贪污腐败，政治上堕落颓废，违法乱纪等极端严重现象发生。"

"首先，我们可以看到，命令主义的毛病是在许多下级组织和下级干部，甚至一部分领导机关与领导干部中存在着。他们犯了急性病，表面上积极，然而他们不知道怎样把党的口号变为群众自己的口号，怎样才能把党所提出的任务变为群众自己的任务，他们不知道如何才能启发群众的觉悟，并适当地等候群众的觉悟，不知道采取许多步骤去使群众自然而然地革命化，而企图用简单的、生硬的、命令的办法强制群众接受党的口号和任务，并强制群众起来行动。他们违反了群众的自愿原则，当引起群众的怀疑与不满之时，他们更用强迫命令甚至惩办主义的办法去推动工作。其次，官僚主义的作风也很严重地存在于我们的某些领导机关与某些干部中，这表现在：有些同志只把上级的指示、计划原封不动的照传或照抄给所属下级就万事大吉了，而不按照上级指示的精神和本地区的具体情况进行具体的部署，以保证上级的指示和计划的彻底的实现；有些同志对于所属地区或所属部门的工作虽有具体的布置，但这种部署不是具体地调查与研究了群众的情绪和要求，并根据群众的情绪和要求来定的，而是心中无数，或是故意地忽视群众的情绪和要求，忽视群众和干部的实际困难，闭着眼睛，一厢情愿地瞎部署；有些同志在做了一般的工作部署以后便以为自己的任务已经完了，而不分别地具体地指导与帮助自己领导的下级组织或工作部门来进行工作，并经常地帮助他们解决他们所不能解决的各种困难；有些同志在做了工作部署以后便以为工作已经有了保证了，因而便不去进行对工作的检查，并通过检查来及时地发现与解决工作中的各种问题，以掌握运动之正确的发展；有些同志在一项工作结束了以后，不好好地来总结这个工作，并通过这个总结，吸取经验，改善工作，教育干部，教育群众；最后有些同志时常骑在群众头上作威作福，拒绝群众的批评，抹杀群众的权利，对群众摆架子，甚至要求群众为他们服务。所有这些是官僚主义的各种表现形式。第三，关门主义的倾向在我们一部分干部、党员中也很严重的存在着。这些同志实际上是不满意或不重视党的统一战线政策的，他们不愿意和党外人士以及落后群众接近，他们常常拿共产党员的标准来要求党外人士。第四，在一部分同志中，现在正在滋长着松懈疲怠，太平享乐，甚至贪污腐化的倾向。现在我们国家的人民在政治上虽已解放，但在经济上、文化上却还过着非常低劣、非常落后的生活。因此我们不仅不应松懈疲怠，而且还应进一步地抖擞精神，以大力来争取经济建设方面的胜利。这些倾向的存在都阻碍着党的顺利的前进，并会使党脱离群众。如果任其发展下去，那会严重地威胁党的生命的；如果不能决这些问题，那么首先是今年下半年的土改任务是不会顺利完成的。因此，党在现在及时提出了整党的号召与要求，是完全必要的与正确的。"

在报告中，任质斌还阐述了整风学习的基本方法等问题。同时，他积极协助分局搞好全省的整风运动，主要抓了四个环节：一是整风与各项工作密切结合；二是以检查总结工作入手，开展批评与自我批评；三是贯彻自上而下逐级深入的方针；四是实行首长负责、亲自动手的领导方法。这次整风从七月份开始，经过学习文件、讨论座谈、检查总结等几个阶段，到十一月基本结束。

就在整党整风运动开始之前的五月四日，任质斌又给华东局书记饶漱石、组织部部长刘晓写了一封信，再次要求到基层工作。

饶政委、刘晓同志：

自从今年一月我被调回分局以来，四个多月，工作上几乎是毫无贡献，清夜自思，深感苦恼。分析其中原因，一方面固然和分局领导机构的缺陷有关，另一方面我本人目前还不宜于在分局机关中工作也是主要的原因之一。关于分局领导上的缺陷，你已知之甚详，且已着手解决，故不多说。至于我本人已不宜于在分局机关中的工作则是由于：我来山东工作虽已两年多，但除了在淄博工作五个多月外，其余的时间都是悬在领导机关里，因此山东的各种具体情况都还很不了解，这便造成了工作上的很大的困难；近几年来党的各种工作都有很大的发展，而我在这几年中一直是浮在领导机关中没有直接参与这些工作，因此便造成了经验不足、工作不熟的困难；在上述情况下如果我的理论水平高些，那还可以应付，而恰恰我的理论水平又差，因此便愈增加了工作上的困难。此外，精力不强、工作方法不科学当然也是原因。因此，这次分局的领导机构要做个别调整，固然使我增加了不少信心，但自身的困难没有得到解决，则仍甚忧虑。为此，我恳切的请求华东局能利用此次取消山东区党委一级组织的机会，从下面另找一个同志做分局的秘书长，而将我分到哪个地委或哪一个较小的城市工作上三五年，然后再回高级领导机关来工作。我想这对工作和对我本人都有好处。否则，老是悬在高级领导机关中，不仅对我个人是一种危险，而更重要的是对工作不利。如果组织上能让我到下面去工作上几年，我想也许将来我还会对党有较多的贡献。

　　如何之处，敬希考虑。

任质斌
五月四日

　　任质斌要求到下一级领导岗位工作，然而迟迟不能如愿，他心中的烦恼是可想而知的。

　　山东是老解放区，早在一九四六年，土改运动就已经开始进行，到一九四九年底全省已有百分之七十二的地区完成或基本完成了土地改革。但是，由于国民党重点进攻和地主还乡团反扑倒算，许多地区的土改成果遭到破坏，农民分到的土地重新被夺走。国民党重点进攻被粉碎后，农村因需集中全力从事生产救灾，土地改革遂暂缓推进。一九五〇年一月，中共山东分局在《关于施政方针的建议》中提出：结合生产救灾，争取于一九五〇年内在全省完成土地改革。土地改革的完成，使农业生产力获得了极大的解放，使整个农村面貌焕然一新。首先，土地改革彻底消灭了地主土地所有制，使无地或少地的农民获得了土地和部分生产资料，实现了土地归农民所有。土地改革后，农村中贫雇农逐渐减少，中农逐渐增多，并开始出现新富农。其次，土地改革激发了农民群众的生产积极性。广大农民在分得土地的基础上，用所得财物，购置生产资料，积极发展生产，使农业生产迅速恢复。

　　新中国成立初期，全省物价飞涨，通货膨胀，财政经济形势非常严峻。为了抑制物价上涨，恢复和发展国民经济，山东分局认真贯彻执行中央关于统一全国财政经济工作的决定，相继采取了一系列措施，努力争取财政经济状况的基本好转。一九四九年六至七月、十一月和一九五〇年二至三月，全省先后刮起三次大的涨价风。为了有效地平抑物价，在山东分局领导下，全省各级国营贸易机构采取一系列平抑物价措施，有力地打击了奸商的投机倒把活动，使全省的物价基本稳定下来，为财政经济状况的好转创造了有利的条件。山东分局按照中共七届三中全会精神，对城市工商业进行公私关系、劳资关系和产销关系进行普遍调整。通过工商业的调整和全省人民的努力，全省经济形势逐渐好转。

自一九五〇年以来，经过三年的经济建设，到一九五二年底，全省人民克服了种种困难，胜利地完成了国民经济恢复工作。一九五二年全省工农业总产值为六十点九亿元，比一九四九年增长百分之八十七点二；全省国民收入为四十一点一七亿元，约为一九四九年的二倍。经济恢复工作的胜利完成，从根本上改变了由于战争和灾荒带来的工农业生产萧条、经济混乱、人民生活极端困难的局面，为开展大规模的、有计划的经济建设打下了基础，创造了条件。

一九五〇年六月，美帝国主义悍然发动了侵略朝鲜的战争。山东分局团结带领全省人民，和全国人民一道，开展了轰轰烈烈的抗美援朝运动。全省动员报纸、广播、出版、文艺及党的宣传员等多种力量，运用报告会、控诉会、游行示威、广播大会和万人集会等多种形式，对广大人民群众进行爱国主义和国际主义教育。深入的宣传教育和朝鲜前线的不断胜利，使广大群众逐渐肃清了恐美、崇美、亲美的思想，树立了民族的自尊心和自信心，从而以实际行动投入抗美援朝运动。

除了日常工作外，一九五〇年十月，任质斌着重忙了两件事：一是主持筹备十月二十八日至十一月六日山东分局召开的地市委书记扩大会议。会议传达了中央关于形势问题的电示，布置了抗美援朝保家卫国的时局宣传教育、镇反、保密、清理内部、巩固后方等项工作；总结了土改典型试验经验，明确了结束完成土改是一切工作的中心；研究了城市工作，确定城市工作的方针是全心全意依靠工人阶级，建设强大的经济力量和国防力量，研究布置了财经工作；强调了巩固整风成果，对继续深入贯彻整风工作进行了部署。二是参与组织召开悼念任弼时活动。十月二十七日，中共中央政治局委员、中央书记处书记任弼时因病逝世。二十九日，山东分局向党中央发出唁电，三十一日下午，省及济南市各机关团体代表六千余人在军区广场举行追悼会，沉痛悼念任弼时同志。

十月十日，中共中央发出《关于镇压反革命活动的指示》，要求纠正镇压反革命中"宽大无边"偏向，全面贯彻党的"镇压与宽大相结合"的政策。对一些反革命分子该抓的抓、该杀的杀、该管的管。山东分局于十月二十八日召开的由各市地委书记参加的扩大会议进行了传达贯彻。十一月，山东各级地方政府加强了对镇反工作的组织和领导。济南、青岛、徐州等城市先后处决了一批特务和犯罪分子，各地农村也相继镇压了一批恶霸地主，司法部门处理案件的效率也大大提高。进入一九五一年，山东展开了更大规模的镇压反革命运动，严厉镇压了一批反革命分子，也沉重打击了潜伏的特务。到一九五二年底，全省范围的镇压反革命运动宣告结束。这次运动，沉重打击了土匪、恶霸、特务、反动会道门头子和反动党团骨干等反革命分子以及他们的破坏活动，支援了抗美援朝运动，配合了土地改革，对保护人民、团结人民、鼓舞人民建设新中国是必要的，起到了它的历史作用。

由于工作的劳累，任质斌的吐血症越来越严重，于是他又给华东局组织部写信，坚持自己不胜任秘书长工作，要求改做其他工作，同时推荐高克亭接替他担任分局秘书长。他在写给华东局组织部的信中说："分局秘书长一职可由高克亭同志接替。近来我的吐血症已愈加剧，最好能准我脱离工作治疗一个时期，要我做政策研究室或学校工作亦可。就我的现状来说，我实在难以担任复杂繁重的工作，积压下很多事做不了，确是使人非常不安的。"华东局领导仍然没有满足任质斌的要求。

一九五一年三月十三日，济南发生了一件大事：山东军区政治部副主任黄祖炎在济南市府礼堂参加军区政治部文化工作座谈会时，被反革命分子王聚民（渤海惠民军分区宣教科副科长、军区宣教干部会议代表）开枪击中牺牲，时年四十三岁。黄祖炎是江西省南康县人，一九〇八年出生在一个陶业工人家庭，一九二六年参加革命，一九二七年加入中国共产党，一九三〇年任中国工农红军第二十八纵队政委，一九三三年八月任中华苏维埃临时中央政府文书科长。

黄祖炎被害，任质斌深感悲痛。早在中央苏区时，两人就建立了牢固的友谊。从任质斌到山东分局任职那年七月一日黄祖炎的来信中，可以看出两人之间的感情甚笃："任质斌同志：曾奉上几信，均未获指示，昨晚收到你赠送的三本马列主义的书籍，才知道你在分局。不知近来身体如何，经常挂念。过去在你直接领导下工作，对我的具体指示及帮助，打下了以后在延安中央高级研究班学习的基础。同时在你领导下，愉快而努力工作，各方均得到了提高一步，这是经常回忆与感激的。并在整风领导高级班学习中，对你过去的领导与指示帮助，是列入了历史的表册中令人忘记不了的一件事。你到达山东后，我们还没有会到面来晤谈多年分别的事情，尤其没有得着亲面指示，这是非常遗憾的事。虽然离开你直接领导之后，从没有忘记对我的指示和帮助，经常注意与关怀一个同志学习与进步这种革命的热爱，也是令人不会忘记。这次蒙你又赠送了几本马列主义书籍，必须以最大之努力去读并领会其精神实质，在思想上，在具体工作上能看出已经是从学习得到了一点提高，这也算没有辜负你关怀热爱干部之心。我希望而且最迫切的希望，能得你现在的近况和在你部门工作示知，并能得到你不断的指示。"

一九五一年八月十三日，山东分局召开第一次全省宣传工作会议，任质斌在会上作了关于抗美援朝问题的形势报告。他认为战争打了一年多，出现了和谈的局面，这是美帝国主义自身力量削弱和人民力量壮大决定的，面对这种局面，我们一方面思想上不要松懈，要加紧国防建设；另一方面，要继续大力搞好支援抗美援朝的各项工作。在抗美援朝运动中，山东分局团结带领全省人民，热烈响应"抗美援朝、保家卫国"的庄严号召，掀起了抗美援朝运动高潮。各工厂开展了爱国主义生产竞赛运动，青年学生踊跃报名参军，工商界纷纷制定以稳定物价、反对投机和踊跃纳税为中心内容的爱国公约，街道妇女积极缝制军衣，广大农民提出"要钱有钱，要人有人"的口号，大力开展农业生产。在城市开展了捐献"千元（旧币）运动"，在农村开展了捐献"百元（旧币）运动"，在全省开展捐献飞机大炮运动。

新中国成立以后，随着国家经济政策的调整，社会主义国营经济与资本主义经济之间的限制与反限制的斗争也逐渐尖锐起来。一些不法资本家通过行贿、偷税漏税、盗窃国家财产、偷工减料、盗窃国家经济情报等手段侵蚀社会主义经济。同时，资产阶级思想也腐蚀了国家机关中的某些工作人员，他们沾染上严重的铺张浪费和官僚主义习气，有的经不起"糖衣炮弹"的袭击，贪污腐化，蜕化变质。因此，中共中央决定在国家机关工作人员中开展旨在反贪污、反浪费、反官僚主义的"三反"运动和打退资产阶级进攻的反行贿、反偷税漏税、反盗窃国家资财、反偷工减料和反盗窃国家经济情报的"五反"运动。

十二月二十二日，分局召开省级机关干部会议，做进行反贪污、反浪费、反官僚主义斗争的动员。任质斌代表山东分局作动员报告，要求全省各级党组织，按照中央要求，结合全省实际，深入扎实、积极稳妥地开展"三反"运动。一九五二年六月二十三日，山东分局召开扩大会议，贯彻华东局政法会议精神，研究结束"三反"问题。二十四日，任质斌代表分局在会上作了关于结束"三反"问题的报告。他说，山东的"三反"运动，在中央和华东局的领导下，经过全省广大干部的共同努力，取得了很大成绩，通过"三反"，批判了资产阶级思想，提高了干部的阶级觉悟，树立了艰苦朴素、积极工作、劳动光荣、剥削可耻的新风尚；彻底清除了机关内的贪污、浪费现象，纯洁了我们的组织；发扬了党内与国家机关内部的民主，批评与打击了官僚主义，提高了广大干部的工作积极性，密切了党与人民群众的联系。他要求做好结束"三反"的各项工作，把握好四点：（一）既要迅速结束"三反"，以便转向其他工作，又要有头有尾，善始善终；（二）在定案处理上要按照中央指示，贯彻既严肃认真，又实事求是的精神；（三）要贯彻"斗争从严、处理从宽，应严者严之，少数从严、多数从宽"的精神，对绝大多数犯错误的同志，要通过耐心地说服教育，促其转变，尽量少用开除、判刑等办法；（四）要注意纠正和克服"三反"以来产生的一些副作用和缺点，化消极因素为积极因素。会后，各地按照会议精神，认真做好定案、处理等项工作，保证了整个"三反"运动的健康进行。到一九五二年七月，山东省"三反"运动基本结束。在建国初期的历史条件下，"三反"运动起到了很大作用。但是，作为一场群众性的政治运动，也有它的偏颇之处，主要是有斗争过头和把批判庸俗化等倾向。

　　一九五二年一月，在"三反"运动的高潮中，中共中央又决定在大、中城市，发动反行贿、反偷税漏税、反偷工减料、反盗骗国家资财、反偷窃经济情报的"五反"运动。许多不法资本家正是靠着"五毒"活动，一跃成为"暴发户"。"五反"运动大体经过宣传鼓动、坦白检举、检查"五毒"、定案处理等四个阶段。运动先从济南开始，随后青岛等城市也相继开始抽调干部，进行训练，为"五反"运动做准备。经过广泛宣传发动，越来越多的职工加入运动的行列，检举资本家的不法活动。不少资本家迫于形势和群众斗争的压力，不得不坦白交代违法行为。在"五反"运动中，任质斌注意及时了解有关情况，协助分局领导把握运动方向。四月二十六日至二十八日，任质斌受分局指派，到上海参加华东局"五反"会议。会议主要是总结推广上海开展"五反"运动的经验。回来后，任质斌在五月七日山东分局扩大会议上传达了会议精神，介绍了上海"五反"的经验。分局结合山东实际，制定了山东"五反"的具体政策和方式、方法，确定在清除资本家的"五毒"的同时，要立足于发展生产，繁荣经济，不仅要从政治上，而且要从经济上采取措施，以保护资本家的生产积极性。到一九五二年八月底，"五反"运动基本结束。通过开展"五反"运动，打退了资产阶级的猖狂进攻，清除了不法资本家的"五毒"活动，巩固了国营经济的领导地位，为后来比较顺利地推行对资本主义工商业的社会主义改造打下了基础。但"五反"运动也有它的历史局限性，一度出现了"左"的情绪，过分强调对资产阶级限制和斗争的一面，在运动的初期和中期忽视了对其团结、利用的一面，打击面过宽，限制过严，造成了不良的后果。

在担任山东分局秘书长的三年中，除了参与领导上述各项工作，任质斌还带领全体同志，创造性地开展办公厅的各项工作。山东分局自成立起即有办公厅的名义，但组织系统很不健全，只能应付日常行政事务。革命由战争状态转入和平状态，随着党的工作重点的转移，办公厅工作职能也应随之发生相应变化。原先执行的一些工作制度、规定，有些不适应了，有些必须进行适当修改。必须从工作机构、工作制度、办事规程、人员素质等方面进行全方位改造，而这些都是全新的课题。任质斌认为，办公厅是党委处理日常事务的机关，职责就是帮助党委了解情况，当好参谋助手。同时，办公厅又是党委和下级以及各业务部门的一个枢纽。随着分局工作重点的转移，原先那种流动的、应急的工作机制已经不适应了，迫切需要建立一套相对固定和规范的工作机构，为分局搞好服务。

任质斌首先召开会议，专门对办公厅秘书处、行政处的工作情况谈了看法。他认为，我们的工作中存在着严重的官僚主义，表现在：拖拉迟缓，工作松懈；粗枝大叶，马马虎虎；打官腔，不解决问题；手续烦琐，机械不灵。在领导同志的领导作风中则存在着：缺乏思想领导；没有好好的计划和安排我们的工作，并好好地组织我们的工作力量；上下联系差，民主生活不健全，没有实行严格的集体领导；对本部门中的工作情况与上级指示认真的、仔细的了解与研究差；对干部认真的具体的帮助与指导差。关于今后怎样克服官僚主义的作风，任质斌强调，要加强对本部门中的工作情况的了解，加强对上级指示的学习与研究；加强对本部门中的工作同志的思想领导，首先使所有同志都能明确部门的和自己的职责与任务，同时要使所有同志树立更高度的为人民服务、对人民负责的精神，并在这一基础上使所有同志都安心工作，积极负责；调整某些不合理的组织形式，以使之适合于当前工作的需要；建立部务会议制度，并使之定期开会，系统地讨论与研究问题；加强工作的计划性，定期制订工作计划；严格分工负责制度，每个同志的职责都要规定得很明确；健全与改善各种工作制度，好的保留，不够的补订，不合理予以必要的改变；定期地检查与总结工作；实行定期奖励；注意帮助下面解决困难并经常的给以具体的指导；加强上下联系，多和下面作个别的接触，注意听取下面的意见；发扬民主，经常地开展批评与自我批评。

在任质斌的具体指导下，从一九五○年起，办公厅以改革的精神建立起较健全的工作机构。（一）政策研究室：围绕分局中心工作和总体部署开展综合调查研究，起草分局的重要文件、文稿；重点研究和掌握城市工作情况，协同有关业务部门研究城市工作中的政策性问题；负责编辑分局机关刊物《政策与资料》和《山东工作》。政策研究室归分局秘书长直接领导，工作机构设在办公厅。（二）秘书室：协助分局党委掌握全省情况，整理综合研究各方面的工作情况；帮助分局书记组织会议，安排议事日程；传达上级指示及党委会议；联系上下左右各个方面的关系。（三）秘书处：负责综合研究反映情况，起草有关文件；负责内部文电的收发，管理印信、档案、资料、图书、报纸及部分机要文件；负责党内文件及部分书报之发行及分局与中央及华东局的及各地、市委之党内文件的送递等工作；

负责全省保密日常工作。（四）行政处：办理分局一切行政工作，各部委行政工作也一并管理。以后，随着形势的发展和业务的拓展，又陆续设立了机要处（一九五二年八月）、人事处（一九五二年下半年）等。还设立了一些临时机构，比如增产节约办公室，"三反"、"五反"办公室等。

在任质斌主持下，一九五〇年九月，办公厅制订了一系列工作制度，主要有会议制度、文件处理制度、保密制度、行政工作制度等。任质斌致力于建设一支高素质的办公厅工作人员队伍。分局办公厅一九五一年共有干部职工一百八十五人，素质参差不齐。任质斌要求，提高素质要抓好五点：第一，从思想上解决好为领导机关及人员服务的问题。有的同志认为办公厅工作是伺候人的工作，被人瞧不起。这是由于这些同志对事务工作中的政治认识不够。应该懂得，办公厅工作不管是为领导服务还是为机关人员服务，都是为人民服务的工作，没有什么高低贵贱之分。第二，贯彻群众路线，发扬民主作风。各室主任和各处处长要经常征求、听取同志们的意见与要求，哪怕是过火的批评，做到有则改之，无则加勉。要关心群众的疾苦，尽力解决大家在工作、生活中的困难。第三，加强工作的计划性。找出哪些是主要的，哪些是次要的，哪些先做哪些后做。制定科学的、切实可行的工作计划。第四，发扬团结互助精神。要避免"门户之见"，同志之间要相互尊重，不要闹无原则的纠纷，把办公厅建设成为团结一致、协调前进的战斗集体。第五，开动机器，努力学习。学会把理论与实际紧密结合起来，把工作经验系统化、理论化，做一门通一门，做十门通十门。任质斌不光提出了具体要求，还身体力行，积极参加办公厅组织的各种活动。在厅里组织的政治学习会上，他亲自担任辅导员。

身兼山东分局保密委员会主任职务的任质斌，对全省保密工作投入了极大的精力。他认为，保密就是保证革命胜利，保证党和国家的安全，保证经济社会各项事业的发展。在县以上党政机关要向党员进行保密纪律教育，在城市要对国（公）营企业、工厂的管理干部开展保密教育。教育要增强针对性，通过实例进行教育，如物价失密造成国家税收大量流失的事例进行教育等。他亲手制定了文件、电报在拟稿、收发、传闻、保管四个环节的保密制度，严抓文件清查工作，较好地避免了带密级文件失、泄密问题。他非常重视提高机要保密人员素质，特别是政治素质，提拔与选择政治合格、责任心强、作风正派、组织上彻底了解的同志到机要岗位上去。他要求全省各地、市党委都要按照规定加强保密委员会组织建设。山东分局保密委员会办公室设在分局办公厅，为日常工作机构。到一九五二年，全省县以上保密委员会或保密小组，均已建立健全起来。有的县连乡一级也设立了保密委员。

这三年，任质斌日夜操劳，累得时常咯血，迫使他于一九五一年五月到中央参加保密会议后，去北京医院住院检查治疗了一个阶段。在住院期间，他又开始记日记，进一步反思自己。五月四日，他把一九四七年冬天在山西晋城休养时写的《对自己的认识》重抄了一遍。全文如下：

对自己的认识

基本上还算有进取心，有朝气，敢作敢为，不怕负责，有创造精神与冒险精神。在生活作风上虽然有些懒散，但从总的方面来讲还是积极负责的。这一特点的造成主要是由于：从小就受着家庭的激励上进的教育；自己过去一直处在青壮年时期；党的长期的教育与影响；过去在工作上还没有碰过大的钉子，在五师的工作还很有些成绩。但是随着自己的年龄的增长，碰钉子次数之加多，体力精力之衰退等，这一长处可能会逐渐减弱的。

由于自己基本上没有受到旧社会的坏习惯的传染，由于长期党的生活的锻炼，由于自己对自己的能力还有一定的自信，因此，自己在政治上一般是老实的。这表现在：不以打击别人来抬高自己，不自吹自擂，不拉拉扯扯，不争功推过，不阿谀，不偏私，不报复，不耍手段；对事的态度上还严肃，是就是是，非就是非，不夸张事实，不粉饰事实，不轻易苟同别人的意见，同意了以后则绝不推诿自己的责任。这是自己的主要特长，这个长处今后还是保持得住的。

　　由于一方面多少有些理论水平，也多少有些工作经验（其主要部分是党内生活及抗日统一战线环境中的工作经验），并有一定程度的悟性及理解力；另一方面在观察与处理事务时，还注意做些一般的调查工作，肯多方面搜集材料与考虑问题；在指导工作时也肯设身处地地设想与推断；此外也有不受成规束缚，而大胆地面对现实的自由思想的精神，也就是说，还有初步的实事求是的精神。

在任秘书长期间，任质斌所分管的妇联、青年团工作也做得有声有色，取得了突出成绩。他分管的青年团工作，得到了时任团中央书记的胡耀邦的肯定。胡耀邦致信任质斌：

质斌同志：

　　算来分别已十三年了。从北介同志口中得知你的更详细的情形，甚慰。

　　山东青年团的工作在分局的领导和你的直接指导下做得很不错，深盼能继续亲切关怀他们。

　　十三年来，除了苍老了许多，有了老婆和三个孩子以外，其他没有什么可以告你。希望能在北京见到你，并预期这么一个诚挚热情的大哥对我这个不长进的人有许许多多的指教。

　　祝好，并问嫂子、侄儿们的好。

胡耀邦

一九五二年五月三日

任质斌尊重知识、尊重人才、尊重知识分子、尊重同志。方正回忆说："任质斌担任山东分局秘书长后不久，就要我们调查清楚济南的著名学者，然后分别登门拜访，或请他们到机关来讲学。吴鸣岗先生是济南著名学者，讲授中国历史数十年。任质斌便亲自邀请吴先生到机关讲授中国古代史。那时没有专门的课堂，授课地点就在任质斌家会客室。几个秘书都跟随听课。他还曾请工业交通部门的负责同志讲他们各自的业务知识，如请济南铁路局政委桂蓬讲铁路管理等。他从来不摆官架子，平时和同志们相处幽默而又随便。一天，他问分局妇联主任李坚贞，你们住哪里？李坚贞回答，我们就住你们后边。他笑着说：'我说后边怎么老是莺声燕语呢！'对身边工作人员来说，他首先是兄长，其次才是领导。对于伤害过他的人，他也并非无动于衷。他参加中央和国务院有关会议会碰到山东的老领导老同事，我曾问他碰到过舒同没有。他说：'碰到过，碰到就互相点点头。'记得有一本与他有关的书，书名用的是舒同体，送给他时，他看了看说：'怎么不用别的字体呢？'轻描淡写地说一句就不再说什么。他乘坐的小车，胡志学和孩子们从来没坐过，有时去看晚会或电影，我们几个秘书一下子就坐满了，他的夫人和孩子都是乘公共汽车去。他的秘书戴庭玉临终前含着热泪说：'任质斌是我一生最崇敬的领导同志。'作为曾经在任质斌领导下工作的老部下，我曾在一篇纪念文章中借用戴庭玉的这句话，以表达我对他的怀念之情。"

二　十八年后与父母团聚

任质斌一九三二年春天去北平，十月去江西中央苏区，从此转战万里，与家乡父母失去联系长达十八年。父母也不知道他在哪里，还在不在人世。他也不知道父母亲的情况。为这件事，任全胜曾专门问过父亲："不少人是通过地下交通和地下党组织与家里保持联系的，按照您后来的地位，您当时不是也可以通过地下交通告诉他们您的一些情况吗？"任质斌神态严肃地对儿子说："我怎么能利用党的组织去为个人和家庭服务呢？假如通过地下党组织找到他们，告诉他们我还活着，在什么地方做什么工作，万一他们一高兴把地下党的关系暴露了，那不是对革命事业犯下了不可饶恕的罪过吗？我怎么可以为个人、为自己家庭和亲人而让组织去冒风险呢？"

任质斌的故乡即墨是一九四九年五月二十六日解放的，青岛于六月二日解放。任质斌请青岛驻军代为寻找父母，几经周折，终于找到。父母多年来陷入贫困中，全靠父亲整天风里雨里卖纸烟、冰棍，赚一点点钱，维持着半饥半饱的生活。很快，任质斌接到表兄程元发的来信：

> 质彬（斌）弟鉴启者：自别之后，至今大约亦有廿余载，无时不在想念之中。兄时常去三姨母（父）家中看望，二老大人身体亦甚康健。现住青四方路泰兴里楼上。自青解放之后，兄时时想法寻觅弟弟住址。正在想念之际，适遇陈同志由即墨来青访询兄，当即同陈同志去见三姨母（父），二老大人闻听之下不胜欣慰，又见弟媳之像（相）片一张，二老非常欢喜，身体亦甚康健。若通车时，弟可来青一叙，或兄去面叙别情。兄现住青岛阳谷路二十六号，来信时可通此址，余言后叙，专此即请。

> 大姨、二姨二老大人亦甚康健，勿念。

> 夏安

> 　　　　　　　　　　　　三十八年六月五日

> 　　　　　　　　　　　　　　程元发

三十八年是中华民国年号，为一九四九年。

知道了父母居住地址后，任质斌仍因工作忙脱不开身，委托青岛市军管会委员贾若瑜代为看望父母，并请帮忙买点奶粉。贾接连写两封信给任，第一封信写道："质斌同志：返部仓促，未别而行，耿耿五中，怅怅何似；多年战友，当能见谅！前托探听令府尊一事，已告南海专人办理。具体情形，不日可报，请勿念！昨接来信托弟代购奶粉，唯此物粥少僧多，难以如愿。特从其他地方觅得二筒，请向明同志带去，请哂纳。我一切如便，请心向江南，愿在主力。老友有何见教。"第二封信写道："今天下午我去看望两位老人家，谈了有两个多钟头，精神很愉快很高兴。手拿着小胡同志和两个孩子的照片问长问短，恨不得即刻看到你和小胡以及孩子们。除了给两位老人家一些安慰外，我把你自离家以后的情形，简单地告诉了他们。两位老人家也滔滔不绝地把你离家以后的家里情形告诉了我。自你离家两三年后，生意倒闭，便回到即墨东关居住，一直到抗战胜利因不堪国民党的蹂躏和保甲长的各种勒索，便卖了几亩地作为资本，又来到青岛做小生意。在街上卖纸烟，维持生活，老大娘给隔壁成衣铺做点零活，这样地过到现在，算是勉强地糊着口。程元发做布匹生意，你的几位堂叔兄弟也是做小摊贩生意。因此对两位老人家虽有照顾，但很有限。你的那位朋友陈守贞先生，自你走后的一两年也与两位老人家断了来往。据说似乎已经早就离开青岛。现在两位老人家精神虽健旺，但由于以前身体就不大好，还不能说是顶康健。家里现在的房子和十来亩地抛给保长了，老人家很怕你马上回家，担心没有房子给你们住。这一切我都作了详细解释，并且说过两天我们会安置他们的，还请他们暂时委屈一时。今天夜里我把这些情况向青岛军管会主任向明同志谈了，很引起他的关心。我准备明天派人先送些面粉和零用钱去，好添置些衣服。由于刚进城，我又是被分配着担任着事务工作，整天拔不动腿，对两位老人家照顾得很不够，这要请你原谅。现在征求你的意见，如果你同意的话，是否将两位老人家送到你那里去，如果派小陈来接更为妥当。我准备接管工作稍微就绪，把两位老人家接出来住。老大娘是准备去看你的，老大爷似乎还很不了解我们的具体情况，顾虑增加你的麻烦，这我也解释了。目前，他们的生活当然不用你挂念，对今后的安置这要请你告知。"

接到贾若瑜的信后，任质斌、胡志学夫妇激动不已，彻夜难眠。经过夫妇一番商议，决定由胡志学先带着两个孩子去看望分别近二十年的父母亲，等工作稍微闲暇时任质斌再去。

就这样，胡志学于一九四九年六月底，带着四岁的在楚和两岁的在晋，搭乘陈少敏乘坐的大卡车，去青岛看望从未见过面的公婆。胡志学回忆说："我带着质斌的一儿一女，突然出现，对两位老人来说，真是天上的星星掉下来啦。老人做梦恐怕都难以想到，我这个没见过面的儿媳会是一身戎装的军人。当时我不到三十岁，穿着军装，扎着皮带，打着绑腿，戴着军帽。独生子出去十七八年，杳无音信，现在做了'大官'。儿媳妇带着孙子、孙女寻来了。不仅两位老人喜从天降，大杂院里也立刻轰动了，都纷纷涌到任家看热闹。两位老人高兴得不知说什么好，对孙子在楚宝贝得不行，对孙女在晋也是喜欢得不得了，因为任家有三代没女孩啦！邻居中有一个高丽女人，穿着旗袍，头发这么盘那么盘，弄得很复杂，涂着口红，脸上擦着粉，大喊大叫：'爷爷奶奶，大家来看你们家"八路媳妇"来啦！'邻居们随声附和，不住声地对着公婆说着赞美我的话，说着喜庆话。当时婆婆看我戴着军帽始终不脱，直愣愣地瞅我的帽子，似乎怀疑我是个秃子，她哪里知道我这个八路儿媳妇一头头发乌黑发亮，好着哩！当晚，我带着孩子住青岛军管会招待所。"

七月一日，堂兄知修、知儒给任质斌写了一封信："知斌四弟大鉴：离别廿载从未通函，时刻驰念。前日至我五叔父家，忽见弟之家信，展诵之余，不胜欣欢。昨天又见胡志学同志率侄儿及侄女来家探亲，真喜乐也。近祝旅祺佳吉、诸事顺祥是颂。弟如有暇期，可来家一趟，首为省亲，二为弟兄聚会畅叙，以解远念。专此即颂。并安。兄知修、知儒同启。"

一九四九年七月，任质斌调任淄博矿区特委书记。父亲任玖湘到淄博和任质斌见了面，在淄博住了几天就回青岛了。那时是供给制，任质斌革命半生，两袖清风，根本没多少钱给父母。

　　这一年的秋天，长子任在楚已经四岁半了，任质斌和胡志学为了给年迈的父母以慰藉，让警卫员把在楚送到青岛爷爷奶奶身边。长孙到来，喜从天降。爷爷说："你是'全'字辈，是抗日战争胜利那一年生的，就叫'全胜'吧。"于是，诞生在中原战场的任戎生、学步在延安窑洞的任在楚，改名为任全胜。在晋没改，两个弟弟仍按出生地取名为在鲁、在齐。

　　经历了太多苦难的任玖湘，特地在家中举行了第十九代孙全胜的"归宗"仪式。请出祖宗画像，供起任氏族谱，烧起大香大烛，还请来了任质斌的堂兄任知修、任知经、任知儒，场面极为隆重虔敬。在军中和机关中长大的五岁的任全胜，哪里经历过这种场面！他顽皮又好奇地指着正中悬挂的画像问爷爷："那是谁？"爷爷打了一下他的手，严肃地说："那是老祖宗，不能指！"即墨任氏从一世祖任贵起，至此已延绵赓续了七百多年。

　　任质斌的母亲一直到一九五〇年九月才到济南见到儿子。那时胡志学生次子在鲁，把任质斌的母亲和儿子在楚接到济南住了十几天。胡志学回忆母子见面时的情景说："婆婆和在楚来到家时，质斌还没下班。我对婆婆说：'质斌回来时，你不要叫他，看他认识不认识你！'质斌下班回来了，他看着她，她看着他，他没喊一声娘，她没叫一声儿，就这样相互看着，坐下了，仍然长久地相互看着，没有一句话，没有一点声音，更没有久别重逢的号啕大哭，或者相拥啜泣。婆婆也真坚强，没掉眼泪，十八年半没见儿子，我真服了她了。"大悲无声，大喜亦无声！

　　任质斌的父亲一九五一年四月三日写给儿子的信，至今保存完好："知斌儿：多日未接你的来信，大约工作很忙吧，现在青岛气候很好，余和你母亲都极平安，生活尚可维持，预计今年秋收后可能回即墨，在楚已入幼稚园上学，他对上学的心理很急切很高兴，今天在这里写信的时候他还知道问他爹娘好，精神是很活泼，一切不用你挂念。至于即墨的土改工作大体已经胜利完成，土地果实也分配完毕。关于咱的成分，评为小土地出租者，平均地数超过不多，据当地政府及群众的研究，将原有土地给咱全部保留。但是咱在宅子头村的地，因为该村未彻底了解情况，将地没收分配。现在据城关镇镇公所和东关街政府答复说这个没有关系，定有通（统）一的解决。刻下土地证均未填完，大约不几日也就填发了。余者后嘱。父字。"

读了父亲信后，任质斌要求父亲把家里房屋、土地全部上交，并说以后我养活你们。父亲说，这些房屋、土地全是他做华工卖命挣来的购置的。任质斌说："你把土地租给别人种就是剥削，我是共产党员，就不允许你这样做。"结果房屋、土地全部上交。此后，老父亲对这件事始终不能释怀。

一九五二年十一月下旬，任质斌有半个月休假，借此机会，回青岛老家同父母团聚。同行的有任质斌的秘书傅勋典，还有分局委员、组织部部长张晔和他的秘书王致中。主要是借休假到胶东考察，搞一些调查研究。他们一行四人在济南乘火车，第一站到潍坊下车，由昌潍地委书记郭石陪同参观了郑板桥故居、二十里堡烤烟厂。在火车上，任质斌对傅勋典说："潍坊手工业发达，昌邑丝绸很有名。潍坊旗杆多，明清以来，有举人以上功名的人比较多，所以旗杆多，潍坊的文化底蕴比较深厚。潍坊出了郑板桥这样的千古留美名的县令，大大提高了潍坊的知名度。"郑板桥于清乾隆七年来山东范县任县令，十一年调潍县任县令，前后在山东居官十二年。郑板桥才气高，抱负大，立志做个匡时济世、给老百姓办好事的官，黑暗的社会和官场却使他难以实现宏愿，终于被诬而罢官。任质斌钦佩这位立志造福一方的好官。

离开潍坊，地委派了一辆美制吉普送任质斌一行东行。沿途，他们在掖县县城看了掖县牌坊。张宗昌是掖县人，任质斌边逛边和张晔议论张宗昌是怎样从一个土匪逐渐发迹为山东督军的。在龙口看了海边港湾。在蓬莱看了蓬莱阁。在烟台，由市委书记刘乃殿陪同，参观了钟表厂、地毯厂、张裕公司，看了张裕公司的地下酒罐。墙上有孙中山的题字："品重醴泉"。还看了烟台山炮台。在威海参观了刘公岛。经莱阳，抵达即墨是下午三点。城郭依旧，当年的少年任知斌已近不惑之年了。

据傅勋典回忆，任质斌一边走着寻找家门，一边对同行的同志们说："在延安时，毛主席问我是哪里人，我说我是山东即墨人，毛主席听了立即来了兴致，从即墨大夫说到田横五百义士。毛主席渊博的历史知识，我打心里佩服，从那以后，我就更加刻苦读书学习了。"

任质斌在即墨城南关到东关一带，寻找他童年住过的家宅。由于二十多年没回过家，他边走边看，反复寻找，仔细辨认，终于在一棵古槐树旁边找到了家门。"少小离家老大回，乡音未改鬓毛衰。儿童相见不相识，笑问客从何处来？"任质斌虽然乡音无大改，鬓毛也还未衰，却是万里烽烟后、百战归来身。

黄昏时离开即墨，到青岛已是灯火通明。他们住在莱阳路青岛交际处。青岛市公安局副局长兼警卫处处长杨广天负责安全警卫工作。

晚饭后，任质斌到了位于市北区市场三路的家。一幢两层楼，父母和全胜住在楼下二十平方米的一个房间里。父亲还摆一个烟摊，做点小买卖，贴补家用。任玖湘不爱说话，与独子再次相见，仍显得很平静。任质斌与母亲已经在济南见过面，这次老母亲显得很激动，比第一次在济南见面时要高兴得多。与父母同时团聚，任质斌仍然很平静，没有更多的话，总是用沉默来表达复杂的感情。

任质斌是个很孝顺的人，一九五二年定级时，他被定为七级，每月有二百多元薪水。每到发薪水的那天，他第一件事就是给在青岛的父母写信寄钱，他写好交秘书邮寄。信封上总是写"任竹溪父亲收"，竹溪是父亲任玖湘的字。

不久，任质斌奉调到青岛工作。

第二十三章　建国之初（下）

　　从一九五三年一月到一九五四年八月，任质斌先后担任中共青岛市委书记、中共中央山东分局副书记兼统战部部长。一九五三年，伴随着过渡时期总路线的提出和第一个五年计划的实施，山东开始了对个体农业、个体工业和资本主义工商业的社会主义改造。任质斌正值年富力强，精力旺盛，既具有深厚的马克思主义理论基础和丰富的革命战争实践经验，又具有驾驭全局的领导能力。无论在哪个职位上，他都坚持原则，坚持调查研究，实事求是，勤政廉洁，谦虚谨慎，为山东国民经济的恢复，为青岛党的工作、经济建设和各项事业的发展做出了卓越的贡献。

一　在青岛市委书记任上

　　一九五二年十二月十六日，中共中央决定任质斌任中共青岛市委书记，原市委书记赖可可调任山东分局工作。由中共中央山东分局颁发任命：

通　知

一九五二年十二月十六日　干字第四十七号

奉中央通知，内称，中央决定：向明同志任分局第二书记并代理书记，许世友同志任分局第一副书记，赖可可同志任分局第二副书记兼组织部部长，夏征农同志任分局宣传部部长，任质斌同志任青岛市委书记，晁哲甫同志任省人民政府副主席，王卓如同志任省人民政府副主席。

　　特此公布

　　　　　　　　　　中共中央山东分局

关于到青岛担任市委书记的情况，任质斌在一九九七年二月写的《一九五三年我在青岛》中说：

　　我被派到青岛去做市委书记，是因为有人向中央反映青岛市委一九五二年上半年在领导"三反"、"五反"的斗争中，存有比较严重的逼供信倾向，当时山东分局的负责人虽然知道这种逼供信倾向并不是青岛独有的问题，它是山东分局和上级领导督促过急造成的。但为了缓和矛盾，决定将原青岛市委书记赖可可调到山东分局工作，改派我到青岛去接替赖可可的工作。同时又任命了原在青岛工作的王建明、王少庸、孙汉卿任市委副书记，分管工业、政府、党群等方面的工作。

　　我是一九五二年十二月到青岛的，和赖可可同住一座楼。这时赖可可的情绪非常消沉，大概肚子里有许多怨气说不出来。不久，他到山东分局担任新的职务去了，我正式接替了他的工作。

　　我的幼年时代是在青岛度过的。我还记得二十年代日本帝国主义占领青岛时的一些零星情况：日本军队驻扎在万年兵营，并且每天都在兵营的广场上吼叫着进行训练；青岛市的许多地方都有日本人开设的工厂、商店，东洋货充满了青岛的市场；当青岛市民举行提灯游行庆祝从日本手里收回行政权时，日本军队冲散了我们的游行队伍等。但当我接任青岛市委书记之初，尚缺乏对青岛全面系统的了解。为此，我除了约请各部门的负责同志分别向我介绍了各方面的情况以外，还责成市委办公室组织力量编写了一本《青岛概况》，比较系统地叙述了青岛的沿革和解放以后的情况。

一九五三年，朝鲜战争还没有结束，青岛仍处在备战状态。中央当时对青岛这类沿海城市的方针是：尽量挖掘潜力支援抗美援朝和内地建设，不在这些城市投资建设大的项目。因此，当时青岛的经济活动，主要是按照华东局的统一部署，在国营企业里搞"查定"工作，即推动国营工厂通过深入的调查研究，制定各个工种的平均先进定额，在此基础上进行定额管理。这是一种提高劳动效率、生产质量和节约原材料的活动。市委曾经抽调了不少干部到一些较大的国营工厂去开展这项工作，并在纺织系统普遍推广"郝建秀工作法"。在私营工厂，主要是围绕着搞加工订货、包购包销，进行各方面的工作。青岛市从解放以后，对支援抗美援朝和经济恢复工作是起了重大作用的。

"三反"、"五反"的案件，大部分已在一九五二年下半年作了甄别处理，剩下的一些尾巴，一九五三年又继续进行了工作。由于一九五二年上半年进行的"三反"、"五反"，搞得很猛，市委和我个人都想在一九五三年把阶级斗争的弦条松弛一下。但是，当年夏天，山东分局在华东局个别领导人的支持下，开展了一场反分散主义的斗争，批评和处分了省级机关里的部分负责人，并要求各地、市都传达和贯彻这种精神。在这种背景情况下，我在青岛也召开干部会议传达了山东分局扩大会议的精神，这在一部分干部中产生了压力感，所好的是没有在组织上处理过什么同志。

一九五三年夏，收到中央宣传部经过批准印发的《关于党在过渡时期总路线的学习和宣传提纲》后，在党内普遍掀起了一个传达和学习的热潮，这为对资本主义工商业和农业、手工业进行社会主义改造奠立了一个初步的思想基础，并在崂山区开始了举办农业合作社的试点。

一九五三年秋，中央为了解决粮食问题，决定实行粮食统购统销，并且希望通过对城市人口的定量供应，压缩城市的粮食销量。这在当时是一项完全没有经验但又非常复杂、尖锐的工作，搞不好，很容易引起市民的波动。因此，市委、市府在进行这项工作以前，做了比较细致、周密的部署；我也通过在青岛的亲属做了一些调查。实行以后，确实既减少了粮食销量，又保证了供应，群众情绪始终是稳定的。

青岛是山东也是华北最后解放的城市，所以，在这里聚集了原国民党军政人员和散兵游勇约十万之众，弄得青岛到处是棚户"临字号"居民，到处有人卖破烂或从事打卦、算命、偷盗、卖淫等非法活动，他们到处破坏树木，掘毁柏油路面当柴烧，成了青岛有目共睹的一大祸害，驱逐和捕捉都不能解决问题。青岛军管会采取分而治之的办法，迅速解决了这一问题。在山东分局和各有关县配合下，分别遣送回乡，由原籍县审查处理，半个月左右时间即基本遣返完毕，使青岛社会秩序大大改观。全市人民交口称赞："还是共产党有办法！"在遣返这十万人的大行动中，任质斌做了大量协调工作。

任质斌甫上任，首先制定了市委集体领导与分工负责的试行规定。一九五二年冬，中央对青岛市委的领导成员作了较大的调整，正、副书记四人都是新任命的，十名常委中有七人是新成员。为了建立健全市委正常的工作秩序，任质斌根据中央的有关指示精神，领导市委一班人，经过充分的酝酿和集体讨论，制定了关于市委集体领导与分工负责的试行规定。关于分工负责方面，任质斌除履行书记的职责总揽全局外，还分管宣传工作；至于工业交通、政府外贸、党群组织等工作，则分别由副书记王建明、王少庸、孙汉卿等三人分工管理；其余六名常委分管其所在部门的工作。同时，还明确规定对上级的指示和重大问题，必须由分管的书记、常委提到市委会议上经过集体讨论、做出决定后贯彻执行。关于会议制度，市委例会每周二下午一次，常委会每周三次。为了使市委例会对所要讨论的问题都有充分的准备，还规定必须于上周六的下午将会议内容通知到各出席人员。市委秘书长列席会议，记录由市委办公室主任担任。市委这一班人比较好地执行了党委制定的有关规定，没有个人擅自决定重大问题的现象，上级的指示得到了认真贯彻实施。这样做就是认真实行了民主集中制的表现。过去在战争时期，领导个人决定重要问题多一些，现在搞和平建设了，领导制度必须健全，才能保证党的方针、政策、决议的正确执行。

任质斌到青岛后做的第一件大事，就是领导妥善处理青岛市"三反"的善后问题。青岛市在一九五二年原市委领导"三反"的斗争中，曾发生严重的逼供信错误。据不完全统计，被打致死的与自杀的达一百七十二人。原市委在一九五二年十一月二十七日曾向上级作了报告，表现出对这一问题的严重性认识不足，采取的纠正措施不力，曾受到中央的通报批评。一九五二年十一月，山东分局纪律检查委员会在向中央报告中列举了基层干部强迫命令的作风和违法乱纪的情况，以及各级领导存在着的官僚主义倾向，提出了开展反对官僚主义、命令主义和违法乱纪斗争的意见。一九五三年一月五日，中共中央批转山东分局纪委的报告，发出《关于反对官僚主义、反对命令主义和反对违法乱纪的指示》，指出这个问题不但是山东的，也是全国的；各级领导机关要在一九五三年结合整党建党及其他工作，从处理人民来信入手，检查一次官僚主义、命令主义和违法乱纪分子的情况，并向他们展开坚决的斗争。

一月六日，青岛市委接到中央致青岛市委"三反"定案和善后工作的指示后，任质斌主持召开会议，立即制定落实措施，决定层层召开会议，实行领导干部集体办公，进行检查、处理。同时重新组织了一百五十余名干部具体处理善后问题，采取逐案审查、盖章负责，由具体分工的四位市委委员及有关单位负责人共同审查决定的办法。此后，任质斌主持起草了《青岛市委关于青市三反中逼供信问题及其善后工作的检讨报告》。一月三十日，山东分局把报告转华东局并报中央。

华东局并报中央：

兹将青岛市委关于青岛市三反中的逼供信问题及其善后工作的检讨报告转上，请中央、华东局审查指示。

我们认为青岛市委在中央的严格批评与督促下，这次检讨中的某些部分虽仍不够具体，但从总的方面说来，是可以同意的。他们在这次检讨报告中所揭发的自满麻痹思想，即他们在三反后盲目地满足于该市职工积极性和生产热情的提高，而对三反中的逼供信错误及其应进行的善后工作则正视不够、认识不足，这确是他们此次犯错误的根本原因。对此不仅青岛市委在今后的工作中应引以为训，而且全省各地及各级领导机关均应以此为戒、深自警惕的。

至于市委是否会有意地做假报告一事，就我们平时所了解的情况看来，主持此项工作的赖可可同志是不致如此的。

分局在这一事件中应负的责任是：在打虎初期，我们对青岛市级领导机关由于民主检查纠缠过久，以致坦白检举时间很短即转入打虎斗争这一具体情况照顾不够，因而相对地说来，是督促过严的。另外，在整个三反运动中及三反以后，都没有派人去青岛进行过具体的检查，因而未能及时地、比较全面地发现那些严重的情况，并督促市委严肃地加以处理。去年十一月底，我们收到青岛市委关于三反定案及善后处理工作的情况报告后，亦未认真地加以审查，以致没有发现其中的严重错误。所有这些，都是我们应该深自检讨的。现在，除请求中央复议时对青岛市委的处分外，并请求华东局、中央亦能给我们以应得的处分。

青岛市委的检讨报告中，所提对犯有严重逼供信错误者的处分意见，其中似有处分过轻者，我们拟令其将具体情节报来后再分别审批。

以上各点，是否有当，乞予指示。

山东分局

一月三十日

三月五日，中央对青岛市委的检查报告作了批复，充分肯定了市委的善后工作。

为贯彻中央和山东分局的指示精神，二月十三日市委召开党员干部大会，传达开展这次斗争的方针、步骤和措施，部署"新三反"运动。市委还成立了办公室、检查组，以加强领导，推动"新三反"运动的迅速开展。会议指出，全市当年的三大任务是，继续加强抗美援朝斗争，执行国家建设的第一个五年计划，进行普选。而要完成这三项任务就必须反对和批判官僚主义、命令主义及违法乱纪的一些严重问题。通过这场运动，纯洁了党员干部队伍，端正了领导干部作风，密切了党群关系、干群关系，取得了很好的成效。

关于任质斌领导结合"老三反"善后工作，开展反对官僚主义、反对命令主义、反对违法乱纪的"新三反"斗争，当年的青岛市委副书记孙汉卿回忆说："青岛市委于三月一日向山东分局上报《关于开展反对官僚主义反对命令主义反对违法乱纪斗争的报告》，分局于三月七日对市委报告作了批示。任质斌要求市委办公室将市委报告和山东分局批示一并印发各区委、各企业党委和市直各单位认真研究执行。五月初发现市邮电局的'新三反'斗争有不健康的苗头，任质斌迅即以市委名义，通报市区各单位和工交财贸各企业党委、总支，要求对照检查是否有类似情况，如有应即刻加以纠正。七月十日，市委再次召开党员干部会议，强调必须结合工作开展'新三反'斗争，要贯彻'边反、边改、边防'的方针；加强控制'五多'（即任务多、会议集训多、公文报告表册多、组织多、积极分子兼职多）问题；进一步健全党委制；抓紧处理坏人坏事，大力表扬好人好事。"

根据中央和山东分局的指示，任质斌重点抓了信访工作。市委发出了加强信访工作的指示，要求健全各级信访工作机构，配好专职干部，建立各种规章制度。强调必须使人民来信件件有着落，案案有结果。对发现的问题要在报刊上正确地开展批评与自我批评。由于采取了一系列的有力措施，使全市的信访工作有了较大的提高和加强。

到青岛不久，发生了一件不愉快的事。在青岛，任质斌住在沂水路十四号。住在三楼，有三个卧室，一个接待室。任质斌和胡志学住卧室兼接待室的套间，秘书傅勋典住一间，保姆和两个孩子住一间。后来傅勋典结婚就搬走了。任质斌平时很体贴和爱护身边的工作人员，但对他们要求却很严，有时脾气也很急。警卫员郭金安脾气更大，简直天不怕地不怕，才二十出头，脾气很倔。一次，郭金安服务态度不好，任质斌批评了他几句，他不接受批评，反而把门使劲一甩，扬长而去。任质斌气得浑身哆嗦，大声喊道："叫他回去！"青岛警卫处杨广天处长妥善地处理了这件事，把郭金安调离，调来一位姓周的警卫员。小周热情主动，服务态度又好，干了几个月，因工作需要调走了。后来警卫员又换了王凤岗。小王除了具有小周的优点外，非常本分老实，很会处理关系。任质斌很喜欢他，并且亲自做媒，王凤岗和任质斌家的保姆刘爱英结为夫妻。

任质斌有时脾气很急，有时又很能沉住气。一次去济南开会，火车票早买好了，任质斌还在翻阅准备带到会上的有关材料。秘书和司机又不好意思催他，急得不知怎么办好，等他们赶到车站，火车已经启动了。没办法，只好坐小车往四方站赶。刚到四方站，火车就到了。由于四方站是个小站，停的时间很短，他们刚上火车，火车就开动了。

任质斌到了青岛，实际上青岛的班子进行了重组。除了青岛市委书记赖可可和市委副书记薛尚实调离外，原市委常委、组织部部长孙汉卿提升为市委副书记兼组织部部长。

为了尽快全面系统地了解青岛的情况，任质斌利用一切可以利用的时间，约请有关部门负责同志进行座谈，亲自到基层做了大量的调查研究工作。

任质斌为了让全体干部特别是外地来的干部尽快了解青岛方方面面的历史和现状，责成市委办公室组织力量编写了《青岛概况》，并打印了几十份发给各部门的负责同志参考。《青岛概况》编写出来后，任质斌看了认为很好，欣喜地说："《青岛概况》比较系统地叙述了青岛的历史沿革和解放后各方面的情况，使我们的各级领导干部更清楚地了解青岛的昨天和今天，这对我们向社会各界介绍青岛、让更多的人了解青岛起到了很好的作用，同时也有利于我们更好地进行工作。"任质斌还把《青岛概况》寄给分局有关领导以及有关部长。任的好友、分局工业部部长高克亭收到《青岛概况》后，当即给任写信表示想念之情。

经过三年的经济恢复，一九五二年青岛市的工业总产值已经达到战前最高年产值的百分之一百一十一点四，占当年山东全省工业总产值的百分之三十四点二。青岛的纺织工业在全国占有重要地位，与上海、天津齐名，为三大纺织工业基地之一。

青岛解放初期，郝建秀创造了细纱工作法，推动了纺织厂一系列技术革新，各地棉厂生产显著增高。市委书记任质斌对青岛纺织局的工作发展非常关切。这里有两个原因：一是担任市委书记，全市方方面面的工作他都有责任；二是他在中原军区的老战友陈少敏已调全总主持中国纺织工会全国委员会的工作。陈少敏是从青岛调北京的，对青岛的工作很熟悉，尤其是青岛的纺织业生产，更是了如指掌。这从六月二十七日她写给任质斌的信中可以看出："质斌同志：纺织工会全国委员会派在青岛棉纺六厂学习工厂管理的郭秀菊同志写来一封信，信中谈到了章若明同志调去后六厂党员干部与非党员干部的团结问题。现将郭秀菊同志来信附上，供你研究六厂党的领导问题的参考。六厂党团结党外技术干部问题是个老问题，一九五一年春，我曾帮助市委到六厂解决过此问题，批判了六厂党员干部的不正确思想。曹春耕同志作了检讨，此后有改善。章若明同志接曹春耕同志工作后，六厂党团结党外干部的工作有了进步。章若明同志走后这个问题又暴露出来了，可见问题并未彻底解决。章若明和党总支副书记同时调走，杨荣杰情况不熟，对六厂党的领导是有影响的。六厂的生产水平是不低的，万程之这样的党外技术人员——今天的代厂长是比较好的，我们应给他撑腰，发挥其积极性。但从郭秀菊同志来信看，似乎万程之很感困难。我们工作在六厂时，万也对缪祥焘表示接受工作批评和建议，但改善工作有困难。六厂党的工作可能有些问题。六厂的生产在全国纺织厂中是头等好的，这是群众公认的，这是与党的正确领导分不开的，但我们希望再进一步改善六厂党的领导，生产会更好。你对工厂工作已经摸到底了吧？青岛工作很好，全总又去工作组了。最好能经常地把青岛工厂中的先进经验总结出来。再重复一句，青岛有很多好经验。"

任质斌对陈少敏信中所提出的要求高度重视，对青岛纺织工业亲自过问、亲自抓。据后来成了任质斌秘书的余华回忆：

一九五三年夏，任质斌电话找纺织局党委副书记刘特夫，刘不在，就对我说：纺织局党委给市委的旬报简明具体，反映了不少问题，只是时间拉得太长，快成半月报了，可不可以改成周报反映情况能快些。我先检讨了办公室对旬报编印抓得不紧，延误上报的责任，又向他说明各厂是按生产周期每十天统计一次，出旬报能反映生产实绩，这比出周报合适；今后坚决克服拖拉作风，尽快编印旬报及时报送市委。他表示同意，并强调旬报材料一定要调查清楚，真实准确。还嘱咐：长年在基层忙调研更要重视加强学习，多结合实际研究讨论，争取不断提高调查研究水平和旬报质量。这次简短电话垂询，言谈平和实际，指教严明具体，促我醒悟补短，深受策勉。沉思后我就向办公室的同志们传达了电话内容，大家很受鼓舞启发，增强了责任感，决定加快做好旬报编印工作，制定了改进旬报的措施，努力做到及时上报不误。任质斌这样要求纺织局编好旬报，大概和陈少敏的信也有关。

　　一九五三年，朝鲜战争还没有结束，青岛地处黄海之滨，与朝鲜半岛隔海相望。中央当时对青岛这类城市的方针是：不在这些城市投资建设大的项目。因此，当时青岛的经济活动主要是按照华东局的统一部署，在国营企业里搞"查定"工作，即推动国营工厂通过深入的调查研究，制定各个工种的平均先进定额，在此基础上进行定额管理。这是一种提高劳动效率、生产质量和节约原材料的活动。

　　解放初期，青岛需要大量适应新形势的干部。为此，市委于四月二十五日召开了市直党委、区委负责干部会议，部署了培训干部的具体工作，成立了市委干部培训委员会。会后，各单位党组织积极筹备开展培训干部工作。到六月十日，市总工会、青岛铁路分局等五个单位已开办了政治业务培训班。许多工厂企业还成立了专门机构负责培训工作。市委抽调了大量干部到一些较大的国营工厂去开展这项工作，许多工厂企业成立了专门机构，负责培训干部工作。通过大量的具体工作，取得了明显的成果。如在纺织系统普遍推广"郝建秀工作法"等。在私营工厂主要围绕加工订货、包购包销，进行各方面工作。市委还在崂山区开始举办农业合作社的试点工作。所有这些工作对青岛的支援抗美援朝和经济恢复工作起了重大作用。

任质斌在青岛任职期间，还认真查处国棉八厂工人患神经病的事件。一九五二年底，中国纺织工会主席陈少敏大姐发现这一问题后，派人到青岛国棉八厂进行调查，访问了患神经病的工人。据统计，全厂患神经病者十八人，其中细纱工人十六名，织布工二名。造成这种现象的原因是，企业采取加班加点、扩大看台、提高车速等手段来完成生产任务，增加了工人的劳动强度；加上基层组织不纯，混进了坏分子，作风恶劣，违法乱纪；以及领导上的官僚主义。陈大姐建议山东分局派人查处。三月一日，山东分局将中国纺织工会的调查报告批转青岛市委处理。任质斌与王少庸、孙汉卿看了分局来信和中国纺织工会的调查报告后决定：责成青岛纺管局党委书记刘特夫负责查处这一事件。同时，以市委名义四月十五日向各企业党委、总支发出通报，引以为戒，如有此类问题，应认真加以解决。青岛纺管局党委对国棉八厂工人患神经病事件非常重视，派去总支副书记和组织委员，充实领导力量，局党委帮助国棉八厂党总支召开党员代表会，发扬民主，开展批评与自我批评，揭发坏人坏事，进行了严肃处理，还研究了今后改进工作的办法。企业管理则采取增加工人，停止盲目扩大看台，防止神经病再次发生，对神经病患者作了妥善的安置与治疗①。

中央为了解决粮食问题，决定实行粮食统购统销，并且希望通过对城市人口的定量供应，压缩城市的粮食销量。这在当时是一项

---

① 湖北省新四军历史研究会等编：《风雨历程 光辉人生》，中央文献出版社，2000年版，第168页。

完全没有经验又非常复杂、尖锐的工作，搞不好很容易引起市民情绪的波动。因此，市委、市政府在进行这项工作以前，作了比较细致、周密的部署。一九五三年十月三十一日，市委发出《关于执行粮食计划的意见》，指出机关、部队、团体，国营、地方国营和公私合营工商业部门及十人以上的伙食团的私营工商业等单位，由粮食局发给购粮证，按人口实际需要，由粮食供应站或代销店按评议审查的数量供应。为了做好对群众的宣传教育工作，十一月一日，市委发出《关于实行粮食计划供应和取缔粮食投机的宣传要点》，对广大群众进行广泛的宣传教育。有关部门还通过派出所、居委会等组织对居民进行自报评议月需计划，同时各单位的用量也经过评议审定。市委还布置党员干部在自己的亲属中调查研究，以便发现问题。由于市委做了扎实细致的工作，十一月四日，全市实行粮食计划供应，一律凭证购粮。采取这一措施，确实既减少了粮食销量，又保证了供应，群众情绪始终稳定。同时，市委召开全市党员干部会议，传达中央及山东分局关于增产节约的指示及具体部署，对进一步开展增产节约进行了发动。全市各系统及所属单位根据市委要求制定了增产节约计划。

一九五三年九月八日，周恩来总理在中国人民政治协商会议第四十九次扩大会议上，做了题为《过渡时期的总路线》的报告。中央宣传部印发了《关于党在过渡时期总路线的学习和宣传提纲》。十一月二十一日，青岛市委召开全市党员干部大会，号召全市党员、干部、群众要认真学习好党在过渡时期的总路线，全市很快掀起了一个传达和学习党在过渡时期总路线的热潮，这为对资本主义工商业和农业手工业进行社会主义改造打下了一个初步的思想基础。在各级党委和行政部门的领导下，通过改进企业管理、开展劳动竞赛、采纳合理化建议、推广先进经验和先进工作法等一系列措施。在全市广大职工的努力下，一九五三年青岛市的各项工作，都取得了可喜的成绩。全市工业总产值较上年增加了百分之三十四点七九，基本建设建筑面积完成二十六万多平方米，劳动生产率比上年提高百分之二十点八五。

在青岛一年，任质斌工作很紧张，每个礼拜都要开几次会，大都是小会。只要没有离不开的大事，他会经常下去搞调查研究，随时解决遇到的问题。他到胶州湾西边参观盐场，了解盐的生产过程。还去过电厂、青岛国棉六厂和八厂。无论去什么地方，从来不在参观调研单位吃饭，看完就回来。如果中午回不来，几个人就随便在小吃摊吃点东西，填饱肚子就行。任质斌的秘书傅勋典回忆说："在我的记忆中，在青岛一年，从来没吃过宴席，更没有接受过基层单位的馈赠。国庆节期间，我们去崂山北九水游玩，北九水有瀑布，还有个肺病疗养院。为了不打搅地方，我们自己带了点吃的。"胡志学任青岛卷烟厂党委书记，一向苛求自己，让丈夫和孩子喝牛奶，自己不喝，为的是多节省点钱，好多照顾点公婆的生活。

青岛是个美丽的海滨城市，气候风景宜人，是许多高级干部疗养的好地方，这无形中也成了任质斌的一项工作。从华东局组织部部长刘晓六月三日写给任质斌的信中可以略知端倪。"质斌同志：来电悉，你对我的关怀使我无限感激。我目前仍在华东医院进行治疗与检查，大约本月十日左右即可结束，因此，青岛之行大约在十五日左右即可起程。行期确定后，当再函告。我生病年余，身心均感疲劳，所幸目前逐渐趋向好转，只需要进行巩固工作，使目前成绩能稳定起来。这样，我不能不作长期休养打算，使思想与生活均能安定起来，所以我这次来青，只要那边气候对我适合，我拟较长些时期住下去，甚至固定起来，不仅仅是来度夏。我这一年多的病又使我变得非常爱静，爱一个人活动。这种个性，虽不甚好，但这是病中的自然发展，而且在目前对病有好处，所以我暂时让他发展下去。根据以上的情形，希望你为我准备一个适合于上述要求的房子。房子并不需要如何漂亮，只希望这房子比较孤立些，院内有一定的草地、凉台可以散步。房外环境幽静一些，适宜于散步和能安静的睡觉即行。我想你一定能帮助我的。望即赐复示。"在任质斌青岛任职期间，林彪、徐向前等都在青岛疗养过。

一九五三年十二月，任质斌调回山东分局工作。

二　任山东分局副书记兼统战部部长

一九五三年十一月二十七日，经中共中央批准，高克亭任山东分局副书记兼省政府工矿交通委员会主任，任质斌任山东分局副书记兼分局统战部部长。

任质斌于一九五四年一月从青岛来到济南，同年五月就因当时的山东分局代理书记向明因为"高饶事件"而受到牵连，并于这一年八月下放到历城县帮助工作。任质斌兼任统战部部长的实际工作时间只有短短的几个月。

从一九五四年开始，山东有计划地进行对农业、手工业、资本主义工商业的社会主义改造。一月二十七日至三十一日，分局统战部、省财政经济委员会召开扩展公私合营计划会议。会议确定，在目前缺乏经验的情况下，公私合营工作应以稳为原则。在整理原有合营企业的基础上进行新的扩展工作，扩展合营企业要掌握"宁肯少些，也要好些"的基本思想。在扩展公私合营工业工作中，要正确选择合营对象，并经过各种工作促使资本家自愿接受社会主义改造，要建立健全私营工业中的党、团、工会组织，树立党的领导地位，要发动职工群众进行各项改革，并做好资方人员的团结教育改造工作，创造进行合营的条件。这次会议，任质斌主要是了解情况，熟悉工作，没有作更多的讲话，只是简单地提了一些要求。在其后的有关会议以及同统战部副部长吴若岩等领导干部多次研究商讨时，他联系青岛华新纱厂已经合营的经验，指出在合营企业中要树立党的核心领导，掌握好合营企业的领导权，要发展党、团员和工会会员并充分发挥工会的作用。他强调合营要贯彻积极领导、稳步前进的方针和有关政策，做好试点，取得经验，逐步展开。他十分重视合营中的思想教育工作，指出私营企业里阶级斗争尖锐，情况复杂，合营工作阻力大，对选派进厂的干部和厂内的党员职工，在各工作阶段都要结合思想实际加强教育，统一思想。同时要认真做好对资产阶级分子的团结教育改造工作。

他在这方面的阐述主要有以下三个方面：

一是对公方代表和进厂干部的教育。要贯彻党的总路线教育与合营政策教育，明确私营企业为什么要改造、改造的内容和怎样改造；明确改造企业也要改造人的重要性和必要性，两者紧密结合不能偏废。进厂干部要深入具体了解企业的生产经营、生产设备、劳资关系等情况，职工及资方人员的政治思想情况，以便在企业改造过程中进行对资产阶级分子及高级职员的团结教育思想改造，清除消极因素，发挥对企业改造的积极作用。教育干部要善于同资方人员共事，多抓其积极因素，还要对资产阶级分子时刻保持清醒头脑，提高政治警惕。要贯彻又团结又斗争的方针，要掌握又联合又斗争的策略，要按照不同人的实际情况和思想表现分别具体对待。要防止干部发生"左"或右的错误，要坚持抵制资方的诱惑腐蚀。教育干部要依靠工人群众进行两个改造，要密切联系工人，认真听取工人的反映和意见。

二是教育职工认清生产关系的新变化。要深入宣传党的总路线，加强阶级教育和政策教育。要明确合营企业建立了党的领导，工人阶级已处于领导地位，企业资本家所有制的性质已改变，职工对企业负有改造、管理的责任和权利，应该积极参与合营和生产的各项活动，加快企业改造。明确工人阶级同民族资产阶级之间虽有剥削和被剥削的对抗性矛盾，但民族资产阶级有两面性，他们仇恨三座大山重重迫害掠夺的痛苦，拥护新中国的宪法，愿意接受社会主义改造，走社会主义道路，所以不能对其采用没收财产的剥夺办法，应当采取利用、限制、改造的政策，用和平赎买的方法改造资本主义企业，改造资产阶级分子的思想，使之适应社会发展，逐步把他们改造成为自食其力的劳动者。因此职工要监督和促进资本家的思想改造，尊重照顾资方的合法权益，调动其改造企业的积极性。

三是做好对资产阶级分子的思想改造工作。对资本家及其亲属要结合其思想动态深入具体宣传党在过渡时期总路线和有关政策，使其认清国内外的政治形势，去掉对美、蒋的幻想和顾虑，只有接受党的领导跟共产党走才会前途光明。明确公私合营实行对资本主义工商业的社会主义改造，实现对资产阶级的和平赎买，既保护了资本家的合法权益，又把资本主义私有经济改造成社会主义公有经济，废除旧的阻碍生产经营制度而代之以发展生产公私两利新制度。同时资产阶级绝大多数人能在爱国守法学习进步中转变立场观点，改掉资产阶级思想，把自己改造成为自食其力为社会主义事业服务的劳动者。在此教育提示的基础上，通过与资本家协商安排资方人员名副其实的领导职务，促其尽职尽责发挥领导作用，以调动其自愿走社会主义道路和主动进行改造的积极作用。抓改造还要教育资本家转变对职工的观念，建立新的相互关系，尊重职工和工会在企业中的地位职责和权利，主动依靠工人并长期接受工人的监督和教育。资产阶级分子的立场观点改变，要经受相当时间的磨炼，其消极因素常有反复。因此，在企业改造的各时期都要贯彻思想教育改造，不断促其积极进步，决不放松。对资方某些人出现的抵制或破坏的思想行为，要开展批评教育，严重者要批判斗争和严处，不能纵容。对工商联、民建会要加强思想组织工作，充分发挥其在各时期教育改造资产阶级分子的作用，促进两个改造的顺利进展。

任质斌多次对统战部里的同志说，统战工作是做团结人的工作，是做调动人积极性的工作，是党取得革命和建设胜利的三大法宝之一。统战工作要依靠全党来做，各级党委都必须重视。

任质斌作为分局副书记，有许多工作需要他去主持操办，不能到统战部办公，大量的具体工作需要副部长吴若岩来做。所以部里的工作人员来请示工作时，他十分重视。有时吃着饭，部里送来文件要他批阅，他放下碗筷就看文件，等到批阅完后，已经是菜冷饭凉。有时他已经睡下了，部里有事，他二话不说，马上起床，把事办完再睡。部里起草文件、写计划或总结，他都是事先召集有关人员进行认真研究，让大家充分发表意见，然后他做总结发言，指出重点，提出要求和注意事项。写成后，再请有关人员来一起认真研究，他总是提出修改意见，再由执笔者加工修改，定稿前他还要逐字逐句地推敲，连标点符号也不肯放过，经过反复琢磨，他和部里的同志认为可以了，这才签发。任质斌对文字要求特别严格，精益求精。还经常自己写讲话稿，不用秘书代劳。

在短短几个月中，任质斌主持完成了三年来统战工作总结，对资本主义工商业进行了全面的调查摸底。一九五四年是对资本主义工商业进行社会主义改造的关键一年，在任质斌的领导下，分局、统战部均制定了对资本主义工商业进行社会主义改造的工作计划，写出了对私营工商业改造意见的报告。任质斌对认真贯彻民族宗教政策非常重视。当时，全省共有少数民族二十五万二千三百八十六人，其中回族二十四万四千五百零一人，占全省少数民族人口的百分之九十七点六七，满族七千七百五十三人，其他蒙、藏、彝、壮、瑶、傣、保、高山、纳西、维吾尔、俄罗斯等十三个民族共一百三十二人。任质斌重视培养少数民族干部，一九五四年全省少数民族群众中当选为市、县代表的有三百四十四人，基层代表二千二百一十一人。一九五四年共补助少数民族生产生活费二十亿元（旧币）。济南市回民四千四百三十五户，百分之七十五从事牛羊肉和面食业加工和经营，分局统战部组织成立了六个手工业合作社，为四百三十九人提供就业机会。济宁市组织二十一个少数民族生产组，使九百二十四人就业。任质斌对发展少数民族教育事业也予以高度重视，为全省回族中小学共拨教育补助款十二亿元（旧币）。任质斌十分重视党外人士安排。他指出，对知名度高、代表性强的党外人士的政治安排工作也是全党工作中的一件大事，要做好个人考察工作，严格审查比较，按照中央要求，做好党外人士的政治安排工作。任质斌主持研究提名、安排党外有代表性的知名人士。当时，任省人民委员的有五十一人，其中民主人士二十三人。在省政协五十七名常委中，党内人士十八人，党外人士三十九人。

任质斌经常同副部长吴若岩一块研究工作，畅谈人生观、世界观问题，还把两人一块讨论的问题整理到笔记中，以备时常翻阅和回顾。其中有一篇《和吴若岩同志的谈话》：

大器晚成，晚成常常成为大器的重要条件之一，少年得志者常常会是根底不深，根底不深便往往不能巩固住自己已有的成就，如果真的中途摔上一跤，反而会爬得高，摔得也重。

共产党员应该经常注意锻炼自己，也就是说：要有意识地从每天所接触的事物中来锻炼自己。生活就是学习，工作就是学习；同样的，生活也是锻炼，工作也是锻炼，学习和锻炼的主要的条件之一是自己要有意识的经常的注意来进行。

对于一个青年干部，特别是知识分子来说，能力的修养与锻炼固也重要，但更重要的是德性的修养与锻炼，德性是根，能力是干。如果不注意德性的修养，便常常会萌生利欲熏心、利令智昏的毛病，所以要经常有意识地来锻炼自己。首先要研究作为一个共产党员，应该注意在哪些方面锻炼，根据自己的实际情况应该特别注意哪一方面的锻炼，以及如何锻炼。

进行德性的修养与锻炼的重要的方法是要经常地在自己滋生一种欲望、感情、愿望、要求的时候，马上就用马列主义的、布尔什维克的标准来审查自己的这种欲望、感情、愿望、要求是否合乎无产阶级的革命事业的利益，合者则留之，不合者则去之。同样的，在进行思想方法的锻炼的时候，也要在自己滋生一种思想的时候，马上就用辩证唯物主义的方法来审查一下自己的这种思想是否合乎生活上逻辑，合乎则再留待实际的行动验证之，不合者则去之。

益者三友，损者三友，一个共产党员如果要选择朋友，选择部属，选择领导的话，应该选择那种原则性强的，注意经常的从政治上来帮助同志的人做朋友，做部属，做领导人。酒肉朋友，收买拉拢，吹吹拍拍，互相标榜，不仅在党内要反对，就是在旧社会中也不是完全合法的。

任质斌一向爱护和关心下属，尤其是直接为他服务的秘书，他更是关怀备至，直到他晚年，他的几任秘书都与他保持着密切的联系。任质斌调回分局后，余华担任了他的秘书。余华在回忆文章中写道："一九五四年任质斌任中共山东分局副书记，我任他的秘书。初次交谈，他讲在分局领导机关做工作，责任重，要求高，工作的全局性、政策性、时间性都很强，又要区别各地不同情况，所以必须加强理论学习。多学习马列和毛主席著作及有关书刊，充实理论基础，视野宽广，思考深一点，增强办事能力。现正开始经济建设，处处面临新事物，更迫切需要理论指导实践，因此学理论要领会精神实质，联系实际解决好面临的新问题。他有大量存书，叮嘱我随意选读。殷切的启示，促使我增强了读书的自觉性和责任感，长年学习养成习惯坚持至今。任质斌为了促进我学习，还用辩证唯物观点分析农业合作化必然发展农业生产的关系、执行政策必须坚持从实际出发、干部才能大小的转化等，谈了他对学以致用的生动见解，启发我加深理解理论和实践、工作和学习之间的相互作用及必然联系。谈话亲切感人，促进我重视联系实际领会所学理论的精神实质，逐渐增强了思考分析和理解能力。"[①]

---

①　湖北省新四军历史研究会等编：《风雨历程　光辉人生》，中央文献出版社，2000 年版，第 199 页。

第二十四章　经受党内斗争的严峻考验

　　正当任质斌在中共中央山东分局副书记兼分局统战部部长任上开了个好头，刚干出点成绩的时候，山东发生了"向明问题"，并随着问题性质的变化，后来发展成了"向明案件"。一九五四年四月二十九日至六月七日，山东分局召开扩大会议。会议由华东局第二书记陈毅主持，采用会内会外结合、集中分散结合、个别谈话与查看材料结合的方法，系统地揭发了山东分局代理书记向明"参加'高饶'反党联盟"和工作作风的问题。根据会议揭发的情况，会议主持人于六月二十一日向中央作了书面报告，建议撤销向明的党内职务，召开中共山东省党员代表会议，改山东分局为山东省委。

　　受"向明案件"的株连，任质斌也被撤销副书记职务，保留省委委员，下放到历城县帮助工作。任质斌无端遭受冤屈，但他心怀坦荡，顾全大局，对党组织毫无怨言。他把下放基层工作当作接近群众和锻炼提高自己的好机会，在历城县作出了突出贡献，得到基层党员干部和群众的真心拥戴。

一　在"向明案件"中受到株连

　　从一九五二年开始，山东党内斗争陆续出现了"左"的错误。这年的十二月至一九五三年的一月，中共中央山东分局召开扩大会议，错误开展了反"分散主义"斗争，重点批评了分局原组织部部长张晔，副部长李广文、秦和珍等人的所谓"分散主义"倾向。会后，继续进行批评，并作了错误处理。一九五四年春季，在对粮食实行统购统销中，部分基层党组织以纪律处分为手段搞强迫命令，错误地处理了一批农村党员。

一九五四年春，发生了高岗、饶漱石分裂党的重大事件。四月至六月，中共中央华东局负责人主持召开山东分局扩大会议。会议错误地认为山东分局代理书记向明参加了高、饶反党阴谋活动。八月，中共山东省第一次党员代表会议召开。会议中心议题是"检查向明错误和山东分局领导的问题"。会议根据中共中央指示，将中共中央山东分局改为中共山东省委员会（一九五五年一月一日起使用后者名称），并选举产生了省委领导机构。舒同任第一书记，谭启龙任第二书记。后增补赵健民为省委书记。一九五五年八月，经中共中央批准，成立了中共山东省委书记处，书记处由舒同、谭启龙、赵健民三人组成。从一九五五年春到一九五六年夏，中共山东省委以检查各级党组织的形式，在全省错误地开展了肃清向明影响的斗争，揭露了所谓"以向明为首的反党宗派集团"的问题，并认为向明在城市工作中犯了严重的右倾投降主义错误，在农村工作中犯有富农路线的错误。一九五五年十月，中共中央批复山东省委报告，同意开除向明的党籍。在错误地肃清向明影响的斗争中，错误地批判和株连了原山东分局副书记赖可可、高克亭、任质斌以及山东省委副书记董琰。在这期间，青岛市委第一书记滕景禄制造了王少庸（青岛市委书记）、葛申（青岛市公安局副局长）等人"反党宗派集团"冤案，这起冤案后来又发展为"反革命内奸嫌疑"案。上述冤案、错案，均经中央先后批准平反①。

发生在上个世纪五十年代山东分局的这起冤案、错案，《中共山

① 《中共山东八十年简史》，中共党史出版社，2001 年 6 月版，第 138、139 页。

东八十年简史》也只能这么简单的记述，其发生的来龙去脉却是极其复杂和微妙的。

一九五四年二月上旬，中共七届四中全会在北京举行。这次会议揭发、批判了高岗和饶漱石在一九五三年召开的全国财经工作会议和第二次全国组织工作会议及其前后的反党分裂活动。全会一致通过根据毛泽东建议起草的《关于增强党的团结的决议》和集体领导体制的检查。七届四中全会以后，在中央政治局领导下，四月召开东北地区高级干部会议和华东局扩大会议，五月召开中共山东分局扩大会议，六月召开上海市委扩大会议，八月召开山东省党代表会议。上述会议都进一步揭发批判了高岗、饶漱石的反党阴谋活动，对少数跟高岗、饶漱石犯错误的人进行了批评、教育。

山东分局召开的扩大会议，由华东局第二书记陈毅主持，采用会内会外结合、集中分散结合、个别谈话与查看材料结合的方法系统地揭发了山东分局代理书记向明"参加'高饶'反党联盟"和工作作风的问题。根据会议揭发的情况，陈毅于六月二十一日向中央作了书面报告，建议撤销向明的党内职务，召开中共山东省党员代表会议，改山东分局为山东省委。

山东分局代理书记向明出了问题，中共中央、华东局于五月十一日调浙江省省委书记谭启龙到山东主持山东分局的工作。六月底，中央又调舒同到山东主持山东分局的工作，谭启龙改为协助舒同工作。

谭启龙回忆说："关于向明同志的情况，过去我了解得不多。在批判高、饶反党集团的斗争中，山东整了向明同志。我的态度始终和中央是保持一致的，既然中央认为向明参加了高岗、饶漱石反党联盟活动，我是坚决拥护中央和陈毅的指示并认真贯彻落实。特别是在参加山东分局扩大会议、省党代会期间，又听到会上的揭发批判，更深感在向明同志的影响下，山东某些干部的脱离群众、官僚主义作风，确实造成了严重的后果。鉴于这种认识，我在第一次省委全委会议上提出：'清除向明影响，改进领导，转变作风，以保证搞好互助合作，推动农业生产。'一九五五年二月，省委发出《关于检查领导肃清向明影响的指示》以后，我也继续在不同的会议上传达贯彻上述精神。省委还派出检查组，分别到青岛、胶州等地检查、督促肃清向明影响，在下边干部中造成了一些思想负担。现在看来，向明并未参与'高饶'反党联盟活动，在他主持山东工作期间，搞了一九五三年的'反分散'和同年冬季的征购过头粮，确实有不妥之处。但这都是工作中的失误，即使他本人应检查改进，但也不应株连那么多被他领导的同志。当时对向明的处理，在山东干部、党员中，产生了一些负面影响，从而对山东的工作产生了负面影响。这一历史的教训，是值得深省的。"① 谭启龙的回忆虽然不太具体，但基本上概括了这段历史的全过程。

在"向明案件"发生之前，一九五三年十月，中央召开财经工作会议，陈云主持，邓小平传达毛泽东在政治局会议上的讲话，中心内容是，新民主主义革命胜利后，中国的革命，就迈进到社会主义的历史阶段。中央决定首先开展对农业、手工业、资本主义工商业的和平改造。与此同时，中央召开组织工作会议，讨论当年冬季整党的部署问题。"向明早在国庆节之前就开始布置今冬明春的大办水利工程，并且业已报告了华东局，事先不知道中央安排今冬整党的事。会议期间，有同志动员向明说服赖可可在山东定在今冬明春大办农田水利的事在组织工作会议上提出意见。向随即与赖商量此事。赖表示为难地说，既然华东讲了，山东就不必讲吧！向说，华东的讲话是支持山东的，山东怎么可以不讲呢！赖屈从而去。向、赖都没有想到组织工作会议会发生一场'两大两小'向中央发难的惊天动地的事件。向明更没想到由此闯下了滔天大祸。"②

① 《谭启龙回忆录》，中共党史出版社，2003年10月版，第370~372页。
② 《深切怀念向明同志》，山东人民出版社，1998年1月版，第181~182页。

一九五四年四月底至六月初召开的山东分局扩大会议期间，陈毅召见分局领导成员分别谈话，听取对向明的意见。从向明开始，按着职务顺序，以后是赖可可、高克亭、任质斌、张辑五等人，最后是吴若岩。吴若岩回忆说："我是最后被召见的。向明在一两天前的一个傍晚来到我的办公室，告诉我，陈老总要找我谈话，要我多讲些他的错误，不然，这一关不好过。我说，你这是什么话！我的性格你还不知道？你的缺点毛病我是不会漏掉的。他懊丧地说，就是不把我留在党内我也要革命到底的。我说，怎么这么点风浪就经不住了！一天早晨，陈老总派人喊我去。一进门，他就叫着我说，你不紧张？我说，这么大的事，怎么能不紧张！比当年中原突围都紧张！他哈哈大笑。我讲了向明的优缺点，又讲了他现在的内心世界，'革命到底，矢志不渝'。陈老总留我吃了早点，我告退回来。"

至于陈毅召见任质斌是怎么谈的，任质斌生前没有对这次召见谈过只言片语，但从任质斌在会议期间的检讨发言的文字中，可以看出任质斌面对陈毅这位新四军的老领导，还是实事求是地对向明进行了揭发与批判，同时自己也作了较为深刻的检讨。之后，任质斌在一九五四年八月份召开的中共山东省第一次党员代表会议作了《我对向明同志错误认识和我的错误检讨》的发言，在这次发言中，任质斌迫于当时的形势，对向明的错误从三个方面进行了补充性的揭发批判，接着又从四个方面作了自我检讨、自我批评。一是在执行和掌握政策上，对向明同志的资产阶级路线的许多部分是曾经默认、同意过的，其中有的还直接组织执行过；二是在对上关系上，我对向明同志向中央、华东局闹独立性、搞独立王国的活动，在某些问题上也采取了支持的态度；三是在处理党内问题和进行反分散主义的斗争上，我是积极地支持、帮助和参与了向明同志某些压抑民主、打击报复、排斥异己、建立个人统治的犯罪行为的；四是在向明同志参加高、饶的反党联盟、进行反党反中央的活动上，我也实际上替饶、向做过义务宣传员。任质斌检讨之后，又从四个方面自我解剖，寻找错误的思想认识根源。现在看任当时的揭发与检查，显然是夸大了事实，不如此是难以过关的。大概是因为任质斌检查比较到位，所以最后处理结论同其他分局领导相比较还算是比较轻的。

一九五四年八月十三日通过的《中国共产党山东省第一次代表会议决议》第三、四部分，建议中央和华东局对向明等同志给以处分，其中对高克亭、任质斌的处分是："分局副书记高克亭、任质斌两同志，思想上存在着骄傲自满和患得患失的个人主义，一年多来，盲目维护向明同志，积极参加了向明同志所策动的反分散主义的错误斗争，错误是很大的。但他们在检查向明同志错误和分局领导的过程中，态度比较积极，在这次会议上的检讨也比较深刻。建议中央和华东局撤销他们分局副书记职务，让他们在实际工作中转变。"①

根据第一次全省党员代表会议的决议，一九五五年二月开始，以检查各级党组织工作的形式，有计划、有步骤、有领导地在全省开展了肃清向明影响的斗争。这场斗争一直延续到一九五六年夏结束。一九五五年五月四日，中共山东省委发出《中共山东省委关于在省地（市）级党的组织内进一步肃清向明同志错误影响转变领导作风的指示》。指示对检查的内容、范围、方法、步骤和必须切实注意的问题进行了部署，提出了要求。在这场斗争中，重点检查了部分省直单位和青岛、济南、淄博、胶州、莱阳、菏泽等六个地、市委的工作，揭露所谓"以向明为首的反党宗派集团"的问题。在处理"向明问题"和肃清向明影响的斗争中，先后受到错误批判和错误处理的有山东分局副书记赖可可、高克亭、任质斌，省委副书记董琰、分局秘书长张辑五②、副秘书长段林以及青岛市委书记兼市长

---

① 《中国共产党山东省第一次代表会议决议》，1954 年 8 月 13 日通过。

② 1984 年 4 月 11 日，中纪委发出宣布撤销 1954 年给予高克亭、任质斌、张辑五的处分。19 日，省委发文为在处理向明案件中受株连的人员恢复名誉。

王少庸、省委统战部副部长吴若岩、分局组织部副部长王建明、济南市委书记高启云、山东大学校长华岗和青岛、胶州、莱阳等地委部分负责人，并导致王建明自杀。九月七日，中共山东省委向中央写出报告，提议开除向明党籍。十月十日，中央批复同意开除向明党籍。①

一九五四年六月二十一日，陈毅在写给中央、主席并华东局《关于检查向明同志错误和山东分局领导向中央的报告》中，对山东问题的处理提出了建议：向明同志的错误是极端严重的，请中央即宣布撤销其党内职务，并责令其继续检讨，而后视其检讨如何再做最后处理；分局副书记赖可可同志等，是有错误的，应令其继续进行检讨。陈毅的建议，连任质斌的名字都没提，只是从"等"字中可以看出包括任质斌。结果最后处理时任质斌被撤销了分局副书记职务。

对这次改变了任质斌一生的巨大挫折，胡志学回忆说："一九五四年八月，任质斌被撤销山东分局副书记职务。九月下放到历城'帮助工作'。在任质斌下放历城的同时，赖可可下放到济南机床二厂，高克亭下放到洪山煤矿，张辑五下放到胶县。我们家搬出了省委宿舍，住到机关党委倒出的一间房子里。我带着三个孩子和一个阿姨，实在住不下，就搬到小纬五路的一套房子里。我带孩子，还要正常上班工作。在晋患急性肾炎，在医院三进三出，我精神压力非常大，咬着牙支撑工作。任质斌在历城，埋头工作，啥也不讲。任质斌这个人是有工作能力的，在淄博、青岛，工作都是有成绩的。他注重调查研究，不人云亦云。处理问题非常慎重，从来不整人，这可以说是他的美德。他正直、正派、不拉帮、不结派，对人要求

---

① 此后，向明调河北省工作，1969年去世。1981年3月，中共中央决定为其恢复名誉，恢复党籍。中央认为，过去认定向明同志积极支持饶漱石，参加"高饶反党联盟"不是实事求是，不能成立，过去定为叛徒、清除出党是错误的。1984年4月19日，中共山东省委发出通知，为在处理向明案件中受株连的同志平反，恢复名誉。

严，对自己也要求严。"

任质斌因向明案件牵连受到错误处理后曾对长子任全胜讲：分局书记康生是小病大养，情绪低落，去杭州疗养。曹轶欧是山东分局组织部部长，在分局受到向明、张晔的批评，她跑到杭州向康生诉苦，到上海、杭州向康生汇报。任质斌临终前又对任全胜说：我一直怀疑中央对山东问题的看法和处理，是康生在中央告的黑状。一九五四年，毛泽东主席从杭州回北京路过济南，这时向明在北京开会没在济南，分局副书记赖可可、高克亭、任质斌到火车上见毛主席，请主席下火车。毛主席说："在山东，我不敢下火车，你们就在火车上汇报吧！"我当时就感觉不对头，毛主席这句话说得太重，又不像是开玩笑。康生在杭州疗养，肯定在杭州向主席说了什么。这恐怕是山东问题的一个重要因素。

当年的山东分局副书记，和任质斌一起被撤职下放的高克亭对所谓检查"向明问题"的回忆为："一九五四年春，陈毅在中央财经会议、组织会议后奉命来山东检查'向明问题'。财经会议向明参加，组织会议赖可可参加。赖可可在组织会议上的发言和东北张秀山在组织会议上的发言内容一致，明批安子文，矛头实际上指向了少奇同志。其他地方同志的发言反对他们的发言，斗争很激烈。后来才知道陈毅来检查向明问题，是中央发现向明问题后派他来的。一、饶漱石的问题发生后，在中央会议上向明不揭发饶；二、毛主席说：'向明我支持他，他不支持我'，因为饶反中央，向明提供了石头打中央；三、少奇同志也感到向明有骄气。陈毅离京前见毛主席，主席说你到山东检查向明问题要实事求是，不要受我的影响。……在深入检查的基础上，召开分局扩大会议，中纪委钱瑛、中组部王甫等同志也参加了会议。这个会议主要检查向明领导，集中力量搞清向明问题。……我总感到在这次检查向明问题中陈毅同志比较讲理。例如他在干部大会上讲：过去我们华东局是支持向明的。这次检查向明问题与其说检查山东分局，不如说检查华东局。

陈毅向中央汇报之后，回上海路过济南，对我们说，中央认为向明问题很严重，参加高饶的反党联盟，分局书记不能干了。你们和他一起工作，也要受点轻微处分，不然向明也不服气。向明问题解决之后，舒同主持山东省委工作，继续肃清向明影响，株连了一大批同志。据查，共有厅局干部五十余人。我记得舒同在一次会议上宣布，向明反党集团有核心，有外围人物。打击面很大，什么问题都与向明有关。肃清向明影响，延长了很长时间，引起了陈毅同志的不满。陈毅说：向明阴魂不散，什么时候向明阴魂才能散了。打击面比处理向明还要大，很不得人心。所以山东同志怨声载道，说山东干部命苦。干部情绪不安，不愿在山东工作。而调到外省的山东干部，人们却反映山东干部吃苦肯干，工作扎实，艰苦朴素，工作很有成绩，有不少人被提拔到重要领导岗位。"①

二 对"向明案件"的回顾与思考

任质斌对"向明案件"曾有过一篇记述和评论，全文录下：

"向明案件"的基本情况和经验教训

一九五四年，党的七届四中全会以后，党中央派遣陈毅、钱瑛等同志到山东检查了原山东分局代理书记向明所犯的政治错误，认定向明参加了高岗、饶漱石的反党联盟，撤销了向明所担任的党内外一切职务，把山东分局改组为山东省委，撤销了原山东分局一批领导干部的职务。一九五五年以舒同为首的山东省委又在山东省的省直机关和一部分地、市、县里进行了"肃清向明影响"的斗争，并通过这一斗争株连了一批中、下层干部。这是山东党内一件

---

① 高克亭著：《我的革命生涯》，山东人民出版社，2000年版，第415～418页。

重大历史事件。不久以前，党中央已经把这一案件彻底平反了。这又一次说明我们党是能够自己纠正自己所犯的错误的。我们党是光明、伟大、正确的。由于有些编写党史的同志前来查问这段历史情况，也由于总结和吸取这段历史经验有一定的意义，现将我对这段历史的记忆和认识简述于后：

一、向明的简单历史

向明是山东临朐县人，一九〇九年生，在旧社会当过小学教员。一九三一年在青岛入党，做秘密工作，以后被国民党逮捕入狱，到一九三七年第二次国共合作时，才被释放出来，当即奔赴陕甘宁边区。一九三八年，当过刘少奇同志的秘书。一九三九年上半年，担任河南省委副书记。当年下半年，随刘少奇到豫皖苏区党委任副书记，以后转入苏北任地委书记。日军投降后，随军撤退到山东解放区，任鲁中区党委书记兼华东野战军第八纵队政委。以后改任胶东区党委书记。一九四九年青岛解放后，调任青岛市军管会主任。当年，中央为了统一山东各解放区的领导，决定成立中共中央山东分局，受党中央和华东局的双重领导，并指定由康生任分局书记，傅秋涛、向明分兼副书记。当年秋，康生因怀疑中央不信任自己，去青岛养病，分局书记由傅秋涛代理。一九五〇年底，中央调傅秋涛任中央军委武装动员部部长，调向明回济南代理分局书记职务，主持山东分局的工作。一九五四年夏，中央认定向明参加了高饶反党联盟，撤销了向明的一切职务，改组了山东省党的领导机构，把向明调到河北省做基层工作，并继续进行审查。在十年内乱中，向明被折磨而死。

二、一九五四年中央派人到山东处理向明问题的经过

一九五四年春，中央召开七届四中全会，揭发批判了

高岗、饶漱石的反党活动后，接着又派周恩来、罗瑞卿到东北局召开扩大会议，进一步揭发批判了高岗反党活动，并处理了东北局的问题。当年五月，华东局在陈毅的主持下，也召开了扩大会议，进一步揭发批判了饶漱石的反党活动，并号召到会同志对华东局其他领导同志进行了批评。会后不久，毛主席又派陈毅、钱瑛同志到山东检查向明同高、饶的关系以及向明在山东的工作表现。据陈毅当时告诉我们，毛主席对山东的问题看得很严重，曾经对陈毅说："我每次坐火车从济南路过时，都不敢下车呢。"

陈毅和他带的一些助手们，在山东工作了三四个月的时间，调阅了山东分局的大量文件，同许多有关的同志谈了话，比较系统地检查了向明主持山东分局时期的工作。以后又回中央向毛主席做了汇报，听取了毛主席对处理这个问题的指示。然后回山东召开了山东省第一次党代表会议，并亲自在这个会议上做了报告。与会同志讨论了陈毅的报告，并揭发和批判了向明和山东分局领导上的错误，最后做出决议，认定向明参加了高饶的反党联盟，在山东大搞独立王国，在农村执行了富农路线，在城市执行了资产阶级路线，对上顶抗，对下压抑民主，打击报复，排斥异己，老虎屁股摸不得。并因此而对向明及山东分局的若干负责人进行了组织处理。

根据我的接触，当时陈毅对向明问题的处理还是比较慎重的，特别是在他刚到山东的头一两个月，广泛地听取了各方面的意见。在山东省党代会将要结束时，还语重心长地告诫山东党组织对向明问题的处理应以党代会的决议为限，不要再株连其他同志。但是，由于当时我党在党内斗争上仍然残留着一些左的倾向，特别是由于当时毛主席对这个问题看得很重，因而从总体来说，对这个问题的性质的认识和处理是错了。

三、认定向明参加高饶反党联盟的根据

据我记忆，当时认定向明参加了高饶反党联盟的主要根据是：

（一）向明平时很受饶漱石的赏识和支持，但在七届四中全会上揭批高饶的反党罪行时，却态度暧昧，发言空泛，对饶漱石的反党活动没有揭出有分量的东西来。

（二）一九五三年夏，中央召开全国财经会议时，东北局出席这次会议的同志对中央主管财政工作的领导同志的批评用词偏激，很不正常。向明当时在会上的发言，也有同样倾向。当年冬天，中央召开全国组织工作会议时，向明又鼓励山东出席会议的赖可可，对中央的整党部署和中央组织部的个别领导同志做了不适当的批评。以上两点，都被认为是参加高、饶联盟的阴谋活动。

（三）一九五四年春，中央曾经酝酿成立与政务院平行的国家计划委员会，并拟由高岗任主席。据说，当时主持中央组织部工作的饶漱石曾经向中央建议抽调向明担任这个委员会的副主席。这被认为是饶漱石想用向明作为同高岗搭桥（建立联盟关系）的工具。

除此之外，中央是否还掌握有更有力的材料足以证实向明和高饶联盟有暧昧关系，我就不知道了。

四、"清算向明影响"和把问题的性质升级

如上所述，在山东省第一次党代会将要结束时，陈毅在总结发言时，突出地讲了对向明问题的处理就到此为止了，不要再株连更多的同志了（大意）。但是，会议结束后不久，山东省委在第一书记舒同的主持下，却在省直机关和不少地、市、县委开展了"清算向明影响"的斗争。在斗争中要那些过去称赞过向明或同向明有过比较密切的工作关系的同志统统做检讨，划清同向明的界限，并撤换了一些向明的"爪牙"。突出的一个事例是原山东分局工业部的副部长王建明，因对揭批向明的做法思想不通而被撤职检查，在写了几次检讨书未被认可后，自缢身亡。这就在一个相当时间里造成了山东党内的紧张气氛，大大影响了山东党内的正常生活。

与此同时，舒同和青岛市委的个别领导人又抓住向明在解放初期主持青岛市军管会工作时，曾经按照党的政策释放过一批被俘的国民党军政人员和在反特斗争中曾经运用了某些策略方法，进一步把向明的问题上升为是"里通外国"，下令逮捕了一些与此案有关的负责干部。当着省委书记处分管政法工作的书记、常委和公安厅长对此案的性质表示怀疑时，又把这些同志诬为是在搞地方主义、是政治上右倾，而进行批斗，撤职或停职。这就更加重了山东党内的紧张气氛。

尤其甚者，舒同在一九五六年、一九五七年竟将山东党内少数地专一级负责人向省委领导提的一些工作意见也和向明问题挂起钩来，说这是"向明的阴魂未散"，对这些同志进行了批判斗争和组织处理。这就完全扼杀了山东党内的民主空气，为以后大刮五风、大搞反右斗争、"整风补课"开了方便之门。

五、三十年后看对这一案件的认识和处理

高岗、饶漱石都是资产阶级野心家、阴谋家，一九五四年进行的反高饶联盟的斗争，对于巩固我党内部的团结，清除党内隐患，保证党的路线的顺利执行，具有极其重要的意义。这是肯定无疑的。至于清除高饶的影响，就华东来说，在陈毅同志的掌握下，总的方面也是稳妥的。虽然饶漱石曾经主持华东局和上海市委的工作若干年，但陈毅同志充分考虑了饶漱石是伪君子、阴谋家这一特点，以及在一个相当长的时间里党中央和广大干部都受了他的蒙骗这一实际情况，所以当时在华东局机关及上海市的干部中，主要是进行了正面教育，并未把任何人作为高饶联盟的党羽来处理。这对稳定上海和华东的局面是起了重大积极作用的。但是，使人很难理解的是，为什么陈毅对饶漱石直接主持过的华东局和上海市委在处理上是那样慎重，而到山东却把向明定为高饶联盟的成员呢？难道真有足够的材料证明向明是参加了高饶联盟么？看看前面列的认定向明参加高饶联盟的根据并不十分充分，最多只能说是有些蛛丝马迹而已。这就不能不使人怀疑是毛主席所说的他路过济南时不敢下火车的说法起了重要的作用。但是，现在三十多年已经过去了，在这三十多年的漫长时间里，山东党的领导已经换过许多次，却一直没有听说曾经发现过向明时代的党政军机关或党政军负责人有图谋不轨的材料。历史证明，毛主席当时对山东问题的性质看错了，而根据毛主席对山东问题的判断和指示把向明定为高饶联盟的成员也是错了。

至于说向明主持山东分局工作时犯有大搞独立王国、在农村搞富农路线、在城市搞资本主义等严重政治错误，用今天的眼光来看，更是完全站不住脚的。应该承认，向明在主持山东分局工作期间是做了大量工作的，并且是有一定成绩的。

过去揭发的向明的问题，至今仍能站得住脚的是向明在思想作风上的错误。向明确实有比较严重的个人英雄主义，骄傲自满，喜欢听顺耳之言，不喜欢听逆耳之言，老虎屁股摸不得，同时还有打击别人、抬高自己等倾向。他的这些毛病，如不改正，继续担负党的负责职务确有一定的危险性。当时，党组织如能针对他的这些毛病，实事求是地、恰如其分地开展必要的批评斗争，对向明本人以及对山东的广大干部，都有很大的教育意义。但不幸的是由于把问题的性质弄错了，因而就不仅不能起到应有的教育作用，反而使许多同志对我们党的党内斗争感到迷惘难解了。

六、党组织应该接受的经验教训

向明案件是山东党的历史中的重大案件之一。在这一案件中，所有被牵扯到的同志都应接受各自应该接受的经验教训。我作为原山东分局的领导成员之一，有着不可推卸的重要的政治责任，其经验教训也是极其深刻的。而作为党组织来说，我认为应有以下的经验教训需要接受：

（一）无产阶级政党在取得国家政权以后，采取一系列的组织措施来防止混在党内的资产阶级野心家、阴谋家争权夺利，改变党和国家前进的方向，是完全必要的。无产阶级政党如果在这方面丧失了必要的警惕，就会重新失掉一切。但是，在进行这些工作时，决不可疑心太重，错误地伤害了自己的同志，蛛丝马迹的问题只能作为蛛丝马迹的问题进行处理，决不可轻率地把问题拔高。否则就会造成自己内部的混乱，并丧失人民群众的信任。

（二）党组织对犯严重错误的干部，一定要及时地、严肃认真地进行处理，以免使党的事业遭受本可避免的损失。但是，在进行处理时，必须尽量做到实事求是，是什么错误就定什么错误。不要东扯西拉追求数量，把不是错误的东西也说成是错误。一切不实事求是的做法，不仅无助于对犯错误干部的教育，而且混淆了是非界限，同样会给党的事业带来很大的危害。

（三）由上级党组织选择任命的干部，在工作中犯了严重错误的时候，上级党组织应该首先自己承担责任，着重检查自己用人不当、监督不严的经验教训。不可过多追究下级组织和下级干部的责任，更不要东株西连，打击面过宽。下级党组织及其成员之所以尊重和拥护上级党组织选定或派来的干部，在很大程度上是出于对上级党组织的信任。因此，对下级党组织的成员，除个别品质极其恶劣、阿谀逢迎、兴风作浪、为虎作伥、助纣为虐的以外，一般都不应株连。否则就会使干部感到扑朔迷离，不再敢接近任何领导干部。

（四）对于犯了严重错误的干部，在一定范围内进行批判，是教育干部、提高干部思想政治水平的不可缺少的手段，因而也是完全必要的。但是，在进行批判时，不可要求人人表态，并按照表态的好坏，作为考核干部思想、政治水平高低和升降、使用的标准。既然上级党组织对犯错误干部有个逐步认识、逐步加深的过程，也应该允许所属干部有一个逐步认识、逐步加深的过程。在党内斗争问题上，一呼立即百应，不一定能够反映干部党员的真实思想。过分看重人们在批判会上的表态，有时会被一些善于见风使舵、投机取巧的人钻了空子。

（五）在一个地区或一个单位担负主要领导责任的干部犯了严重错误以后，党组织除应及时地对他进行处理并在一定范围内组织传达讨论外，一般的不应再进行清算影响的活动。因为进行此种活动，往往就会变成所有过去同这位犯错误干部有过接触的人都必须人人检查、人人过关。过关过得不好的，往往也会变成批判对象，并因此而株连许多不应该株连的同志，这就必然使问题扩大化了。

向明事件已经过去三十多年了，向明本人以及在向明案件中受株连的同志都已彻底平反了。粉碎"四人帮"以后，特别是三中全会以来，我们党已经认真地吸取了过去党内斗争的痛苦经验，大大改进了自己的工作。现在重温这段历史，只是为了加深对已有的经验教训的认识，并用以说明党的现行路线的正确。

对向明一案，当年同时被撤销分局副书记的高克亭认为："当高、饶问题发生后，饶是华东局书记，华东局应当揭露检查饶在华东工作期间存在的问题，华东局同志和饶共事多年，对饶应当有所了解，应当揭发饶的错误，开展批评与自我批评。但在华东局召开的扩大会议上，轻描淡写地走了过场，而集中批判向明，把矛头对着向明，对着山东领导。华东其他省、区均无问题，华东局常驻上海，上海也无问题。唯有山东出了问题，不知闯下了什么大祸。向明是你们分配到山东的，而且非常信任，一再支持。难怪有的同志说'谁的官大谁有理'。你们对向明那样信任，向明出了问题你们没有责任吗？检查向明问题，除陈毅同志还有点自我批评外，其他华东局同志一句自我批评的话都没有。向明在华中工作过，又在饶领导下在山东工作，饶出了问题牵扯到向明也还可以勉强说得过去。而长期在山东工作的同志和饶有何关系？顶多在会议上见见面。为何饶出了问题涉及山东同志？向明有问题不见得山东同志有问题。检查向明在山东问题，也不过就是反分散主义反得不对，有何反党、反党中央的问题？把华东许多重大问题丢开不管，而把精力放在整山东，我觉得很不公道。有意转移目标，诿过于人摆脱自己，也就是说'丢车保帅'。这个历史公案虽然平反了，但经验教训值得深思。尤其向明问题清算告一段落，而又掀起肃清向明影响，维护自己，打击下面，使不少同志受到不公正的批判处理，有的含冤而死。"①

一九八三年九月，山东省纪律检查委员会派人去任质斌处查问

---

① 高克亭著：《我的革命生涯》，山东人民出版社，2003年版，第420～421页。

"向明问题"及因"向明问题"受株连而受处分的同志的情况。九月二十三日，任质斌在写给山东省纪律检委员会的信中，对"向明问题"又一次谈了个人的看法：

"一九四九年冬到一九五四年七届四中全会，原山东分局书记康生，一直在离职养病，中央和华东局为使山东的工作能不间断地进行下去，先任命傅秋涛为代理书记，以后又改任向明为代理书记（这都是中央和华东局直接任命的，事前并没有征询过山东分局其他领导成员的意见）。在这种情况下，原山东分局的领导骨干和一些地市委书记们从照顾工作需要的大局出发，从尊重中央和华东局所做的人事安排出发，特别注意了维护这两位代理书记的领导地位，有时甚至处于委曲求全的状态，这从总的方面讲，不能说是一种错误。其中个别人在向明所主持的反分散主义斗争中，说了少量错话，做了少量错事，也是不宜过分追究的，更不应该把犯有此类错误的同志，和高饶联盟联系起来，列入向明反党集团。当然，就这些同志本人来说，都是必须自觉地认真检查、深以为训的。但就上级党组织来说，则应充分照顾当时的历史背景，承担自己应承担的责任，不可把责任都推给下级。党组织对犯错误的同志不应不适当地上纲上线，采取撤职、通报、逼令再三再四地进行检讨等组织措施，致使个别同志因经受不了各种压力而被迫自杀身死（山东分局工业部副部长王建民）；更不可东株西连，一再扩大打击面，以致后来竟发展成在全省许多地方都进行'清算向明影响'，使不少干部背上了'向明爪牙'的包袱。这些错误做法对山东党的正常生活是起了极大的消极作用的。

"我个人在向明代理山东分局书记期间，主要是在向明主持批判李景春、刘景新的干部会上，以及在批判张晔的过程中，曾经说过一些错话，我至今仍深以为憾，绝无企图趁机翻案不认账之意。至于当时是否应该因此而受撤职下放的处分，这是组织上考虑的事情，我不想就此发表意见，不过，一九五六年，在滕景禄主持下的青岛市党代表大会的决议中，把我列入向明的反党集团，这是明显错误的。"

关于任质斌在信中提到的滕景禄，孙汉卿①在《悼念向明同志》一文中说："在这里，我想着重谈谈阴谋家野心家滕景禄。此人是制造'向、王（王少庸）反党集团'冤案的罪恶凶手。此人一贯投机取巧，拍马逢迎，结党营私，排除异己，以达到向上爬的目的。他平日不做工作，以养病为业，当政治运动到来时，就出来投机，捞取政治资本。待斗人升官后，又回去养病。他奉行'斗人有威信'、'害人能升官'的谋略，他的人生哲学是：'养病——斗人——升官——养病——再斗人——再升官——再养病。'在青岛群众中流行着一首有名的'四穴'歌：'虎在穴中卧，无事不出穴；出穴必伤人，伤人又回穴。'这是滕景禄处事做人的真实画像。滕景禄从全国解放以来，长期养病，工作只有三年多。在这三年中，他利用政治运动，进行政治投机。从一九五四年开始，在他主持和参与下，搞了五起冤错案件（'向、王反党集团'是其中一起），后经中央公安部和省有关部门甄别澄清、中央批准全部平反。这些冤案，前后无故株连一百余人。其中，许多人受到错误处分，开除党籍，有些人被关押坐狱劳改，开除公职，个别人受到刑讯逼供折磨致死，使党在政治上受到很大损失。滕景禄却骗取了信任，步步高升。滕积恶太多，被他陷害的人太多；又因其有严重的违法乱纪行为，上告他的罪行的人也多，终于他的罪行大暴露，在一九六二年一月扩大的中央工作会议上，点了滕景禄的名。滕景禄竟自绝于党，于同年十月，在上海华东医院畏罪跳楼自杀。一九六二年十月，中央批准滕景

---

① 孙汉卿（1913～　）：解放战争时期担任滨海区党委组织部部长，1948 年担任渤海区党委常委、组织部部长，解放后担任青岛市委副书记兼组织部部长。离休前担任山东大学党委书记。

禄是一个投机、流氓、混入党内的坏分子，开除党籍，通报全党。"①

当中央派陈毅、钱瑛等来山东检查向明及山东分局领导问题时，任质斌是排在钱瑛之后的专案组成员，他那时怎么也不会想到几个月后，自己也受到被撤职下放的处分。

一九八四年七月三十一日，中共山东省委发出《关于撤销对高克亭等同志的处分的通知》（鲁普发〔84〕30号），通知说："一九五四年，中央和华东局检查处理了向明同志的错误和山东分局的领导问题。同年八月十三日，省党代表会议通过了《中国共产党山东省第一次代表会议决议》，认定高克亭、任质斌同志'盲目维护向明同志，积极参加了向明同志所策动的反分散主义的错误斗争'，给予撤销山东分局副书记职务的处分；认定张辑五同志犯有积极支持向明同志的错误，给予撤销山东分局委员兼秘书长职务的处分。经复议认为，原认定高克亭、任质斌、张辑五同志的错误，是工作中的一般性错误，并且本人过去已作过深刻检讨，当时给予他们的撤职处分是不妥当的，应予撤销。省委将以上复议意见报中纪委后，中纪委于一九八四年七月十八日以中纪函〔1984〕61号文批示：'同意撤销一九五四年山东省第一次党代会决议中给予高克亭、任质斌、张辑五同志的撤职处分。'以上通知，请各地区、各单位在党员干部中传达，为高克亭、任质斌、张辑五同志恢复名誉，消除影响。"

当任质斌读到撤销处分的通知后，真是悲喜交集，感慨万千。三十年的不白之冤，终于有了结果，终于恢复了名誉。任质斌在通知的右上端写了四句话："潦倒跟跄三十年，政策落实风烛残。劝君笑里勿藏苦，兴高采烈庆党熟。"旁注："接此通知后"。

任质斌生前对老伴和子女说："我如果能写小说，很想写一部小说。苏联有一部小说叫《州委书记》，我很想写一部《省委书记》，

① 《深切怀念向明同志》，山东人民出版社，1998年1月版，第186～188页。

写出上对中央负责，下对黎民百姓负责。有些事情是非常难的，但你必须去做。写省委书记这一层干部，写好了，对党的事业有好处。"

三　下放历城

一九五四年八月，任质斌被下放到历城县帮助工作。

历城南依泰山，北濒黄河，西接长清县，东邻章丘县，地处鲁中南低山丘陵区与鲁西北平原的交接地带。地势南高北低，南部为绵延起伏的泰山山脉。因南对历山（今千佛山）而得名。

九月，已近不惑之年的任质斌由两名工作人员陪同，携带背包乘坐吉普车来到历城县委、县政府驻地辛甸村。介绍信的内容是："历城县委员会：分局决定派分局委员任质斌同志代表分局去你县帮助工作，暂定时间半年，请接洽。"① 下盖中共山东分局印章，落款时间为九月六日。

当时，辛甸村是一个有六百多户人口的穷村，现为洪家楼镇政府驻地，地处历城区政府驻地洪家楼东一公里。任质斌和县委的几位负责同志住在村支部书记焦文才等三家土改时分的一个四合院中。第二年，县委、县政府在赵家庄小大王山附近新建了办公室和一部分干部宿舍。五十年代修建的平房或楼房，大都采用俄式建筑风格。修建的县委、县政府有五幢房子，中间是礼堂，四角是平房。任质斌住在东南角的平房里。不足五平方米的外间是他的办公室，不足十平方米的里间是他的卧室。历城县委没有汽车，外出下基层有几辆自行车。任质斌不会骑，所以下基层都是步行。他到济南是乘坐

---

① 此信应为 1954 年 9 月 6 日。中共山东省委是 1954 年 8 月上旬选举产生的，但对外一直沿用中共中央山东分局的名义。1955 年 1 月 1 日后，根据中共中央决定，中共中央山东分局改为中共山东省委。

市郊火车。由省城回县委驻地，在黄台火车站下车后，需步行五里路才能到达。赶上下雨，他就卷着裤脚，提着鞋，光着脚丫走回。

县委书记吕少泉曾任中共山东分局办公厅秘书室秘书，有三四年的时间在任质斌领导下工作，对任质斌的为人非常了解，县委一班人对任质斌也非常尊重。任质斌在受"向明案件"牵连、受到不公正对待的情况下，没有一句牢骚话。他没有架子，平易近人，工作扎实，尊重别人。他把多年来养成的工作作风带到历城，时常挑起马灯工作到深夜。从县委书记到一般干部群众，都亲切地称他秘书长，愿意同他一起闲谈聊天、打扑克、下跳棋。大家共同感到和任秘书长在一起，无拘无束，其乐融融。当有的同志问起他的革命经历时，他总是一句话："说那个干什么，没有什么可说的。"

经过一段时间的调查了解，任质斌总结出了历城县的几个主要特点：在济南的近郊，经济上和城市的联系比较密切；解放较晚，过去国民党的基础较强，社会情况复杂；境内大部分是山区、半山区，小部分是平原；党的基础较弱，镇反不彻底；省委的基点县，干部比较强，可以得到的帮助多。关于农业生产，任质斌也总结出以下主要特点：人多地少，劳动力有剩余；山区多，平原少；离城市近，可以得到城市的某些帮助，但耕作技术粗放；生产内容多样性，农、林、牧、副业都有，还有蔬菜。任质斌还了解到人民群众的几项迫切要求：封山造林，保持水土；平原区防汛排涝，兴修水利；半山区的吃水问题，山区交通问题；发展副业问题——鸡、鸭、鱼、蛋品、奶类、猪、打石子；发展小学教育。

任质斌在掌握了历城各方面的特点、优势和劣势之后，又对各方面的情况进行了详细的摸底。据任质斌一九五四年工作笔记记载，就有历城县党的工作情况、历城县政府工作情况、历城县互助合作运动概况、历城县手工业工作情况、历城县农业生产情况等。

任质斌在调查研究并分析了全县的情况后，重点解剖了七区领导方法上存在的问题：放松领导，分兵搞点，包办代替。乡干部反映："区干部在这里，我们省了脑子，少跑了腿，还省了钱。"区委包办了区公署的工作，除办理结婚登记、发离婚证外，其余的事情都由区委包办了，各乡什么事情都找区委。区委召集的乡干部大会代替了各部门的业务会议，部门召开的业务会议很少，区委委员虽有分工，但对业务系统的事情知道得很少。上级指示除区委书记看一看外，委员们多未看，干部忙忙碌碌，得不到学习。八区、九区也有这种情形。其原因是：干部对集体领导认识不够；存在战争时期的游击作风；区级干部对乡级干部能贯彻政策不信任；县委对这个问题的解决注意不够。在总结其危害时，任质斌认为这样做的结果，削弱了集体领导；妨碍了下层干部的积极性；工作组走了，工作也坍了（比如：工作组去区里开了三天会，乡里一点工作都没做）。在任质斌的具体指导下，经过整编工作，区委建立了对上级文件的学习制度，建立了区委常委会，定期讨论与安排部门工作。经过半年以后，各区委的工作有了相当进步。任质斌还通过调查，摸清了农村整党中党员教育情况，并向县委提出了许多好的建议和有效措施，促进了全县党员教育工作的开展。

任质斌更注意建设中的一些具体问题的调查研究工作。他在冷水沟村调查时，详细查看了小清河治理规划图，分段进行了考察，并要求有关部门一定要按照规划治理好。在柳埠搞调研时，他听说仲宫区委书记朱孝铭在搞倒虹吸试验，可是搞了三次都失败了，就去支持鼓励他，并到一所中学找教师帮他解决技术难题。朱孝铭终于试验成功，运用倒虹吸技术帮助仲宫、北草沟、南草沟、阳尔、杨家等村解决了吃水困难。任质斌非常高兴，在各种会议上表扬朱孝铭，同时要求在山区大力推广应用倒虹吸技术。

朱孝铭回忆说："一九五四年，我任历城县委组织部部长。一九五五年调往仲宫区任区委书记。一九五五年四月，任质斌到仲宫住了三天，搞调查研究，指导工作。吃第一顿饭时，他特意吩咐炒两个菜，并请我和区长一块吃，他付钱。我们要付钱，想尽点地主之谊，无论怎么说，他都不同意，还强调他的薪水比我们高，最后还是他拿了钱。白天我陪他一起到山区人家走访，了解群众的想法、意见和要求，晚上，临时支一个简单的铺供他休息睡觉。在乡下搞调查时，他见了群众总是抢先和群众握手，越是穷苦的老百姓他越是感情深，总是详细地询问，亲切地问寒问暖。卧虎山水库位于泰山北麓锦云川、锦阳川、锦绣川三条川流后的玉符河上。在水库修建之前，我在仲宫搞倒虹吸，解决了近千亩山坡地的浇灌问题。试验经历了三次失败，每次失败，任质斌都专程赶到仲宫来安慰、鼓励我，帮我研究、分析失败的原因，还专门帮我请来了一位老师，把我原来使用的磁管换成了由水泥、沙子、石子浇灌的管子。第四次试验取得了成功，任质斌又赶来庆贺，并多次在各种会议上对我提出表扬。倒虹吸的成功，蕴含着任质斌的心血汗水。在我连续试验失败的日子里，我耳朵里听到的大都是讽刺和挖苦，我深深地陷于苦恼和困惑之中。如果不是任质斌的一次次真诚鼓励、支持和帮助，我恐怕会没有信心再搞下去。任质斌认为我虽是工农干部，文化不高，但很能吃苦、很能干，实打实敲，工作扎实，历城县的大工程，都是选我当总指挥。历城搞稻改，我是指挥部总指挥；修卧虎山水库，我是工地党委书记兼总指挥。现在回顾历城的往事，我能有以后的进步和发展，这与当年任质斌的帮助和培养不无关系。"

任质斌调查了解情况不拘形式。一次在火车上与全国劳动模范、方城农业社社长田立柱坐在一起便聊了起来。当他得知田立柱领导的农业社正在河滩挖沙填土栽果树时，便热情地给予鼓励。后来该社用这种办法在河滩成功栽植果树三十多亩。这一经验受到省委书记谭启龙的充分肯定，要求进行推广。此后许多地、县都来参观学习过。

任质斌事业心很强，他通过自己的老关系，经常请省里的农业专家来历城指导工作，传授农业技术。他组织专家对全县沿黄盐碱地以及平原、丘陵和山区的土壤情况进行调查，整理了详细的调查资料，并绘制了彩色的《历城土壤结构分布情况图》。他支持县委、县政府在平原地区抓了十几个种植高产试验田的先进典型，在沿黄推广了应用倒虹吸冲土压沙玉碱技术，在山区抓了林果生产。

任质斌还带领县委书记吕少泉去章丘进行参观考察。在参观考察中，发现章丘办的一批县社工业经营情况都比较好，对促进该县经济发展起了很重要的作用。当时历城对发展工业的问题尚未提上议事日程，任质斌提醒县委要改变这种状况，尽快研究工业发展和基础设施建设问题。后来历城在仲宫建起了酒厂，又在西芦筹建煤矿，并修了济南至仲宫的公路，建起了仲宫、锦绣川大桥等，在工业和基础设施建设方面迈出了新步伐。

任质斌善于总结实践经验，他到历城不久，就亲自写了篇讲稿提纲，向历城县委、县政府同志作了题为《论科学的工作态度、严肃的求实精神》的报告。他说，首先，要做艰苦的细密的调查工作，不仅要做零星的调查，而且要做系统的调查；不仅要有间接调查，而且要做直接调查；不仅要做片面的调查，而且要做多方面的、各种来源的调查。在调查之后，又需要将所调查的材料加以初步的分析研究，去粗取精，去伪存真。第二，根据这些材料进行仔细的研究，找出问题的症结（矛盾）来源，问题的性质，与其他事物的关联、动向，解决的初步原则、方法、步骤、限度。第三，在得出初步的结论之后，又必须拿来和自己已有的经验，别人已有的经验，别的地区已有的经验，全国已有的经验，国际的经验，作对比的研究，看二者是否一致。如不一致，其故安在？并在这一基础上再反复地进一步研究，以求得进一步接近真理。第四，在经过第三个步骤以后，便可进入在实践中来虚心的、客观的检验与验证的阶段，亦即采取试验的方式在实际的工作中来试验，并在试验的过程中来逐渐修改第二步结论中那些不合乎实际的部分，以及补充丰富第二步结论的内容，以求出最后的结论。任质斌的报告使听众深受启迪和教益。

一九五五年三月，山东省委召开了全省第三次宣传工作会议。任质斌根据会议精神，帮助县委认真研究了如何改进农村宣传工作的问题。确定在全县建立宣传网，并拟定宣传要点为：促进农业社会主义改造，支援国家建设，支援解放台湾，反对美、蒋共同防御条约等。县委还决定领导干部带头，组织县、区报告团，培训基层宣传员，积极宣传全省第三次宣传工作会议精神。后来全县组织起群众性宣传队五万余人。

由于历城系中共中央山东分局的基点县，一九五五年春，省委决定历城县委为肃清向明影响的重点单位之一。为此，县委多次开会开展肃清向明影响工作。最后，县委书记吕少泉根据大家提的意见起草肃清向明影响的检查报告。因没有什么实质问题可写，报告没有写成。后来县委奉命向省委书记谭启龙汇报肃清向明影响的情况。任质斌和吕少泉一同去省委汇报。吕少泉在说了几句话后就没有什么内容可汇报了。任质斌便接下去对历城的工作情况进行了汇报。过了几天，接到省委办公厅的电话，说：省委决定肃清向明影响不要再进行了。

一九五五年春耕前的互助合作运动，因为有政府一系列的扶持措施，发展较快，不少合作社能够本着自愿互利的原则，合理解决合作社与农户两者的利益，在生产中逐步建立起正常秩序。但是也有一些地区超越实际条件，仓促兴办，部分农民入社并非完全出于自愿，而是鉴于大势所趋，或由于统购统销和物资供应对合作社有所照顾，使他们觉得入社好办事，不得已勉强入社，结果成为社内不稳定因素。还有一些社在土地、牲畜、农具、技术等经济问题的处理上，不尽符合互利原则，不加区别地将生产资料作价入社，且作价偏低，损害了农民的利益，结果引起出卖宰杀大牲畜、变卖农具、砍伐树木等严重恶果。一九五五年初，合作化运动中的冒进偏向和农村的紧张情况引起了中共中央的重视。一月十日，中共中央发出通知，要求各地根据不同情况分别采取停止发展、全力巩固、适当收缩、进行整顿等措施。稍后，中共中央又具体提出"停、缩、发"的方针，提出不论何地，均应停止发展新社，全力巩固已有合作社。春耕前夕，山东省委按照中央的指示，及时"刹车"，决定夏秋以前不再发展新社，转向巩固整顿工作。

一九五五年七月三十一日，毛泽东在中共中央召集的省、市、自治区党委书记会议上作了《关于农业合作化问题的报告》，系统地阐明了农业合作化的必要性和可能性，阐明了农业合作化与社会主义工业化的关系，强调了实现合作化对巩固工农联盟的重要意义，提出了发展合作社必须注重质量，反对盲目追求数量，重申了自愿互利的原则，要求合作社要全面规划，有计划地发展。但报告否定了一九五三年和一九五五年春对合作社的两次整顿工作，并强调反"右倾"，批判"小脚女人"，从而助长了合作化运动中"左"倾错误的发展。

八月二十八日至九月三日，历城县委召开由县、区、乡干部及支部书记、中心社社长等一千四百余人参加的全县党员活动分子会议，传达学习毛主席的指示。九月三日，任质斌在大会上作了总结报告，强调了在办合作社中的积极领导问题，阐述了关于贯彻阶级路线问题，并就具体做法方面的几个问题，提出了明确要求。

一九五五年十月十七日至二十日，中共山东省委召开地、县委书记会议，贯彻党的七届六中全会精神，布置以整顿巩固农业生产合作社为中心的冬季农村工作。会议指出，目前农业合作社的发展已不是数量问题，而是质量问题，应当停止发展，集中力量进行整顿，提出整顿后做到"三不叫，三不死"，即人不叫、牛不叫、猪不叫；人不死、牛不死、猪不死。根据上述精神，历城县委决定停止发展新合作社，对现有合作社进行巩固整顿。

十月二十六日至十一月一日，历城县委召开了由县、区、乡干部和党员积极分子参加的工作会议。在这次会议上，任质斌先后于第一天和最后一天作了两次报告。任质斌在十月二十六日会上说，合作社不但要求办的数量多，而且要质量好，这样才能达到发展生产的目的。合作社发展应是波浪式的，像海水一样，两个浪头之间有一伏，伏即是停。要发展一批，巩固一批。历城的合作社已由占农户的百分之二十二发展到百分之五十五了，根据中央精神应巩固一下了。存在的问题主要是，有的党员积极分子有麻痹自满情绪，有的有畏难发愁情绪。他对合作社中关于自留地留的比例问题、农具报酬、牲口包草包料、林木入社、麦田入社、贫下中农无劳力户入社、出身成分高的户入社等有关政策问题，都作了具体说明。十一月一日，任质斌作了总结报告，对当年冬天工作任务和安排作了部署，提出了具体要求，特别强调了如何整顿和巩固合作社问题。这次会议，对全县农业合作化运动的健康发展起了很好的指导作用。

由于历城县各方面工作搞得红红火火，非常出色，得到了省委农村工作部的充分肯定，同时也引起了大众日报社农业组的注意。一九五五年十二月七日，《大众日报》农业组写信给任质斌、吕少泉，要求总结历城的经验。信中写道："任秘书长、吕书记：据省委农村工作部谈，您县冬季生产和整社工作都搞得很好，并定期报告省委。目前，我们很想把几个基点县的上述两项工作，进行连续报道，以及时指导各地工作。但因记者工作薄弱，通讯员亦不能及时来稿，所以这一意图至今未能实现。特请您从以下两个方面，大力予以帮助：一、当每一工作告一段落时，请即总结一下，结合具体事实，给写一篇经验介绍。这样，每月有一两篇东西就可以了。二、请转告您的秘书部门或办公室，将您定期报告省委的材料，抄一份给我们，我们再按时编发报道。这样，连续报道您县的工作，就完全有可能了。三、兴修水利、改良土壤、冬浇小麦、封山造林以及整社工作，现正轰轰烈烈的进行，定有不少的典型事例和突出的场面。关于这些问题，也望您不断督促同志们加以注意，给予时间，请他们写一些特写或通讯。这样的东西，短小精悍，生动活泼，不仅引人入胜，而且更容易看出您县的各项工作。为了把党报办好，为了把全省工作向前推进一步，我们大胆地向您提出了这样的要求，并请您尽最大的努力给予帮助为盼。"任质斌抓工作总能抓到点子上，因而总能开拓工作新局面，创造出能够指导面上工作的新鲜经验。

一九五六年二月七日，历城县委召开常委会议，会议的主要议题是：为了进一步加强县委对县级各部门的思想政策领导与工作领导，及时解决各部门在日常工作中所提出来的问题，提高工作效率，发挥部门作用。县委常委除加强集体领导外，特将日常工作的分口管理作如下规定：任质斌同志负责主持县委的全盘工作，不具体分管部门的工作①。

县委的领导非常尊重任质斌，任质斌也十分关心支持县委的工作，关心班子的思想作风建设。县委常委学习日，他总是第一个先到，第一个发言，学习讨论非常认真。他说理论学习必须坚持，不要被日常工作冲掉。不学习理论，思想水平提不高，工作必然也做不好。认真学习是他多年养成的好习惯，特别是他非常重视报刊学习，每天总要抽一两个小时看报刊，还常半开玩笑地说：一天不看报，犯个小错误；三天不看报，犯个大错误。在历城工作的近两年中，任质斌仅在一九五五年的十月份就连续在各种会议上讲话七八次，其中主要有：十月五日，作《在各区委书记、区长会议上研究秋粮征购工作的总结》；十月二十一日，《传达省委召开的县委书记会议精神》；十月二十五日，《在乡支部书记以上党员干部会议上的报告》等。每篇讲话都是任质斌亲笔撰写，他掌握大量的第一手材料，讲话时总是滔滔不绝，妙趣横生，效果非常好。

任质斌政策性和群众观念非常强。有一次在检查统购统销工作时，一位区长动员群众卖余粮时讲到，卖粮要有一石卖一石，有一斗卖一斗，有一升卖一升。动员会后，任质斌立即找这位区长进行

---

① 见中共历城县委办公室 1956 年 2 月 8 日印发的《关于县委常委分口管理的规定》。

纠正，并向各村参加会议的村干部讲明了执行政策的重要性。

一九五六年六月，任质斌离开历城，调任省人委秘书长。历城县委在向上级报告任质斌在历城的工作情况时这样写道："任质斌同志对党的工作的事业心和群众观念很强。他来历城后，不仅根本没有表现出因受了处分而消极松劲牢骚不满，相反，工作一直是积极热情的。他除了抓好当前工作，还根据历城的实际情况，计划与组织了有长远建设性的工作，表现了建设社会主义的积极性很高。他对于工作考虑和照顾很周到，对许多方面的工作都问过，研究过。因此他对各方面的情况比县委的其他同志都有数得多。他很谦逊虚心，接触下面干部广泛，干部反映没有架子。掌握工作上很认真，很细致，对指导运动掌握很稳。来历城不论互助合作，统购统销，征集兵员等各项运动发展基本上都是健康的，没有发生大的偏差。对上级指示研究认真、细致，在执行中发生某些缺点，一经察觉或别人指出都及时严肃的检讨纠正。"历城县委对任质斌的评价既公正又中肯。

第二十五章
在山东省人委和中央第四中级党校

　　一九五六年五月，任质斌被任命为山东省人民委员会秘书长。担任秘书长的一年中，他主持对省人委办公厅的机构进行了精简，理顺了组织领导关系，调动了工作人员的积极性，提高了工作效率。一九五七年五月，任质斌调任中共中央第四中级党校党委第一书记兼校长。在他主持党校工作的五年中，按照中央和省委的指示，团结带领教职员工克服重重困难，举办多种形式的训练班，培训了一大批党的基层干部，使党校教育事业有了一定程度的发展。在三年困难时期，任质斌廉洁自律，教育爱人和子女不搞特殊，连组织配给的特供也坚决不领，甘愿和大家一起忍受饥饿，表现了一个共产党员的高风亮节和始终代表人民利益的公仆本色。

一　任山东省人民委员会秘书长

　　一九五六年五月，任质斌被任命为山东省人民委员会秘书长。五月三十日上午，任质斌参加了省长集体办公会议，会议由省长赵健民主持，副省长晁哲甫、王卓如、刘民生、李澄之以及省人委几位副秘书长和移民局、粮食厅的主要负责人参加了会议。会议讨论了组织移民慰问团、夏征夏购、黄河虹吸管建设等问题。任质斌在研究黄河虹吸管的质量问题时插了一句："是否需组织检查一下，还来得及。"虹吸管质量问题给国家和人民造成了损失，但问题出在哪里，未经调查研究是说不清楚的。他对虹吸管技术是了解的，他在历城工作期间，对仲宫搞虹吸管试验给予了支持和鼓励，并最终取得了成功。这是他所以第一次参加省长办公会议，他的发言是非常谨慎的。

五月二十八日，他签发了《山东省人民委员会关于撤销七个办公室适当扩大办公厅机构的报告》。报告根据《国务院关于进一步做好国家机关精简工作的指示》精神，拟撤销省人民委员会下设的工业、农林水、财粮贸、交通、文教、政法、对资改造等七个办公室，这些办公室撤销后，即变为办公厅的各室，并将其人员适当减少，使其更加精干。机构的改造和人员的精简，更便于协助分管副省长进行工作，实际上也就是分管副省长的办公室。组织机构调整后，各厅、局日常工作中须请示解决的重大问题，经各办公室研究后直接请示分工掌管此项工作的副省长解决；必须请示省长或必须经省长、副省长集体研究解决的问题，则由综合办公室按时整理成书面报告，提请省长或省长、副省长集体办公会议研究解决。这样部署既可减少层次，减少手续，又能迅速处理问题，提高工作效率，更有利于加强省人民委员会的集体领导。

《报告》经国务院批准后，任质斌于六月五日主持召开秘书长、副秘书长会议，重点研究了两个问题：一是关于省人民委员会会议及有关省长、副省长的集体领导制度的几项规定；二是关于秘书长、副秘书长，各办公室的工作与联系的几项规定。

省人委副秘书长曲上升、杨希文先后发表了意见，任质斌作了总结性发言。任质斌对两个文件的每个小目都进行了详细的推敲。在阐述省长、副省长之间的联系时，他认为应加强集体领导，要在文字上充分体现上述精神。对第二个文件，他着重讲了两个问题：一是秘书长、副秘书长要加强联系和沟通。省长、副省长集体办公会议两周一次可改为每周一次，以便互通情况，加强集体领导。二是综合办公室与专业办公室之间的联系更要加强。由办公厅主任两周一次召集办公室主任碰一次头。对近期要处理的重要问题，写成报告，交省长集体办公会研究。

六月二十六日，副省长王卓如主持召开了办公会，议题还是关于领导制度的研究。会上讨论了政府党组的建立、综合办公室工作及相互关系等问题。任质斌再次发表了自己的看法。他认为，秘书长、办公厅主任一方面要抓起各办公室来，另一方面也要不过多干涉各办公室工作；各办公室同志也不要把界限划得太清，有些重要工作要协商解决，充分发挥集体智慧；主管副省长要有全局观点，不要认为这权力是我的，那权力是你的。总之，相互之间，有直线，也有虚线。经过几个月的反复酝酿、讨论，九月份，《山东省人民委员会关于领导制度的几项规定》正式形成。

《规定》倾注了任质斌的大量心血。为了使领导制度尽可能健全、合理，具有科学性和切合实际的可操作性，任质斌反复研读了《中华人民共和国地方各级人民代表大会和地方各级人民委员会组织法》，并借鉴了其他省市的经验。《规定》共分三大部分：一是省人民委员会在工作中必须加强领导；二是为便于处理省人民委员会的日常工作，在省长主持下，副省长分工协助省长掌管各工作部门的工作，并作了具体分工；三是省人民委员会在工作中应贯彻统一领导与分工负责相结合的原则。在加强省人民委员会对各工作部门领导的同时，应充分发挥各工作部门的作用。《规定》的实施，使省人委的日常工作有章可循，合理地理顺了各工作部门的职责和关系。

六月八日，经中共中央政治局批准，高克亭、杨宣武、袁子扬、余修、张竹生、李宇超任山东省副省长。同任质斌一样因向明问题受牵连下放到洪山煤矿的原山东分局副书记高克亭重新被任命为副省长，使任质斌备感欣慰。

六月二十七日，为即将在青岛召开的中共山东省第一届代表大会做准备，任质斌主持召开秘书长、副秘书长会议，传达省委书记谭启龙关于做好当前七项工作的指示，研究党代会期间省人委的工作安排。会议决定在青岛组成省长办公室，除省长、副省长秘书外，另抽四位同志与济南经常联系。济南方面的工作，由副秘书长杨希文、曲上升负责。六月二十八日，任质斌率驻青临时办公室人员离济赴青，安营扎寨，全力筹备省党代表大会。

一九五六年七月十二日至二十二日，中共山东省第一届代表大会召开。会议审查并通过了舒同向大会作的工作报告，讨论了《山东省实施〈一九五六～一九六七年全国农村发展纲要（草案）〉的规划》，选举了出席党的第八次全国代表大会的代表，选举产生了新的省委。舒同、谭启龙、赵键民、李广文、夏征农五人组成书记处，舒同任第一书记。

关于这次会议召开的情况，高克亭回忆说："在讨论省委的报告中，许多代表提出尖锐而又严肃的批评，认为省委的报告缺乏自我批评精神，已经时隔两年，还把什么问题都推到'向明影响'上去，推卸自己的责任，不做认真的检查。舒同看到会议情况简报，感到事情不妙，请来华东局第三书记谭震林前来指导。这次会议气氛很紧张。参加会议的代表显然出现两种不同意见：一是一部分人对省委主要负责人缺乏自我批评不满；一是少数代表积极维护省委主要负责人，如滕景禄、杨宣武等。两种意见针锋相对，争执不下，当然也有一部分代表不表态。谭震林也觉察到'肃清向明影响再继续下去会脱离群众'，提出'山东再不要提向明的事了'。我在会上没有发言，也不便表态。"[①] 对会议上出现的争论，任质斌同高克亭有相同的遭遇，所以也没有表态，只是尽心尽力地搞好会议的安排，力促会议的各项议程能很好地完成。

会议选举了四十一名委员、十五名候补委员，组成中共山东省

---

① 　高克亭：《我的革命生涯》，山东人民出版社，2000 年版，第 431～432 页。

第一届委员会。选举了七十名出席党的第八次全国代表大会的代表（其中三十五名为中央推荐，三十五名为本省提名）。任质斌被选为省委委员。

七月三十一日，任质斌参加了省人委第十七次会议。会议决定召开山东省第一届人民代表大会第四次会议。八月十三日，召开了省人委第十八次会议，任质斌作了《关于省第一届人民代表大会第四次会议筹备工作情况的报告》，就会议的日期问题、代表的补选问题、大会的文件问题、大会议程等问题作了说明。八月十五日至二十五日，山东省第一届人民代表大会第四次会议在济南举行，增选了八位副省长，补选了八位省人民委员会委员，任质斌被补选为山东省人民委员会委员。

八月二十三日，省委发出《关于学习〈改造我们的学习〉》等五个文件的通知。要求在全党相当于县委书记一级以上干部中，学习《改造我们的学习》、《整顿党的作风》、《反对党八股》、《关于若干历史问题的决议》、《关于无产阶级专政的历史经验》等五个文件。一向重视学习的任质斌，立即组织省人委办公厅的同志进行认真学习。在学习、讨论的基础上，他还有计划、有目的、有针对性地进行辅导，收到了较好的学习效果。

九月十四日，王卓如副省长主持召开办公会议，研究第四季度的工作安排。任质斌首先在会议上作了发言，布置安排了当前的十大工作：一是做好三秋工作，搞好秋收、秋种、秋征秋购、收益分配；二是做好扩社、并社工作；三是做好基层选举和并乡工作；四是做好生产救灾工作；五是进一步开展先进生产者运动，完成工业生产计划，要召开会议专门研究交通运输问题；六是完成工资改革工作，研究职工福利问题；七是继续做好对手工业和资本主义工商业的社会主义改造工作；八是做好旺季市场供应工作，完成商品周转计划；九是扫盲工作，在冬季要突击一下；十是做好计划编制工作。任质斌的发言，说明他已进入并胜任了省人委的"管家"角色。

一九五六年九月十五日至二十七日，中国共产党第八次全国代表大会在北京召开。报刊上发表的有关八大的文章，任质斌一字不漏地认真阅读，仔细研究。他为八大所制定的路线而高兴，认为中国只要按八大路线发展下去，将会很快强大富裕起来。

十月五日，省长赵健民主持办公会议，听取省民政厅关于生产救灾情况的汇报，听取计划委员会汇报关于编制一九五七年经济计划意见。任质斌发表了意见。他说："从计划本身看，有点百废俱兴的味道，是否应将不急需的开支计划挤出来用到生产上或必要的建设上。对工业建设，我们过去研究得很不够，山东的工业发展不快应引起足够的重视。比如科学设备建设，山东还是个空白，应尽快搞上去。关于投资分配，应具体算算账，看看投资哪方面更合算、更有利；如果投资很大，效益却不大，应缓办。就目前状况来看，资金应集中投入工业方面，提高工业发展速度。"任质斌的讲话比较简短，但他对山东工业发展存在的问题及资金分配方面提出了独立的见解。

十月十六日，省委发出传达、学习和宣传八大文件的指示。任质斌组织办公厅的同志认真学习党的八大文件，并进行了认真讨论。

十一月三日，省委做出关于加强对省人委监督的决定。决定的主要内容是：省人民委员会，除对中央国务院的指示决定必须认真贯彻执行外，凡政府有关工作中的重大方针、政策、长远计划、年度计划、年季度全面工作安排以及其他重大问题，应经省委审查、讨论决定。为了充分发挥党外干部的积极性，切实做到党外干部有职有权，必须健全省人民委员会和各部门的行政会议制度。省委对省人民委员会和各厅局的工作除经常检查督促外，应定期进行检查讨论，以保证党的方针政策的正确实施和党的决议的完满实现。贯彻八大关于"一定的党的部门监督一定的国家工作部门"的决定。

十二月初，任质斌和省人委办公厅的主要任务转入山东省第一届人民代表大会第五次会议的筹备工作。会议于十八日召开，二十四日结束。会议审查了政府工作报告，讨论了开展增产节约运动问题，指出一九五七年的计划编制和预算编制要充分体现增产节约精神，使人力、物力、财力得到充分合理的运用，防止经济生活中脱节现象的发生。要加强各经济部门和企业、事业单位的领导，积极改造经营管理。地方国家机关和事业、企业单位要认真整顿机构，紧缩编制，深入开展反对主观主义和官僚主义的斗争。

中共八大以后，山东省委采取各种方式，全面、迅速地向各级党组织和广大党员传达八大精神。全省提前完成第一个五年计划主要指标，商品供应不断增加，社会购买力不断提高，市场繁荣，物价稳定，社会上呈现出生气勃勃的景象。但是，在社会主义改造中也出现了要求过急、工作过粗、形式过于单一等问题，在经济建设中急躁冒进的思想也开始出现。对上述情况，任质斌既感到高兴，又深感忧虑。

一九五七年二月二十七日，毛泽东发表《关于正确处理人民内部矛盾的问题》的重要讲话。《讲话》认为，现在我国的情况是："革命时期的大规模的急风暴雨式的群众阶级斗争基本结束，但是阶级斗争还没有完全结束。今后的主要任务是正确处理人民内部矛盾，以便团结全国各族人民进行一场新的战争——向自然界开战，发展我们的经济和文化，建设我们的新国家。"

三月十八日，毛泽东来山东视察期间，在济南珍珠泉礼堂向山东省级机关处长以上党员干部作题为《思想问题》的讲话，指出去年下半年以来，人们思想有些乱，批评共产党的人多了，党外人士比过去敢于讲我们的缺点了，人民闹事也发生不少。产生这些问题的原因，有内因，我们在过去的工作中有错误，同时也有外国事件的影响，再就是现在大规模的阶级斗争基本结束了，人民内部矛盾也就突出起来了。正确处理人民内部矛盾的问题，已被提到议事日程上来。我们的方针不是"收"而是"放"，不是压服而是说服。思想的问题，精神方面的问题不是用粗暴的方法能够解决的。"百花齐放，百家争鸣"，"长期共存，互相监督"的方针应当坚持。对知识分子要实行团结、利用、改造，党内的矛盾，要通过整风，采用自我批评的方法去解决。他指出，革命胜利后，党内一部分同志，意志有些衰退，革命情绪有些不足，全心全意为人民服务的精神少了，而争名誉、争地位、比较薪水、比较吃穿、比较享受，这么一种思想出来了。毛泽东提出要经过整风，把艰苦奋斗的传统好好发扬起来，使革命意志衰退的人，重新振作起来。任质斌聆听了毛泽东的报告。

　　四月一日，省委提出正确处理人民闹事问题的四项要求。原因是，入春以来，全省各地相继发生了一些群众闹事的问题。省委认为，群众闹事绝大部分是由于我们工作上或领导上存有严重缺点或错误引起的。为此，各级干部要冷静地分析情况，研究原因，找出关键，提出解决问题的办法。省委确定：（一）人民闹事是人民内部的问题，必须坚持讲道理和耐心说服教育的方法、民主的方法去解决，任何企图用专政的方法、粗暴压制的方法来对付人民都是错误的、有害的。（二）在处理闹事问题时，最主要的是摸清群众闹事的真正原因和要求，切实研究和帮助他们解决问题。（三）要提高和加强干部的法制观念，禁止随便动用民兵，严禁乱捕人、乱押人和变相捕人、押人，逮捕反革命分子和刑事犯罪分子必须严格履行法律手续。（四）表扬深入群众、与群众同甘苦，全心全意为人民服务的好干部，处理严重违法乱纪的干部①。

　　任质斌出身贫苦，对人民群众的生活、观念和要求十分了解，对省委提出的正确处理人民闹事问题的四项要求非常赞同。按照省委的要求，他又从政府系统进行布置，狠抓了落实。

　　四月二十七日，中共中央发出《关于整风运动的指示》。五月

---

　　① 中共山东省委党史资料征集研究委员会编：《中共山东党史大事记》，山东人民出版社，1986 年版，第 271～272 页。

上、中旬，山东省委先后召开省委常委会议和省委第五次全体会议，研究开展整风运动问题，通过了全省整风计划，确定整风的重点是领导机关和领导干部。会议还特别强调了争取党外人士和非党群众帮助整风的重要性。五月二十一日，省委公布《关于整风运动的计划》，对整风运动的内容和要求、步骤和阶段、方法，以及争取非党员协助整风和整风领导等问题做出具体规定。此后，全党整风运动即逐步开展，广大群众和爱国人士积极响应中共中央的号召，向各级党组织和党员干部提出了大量有益的批评和建议。后来，越来越多的意见涉及对中国共产党的领导、对社会主义制度、对中华人民共和国成立以来的历次政治运动、对中国共产党对内对外方针等重大问题的根本评价。有些批评相当尖锐，个别带有煽动性的敌对情绪，出现了全国政治紧张空气和不稳定状态。当时正值东欧匈牙利、波兰事件不久，这种情况引起了中共中央的特别注意。于是，整风运动的主题由正确处理人民内部矛盾转向对敌斗争，由党内整风转向反击右派。不久，一场全国规模的群众性的急风暴雨式的反右派运动猛烈开展起来。反右派斗争，一方面极大地伤害了被错划成右派分子的同志，伤害了中国共产党同知识分子的关系，给党的事业造成了巨大损失；一方面使探索中国自己的建设社会主义道路的良好开端受到挫折。

　　由于任质斌受"向明问题"牵连，在政治上刚刚遭受了挫折和打击，在这场整风和反右派斗争中，他的言谈比较谨慎，加上他七月份就调走了，因而幸免劫难。后来在整风补课中，制造了所谓以省委常委、常务副省长王卓如为首的右派反党集团。假如任质斌不调走，恐怕很难躲过这一关。

　　在整风和反右派斗争期间，省人委也委托秘书长任质斌主持召开座谈会，向党内和党外民主人士诚恳地征求意见。虽然这时他已经知道自己要调走，组织上安排的工作，他仍然以积极进取的工作态度去尽心尽力地完成，以实际行动站好最后一班岗。他坚持实事求是，按政策处理问题，绝不投井下石，绝不整人。当年担任省人委办公厅综合办公室秘书刘荫灏说："任质斌带领机关党委书记李长瑞等同志，多次到参事室和办公厅各办公室，分别召开座谈会，虚心听取党内外同志对机关整风的批评和建议。他鼓励大家不要有顾虑，知无不言，言无不尽，有什么说什么。我在座谈会上也谈了一些看法。我说，进城以后，有些领导同志作风变了，和群众的距离远了，并举例说明。后来，我被指控是乘党整风之机，向党和社会主义进行攻击，坚持以敌我矛盾对待。在这种情况下，任质斌顶着各方面的压力，引导说服大家，作内部问题对待。任质斌说，他们响应党中央的号召，为了帮助搞好机关党的整风，在会议上对党的领导同志提几条批评意见，怎么是反党反社会主义呢？说到底，如果没有共产党的领导和社会主义制度，就不可能有这些同志的今天。令人遗憾的是，任质斌这些意见，没有得到多数人的支持。少数能理解秘书长苦心的同志，后来也不敢说话了。正是在这种极'左'思潮的影响下，省人委办公厅五位秘书、五位参事被定为右派分子，蒙受了二十年的不白之冤。多少年后，任质斌同友人谈起整风'反右'运动还歉疚地说，我对这些同志不十分了解，后来我调走了，没能对他们负责到底，他们被打成右派，我也有责任，很对不起他们。"

六月二十一日，任质斌参加省长办公会议，作了《关于如何再进一步改进我们的领导制度和领导方法》的发言。任质斌针对体制问题、党政关系问题、省人委本身的组织形式和分工领导方法问题、减少秘书长等问题谈了个人的一些观点和认识。二十五日，省长办公会座谈领导方法问题。其中在讨论小汽车使用问题时，任质斌说：使用小汽车公私要分清，办个人私事不能使用小汽车；使用的范围可以扩大些，但要有租赁办法；参加集体劳动不要坐小汽车，容易脱离群众，影响不好；房子要调整，但住房制度要根本改变，住大院很不好，我建议把大院空出来，除少数人外，不住这里；同志们对负责同志意见多，原因是多方面的，经济生活不平衡，待遇差别大，一比较往往容易引起心理上的不平衡，思想感情上受刺激；办公室、宿舍要分开，房租要相当，特别是负责同志。这是任质斌在省人委秘书长任上参加的最后一次会议。

任质斌担任省人委秘书长期间，对山东民主政权建设作出了很大的贡献。时任省人委副秘书长的修琪回忆说："任质斌到省人委工作，主持起草了《山东省人民委员会领导制度的几项规定》和《山东省人民委员会秘书长、副秘书长、办公厅各办公室的工作与联系的几项规定》；建立了一月举行一次省人民委员会例会制度，议大事、作决议，实行民主集中制；建立了一周召开一次省长、副省长集体办公制度，实行集体领导与分工负责的原则，大大提高了办事效率，使省人委的日常工作，走向了紧张而有序的轨道。"任质斌对工作认真负责，一丝不苟。凡是经过他办理的文件、讲话、报告，他都逐字逐句地审查把关。遇有重大问题没有把握，他就主动与分管副省长商量，有时还同秘书们商量。他主持起草的第五次《山东省人民委员会工作报告》，亲自反复修改了十多次。他对做文字工作的同志说，在《工作报告》没有被大会通过之前，都可以根据代表们的正确意见，认真地进行补充或修改，哪怕是一句话，一个字，都要严肃认真、负责到底，尽力周全、完美。

二　任中央第四中级党校党委第一书记兼校长

一九五七年五月十八日，中共山东省委通知：经中央批准，任质斌任中共中央第四中级党校校长。七月，任质斌到职。八月十七日，省委决定任质斌兼任第四中级党校校党委第一书记。他在党校共工作了四年零九个月。

党校的历史沿革为：一九三八年十月，苏鲁豫皖边区省委建立边区省委党校。后改为中共山东分局党校。一九五四年十二月十七日，中央发布了《中共中央关于轮训全党高、中级干部和调整党校的计划》，确定山东分局党校改为第四中级党校，负责训练山东及苏北、皖北的干部，后改为训练山东、安徽两省的干部。一九五八年初，改为中共山东省委党校①。

任质斌走马上任后，带领校党委一班人认真分析过去党校办学的路子，全面了解党校方方面面的实际情况，于一九五八年二月主持起草了《中共中央第四中级党校关于整编的方案》。方案提出："通过整编，加强教学部门，充实教学力量；加强学员和机关工作人员的政治思想工作；把行政管理部门的人员和勤工服务人员减少到最低限度"；"取消苏共党史、党的建设教研室。保留哲学、政治经济学、中共党史教研室，增设社会主义教育教研室。取消教务处，其任务由办公室承接"②。五月二十日，省委批复同意《整编方案》中的机构设置和编制名额。并建议中共党史教研室并入社会主义教育教研室。全校教职工由二百五十人精简为一百八十九人。教师由一九五六年三月的四十九人增加为六十二人，处室单位由十个减少为七个。

任质斌深知要办好党校，就要做到像毛主席所说的那样，一要当好校长，二要靠高水平的教员。他倾注心力抓教师队伍建设，甫一到任，就多次召集党委会，深入具体地分析党校教师队伍的现状，包括教师队伍的出身、学历、文化程度、理论水平、思想觉悟等。经过摸底和调研，任质斌了解到：在党校的教学干部中，有的是在革命战争时期解放区的革命大学、干校长期从事马列主义教学工作的干部，也有的是建国初期中央党校培养的理论干部。其他教学干

---

　　① 中共山东省委党校校史编写组：《中共山东省委党校校史》，山东人民出版社，1994 年 12 月版，第 196 页。

　　② 中共山东省委党校校史编写组：《中共山东省委党校校史》，山东人民出版社，1994 年 12 月版，第 207 页。

部大部分也是在从事党校教学工作前后，经过中央党校、省委党校、政治学校等院校的培训，具有一定马列主义理论基础的干部。教师队伍政治思想素质、理论业务素质都是比较好的。不足之处主要是部分同志没有机会进行系统学习，以致理论功底不够扎实；少数同志缺乏实际工作的锻炼，对干部教育的适应能力较差。

　　针对上述情况，任质斌在校党委会上做出了狠抓教师队伍建设的决定。一九五九年八月，在《迎接国庆十周年跃进规划》中提出要尽快起草培养理论干部队伍的长远规划，并且要求除有计划分期分批完成下放劳动和基层锻炼任务外，大约百分之四十的教师在校坚持工作，通过边工作、边学习来提高；一部分教师分期分批送到中国人民大学等高校、党校进修。一九六〇年一月，在任质斌主持制定的《中共山东省委党校规划纲要》（草案）中，对教学人员的培养和锻炼进一步提出更高的要求：教员实际工作水平要达到县委书记的水平，助教达到公社党委书记的水平；教员助教能够胜任本门课的讲课和辅导任务；教员要能够经常在本省刊物发表理论性文章；助教能够在本省报刊发表文章；语文要达到大学水平。实现这些要求的主要措施除了上述的以外，还挑选部分人员参加本校理论班学习，或调整做其他工作（如下班担任学员支部书记、班部主任），加强全面锻炼；举办机关文化补习学校，提高科学文化水平。一九六二年上半年，在任质斌的主持下，校党委做出了《关于加强理论进修和科学研究工作的决定》，进一步强调了加强理论进修和科研工作的重要性，"使之成为有领导、有制度、有生动内容和活跃气氛的一项正常性工作"；要求处理好教学、进修、科研三者之间的关系，真正做到科研为教学服务；对教学干部的进修，强调基础学习与专业深造相结合，而以专业深造为主；对教学干部的培养，强调一般培养与培养骨干相结合，"求得在若干年内，能够培养出几个有真才实学并且品学兼优的人才来"。根据党委的决定，各教学部门也制定了这个时期的进修科研规划，并付诸实施。其后，部分同志在县、乡两级挂职锻炼长达两年以上,有二十七人离职到外地院校和本校理论班学习(其中先后在中国人民大学进修十人,武汉大学二人,辽宁师范大学一人,中央党校研究班、华东局宣传部理论班和本校理论班进修的十四人)。此外,还组织在校教学干部,在完成教学任务的同时,有计划、有组织地学习了《毛泽东选集》第四卷和部分马列经典著作,系统学习了马克思主义哲学、政治经济学基本原理和中共党史。这一时期,成为党校历史上教师队伍建设比较好的时期之一。

任质斌还特别注重开展科学研究工作。一九六〇年,他主持制定了《中共山东省委党校科学研究规划》,要求各教学研究部门把科研作为主要任务之一,除由一名主任分工抓这一工作外,由教学骨干组成中心研究小组,集体负责教研室的科研工作。研究项目和选题,要包到室,落实到组或个人,学校和部门要抓好重点项目和选题的研究。根据教学和科研的需要,有计划地组织调查组,下乡、下厂和业务部门进行调研工作。强调要加强与下放干部和毕业学员的联系,收集并研究在工作中发现的实际问题。强调要有计划地吸收在校学员参加某些课题的研究,充分发挥在校学员的作用。坚持定期举行学术讨论会。科研成果,要经教研室讨论,然后定稿;重要文章和著作,要组织全校教学人员集体讨论,听取意见修改后定稿。校刊《矢与的》作为季刊定期出版,不定期出版《争鸣园地》。科研成果半年评定一次,表彰先进,以不断推动研究工作的开展。按照省委有关部门的要求,任质斌还组织部分教师参加哲学、中共党史教科书的编写工作,出版了通俗读物哲学两本、政治经济学四本、中共党史一本,在报刊上发表文章十七篇,编写参考资料一百一十份。

党校的主要任务是培训党员领导干部。任质斌领导和组织实施多形式办学,完成了大规模的干部轮训任务。一九五九年六月中旬,省委党校马列主义夜校开学。"目的在于运用多种形式进行在职干部的理论教育。学员是驻济省直各单位和济南市各单位的具有初中以上文化水平的县级以上在职干部，以及中学学校的政治教员，人数最多时达一千名。学习内容为政治经济学和《马恩列斯论共产主义社会》，采取讲授、学习和讨论相结合的方法进行学习，分为两个班，每周授课两次。"① 夜校办了半年，于十二月底结束。一九五九年的下半年，党校先后举办了农村干部和工业干部轮训班。八月十七日，农村干部轮训班开学，学员是市地委正副部长、县委书记、常委、公社第一书记、省直正副处长，目的是为了培养农村工作骨干，学习内容为党的八届八中全会文件、中央《关于人民公社若干问题的决议》、《关于人民公社的十八个问题》、毛泽东的有关著作、政治经济学、《社会主义教育课程的阅读文件汇编》等。九月一日，工业干部学习班开学，学员为各市地相当区委书记以上的厂一级党、政、工、团领导干部和机关县科级党员干部。目的是培训厂矿企业的领导骨干，学习内容主要是哲学、政治经济学以及有关工业的方针、政策。一九六〇年四月十六日，中级干部轮训班、工业交通干部轮训班、第一期理论工作干部训练班同时开学。这些班次是根据省委关于在全省掀起学习毛泽东思想高潮的指示，以及轮训全省高、中级干部和大量培训党的理论工作干部的要求而举办的②。中级干部轮训班的学员在完成学习内容外，还要求研究社会主义经济发展的规律问题、高速度和有计划按比例问题、历史创造者和党的领导作用问题。

按照省委的要求，任质斌的主要精力放在抓理论工作干部培训班。为了把这个班办好，任质斌把自己的办公室设在了该址的班部

① 中共山东省委党校校史编写组：《中共山东省委党校校史》，山东人民出版社，1994年12月版，第209页。

② 中共山东省委党校校史编写组：《中共山东省委党校校史》，山东人民出版社，1994年12月版，第212页。

附近，紧挨着学员的课堂和宿舍。举办该班的目的是通过比较系统的马克思列宁主义教育，培养党的理论工作干部。第一期一九六〇年四月十六日开学，正式学员二百零一人，旁听生和本校干部二十人。在正式学员中，原来从事理论宣传工作的干部一百二十三人（包括省、地市委党校理论教员、助教，县委党校校长、大专院校马列主义课教师、讲师团的教员和部分军队干部），准备经过培养做理论工作的干部六十四名。一般都具有高中或相当于高中以上的文化水平，都是年龄在三十五岁以下的党员干部，经过组织审查推荐和考试入学，学制两年。开学后，通读《毛泽东选集》一至四卷，然后又学习马克思主义哲学、政治经济学。中间穿插学习语文、逻辑、中国近代史等课程。第二期除系统学习马克思主义哲学、政治经济学、党史党建和世界近代史和现代史外，还开设了中国近代史、逻辑学和语文。结合每门课的教学，选读了马、恩、列、斯部分著作，最后集中时间又学习了毛泽东四篇哲学著作。教学采取自学为主，辅导、讨论相结合的方法进行，取得较好的效果。在学习中，虽曾围绕阶级斗争、"三面红旗"、群众运动和领袖的作用以及"一分为二"和"合二而一"等问题开展过所谓鸣放辩论，造成了某些问题在理论上和思想上的某些混乱，但没有因此就抓辫子、打棍子、戴帽子，学员在校学习期间的学习生活基本上是健康正常的。这批学员毕业后，一部分成了理论战线上的骨干，一部分走上了各级党政领导工作的岗位。

一九六一年八月下旬至九月中旬，中共中央在庐山召开工作会议，其间讨论了干部训练问题，并于九月十五日做出了《关于轮训干部的决定》，这是中央重新纠正"左"的错误所采取的重大举措，要求在全党开展一个新的学习运动，以帮助干部进一步认识和掌握社会主义建设的客观规律，克服右的和"左"的错误，克服脱离实际、脱离群众的不良倾向，提高干部的政治思想水平。轮训的方针和方法是：学习理论和总结经验相结合，弄清思想，团结同志，惩前愆后，治病救人。并规定在干部轮训学习期间，要做到"七不"
（不抓辫子、不打棍子、不戴帽子、不做小组记录、不搞重点批判、
不交学习笔记、不作鉴定），"三自"（自学为主、自由交换意见、
自觉进行思想检查）。省委党校承担了全省所应培训干部四千六百四
十三人的百分之七十二点七。九月二十日，第一期开学。为了取得
经验，训练好"工作母机"，首先对地市委书记和正副组宣部长，地
市委党校正副校长，部分厂矿企业的党委书记，省直分管干部工作
和思想政治工作的厅局长、正副处长、正副科长进行训练，共五百
人。这一期于同年十二月十日结束，历时两个月零二十天。这种轮
训班共举办了七期。学员普遍反映，通过学习，既解决了问题，又
感到心情舒畅，这不但恢复了党的实事求是的传统作风，而且为党
校"恢复了声誉"。学员们都非常敬佩和拥戴这位学识渊博又和蔼可
亲的校长。

　　一九六一年八月，省委高级干部自修班开办，目的是："提高高
级干部的经济理论水平和政策水平，总结工作中的经验教训，以转
变我省的困难局面"。参加第一期学习的有省委各部正副部长、各厅
局党员正副厅局长、大专院校正副院长、地市委书记，共三十人。

　　任质斌在党校期间曾对人谈到，从历史上看，在历代封建王朝，
凡是社会稳定时期，人民生活都很有改善，生产力发展都较快。因
此，社会稳定了就能发展。咱们这几年变化太快，新的生产关系刚
建立，与生产力二者之间还没来得及相适应，就又要变了，这对生
产力的发展很不利。任质斌的这些见解，表现出他在政治上的洞察
力和马克思主义理论水平。

　　在思想作风上，任质斌光明磊落，坚持原则，正直坦荡、无私
无畏，求真务实。对同志不搞亲疏，不搞拉拉扯扯，敢于严格要求、
当面批评，不在背后说三道四。当他发觉自己批评错了，或是自己
有失误，则勇于当面向同志承认错误，作自我批评。在工作作风上，
他对工作一丝不苟，从严要求，扎扎实实，抓得紧、抓得细、抓得

死，毫不松懈。对承办人，要求按照事先交办的标准，如期保质保量完成，不允许任何人打折扣。

在党校工作的五年中，任质斌也领导做了一些不妥的事。从一九五九年的八月到一九六〇的三月，按照省委的部署，党校机关错误地开展了"反右倾"运动，有八名同志受到了错误的批判，并受到了错误处理，后来陆续得到了甄别平反。

三　在三年困难中

一九五八年的"大跃进"和人民公社化运动，是探索中国自己的建设社会主义道路过程中的一次严重失误。"大跃进"、"反右倾"和人民公社化运动带来的灾难，首先在农业上表现出来。由于大批劳动力离开农业搞各种各样的所谓"大办"，致使一九五八年秋收中成片的庄稼、棉花无人收获，冬小麦种植减少，再加上粮食生产的浮夸风和对粮食实行高征购政策，造成了灾难性后果。一九五八年末，一些号称"特大丰收"的地方，农民靠挖掘秋收残留于地下的地瓜、萝卜，四处搜集干菜叶、树叶、树皮充饥。一些地方，榆树叶、柳树叶、槐树叶均被采光。因饥饿而普遍发生浮肿病，出现饿死人的现象。一九五八年底开始出现的粮荒和一九五九年二月以后粮荒的蔓延，都没有引起省委的真正重视，相反却认为仍有条件多购一些粮食。直到济宁等地区严重粮荒的真相被揭露，省委才认识到问题的严重性，开始采取措施。

一九五九年庐山会议后，在"反右倾，鼓干劲，继续国民经济的大跃进"的口号下，全国掀起了新的"跃进"高潮，各种不切实际的高指标再度提出。由于"大跃进"和人民公社化运动，特别是"反右倾"以后继续"大跃进"的错误，加上自然灾害和苏联政府背信弃义撕毁合同，一九六〇年前后国民经济出现了严重的困难。山东工农业生产遭受到严重损失。在严峻的现实面前，一九六〇年十一月，中共中央发出《关于农村人民公社当前政策问题的紧急指示信》。一九六一年，中共八届九中全会决定对国民经济实行"调整、巩固、充实、提高"。

在三年困难中，任质斌和他的家庭同样经受了磨难和考验。他公私分明，严格自律，不贪不沾，从不搞特殊化。他和全家同大家一样，过着忍饥挨饿的生活。胡志学回忆说："任质斌这个人，就是工作、工作。对家庭、对亲人，比较淡泊。到青岛去看望老人，都是我代表他去。他是党高于一切，工作高于一切。一九五八年'大跃进'开始后，省委抽调干部到农村去检查工作，提出要'五级干部到田'。我被抽调到鲁西南菏泽地区，去的时候农村还是高级社，后来一夜之间就成立了人民公社。工业也组织大检查，省委组织了一个检查团，由任质斌带队去淄博工矿检查工作。他在淄博昼夜忙碌累病倒了，发高烧，仍坚持工作。我是事后知道的，自然心疼得不得了。后来全民大办钢铁，我们撤出鲁西南重镇菏泽，但不准回省城济南，转道去鲁南枣庄矿务局，省里又增派人到枣庄，搞大办钢铁，还成立指挥部，搞钢铁会战。我们两人都长期在外，家里就靠一个保姆带着三个孩子。此后不久，机关也成立了公社，把阿姨们集中起来，孩子们也集中起来。家里没人，只好整天锁着门。

"冬天到了，孩子们没棉衣穿，阿姨写信给我，我请了三天假，回济南操办三个孩子的棉衣。我乘坐的火车当天晚上到济南，家里是铁将军把门，急忙找到副校长李书厢，才知道情况。去看了看孩子，都睡了。叫醒在晋，在晋搂着我哭了。在鲁、在齐也惊醒了。我没地方去，只好去住招待所。第二天早晨找到阿姨家拿到钥匙才回了家。当晚任质斌也回来了，他进党校，行政处长告诉他我回来了，开不开家门，只好在招待所住了一晚。他是回来向省委汇报情况的。我给孩子买了棉衣，就赶回枣庄了。他告诉我，淄博医院诊断出他的咯血是由风湿性心脏病引发的，医生说他不能工作，要他休息。后来，到省立医院复查，结果和淄博一样，也要他休息。他说，我没感觉啊。医生说：'你实在不听劝，就半天工作，半天休息。'他表面上答应了，可是回到家，不但整天上班，连晚上都搭进去了。和战争年代一样，经常工作到夜里十一二点钟。咯血就咯血，完全置之度外，根本不当回事。我劝他不听，只好天天陪着。他不回来，我睡不着，这是几十年养成的习惯，好在我的身体还可以，扛得住，能熬夜。"

任质斌的父母都年迈了，母亲又多病。贤惠的胡志学坚持要把老人接到济南奉养。一九六〇年初，老人来到济南。胡志学回忆说："把两位老人接到济南后，我和任质斌都没有向组织上要求增加房子。我们家四间平房，大约十平方米一间。两位老人住一间，两个大孩子住一间，两个小孩子住托儿所，到在鲁上小学了，就三个孩子住一间，平常来人一间，我和任质斌住一间。三年困难时期，尽管我们在省直机关工作，组织上对省级干部有'特供'，但我们一次没要，连特供处在哪儿，我到现在也不知道。婆婆、我、全胜都得了'浮肿病'。婆婆为什么浮肿呢？她常说：'水往下流。'有一点好吃的，都给四个孙子孙女了，不是一天两天，是几年哪！而且她还要照顾老爷爷。我为什么浮肿？我本来饭量就不大，吃得不多，原先我每月供应二十八斤，后来动员减少口粮定量，我二十三斤半，全胜二十六斤，在晋二十三斤，在鲁二十二斤，在齐十九斤。我说的是指供应的粮票，并不是实实在在的粮食。问题是：你有粮票买不到粮食，只有山芋片、山芋藤。全胜为什么浮肿？全胜十七岁，又是个体育迷，各种体育活动多，消耗大，饿得没东西吃，就猛喝酱油冲开水而成的咸汤。任质斌被抽调到农村搞社会主义教育一年，我先在粮食厅工作，后来调到财政厅工作。我们自己种南瓜、胡萝卜，吃野菜、树叶。在晋跑到黄河大堤上将柳树叶回来吃。济南的槐树、柳树皮都被老百姓剥光了。那时，我在财政厅担任人事处处长兼机关党委副书记。厅长要求：'政治要下食堂。'我下食堂，每个礼拜的礼拜六食堂做一次馒头，每个馒头都用秤称，我也买一点带回家，要照顾家庭，上有老，下有小，我再饿，也舍不得自己吃，自己克扣自己。在回家的路上，馋了，隔着包摸摸馒头还是热的，伸手到包里揪下一小块放到嘴里，咽不下去，缺唾沫呀，咳不出来，又咽不下去，这下坏了，憋死了还不知道是怎么死的呢。干了这种傻事，都是饿在作怪。我的工作压力也很大，犯痔疮、浮肿。山东省财政厅厅长是从财政部下来的，要求严，不准随便搞外快，他把厅里十几个人浮肿情况写成了简报向省财贸政治部报，向中央财政部报。组织上很重视，发了点'康复饼干'，实际上是'糠麸饼干'。机关又派人到海边弄了点破鱼烂虾，分给有浮肿病的吃。我的一份拿回家，老爷爷仔仔细细把勉强能吃的拣出来，剁成鱼虾肉泥，做成丸子，给孩子们吃。三年困难对我们的身体健康影响很大，我整个植物神经紊乱。任质斌调到上海工作后，我住了三个月的医院。任质斌对家属要求极严，历城同志了解到我们家有人饿得患了浮肿病，就派人送来了一只刚下了小羊的奶羊，想让我们喝点羊奶。当时我不在家，两位老人在家。二老知道不能受别人的东西，但弄不清是怎么回事，就把羊拴在门前树上，等任质斌回来处理。怕羊饿着，全家人一起动手，天天割青草喂它。几天以后，任质斌回来了，问：'这只羊哪来的?'孩子爷爷说：'是历城仲宫的同志送来的。'任质斌严肃批评不该收下。爷爷委屈了，说：'我又不知道是咋回事，不是好好喂着等你回来处理吗?'父子俩吵了一架。这次爷爷真生气了，不吃饭，坚决回了青岛，还说要卖冰棍自己养活自己。我去请回两位老人。他们都相信我，我说了能算。一场风波总算平息了。"

任质斌教育子女要艰苦奋斗，自食其力。全胜和爷爷把家门前空地开辟成菜地，种上西红柿、扫帚菜和南瓜。全胜想把办公室前田字形路分割出的四个小方块也开辟出来种上菜。得到了任质斌的支持，但是他叮嘱全胜说："你要开，只能开一块，其余三块留给三位副校长家开。"当时省级干部有特供，任质斌坚持不要。家里粮食不够吃，他就带着孩子们开荒种菜，自力更生，自食其力。他对孩子们说："劳动是光荣的，多劳动，可以强身健体，可以有收获，吃自己种出来的东西心安理得。"

在三年困难时期，任质斌夫妇尽自己的所能，帮助别人。任质斌原来的秘书陈真余一九五七年被打成极右分子，遣送劳改农场劳动改造。这年的冬天，陈真余给胡志学写信，说自己没有棉衣，冷得受不了，不想活了。胡志学见信后连忙把任质斌的棉裤寄去了。陈真余平了反，当了青岛海洋馆馆长。胡志学去青岛，他盛情款待，告诉胡志学说："我当时已经绝望，不打算活了，一了百了，死了算了。收到棉裤后，我打消了轻生的念头，我感到在这个世界上还有人记着我，关心我。"言罢泪下，泣不成声。

第二十六章　在中共中央华东局

一九六〇年九月，中共中央政治局决定成立六个中央局，由中央局代表中央对各省、直辖市、自治区加强领导，随后相继确定了书记人选，柯庆施任华东局第一书记。对于政治局的这个决定，一九六一年一月召开的中共中央八届九中全会予以批准，华东局等中央局正式成立。一九六二年四月，任质斌调任华东局副秘书长兼政治研究室主任。

一　领导并规范政治研究室工作

一九六二年四月，华东局设立政治研究室。由于刚刚成立，政治研究室的工作宗旨、工作内容和工作程序等都不清楚，摆在上任伊始的任质斌面前的首要工作就是厘定工作方案。

在任质斌的领导和亲自指导下，起草小组很快拿出了初步方案，对政治研究室工作做了五个方面的规范：

（一）指导方针：研究室在华东局领导下，从党的较长远的需要考虑，对一些政治经济问题进行历史的、理论的基本研究；积累和掌握有关的古今中外情况资料，比较研究正面和反面的各家学说，向华东局领导同志提供情况和见解。

（二）研究室的日常研究工作内容：1. 经济问题是全室工作的

重点，其中尤以农业问题为第一，首先拟集中力量研究农业问题，系统研究马、恩、列、斯、毛关于农业问题的理论和各派资产阶级的学说，系统收集日本、加拿大、澳大利亚、和美国等农业高产国家的情况资料和我国农业发展的历史情况，以便为我国农业的增产提供必需的参考资料和观点。其次为工业问题。亦可根据实际需要进行研究。2. 政治问题，一方面可研究社会主义条件下的生产关系问题，另一方面可对民主集中制、国家体制等政治制度进行研究。3. 思想理论问题。关心国内外重要的学术、思想动态，有必要时参加重大的学术讨论和对现代修正主义、资产阶级学说的批判工作。以上各方面的具体研究题目，主要根据领导指示和意图确定，但研究室亦可主动建议，经领导同意后组织进行。

（三）研究室的组织分工：任质斌倾向于下设经济组、政治理论组、资料组等三个组。经济组下设农业、工业、综合或财贸等小组，也可暂按具体研究题目，分工研究。

（四）研究方法：遵循理论与实际相联系的方针，从实际出发，有的放矢，在钻研马列主义毛泽东思想的同时，还要深入调查研究，占有大量资料，学会运用辩证唯物主义观点分析实际问题。

（五）抓紧干部培养工作：在三年内，结合实际工作，多注意基本素质的锻炼。1. 熟读毛主席著作，精读最基本的马恩列斯经典著作；2. 学习中外有关历史地理知识，学习各种有关的社会自然知识，扩大知识领域；3. 学习工具知识，如古文、外文。4. 锻炼提高写作能力，提倡结合工作和学习中的体会，学写政论、杂文、读书笔记和调查见闻等；5. 关心国内外形势，学习党的方针政策，提高思想修养，健全党的组织生活，每人每年要有一到两个月的实践调查。

这个方案基本得到了上级的肯定，根据有关领导的指示，政治研究室以农业问题为中心，着重进行基本理论研究，设立了农业、工业、财贸、理论和秘书资料等五个组。

在任质斌的领导下，政治研究室工作很快有条不紊、有声有色地开展起来，一九六二年五月创办《农业资料》，并在一个月内一口气出了三期。同时，随同农办等有关部门一起，对华东地区的农业情况做了一些实际调查。在资料收集整理的基础上，从一九六二年下半年起，研究室开始规划系列研究项目，主要集中于农业生产和粮食增收方面。

在研究工作中，任质斌坚持务实作风，提倡定期或不定期地召开政策、理论讨论会，在研究室内部开展不同观点之间的自由讨论，活跃思想，加强交流。并安排部分人员在一定时期内下到农村、工厂基层，了解实际情况。这些工作的开展，很好地贯彻了以农业问题为研究中心、广泛收集国内外有关资料、为领导提供情况参考的工作宗旨。

二　对农村政策的思考

主要由于"大跃进"和"反右倾"的错误所造成的三年困难中，较为发达的华东地区的农业生产遭到较大的破坏，农村的各种矛盾也相当突出。

自一九六一年起，农业生产进入调整恢复阶段，随着"农业六十条"的贯彻，有不少地方自发尝试新的生产组织方式，推行包产到户。一九六一年二月，安徽省委在合肥郊区搞起了"责任田"试点，并在全省推开。五月，浙江省新昌县百分之七十的生产队实行了包产到户和分田到户，该县陈新宇还撰文予以宣扬肯定。《人民日报》七月一日的内部材料"读者来信"刊发了《陈新宇六次来信谈包产到户》一文，毛泽东读后作了否定的批示，引起了华东局各级领导的重视，为此成立了专门的工作组，纠正包产到户做法。但省、地、县工作组在新昌、嵊县等地搞纠正时遭到群众抵制，浙江省委农村工作部关于嵊县"土地分到户"、"包产到户"、"包工到户"情况的报告中分析认为：出现这些情况的主要原因在于"五风"（共产风、浮夸风、强迫命令风、瞎指挥风、干部特殊化风）问题严重，生产搞不好，经营混乱，账目不清，从而导致集体大生产方式的优越性和先进性没有体现出来，社员认为还是"包产到户"好。一九六二年九月，中共八届十中全会在重提阶级斗争的同时，把包产到户批判为走资本主义道路的"单干风"，严令禁止。任质斌是在这样的工作背景中来到华东局的。

任质斌领导政治研究室的工作，主要调查研究农村问题。他是有自己的思考和看法的，这隐现于他的工作笔记中。任质斌是一个组织纪律性很强的领导干部，对于中央和华东局的政策决议，他是坚决服从的。如任质斌在工作日记中忠实地记录了毛泽东在八届十中会议上的讲话，认为农村问题主要有：（一）党内部分腐化，民主不彻底；（二）广大干部群众对社会主义的认识不够，要提高思想认识，以防修正主义；（三）高征购、瞎指挥；（四）农业生产是集体大生产，还是单干；（五）单干必然导致农村社会两极分化。任质斌对包产到户的看法和态度基本上是与中央保持一致的。在一九六二年六月任质斌对安徽省濉溪县的调查中，他听取县委汇报农业生产问题，详细记下了推行"责任田"所造成的农村工作和农业生产中的"七分散、七困难"，即社员思想分散、集体经济分散、集体农活分散、组织分散、干部思想分散、土地分散、粮食分散；种地时争先恐后、困难户无人照顾、集体底子空、干群团结难、大农活统一难、评产难、调产难。特别是八届十中会议以后，任质斌对安徽进行了大范围的农村调查，先后在皖中、皖北、皖东等地县调查"责任田"改正情况，对安徽改正"责任田"工作进度不满意，认为慢了。任质斌对农业生产的恢复和发展的途径，是不赞成包产到户的，而是寄希望于集体大生产生产方式和依靠科技提高农作物产量。为此，政治研究室收集了大量的外国农业科技资料，特别是在一九六三年二月至三月召开的全国农业科学技术工作会议之后。

从一九六二年底起，中共中央针对比较突出的社会问题和政治问题，强调以阶级斗争为纲，在城市开展"五反"（反对贪污盗窃、投机倒把、铺张浪费、分散主义、官僚主义）运动，在农村开展社会主义教育和"四清"（清理账目、仓库、财物、工分）运动，党员干部也加强了政治学习，领导干部还要在思想上"洗澡"。在这种政治形势要求下，任质斌也认真总结了自己的"毛病"，他在笔记中分析几年来自己"不注意做阶级分析，多半就事论事、就人论人，特别是对党内同志"，其原因在于"客观上是遇到了困难，要找出路；主观上是实用主义、立场不稳"，从中得出的教训是要做阶级分析，要在大局中观察思考问题。这反映了任质斌对几年来自己困惑的思想状况的不满。

三　深入实际做调研

一九六二年夏秋之际，浙江省连受暴雨、台风侵袭，嘉兴、宁波、台州、温州等地普遍受灾。据统计，该年全省受灾面积为一千一百五十四万亩，成灾五百八十七万亩，是一九四九年至此最大的一次水灾。九月十五日，浙江省委、人委发出《关于充分发动群众开展生产救灾运动的指示》，号召干部群众奋起抗灾自救。

浙江的严重灾情引起了华东局的高度重视，成立了专门的工作组，任质斌受华东局指派，率队赴浙江视察灾情和指导救灾。接受任务后，任质斌很快投入到连续紧张的工作中，九月八日夜，全体人员赶至杭州。九日上午，先后与浙江省委秘书长赖可可、省委书记霍士廉交谈灾情；下午，视察组分为两个小组，任质斌带队赶往余杭县视察了两个公社，政治研究室主任施平带队赴富阳县视察。十日上午，任质斌和霍士廉至平湖县，下午赶往嘉兴县。十一日上午，任质斌赶往湖州，另派人员去桐乡县；下午，听取嘉兴地委农办主任汇报灾情。十二日上午，回杭州，途经德清县；下午，听取省水电厅汇报水利建设情况；晚间，工作组开碰头会，汇总各小组所了解的情况。十三日上午，听取王起副省长汇报全省灾情。十四日上午，任质斌赶往余姚县，与先期抵达的人员会合，施平领队去萧山县；下午乘木船去城北丰北公社灾区和当地老农民座谈。十五日上午，乘机帆船去丈亭区，听取区委汇报；下午，在新桥公社与群众座谈，结束后返回余姚；晚上，听取县委汇报。十六日上午，乘火车到宁波；下午，听取先行到达人员介绍上虞灾情。十七日上午，听取地委汇报灾情；下午，工作组讨论余姚县情况。十八日早晨，乘车赶往台州，上午中途发生事故，改乘公共汽车于下午到达天台县。十九日上午，听取县委汇报灾情；中午动身赶往台州，下午到达，与地委书记高福隆交谈情况；晚上，听取全区灾情汇报。二十日上午，到城南农村视察；下午到仙居县视察。二十一日早晨，赶往温州，下午到达。二十二日上午和下午，听取全区灾情汇报；晚上听取农办汇报山林情况。二十三日赶往平阳县。二十四日早晨赶往金华，下午到达，与地委和专署领导交谈情况。二十五日上午去新安江，下午返回金华。二十六日，上午乘火车回到杭州。

　　经过十八天马不停蹄的调查，任质斌带着工作组视察了五个地区、十五个县，对灾情有了深切的认识。针对受灾水大面宽的现状，任质斌提出了五条对策：（一）当即设法排水抢救，安置灾民生活；（二）当即设法稳定干部群众情绪，防止丧失生产自救的信心，找老农谈谈，以了解当地灾情民情；（三）在受灾地区，设法补种农作物，所需化肥等物资，应予以支持；（四）对各地各级政府组织生产自救行为要加大督查力度；（五）提倡社会互助互济，防止生产队之间互相敲竹杠。

　　十月份，任质斌赴安徽开会，与安徽省有关领导会商农业问题和农村情况。十月下旬到十一月下旬，任质斌视察皖中、淮北、皖东等地，主要了解粮食生产情况和改正"责任田"问题，写下了《皖中散记》，对安徽的粮食生产较为乐观。

这次赴皖，任质斌视察了梅山水库，他对大别山革命老区有着特别的感情，对老区的发展充满期望和信心。为此，他写下了《参观梅山水库有感》："忆昔抗战时，亟谋进皖西。而今游金寨，感慨何奚之。顽敌早已灭，建设正当时。但愿别山水，浇遍中州地。"

四　严于律己、教导家人

在任质斌调任华东局的同时，胡志学也调到华东物资局办公室工作，后任人事处处长。一家住在康平路一百弄华东局大院，康平路是靠近淮海路的一条不宽的平行街道，虽然处于市中心，但相当幽静。住的房子也很不错，老人和全胜、在鲁住在楼下，其他人住在楼上。上海是八类地区，工资比别处高，任质斌和胡志学的工资加起来有三百多。可以说，上海的生活是相对安逸的。但尽心尽职工作之余的任质斌，并没有放松对子女的教育和对家人的要求。在生活中，任质斌一直对自己和家人严格要求，从不因私废公或以权谋私。在上海工作的一年半时间里，著名风景名胜城市杭州、苏州离得那么近，全家没有一个人去游玩过，就连上海本地的许多风景名胜地也从没去过。浙江水灾任质斌前去视察，调查灾情，指导工作。浙江省委领导同志要陪他看看西湖，被他婉言拒绝。

在华东局，任质斌分工管理机关所有日常事务，规定华东局负责人工作可以坐车，办私事都得自己坐公共汽车，一律不派车。唯一一次例外是，任质斌全家从山东搬到上海时，一家人去黄埔江边看外滩，因为两位老人上了年纪，用了一次公车。一九六三年十月，任质斌调任安徽省委书记处书记兼秘书长，离沪赴任后，胡志学在上海暂时把家搬到楼上，腾出底楼交给华东局行政处。任质斌认为两位老人不应再受迁徙之累，最好留在上海。胡志学跟华东局行政处商量，能不能另找两间房，让老人从楼里搬出来。行政处的同志说："算了，住着吧。"胡志学坚持说；"不行，我们不能占公家的便宜。"任质斌也从安徽打电话给胡志学:"我已经调离华东局,再住下去不合适,必须搬出来。安徽在上海有办事处,你去找一下,请他们帮助租房子。"最终通过办事处的帮助,胡志学在普陀区租用了一个三间套的房子,安置好了老人。

任质斌对子女的教育很严格,也比较注重方法。三年困难时期,粮食不够吃,任质斌鼓励孩子们种地,通过锻炼,孩子们都学到了不少劳动本领。在上海学校组织的下乡劳动中,任全胜是最棒的一个,被同学们称为"小山东"。住在华东局机关大院期间,任质斌曾对孩子们说:"你们不要天天打球,我跟行政处说一声,组织你们学点什么,干点实事。"后来行政处把大院的男孩子组织成一个读书班,女孩子组织成一个编织班。还组织孩子们在大院办公区、家属区整理花坛、草坪,并走出机关大院,搞社会服务。任全胜到上海后遇到的最大困难是听不懂上海话,特别是上英语课,一度不想上学。任质斌就给他出了个主意,让全胜每天早晨上菜市场,先看牌子上的价格,再去问价,不到半年,全胜就学会了上海话。但在此期间,任全胜的学习还是受了影响,由于听不懂上海话,对学习没有兴趣和信心,一度沉迷于打球,被徐汇区青少年体校选中,每天打到天黑才回家。任质斌知道了后,批评并勉励全胜:"语言不懂,你努力了没有?只要有出息,就能刻苦读书。"之后跟全胜商量,征得同意后换了个学校。在父亲和老师的督导下,一年半以后,全胜的学习有了很大的进步。任质斌还鼓励孩子们积极参与家务事,在上海期间,任质斌和胡志学月工资收入,除去缴党费,都由任在鲁管理分配,每月大小开支都记在小本子上。当时大管家是任在鲁,小管家是任在晋,每天买菜的钱,由在晋掌握。为了培养孩子的知艰苦、尚节俭的品德,对于零花钱,任质斌和胡志学控制得比较严,全胜、在晋每月二元,在鲁、在齐每月一元,理发、看电影、买铅笔橡皮等小文具、坐车,全在里面了。孩子们因此养成了节约的习惯,在鲁、在齐节约下来的钱,还要母亲替他们存着。

第二十七章　任安徽省委书记处书记

一九六三年九月二十九日，中共中央下文调任质斌任安徽省委书记处书记。

十月十九日，任质斌只身一人离开上海赴任，他坚持着战争年代的优良传统，在此后的工作中，凡外出，一律轻装简从。二十日，火车抵达安徽境内第一个大站滁县。滁县地委书记李彬是原新四军五师老战士，他热烈欢迎老首长的到来，并向任质斌汇报了滁县地区的概况和工作。省委派车到滁县迎接，当晚七点任质斌抵达合肥。

安徽省地处华东西北部，长江、淮河将其分割成三块，淮北是平原；江淮之间西部为大别山脉，东部为江淮丘陵；江南东部多低山丘陵，西南部为山区。安徽是革命老区，也是经济欠发达的农业大省。此前不久，主要由于"大跃进"、刮"五风"（"共产风"、浮夸风、强迫命令风、干部特殊化风、生产上的瞎指挥风）和"反右倾"的错误，安徽刚刚经历了三年困难时期。在生产力受到巨大破坏的同时，党风和党的建设都暴露出严重的问题。在一九六二年一月召开的扩大的中央工作会议（史称七千人大会）上，与会的安徽省地、市、县委负责人揭发了安徽省委、首先是曾希圣的错误，错误的主要内容是"安徽省在过去几年中犯'共产风'、浮夸风等错误，以及至今仍然'捂盖子'，不如实反映情况的问题"，饿死人问题、错整干部问题受到了严肃的追查，"责任田"受到了批判。中共中央决定改组安徽省委，曾希圣被调离安徽，其后多个原省委负责人受到了处分，或降职使用，或调离安徽。中央决定派华东局第三书记、常务书记李葆华任安徽省委第一书记，省委领导班子也作了较大变动，被错整的省委书记处书记李世农、张恺帆以及陆学斌、杨效椿等一大批干部得到了平反。

这是新中国成立后安徽省委领导层第一次大规模变动。干部队伍中原有的、在战争年代并肩战斗中形成的总体上的团结与和谐，被打破了。残酷斗争、无情打击的党内斗争，在干部之间留下了隔阂。在中国政坛颇有影响的"安徽复杂"，由是而生。

任质斌在此背景下来到安徽，并在这里工作了十三年。他经历了三年困难后的经济恢复时期和各项工作的调整，也经历了十年"文化大革命"的动乱岁月。任质斌和他的夫人胡志学，以老共产党员对党的坚贞不渝的忠诚，兢兢业业，勤奋工作，也以共产党员的党性良知，应对不断涌来的政治风浪。

一　任省委书记处书记兼秘书长

任质斌到任两个多月前的七月三十一日，安徽省委召开了二届一次全委会，选举出了第二届省委常委和书记处。李葆华任省委第一书记，李丰平、李世农、张恺帆、李任之、王光宇任书记处书记，陆学斌、黄岩任候补书记。任质斌是在李丰平调离、李世农生病的情况下调安徽工作的，他接任了两人原来分管的主要工作。

任质斌曾经在华东局与李葆华共事了大半年之久。李葆华是河北省乐亭县人，一九〇九年生，比任质斌大六岁，一九二五年入团，一九三一年入党，是一位务实沉稳、谦虚谨慎、有民主作风的领导者。在省委一班人中，李葆华和任质斌有以下共同的特点：他们在党内曾经担任过的职务最高，都曾是一个根据地和大战略区的主要领导者；都曾在中央直属部门担负过重要职位；他们既不是安徽人也没有在安徽工作过，与安徽此前的党内斗争以及由其造成的错综复杂的矛盾，没有任何历史瓜葛。

任质斌到任后，成了兼职最多的省委书记处书记。

先是原来兼任省委秘书长的李世农生病，由任质斌接替了兼任秘书长。接着，原兼任省委监察委员会书记的李丰平调离安徽，监委书记由任质斌代理。再接着，十一月李世农去上海查病，由任质斌兼管了党群、政法工作。不久，省委常委会议又决定，由任质斌负责指导全省共青团的工作。

任质斌工作千头万绪，异常忙碌，经常是夜以继日地操劳。父母妻儿都在上海，胡志学直到一年多后的一九六四年十二月才调到安徽工作。华东局派政治研究室干部孙振鸿到安徽担任任质斌的秘书。

这一年，任质斌四十八岁。从一九三二年十七岁投身革命，他的革命生涯已经长达三十二年。从古都北平的少共成员到中央苏区的红色报人，从中央红军二万五千里长征路到中央政府秘书长，从红军中央教导师参谋长到开辟豫鄂边、经略中原，从山东十四年到华东局一年半，他在文、武两条战线都创造过辉煌，建立了卓越的功勋；也蒙受过冤屈、经历了逆境的磨炼。此番担当重任，本可以再创辉煌，然而，历史没有给他机会。他到安徽工作还不到三年，就爆发了"文化大革命"。就全国而言，在这三年中，"左"倾错误在政治、经济、思想文化等方面蔓延与发展，逐渐达到了支配全局的程度。

上任伊始，任质斌就投入到紧张繁忙的工作中。首先是保证省委办公厅工作的正常运转，到分管部门调查研究，具体指导。还要参加常委会议讨论研究全省工作的大政方针、工农业生产以及人事任免、保密、党刊等重要问题，参加全省三级干部会，筹备省委二届二次全委扩大会议。不久，又参加了省团代会并作报告。

在分管部门各项工作都进入健康运转后，任质斌于十二月二十二日带着秘书孙振鸿和办公厅的两个同志，到皖中和皖南视察，翌年一月十七日返回合肥。他先后视察了巢湖专区的巢县、含山县、和县，马鞍山市，芜湖市，芜湖专区的当涂县、芜湖县、宣城县、泾县、南陵县、繁昌县、宁国县，徽州专区的绩溪县、歙县、屯溪、祁门县、旌德县。皖南二十四个市县，他们到了十四个。任质斌风尘仆仆，视察了沿途的工厂、矿山、公社、学校、医院、商场、研究所，白天视察和听汇报，晚上看县志和相关资料，收获很大。他沿途凭吊烈士陵园，寄托哀思。

到了黄山脚下，地方上安排登山，任质斌尊重地方同志，但只花费了两三个小时，走到天门坎就匆匆折返了。俗话说："不到文殊院，没见黄山面。"他们没有见到黄山面。秘书孙振鸿知道，合肥有很多工作在等着任书记，他了解老首长的秉性。

回到合肥不几天，省委书记处办公会议研究淮北地区救灾工作。由于夏天淮河以北地区大水，灾情严重，入冬后群众生活非常困难。阜阳专区和宿县专区外流灾民达三十多万，阜阳地区有浮肿病、干瘪病患者各八九千人。一九六四年一月中旬，在省委召集的阜阳地区负责人座谈会上，省委第一书记李葆华提出不能像过去那样采取堵的办法，而是在抓紧以各种方法救灾的同时，应该准许灾民外流，目的是保全饥民的生命，减少人口损失。面对灾情，任质斌心情沉重，他密切关注全省粮食的贮备、购销情况，让秘书了解有关数字，晚上一起算账。他还把粮食厅副厅长找来，听取汇报。全省库存粮食二十一亿斤，省委决定在夏收前返销粮食十五点六五亿斤，粮食紧急调往灾区，迅速纾解了人民群众的困难，控制了灾情。

任质斌心系灾区人民，于四月三十日至五月十五日到凤台、阜阳、蒙城实地考察、调查研究，还考察了也受了灾的长丰、淮南、寿县、怀远、蚌埠、凤阳、定远等市县，掌握了大量第一手材料。

作为兼秘书长，任质斌对省委办公厅的工作抓得很紧。他对协助领导掌握情况、研究现实问题和政策问题、起草文电、组织会议等具体工作，都管得非常仔细。他不容许有任何差错发生。许多繁杂的事他都要亲自处理。

省委办公厅下设干部科、党刊编辑室、政治研究室、人民来信处、档案局、印刷厂、行政处、秘书处、一组、二组。任质斌在听取办公厅工作汇报，并亲自观察后，在日记中记下了办公厅的状况和工作思路："（一）架子已经摆开了，应有尽有；（二）做文书处理的干部，文字上都很通顺；（三）行动迅速——包括起草文电在内。缺点是：（一）机构太大，人员较杂；（二）对开会、发文件这两关没把好；（三）工作没有中心，研究问题的风气没有形成，一般化。根据现状，提出几点要求：（一）要精简会议，纠正统计报表的多、乱现象，要改进机要电报传阅办法；（二）要注意经常抓材料，定期向有关部门报告（如春耕生产、社会主义教育、五反、生产救灾、学解放军、学大庆、工业生产等问题）；（三）要精简文件，出简报、发文件、写批复要具体一些。如批复，不要只简单地写某某单位办，而要写上某某单位拟复，某某单位签复，并提出拟办意见等；（四）行政工作要照顾全面，不要滥用职权；（五）干部要重视学习，要经常下乡调查研究。"[①] 他既抓住了工作重点，又兼顾全局，巨细无遗。

任质斌严格要求部属，更严格要求自己。他牺牲了大量的休息时间，每天都要工作到深夜才能入睡。他的身体状况本来就不好，心脏病还不时发作，在房中静坐每分钟心跳八十五六次，但仍坚持带病工作。

九月二十二日，省委常委第七十八次会议通过：任质斌担任省委保密委员会主任。

---

① 摘自任质斌工作日记。

在此之前，全省各地曾不断出现保密文件丢失和被盗事故，一九六三年九月在保密工作"三查"（清查文件、检查制度、审查人员）中查出，仅淮南、芜湖、安庆三地在过去四年中就丢失密码电报三百九十九份。任质斌担任主任的次月，中共中央办公厅发布《秘密文件管理暂行规定》。任质斌对每一个环节都抓了检查整顿，健全保密制度、巩固"三查"成果。此后，全省违反保密制度和失泄密事件大幅度减少，省直机关一九六四年发生失密和泄密事件比一九六三减少了百分之四十五①。

任质斌对秘书孙振鸿要求很严格。在机关，孙振鸿每天向他讲述文件材料内容。外出调查，他经常采取突然提问方式，要孙振鸿口述刚才的调查内容，不许看笔记，以培养记忆能力。他要求孙振鸿学会脑勤、口勤、手勤、腿勤，而这正是秘书的基本素质。几十年后，已经担任了安徽省人大常委会法工委主任的孙振鸿，在回顾往事时，感叹因为有任质斌的严格要求和训练，使自己的政治素质和工作能力大大提高。

二 在"四清"运动中

一九六四年七月，中共安徽省委先后召开三级干部会、地市委书记会议和二届四次全委扩大会议，讨论军事、反对修正主义、培养革命接班人、城乡社会主义教育、长期规划、团结，以及两种劳动制度、两种教育制度、两种办学制度等问题。中心是阶级斗争问题。

会议期间，刘少奇视察安徽，七月十二日晚与省委常委们见面。当李葆华向刘少奇介绍任质斌时，刘少奇笑着说："他不用介绍，他

---

① 安徽省地方志编纂委员会编纂：《安徽省志·政党志》，方志出版社，1998 年10 月版。

是《红色中华》!"在场的常委们大多数人没有听懂刘少奇的话。他们后来才知道,这位沉静谦和的任书记,早在中央苏区时代就已经是"执掌《红色中华》报,中枢谁人不识君"了。

刘少奇此行目的,主要是座谈社会主义教育运动和两种劳动制度、两种教育制度。十三日,刘少奇与地、市委书记座谈社会主义教育运动问题。刘少奇说,这个运动是个大革命,实际上比土地改革、合作化,比过去任何一次革命都广泛、深刻、复杂得多,它和过去历次革命不同,非要自己亲自去做不可。社会主义教育运动,既要解决人民内部矛盾,解决四不清问题,又要开展对敌斗争,还要解决干部参加劳动。这些问题过去都没有解决,解决这些问题比土地改革困难得多。如果自己不去取得直接经验,就不能领导这个革命。同行的王光美则介绍了她的"桃园经验"。

城市的社会主义教育运动起初称"五反"运动,即反对贪污盗窃、反对投机倒把、反对铺张浪费、反对分散主义、反对官僚主义。安徽的"五反"运动始于一九六三年四月,根据中共中央当年二月工作会议精神,中共安徽省委一届十四次全委(扩大)会议于四月一日通过了《关于贯彻中共中央厉行增产节约和"五反"运动的指示的部署意见》。在刘少奇视察安徽的次月,安徽城市的"五反"运动纳入社会主义教育运动的轨道。

任质斌按照省委的部署,在九月之后将工作重点转入城市"五反"。他参与讨论、起草、修改有关"五反"文件,并亲自抓省直机关的运动。十一月八日,在全省地、市委书记会议上,任质斌就城市"五反"面上的工作做了报告,要求以点带面,以面保点;面上的工作主要搞革命化,即:(一)重新学习中央、毛主席关于阶级斗争、防修、反修的文件和讲话;(二)认真分析阶级斗争,认真贯彻阶级路线;(三)认真贯彻勤俭节约、艰苦朴素的工作作风;(四)发扬革命精神,克服官僚主义,精简机构;(五)参加集体劳

动；（六）整顿机关秩序，清理四类分子。同时他还要求省委组织部
对全省干部队伍进行调查研究，对队伍不纯情况要提出解决措施。

从全局看，城乡社会主义教育运动是中共中央发动和领导的一
次大规模群众运动。这次运动，对于解决干部作风和经济管理等方
面的问题，起到了积极的作用。如在经济管理方面，不少地方长期
账目、财物不清，管理制度不健全；在干部作风方面，较普遍地存
在着多吃多占、瞎指挥、官僚主义等问题。少数干部欺压群众，群
众的社会主义积极性受到压抑。浮夸风、"共产风"、干部特殊化风
等"五风"亟须整治。另一方面，社会主义教育运动是中共八届十
中全会关于阶级斗争的理论在相当大范围内的一次实践，使得党不
但在经济体制和经济政策上"左"的错误有了发展，更主要的是政
治上"左"的东西有了很大的发展。在理论上，不仅提出要"以阶
级斗争为纲"，并且提出了运动的重点是整党内"走资本主义道路的
当权派"。这样，毛泽东就把注意力和斗争矛头越来越集中到党内和
党的领导机关，这成为他后来发动"文化大革命"的重要原因。

中国共产党是有铁的纪律的政党，作为党的高级干部，任质斌
必须与中央保持一致，必须贯彻执行中央的方针、路线和政策。同
时，作为一个坚定的共产主义者和忠贞的共产党员，他有越来越多
的困惑和不理解。

复杂的形势，繁忙的工作，使得任质斌总是处于超负荷的工作
状态中。秘书孙振鸿对任质斌一九六四年的工作日程作了统计：自
三月一日至十二月三十一日共三百零七天，四十四个星期天，实际
工作日二百六十三天，其中会议一百五十七天，出差四十天，办文
五十三天，参观三天，听报告和录音三天，作报告五天，社交活动
二天①。他极少有时间休息。

---

①　摘自孙振鸿 1964 年工作笔记。

农村的"四清"运动和城市"五反"运动是同时起步的。一九六四年九月十二日至十五日，中共安徽省委召开地市委书记会议，重新部署城乡社会主义教育运动。不久，全省组织三万七千人的农村社教工作队，分赴寿县、全椒、歙县、青阳、砀山、界首、繁昌等七个重点县，共一百四十个公社开展社教运动。省委重点抓寿县，第一书记李葆华进驻寿县蹲点。

九月十八日，中共中央发出《关于印发农村社会主义教育运动中一些具体政策规定的修正草案的通知》，对阶级斗争形势作了更加严重的估计，强调必须把放手发动群众放在第一位，首先解决干部中的问题，并规定整个运动都由工作队领导。安徽的社教运动遵照中央指示，由工作队通过"扎根串联"重新组织阶级队伍，把绝大多数基层干部当作"四清"对象（初为清工、清账、清财、清库，九月后上升为清政治、清经济、清思想、清组织），开展"夺权斗争"。一九六五年一月，中共中央发布《农村社会主义教育运动中目前提出的一些问题》（简称"二十三条"），提出了这次运动的重点是"整党内那些走资本主义道路的当权派"等更"左"的观点。

一九六五年四月五日至十一日，省委召开七个重点县及面上社教工作会议，任质斌参加会议。在他留下的工作日记中，记载了大量的各地运动情况汇报，为研究安徽当代历史留下了珍贵的史料。如全椒县汇报：好干部占百分之三十八，较好的占百分之三十八点八，问题多的百分之十九，性质严重的百分之三点九。砀山县汇报：县级机关搞了四十多个单位，其中贪污分子占百分之十九，在科局长中占百分之十；全县有五类分子五千多人，已外逃两千多。六安地委汇报：全地区县、区、社、大队、队干部中，有四不清问题的占百分之六十九，其中县级干部有百分之三十多，区级干部有百分之四十多，大队和公社干部有百分之七十多，共贪污挪用六百余万元，已退赔二百三十三万元。阜阳地委汇报：全区共有脱产干部六万多人，借公款的有三万多人，占百分之四十九，共借款四百四十万元，现已归还百分之二十八，年底可归还百分之八十。等等。

八月四日至九日，省委召开地市委书记会议，决定第一批社教运动结束，部署第二批十四个重点县的社教运动。省委决定从省、地、县按行政干部百分之五十比例、企事业单位按百分之三十比例抽调干部参加"四清"工作队，全省工作队队员达六万人。会议确定省委重点抓长丰县。长丰县属合肥市管辖。

八月二十一日，中共合肥地区农村"四清"工作团委员会成立，任质斌兼任党委书记兼工作总团团长，王文模、杨效椿、赵凯任副书记。任质斌和合肥市委书记赵凯等人到长丰县的岗集、吴山庙、杨庙、杨公、水家湖、朱巷、三十头等公社察看，确定总团驻庄墓公社。

八月二十五日，任质斌主持总团第一次党委会。三十日，他在合肥长江剧场对到长丰县去的三千五百名"四清"工作队队员做动员报告。九月一日，总团召开党委会，研究部署工作。九月八日，在合肥工人电影院召开长丰县三级干部会，任质斌作动员报告；十五日，会议结束，任质斌作会议总结。十六日，任质斌去庄墓公社，开始了为期七个月的蹲点。

长丰县是一九六四年十月三十一日经国务院批准，析寿县、肥东、肥西、定远四县地建立的，一九六五年六月一日县人民委员会正式办公，治所在水家湖镇。任质斌在长丰抓社教运动，基本上是按李葆华在寿县领导社教运动的经验进行的。任质斌注重经济问题的调查和干部作风的整顿，在全省开展社教的各县中，成效是较为突出的。

在此期间，任质斌的家已经从上海搬到了合肥，留下任全胜在上海读书并陪伴爷爷、奶奶。胡志学一九六四年十二月调安徽工作，最初她被安排任省委机关党委纪检委书记，她是一位严于律己的老党员，考虑到省直机关党委属任质斌分管，这样安排不合适，就请求调出省直机关，去合肥市工作也行，结果调任省财贸政治部干部处副处长，并任财贸口"四清"办公室主任。

社教运动还没有结束，"无产阶级文化大革命"就开始了。

第二十八章　在十年"文革"中

　　中共中央《关于建国以来党的若干历史问题的决议》（以下简称《决议》）指出："一九六六年五月至一九七六年十月的'文化大革命'，使党、国家和人民遭到建国以来最严重的挫折和损失。这场'文化大革命'是毛泽东同志发动和领导的。他的主要论点是：一大批资产阶级的代表人物、反革命的修正主义分子，已经混进党里、政府里、军队里和文化领域的各界里；相当大的一个多数的单位的领导权已经不在马克思主义者和人民群众手里。党内走资本主义道路的当权派在中央形成了一个资产阶级司令部，它有一条修正主义的政治路线和组织路线，在各省、市、自治区和中央各部门都有代理人。过去的各种斗争都不能解决问题，只有实行文化大革命，公开、全面地、自下而上地发动广大群众来揭发上述的黑暗面，才能把被走资派篡夺的权力重新夺回来。这实质上是一个阶级推翻另一个阶级的政治大革命，以后还要进行多次。""实践证明，'文化大革命'不是也不可能是任何意义上的革命或社会进步。它根本不是'乱了敌人'而只是乱了自己。""历史已经判明，'文化大革命'是一场由领导者错误发动，被反革命集团利用，给党、国家和各族人民带来严重灾难的内乱。"

　　在十年无产阶级文化大革命（以下简称"文革"）中，任质斌的经历是纷乱的。一方面，作为党的高级干部和省委主要负责人之一，他必须坚决执行党的路线、方针、政策，必须坚决贯彻中共中央和毛泽东的各项指示。这是党的纪律原则，尽管后来的历史证明这些路线、方针、政策和指示总体上是错误的。另一方面，作为一个有着坚强党性、丰富阅历、敏锐观察力和独立思考精神的老党员，他又有许多的不理解、抵触、思想上的质疑和抵制。他在主观上是忠诚地紧跟毛主席、紧跟党中央，但是怎么跟也跟不上，并因此而进退维谷、动辄得咎、处境艰难。

在这十年中，任质斌忠于职守，任劳任怨，勤勤恳恳为党工作，坚守岗位，尽力保护同志，力图减少党的损失，维护了自己的党性良知。

一　从"文革"初期到省委被迫停止工作

一九六六年四月上旬，省委第一书记李葆华带队去上海，出席中共中央华东局扩大会议，会议主题是讨论文化大革命问题。省委通知在长丰县搞"四清"的任质斌返回合肥，主持省委工作。

在此后直到年底安徽省委被迫停止工作、被造反派夺权的九个月中，"文革"狂潮席卷全国，安徽一步步陷入动乱，省委从艰于应对到最终陷入了瘫痪。每当省委第一书记李葆华不能主持工作时，省委常委会和李葆华总是决定：由任质斌主持省委工作。身负重任的任质斌，处在了风口浪尖。

要说清这一段历史，必先记述这九个月间发生的史事：

五月，"文革"开始。正如《决议》所说："一九六六年五月中央政治局扩大会议和同年八月八届十一中全会的召开，是'文化大革命'全面发动的标志。这两次会议相继通过了《五一六通知》和《关于无产阶级文化大革命的决定》，对所谓'彭真、罗瑞卿、陆定一、杨尚昆反党集团'和对所谓'刘少奇、邓小平司令部'进行了错误的斗争，对党中央领导机构进行了错误的改组，成立了所谓

'中央文革小组'并让它掌握了中央的很大部分权力。毛泽东同志的'左'倾错误的个人领导实际上取代了党中央的集体领导,对毛泽东同志的个人崇拜被鼓吹到了狂热的程度。林彪、江青、康生、张春桥等人主要利用所谓'中央文革小组'的名义,乘机煽动'打倒一切,全面内战'。"

五月十八日,中共安徽省委印发《关于认真学习和贯彻执行党中央、毛主席有关社会主义文化大革命的指示的通知》,决定成立省委文化革命领导小组,李葆华任组长,李凡夫任副组长。

五月二十三日至六月十二日,省委召开有省直厅局党组书记参加的地市委书记会议,贯彻中共中央《五一六通知》,研究开展"文化大革命"的问题。省委认为,安徽省"思想文化战线上的问题极为严重,存在着反党反社会主义反毛泽东思想的黑线。有些单位、有些部门的领导权不在我们手里,被一些钻进党内的资产阶级的代表人物和牛鬼蛇神所把持篡夺"。六月六日起,会议扩大范围,县委书记参加会议。

从六月八日开始,会议对省委常委、副省长、省委宣传部部长、省委文化革命领导小组副组长李凡夫反对林彪的"顶峰论"的观点和他所著《革命的世界观与道德观》一书进行了错误的批判,强加给他"反对毛泽东思想"的罪名。会议确定运动的重点放在县以上机关,学术、教育、新闻、出版以及其他企事业单位,要求放手发动群众,开展"大鸣大放大字报"。

六月初,省委向各大专院校派出工作组,领导运动,一些地市委也向中学派出工作组。省委工作组进入大专院校后,组织批判贴学校党委负责人大字报的学生,给他们扣上"反革命"、"反动学生"、"反党分子"、"右派分子"等帽子。

六月三日,《安徽日报》发表长文批判合肥师范学院历史系讲师万绳楠,说他是吴晗的"忠实门徒",是邓拓、吴晗、廖沫沙"三家村"黑店的"闯将"。六月十二日,省委决定改组《安徽日报》

编委会，部分编委被指为反党、反社会主义、反毛泽东思想的"三反分子"。七月八日，《人民日报》发表长文批判陈登科的"反动小说"《风雷》。

七月十四日，安徽省委召开有一万多人参加的无产阶级文化大革命积极分子大会，李葆华作《更高地举起毛泽东思想伟大旗帜，把无产阶级文化大革命进行到底》的报告，错误地把李凡夫等人说成是反党反社会主义的资产阶级代表人物。

八月十日，安徽省委发出《关于认真学习和贯彻中央关于无产阶级文化大革命的决定的通知》，掀起学习、贯彻中共中央《关于无产阶级文化大革命的决定》（简称"十六条"）的高潮。八月十七日至十九日，省委召开常委扩大会议，要求领导干部"引火烧身"，"炮打司令部"。

八月十八日，北京举行庆祝无产阶级文化大革命大会，中共中央主席毛泽东在天安门接见来自全国各地的群众和红卫兵，并让红卫兵给他戴上"红卫兵"袖章。"红卫兵"运动由此兴起。八月，以破"四旧"（旧思想、旧文化、旧风俗、旧习惯）为名，打、砸、抢、抄、抓、烧之风在全省各地疯狂蔓延，焚书、毁文物、烧字画、破坏名胜古迹等"革命行动"在各地泛滥。

八月二十六日下午，合肥工业大学无线电系六七级部分学生，在合肥市市中心四牌楼贴出大字报《炮轰安徽省委司令部——造李葆华的反》。二十七日，由对大字报内容的激烈争论，演变为推拉扭打，此即"八二七事件"。此后，各大专院校和一些中学，都出现了红卫兵造反组织。

十月三日至六日，省委召开地、市委书记会议，号召大家到学生里面去，欢迎"炮打司令部"，"团结一切革命的左派，团结大多数"。

十月十一日，合肥地区大中学校红卫兵总部（简称"红总"）成立，以拥护省委、反对造省委的反为主旨。十月十八日，合肥市大中学校红卫兵革命造反司令部成立，以"造省委的反"为主旨；

至十二月下旬，与全省各地大中学校造反组织联合成立了安徽省八二七革命造反兵团（简称"八二七"）。

十一月九日，省委召开三级干部会议，传达十月召开的中央工作会议精神，李葆华代表省委作了《在文化大革命中所犯路线错误的初步检查》。当晚，部分造反群众冲进会场，围攻、批斗李葆华等省委主要负责人。同日，合肥工人革命造反司令部成立，十二月中旬改为安徽省合肥工人革命造反派联合委员会（简称"工联会"）。至此，省委已经无法工作，基层党组织也已经无法工作，党政机关陷入瘫痪状态中。

在六月八日开始对李凡夫的错误批判后，省委决定撤销李凡夫兼任的省委文化革命领导小组副组长的职务，同时决定任质斌兼任副组长。

七月下旬，李葆华去北京出席中共八届十一中全会，任质斌主持省委常委会工作。李葆华在全会期间，频繁通过电话与任质斌商谈并布置工作。全会期间，毛泽东于八月五日写了《炮打司令部》的大字报，提出了党内有一个"资产阶级司令部"的问题。大字报没有点名，但明显地首先是针对刘少奇的，也涉及邓小平。其后，所谓"刘、邓资产阶级司令部"在全国受到猛烈的批判和声讨。毛泽东的大字报对三件事提出指责，其中第一件就是一九六六年六月上旬主持中央日常工作的刘少奇和邓小平决定向大学和部分中学派出工作组的问题。任质斌立即主持省委常委会议，决定从大专院校撤出工作组，相应的，各地市也先后从中学撤出工作组。在工作组撤出之前，各大专院校相继成立了"文化革命委员会。"

李葆华从北京回来后，于八月十七日至十九日主持召开省委常委扩大会议，传达八届十一中全会精神，要求领导干部"引火烧身"，"炮打司令部"。任质斌参加了会议。在八届十一中全会期间，八月十八日，北京举行庆祝无产阶级文化大革命大会，毛泽东身穿军装在天安门接见来自全国各地的群众和红卫兵，并戴上"红卫兵"袖章。此后，安徽各大专院校和中学的学生响应毛泽东"反修防修"、"对反动派造反有理"、"你们要关心国家大事，要把无产阶级文化大革命进行到底"的号召，佩戴"红卫兵"袖章，到处"冲杀"、造反、"大串联"。

安徽大乱。李葆华和任质斌等省委负责人，开始陷于无法正常工作、穷于应付的境地中。在八、九两个月里，全国普遍出现了揪斗"走资派"、"反动学术权威"以及游街、戴高帽子等激烈行动。各种正常秩序进一步被破坏，学校停课，机关办公室被占领，部分工厂生产停顿，造反派与"保守派"严重对立、冲突不断。"天下大乱"的形势形成。

毛泽东认为"文化大革命"经过八月到十月的发展，已取得经验，形势是好的。为了进一步排除所谓来自各级干部的"阻力"，中央决定将各省、市、自治区党委负责人召集起来，举行一次中央工作会议，以便集中解决"中间"的问题。于是中央工作会议于十月九日至二十八日在北京召开。会议由毛泽东主持。林彪、陈伯达讲话。刘少奇、邓小平被点名。毛泽东主张乱它几个月，大字报要上街，工农兵不要干涉学生的"文化大革命"等等。周恩来要求会后各省都要召开三级干部会议，并对红卫兵的行为提出了约束性的要求，如不准动解放军，不准干扰新华社、电台、报社等，不能对干部搞"罢官"，不能扣人、抄家，不要打人、体罚等。

李葆华参加了这次中央工作会议，并于十月八日赴京，仍由任质斌主持省委常委会工作。在二十天会议期间，李葆华和任质斌通电话十八次。对于来自中央的错误指示，任质斌思想上是抵制的，但党的纪律又使他不能表露出来，内心非常痛苦，在日记中写下了："欲罢不能，困苦至极。"任质斌又是勇敢的，他在十月二十六日与李葆华通电话时，建议李葆华向中央建议，是否发个通知，把"文化大革命"休整一段，盼望着中央能发出降温的指示。李葆华无法回答他，因为中央工作会议根据毛泽东的指示，主题就是要升温，要大张旗鼓地批判以刘少奇、邓小平为代表的"资产阶级反动路线"。

李葆华十月二十九日从北京返回合肥，和任质斌于次日清晨在舒城县召集了省委常委会议，传达中央工作会议精神。十一月六日，造反派冲击合肥稻香楼。省委书记处工作会议被迫转移到肥西和地处大山之中的舒城县晓天镇召开。

十一月七日，省委常委会议和地市委书记会议在晓天召开，任质斌代表省委向地市委书记下达了四项指示：（一）要求各地独立处理问题；（二）各地有问题可以直接向中央请求；（三）要分设两套班子，一套抓革命，一套抓生产；（四）省委要求各地委在适当的时候召集县委书记开几天会，把工作安排一下。

九日，省委在合肥稻香楼召开三级干部会议，传达中央工作会议精神，被造反派冲散。

十日，因为在合肥已经无法办公，任质斌带领工作人员转移到肥西县孙岗处理公务。当晚，赶到县城参加省委常委会议。在讨论到是否由李葆华于次日去合肥参加十五万人群众大会并代表省委作检查时，常委们意见不一，有同意李葆华去的，有担心李葆华的人身安全而不同意他去的。李葆华本人同意去，并慷慨说："打死了，开追悼会。"任质斌当夜打电话向中共中央华东局书记魏文伯请示，魏文伯不同意，并且指示说："李葆华同志可以跟革命小将一起到北京去。山东的谭启龙和小将们去了北京，谭震林说了几句话，问题不就解决了吗?"十一日，李葆华没有参加群众大会。造反派冲进合肥稻香楼责问李葆华，并且限制了李葆华的行动自由。

十二日，任质斌在合肥三角线主持召开省委常委会议，讨论如何应对当前局势。李葆华被困在稻香楼，未能参加会议。会前，任质斌焦急地打电话向华东局魏文伯请示处置方法。魏文伯答称没有办法，要任质斌直接向周恩来总理办公室或中央文革小组陶铸办公室报告请示。此时，被围困的李葆华，慨然同意参加十四日上午召

开的十五万人大会。同时，在三角线会场，任质斌和常委们制定了
"六不能"：第一，不能随便"罢官"；第二，不能开大会做检讨；
第三，不能在学生的控制下开省委常委会；第四，不能因为支持少
数而压制多数；第五，不能随传随到；第六，不能随便称负责同志
为"凶手"（指所谓"镇压群众运动的凶手"）。

十三日，李葆华依然被困。任质斌给周恩来总理办公室打电话报
告请示，等到黄昏，没有回电。任质斌打电话给陶铸办公室，秘书接
听，任质斌要他尽快向陶铸报告李葆华被围困和李葆华身体不好等情
况。陶铸在八届十一中全会上当选中共中央政治局常委，排在第四位
（在毛泽东、林彪、周恩来之后），他兼任着中央文革小组顾问。

十四日晚六时，陶铸来电话作两点指示：第一，李葆华同志是
人民内部矛盾的问题，应该按照人民内部矛盾处理。第二，李葆华
在神志不清的时候批的条子或答复的问题，可以不办；省委应与造
反派交涉，把李葆华放出来休养治病。

十五日下午一时，任质斌和张恺帆代表省委与造反派代表谈判，
传达陶铸的指示。造反派代表答应当晚放李葆华回省委。但是，下
午五时，李葆华被安徽纺织厂等工厂的一千多名工人抢走，并送到
肥东县保护了起来。陶铸很快就因为保护李葆华而受到了攻击。

十七日至二十三日，全国计划会议和工业交通会议在北京召开，
任质斌代表安徽参加会议，并且受李葆华的委托向陶铸汇报安徽
"文化大革命"的情况。

二十一日，陶铸接见任质斌时，拿出一份合肥大字报的抄稿给
任质斌看，说："为了李葆华同志的问题，造反派已经给我贴大字报
了。"陶铸与任质斌是抗日战争时期在中原战场上的老战友，比任质
斌年长七岁（就在同一天，陶铸在中宣部传达中央工作会议精神时
指出，刘邓路线主要是认识问题，"是人民内部矛盾"。四十几天后，
陶铸被诬为"中国最大的保皇派"被打倒，后被秘密押送到了安徽
囚禁。一九六九年十一月三十日在合肥含恨去世）。

　　二十五日，陶铸再次接见任质斌。他善意忠告说："你们以后要坚决站在造反派一边，不能再脚踏两只船了。除此之外，别无出路。"对此，任质斌感到十分苦闷，他在日记中写了自己的感受："大有走投无路之感。"

　　此次在京期间，任质斌还见到了陈毅、李先念等人。尽管李葆华身处逆境，当他们问起李葆华时，任质斌说："李葆华同志不是一个拉拉扯扯、争名夺利的人。"他坚信李葆华是一个忠诚正派的同志，不是反党反社会主义的，而且他是李大钊烈士的长子，中央会保护他的①。

　　在参加工交座谈会过程中，任质斌目睹了中央高层的激烈斗争。会议中，陈伯达拿出一份由中央文革小组起草的关于工交系统开展"文化大革命"的征求意见稿，明白写有"允许工厂成立派系组织"、"允许学生到工厂串联"，遭到各部门负责人的激烈反对，尤其是刘澜波、吕正操、吕东几位部长，几乎是哄堂而起，表达了对国家动荡不安形势的担忧。主持座谈会的谷牧，根据周恩来的意见，制订了《工交企业进行文化大革命的若干规定》，受到陈伯达的严厉指责。座谈会期间，周恩来于十一月二十四日和十二月十日两次发表讲话，要求领导干部以"我不入虎穴，谁入虎穴"的革命精神，面对文化大革命方兴未艾、大势所趋、势不可挡的形势，敢于赴汤蹈火，敢于站到潮流里去②。对各地领导干部受冲击，周恩来也在会上谈及："各地经常请示中央，想中央对某些具体问题答复，以后中央概不答复"；"现在顶多也不过揪十几天，有什么不得了？各省、市都要在大风浪中再锻炼一下。……李葆华，主席说不能承认反党反社会主义，是说不要搞反党反社会主义活动"；"主席一方面担心

_____

　　①　任质斌的工作笔记：《在文化大革命中我死保李葆华的表现》。

　　②　中共中央文献研究室编、金冲及主编：《周恩来传（1898～1949）》，中央文献出版社，1998年版，第1896～1899页。

你们能否过关，一方面相信你们，让你们去过关"①。

　　任质斌在京期间，还分别见了原西北局候补书记刘岗、原四川省省委第一书记廖志高、原山东省委书记苏毅然、原中央内务部副部长程坦。返回合肥时，在济南和南京又见了山东省委秘书长和江苏省委副秘书长，向他们了解山东和江苏两省的"文革"运动情况。

　　十二月二十一日，任质斌回到合肥。

　　第二天，省委在含山县清溪镇召开有十五人参加的常委扩大会。李葆华主持会议。任质斌汇报了北京会议情况和陶铸的指示。会议形成决议："必须当机立断，悬崖勒马，彻底与错误路线决裂，坚决回到毛主席的路线方面来"，"迅速、坚决、彻底地转，把屁股坐到革命造反派一边，支持他们革我们的命，力争在较短时间内把目前的被动局面扭转过来。"会后形成三个材料：一是向中央和华东局的报告；二是向省直机关十七级以上党员干部的讲话；三是省委给全省人民的公开信。会议还决定：健全各级文化革命小组及其办公室；省委常委、副省长均担任省委文化革命小组副组长；文革小组办公室增加十九名厅局级干部担任副主任②。

　　其实，省委的决议已经完全于事无补了。在毛泽东的支持下，上海造反派向中共上海市委"党内一小撮走资本主义道路的当权派"夺权的所谓"一月风暴"，已经像浓重的乌云一般，压在了中国的天空。"旧省委"即将被打倒，这次会议也被指控为"黑会"，被称为"李葆华之流覆灭前的垂死挣扎"。

　　任质斌力图保全省委、维系或者大体维持政治秩序的种种努力，终告失败。

---

　　①　摘自任质斌工作笔记。

　　②　任质斌工作笔记。中共安徽省委党史研究室：《中共安徽省历史大事记》，安徽人民出版社，2002 年 12 月版，第 220 页。

　　清溪会议二十四日结束。省委为了表示"把屁股坐到革命造反派一边，支持他们革我们的命"的诚意，当日派书记处书记张恺帆陪同工人造反派去了北京。二十六日，李葆华应周恩来电召去北京开会，散会后被在京的安徽造反派和北京造反派"揪"走，并且于一九六七年一月五日被押上大卡车，脖子上挂着"反党反社会主义分子李葆华"的大牌子游街，一直游街到中南海西门。他是全国的省委第一书记中第一个在首都被押着游街的人。

　　李葆华去北京时，省委工作由任质斌、李任之、王光宇等共同主持。任质斌此时已经回天无力了。但是，当造反派提出的要逮捕李葆华的夫人田映萱（时任省委监察委员会副书记，任质斌为代理书记）时，任质斌断然拒绝。

　　一九六七年一月十六日，李葆华、张恺帆由北京返回合肥。一月十八日，李葆华主持在安徽工学院召开省委常委会，研究对串联学生的接待和市场供应问题。任质斌参加了会议。这次会议是在造反派头头强行到场的情况下召开的，也是第二届中共安徽省委召开的最后一次常委会议。

二　从"一·二六"夺权到被军事管制

　　安徽的"文革"进程，引发出了毛泽东的一项重大决策，并且由此开启了全国"文化大革命"的一个重要阶段："支左"（"解放军支持左派广大群众"的简称），继而由军队的"支左"演进到"军管"（"军事管制"的简称）。

　　一月六日，上海造反派夺了中共上海市委、市政府的权。一月十一日，中共中央、国务院、中央军委、中央文革小组电贺上海造反派团体"夺权"。时称上海"夺权"为"一月风暴"。

　　安徽造反派在策划夺权时，提出要举行一次规模空前的批斗"安徽头号走资派"李葆华大会，要求安徽省军区派部队来保卫大会，并限一月二十一日十四时前答复。安徽省军区二十一日晨通过南京军区党委向中共中央、中央军委呈送《关于可否派出部队警卫群众组织召开的批斗省委第一书记李葆华大会的请示报告》。当日，报告呈送给了毛泽东，毛泽东在报告上写下批语："林彪同志：应派军队支持左派广大群众。请酌处。""以后凡有真正革命派要求军队支持、援助，都应当这样做。所谓不介入，是假的，早已介入了。此事似应重新发出命令，以前命令作废。请酌。又及。"①

一月二十三日，"斗争反革命修正主义分子李葆华之流大会"在合肥举行。李葆华等省委负责人在被批斗后，被戴上纸糊的高帽子游街。同日，中共中央、国务院、中央军委、中央文革小组发出《关于人民解放军坚决支持革命左派群众的决定》。

一月二十六日，中共安徽省委、省人民委员会和中共合肥市委、合肥市人民委员会被造反派"夺权"，李葆华、李任之、桂蓬、杨效椿、赵凯等被称为"反革命修正主义分子"，被"罢官"；由"安徽省革命造反派夺权联合指挥部"（后定名为"安徽省革命造反派总指挥部"）接管党、政、财、文大权。二十七日，安徽省军区以及驻合肥部队，召开了坚决支持革命左派誓师大会，会后举行了威武盛大的游行。经报中央批准，任质斌、王光宇、张祚荫等原省委负责人被安排进总指挥部，负责维持工农业生产。

此后，"夺权"、"罢官"之风席卷全省，省直各厅、局、委、办，各地、市、县党政领导机关、企事业单位以及城镇街道、农村人民公社、生产大队和生产队等基层单位，也先后被造反派夺权。各级领导干部和负责人被批斗，大多数人被挂上黑牌子或戴高帽子游街。至此，党团员组织生活全部停止。

安徽"一·二六"夺权后，一派群众组织说夺权"好极了"，被称为"极派"或"G派"；另一派群众组织认为夺权"好个屁"，

① 《建国以来毛泽东文稿》第12册，中央文献出版社，1998年1月版，第197页。

被称为"屁派"或"P派",两派争斗不休。部分省市领导干部和省市机关干部参加了这个争斗,导致了中央在北京召集会议解决安徽问题。

从三月十三日到二十九日,周恩来、陈伯达、康生、肖华、关锋、王力等召集安徽省军区负责人、安徽省革命造反派总指挥部代表、两派群众组织代表、省市机关干部代表,到北京开会。任质斌参加了会议。地点在人民大会堂,时间都是夜间直到后半夜。共开会五次。任质斌始终未主动发言,只被动回答了问题。两派在发言时各执一词,互相指责。康生等文革小组成员不时严厉追问,会议气氛非常紧张。

在三月十三日召开的第一次会议上,有人揭发任质斌到北京见李先念时带了秘书,见陶铸却没有带秘书,进而指控:"这里面有阴谋。"这个"揭发"没有人呼应,也就过去了。

在三月十九日召开的第三次会议上,掀起了针对任质斌的一场争论:

有人严厉指责任质斌"与李葆华勾勾搭搭",追问和李葆华一起召开最后一次省委常委会究竟干了些什么。任质斌回答:"谈了三个问题。第一,接待工作。因为省委机关瘫痪了,接待站垮了,我们一露面,外地来串联的人都涌上来要求给他们解决问题,搞得我们没有办法办别的事,所以,要谈一下。第二,合肥的生活问题。因为粮、油、煤都很紧张。粮食只能供应二十多天了,有的地方食油已经脱销,煤炭只够烧两三天了。需要研究解决。第三,谈谈自己应该如何揭发交代问题。讲得很粗略,就吃饭了。"

任质斌说完后,王力连连追问,康生参加追问,关锋为主逼问。关锋说:"任质斌同志,对不起你,打断你的话。十八号还有什么人参加那个会?不老老实实讲这个情况能行吗?不老老实实讲这个情况能行吗?不老老实实讲这个情况能行吗?!"关锋声色俱厉地责问,使全场震撼。全场目光都转向了任质斌。任质斌平静地简短回答:

"我是老老实实讲的。曹在凤也参加了会。"（前文已说，这次常委会是在造反派强行到场的情况下召开的。曹是造反派头头之一）

周恩来说："曹在凤来了吗？"曹回答："来了！"关锋没让周恩来问话，继续对任质斌说："还有别人参加吗？你在山东犯错误，对向明的问题没揭一点材料。今天对李葆华还是这样，能行吗？！"

关锋如此凌厉地追查一月十八日省委常委会议还有什么参加者，仿佛是即将捅开一个惊天秘密。奇怪的是，无论是会上还是会后漫长的审查中，这个问题再无人提起。

三月二十九日零点四十五分，第五次会议在人民大会堂召开。周恩来主持，康生宣布报毛泽东主席、林彪副主席同意的《中共中央关于安徽问题的决定》（简称九条）。在宣读时，康生作了解释和说明。

第一条全文是："根据两个月实践检验，安徽'一·二六'夺权没有实现无产阶级革命派大联合，没有把矛头指向省委内一小撮走资本主义道路的当权派，没有实现革命的'三结合'，'安徽革命造反总指挥部'个别领导人实行了一系列的错误政策。中央认为，应立即成立以钱钧同志为首的军事管制委员会，把省的领导权掌握起来。"康生解释说："你们要结合的干部，不是真正的革命的'三结合'，不要说任质斌、张祚荫、王光宇、黄岩，就是王中，长期养病，回去后也不是真正彻底揭露李葆华的。"

第二条全文是："军事管制委员会要集中揭露打击以李葆华为首的党内一小撮走资本主义道路的当权派。坚决支持各左派群众组织，在左派组织之间不能片面支持一方，打击另一方。严防坏人利用军管镇压群众。军管会要通过各项工作，筹备革命的、'三结合'的临时权力机构。"康生解释说："这一条要说明的，中央明确指出要集中力量打击以李葆华为首的安徽省委内一小撮走资本主义道路的当权派。为什么要把李葆华的名字点出来？因为安徽流传这样的说法，说中央要保李葆华，甚至说李葆华是'三结合'的对象，这可能影响一部分群众，影响斗争的矛头不正，需要特别提出。"军管会主任钱钧，一九五五被授予中将军衔，时任南京军区副司令员，他被召进京，参加了第五次会议。

康生宣布完毕，相关人一一表态。二十九日凌晨三点半会议结束，任质斌当天乘火车返回合肥，三十日下午抵达。

四月一日，中国人民解放军安徽省军事管制委员会正式成立，钱钧任主任，严光、宋文、廖成美、杨广立任副主任。同日，中共中央正式下发《中共中央关于安徽问题的决定》。

安徽实行军管后，任质斌"靠边站"了。他的生活的全部内容是：写检查，写揭发材料，接受无休止的调查和询问。他在四月五日日记中写道："上午农科院等单位来访。下午又有五批学生来访，从下午三时一直谈到七点多，很疲劳，这样搞真受不了。"

四月十四日，安徽省军管会召开造反派组织代表、省市机关干部和驻军干部大会，钱钧作《紧急动员起来，向以李葆华为首的党内一小撮走资本主义道路的当权派展开总攻击》的报告。十七日，省军管会发出坚决贯彻《公安六条》的通知，要求"加强对敌专政，维护社会治安"。此后，派出大批军队干部、战士到各地执行"三支"（支左、支工、支农）、两军（军管、军训）任务。二十六日直至六月中旬，省军管会召开揭开省委阶级斗争盖子会议，造反派代表和原省直厅局长以上干部参加。五十多天的会议，进一步促使了省直机关领导干部队伍的分化，加剧了合肥地区造反组织之间的矛盾，争斗更趋白热化。

由于每天持军管会接待室开出的便函来访的人员太多，任质斌于四月二十九日给钱钧、宋文写信，要求军管会每日只安排接待半日。此后数天无人来访。从五月二日起，他连续十天被通知到省人委参加党群组织揭批李葆华会议。五月十二日，任质斌被省直机关革联站和政法口造反派拉到江淮大戏院斗争。街上贴出了"打倒任质斌”的标语，把他称为“李葆华之流”。

从五月二十三日起到七月底的近七十天时间里，任质斌几乎每天都要接待省内外造反派的调查和询问，所问问题上至抗战时期，近至正在发生的事情。调查涉及的人有朱德、陆定一、胡耀邦、安子文、陶铸、谭震林、李葆华和安徽省委负责人。向他调查新四军五师情况主要包括：新四军五师的编制情况及五师现在在安徽的干部，刘西尧一九四三年在整风班中的情况，一九四六年中原军区部队复员情况，中原突围情况等等。有的“调查”则是公然陷人于罪的整人，如五师晋城会议对李先念提了什么意见，陈少敏情况，吴林焕情况，河北省委第一书记刘子厚在中原突围的情况，以及他是“如何执行王明路线的”，刘少奇在中原局“伸了哪些黑手，下了哪些黑指示”，他去延安时刘少奇“下了什么黑指示”，郑位三在中原局“犯下哪些滔天罪行”等等。问山东情况主要包括：他如何同向明一起反对康生的，傅秋涛在山东分局时的情况，常溪萍在山东的情况等等。

面对造反派的调查、威胁和逼问，任质斌坚持有一说一，有二说二，决不搞落井下石。有时，造反派拍着桌子说他“不老实”，他总是冷静地回答：“你们还可以向其他人调查。”拒绝与他们纠缠争辩。

任质斌尽己所能保护同志，拒绝作任何伪证。在他的遗物中，还保留有一九六七年六月至一九六九年省军管会接待室开出的要任质斌接待调查的便函六十一份。

这种无休无止的精神折磨，使任质斌心力交瘁。

从六月起，安徽全省爆发了大规模的武斗。因为各地的党委、政府及其所属的部门、单位的领导人，均被造反派当作“走资本主义道路的当权派”、“叛徒”、“特务”、“修正主义分子”揪斗、关押或者靠边站了；各级公安机关、检察院、法院也被夺权；各造反派组织之间冲突激烈，武斗局势无法控制。安徽各地，特别是合肥、淮南、蚌埠、芜湖、马鞍山、安庆等地，相继发生了大规模武斗，多人死亡，社会动荡不安，人民的生产、生活和安全皆受到了极大影响。

七月八日，省军管会发出制止武斗的《紧急呼吁书》，收效甚微。连合肥市区都响起了武斗的枪声。八月三日，省军管会将原省委常委和副省长以上的领导干部集中到江淮旅社。任质斌开始了近两年的被"军管"生活。他和李凡夫同住在三楼三号房间。八月八日，十二军（六四〇八部队）奉命进驻安徽，控制了局面。

任质斌等原省委负责人被"军管"后，生活的内容主要是被批斗、被迫接受调查、没完没了地写检查、写揭发材料。起初，警卫人员是省军区的战士，管理不太紧，家里还可以去看望，送报纸，送食品，他写的检查也能交给家人代为抄写。后来警卫换成六四〇八部队，看管就严了，家人去探望受到严格限制，连大小便上厕所也有战士持枪监视着。

八月十一日，任质斌首次遭到批斗和殴打，身上留下了六七处伤。后来，遭批斗成了家常便饭。开始，是各系统、各口组织的批斗，如党群口、外贸系统、省委办公厅、省文联、省直财贸口、省直文口等等，批斗中还比较文明，很少有体罚。后来是造反派批斗，先是极派，后是屁派，两派轮番斗，尤其是八月下旬之后的几个月时间里，几乎天天都被拉去批斗。两派中有个什么组织搞成立纪念活动，也要把他们拉去示众，一般他都是陪李葆华一道被揪斗。身体有病的任质斌常常遭到野蛮的虐待，罚跪、戴高帽、挂牌子、做"喷气式"、遭拳头揌，两臂和手指被扭得疼痛难忍，造成心跳加快，吐血。有一次被批斗，在野蛮粗暴的推搡中，一只鞋掉了也不让拣，只好光着脚回来。

安徽武斗愈演愈烈，社会动乱不止。九月五日，中央文革小组顾问康生、代理组长江青主持处理安徽问题，又点了安徽一些干部的名。此后，在安徽全省掀起了揪斗所谓"黑手"的斗争。九月九日，中共中央办公厅发出通知，要求全国各地学习江青的"九五讲话"。二十三日，毛泽东批准中共中央、国务院、中央军委、中央文革小组批转的《安徽P派和G派热烈拥护和贯彻执行康生、江青九五指示》的通知。两派达成了"旧账不记，老账不算，责任不追"的协议，并且考虑两派"联合办公"。

任质斌等原省委负责人面临着更加严厉的政治迫害。两派之间的"旧账"和"老账"不记了、也不算了，统统都记到、算到了"旧省委"的头上。李葆华已经被正式打倒。任质斌等人受到了更加严厉的追查和审问式的调查询问。过去的工作都成了"错误"，过去的言行都成了"罪行"，什么人都可以以"革命"的名义恣意诬陷人而不承担任何责任，什么样的坏事和暴行都可以用"革命"的名义堂而皇之地去做。任质斌从外调人员口中得知，许多昔日的战友都跌入了苦难，被妄加了各种罪名。任质斌在山东受向明案件牵连的往事，也被人写成了大字报，连篇累牍地张贴在合肥街头。胡志学全家人都当了红军，十一岁就跟着父亲上山打游击，父亲牺牲时她才十二岁，她在红军中长大。战争年代历经艰险，新中国成立后勤奋工作，现在也成了"革命的对象"，屡遭批判斗争。

任质斌和胡志学靠着信念的支撑，度过了一段不堪回首的岁月。

不久，安徽政局又发生了变化。十月二十六日，中共中央改组中国人民解放军安徽省军事管制委员会，由李德生任主任，廖成美、杨广立、张文碧任副主任。一九六八年一月，增加宋佩璋任副主任。

省军管会改组后，仍对原省委的省委常委、副省长以上的领导干部实行军事管制和专案审查。看管他们的军人态度不好。曾经指挥过千军万马的老军人任质斌，仍然陷于被军管、被批斗、受折磨的逆境中。

　　十一月十五日，任质斌在教育学院陪斗时犯病，大量出汗，衣服湿透，喘不过气来，栽倒在地上。回到住所已经精疲力尽，上楼都很困难，喉咙痛，痰中有血；后来鼻子不断出血。医生诊断是软组织挫伤、初期心力衰竭。

　　二十四日，任质斌写信给李德生军长，请准予病休，待身体恢复两个星期再接受批斗。十二月中旬，在财贸政治部任处长的胡志学，被大联委派到枞阳县去征收粮食，病中的任质斌无人照顾，家中三个孩子最小的任在齐才十三岁，万般无奈，胡志学发电报给在哈尔滨军事工程学院读书的长子任全胜，电报上写"母病危，速回"，任质斌把"危"改成"重"，胡志学还是改成"病危"，让任在晋发出电报。任全胜急忙赶回合肥，警卫开始不让进，幸好任全胜穿着军装，有盖着"总字九四三部队"大印的学员证，才让他进去见了父亲。他对军管会的人说："咱们部队有光荣传统，就是对国民党俘虏还优待呢，俘虏兵受伤了、生病了，都给治。这些老同志都革命几十年了，该看病的看病，否则就与咱们人民军队的政策不相符了。"他很快就跟警卫人员弄熟了。爸爸病体虚弱，在晋在家里熬点鸡汤，用保温瓶装上，他给送了去。很快，任质斌被送到一○五医院住院，在医院里还是被隔离，军管会派一个战士守在门口。

　　艰难岁月中一家人的相互扶持和骨肉亲情，使任质斌感到温暖和慰藉。

　　任质斌是一个不轻易表露感情的人，但内心世界是炽热的。看着二十二年前出生在新四军五师师部的戎生（任全胜原名戎生）成了英武挺拔的军人，他的病似乎就好了一半。任在晋是他的掌上明珠，品德和学习都好，上进心强，可惜被耽误掉了。他还不明了女儿心中的苦，他不知道，任在晋曾经对同班同学江南征说："如果我爸有个什么，我也活不了！"从小就沉稳懂事的任在鲁，越来越沉默了。在逆境中，全家人都把各自的愁苦深藏在心底，相互安慰和扶持。

　　任质斌身处困境，却始终心系安徽的各项工作。"文化大革命"

的"全面内战"和"全面夺权"，使得安徽的生产指挥系统全面瘫痪，生产秩序被打乱，经济损失严重。在任质斌的笔记本中记着："一九六七年，全年工业总产值完成二十五点七亿元，比一九六六年减少十点零三亿元，下降百分之二十九点八。"

一九六八年一月五日，省军管会在合肥召开十八万人"誓夺无产阶级文化大革命的全面胜利誓师大会"。一月八日，安徽省公检法军事管制委员会成立，派出大批军队干部和战士，对全省县以上的公安、检察院、法院机关实行军管。不久，提出了"彻底砸烂旧公检法"的口号。同月，在全省开展持续了六年之久的"清理阶级队伍运动"，提出了彻底清查混进革命队伍内部的一小撮"叛徒"、"特务"、"走资派"以及没有改造好的地富反坏右分子的要求，各群众专政组织在运动中大搞逼供信，制造了大批冤、假、错案。到九月底，清理出了"死不改悔的走资派"、"叛徒"、"特务"、"坏人"高达十多万人。在最初的一年零四个月中，全省"揪出"各种"坏人"超过了四十三万人。大批无辜者被迫害致残、致死。四月十日，安徽省第一个群众专政组织"合肥市文攻武卫指挥部"成立，至年底，群众专政队伍超过一百万人，他们乱拘乱捕、乱批乱斗，无法无天。

四月十四日，中共中央、国务院、中央军委、中央文革小组批准成立安徽省革命委员会，李德生任主任，廖成美、宋佩璋、李任之、杨效椿、徐文成、张秀英、张家云任副主任。委员一百四十六名，其中群众代表九十名、军队干部二十四名、地方领导干部三十二名。在二十九名常委中，群众代表十七名（含造反派头头十名）、军队干部七名、地方领导干部五名①。省革委会取代中共安徽省委、省人民委员会的职能，实行"党政合一"、"一元化"领导。四月二

---

① 中共安徽省委党史研究室编：《中共安徽省历史大事记》，安徽人民出版社，2002年版，第231页。

十一日至五月七日，第一次全委会召开，通过了《更高地举起毛泽东思想的伟大红旗，乘胜前进，向阶级敌人发动更猛烈的进攻，夺取无产阶级文化大革命全面胜利》的决议。

任质斌注意到，这个《决议》提出："进一步放手发动群众，充分发挥一切舆论工具的战斗作用，人人动口，个个动手，口诛笔伐，把中国的赫鲁晓夫（按：指刘少奇）及其在安徽的代理人李葆华、黄岩……及曾希圣之流批倒批臭，彻底埋葬。"会后，全省各地"上挂下联"，层层掀起批斗"反革命修正主义分子"及其在本地、本系统、本单位"代理人"的高潮。从此，安徽"文化大革命"进入了"斗、批、改"阶段。

省革委会成立后，被集中在江淮旅社的原省委领导干部，被集体搬迁到商业干校，继续被军事管制，按照革委会的要求，参加"斗、批、改"运动。自由是完全没有的。任质斌住在三楼，胡志学去看望，警卫不让上楼，他们只能一个站在三楼，一个站在楼下，喊着说几句话。任在晋去送东西，不准见面，由传达室仔细检查后转交。六月，胡志学被派去怀远县常坟区搞夏粮征购工作，经申请获准带着在晋、在鲁、在齐去看望，旁边站着个战士，他们只能隔着长条桌说说话。

按照省革委会的要求，这一段时期，任质斌写了大量的检查材料，据他的工作笔记统计，约有三十个专题。作为久经政治历练和政治风浪的老党员，他深知在党的政治生活中频频发生的"残酷斗争、无情打击"给党的事业和个人的政治生命所造成的危害，所以，他坚持实事求是，拒绝以不实之辞去求得个人的解脱。他对任全胜说："做人要做正派人，不能为了洗刷自己，公开党内秘密。"

在商业干校被军管期间，任质斌大量阅读了马列和毛泽东的书，并写下心得。他阅读并抄写了毛泽东的《论联合政府》、《农村调查序言》、《工作方法六十条》、《组织起来》、《中国共产党在民族战争

中的地位》、《在延安文艺座谈会上的讲话》、《论农业合作化问题》、
《湖南农民运动考察报告》、《中国农村的社会主义高潮》、《减租和
生产是保卫解放区的两件大事》、《在陕甘宁边区参议会的演说》、
《在七千人大会上讲话》、《抗日战争胜利后的时局和我们的方针》、
《和斯特朗的谈话》等。研读了列宁的《怎样组织竞赛》、《给美国
工人的信》、《〈马克思致路·库克曼书信〉俄译本序言》、斯大林
《论列宁》。研读了《关于若干历史问题的决议》，他还多次对比学
习了社会主义教育运动的《前十条》、《后十条》和《二十三条》，
在日记中写道："颇有所感"，"过去对这一点认识得不十分清楚，
现在回头看一看，更清楚了"。

　　任质斌还以凛然正气，对干部中存在的不正之风和丑恶现象进
行了归纳："（一）争名誉、争地位、出风头、向上爬；（二）政治
上投机取巧、看风使舵，看气候办事；（三）吹吹拍拍、拉拉扯扯、
结党营私、搞山头主义；（四）弄虚作假、掩盖错误、谎报成绩；
（五）抬高自己，打击别人，功则归己，过则责人；（六）本位主义，
地方主义；（七）八面玲珑、四面讨好，见人讲人话、见鬼讲鬼话；
（八）不坚持原则，和气一团，不得罪人，做老好先生；（九）困难的
事情推给别人，自己拣轻担子挑，事事请示，怕负责任；（十）工作
马虎，身体第一，小病大养，追求长寿；（十一）腐化堕落，追求享
受。"这些犀利的归纳极具锋芒。

　　九月，胡志学被下放到设在宣城的省财贸系统"五七干校"劳
动。按照省革委会通知，任在晋在同学姚小培、江南征、贾春生等
人的帮助下，把家从书记院搬进旧尼姑庵，几家原省委负责人的家
属也都被赶到那里集中居住，人称"黑帮大院"。十月，在晋、在鲁
下放到颖上县当知青。不久，在齐随就读的中学下放去了阜南县。

　　十一月，省革委会举办第三期毛泽东思想学习班。任质斌、胡
志学、任在晋进了学习班。这一期因为有万余人参加，又称"万人

学习班"。名为"学习",实际上是审查,进一步"揭旧省委的盖子"。胡志学是受株连。任在晋被弄进学习班,是因为她在"文革"初期当过一段时间红卫兵总部的宣传部部长,要她说清"问题",参加"揭旧省委的盖子"。在晋很刚强,坚决否认一切不实指控。任质斌丝毫不为逼供所动,成了学习班最后几个不能解脱的人之一。

一九六九年二月二十七日,任质斌的母亲在上海病逝。是时任质斌仍然处在被军管中,没能与母亲告别。胡志学和任全胜赶去料理后事,得到了街道主任黄桂兰的帮助。一九七三年,任玖湘老人在上海逝世,享年八十九岁。

一九六九年四月,中国共产党第九次全国代表大会召开。九大通过的政治报告和党章,使"文化大革命"的错误理论和错误实践得以合法化;把林彪作为"毛泽东同志的亲密战友和接班人"写进了党章总纲。九大加强了林彪、江青集团在中央的地位,它在思想上、政治上和组织上的指导方针都是完全错误的。毛泽东在九届一中全会上讲话,再次肯定"文化大革命",并且说:"有些外国人、新闻记者说,我们这个党在重建。现在我们自己也提出这个口号,叫整党建党。事实是需要重建。"

九大之后,原省委常委和副省长以上干部"解放"了十二人,超过半数。任质斌不在其列。

六月,任质斌被宣布"解放",并被下放到合肥市新华印刷厂劳动锻炼,幼子任在齐扛着行李把他送进厂。第二天,他被安排在成品车间做一个普通的装订工人,跟炊事班住在一起。

当时,印制毛泽东著作是印刷厂的主要任务。"文革"开始,省委曾于一九六六年十月十日批转省文化局党组、省轻工业厅党组和省人民出版社编委会《关于毛主席著作印制工作会议情况的报告》,决定大量出版毛泽东著作,从一九六六年到一九六九年初,全省共印制《毛泽东选集》二百三十万部,另从中央调拨来四百七十万部;

印制《毛主席语录》二千八百万册；《老三篇》、哲学四篇、文艺四篇汇编本、单行本三千八百多万册。

车间的工人对任质斌很热情。车间指导员介绍，成品车间有三百零八人，精装班有六十多人，车间接受印《毛选》袖珍本三十万本的任务，本月任务是八万本。分配给任质斌的活，是拣《毛选》袖珍本的塑料封面。任质斌虚心向工人学习，速度和质量都不断提高。开始每天拣三千个，有点供不应求，三天之后，就能拣四千个了。他发现这项看似简单的劳动技能，也是有技巧的，塑料封面做得不好就会有漏金（笔画残缺不全）、溢金（笔画模糊不清）、重印（笔画重叠）、起泡等问题。

十月十三日，任质斌结束了在印刷厂的一百一十六天劳动。

十四日，省革委会主任李德生找任质斌谈话，说已经任命他为省革委会人民保卫组（简称人保组）副组长。

三　复出后在人保组和高级法院的艰难工作

安徽省革命委员会一九六八年四月成立时，下设四大组：办事组、政治工作组、人民保卫组、生产指挥组。一九六九年二月，全省第三次人民保卫工作会议决定：将省革委会人民保卫组与中国人民解放军安徽省公检法军管会合并，组成省革委会人民保卫组，下设审判、侦破、治安、劳改、秘书五个组；同时决定民事案件一律放到公社以上各级革委会处理，专政机关不办理民事案件。会议确定，把"群众专政"作为侦破工作"唯一正确"的路线，而将重证据、依法办案等办案原则全部革除。其后，在许多地市，将"群众专政"发展为群众破、群众审、群众判、群众斗、群众管。

任质斌面对的，仍然是无法无天的乱局。安徽省原有的公检法部门早已经被"四彻底"了（"组织上彻底砸烂、人员上彻底清理、工作上彻底揭露、路线上彻底批判")。他十月十五日到任时，正值全省第四次人民保卫工作会议召开，会议主题是研究"如何加强对敌斗争、落实战备、把巩固无产阶级专政的任务落实到基层"。

在安徽省革委会的各级领导机构中，真正掌权的都是军队的"支左"干部，配置的少数地方干部只能起陪衬的作用。

任质斌到任后，与组长王翀、副组长白海云见了面。为了熟悉人保组的情况，他分别找了秘书组、侦破组、治保组、审判组、政工组、劳改工作组、机械修配厂等下属单位汇报情况。

按照分工，任质斌分管劳改工作。劳改组机关共有三十七人。全省劳改单位二十四个，其中工业的十五个，农业的六个，总计干部七千三百九十二人。

十一月二十五日，任质斌主持召开了劳改工作座谈会。从座谈会上反映的情况看，劳改工作问题不少，处在斗批改阶段，急需解决的问题，一是体制问题，二是组织机构问题：组织机构与工作任务不相适应，干部的思想混乱，省劳改组与地区的管理职责范围不明确，因派性干扰，领导班子不健全。十二月中旬，任质斌深入淠河汽车厂、六安专区、金寨县、安庆专区、安庆市及东风袜厂、港务局、池州专区及贵池市、铜陵市及铜官山选矿厂、太平县等地，调查研究，听取各地、县人保组汇报情况，直到年底才返回合肥。

这一段时间，任全胜从部队回家探亲，任质斌为了使他接受一点社会教育，下去调查时也把他带上。在淠河汽车厂调查时，该厂汇报：有三个刑满就业多年的人员，都是工程师，没有定级别，待遇低，当时该厂给南京跃进汽车厂生产汽缸，这三个人起的作用很大，问能不能提高工资？任质斌说："是否通过福利来解决，给他们补贴。师出无名不行，要师出有名，有创造发明的，有工艺技术并且创造了很高价值的，可以解决。"多年后，任全胜说："在那个时期，表这个态，是要负责的，是要有勇气的。"①

对劳改组拟定的工作安排，他提出要搞个具体计划，并强调：要排除各种事务的干扰，抓重点工作、重点单位，走出机关，把主要力量放到下面。

在四月召开的劳改工作会议上，他结合调查情况，提出劳改单位必须解决的几个问题：（一）裁并单位问题；（二）三类人员清理回乡问题；（三）工业单位缺少劳动力问题；（四）缺少财会人员问题；（五）厂群关系问题。针对会议上大家提了许多具体问题，他强调在工作方法上"尽量减少行政事务，狠抓重点——抓思想、抓政策、抓重大部署、抓方向路线、抓关键问题"。

在那样的特殊时期里，虽然身为人保组副组长，有些重大问题，任质斌是无法表态、无法解决的。他只能鼓励大家深入实际，掌握情况。他在笔记中记下自己的想法："要增强核心小组的团结；要互相信任、互相支持、互相谅解、互相帮助；大事讲原则，小事讲风格，不要发牢骚，不要动火气教训人；接近群众，倾听群众的意见，但要注意不要做落后群众的尾巴。"

六月二十一日，全省第五次人民保卫工作会议在合肥召开，会议分析研究"一打三反"运动的形势，提出在运动中办理案件应掌握的政策问题，要求纠正"逼供信"做法，取消群众专政机构。根据会议精神，人保组于九月初召开会议，决定九月中旬派工作队进驻白湖农场，为期一年。任质斌在动员会上指出，派去的同志是宣传队、是工作队、是研究队、是超双纲队。会后，他和工作队一起去白湖"解剖麻雀"，住了一个多月。

十二月下旬，第十五次全国公安会议在北京召开，任质斌参加了会议。会议基调是否定公安战线"文革"前十七年的成绩，认为旧公检法严重混淆了敌我矛盾和人民内部矛盾。任质斌听到此类发

---

① 2001 年 8 月 21 日访问任全胜谈话记录。

言后，很不愉快。会议期间，任质斌因患肺炎，住进北京医院。胡志学赶到北京，护送任质斌回合肥，住进了一〇五医院。

一九七二年四月，任质斌到基层检查工作，先后检查了长丰县岗集法纪学习班、淮南法纪学习班、淮南看守所、淮南向阳区收容站、蚌埠市违纪人员学习班、蚌埠橡胶厂、白湖农场、芜湖违纪人员学习班情况。

这以后的大半年时间，任质斌根据省委“继续把批林整风作为头等大事抓紧抓好”的部署，参加了省委和人保组的各种会议学习。

十一月上旬，任质斌到芜湖地区检查工作，先后去了芜湖市、苏南农场、郎溪县、广德县、南陵县、泾县。在听取各地汇报后，他觉得有一些带共性的问题需要划清界限予以注意：“（一）反革命集团与纠合性落后小集团的界限；（二）反革命言行与政治性错误的界限；（三）阶级敌人蓄意破坏上山下乡运动与对上山下乡运动有错误言行的界限；（四）阶级敌人奸淫上山下乡女知识青年与未婚知识青年之间乱搞不正当的两性关系的界限；（五）阶级敌人伪装精神病进行反革命活动与患精神病者的反常行为造成犯罪的界限；（六）阶级敌人在无产阶级文化大革命中阶级报复杀人和一般因受资产阶级派性影响参加武斗杀人的界限。”这些意见有效遏制了错案的发生。

一九七二年七月十一日，省革委会人保组向省委提出恢复各级人民法院机构的报告。十月二十七日，省革委会下达《关于恢复各级人民法院组织机构和增编的通知》。任质斌参加了各级法院组织问题的座谈会。不久，他以人保组副组长兼任省高级人民法院院长，一九七三年一月二十三日正式下文到任，并兼任高级人民法院党的核心小组副组长。胡志学也于二三月间分配到省出版局从事政工工作。

任质斌是“文革”中恢复法院机构后的第一任院长。他顶住重重压力，克服种种困难，抓组织建设，做思想工作，建立规章制度，开展业务学习，在较短的时间内把法院恢复建立起来并领上正轨。

复建是和正常工作同步进行的，任质斌在拟定的一九七三年工作要点中，提出八个方面的工作：深入批林整风，学习《反杜林论》和建国以来的各项法令、条例；在五月一日前把一九七二年的积案清理完毕；上半年督促各地将法院机构建立起来；提高办案质量，把好杀头关，院长分工看案卷；召开一次会议，统一政策思想；广泛进行法制宣传；抽调四分之一干部下去蹲点；训练干部。在工作笔记中，他还写下了关于团结的要点：和军代表的团结；和不同观点的少数派的团结；和人保组、公安局的团结。

在省高院复建过程中，任质斌始终把党的领导和民主集中制原则放在首位。在四月份召开的法院党的核心小组会上，他说："院党的核心小组是在上级党委领导下进行工作，一切重大问题都需要党的核心小组讨论决定。"他主持讨论决定重大问题和案件时，会前出"安民告示"，开会时，他要求每个成员都要本着对党负责的态度，充分发表意见，畅所欲言，各抒己见，该争论的争论，不要有所顾虑。对案件的处理，如有两种或三种不同意见，在上报时应将不同意见写上。会后不许在群众中散布自己的不同意见。他的谦虚大度，注意倾听群众意见的民主作风，给同志们留下深刻的印象。

然而，在当时形势下，任质斌的努力工作仍然是遭遇了重重困难。四月中旬，任质斌出席在黄山召开的有各地市参加的省人保工作会议。这次会议本来是要总结第十八次全省公安保卫工作会议后两年的工作，联系实际，分析形势，部署工作。省委书记宋佩璋却指示，要以"正确对待军管，正确对待文化大革命"为会议主题，批判所谓的"复辟"、"回潮"。任质斌在会上只能讲一些表态性的话，但是，他仍然坚持做了一些务实的工作。他在会上了解到，徽州还有几个县的法院机构没有分开，会议结束便亲自到休宁县、黟县、祁门县检查督促工作。返回时又到东至县、安庆地区、安庆市调查，解决问题。

五月，任质斌被增补为中共安徽省委常委。

任质斌十分重视全省法院领导骨干的培训和省院机关干警的政治、业务学习。根据法院全年工作安排，五月十八日，省政法干校第一期司法干部培训班开学，任质斌亲自审定讲稿和教材，并召开座谈会，检查学员们的学习情况。

当时，上山下乡的女知识青年被凌辱的事不断发生，那时称"破坏上山下乡"，中央专门为此发了文件，要求严肃查处。省高院派人下去检查文件落实情况。任质斌在笔记中写下了对这件事的意见："（一）对破坏上山下乡情况的掌握如何？（二）对督促各级法院贯彻中央二十一号文件都做了哪些工作？（三）我们受理破坏上山下乡案件时，在思想感情上是一种什么情况？"根据情况汇报，他在笔记中曾设想女知识青年集中居住，甚至对集中居住的诸多问题都作了考虑，如口粮、烧草、吃菜问题，房子问题（漏雨、潮湿等），生产用具问题，同工同酬问题，医疗问题，招工招生走后门问题，婚姻问题等。

九月下旬至十月中旬，任质斌深入六安地区、阜阳地区，以及太和县、界首县、亳县、涡阳县、阜南县检查工作。通过各地汇报，他还了解了外省如四川、辽宁、河北、吉林、广西、广东、福建、浙江、湖北等省处理破坏上山下乡案件的做法和经验。

十一月八日，任质斌主持召开了开民事案件审判工作会议，讨论制定了《办理民事案件若干问题的意见》、《关于办理离婚案件的初步意见》。后经讨论，于一九七四年三月十七日下发全省各级法院试行。

十一月二十一日，任质斌在参加二十日至二十七日召开的省委工作会议期间，出席了政法干校第三期开学典礼，并讲了政法干部必需有的七个基本观点：阶级和阶级斗争的观点；紧跟阶级斗争形势，为无产阶级政治服务的观点；正确区分两类不同性质矛盾的观点；辩证唯物主义和历史唯物主义的观点；分化敌人的策略观点；党的观点；群众观点。

根据省委部署，十二月一日，省人保组机关开始整风。三日，任质斌在工作人员大会上传达十一月省委工作会议的精神。七日下午，人保组核心小组开会，交心通气。在领导骨干会议上，任质斌提出要分析讨论几个问题，如社会上的阶级斗争在法院机关里、在领导班子里有哪些表现？在思想路线上是立党为公还是立党为私？业务路线，老中青结合等。

在全院整风大会上，他指出："我们还必须就一些关键性的问题特别深入地大鸣大放一下，只有把握住那些带根本性、关键性的问题，才能提纲挈领、以纲促目地解决问题。如果单纯就事论事地解决问题，那就会事倍功半。"

一九七四年五月八日，任质斌因过度劳累而病倒休克，被送往一〇五医院抢救。医生诊断是十二指肠出血，医院发了病危通知书。抢救一周始转危为安。一九七五年五月再次生病住院。

四 任省委统一战线工作部部长

一九七五年八月，任质斌以省委常委任省委统一战线工作部部长。

"文革"开始后，全省统战系统机构瘫痪，领导干部受到批判斗争，干部下放劳动，多数统战对象被抄家并受审查，中共统一战线政策受到严重破坏。一九七三年三月，省革委会政治工作组下设统战小组，相继解放和安排了一些统战干部及统战对象。但在当时的政治形势下，统战政策的落实仍有很大的局限性。一九七五年八月省革委会撤销"四大组"。省委设秘书长，并设立组织部、宣传部、统战部、省直属机关党委等直属单位。

任质斌是恢复统战部后的第一任部长。在此前的省统战小组时期，内设机构为"二组一室"，即负责民主党派统战工作的一组（党派组），负责工商、民族宗教统战工作的二组（工商、民族宗教组），办公室。统战部恢复后，改为"四处一室"：政治处、党派处、工商处、民族宗教处、办公室。后根据工作需要，保留政治处、办公室，把党派处、工商处、民族宗教处合并为业务处。

任质斌到任后，根据各处室情况汇报和深入到蚌埠、宿县地区及所属各县调查研究，发现全省统一战线工作的状况很乱，"文革"破坏了原有的政策和秩序，在"左"的思潮影响下，许多问题认识不统一，政策界限不清。

"文革"初期，全省受到冲击和迫害的统战对象有一千多人，占统战对象总数的百分之二十。对民主党派，过去执行"三以"方针：以劳动实践为基础，以政治思想为统帅，以所在单位所任工作为岗位，对他们不硬性规定任务。对知识分子，"文革"中采取了三种清理方式：清队整党、五七干校、派宣传队进驻，知识分子受到了很大伤害。

民族宗教方面，"文革"前全省有少数民族十四万多人，民族公社（即乡）一个，民族大队（即行政村）七十四个。全省各县天主教、基督教、佛教、伊斯兰教都有，其中天主教堂一百三十二所，传教人员一百零五人，教徒九千多人（解放初期十七万多人）；基督教堂一百三十二处，教徒一千二百多人；佛教寺庙六百八十六处，僧侣尼姑四千余人；道观一百八十多处，道士道姑一千五百多人；伊斯兰教清真寺二百二十六处，阿訇二百三十六人。经过"文革"，清真寺多改为生产单位。对宗教界上层人士如何管理教育，没有制度，也没有一套办法。

在统战系统基层干部中，存在着"怕、难、等、怀疑"的想法，怕犯错误，感到路线斗争不可知，等待形势发展。至于统战部本身，民主党派的房子被外单位抢占，部内分工也不明确，忙闲不均。

　　由于当时的政治大气候仍然动荡不定，"左"的思潮占据上风，一会儿贯彻"毛主席的三项指示"、"评《水浒》"，一会儿又"批判'以三项指示为纲'"、"批邓"、"反击右倾翻案风"，运动接连不断，在统战系统落实政策，往往举步维艰，工作难有大的起色。尤其部内中层干部中对诸如"文革"前统战工作是否有"统而不战"的偏向问题，对统战小组工作的估价问题，对恢复原资本家高工资问题等的认识分歧较大，加上干部中的个人恩怨较深，会议上常常发生争执。对此，任质斌一再强调，对有争议的问题要有专题研究，要办学习班研讨理论，每个人都不要做"桃花源里人"；领导核心组的干部要团结，要互相支持，不要"一国三公，各行其是"，有利于团结的事就做，不利于团结的事不做。

　　情况复杂，形势多变，在任质斌的主持下，统战部仍然做了不少卓有成效的工作。主要是继续对宗教界和党外人士相关情况的清理；安置特赦人员、宽大释放在押人员、起义投诚人员；既谨慎又积极地处理少数民族问题、资产阶级工商业者问题、台属问题等。

　　十一月，根据中共中央"二部一院清理工作会议"精神，省委常委会议讨论，决定成立省释放原国民党重要人员安置领导小组，下设办公室，从公安、法院、民政、统战、劳动和宣传等部门抽调干部，具体抓释放安置工作。到十二月中旬，在安徽省各劳改单位中在押或就业的原国民党县团级以上党政军特人员七百六十九名全部获得宽大释放和安置①。十二月十四日下午，任质斌和省委常委、省革委会副主任杨效椿一起，在合肥江淮旅社西小楼接见了其中按起义投诚对待的十三人，并发给他们"裁定书"和"释放证"。

------

　　①　中共安徽省委党史研究室编：《中共安徽省历史大事记》，安徽人民出版社，2002 年版，第 273 页。

十二月，任质斌主持召开了全省统战工作座谈会，决定在各地县设政协。此后，又逐步落实了对爱国人士和高级知识分子的政策，明确右派摘帽的审批手续，在大学配备专职统战干部。还明确了划成分、原资本家高工资恢复和补发、资方人员退休子女顶替等问题的政策界限和具体办法。

一九七六年四月初，从台湾回大陆定居的原国民党中将李毅，到合肥和淮南参观探亲，任质斌代表省委热情接待。李毅，又名强生、为之，广西容县人，一九四九年去台，其原配和子女留在淮南。会见中，任质斌赞赏李毅从台湾返回大陆的爱国主义精神，李毅也向任质斌递交了一份《台湾人民之命运》的材料。

在统战部期间，任质斌迎来了"四人帮"的粉碎和"文革"的结束，安徽省委的班子也有了较大变动。

一九七六年十月粉碎"四人帮"以后，任质斌看到统战部门肃清"四人帮"余毒的任务还很繁重，决定举办一个有深度的理论学习班，对地、市、县统战部部长和业务骨干进行一次党的统战理论和政策的系统学习和培训。学习班于一九七七年一月举办，为期一个月，当时，任质斌刚刚从上海做完胃镜检查回来，正在治疗中，他坚持到学习班讲课。后来工作太忙，他结束了第二个疗程的治疗。理论学习班于四月初和五月底又先后举办了第二期和第三期，任质斌始终予以关注，并亲自督促、审查由统战部编印的《毛主席关于统战工作的论述》的选编和印刷事宜。每一期学习班开学，他都做了精心准备，到班上讲话。

任质斌和胡耀邦是红军时代的老战友，任质斌还曾是胡耀邦的顶头上司。建国以后，他们之间很少来往，只在五十年代和六十年代各见过一次面。这是那一代人的风尚，专心工作，不多往来。"文革"中，兼任陕西省委第一书记的胡耀邦也受到冲击，一九六八年二月二十八日，安徽省军管会审干办公室还找任质斌了解过胡耀邦的情况。

一九七五年邓小平复出，胡耀邦也于七月出任中国科学院党的核心领导小组第一副组长。上任不久，胡耀邦以大无畏的精神和理论勇气，主持起草了《关于科技工作的几个问题（汇报提纲）》，在对各研究所进行了大量的深入细致的调查研究的基础上，对于科技战线的成绩估价、组织领导、知识分子政策等重大问题都提出了符合实际的见解，反映了广大科技人员的心声。在这前后，为贯彻邓小平提出的"全面整顿"的号召，国务院政治研究室等单位也起草了《关于加快工业发展的若干问题》（即"工业二十条"）、《论全党全国各项工作的总纲》。后来这三本"白皮书"被"四人帮"批判为"三株大毒草"。

任质斌长子任全胜在岳父栗在山家看到了这份《汇报提纲》。栗在山是河南南阳人，一九一六年生，一九三三年入团，一九三五年转党，是任质斌的老战友，曾任新四军五师团政委、旅政治部主任、师参谋处处长、鄂豫皖湘赣军区分区政委。建国后历任中国人民志愿军空军军政委、国防科委基地政委，国防科委副主任、副政委，一九五五年被授予少将军衔，参与了组织领导导弹、卫星发射试验工作。栗在山坚决拥护邓小平主持的整顿工作，赞成《汇报提纲》等三份文件，也清醒地知道全面整顿的路绝不会平坦，就让任全胜在回合肥探亲时，带给自己的老领导任政委看。

任质斌看完后，认为很好。在任全胜回京时，让他代表自己去看望胡耀邦，并要全胜转告："第一，三本书我看了，我觉得没有问题；第二，替我问候耀邦同志，请他一定要保重身体。"

多年后任全胜回忆说："回北京后，我就去中科院看望胡耀邦，转达了爸爸的话。当时，'四人帮'已经发起了对包括《汇报提纲》在内的所谓'三株大毒草'的围攻。耀邦叔叔听我说完，显得很激动，'蹭'地一下站起来，大声说：'请你写信告诉你爸爸，我谢谢他！'这是我知道的他们两人'文革'中的第一次间接的交往。"

一九七六年九月九日，毛泽东病逝。任质斌沉浸在悲痛中。

几十年往事一一涌上心头，他在笔记中记下了与毛泽东的见面或交谈："（一）一九三三年在瑞金叶坪，多次看到毛主席坐在他的住房门外看书。（二）一九三四年一月第二次全苏大会（按：即第二次全国苏维埃代表大会）时，听毛主席做报告，并担任记录报告的任务。（三）一九三五年十二月中央政治局开会（按：即瓦窑堡会议），讨论建立抗日民族统一战线问题，毛主席严肃地驳斥了博古等人的右倾关门主义思想，我担任会议记录。（四）一九三五年十二月，参加中央在瓦窑堡召开的活动分子会议，听毛主席做的《论反对日本帝国主义的策略》。（五）一九三五年十二月或一九三六年一月，听到毛主席对李德的严厉斥责，警告李德'不要在这里横行霸道'。（六）一九三九年元旦后一天，同谢振华一起到杨家岭毛主席住处给毛主席拜年。（七）一九四六年冬，同李先念同志一起到枣园向毛主席汇报了中原突围的情况。（八）一九四七年一月参加了中央召开的高干会，听毛主席做了当前形势的报告。（九）一九四七年一月到毛主席家中，向毛主席请示五师部队在陕南活动的方针，毛主席做了指示。（十）一九五七年春，毛主席到济南，在珍珠泉礼堂接见了山东的县以上干部，我也参加了。（十一）一九六二年下半年，毛主席到上海，华东局和上海市委组织晚会招待毛主席，我在晚会上看到了毛主席。（十二）一九六三年二月，毛主席到武汉，湖北省委组织晚会招待毛主席，我也参加了晚会，看到了毛主席。"其间充满了景仰和怀念之情。

第二十九章　重回安徽省委

一九七六年，中国政坛风云激荡，党内斗争大起大落。这一年，周恩来、朱德、毛泽东相继逝世；四五运动发生；"批邓、反击右倾翻案风"在全国掀起。在毛泽东逝世后，"四人帮"加快了篡党夺权的步伐。十月六日，以华国锋、叶剑英、李先念等为核心的中共中央政治局采取断然措施，一举粉碎"四人帮"，历史揭开了新的一页。同时，历史的转折也充满了曲折和斗争。此后，任质斌先后任省委统战部部长、省委常委、省委秘书长，并当选为中共十一届中央委员会候补中央委员。

一　在省委统战部部长和代理省委秘书长任上

十月十三日，安徽省委第一书记宋佩璋在省委会议上传达中央政治局打招呼会议精神，任质斌确切知道了"四人帮"覆灭的详细情况。任质斌以喜悦的心情在日记中写下了："粉碎四人帮反党集团的伟大胜利说明了什么"，"粉碎四人帮反党集团伟大胜利的政治意义"，"通过四人帮反党事件可以吸取的教训"，"四人帮对安徽的危害"。

十月二十三日，安徽省暨合肥市二十万军民集会，热烈庆祝华国锋任中共中央主席、中央军委主席，热烈庆祝粉碎王洪文、张春桥、江青、姚文元"四人帮"反党集团的伟大胜利。十月三十日至十一月六日，中共安徽省委三届十一次全委（扩大）会议召开。在号召把揭批"四人帮"的斗争引向深入的同时，也提出了继续"批邓、反击右倾翻案风"，以阶级斗争为纲，把各项工作做好。

一九七七年二月二十四日，安徽省第九次农业学大寨会议在萧县郭庄召开，任质斌参加了会议。在会议期间到淮北市、宿县地区、阜阳地区听取统战部汇报工作，了解对民主人士的教育工作和少数民族学大寨情况，又先后参观了濉溪县赵集公社修筑渡槽引水上山工程、古饶公社园田化工程、马桥公社的小水泥厂和修筑梯田扩大耕地工程、修建向阳渠扩大水浇地工程，利辛县小叶园生产队的养猪和西淝河、阜蒙新河的修建工程及柳西大队，涡阳县养鸡场、石弓大队桥李生产队、孙土楼大队老龙窝生产队和楚店大队后里生产队，参加了淮北临涣煤矿九米钻机开工典礼。

三月十日，学大寨会议一结束，任质斌又南下广德县，参加三省七县人民武装防空联合演习。返回时先后到宣城叶家湾安徽劳动大学、郎溪县南湖农场，芜湖皖南医学院、爱国加工厂、马鞍山市制氧厂考察；参观了芜湖林产综合加工厂胶合板的生产过程，参观了芜湖地区电影放映公司。主要工作内容是听取芜湖市、马鞍山市、宣城、南陵、当涂等市县委统战部的工作汇报。

任质斌三月中旬回到合肥，参加了为期八天的省委常委会。

四月十八日至三十日，任质斌去山西省昔阳县大寨参观。

五月底，根据省委布置，任质斌在统战部召开领导班子座谈会，开展学大庆、学大寨活动，揭矛盾，找差距，并对上半年的工作、领导班子的状况、统战队伍的状况及本人的情况做了分析。

"四人帮"粉碎后，中共中央陆续下发了"四人帮"反党集团的罪证材料，开展从政治上、思想上、组织上肃清反革命帮派势力的流毒和影响的斗争。在此后的八个月时间里，以省委第一书记宋佩璋为代表的省委负责人，坚持认为"我们和上海、浙江不一样，不是'四人帮'不想插手安徽，而是我们顶住了"、"'四人帮'的手还没有插进省委领导班子里来"。中共中央开始着手解决安徽省委领导班子问题，找许多领导干部谈话，征求意见。五月二十八日，中央办公厅和中央组织部来人调查安徽省委领导班子情况，任质斌对中央调查组说：从长远来说，宋佩璋做第一书记是不适宜的。

六月七日至十八日，任质斌作为安徽代表团团长，率队去黑龙江省参观大庆油田。就在他们在大庆参观期间，十六日至二十日，华国锋主席、叶剑英副主席和中央政治局同志四次听取安徽省委宋佩璋、李任之，安徽省军区王文模、余光茂，十二军官竣亭等主要负责人的汇报，于二十二日决定将宋佩璋调出安徽，由万里任中共安徽省委第一书记、省革命委员会主任、省军区第一政委，派顾卓新、赵守一任省委书记。

任质斌知道万里去安徽任职，是从胡耀邦那里得到消息的。

六月十九日，任质斌从大庆返回，路经北京，前往中央党校看望胡耀邦（是年三月胡耀邦由中国科学院调任中共中央党校副校长，主持中央党校的工作）。这是他们五十年代以来的第一次见面。陪同前去的任全胜回忆说："爸爸想去看看耀邦同志，让我联系的，我陪他去中央党校。当时耀邦同志正在会议室讨论问题，停下来单独和我们谈话。爸爸说，五十年代见过一面，至今没有见面了，我来了应该看看你。耀邦同志对爸爸说，万里同志去安徽工作了，你们要配合好。又向我介绍，他们在江西苏区就认识了，在一起打过土豪。爸爸不想打扰耀邦同志讨论工作，就告辞要走，耀邦同志抱歉地说'我没有办法尽地主之谊了'。"

胡耀邦确实是没有时间尽地主之谊了。他在中央党校工作了八个多月，任质斌来访时，他正在夜以继日做三件大事，一是他亲自确定选题修改定稿办内刊《理论动态》，推动新的思想解放运动；二是酝酿发起真理问题讨论；三是提出对涉及一亿人的冤假错案的平反。他们这次会见后不到四个月，《人民日报》就发表了中央党校几个同志在胡耀邦定题和指导下写成的《把"四人帮"颠倒了的干部路线是非纠正过来》，使包括任质斌在内的老干部如坐春风。

中央对安徽省委领导班子问题的处理十分迅速。六月二十二日任命当天，万里就离开北京到合肥赴任。赵守一在陕西农村接到通知，连家都没有回去，被送到机场直接飞到合肥。万里到任后，任质斌任代理省委秘书长，仍兼省委统战部部长（至十二月，免去统战部部长职）。

六月二十三日，万里主持召开省委常委扩大会议。任质斌参加了会议。会议要求各级党委坚决执行中央指示，放手发动群众同"四人帮"及其一小撮死党作斗争。二十四日起，全省各级党委、驻军党委，自上而下、先党内后党外，分别召开党员、干部、群众大会，进行宣传贯彻。二十六日，安徽省暨合肥市二十万军民在省体育场集会，坚决拥护中共中央关于解决安徽省委领导问题的决定。全省各地也纷纷集会。全省揭批"四人帮"运动很快形成高潮。运动全面铺开后，任质斌工作非常繁忙。

安徽揭批"四人帮"运动大致分三个阶段：第一阶段，六月下旬到八月中旬，为宣传发动阶段；第二阶段，八月下旬到年底，解决领导班子和重点人的问题，着重解决省、地市两级领导班子中存在的问题；第三阶段，从一九七八年底到一九七九年一月，为深入揭批阶段。

七月三日至八日，省委召开地市委书记会议，布置揭批"四人帮"；八日，成立省委清查办公室；八月九日，成立省委揭批"四人帮"办公室。至一九七八年五月，安徽省与"四人帮"有牵连的人和事基本查清。

运动期间，任质斌主要负责党办口的联络、汇报工作。一九七八年二月底据整风领导小组汇报，省直单位清查对象四百四十六人，已查清二百一十二人，采取组织措施的一百四十九人，三十四人解脱，六十九人准备解脱。六十二个大单位有五十三个开展了三大讲。运动中也存在一些问题，如有的单位领导顾虑重重、清查进度缓慢，清查对象中有九十八人态度恶劣。清查工作也有过火的地方，如把正常信件当成打小报告等等。省委书记顾卓新要求三月底结束清查工作，要迅速配齐领导班子。万里也在三月十一日的省委常委会上传达华国锋主席的指示：同意安徽的清查做法，解脱工作要加快一些。

到五月底，全省清查并报到省委的材料中列为骨干分子的共六十九人，经过省委审查，分为六种情况，其中定为骨干分子的二十人，包括宋佩璋、郭宏杰等。省直单位审查对象二百六十二人，已经查清的二百零七人；清查对象三百六十人，已经解脱的三百二十一人。

身为代理省委秘书长，在揭批查运动中，任质斌出席了许多汇报会，包括各地市汇报，他不仅只是出席，而且详细做笔记，尤其注重数字资料。他的严谨务实的作风没有改变。

二　当选十一届候补中央委员

一九七七年七月二十四日至八月二日，省委召开三届十三次全委扩大会议，任质斌参加会议。八月一日，投票选举出席中共十一大代表。选举完毕，常委碰头，决定让任质斌立即动身去北京，向中央汇报代表选举情况。当时合肥至北京没有直达快车，他下午赶到蚌埠，乘晚八点火车北上。二日抵京，被中组部接到万寿路招待所。晚，和张海平、姬长海一同去中组部，向十一大代表选举办公室核心组郭玉峰等汇报了安徽的选举及代表中工、农、知识分子情况。八月六日下午，又应约到中组部，向张汉真汇报了安徽省委常委的调整情况，以及有关领导干部的调整打算。

在京停留的几天中，他看望了亲家栗在山和几个老战友，五日下午去中央党校看望胡耀邦，七日上午看望李凡夫。又先后参观了历史博物馆周恩来总理生平事迹展、故宫博物院慈禧太后罪行展、学大庆展览馆新技术展览，到中山公园音乐堂看北京艺术学校演出的《小刀会》。七日晚，任质斌乘火车返回合肥。

中共第十一次全国代表大会是八月十二日至十八日在北京召开的。出席大会代表一千五百一十名，代表全国三千五百多万党员。华国锋代表中共中央作政治报告，报告虽然宣告"文化大革命"已经结束，但是没有纠正"文化大革命"的错误理论、政策和口号，反而说"这次无产阶级文化大革命，必将作为无产阶级专政史上的伟大创举而载入史册"，并说"文化大革命这种性质的政治大革命，今后还要进行多次"。叶剑英作《关于修改党章的报告》，新党章仍然保留了"文化大革命"中的一些提法，没有从指导思想上根本否定九大和十大的党章。历史在进步，但是每一步都走得非常艰难。

八月十八日，第三次全体会议以无记名投票的方式选出了第十一届中央委员会。选举出了中央委员二百〇一人，候补中央委员一百三十二人。任质斌当选候补中央委员。选举结束后，邓小平致大会闭幕词。

在选举前两天，亦即八月十六日，任质斌接到出席十一大的李任之打来的电话，要他立即赴京。他十七日上午九点多到京，被中央办公厅来人接到三里河路二十三号住下，并要求他不要外出，等候通知。究竟让他来京干什么，他完全不知道。十八日，陆续住到宾馆的有云南的李启明、河南的胡立教、甘肃的王世泰、国家计委的程子华、马文瑞、宁夏的杨静仁等人，就在这一天，他们将当选为中央委员。

十九日清晨，中央办公厅来人通知他们当选的消息，并要他们立即搬到西苑旅社，准备参加十一届一中全会。

上午八时许，任质斌来到人民大会堂。他已经是终身为之奋斗的中国共产党的中央委员会的一员。此时他六十二岁，两鬓微霜。大会堂西面紧邻着的石碑胡同，是他四十五年前确立共产主义信仰的起点，也是十七岁的少共成员任质斌奉命前往中央苏区的出发地。千山万水的浴血奋战，四十五年的曲折人生。他一步步走上台阶，神情肃穆。

十一届一中全会的议题是选举产生中央领导机构。任质斌参加了华东地区小组的讨论。当天选举出中央政治局委员二十三人，政治局候补委员三人，政治局常委五人。五名常委中，华国锋当选中央委员会主席，叶剑英、邓小平、李先念、汪东兴当选副主席。从二十日晚起，全国各地都举行了盛大的游行庆祝活动。二十二日，《人民日报》和《红旗》杂志、《解放军报》（时称两报一刊）发表社论庆祝中共十一大胜利闭幕，社论题目是《伟大的里程碑》。

二十二日晚，任质斌随代表团至毛主席纪念堂瞻仰毛泽东遗容。二十四日，乘飞机返回合肥。当天下午，省委常委在稻香楼碰头，讨论召开三届十四次全委扩大会议，决定由任质斌任大会秘书长。

二十五日上午，省委召集十一大安徽代表开座谈会，听代表们座谈回去后如何贯彻十一大精神。万里在讲话中要求代表们广泛宣传十一大精神、带头执行十一大文件，并且指出：贯彻落实十一大路线一定是一场尖锐的、复杂的、激烈的、相当长期的斗争，他号召大家抖擞起精神来参加这场斗争。下午，任质斌召集大会秘书处干部，传达了省委对这次会议的指导思想。

任质斌一度分管高校工作和知青工作。分管高校工作后，任质斌和高教局同志一起，着手在高校领域清除"四人帮"的破坏和影响，积极准备恢复高考招生。当时各高校的领导班子里，主要是"军代表"、"工宣队"和一些造反派头头，而大批过去长期从事高校领导工作的校长、院长还在"靠边站"。任质斌根据中央和省委的布置，迅速进行了高校领导班子的调整。首先，以最快速度从高校撤走了"军代表"、"工宣队",任质斌要求一要快,二要热情,三要不纠缠是是非非,"军代表"、"工宣队"临走时要召开欢送会。他自己还亲自到一些高校,与"军代表"、"工宣队"领导谈心。由于工作细致,六月下旬,一周时间内,"军代表"、"工宣队"全部撤出。其次,通过揭、批、查,清理各高校领导班子中的造反派头头。同时,落实党的干部政策,通过平反冤假错案,逐步将一大批被打倒的老校长、老院长解放了出来。

任质斌还抓了各高等学校的重建工作,以迎接"文革"后恢复高考的第一届大学生。中国科学技术大学是一九七〇年一月从北京迁到合肥来的,任质斌到校与校、系领导和师生开座谈会,讨论研究如何抓住恢复高考机遇,把中国科大办成全国一流的高等学府。

九月,省委分配任质斌分管知青工作。九月二十七日上午,万里主持全省知青工作座谈会,提出要由党委直接抓知青工作,要用各种办法解决知青的生活自给问题,要加强对知青的政治思想工作,组织知青学习科学文化,要严肃处理破坏上山下乡案件。十月,召开了全省知青工作大会,任质斌在大会上作了重要讲话。

十二月二十五日,教育部在广州召开华东、中南各省市教育工作座谈会,讨论该部为四月份召开全国教育工作会议准备的两个文件。安徽本决定由省委书记赵守一、省委文化教育部副部长魏心一等出席,他们因事走不开,改由任质斌和省教育局局长万立誉、副局长居荟明出席。他们三人于二十五日至三十一日参加了会议。一九七八年元旦,他们结束会议由广州飞上海。一月三日,他和秘书程必定乘火车到南京,晚上在全椒县住宿,四日上午到二郎口公社视察公社农科站,听一位姓刘的下放知青介绍情况。下午参加省委常委会讨论省革委会、省政协领导人名单。

一九七七年十二月十日,胡耀邦担任中共中央组织部部长。他遵循实事求是、有错必纠的原则,以非凡的胆略和魄力,率领组织部全体同志,冲破重重阻力,大刀阔斧地打开了平反冤假错案、落实党的干部政策的新局面。任全胜到合肥探亲返回北京时，任质斌要他带一点茶叶给胡耀邦。任全胜来到富强胡同胡耀邦的家，一进门，见到吴亮平和安徽来的一位女同志在座。胡耀邦热情地向客人们介绍说："这是在江西时办《红色中华》报的那个书生任质斌的儿子。"随即跟任全胜聊了起来。胡耀邦说："转告你爸爸，不必太谨慎。"说着，从书柜里抽出一本《列宁全集》，翻到一页，是列宁讲猎人和狐狸的故事。他说："我太了解你爸爸了，他太谨慎。过分谨慎有时候很容易被自己束缚住。要他一定要敢于站出来斗争和工作。当前的形势迫切需要老同志站出来，否则，我们这个党就没有希望了。"

省委秘书长的工作是复杂纷繁的。从一九七七年十月到一九七八年春，任质斌除了参加频繁的常委会讨论揭批"四人帮"运动、"一批双打"运动、研究全省工农业生产外，还要兼顾人事、信访、文秘、档案、对台宣传、行管局等工作。

一九七八年一月九日，任质斌参加第五届省人代会开幕式。晚上，他和几位副秘书长开碰头会，研究人代会以后省革委会办公室单独办公及秘书安排问题。十四日，人代会闭幕。会议选举出由一百〇七人组成的省革委会，万里为主任，李任之、顾卓新、赵守一、王光宇、马敬铮、程光华、杨蔚屏、马长炎、张祚荫、胡坦、孟家芹、郭体祥、李振东为副主任。选举出安徽省出席第五届全国人民代表大会的九十八名代表。胡耀邦当选为五届人大安徽代表。会后，省委与省革委会分署办公。

一月下旬，在上海住院治疗的省革委会副主任马敬铮病情危重，受省委指派，任质斌和秘书程必定于三十一日乘火车去上海看望。马敬铮是河南安阳人，五十年代末任山东省公安厅副厅长时就和任质斌认识了，他们之间，既是同事，也是战友。"文革"前，马敬铮任安徽省公安厅厅长，"文革"中受到残酷迫害，被看押在六安劳改长达七年之久。任质斌一九六九年到人保组任职时，有关部门把原来由马敬铮住的一套房子分配给任质斌家住，任质斌坚决拒绝，并说："现在马敬铮还在受审查，我住他的房子，以后怎么和他见面？"任质斌一家住进了省公安厅一般干部宿舍。任质斌到省法院工作后，院办公室的人又动员他去住，他依然拒绝。二月一日上午，任质斌去华东医院看望马敬铮，听医生汇报病情。根据当时的医院情况，他征得医院同意，决定派人到武汉请医生。二月七日是春节，考虑到马敬铮处在病危之中，任质斌让秘书程必定回合肥过春节，自己留在上海参加会诊，与有关人员商讨安排马敬铮的后事。直到二月九日省委组织部副部长白鲁克从合肥到上海，他才回合肥。马敬铮于六月在上海去世。

　　二月二十一日至二十七日，安徽省科学技术大会在合肥召开。会议贯彻中央《关于召开全国科学大会的通知》，讨论修订了《安徽省一九七八年至一九八五年科学技术发展规划》。四月八日，顾卓新在常委会上传达全国科学大会精神，传达了邓小平关于"科学技术是生产力，脑力劳动也是劳动，知识分子是工人阶级自己的队伍"等指示。万里提出要办学习科学技术讲座。从四月中旬开始，安徽省委邀请中国科技大学的有关专家为省直厅局以上和合肥地区高等院校的领导干部举办科学技术讲座。讲座分农业、激光、高能物理、电子计算机、能源、空间、材料、遗传工程等八讲。任质斌以极大的热情自始至终参加听讲座，还认真记录。在他的工作笔记中就有如下听讲记录："农业科学技术"（杨纪珂）、"农业科学"讲座、"高能物理"（张文裕）、"生物学"（沈淑敏）、"激光科学技术"（夏宇兴）、"电子计算机的科学技术"、"空间科学技术"（童秉纲）、"能源"、"人造卫星、中子弹"、"遗传工程"（杨纪珂）、"谈作物育种"（李成荃）、"土壤科学"、"新技术在农业上的应用"（宋仲耆）。

　　任质斌勤于学习，敏于思考。在他的工作笔记中，记下了大量的工农业生产数字，中国和美国、苏联在资源、工农业产值产量方面的比较，"日本的'专守防卫'战略及其指导思想"等资料。

在揭、批、查"四人帮"斗争中，省委收到大量的人民来信，接待了大批人员上访。据《安徽省志·政党志》记载，一九七八年一年中信访处受理信访二十四万二千一百四十件次，其中来信二十万零二百八十八件，接待来访四万一千八百五十二人次。据任质斌笔记记载，一九七八年三月人民来信一万九千件，四月两万件左右，来访人员每天多达约二百人。在来信中，提出申诉的占百分之三十六，检举揭发的占百分之十七点五，提批评建议和个人要求的占百分之二十五，其他还有为劳动工资、群众生活、上山下乡、科学教育、工农业生产、财政贸易等等问题向省委反映情况。当时省信访处在编人员二十七人，临时工作人员四十一人，其中办理人民来信二十四人，接待来访的十四人，其工作量之大可见。

在五月份召开的全国信访工作座谈会上，中组部部长胡耀邦强调说："认真处理人民来信关系到分清敌我、明辨是非、伸张正义、打击歪风邪气这个大事。"任质斌十分重视信访工作，在九月份召开的全省信访工作会议上，他提出要把信访工作和揭、批、查运动结合起来，处理来信先易后难、先近后远、先具名后匿名，领导同志要亲自接待来访，要提高信访工作人员的认识，不要认为这是找麻烦。

九月十七日，中央召开全国信访工作会议，通知各省市自治区党委秘书长、办公厅主任、信访处处长参加。十八日清晨，任质斌和吴寅生、王秀山等人抵达北京。上午，在人民大会堂听汪东兴副主席关于加强信访工作的报告。会议期间，他分别在华东小组和大会上发言，揭批"四人帮"对信访工作的破坏和干扰。二十一日，与会代表们受到华国锋和中央其他领导人的接见，并合影留念。二十五日，听胡耀邦、赵苍璧的报告。胡耀邦提出："凡是不实之词，凡是不正确的结论和处理，不管是什么时候、什么情况下搞的，不管哪一级组织、什么人定的、批的，都要实事求是地改正过来。"这个意见就是著名的针对"两个凡是"提出的"两个不管"。"两个不管"的彻底唯物主义的办案原则，极有力地推动了后来的落实干部政策和平反冤假错案工作。

在会议期间，十月一日，胡耀邦邀请任质斌吃饭，被邀的还有在中央党校学习的李任之和湖南、云南的三位干部。胡耀邦对他们说："要大胆处理冤假错案。"还谈了"紧跟问题"，"单干和资本主义的界限问题"。胡耀邦还说："邓副主席最近说，我们的干部应该敢于想问题、敢于提出问题、敢于解决问题。"胡耀邦谈的这些问题，正是一个月后"实现了党和国家历史上具有深远意义的伟大转折"的中央工作会议和十一届三中全会讨论的议题。

会议在十月三日之后组织讨论了胡耀邦、赵苍璧的讲话、报刊宣传中的一些问题、处理信访工作的暂行办法、分发中央文件的规定。任质斌在主持小组会时，讨论了"文革"期间接管的私人房屋的处理、错划成分和家庭出身、定性政策口径和户口等问题。

历时十八天的全国信访工作会议于十月五日结束。会后，他到安徽厅和大会堂服务处的同志谈安徽厅中的摆设和整修问题；回到合肥的第二天，他即向省委汇报，并安排派人去人民大会堂修整安徽厅。

十月六日，任质斌出席中央办公厅召集的征求对中央文件分发、阅读、管理的意见的各省市秘书长会议。

十月八日，任质斌回到合肥，第二天，任质斌参加常委会，传达了全国信访工作会议情况，十日，又向常委们传达了胡耀邦在信访会上关于落实干部政策的报告。会后，他布置有关人员着手召开全省信访工作会议的材料准备，要办公厅拟定《省直机关接待和处理人民来访分工的试行规定》，要求把信访工作的重点放在积案的清理上，整顿好上访秩序。十一月，不断出现上访群众在省委、省革委会和稻香楼宾馆门口下跪、拦车等现象。任质斌主持开会，决定从十二月一日起建立日夜值班制度。

根据中央会议和安徽省委的指示，任质斌配合有关部门，协调有关力量，着手平反各类冤假错案，尤其是尽快平反由"四人帮"造成的冤假错案。他在十月二十九日的笔记中写道："天安门事件是一个很复杂的问题，那些被错打成反革命的无辜群众，必须彻底进行平反，这是完全应该的。"十一月二十日，任质斌根据省委书记顾卓新关于"发个电报，要各地在一星期内把因天安门事件被关的人全部放出，并将数目报省委"的交代，由省委发出通知，要求对凡是因天安门事件受牵连，因悼念周恩来、为邓小平鸣不平、反对"四人帮"而受到迫害的干部群众，尚未释放、平反的，立即释放，彻底平反，恢复名誉。

十月十三日，罗马尼亚党的工作友好访问团访问安徽，任质斌到稻香楼迎接。第三天，陪访问团观看安徽黄梅戏《天仙配》。访问团赠送任质斌一条亚麻绣花小手帕，回家被女儿在晋看到，她爱不释手。任质斌慷慨地对女儿说："让你保管两天，准时归还。"两天后，任质斌将它上交了。

十月中下旬，任质斌带病处理的工作有：主持讨论贯彻中央三十七号、四十二号文件汇报会议；参加省知青办召集的知青工作座谈会并讲话；布置党办筹备全省信访工作会议；在党刊编委会开会，讨论第一期稿件；参加省委常委会，讨论秘书处起草的参加中央工作会议材料；在省委主持会议讨论"一批两打三整顿"部署文件。

落实干部政策是一件非常繁重、复杂的工作。据任质斌工作笔记记载："文革"前全省脱产干部四十三万五千人[1]，"文革"中立案审查的干部三万六千九百五十一人[2]，近百分之九。要复查的二万

---

① 另有资料作三十九万二千零四十三人。
② 另有资料作四万六千五百六十二人。

四千九百三十七人。对于落实干部政策，干部中也存在许多想法，任质斌在听取省直单位汇报中了解到：办案人员思想上有顾虑，怕被说成否定文化大革命、刮翻案风，怕得罪人，怕连锁反应，怕反复等等。在一般干部中普遍存在"心有余悸"的问题，因为过去人身安全没有保障，"今日座上客，明日阶下囚"，"一人犯错误，自上而下株连一大片"。任质斌针对这些问题做了大量的思想工作。

十月二十八日，任质斌到赵守一那里谈干部工作。四十余年前任质斌任中共甘肃镇原中心县委书记时，赵守一是他的下级。两人谈得很深，他们着重分析当前干部队伍里为什么存在着心有余悸问题，两人一致认为：从领导上讲，主要原因在于是非界限的翻来覆去和过火的党内斗争。

安徽是中国农业经济体制改革的发源地之一。任质斌虽然不分管农业，但是作为省委负责人之一，他以极大的热情支持农民的伟大创造，在万里的领导下，冲破"左"倾思想的束缚，积极推动解放思想，为安徽农村经济体制改革做了大量的工作。

任质斌的秘书程必定回忆说：一九七八年夏天，安徽发生了历史上罕见的大旱。任质斌十分关切旱情，多次到农村与干部群众一起研究抗旱和救灾的办法。眼看着快到九月份，大地仍然一片干涸，如果不采取果断措施，秋种将无法进行，来年的饥荒将无可避免。当时，有同志建议把田地"借给"农民，农民能抢种多少是多少，以避免来年发生春荒。万里十分重视这个建议，拿到省委常委会上讨论，任质斌与常委们都一致赞成。一九七八年九月二日，省委召开常委紧急扩大会议，经讨论作出"借地度荒"的决定：凡集体无法耕种的土地，借给农民种麦子，谁种谁收，国家不征统购粮，不分配统购任务。这个决定传达后，不仅调动了农民抗旱抢种的积极性，在大旱中抢种了一些小麦、油菜，更重要的是冲破了集体土地使用权不可分散的思想禁区和政策限制。这一举措，对后来在安徽农村兴起的"农业大包干"起到了思想启迪的作用。果然，"借地度荒"的决定才下达一个多月，十月，来安县、肥西县的部分生产队就搞起了"包产到户"，肥西县山南公社干脆把所有的耕地都划到户，开创了全省包产到户的先河。十一月二十四日，凤阳县小岗生产队搞起了"大包干"，把耕地承包给农户，实行"保证国家的，留足集体的，剩下都是自己的"分配方式，并且在全省引起了很大的争论。这个争论在当时是极为敏感的政治问题。任质斌尽管不分管农业，但对这种涉及经济体制方面的重大问题，仍然予以极大的关注。他挤出时间，深入农村调查研究，虚心听取农民的意见，认真分析农村人民公社土地使用制度、劳动用工制度、收入分配制度存在的各种问题和矛盾。通过学习、比较、分析、研究，他认为，人民公社的土地使用制度、劳动用工制度、收入分配制度不能调动农民的生产积极性，已严重阻碍了农村生产力的发展，应该解放思想，改革这种管理体制，发生在安徽许多地区的包产到户和农业"大包干"，是农民群众对改革这种管理体制的伟大创造。他赞成万里对农民"大包干"的支持。安徽省委常委对农民"大包干"问题统一了思想认识，安徽在全国率先推开了农业生产责任制，拉开了我国农村改革的序幕。

任质斌在这场伟大变革中，走在了潮头。

一九七八年的冬天，中国正酝酿着巨变。十一月十日至十二月十五日，中央工作会议在北京召开，万里出席了会议。会议原定的议题第一项就是"讨论如何尽快把农业生产搞上去"。会前，任质斌多次参加常委会，讨论万里的《农业上需要研究解决的几个重大问题》等汇报材料。万里的报告在会议上引起了极大震动。

十二月十八日至二十二日，中共十一届三中全会在北京召开。任质斌出席了会议。全会批判了"两个凡是"的错误方针，高度评价了关于真理标准问题的讨论，作出把全党工作重点和全国人民的注意力转移到社会主义现代化建设上来的战略决策，确定了"解放思想、开动脑筋、实事求是、团结一致向前看"的指导方针，从根本上冲破了长期"左"倾错误的严重束缚，重新确定了马克思主义的思想路线、政治路线和组织路线，实现了新中国成立以来具有深远意义的伟大转折。在全会上，陈云被增选为中共中央副主席，邓颖超、胡耀邦、王震被增选为中央政治局委员。出席会议的任质斌受到极大的鼓舞。全会结束三天后，中央政治局会议召开，胡耀邦任中央秘书长兼中央宣传部部长。

从北京回到合肥后，任质斌在笔记中连续写了"论反对宗派主义"、"关于发扬民主问题"、"论维护安定团结的政治局面"、"大力维护安定团结的政治局面"的提纲。

一九七九年春，任质斌被调到中央党校学习①。

一九八〇年一月，任质斌调任国家文物局局长。从一九六三年十月到安徽算起，任质斌在安徽共十六年零三个月。

---

① 此时间据胡志学回忆。另，程必定回忆为 8 月，但任质斌在安徽的工作笔记最后一天是 2 月 19 日。

第三十章 任国家文物局局长（上）

一九七九年十二月二十二至一九八二年四月二十四日，任质斌在国家文物事业管理局局长、党组书记的岗位上，工作了近两年半的时间。

这一时期，正是我国开始全面拨乱反正，工作重点逐渐转向社会主义现代化建设上来的关键时期。对文物博物馆工作并不熟悉的任质斌，妥善解决了有关历史遗留问题，理顺了各种关系，建立了各种规章制度，配齐了各级领导班子，培训了大批专业技术人才，团结了人心，统一了思想认识，实现了文博工作的拨乱反正。

同时，在这历史性的转折关头，任质斌主持召开了全国文物工作会议，领导起草了《中华人民共和国文物保护法（草案)》，并在全国范围内开始进行文物普查，建立文物档案，初步解决了制止文物大量出口问题，努力增加了国拨文物保护经费和文博事业经费。

所有这些，为新时期文博事业的繁荣和发展确定了方向，奠定了基础。

一 接任国家文物局局长

一九七九年十二月二十二日，中共中央、国务院任命任质斌为国家文物事业管理局局长、党组书记，原局长和书记王冶秋改任顾问。

　　对文物博物馆工作，任质斌并不熟悉，因而对能否做好这项工作有些顾虑。但是，中央相信任质斌能够做好文物工作。于是，任质斌走上了国家文物局局长的工作岗位。

　　摆在任质斌面前的工作是十分繁重复杂的。任质斌了解到，中国的文物博物馆事业是在改造旧中国的基础上发展起来的新兴的文化事业。

　　新中国成立时，全国共有博物馆二十一座①。从新中国成立到"文革"之前，我国制定和颁发了一系列文物保护的法令和政策，建立了保护文物的专门机构，开展了文物普查，对古建筑、石窟寺进行保护和维修，配合基本建设工程进行考古发掘，公布文物保护单位，兴建博物馆等，中国的文物博物馆事业有了一定的发展。同时，在解决古与今的矛盾问题上，确定了"重点保护，重点发掘，既对基本建设有利，又对文物保护有利"的方针，比较恰当地处理了基本建设与考古发掘，城市建设与古建筑保护之间的矛盾。截止到一九六五年，全国共有博物馆二百一十四座②，比新中国成立时的一九四九年增加了十倍。文物博物馆事业基本进入正常工作秩序，纳入了计划管理、稳步发展的道路。

　　但在文化大革命期间，在极"左"思潮影响下，文物博物馆事业经历了一场史无前例的浩劫。许多文博机构被"砸烂"，业务人员被视为"牛鬼蛇神"。无数的历史文物遭到严重破坏。大量传世的古籍和寺庙保存的精美佛像被送往造纸厂、冶炼厂销毁。许多古建筑被拆除、改建，举世闻名的万里长城仅在北京范围内的一百八十三公里就拆毁了五十四公里，内蒙古境内的五十多公里汉长城变成了

---

　　① 国家文物局编：《中华人民共和国文物博物馆事业纪事（1949～1999）》，上册，文物出版社，2002年9月出版，第11页。

　　② 国家文物局编：《中华人民共和国文物博物馆事业纪事（1949～1999）》，上册，文物出版社，2002年9月出版，第225页。

简易公路，其他地区的许多重要关口、城楼被毁得荡然无存。曲阜三孔受到严重冲击，文物、文书、墓葬几乎毁于一旦，幸亏周恩来总理的力保才得以幸免。在博物馆管理方面，过去行之有效的合理规章制度，一律被指责为"管、卡、压"，以致文物库房管理制度松弛，文物丢失、损坏的情况不断发生①。从博物馆的建设来说，截止到"文革"结束时的一九七六年，中国的博物馆只有二百六十三座②，十年间只增加了四十九座。

一九七三年，国家文物事业管理局宣布成立以后，文物管理工作开始恢复，特别是粉碎"四人帮"以后，广大文物博物馆工作者全力拨乱反正，加强文物保护管理、干部培养和开展科学研究的工作，取得了多方面的成绩。文物工作秩序逐渐回到正轨。

任质斌接任时全国共有文物管理委员会、文物保管所四百二十四个，其中已经建立文物局的省、市、自治区共九个，计陕西、山西、安徽、河南、吉林、北京、黑龙江、浙江、江西（称文办展览组）；在省文化局内设立文物处的有十一个，计甘肃、四川、湖北、湖南、云南、江苏、山东、福建、辽宁、河北、内蒙；其他的省、市、自治区只在省文化局的文化处或社会文化处内有一、两人兼管文物工作③。经过三年多的发展，全国博物馆从"文革"结束时的二百六十三座，到1979年底增加到三百四十四座，其中综合性博物馆一百三十四座，专门性博物馆七十二座，纪念性博物馆一百三十八座，其他文物单位六个，文物商店八十个。国家文物局共有十个直属单位：故宫博物院、中国历史博物馆、中国革命博物馆、北京

---

① 参见《文物博物馆工作汇报提纲》（1980年）。原件藏国家文物局档案室。

② 国家文物局编：《中华人民共和国文物博物馆事业纪事（1949～1999）》，上册，文物出版社，2002年9月出版，第313页。

③ 参见《文物博物馆工作汇报提纲》（1980年）。原件藏国家文物局档案室。

图书馆、鲁迅博物馆、文物出版社、文物印刷厂、文物保护科学技术研究所、出国文物展览工作室、文物商店总店和古文献研究室①。

　　对于任质斌来说，走上国家文物局局长的岗位，是在一个特殊的历史时期，在一个自己很不熟悉的领域，从事一项富有挑战性的崭新的工作。

二　拨乱反正，开创新局

　　由于"文革"期间极"左"路线的长期影响，任质斌接任国家文物局局长时，文物博物馆系统工作秩序正处于整顿恢复状态，尚有一些重大问题有待解决。

　　前任国家文物局局长王冶秋，不仅是一位资历很深的老革命，也是一位在文物专业知识上享誉国内外的著名专家。新中国成立后，他协助著名学者郑振铎先生组建了文化部文物局并担任副局长。他一九七三年起任局长，是新中国文博事业的主要开拓者和奠基人之一。在这个岗位上，特别是在"文革"那个特殊的年代里，他勤奋工作，呕心沥血，避免了文物事业遭受更大的破坏，为中国文博事业的发展作出了很大的贡献。

　　然而，由于一些人的别有用心，强加之罪，使他蒙受不白之冤。了解王冶秋的一些老专家老学者，为此愤愤不平。一些中央领导，也很关心此事。胡耀邦特别批示要认真对待王冶秋的问题，"一切问题必须严格实事求是，对文物局历史，对王老，对一切同志，都应如此"②。

---

　　①　参见国家文物局办公室编《文物简报》（11）"关于博物馆工作的情况和问题"，1980 年 5 月 16 日。

　　②　参见谢辰生 1980 年 3 月 26 日给胡耀邦和中央书记处的信，及胡耀邦 1980 年 4 月 1 日在该信上的批语。原件藏文物局办公档案。另参见谢辰生《廉洁奉公　严于律己》文，载于《风雨历程　光辉人生》，第 231～232 页。

任质斌非常重视此事。他本着严肃认真和实事求是的原则，细心地从各方面了解情况。经反复核实后，任质斌本着对王冶秋认真负责的精神，传达了胡耀邦的批示，澄清了王冶秋的冤案，肯定了王冶秋对国家文物事业的贡献。

在拨乱反正的同时，任质斌耐心地做工作人员的思想工作，强调"团结就是力量，必须不断增强文物队伍的团结"，"我们这支队伍人数不多，但是，三十年来出于对祖国文物事业的强烈责任心，在比较艰苦的条件下做了大量的工作。经过'文化大革命'，这支队伍的组成情况有了很大改变。既有长期从事文物工作的，也有新参加到这个行列中来的。这两部分同志各有所长，各有所短。""原有干部，有些在'文化大革命'中曾经分为两派，有些在历次政治运动中曾经伤过一些感情，结下某些疙瘩。这是在一种特定的历史条件下形成的。应该正确地处理这些问题，在党中央的号召下，认真增强团结。目前，特别要提倡互相谅解的态度，互相尊重、互相学习、互相帮助。要严于律己，宽以待人，彼此多看别人的长处，而不要互抓辫子，互相排斥。""为着共同的事业，必须同心同德，团结一致向前看，认真把工作做好。这样，我们就有希望。相反，要是互抱成见，互不合作，闹派系，搞分裂，那就只会抵消力量，影响工作，辜负了党和人民的委托。"①任质斌对原有的干部做了大量的调研工作，在基本保留原班人马的基础上，协调好了各种关系，很快形成了人心稳定，各个环节顺畅通达的良好局面。

任质斌一面处理"文革"中遗留下的问题，一面召集专家研究工作，认真听取他们对文物工作的建议和意见，总结工作存在的问题。通过深入调查，任质斌了解到当时文物工作存在着以下

① 见文物局办公档案。

几个主要问题：

（一）"文革"无政府主义余毒未清，文物管理制度不严，严重影响文物安全。十几年来，一些博物馆、图书馆不仅藏品、藏书的家底不清，库房书库杂乱无章，而且不断发生文物、图书丢失、损坏的现象，甚至因为管理制度不严，有的博物馆和文物保护单位还发生了火灾。同时，文物市场混乱。国务院虽然明确规定文物要归口经营，但有的部门有法不依，形成多头经营、价格不一，以致在不少地方出现文物黑市。文物走私十分猖獗，甚至有直接向外国人出售文物的现象。有的地区社队组织专人盗掘古墓，把出售文物所得的款项作为副业收入。

（二）破坏文物情况依然存在。"文革"期间许多古建筑、古墓葬、古遗址遭到破坏。不少单位侵占古建筑，把重要古建筑搞得面目全非。有的单位虽经上级党委三令五申，限期搬迁，但是始终拒不执行。随着旅游事业的发展还出现了一些新的矛盾，有的地区在文物保护范围内或附近修建高楼大厦，破坏了周围环境。也有的地区和单位不按照法令规定履行报批手续，不遵守法令规定保持现状或恢复原状的原则，对古建筑改旧换新，既损坏了文物原貌，又浪费了国家经费。因此急需早日制订文物保护法，加强法制。

（三）各地文物、博物馆、图书馆普遍存在业务用房不足的现象。如浙江省博物馆馆舍一直是利用清代遗留下来的行宫、寺院，库房分散在十余处，而且大部分还是临时借用的。因基建问题长期不能解决，有的博物馆甚至连现有房屋维修费用也无力支付，如贵州省博物馆由于地基塌陷，成为危险建筑，因无足够的维修经费，只好停止开放。省级以下的博物馆条件更差，大多是利用旧房，文物库房多数没有保证文物安全的条件。因此文物丢失、损坏情况时有发生。

（四）各级文博机构普遍存在领导班子不健全，业务人员严重缺乏的情况。博物馆、图书馆工作都是业务性很强的工作，但有的地方把文物系统当作安置老弱病残或闲置干部的地方，有的地方把完全不懂文物的外行派去当领导，不按客观规律办事，瞎指挥，使得部分专业干部无法安心工作，要求调离文物系统。"文革"中，文物战线遭受到极大的破坏，使得一些老专业人员不能发挥专长，青年人不敢钻研业务，导致文物系统的一些专业和传统技术面临青黄不接、后继无人的危险。几年来，虽然陆续举办了一些短训班，但远远不能适应需要。干部队伍的培养工作必须大力加强。

（五）专业人员生活待遇问题亟待解决。文物系统专业人员与其他系统的专业人员的待遇相差悬殊。有的地方文物干部的野外调查、考古发掘生活补助比在城市出差还低，有时文物干部和社会科学院考古所的同志在同一工地工作，却两种待遇，同工而不能同酬。文物局已多次与劳动总局、商业部粮食局商议，都无法解决。许多地方文化系统都拨了专款修建宿舍，但文物系统却没有这样的专款，这对文物系统专业干部的情绪影响很大。长期下去，队伍是很难稳定的。①

上述五个方面的问题，任质斌简洁地归纳为四点，郑重地记在自己的工作日志上：（一）组织散漫，制度松弛；（二）管理混乱，底数不清；（三）黑市活跃，外流猖獗；（四）等客上门，工作被动。

这些问题，都需要任质斌去解决。

三　召开全国文物工作会议

为了解决长期遗留下来的各种问题，任质斌上任伊始，抓紧做好两项工作，一是摸清家底，二是健全法规。摸清家底，主要是通过调查研究，搞清文化大革命以来全国文物损失的全部情况。对于在"文革"中被"四人帮"及其同伙窃取的文物一律追回；组织一

---

① 文物局档案：《国家文物局所属系统的概况》。

次全国性的清仓查库、安全防护大检查，尽可能地改善文物保管、陈列条件；抓紧建立和健全各种规章制度和重要文物档案。健全法制，主要做好四项工作。一是抓紧制定《中华人民共和国文物保护法》，二是代国务院拟定一个"加强保护历史文物"的通告，在《人民日报》上公布。三是国家文物局和国家建委联合草拟了《关于加强保护古建筑的紧急通知》，报请国务院批转各地人民政府执行。四是草拟《文物系统涉外工作暂行规定》，规范并统一文物系统的涉外工作。同时，文物局也准备就文物出口政策提出新的建议，并加强文物市场管理、加强文物事业的组织建设①。

对于文物博物馆工作，中共中央十分重视。一九八〇年四月上旬，中共中央书记处决定于五月下旬听取国家文物局关于文物工作的汇报。为此，任质斌指示有关部门立即起草详细全面的《文物工作汇报提纲》。考虑到汇报会上中央领导一定会对全国文物工作做出重要指示，任质斌决定向国务院申请于六月份在北京召开全国文物工作会议。

一九八〇年四月二十一日，国家文物局向国务院正式提交了《关于拟召开全国文物工作会议的请示报告》。五月七日，国务院副总理王任重批示同意。

五月二十六日，根据胡耀邦的指示，中共中央书记处召开第二十三次会议，会议集中讨论了当前的文物、图书馆工作。任质斌列席了会议。会议听取并讨论了任质斌的《文物工作汇报提纲》，指出："文物保护、管理方面的问题相当多"，文物部门"一定要以责任在身，当仁不让的精神做好工作，不要知难而退"②。会议决定：（一）尽快召开全国文物工作会议；（二）在文化部设立图书馆事业

---

① 《文物工作汇报提纲》（1980 年）。原件藏文物局档案室。

② 国家文物局编：《中华人民共和国文物博物馆事业纪事》上，第 369 页。

管理局，北京图书馆由国家文物局移交文化部领导。就具体的文物工作，会议还决定"请文物局根据书记处讨论的意见进一步研究，就一些方针、政策性的问题向中央写一个报告，具体问题与中宣部、文化部研究解决"①。会后，根据会议精神，中央书记处拟定并下发了《中央书记处对文物、图书馆工作的指示》，其中就文物出口问题、文物事业经费问题、文物管理问题、文物博物馆人才培养问题作了明确指示。在这个指示中，有一个方针性的提法，即要求文物部门实行"以文物养文物"。这在文物局引起了热烈反响，许多专家学者也感到不符合实际，若要实行，其危害性不可估量，一致要求向中央反映取消这一提法。

六月四日，国家文物局向各省、市、自治区文物局（文化局、文管会）发出《关于召开全国文物工作会议的通知》。《通知》指出："这次会议，除传达中央负责同志对文物工作的指示，讨论文物工作的方针政策以及《中华人民共和国文物保护法》（草稿）和《关于文物事业涉外工作的几点意见》（草稿）外，还将交流文物管理工作经验。"②

六月二十七日，全国文物工作会议在北京召开。参加会议的有各省、市、自治区文物局、文化局、文管会（处）、博物馆、图书馆、文物商店和国家文物局直属单位的负责人一百七十人，中央有关部门和新闻界的代表三十四人，总计代表共二百零四人。会议传达了五月二十六日中央书记处对文物、图书馆工作的指示。中共中央书记处书记、国务院副总理王任重和中宣部副部长黄镇到会作了重要讲话。

在此之前，任质斌同志正式向中央书记处报告关于贯彻执行中

---

① 《中央书记处对文物、图书馆工作的指示》。原件藏国家文物局档案室。

② 国家文物事业管理局文件：《关于召开全国文物工作会议的通知》，（80）文物字第 145 号，1980 年 6 月 4 日。

央指示的情况与意见，明确表示"以文物养文物"不可行，不能向
代表传达、公布。由于他和专家们的力争，中央接受意见，重新修
改指示文件，保证文物工作会议的圆满成功。作为局长，任质斌以
鲜明的态度，坚定的立场，为取消"以文物养文物"的提法，起到
了关键作用。

　　会上，任质斌作了《加强对文物事业的管理，充分发挥文物事
业在四化建设中的作用》的报告。任质斌指出：党的十一届三中全
会确定了全党工作重点的转移，我国进入一个新的历史时期。文物
事业必须适应新时期总任务的要求，研究新形势下的新情况和新问
题，认真加强管理，积极开展宣传教育和科学研究活动，促进国际
文化交流，为四化服务，为提高整个中华民族的科学文化水平贡献
力量。随后，任质斌分九个方面讲了当前迫切需要做好的文物工作：
（一）大力开展宣传工作，提高对文物工作的认识，肃清林彪、"四人
帮"的流毒；（二）健全法制，严格文物管理制度；（三）运用革命
文物，大力宣传老一辈无产阶级革命家的光辉事迹；（四）密切配合
国家各项生产建设，做好考古发掘工作；（五）加强博物馆的建设；
（六）做好文物出版宣传工作；（七）调整文物出口政策，改进市场
管理；（八）加强外事活动，促进国际文化交流；（九）搞好文物事
业的组织建设①。

　　参加会议的代表热烈地讨论了《中央书记处对文物、图书馆工
作的指示》和任质斌的报告。对于中央书记处关于文物工作的指示，
代表们深受鼓舞。同时，与会代表思想解放，各抒己见，既肯定了
三十年来文物战线取得的显著成绩，回顾了十年浩劫中文物遭到严
重破坏的沉痛教训，也对当时文物继续遭受破坏和大量文物外流的
情况感到严重的忧虑。大家认为，当前文物工作中存在种种问题的

────────────

　　① 　任质斌：《加强对文物事业的管理，充分发挥文物事业在四化建设中的作用》。
全国文物工作会议文件之一。原件藏国家文物局档案室。

一个重要原因，就是各方面对文物、博物馆工作在我国进行现代化建设过程中的地位和作用认识不足，重视不够。中国是举世闻名的文明古国之一，遗存下来的各类文物极为丰富。它不仅可以激发人们强烈的民族自尊心和自豪感，鼓舞人民为祖国的现代化建设奋勇前进。而且许多文物具有重大的历史、艺术、科学价值，为历史科学研究提供了重要实物资料，对我们创造社会主义的、民族的新文化起着重要的借鉴作用。但是现在文物、博物馆事业的规模、队伍状况，同历史赋予我们的任务是极不相称的。这在相当程度上也反映了我国当前科学文化水平普遍不高的状况。因此必须对历史负责，对祖先负责，对子孙后代负责，认真做好对它们的保护、管理、研究和宣传工作。结合报告，与会者研究了当时文物工作中存在的一些重要问题，讨论修改了《文物保护法》（草稿）和《文物涉外工作的几点意见》（草稿），同时对博物馆、古建保护、文物出口、干部工作等问题召开专业座谈会进行了研究。

按照大会议程，从六月二十七日下午开始，代表们分六个组讨论工作。任质斌不时到各个组了解情况，听取意见。七月二日上午，分组讨论结束，下午开始举行大会，交流经验。四川省博物馆、南京博物院、山东省曲阜文管所、北京市文物局和陕西省文物局分别介绍了调查征集革命文物、馆藏文物保存、大型遗址勘探普查、加强文物市场管理和确保文物安全等情况和经验，中央人民广播电台对四川省博物馆和南京博物馆的发言作了摘要广播。七月四日上午，王任重和中宣部副部长黄镇、廖井丹到会接见了全体代表。王任重和黄镇在会上讲话，对当前的文物工作作了重要指示。①

七月七日，大会闭幕，任质斌在闭幕式上作了长达两个小时的报告。他指出：这次会议是在党的工作重点转移之后的新形势下召开的一次全国文物工作会议。会议期间，同志们畅所欲言，各抒己

---

① 会议秘书处编《全国文物工作会议反映》（八）。

见，发表了很多很好的意见。但由于这样的会议多年不开，文物工作积累的问题较多，会议时间又短，有不少问题讨论得不够深入。接着，任质斌代表国家文物局讲了全国文物工作者十分关心的八个问题，即：（一）关于大力开展对文物工作的宣传问题；（二）关于加强法制，坚决制止破坏文物的问题；（三）严格控制和制止文物的大量出口问题；（四）关于改善文物工作条件和增加文物经费的问题；（五）关于文物工作的外事活动；（六）关于体制、干部、博物馆事业的发展问题；（七）关于工作方法问题；（八）关于如何传达贯彻会议精神问题。讲话受到与会代表的高度评价。

这次会议认真总结了过去，找出存在的问题，提出了解决问题的方法，并规划了进一步发展文物事业的宏伟蓝图，极大地鼓舞了全国文物工作者的信心，激发了他们的工作热情。

文物部门是一个政策性、专业性很强的机构。任质斌到文物局之前，对文物没有太多的接触，在专业上可以说是个外行。但是，任质斌同志用他熟练的领导艺术和工作业绩，取得了群众的尊重和支持。

四　文物工作的立足点就是保护

文物是物质文明和精神文明的遗物，具有历史、艺术、科学价值，是重要的文化遗产。

但是，在十年浩劫中，我国的文物却遭到了十分严重的破坏。

任质斌了解到：对文物的破坏，一种是对文物缺乏有效保护的自然破坏，一种是出于利害关系的人为破坏。自然界的破坏，如大气的污染、酸雨及其他有害物质的形成和地震地裂、地面下沉、洪水等自然灾害的产生，都会对文物，特别是对不可移动文物，造成不同程度的毁坏，如遗址、石窟、石刻的风化侵蚀，彩绘陶、壁画等的褪色剥落，古建筑木构件的腐朽，出土纺织品的糟化和纸制品的灰化，铜器、铁器的锈蚀，出土古尸的变质等等。由于诸多客观的原因，这一现象短期内不可能得到解决。

但是，最令任质斌感到紧迫的是，我国的文物，特别是不可移动文物，长期存在的人为破坏，达到了令人震惊的程度。

长城是世界的奇迹，是我国古代最伟大的防御工程，凝聚着劳动人民的血汗和智慧，是中华民族的骄傲。世界各国旅游者都向往这一人间奇迹。然而，在十年浩劫中，长城遭到巨大的破坏。北京市境内的长城，上百座烽火台和敌楼被拆毁。河北省境内数千里的长城，保存完好的已不多，"一些重要的长城关口如古北口、喜峰口、冷口等处附近的关城、敌楼、烽火台拆除殆尽。有些地区把长城的砖石拆来修马路、修水库、修房屋，甚至把长城的石砖炸毁当石料出售。陕西、甘肃、内蒙古、宁夏等地的土筑长城大量被挖掉，把古长城的城墙土当作肥料，以致一些地区土筑长城的遗址已经很难找寻。有些地方原本气势雄伟、宛如巨龙般奔腾的长城，被破坏之后好像被扒了皮的死蛇，趴在那里，惨不忍睹"[1]。

就在任质斌接任国家文物局局长职务时，北京和河北地区拆毁长城的现象仍然存在。中央对此非常重视，强调各级负责部门切实做好保护好长城的工作。

为落实中央指示，一九八〇年五月二十日，北京市人民政府在延庆县西拨子公社召开保护长城紧急现场会议，针对被拆毁长城的现场，讨论关于立即制止拆除长城和加强保护工作的问题。同月三十一日，任质斌以国家文物局局长身份向新华社记者发表"关于切实加强文物古迹的保护管理"谈话，强调保护长城人人有责。

一九八〇年六月十一日，在任质斌主持下召开由公安部、文化部、国家文物事业管理局联合组织的四个调查组人员会议，传达了中央负责同志对保护长城的指示，部署了对北京、陕西、甘肃、河

---

[1] 《文物》1980 年第 7 期，第 30 页。

北、内蒙古的长城破坏情况的调查工作。会后，上述地区开始了细致的调查工作。

河北省境内的长城是重灾区。在任质斌指示下，一九八〇年六月，国家文物局联合河北省文化局、河北省公安局、《河北日报》社等单位，对承德、唐山地区的长城保护情况进行逐区检查，并召开了由承德行署和长城沿线九个县负责人及有关部门领导人参加的会议，拟定了保护长城意见书。此后，河北省人民政府批转了省文化局《关于承德、唐山地区万里长城检查情况及今后保护意见的报告》。

其他相关各省市区，也在一九八〇年和一九八一年间对长城损毁情况进行了细致调查，并提出了切实可行的保护措施。分别召开了保护长城工作会议，发布了关于保护长城的布告。之后，国家文物局向国务院上报了《长城破坏情况和今后加强保护管理意见》的报告。国务院批复同意。这些使长城保护工作得到了进一步加强。

在调查长城保护情况时，调查小组意外发现河北省滦平县大小金山岭上的长城是整个长城中构筑最复杂、楼台最密集的一段。该段长城始建于明洪武十四年（一三八一年），全长近十一公里，设有大小关隘五处，敌楼六十七座及烽火台等。此处山势险峻，层峦叠嶂，敌楼根据地势而建，形式各异，为其他地段的长城所少见。有鉴于此，在任质斌指示下，河北省文化局和国家文物局联合提出对此段进行大规模修整，请求国家拨出专款予以支持的建议。一九八三年至一九八八年，国家拨专款对此段进行大规模修整。一九八八年国务院公布金山岭长城为全国重点文物保护单位。

改革开放伊始，城市建设和文物保护的矛盾，宗教、旅游与文物开发利用的矛盾日益显现。片面强调文物开发利用，促进经济发展，忽视文物保护的言行也随之严重起来。在如何处理此类关系问题上，任质斌的态度是明确和坚定的。他认为：文物工作的立足点就是保护。文物能够保存至今，经历了无数沧桑和千难万险。而今，党和人民把收集、整理、保管、宣传这些珍贵文物的重要任务托付给我们文物工作者，责任重大。在一次与文物局的有关领导谈话时，任质斌激动地说："要是祖先留下的东西在我的手里毁掉，我怎么对得起我们的祖先，对得起我们的子孙呢？就是杀一百次头，也抵不了这个罪啊！"

鉴于人为破坏文物的现象非常严重，1980 年 4 月 5 日，国家文物局与公安部、文化部联合发出《文物安全大检查的通知》，要求各省、市、自治区开展全面的文物安全大检查。一九八一年，任质斌在作《关于今年下半年的工作安排》的报告时指出："文物保护工作进展不快，有各方面的原因。从领导上检查，主要是领导精力不够集中，战线展得过宽，没有形成一个拳头。因而对文物的安全保护工作抓得不够突出、不细、不深入。一年多来，我在工作中就有这方面的毛病。这是应该认真改正的。""在今后几个月，或更长一点时间内，必须注意更加突出和抓紧文物的安全保护工作，务须在这一方面解决更多的问题，做出更明显的成绩来。否则可能造成更大的损失和更大的被动。"

为了更有效做好文物的安全保护工作，任质斌指出了文物局应该做的主要工作就是：向各级文博单位进一步说明做好文物的安全防护工作的重要性和紧迫性，使各级行政管理机构集中更多的精力来抓好这项工作，使安全防护工作真正从行动上（而不只是停留在口头上）成为当前工作的重点。从国家文物局本身来说，今后相当时期内，派人下去检查工作应该主要是检查安全防护工作，开会讨论业务工作应该主要是讨论研究安全防护工作（从半年或全年来说），传播经验应该主要是传播安全防护工作的经验，干部配备应该主要是加强做安全防护工作的干部，经费开支主要是用在改善安全防护工作。总之，一切都要优先加强文物的安全防护工作，切实有效地使领导精力更多地集中到安全防护工作上。

　　无论是对可移动文物还是对不可移动文物，严格防火，都是文物保护工作中非常重要的一项。对此，任质斌建议特别抓紧比如故宫博物院、中国历史博物馆（那时，历史博物馆和革命博物馆是合在一起的，一般统称为历史博物馆）、南京博物院、上海博物馆、敦煌、龙门、麦积山、云岗、大足、秦陵、承德等重点文物单位的安全保护工作，他指出：解决这些单位防火安全问题，局党组要做专门的分工，以集中精力切实解决好这些单位的防火防盗问题。

　　故宫是中国最大古建筑群，在世界上有着极大的影响。任质斌对故宫最为忧虑的就是防火问题。任质斌担任局长后，休息日里很少在家，经常外出到各文物景区巡查。他并不是去游玩看景，而是亲自看看文物保护的现状，以便发现存在的问题。不仅如此，他还常常让子女们有时间也到这些地方去看看。一次，长子任全胜游览故宫回来，任质斌问道："你去故宫一趟有什么收获？"任全胜不明白父亲的真实意图，就说："故宫真是太伟大了！建筑很美，很有气势，参观的人特别多。"听到这，任质斌很不满意地说："就这些？"全胜不知父亲想问什么，望着父亲没再说话。任质斌语速缓慢，忧心忡忡地说："让你们去看，并不是让你们去玩。故宫气势磅礴，建筑辉煌，在世界上都有名。但你发现没有，它的建筑都是木结构，一旦着火，后果可是不堪设想啊！那样，我还怎么向国家交代，向人民交代！"

　　一九八二年二月二十七日，在研究故宫的安全防护工作的会议上，任质斌再次强调："故宫安全防火一定要重视，我也感到很忧虑。故宫是中国最大古建筑群，全都为木结构，又建在高台上，一旦起火，接近扑灭非常困难。一旦起火，将震动全世界。每想及此，寝食不安。现社会各方面都注意这个问题。"① 在对故宫的防火问题作了实地调查之后，任质斌发现故宫内部存在三个火灾隐患，一是

---

① 1982 年 2 月 27 日任质斌在国家文物局党组会上的讲话。

家属住户，二是三个木工厂，第三是弹药库。他指示有关部门立即解决这些问题，消除了火灾隐患。

　　文物被毁，与保存文物的库房陈旧、破漏和库房面积不足有着极大的关系。有的省博物馆的文物库房建筑年久失修，面积很少，不敷使用。许多文物都存放在简易的工棚里，甚至有的还存放在走廊上。有的省博物馆根本就没有库房，只是把文物存放在面积很小的简易房内。有的省博物馆库房潮湿、漏雨，收藏的古书画已出现霉变，有些照片已报废。有的地区文管会、县文化馆收藏的文物在办公室或床底下堆着。有的地区因无库房，就把新发掘出来的文物存放在租用的民房内保管。

　　摆在任质斌面前的困难，不仅仅是库房破旧和人们文物保护意识淡薄的问题，我们的文物保护技术也很落后。对待人为的文物破坏，我们可以依靠法制和行政管理手段来进行制止和保护，但对自然的消损就只有靠文物保护技术了。

　　地下文物，尤其是帝王陵墓大多都完好地保存着许多有代表性的器物，这些文物是不可多得、弥足珍贵的历史见证。许多古墓葬，尤其是一些大型的古墓葬，埋藏很深，处于与世隔绝的封闭状态，然而，当我们挖掘这些在地下埋藏了多年的古墓葬时，就破坏了起保护作用的环境，使有些珍贵的文物，特别是丝绸、字画等，一动就成碎末，很快被毁坏和风化。我国文物的保护水平不高，保护条件很差，如果不顾保护条件，盲目将地下的文物挖掘出来，就会因保存环境的突变而使一些宝贵的文物迅速毁掉。不少地方就曾出现过在挖掘文物过程中损毁文物的现象。另外，许多文物保护的技术问题在世界上都属于难题，如丝制、木制和纸制品的长久保护技术，一直没有很好的解决办法。同时，我们的考古技术力量较为薄弱，而配合各项建设工程的考古发掘任务却很重，从而使考古力量不能集中使用，在一定程度上削弱了发掘工作的质量，也不利于文物的保护。

鉴于上述实际情况，任质斌对挖掘地下遗存一直十分慎重，甚至是基本否定的态度，并提出了"让土地爷继续为我们保护文物作贡献"的思想。任质斌指出：文物密封在地下，保存在"土地爷"那里，是最安全的。大量的文物至今能够完好地发掘出土，就是"土地爷"长期保存的功劳。与其在无保护手段或手段不完备的情况下过早的发掘文物，引起文物的自然毁坏，不如多埋藏几年，让"土地爷"多尽点义务。他还要求所有的文物工作者都要努力学习并提高文物保护的科学技术水平，为保护文物创造更好的条件。但在现有的科技水平下，任质斌强调：一些著名的陵墓，凡是与基建无关的，一律不进行发掘。等到将来条件允许了，再完好无损地发掘出来。对于那些以解决某些历史问题为目的的主动考古发掘以及有些占地面积较大的古遗址的发掘工作，任质斌总是强调必须有计划、有重点、绝对安全地进行。

正是在这种思想指导下，一九八〇年，任质斌坚决地阻止了清代帝王陵墓的发掘工作。

清代帝王陵墓是我国现存规模最宏大、体系最完整的皇家陵寝，分别建筑在北京市东面的河北省遵化市和北京市西面的易县。清代帝王陵墓经历了从清顺治十八年（一六六一年）到民国五年（一九一六年）长达二百五十余年的建造过程，在建造规则、建筑形式方面充分吸收和融汇了古代陵寝建筑的长处，建造工艺更加完美，是古代陵寝建设中最为成熟的阶段。一九六一年三月四日，清东、西陵被国务院列入第一批全国重点文物保护单位。东陵规模比较大，但西陵保存的比较完整。

西陵始建于雍正八年（一七三〇年），其中泰陵的墓主就是雍正。后人对于雍正有不同的评价，也有不少的传说，尤其雍正的死因，更是传说甚多。挖掘清陵，出土的文物有利于历史学者对历史进行更加系统、全面和深入的研究。另外，作为一个文物古迹和群峰竞秀、风景秀丽的文物景区，还会吸引更多的中外游客，进一步促进当地经济和旅游的发展。

出于上述考虑，一九八〇年，当地政府决定在西陵打开一个地宫用以开发旅游。他们选择了雍正的陵墓准备挖掘。

任质斌得到消息后，立即率领文物局副局长孙轶青、社科院考古所所长夏鼐、文物专家罗哲文等人紧急赶到西陵。国家文物局正副局长和众多文物考古专家齐聚西陵，这还是不多见的。经过实地调研，大家一致认为，对保存如此完好的陵墓，不能如此不顾保护条件地盲目发掘。于是，任质斌向当地政府提出停止挖掘的要求。不久，当地政府又准备利用文化部部长黄镇到西陵考察指导工作之时，请求黄镇支持挖掘工作。当黄镇到西陵去的时候，按照常理，任质斌和孙轶青二人都应该陪同前往，但任质斌非常策略地派时任国家文物局文物处副处长、文物专家罗哲文前往。罗到西陵后，向黄镇解释了不能盲目挖掘西陵的理由，同时再次对当地政府做耐心的说服工作。黄镇了解情况后，指示要尊重文物局的意见。终止了西陵的挖掘工程。

一九八一年上半年，东陵所在地的政府部门曾经设想为发展当地旅游建设飞机场和兴建高速公路。这样，将在一定程度上破坏这里的原生环境。六月三日，任质斌到东陵视察工作，指出对东陵的维护、利用，包括当地农民盖房，都要有全面规划。任质斌明确指出："搞飞机一下子还不行，高速公路一下子也不行"，为了改善交通状况，促进旅游，"是否可以考虑把现在的公路搞复路"。他还指出：方便旅游没有错，但既要方便旅游，"又能保护风景，保持中国特点的古建筑群"才行①。在任质斌的努力下，当地没有盲目上飞机场和高速公路项目。

二〇〇〇年十一月二十九日至三十日，第二十四届世界遗产委

---

① 《国家文物局长任质斌同志在清东陵座谈会上的讲话》（记录稿），1981 年 6 月 3 日晚。原件藏国家文物局档案室。

员会会议在澳大利亚东北部城市凯恩斯召开。会议决定将中国的四个项目列为新的世界遗产。清陵的东、西陵由于原生环境保护较好，和其他三个项目一起被列入新的世界遗产。

虽然任质斌在国家文物局局长任上只有短短两年多的时间，但在工作条件十分艰苦的情况下，在文物保护方面是做了大量工作的，贡献是很大的。他对考古发掘所持的慎重态度，提出让"土地爷"代为保管文物的思想，至今天对考古工作仍然具有指导意义。

五　领导起草《中华人民共和国文物保护法（草案）》

任质斌任国家文物局局长后，面临的一项重要工作就是起草《中华人民共和国文物保护法（草案）》。

《中华人民共和国文物保护法》是在一九六一年国务院颁发的《文物保护管理暂行条例》的基础上制定的。中华人民共和国成立不久，一九五〇年五月二十四日，中央人民政府政务院就针对近一百多年来祖国文物被帝国主义大量掠夺的严重情况，发布了《禁止珍贵文物图书出口暂行办法》和《古文化遗址及古墓葬之调查发掘暂行办法》。随着国家经济建设的发展，一九五三年十月十二日，政务院又先后颁发了《关于在基本建设工程中保护历史和革命文物的指示》，对如何配合生产建设做好文物保护工作作了具体规定，提出了"既对文物保护有利，又对基本建设有利"的方针。一九五六年四月二日，为配合农业生产建设的高潮，国务院又颁发了《关于在农业生产建设中保护文物的通知》，提出了文物普查和建立文物保护单位等重要措施。一九六一年三月四日，在总结建国十二年文物工作经验的基础上，国务院颁发了《文物保护管理暂行条例》，并公布了第一批共一百八十处全国重点文物保护单位名单。在当时的历史条件下，这些法令、条例对于文物保护管理工作起到了非常重要的作用。

在"文革"中，法治受到严重破坏，文物管理工作出现了有法不依的混乱局面，大量的文物遭到严重破坏。"文革"后，党和国家虽然采取了相应的措施，使一些地方的文物破坏情况得到遏制，但随着全党工作重点的转移，各项建设事业和旅游事业的发展，文物保护管理工作又出现了一些新情况和新问题。比如，文物管理体制不健全，一些地方没有建立与文物管理工作相适应的行政管理部门；文物的所有权不明确，占用单位对古建筑等不可移动文物随意进行拆改的现象逐渐增多；考古发掘的文物得不到及时妥善的保护；社会文物管理不善，文物市场混乱，多头经营、压价竞争严重；文物走私猖獗，给文物保护和管理工作带来很大的困难。所有这些新出现的问题，都亟须在总结过去正反两个方面经验的基础上，抓紧制定出一部全面的文物保护法，把文物保护的方针政策和重要的管理办法，用法律的形式固定下来。

一九七九年，文物学大庆会议以后，时任文物局长王冶秋提出起草"文物保护法"，并决定由谢辰生、陈滋德等人负责。他们在《文物保护管理暂行条例》的基础上开始草拟《中华人民共和国文物保护法》。一九七九年底草成。

任质斌担任国家文物局局长时，《中华人民共和国文物保护法》的起草工作继续紧张地进行。任质斌非常重视起草工作。他指出：抢救祖国的文化遗产，保护珍贵的文物，更加严厉地打击破坏文物的犯罪分子，是国家文物局的一项重任，我们必须抓紧制定《文物保护法》，尽快颁行《文物保护法》，使文物保护工作有章可循，有法可依。

随后，任质斌指示向全国各省、市、自治区文物部门广泛征求意见，并要求分别约请全国政协专门委员会委员、知名人士、有关专家和各有关部门的同志举行座谈，征求意见。在任质斌的建议下，一九八〇年五月十三日，全国政协文化组召开座谈会，专题讨论《中华人民共和国文物保护法》（征求意见稿）。与此同时，起草小组根据各方面意见，反复修改，仅一九八〇年一年中，起草小组对

《中华人民共和国文物保护法》（征求意见稿），八易其稿①。

　　在《文物保护法》起草过程中，任质斌反复强调"文物保护"的重要性。对文物所有权、文物机构设置、文物保护单位管理、流散文物管理等问题，任质斌也都作过重要指示。

　　一九八一年初，《中华人民共和国文物保护法（草案）》（征求意见稿）经过多次研究、讨论、修改后，形成基本成熟的《中华人民共和国文物保护法（草案）》。二月一十六日，国家文物局将《中华人民共和国文物保护法（草案）》报请国务院转人大常委会审批，并抄报中宣部。四月十一日，中宣部函复国家文物局，同意该《文物保护法》（草案）。随后，按照程序，国家文物局将《中华人民共和国文物保护法（草案）》转到国务院办公厅法制局。国务院办公厅法制局提出了若干修改意见，其中之一就是主张既要强调对文物的保护，也要强调对文物的管理，希望将"中华人民共和国文物保护法"改名为"中华人民共和国文物保护管理法"。

　　为了提高工作效率，早日公布《文物保护法》，任质斌向国务院办公厅提出建议由国务院法制局和文物局的相关同志共同协商，直接研究修改《中华人民共和国文物保护法》（草案）问题，以避免公文往还，浪费时间。

　　对于有关部门提出的将"中华人民共和国文物保护法"更名为"中华人民共和国文物保护管理法"问题，文物局内部意见不一。有的坚持使用"中华人民共和国文物保护法"名称，有的人觉得在名称中加上"管理"两字有道理。

　　任质斌对于文物保护的根本实质认识是很深刻的，他认为祖国文物遭到如此严重的破坏与人们对于文物保护的错误认识有着极大的关系。任质斌担心："会不会加上'管理'两字，强调了管理，忽视了保护呢？"经过慎重思考和征求有关文物专家意见，任质斌决

―――――――

　　①　国家文物局：《1980年文物局工作概况》。原件藏国家文物局档案室。

定不在"文物保护法"中加入"管理"两字。他明确表示意见说："我倾向就叫文物保护法，这样可以体现人人有责"。最后仍然以《中华人民共和国文物保护法》这个名字命名，这与任质斌的深思熟虑和对真理的坚持是分不开的。

在任质斌支持和领导下，在文物局《文物保护法》起草小组和国务院有关人员密切配合下，经过反复修改、补充和完善，《中华人民共和国文物保护法》（草案）二稿于一九八一年九月底完成。十月，国家文物局将《文物保护法》（草案）二稿再次报请国务院转报人大常委会审批。

一九八二年十一月十九日，经中华人民共和国第五届全国人民代表大会第二十五次会议通过，由叶剑英委员长签署，《中华人民共和国文物保护法》公布实施。

二十日，人民日报发表社论《保护文物，严格执法》。社论指出：全国人大常委会通过并颁布了《中华人民共和国文物保护法》，这是保护祖国历史文化遗产的一项重大措施，也是建设社会主义精神文明的一件大事。祖国文物是全国人民的宝贵财富，绝对不容许任何单位和个人破坏和侵占。文物保护法的颁布，给了我们制止各种破坏活动，加强保护文物的法律武器。最后，社论强调：各级人民政府应当加强对文物工作的领导，健全和充实文物管理机构，协调各有关方面的关系，认真贯彻落实文物保护法的各项具体规定，使文物工作出现一个新局面，为社会主义现代化建设作出应有的贡献。

这时，任质斌已经退居二线，看到期盼并为之奋争的《中华人民共和国文物保护法》终于公布实施，内心感到由衷的高兴。

六　有限的资金用在刀刃上

我国拥有丰富的文化遗产，而保护工作却由于物质条件和科技水平，尤其最为关键的是财力所限而处于困境。

　　任质斌上任伊始，就意识到这一严重问题。他了解到：在以往许多省（市、自治区）和县的地方财政预算中，长期没有文物经费的项目。一九七七年经国务院同意将文物经费作为专项指定下达，一九七八年的文物经费比一九七七年增长百分之四十二，一九八〇年全国文物经费四千多万元，比一九七七年增长近百分之百。虽然看起来比例大幅度增长，但是由于过去基数太低，远远不能适应博物馆数量增加和文物保护的需要，文物事业经费十分拮据。

　　从全国来看，文物经费在全国财政预算中所占比重很小。同时，这点少得可怜的文物经费，还常被挪作他用。不少地方，除人员工资和日常行政开支外，业务经费极少或根本没有，无法正常开展工作。文物事业在城市建设中具有重要地位，但在各地城市维护费中，并不包括文物保护单位维修费用，许多重要的古建筑、石窟寺等长期失修。由于文物事业的基本建设投资很少，全国几百个博物馆、纪念馆以及文物保管所，无论是库房的设备、陈列室的设备，或者是文物修复的设备都比较落后。即使故宫、历史博物馆、革命博物馆，以及省级博物馆也不例外，这就容易发生火灾、失窃事件，严重影响博物馆及其藏品的文物的安全。

　　任质斌还了解到：当时美国、日本等发达国家博物馆设备十分先进，文物保护已经达到相当高的水平。在防盗设备中运用多种多样的报警装置。除了闭路电视监视以及震动报警器、开关报警器这些一般比较熟悉的设备外，还普遍利用磁感应、微波、光电、红外线、雷达扫描等许多类型的监视报警设备。其报警装置非常完备，主要报警装置有以下几种：字错报警：错拨数字锁报警；倾斜报警：移动物品发生倾斜时就报警；震动报警，只要有震动而发出的声音，就可以报警；开关报警，只要使线路接触或断路就能报警；红外、激光、微波，在距离上、穿透性能上都有各自的特点；闭路电视，也可以同步录像；这些设备一般都与警方联络，以便警方及时赶到现场。如美国大都会博物馆内，有一整套的安全防护设施。一是报警装置，一是消防设施，一是监视系统。展室内、库房内有许多摄像机，陈列室和库房等全在闭路电视的监视之下。总监视室的电视屏把馆内的每一个角落都显示得清清楚楚。除电视扫描外，还采用微波器反正描和红外线扫描。一旦发生火灾、盗情，几秒钟或几分钟内就可以把保卫人员集合起来，对出事地点、火灾盗情做紧急处置。由于先进的防盗设备，美国大都会博物馆建立报警系统八年来，总共发生四起盗案，每一起都及时破获。防火的警报装置也很灵敏。还设有专职保卫工作警察。这些人穿特制的警察服，佩带有标志的肩章，腰间挎有报话机，有的还携带武器，在馆内各陈列室站岗、巡逻、监视。在美国华盛顿佛利尔美术馆里，陈列室很多珍贵文物的陈列橱实际上是一座座小保险柜，架子由钢柱连接金属底座，可上下平行移动，玻璃是钢化玻璃。这种陈列橱关闭后，浑然一体，十分结实可靠，除保管人员用钥匙和摇把外，外人很难打开。日本民俗博物馆的调阅博物馆的藏品档案资料是遥控电视自动装置。它利用机器人代替人的工作，通过电子计算机的自动控制程序，把库房内的文物取出、展开、照相、电传，并通过电视荧光屏显示出来。利用这样的自动装置，你可以坐在工作间里不动，随意和极其迅速地通过荧光屏浏览查找库房内你所需要的东西，而文物本身又不会受丝毫的损伤。

任质斌知道，在短期内使中国的文物保护设备达到欧美先进水平是不现实的，但尽可能争取一些财政支持，适当改善现在极为落后的文物保护现状，不但是必要的，也是可以做到的。

一九八〇年，国家财政体制进行改革，各项事业经费不再指定下达，而是由地方统一安排。当时人们形象地称其为"预算包干，分灶吃饭"。这样，经费统一下到地方，文物事业经费份额很少，而且很容易被其他项目挤掉。如此一来，在地方财政本身十分紧张，而许多地方对文物保护事业重视不足的情况下，文物事业经费可能面临更大的困境。

当年五月二十六日，任质斌在向中央书记处汇报文物工作时，曾提出过解决文物保护经费问题。在而后的全国文物工作会议上，如何解决文物保护事业经费问题也成为与会代表关注的焦点。按照任质斌的指示，国家文物局在起草《关于加强文物工作的请示报告》时，把"合理增加文物经费"单列一项。该项提出：（一）各省市自治区直辖市人民政府对地方财政预算中的文物经费和基建投资（包括文物库房建设），要在一九八〇年原有基础上，根据各地财力情况，应有较大幅度的提高。特别是，各地主要革命纪念建筑和古建筑维修、文物库房兴建、重要考古发掘的经费一定要得到切实的保证，以利于文博工作的正常开展。（二）各地的城市维护费，应把本地区内的文物维修费列入开支项目。（三）国家文物事业的支拨经费，要根据财政情况逐年有较多的增加，以便对重要文物的维修、发掘、收购进行重点补助。（四）除国家和地方财政拨款外，文物部门根据国家法令和有关规定，举办商业性出国展览，组织文物复制品出口、旅游收费、各地文物商店的利润，以及特许出口文物等途径得到的收入，经商请财政部门同意，可部分或全部用于弥补文物事业经费的不足，并进口一些文物保护和科学研究设备。

在任质斌的指示下，在把该报告上报国务院的同时，也上报给了财政部。

以此同时，任质斌不断同国家计委、财政部联系，申请追加文物经费，也不断向主管文物工作的中央领导同志和国务院反映情况并提出要求，有时甚至直接向他们写申请或找他们面谈。

在任质斌努力下，一九八〇年，财政部决定每年给文物局一笔直拨经费，但使用范围很窄，只限于"重点发掘、重点维修、重点收购"，不能用于其他方面。

文物需要保护，保护又需要很多的钱，而在整个文教事业费中文物事业费又是特别低的。一九八〇年，文物局召开了全国文物计划财务工作座谈会，以了解分灶吃饭后各地文物经费的安排情况。

在资金少、用钱多的情况下如何改善博物馆设备条件的问题上，任质斌经过认真分析，提出应遵循三点：第一，只能够有计划地、逐步地改善博物馆的设备条件，不能够企图一蹴而就，在很短的时间里，就把所有问题统统解决。必须先易后难，先解决迫切需要解决的问题，如防火、防盗、防潮等问题，然后解决比较复杂的问题，先解决国家级和省级的博物馆的设备条件，然后再解决地、市、县级的设备条件。如果不分轻、重、缓、急，不仅超出我们国家的财力、物力的现有水平，而且由于缺乏经验，很可能走弯路，造成不应有的损失。第二，必须发挥中央、地方几个方面的积极性，不能够都靠中央财政来解决问题。我国的财政体制是中央和地方分灶吃饭，地方的事由地方财政开支，真正解决问题还是要靠地方的积极性。改善地方博物馆的设备条件，中央的财政只能起一个补助作用，也可以说只能起一些发酵的作用，或者是开路的作用。第三，在经费使用上必须精打细算，把每元钱都用在最需要的地方。要尽量做到少花钱，多办事，充分发挥经济效益，切勿铺张浪费，乱花民脂民膏。他多次说：我们的钱来自人民的血汗，是工人、农民创造出的劳动价值。在用钱的问题上，他还特意地强调，必须坚决反对大少爷作风，摆阔气，坚决纠正不注意财务管理的官僚主义态度。

在文物的维护中，建筑维修需要大量的资金。在维修费用的问题上，任质斌提出了几项原则：

（一）坚持发挥中央和地方两个积极性的原则。地方财力能够负担得起的（如两三万元的小项目）尽量由地方负担。地方负担不起的大项目，由中央和地方双方出资维修。凡不符合这个原则的，不要提交局党组审议。

（二）凡要拨款维修的项目，必须有总体规划。无总体规划的，局党组不予审议。必须切实改变边维修边设计或不设计就维修的错误做法。

（三）花费十万元以上的项目，有关处室应先派人到现场做比较详细的调查了解，然后才可提交局党组审议。到现场调查了解的同志对局党组应负政治责任。

（四）对于古城墙、古庙宇、古民居的维修、处理，应由文物处提出整体规划，然后根据整体规划来审议某一具体城墙、庙宇、民居的维修方案。对其他古建筑、古遗址、石窟、寺庙等的维修、处理，最好也由文物处拟制一些原则意见，以利审议工作的进行。

（五）凡要维修的古庙宇、古民居，在提到局党组审议时，均须提出这些古建筑在维修后的用途。没有提出用途的，局党组不予审议。

（六）从今年六月一日，计财处（或文物处）在向各省、市文物部门拨付维修经费时，必须严肃认真地执行局党组关于与有关省、市文物部门签订合同的规定。

（七）对革命遗址、革命领袖故居、革命博物馆的维修亦须按本规定执行。

当时各地博物馆文物库房破旧，文物失窃问题严重，广大文物工作者内心非常焦虑。相比之下，当时国外有些博物馆的文物库房设在地下，通向库房的唯一通道是电梯。下降到地下库房的钥匙存放在安全总监视室。有些库房六面水泥厚墙，厚铁门加电子锁，真正称得上"保险库房"。而我们的博物馆不但不少文物库房缺乏最低限度的防火、防盗、防潮、防霉的设备，还有相当数量的文物根本没有可资储存的库房，而是杂乱无章地放在文物部门的院子里，宿舍的床底下，乃至农民的家中。与当时国家的金库相比，文物库房的保险系数很低，有的地方接近于零。

任质斌指出：这种有宝无处放，或把宝贝乱堆乱放的现象不管从哪方面讲都是极其不合理的。放下政治问题、学术问题不谈，单从经济方面讲，如果我们下决心拿出一点为数不大的钱款来解决了储存这些宝贝的库房及其必要的附属设备，这样减少的自然损坏和人为破坏是远远超过建设库房的投资的。

为此，任质斌指示国家文物局有关部门于一九八一年起草了"关于下决心解决文物库房的建议"，建议国务院"应当像重视金库的建设一样重视文物库房的建设"，"迅速下决心解决这个问题，起码要用不低于建设金库的劲头来建设各地的文物库房。因为金库里的钞票和黄金如果损失了，那还可以再生产；而我们老祖宗留下来的历史文物却是没有办法再生产的"。[①] 同时，任质斌还建议："在文物库房尚未建成时，允许文物部门将一部分特别贵重的文物寄存在当地银行设置的金库中。"

因为文物事业资金有限，如何使用宝贵的资金，任质斌把关非常严。

由于各省市自治区文物经费普遍紧张，都希望使用中央财政部的直拨经费。直拨经费数量有限，如何最科学最有效地使用呢？任质斌指示尽快成立"直拨经费审议小组"，尽快制定《直拨经费使用管理办法》。一九八二年二月，《直拨经费使用管理办法》出台，对直拨经费的"使用范围"、"使用原则"、"审批程序"、"审批权限"作了明确规定。同时该办法强调，"对重点收购的补助应限于一级品，对重点维修的补助应限于全国重点文物保护单位，对重点发掘的补助应限于经过批准的重要考古发掘项目"，国家文物局"对全国申请补助项目要全面规划，分批安排。具体项目的落实要以文物价值的大小和急需抢救的程度为根据。维修经费要精打细算，节约

---

① 国家文物局：《关于下决心解决文物库房问题的建议》，1981 年 5 月 20 日。原件藏国家文物局档案室。

使用"。① 任质斌强调直拨经费使用要严格按照此办法执行，同时自己也以身作则，严把资金使用关。

一九八一年十一月初，任质斌到江西考察文物工作。到达井冈山时，当地的负责同志也赶到那里，要求向任质斌局长汇报工作。其实，就是要求文物局拨款修复当地的一座古庙。他们在大讲寺庙的价值和修复的必要性之后，再三提起一些领导人对该庙的评价，特别是胡耀邦参观该庙时要求维修的意见。由于当时宗教活动正在普遍恢复，许多文物部门刚刚修好的寺观建筑，转而就成为宗教活动的场所。任质斌对这种事情早就深有体会，所以对此持谨慎态度。他先了解他们有无寺庙的历史资料和修复计划，汇报的同志则要求先拨款才能搞计划。任质斌态度顿时严肃起来，明确表示：对于没有历史资料和具体维修方案的拨款要求，我们只能听听汇报，了解情况而已。并且，他又再一次讲起他常讲的道理，文物经费是国家的钱，是民脂民膏，谁也无权随意许诺，浪费、乱花更是对国家的犯罪。这一答复使汇报的同志很难堪，只好又一次提到"这是胡耀邦同志要修的"。任质斌当即回答说："耀邦同志指示要修没有错，执行他的指示也很应该。但是，他并没有说这个庙要由国家文物局来修，更没有说要我任质斌来修，他要谁修就由谁修好了。"②

一九八〇年上半年，任质斌到位于北京东城区国子监孔庙内的首都博物馆筹备处视察工作。当时，首都博物馆的筹备工作已经进行了很长时间，但由于经费短缺，不但孔庙不能维修，首都博物馆也不能正式成立。筹备处的负责同志向任质斌汇报了这个情况。任

---

① 国家文物局：《直拨经费使用管理办法》，1981 年 2 月。原件藏国家文物局档案室。

② 彭卿云：《忆任质斌老局长》，载于《风雨历程，光辉人生》，中央文献出版社，2000 年 3 月第一版，第 225 页。

质斌认为：北京是一个历史悠久的历史文化名城，文物古迹很多，现又是祖国的首都，没有反映北京地方通史的博物馆，不但与北京的历史文化名城和现今的首都地位不相称，也与中华民族悠久的历史文化不相称，尽管目前文博事业资金紧张，也要支持首都博物馆的筹建工作。为此，任质斌特地指示局有关部门研究一下，可否从直拨经费中拨出部分资金，做好孔庙的维修工作，尽快成立首都博物馆。

在要求花钱精打细算的同时，任质斌还要求各地建立相应的制度，以避免因制度不健全、不完善而造成的损失。为此，在当时的条件允许下，他要求文物工作者们尽可能地改善文物保管、陈列条件，加强文物库房、陈列室和古建筑、石窟寺的安全防护措施，要定期检查陈列室、文物库房的安全情况，发现问题及时处理。他要求制定文物库房、陈列室安全守则，加强岗位责任制，抓紧建立和健全各种规章制度。他特别要求藏品应有固定、专用的库房和专人管理。一级藏品、保密性藏品和贵重藏品应设专库或专柜收藏。对因失职发生的严重事故，今后应追究法律责任。严禁将文物化公为私，或利用职权将文物作为礼品私自送人。

第三十一章　任国家文物局局长（下）

一　严格控制，制止文物大量出口

文物是国家珍贵的历史文化遗产。文物出口是一个政策性很强的问题，也是文物工作者非常关心的问题，更是全国文物工作会议中反响最为强烈的问题。

任质斌对此问题非常重视。经过认真调查研究，任质斌了解到，文物出口问题由来已久。

早在一九五○年五月二十四日，中央人民政府政务院就颁发了《禁止珍贵文物图书出口暂行办法》，规定"凡准许出口之文物图书，其出口地点以天津海关、上海海关、广州海关三处为限。"后来，北京海关也被特许出口文物图书。

一九六○年四月，文化部邀请北京、天津、上海、广州等负责文物出口的文化部门与海关方面具体管理文物出口鉴定工作的同志，开了一次文物出口鉴定工作座谈会，对文物出口的标准问题进行了研究和讨论，提出了一个供各地参考的关于文物出口鉴定的几点意见，制定了一个《文物出口鉴定参考标准》。其中第六条规定："对于有计划组织出口的一般文物，应根据文物的类别，分别划定以下两个不同的年限：一部分以一七九五年为限（即清代乾隆六十年为限），凡一七九五年以前的一律不准出口。一部分以一九一一年为限

（即清代宣统三年辛亥以前为限），凡一九一一年以前的，一律禁止出口。在以上两个年限以后的文物，仍应根据文物本身所具有科学、历史、艺术价值及存量多少来确定是否可以出口。"

规定中有一部分允许出口的文物以一七九五年为限。这就使一部分人误认为一七九五年以后的都可以出口，出现了一七九五年以后的一些好的文物也被出卖国外的情况。

"文革"中，文物部门所属文物商店划归了外贸部门，文物商店的文物保管性质消失。外贸和商业部门开始大规模经营文物出口，有的还直接收购出土文物，文物市场的管理中出现了多头经营、价格不一的市场混乱现象，不但造成大量国宝流失，还助长了"挖坟取宝"之风，助长了文物走私活动。自一九七二年起，文物部门曾多次与外贸部门和商业部门进行研究协商，并向国务院要求将文物管理和出售权限回归文物部门，以利文物的保管和保护。

一九七四年十二月十六日，国务院转发外贸部、商业部、文物局《关于加强文物商业管理和贯彻执行文物保护政策的意见》，明确规定文物商店划给文物部门经营和管理。此后，各省市文物商店陆续移交该省市文物管理部门。但其过程缓慢，上海一直到一九七七年才完成移交工作，扬州到一九七八至一九七九年才完成移交工作。个别省市的文物商店甚至到一九八〇年全国文物工作会议召开时，仍未完成移交工作。

实际上任质斌上任时，文物流失问题没有得到根本解决。文物多头经营，市场管理混乱。到处都有卖文物的商店、摊位，出售文物的质量高低不等，价格不一。在桂林，出卖文物的单位达二十五家之多，轻工业、园林、商业、街道等既卖工艺品，也卖文物，甚至在码头上摆摊。虽然按规定文物收购归文物部门，但外贸部门仍自行收购，致使文物部门与外贸部门之间、文物部门内部、外贸部门内部在收购文物和文物出口上互相竞争，导致文物收购价格很不统一。特别是京、津、沪、穗四大口岸，争抢出口文物。外商利用我方文物市场混乱和管理体制上的弊病，极力压低价格，坐收渔利。据统计，自一九七五年起，全国外贸部门每年出口文物一百万件以上，至一九七九年外贸出口文物到六百多万件，连同其他部门，出口文物达七百多万件。兼营外销文物、走私文物无法计其数。而据一九七八年底统计，全国博物馆文物总藏量为五百八十万件左右[①]。仅仅五年间，文物出口数量远远高出国家博物馆总藏量，造成国家文化遗产难以弥补的巨大损失。

文物出口数量之所以如此惊人，主要是外贸部门不恰当的批量出口。出口量虽然巨大，但经济收益却很微小。上海一工艺品进出口公司，因常常批量销售出口文物，一九七五至一九七九年出口文物多达二百六十多万件，一九七七年最高达到六十二点九万件。虽然出口数量多，但经济收益与出口文物价值很不对称。如一九七九年该公司出口文物四十四点五万件，销售价仅一千二百万人民币。相反，上海文物商店由于严格把关，同期零售出口文物仅五万余件，但销售额却高达一千三百万元[②]。

文物出口量如此之大，国宝流失如此严重，广大文物工作者痛心疾首。但在一九七八年至一九八〇年，有关部委，对文物出口问题有不同认识。一些同志主张通过出口大量文物换取外汇，为经济建设积累资金，将来经济发达了，再把珍贵文物买回来。有些同志甚至说：文物出口，能出的出，不能出的，创造条件也要出。有些同志反过来指责国家文物局作风保守，思想不解放，认为文物系统有着无数的无价之宝，但文物工作者却抱着聚宝盆，迈着艰难的步

---

① 国家文物局编《文物简报》（1）"统一管理文物市场势在必行"，1980 年 4 月 1 日。原件藏国家文物局档案室。

② 文物局档案《全国文物工作会议情况反映（二）》"上海的一笔对比账"，1980 年 6 月 28 日。

伐落在改革大潮后面。在有些同志眼里，文物工作还成了城市建设和发展一个拖后腿的工作。

对于出口文物问题，任质斌了解到上述有关国家文物局的议论。一九七九年底就任文物局局长之后，任质斌找到文物专家谢辰生问到："卖几个兵马俑行不行？"对于能否出口兵马俑问题，国家文物局一直是持坚决的反对态度的。听新任局长这么问，谢辰生立即严肃回答说："绝对不行！"并向任局长介绍了为什么不能卖的法律和政策依据。过了几天，任局长再一次找到谢辰生，对他说："这几天我查阅了有关文物法规和政策的一些文件，按政策，兵马俑的确不能卖。我来文物局之前，不少同志都说文物局的同志保守，思想不解放，看来他们也是不了解情况。"

在全国文物工作会议上，反映最强烈的问题，就是文物出口问题。有的代表在列举种种低价竞销文物现象后，痛心地发问"竞争倾销，对谁有利？"有的代表提出文物出口必须坚持"少出高汇，细水长流"的方针，有的代表提出文物根本就不应该出口发售。有的代表甚至激动地说：搞文物出口，把老底子卖光了，就像败家子了。与会代表一致要求：一定要采取强有力措施，坚决制止文物滥出口现象，再也不能像以前那样"纸上谈兵"了①。

全国文物工作会议上与会代表对文物出口问题反应如此强烈，有些出乎任质斌的意料。联想到各地博物馆文物库房破旧、文物底数混乱不清、文物丢失严重、专业人员严重缺乏等问题，任质斌感到责任重大。后来在一些会议上，他反复强调："初来时原以为搞文物工作会轻松些，但在了解情况后，才感到工作不仅不轻松，而且任务艰巨，责任重大，现在天天都好像坐在火山口上。"②

---

① 文物局档案《全国文物工作会议情况反映（二）》"对文物出口问题反映强烈"，1980 年 6 月 28 日。

② 谢辰生：《廉洁奉公　严于律己》，载于《风雨历程　光辉人生》，第 231 页。

虽然要解决的问题很多，但针对与会代表的强烈反映，在会上任质斌指示文物局相关部门首先解决文物出口无序问题。问题的关键是，制止文物无序不是文物部门本身就可以解决的，它牵涉到其他部门的利益，必须由中央和国务院协调，才能解决这个矛盾。为此，任质斌在会上指令文物局有关部门起草上报国务院的《关于加强文物工作的请示报告》。

国家文物局系统内部如何认识和处理文物出口问题？任质斌也在不断思索着。在他的手稿中，记录了当时他对文物部门外事活动中几个带有方针性的问题的认识：

（一）我国的历史文物数量之多，质量之好，是世界各国少有的，这一点世界各国早有定论。我国的历史文物是一块肥肉，世界各国都对之垂涎三尺，有求于我。利用我国的历史文物来发展国际交往和为四个现代化服务，都是大有可为而不是小有可为的，对于这一点必须有足够的认识和估价，在对外活动上，我们的方针应是囤积居奇，待价而沽，切不可自卑自馁，降价出售。

（二）由于当前我国文物战线亟待处理的问题很多，主要精力应该用来解决我文物战线内部问题，不可用很大的力量从事大规模的外事活动。好在历史文物这种物品的价值不像其他物品那样带有强烈的时间性，"留得青山在，不怕没柴烧"。真能把内事整顿好了，就可以为大规模地发展国际交往打好基础。

（三）在利用我国的文物从事国际交往时应该尽可能地围绕加强文物的保护管理这一中心来进行。凡有利于这一工作中心的事就要可以多做一些，不利于这一工作中心的事就尽量不做或少做。这样使文物战线上的外事活动和内事活动统一起来，并使外事活动为内事活动服务。要坚决反对那种不从整个工作考虑，而利用我国文物牟取个人私利的错误行为。

（四）由于当前我国的技术条件较差，以及其他原因，短期的合作出版或短期的合作生产复制品是可以的，但是，必须把这种合作看做是一时的权宜之计，而不能长期依赖外国的技术。为此，必须把主要的力量放在自力更生，独立自主方面。如果忽略了这一点，就会犯重大的原则错误。

（五）在利用我国文物从事国际交往时，必须严格坚持留一手的方针。不管对哪个国家，都不应过于天真，倾己所有，解囊相助。

按照任质斌指示，全国文物工作会议结束不久，国家文物局草拟了上报国务院的《关于加强文物工作的请示报告》。随后，在任质斌的直接领导下，经过讨论修改，报告逐步完善。因报告中要求增加文物经费，当年十月，国家文物局将此报告上报国务院的同时上报给了财政部。

该报告共分四部分：（一）加强文物保护工作，坚决制止破坏文物的现象；（二）调整文物出口政策，加强市场管理；（三）合理增加文物经费；（四）落实党的知识分子政策，积极做好培养人才的工作。在"调整文物出口政策，加强市场管理"这一部分中，报告指出文物出口和文物市场存在着严重的"出口量过大"、"多头经营，价格不一"、"私设文物销售点"、"黑市交易和走私贩私猖獗"、"盗墓挖坟和投机倒把活动恶性发展"等问题，要求"文物商业统由文物部门归口经营，统一收购，统一价格"，"其他部门应立即停止收购文物"，并提出文物部门和其他有关部门，特别是联合公安部门，"共同制定文物市场管理办法，取缔黑市，坚决打击文物走私和投机倒把活动"。"出口文物必须严加控制，坚持'少出高汇，细水长流'的方针。此外，对于文物出口的方向和加强文物复制品的制作和外销等问题，报告也提出合理性建议①。

一九八一年一月十五日，国务院向各省市、自治区人民政府和国务院各部委、各直属机构批转这个报告，请有关各方"研究贯彻执行"②。

随后，在任质斌的领导下，国家文物局反复与外贸部门协商改进文物出口业务的具体问题。虽然在任质斌短短两年多的任期内没有完全解决这个牵涉各方利益的复杂问题，但由于任质斌的努力，文物出口工作有了很大改善，国宝流失得到很大程度的遏制。

二　文物档案要像人事档案一样健全

建立和健全文物档案是文物保护的基本前提。

早在一九六一年，在国务院下发的《文物保护管理暂行条例》第五条就规定："对于已经公布的文物保护单位，应当分别由省、自治区、直辖市人民委员会和县、市人民委员会划出必要的保护范围，作出标志说明，并且建立科学的纪录档案。……"其中的"划出必要的保护范围，作出标志说明，并且建立科学的纪录档案"及必须有专人管理这四项，被文物工作者称为"四有"工作。

应该说，在"文革"之前文物档案工作是健全的，文物保护工作中建立科学纪录档案的工作始终是执行并坚持的。但在"文革"中，由于整个博物馆事业发展的停顿和工作的混乱，这一工作陷入停顿。因此，由丁"文革"的破坏，也出于不断有新发掘的文物出

---

①　国家文物局：《关于加强文物工作的请示报告》，1980年10月30日。(80) 文物字第332号。原件藏国家文物局档案室。

②　国务院批转国家文物事业管理局《关于加强文物工作的请示报告》（1981年1月15日），国发［1981］9号。原件藏国家文物局档案室。

现，在任质斌担任国家文物局局长时，我国文物的数量并没有一个确切的数字，文物的保存现状也没有一个准确的记录。

文物底数不清，保存状况不明，不利于文物保护，更容易造成文物流失。任质斌对此非常着急。上任伊始任质斌就决定从一九七九年开始进行大规模的全国性文物普查，做到心中有数。文物普查是一项规模大，耗费时间长的工作。任质斌认为这是文物保护工作中十分重要的一项基础工作，必须做好做细，必须啃下这块硬骨头。

任质斌强调：我们的文物档案工作应该逐步做得像人事部门的档案工作那样健全。如果没有档案资料，文物一旦被毁，人们就再也不知道原状是什么样子，文物的损失就更加不可估量。而有了文物的档案资料，则可以按照有关的档案资料进行弥补、修复，若有必要，还可以根据档案资料，严格按照原状，进行科学的复制，从而减少因文物被毁而造成的损失。任质斌要求：各地文物部门，在进行文物清查工作的同时，一定要建立文物登记、编目和档案制度，对新发掘的文物及时进行科学的档案记录。重点文物保护单位和一级文物的档案工作，尤其要不断完善和提高。

一九八〇年九月四日，在任质斌主持下，国家文物局召开第三十九次办公会议。会上，任质斌再次强调要抓紧进行文物大检查，各地普遍建立文物保护档案。

在任质斌的领导下，一九八〇年多个省市调配了大量人力物力进行文物普查工作，文物普查工作取得了很大成绩。其中辽宁省普查了二十一个县，共登记各世代各类别文物古迹三千五百三十六处。贵州省实地调查了名胜古迹和革命遗址三千一百二十二处，广西壮族自治区普查了十三个县，陕西省有四个地区完成了普查工作，山西省六个地区进行了普查。内蒙古自治区呼伦贝尔盟在大兴安岭普查时，发现北魏拓跋鲜卑的祖庙旧墟"石室"和"太平真君四年"石刻铭文，解决了史学界长期争论的鲜卑族发源地问题。其他各省也都取得了一定的成绩①。

　　为了使此次全国文物大检查工作做得扎实有效，任质斌指示要动员各省市的业务力量，在文物大普查的同时，编写文物志。各省先行编写本省文物志。而后再汇总编写全国文物志②。

　　按照任质斌的指示，一九八一年二月，国家文物局召开"关于编写《文物志》工作讨论会"。会上，大家一致认为：《文物志》的内容以记录编写现存的文物为主，包括文物保护单位和博物馆、文物保管所及有关单位的藏品和传世的文物三大部分。按文物本身的分类，《文物志》可分为"通志"、"总志"、"分类志"、"单项志"几类。按行政系统分，可分为"县文物志"、"地区文物志"、"省市自治区文物志"、"全国文物志"等级别。编写《文物志》，必须做好"现有材料的整理"、"历史文献的查考收集"、"实物调查"三项工作。会议决定：在最近两三年内，要在全国范围内开展文物普查与复查工作，进行文物庆典、登记、鉴别，实现科学化管理。与此同时，省市自治区开始进行省级《文物志》的撰写工作，争取在三年内完成各省市自治区《文物志》的初稿③。

　　在国家文物局的指示下，各省市自治区博物馆和文物保护部门，逐渐开始文物普查、清库登记工作，并建立健全了文物保护档案部门。与此同时，开始编写省级文物志。

　　在各地文物部门建立和完善文物档案工作的同时，任质斌决定

---

　　①　国家文物局文物处：《关于做好文物普查和复查工作的几点意见》，1981 年 2 月 28 日。原件藏国家文物局档案室。

　　②　参见国家文物局"第 39 次办公会议纪要"，1980 年 9 月 4 日上午。原件藏国家文物局档案室。

　　③　国家文物局：《关于编写"文物志"的几点设想》，1981 年 2 月。原件藏国家文物局档案室。

在国家文物局成立档案资料研究室，以加强文物档案研究工作，希望把全国重点文物，特别是一级以上藏品，都在局里建立起文字和图像的档案。他把这个重要的工作交给了罗哲文负责。并对罗哲文说："你有什么困难就随时提出来，我负责解决。"

罗哲文领命后，立即进行筹备。成立档案资料室大约需要十个人，可当时整个文物局的人就不多，文物专家就更少了，而且业务又很忙。从哪里召集这些人马呢？罗哲文很是为难，他把这个困难向任局长提了出来。任质斌对他说："人员多，不好凑。这个你不用担心。你要谁，我给你调！"见任局长对自己的工作如此支持，罗哲文非常高兴，说："那太好了！到时候我提个名单来，好不好？"任质斌立刻说："好啊！拿个名单来，我给你批。"在任质斌的大力支持下，十个人很快就调了过来。

人有了，设备没有。一套基本设备需要大量的外汇。于是，罗哲文就向局里申报了几十万美元的设备购置款。可是，这时全国都在进行"机构精简"，文物局也将要合并到文化部成为一个部属机构了。这种情况下，大家认为任局长批这么大的外购款的可能性不是很大，也就没有抱什么太大的希望。没想到，报告打上去不久，任局长就批下来，同意购买。在任质斌看来，建立档案资料室，以更多、更完整地记录有关文物的档案资料是文物工作中完全有必要，而且是一项必不可少的工作。不能因为文物局今后会变成一个部属机构就把已经开展的工作放下不管。所以，任局长对档案资料室的建立仍然给予了极大的关注和支持。

拿到批件，罗哲文怀着激动的心情立刻到国务院机关事务管理局报批外汇。机关事务管理局的有关人员知道文物局将要合并到文化部，他们拿着批件，开玩笑地问罗哲文："你们马上就要撤了，还批这个哪？"罗哲文笑着说："这不是现在还没撤吗？"就这样，档案资料室顺利成立，并购置了一大批设备。有高档的摄像机、照相机、录像机等，都是当时十分先进的器材。如此作为，反映了任质斌敢作敢为，一干到底的精神。

文物普查和《文物志》的编写工作，虽然由于任质斌在任时间短，工作变化大，没有最后完成，但也取得了很大的成绩。在工作中，发现了不少以前未知的文物，部分复查了已登记文物的保护状况，为保护、研究与发挥文物的作用提供了科学资料。普查中，对新发现的不可移动的文物，都做好了文字、照片、绘图等资料。对复查的不可移动文物，了解了自上次调查以来的变化情况，并逐项记录拍照，掌握了现存情况；对原始材料进行了分类、登记、编目等系统整理，为以后进一步做好文物档案工作打下了基础。

三　强化科研，重视宣传

文物保护和文物利用是一对辩证的互为促进的关系。保护文物的最终目的是为了更好地利用和永续地利用。任质斌在强调文物保护的同时，也非常重视在保护基础上的对文物的利用。

文物的利用是多方面的，对它的研究是利用，对它的宣传也是利用，利用文物办好陈列展览，也是利用。

在研究方面，任质斌认为科学研究是博物馆一切业务工作的基础。但是长期以来，科学研究一直是博物馆工作的一个薄弱环节，需要组织力量，把加强科学研究工作作为博物馆事业的一个重要内容来抓。要从各馆的业务需要出发，着重研究和探索本馆藏品、陈列内容和文物保护管理中的有关问题。任质斌还特别强调：必须通过研究工作，培养出一批精通博物馆业务的文物专家。只有这样，才能不断地提高博物馆各项业务水平。要把研究成果体现在陈列展览上，不断提高陈列展览的思想性和科学性。

为了促进文博科研工作的开展，任质斌担任国家文物局局长之后，积极支持筹建中国博物馆学会，以开展博物馆学及有关专业学科的研究和技术交流活动，促进各博物馆间的协作。一九八〇年十月二十三日，联合发起成立中国博物馆协会的中国历史博物馆、中国革命博物馆、故宫博物院、中国人民革命军事博物馆、南京博物院、上海博物馆、北京自然博物馆、北京鲁迅博物馆等八家单位，在四川成都召开筹备委员会会议。出席会议的除文博代表外，还有科协、地质部、军队系统的博物馆的代表。任质斌委托国家文物局副局长汪小川到会讲话，对中国博物馆协会的建立表示热情支持。会议讨论并原则通过了"中国博物馆学协会（草案）"，选举产生了中国博物馆协会筹备委员会。中国博物馆协会筹委会成立后，着手准备召开中国博物馆协会成立大会暨首届学术讨论会，完善了《中国博物馆协会章程》，发展了一批会员，编印了《中国博协通讯》。根据中央有关部门"名称以中国博物馆学会较好，更加符合学术团体的性质"的批示精神，筹备过程中的中国博物馆协会更名为"中国博物馆学会"。

一九八二年三月二十三日至二十七日，中国博物馆学会成立大会暨首届学术讨论会在北京隆重举行。出席会议的有筹备委员会委员、团体会员代表、部分论文作者和特邀代表共二百一十二人。为支持中国博物馆学会的工作，任质斌和文物局副局长孙轶青以及社会科学院考古所所长夏鼐等出席开幕式。大会通过了《中国博物馆学会章程》，选举产生了第一届理事会，孙轶青当选为理事长。会上任质斌指出：中国博物馆学会是党领导下的群众性的学术团体。它的成立必将推动我国博物馆学术研究的开展，促进我国博物馆事业的发展。希望学会成为团结广大博物馆工作者的纽带，积极开展学术研究和学术交流活动，努力贯彻"古为今用""百花齐放，百家争鸣"的方针，密切配合有关部门，进一步推动我国博物馆事业的繁荣和发展，在建设社会主义物质文明和精神文明中发挥更大的作用。

在任质斌的领导下，从一九八〇年到一九八二年初，中国博物馆界举办了很多学术研讨活动，在国内外取得了较大反响。如一九八〇年一月七日和三月十日至十二日，中国考古学会、中国历史博物馆和湖北省博物馆联合召开两次湖北随县曾侯乙墓学术讨论会，解决了该墓葬许多悬而未决的疑问，为复制曾侯乙编钟提供了科学依据。一九八一年三月十日，中国古代悬棺葬学术讨论会在四川珙县召开。十一个省、自治区的一百二十多名代表对中国古代悬棺的起源、年代、类型、族属、文化内涵等问题进行了广泛研讨。一九八一年七月和八月，国家文物局在北京先后召开加强文物市场管理问题座谈会和文物管理体制问题座谈会，讨论并初步解决了加强文物管理工作的领导问题。一九八一年十二月，中国考古学会第三次会议在浙江杭州举行，会议集中讨论了中国东南沿海地区的新石器时代文化和中国古代的青瓷及青瓷窑址，对不少相关问题有了深入认识。一九八二年三月，国家文物局在北京市召开十三个省、市文物局（文化局、文管会）文物出口鉴定工作交流座谈会。与会代表先后到北京、沈阳、大连、天津等地，结合实际工作进行政策学习和业务交流，起草了《文物出口鉴定管理工作暂行规定》，修改了《文物出口界限和鉴定标准的规定》，解决了许多工作中的疑难问题。

在这期间，为推进科研工作，文物博物馆界也成立了若干专业学会。如，一九八〇年三月，广西壮族自治区博物馆、文物出版社和中国民族研究学会联合在南宁召开中国古代铜鼓学术讨论会，来自北京等十个省、市、自治区的高等院校和科研、文物单位学者六十余人参加，会上成立了中国古代铜鼓研究会。一九八〇年四月，黑龙江省文物博物馆学会在哈尔滨市成立。一九八〇年七月，中国古代陶瓷研究会成立。一九八〇年十二月二十四日，中国文物保护技术协会第一次代表大会暨成立大会在北京市召开，协会下设古建筑保护技术、石窟保护技术、文物保护技术等专业学术组织。同年，内蒙古自治区文物考古学会在呼和浩特市成立。一九八一年八月，辽宁省考古博物馆学会在沈阳市成立。一九八二年三月，湖南省考古学会成立。

与此同时，创办了多种专业期刊。比较重要的有，一九八一年文化部古文献研究室创办的《文物天地》（双月刊），一九八一年湖南省文物考古研究所创办的《湖南考古辑刊》，一九八一年敦煌研究院创办的《敦煌研究》季刊等。

任质斌非常重视文物的宣传工作。在一九八〇年六月二十七日至七月七日的全国文物工作会议闭幕式上的讲话中，任质斌再一次指出："这个问题非常重要。我们可以想一想，为什么我国这样一个有着悠久历史、有着丰富的地上、地下文物的国家，解放以来，我们的工作虽然取得了很大的成绩，但是同其他战线相比，同其他文化事业相比，我们所占比重却比较小，发展得却不够快，和我们这样一个伟大的文明古国很不相称，为什么在十年浩劫之后，直到现在，文物、古建、古遗址还时常受到破坏，一些文物保护单位还被任意侵占，甚至被拆毁？我认为，十分重要的原因之一就是我们社会的文化知识水平不高，相当一部分人对文物的社会意义认识得很不够。不但是群众中相当一部分人认识不够，就是有些领导干部对这个问题认识得也很不够。因此，今后要把文物工作做好，必须大力唤起整个社会对文物工作的重视，重视我们自己的历史文化遗产，使大家都认识：重视历史文化遗产，重视文物是社会主义社会高度文明的标志之一。"

任质斌还强调："随着国际交往的增加，旅游事业的发展，文物在四化中的重要性将日益显露出来。它是我们建设高度物质文明、高度精神文明的社会主义国家所不可缺少的重要组成部分。"他要求各省、市、自治区博物馆及专门性历史博物馆加强和提高陈列展览水平，进一步发挥文物的宣传教育作用，要有与本馆性质和任务相适应的、内容丰富而系统的基本陈列，并常年开放。在搞好基本陈列的同时，要重视搞好临时展览和流动展览，各地保存的文物也可以互相借展。

在宣传方式上，任质斌指出"要充分运用各种手段：报刊、电影、电视、通俗读物、招贴画等"。并进一步要求"今后要更有计划地去做，各地要有个宣传规划。要动员各方面的力量来做，要号召大家多写这方面的文章。在保护文物的宣传上，还可以和进行社会的道德风尚教育结合起来。""要采用一切宣传手段，动员社会舆论，大力宣传，使文物工作的社会意义深入人心，家喻户晓。"文物工作要"主动地同工厂、农村、机关、学校、部队联系，有计划地组织他们前来参观或把展览送上门去"。应该把"等客上门"的消极状态变为"招客上门"的积极状态。要注意改变工作方法，把工作做得更活一些。在已取得的成绩基础上，大胆革新，更多地发挥主动性、创造性，打开工作局面，前进的步子更大一些。不要墨守成规，抱残守缺。要多动脑筋，多想办法，把工作搞的生动活泼一些，使文博事业和图书、出版、戏剧、电影一样，成为人民文化生活中必不可少的一个组成部分，使文物事业为文化发展作出积极的贡献。

由于刚刚从十年"文革"的历史中走过来，文物工作中"左"的倾向尚没有完全纠正。任质斌总结了当前文物工作中存在的一些"左"的表现：在陈列展览和宣传工作中，对领袖歌颂过多，对一般烈士歌颂过少；对阶级斗争表现过多，对群众的经济生活表现过少；对中央苏区表现过多，对其他根据地表现过少；对胜利表现过多，对曲折表现过少；陈列工作死守揭、批、颂的框框。在干部使用上，只注意家庭出身和本人成分，忽视业务水平和工作能力；只有党员才能当领导干部。不尊重专业人才。在工作态度问题上，无政府主义仍然存在。在许多场合，任质斌提出要注意这些问题，解决这些问题。特别是对陈列展览工作，任质斌指出：一定要本着历史唯物主义的原则，采取严格的实事求是的态度，反映历史事件和人物的活动实况。

　　一九八〇年五月二十六日至六月十五日，东北烈士纪念馆为了宣传革命烈士的英雄事迹和慰问抗日根据地人民，派出流动展览小分队携带抗日民族英雄杨靖宇、赵尚志、李兆麟、魏拯民、赵一曼等烈士事迹的小展板，前往东满抗日老根据地吉林省磐石县的红石大队和靖宇县、通化市流动展出了二十二场，观众达到八千人次。流动展览小分队所到之处受到老根据人民的热烈欢迎。中共盘石县委专门召开会议，统一安排党员干部参观展览。许多党员干部，特别是一些老干部在参观时激动地流下了热泪。他们说：许多先烈为了抗日救国把生命都牺牲在我们这里了，可是十年动乱，使多年的优良传统和作风遭到了严重破坏，现在正需要恢复和发扬党的优良传统，看了烈士事迹展览又在我们心中燃起了一把烈火，我们一定要继承和发扬老根据地的光荣传统，振奋革命精神，做一个合格的共产党员，为把老根据地的现代化建设搞好，豁出命来干。一些青年参观后激动地说：过去总认为小说、电影中的英雄人物是编造出来的，今天通过参观才认识到英雄人物是真实存在的。先烈们的英雄事迹深深地感动了他们。他们说：我们出生在革命先烈战斗和献身的地方，就更应该向先烈学习，为祖国建设贡献青春。小分队来到当年杨靖宇将军战斗过的红石大队展出时，社员们不顾插秧的劳累，顶着中午的烈日，纷纷前来参观听讲。有的老战士兴奋地讲述了当年游击队和群众同甘共苦的战斗情谊。小分队在靖宇县展出时，第二场原订七百人，结果来了一千三百多人，坐席不够，许多人就站在会场两侧听了两个小时的讲解。尽管天气炎热，会场通风不好，但大家自始至终自觉遵守纪律，鸦雀无声，被先烈的英雄事迹深深地吸引住了[①]。对东北烈士纪念馆灵活办展的思想和方法，任质斌给

---

　　① 黑龙江省文管会：《东北烈士纪念馆流动展览小分队赴吉林省抗日老根据地巡回展出受到热烈欢迎》，载于国家文物局办公室编《文物简报》第 25 期，1980 年 7 月 21 日。

予了充分的肯定，要求各地博物馆界学习、借鉴，普遍推广。

同时，在对文物的运用上，任质斌强调要大力宣传老一辈无产阶级革命家的光辉形象，实事求是地恢复历史的本来面貌，以教育青年一代，继承和发扬党的光荣传统和优良作风，并要求各地抓紧对与老一辈无产阶级革命家重大革命实践有关的文物的调查和征集工作，逐步做到新民主主义革命阶段的每个革命时期，都保存有代表性的重要革命旧址和纪念建筑，形成一个系统反映我国新民主主义革命面貌的革命史迹网；要保持革命旧址的原状，必要时还要适当保持周围环境的原状，反对另搞富丽堂皇的新建筑。

四　重视人才，培养人才，使用人才

随着我国各项建设事业的大规模开展，文物博物馆事业也迎来了发展的大好机遇。但是，由于十年浩劫，文博系统的干部大多下放劳动，不少专业人员转业改行，专业人才青黄不接的问题非常突出。文物博物馆的专业人才队伍，不管是在数量上还是在质量上，都不能满足事业发展的要求。

任质斌担任国家文物局局长时，文物博物馆专业人才形势极为严峻。开一个文物鉴定会，到会的基本上都是白发苍苍的老人，且大多身体不好。历史博物馆的陶瓷专家李鸿庆，七十来岁了，血压二百多。另一个老专家杨宗荣，七十多岁了，耳聋，开会基本上不能发表意见。上海博物馆书画专家谢稚柳，故宫博物院书画专家徐邦达、刘九庵等先生，对历代绘画素有研究，书画鉴定的造诣甚深，也都是六七十岁的老人。碑帖专家张彦生、马子云、胡介眉，同样也是七八十岁高龄了。文物局整理了一个专家名单，五十岁以下的寥寥无几[1]。同时，由于"文革"期间许多博物馆的负责干部、专

---

[1] 见会议秘书处编：《全国文物工作会议情况反映》（三），1980年6月29日。

家被视为牛鬼蛇神，受到揪斗，大批熟悉业务的干部被下放，文物博物馆的行政干部也非常缺乏。

因此，培养文博系统专业人才、提高文博工作人员素质是文物发展工作中极为重要和极为迫切的一项工作。为此，任质斌多次在局有关会议上研究如何配合教育部门，调整和扩大现有文博专业的设置和招生名额，培养适应文物博物馆事业发展需要的专业人才。为解决目前存在的文物博物馆技术力量缺乏的局面，通过采取专业和业余相结合的方针，争取在一个不太长的时间内，使博物馆的干部队伍有较大的提高。同时，任质斌要求有关部门作出计划，"争取在三、四年内把全国文物干部基本上轮训一遍，使各级领导骨干具有一定的业务基础知识，各方面的业务骨干要真能把老一辈专家的技能继承下来，一般干部要真能胜任自己的职务"①。为此，一九八〇年，国家文物局成立了宣教处，专门负责管理人才的培养工作。

从一九八〇年开始，在国家文物局的组织下，文博系统开始有计划地进行了前所未有的大规模的专业人才培训工作，对文博专业人才培训工作作出了重大部署。

一九八〇年三月，国家文物局与吉林大学联合举办田野考古进修班，学员为九个省、市、自治区的文物考古干部三十二人，学制一年，学习期间在山西太谷县百燕遗址进行田野考古实习。同月，上海博物馆举办裱画培训班，河南、浙江省博物馆和南京博物院派人参加。七月，国家文物局又委托南京工学院（后改称东南大学）举办古建专业进修班，学制一年。

一九八〇年，北京市教委进行中等教育机构改革，实行普通教育与职业教育、技术教育并举方针，职业学校和技术学校的学生以学习技术、专业为主，同时适当开设普通高中文化课程，以为各行

---

① 任质斌在《在国民经济大调整中认真做好文物工作》的讲话提纲。

各业培养后备人才。为了培养文物工作后备力量，国家文物局决定举办文物职业高中班。经与北京市教育部门商定，确定在海淀区第二〇五中学开办四个班，在东城区鼓楼中学开办两个班，招收学生二百四十人，培养目标是修复技工。九月，学员开学，学制三年。这些学生在学习期间，除了学习普通高中文化课程外，重点学习了一些文博专业课程，如古代汉语、中国通史、美术、书法、陶瓷、拓片、绘画史、青铜器、青铜修复等。专业课的教师几乎全是文物专家：教书法课的是书法家刘炳森、傅家宝，教绘画史课的是故宫博物院的专家单国强，教古建筑课的是古建工程师祁英涛、李竹君，教青铜课的是历史博物馆专家杜迺松，教陶瓷史的是历史博物馆专家李知宴等等。"名师出高徒"，学业期满毕业，这些学生多数分配到国家文物局直属博物馆单位，成为文物工作的骨干力量。

另外，一九八〇年九月开学的还有国家文物局委托文物保护科学技术研究所在湖北当阳县玉泉寺举办古建测绘训练班、天津市文物局举办的博物馆中专班、四川省文化局在成都市举办的古建和石刻艺术训练班等。十一月，国家文物局在河北省承德避暑山庄开办博物馆馆长、博物馆学、中国古代史、中国通史、中国革命史、文物基础知识等读书班，至一九八二年十二月共办六期，学员二百九十人。

为了更好地做好文物、博物馆专业干部的培训工作，一九八一年一月，国家文物局召集部分省市文化局（文物局）及部分局属单位干部和培训部门的负责人，在北京召开了"文博干部培训座谈会"。

各地相关负责人就文博系统大家普遍关心的问题，进行了深入交流。对于一些当时的重大问题，如现有专业技术人员和干部队伍情况，近几年技术人员来源，与工作需要是否适应，有没有青黄不接等问题；今后几年业务干部的需要情况，需要什么样的干部，有没有来源，近几年培训在职干部的做法和经验，怎样组织干部业务学习，怎样办好各种业务、技术训练班和委托大学代培，自己如何创办中专和中技，如何进一步提高在职干部业务技术水平等问题；如何制定一个切实可行的规划，在多长时代间内，用什么方法，把多少干部培训达到什么样的水平等问题；现有大专院校培养考古、博物馆专业人员的情况、经验和问题①，进行了充分地交流。

　　任质斌在会上作了重要讲话。他讲道："目前我们文物系统的培训更为迫切。大家知道文博干部不少同志过去缺乏专业知识，但也有些同志有专业知识，有不少是从别的岗位转业来的（有部队、剧团等单位转来），文博工作有它特别的专门知识：如对一幅画、一件铜器或玉器的鉴定，是好的？哪一年代的？艺术价值如何？都有专门知识。""对于多数年富力强的文博干部来说，长期不熟悉业务，当外行，这就不行了，那就需要学习，这就要提供给予学习的机会。"② 同时，任质斌对今后的培训工作提出了"全面安排，重点掌握；统一规划，分级负责"的要求。

　　随后，按照任质斌指示，国家文物局在编制《一九八一年至一九八三年文物事业要点》时，针对培养专业干部，提高现有文物工作队伍的业务水平问题，提出了具体的目标和设想：

　　（一）加强在职干部的培训工作，采取普及与提高相结合的方针，从实际出发，举办以方针政策、基础知识和不同业务专题等为内容的各种类型的训练班、读书班、研究班。推动地方以大区为单位在有条件的地方分别建立干部训练中心，负责培训该大区的文物干部。三年内争取把各级文物机构、博物馆的领导干部轮训一遍，要求达到一般能够了解并掌握文物博物馆工作的基础知识和历史知识（通史或革命史）。同时，层层举办各种专业普及训练班，以及专题的读书班、研究班，轮训在职的一般干部和专业干部，以充实、

----

① 摘自局文件80文物字第410号《关于召开文博干部培训座谈会通知》。
② 1981年1月任质斌在文博干部培训班上的讲话。

提高现有的专业队伍，要求达到现有一定文化水平的青年能够从事一般的业务工作，专业干部能够在业务水平方面有较大的提高。

（二）会同教育部办好和调整各大学现有的考古专业，适当增设博物馆专业，选择有条件的大学设置一至两个古建筑专业。继续与条件较好的大学联合举办考古业务骨干进修班①。

在《一九八一年至一九八三年文物事业规划要点》还提出要在实际工作中，发挥老专家的作用，培养中青年专业人才。同时提出：要把发挥现有老专家的作用，放在应有的重要位置上，配合博物馆、文物机构藏品的分级建档和文物普查工作，分门别类组织老专家到各地进行巡回鉴定，选择各地少数具有一定鉴定能力的中青年专业干部陪同，在鉴定过程中学习，并负责做好老专家们鉴定意见的记录工作。每次鉴定工作结束，都整理出一份完整的鉴定意见资料，必要时在刊物上公开发表，以利于总结老专家的经验，并在业务实践中培养提高中青年专业干部。三年内分别完成书画、陶瓷、铜器、玉器和古建筑等项文物的全国巡回鉴定工作②。

一九八一年二月，国家文物局在北京市召开各省、市、自治区文物（文化）局长会议，研究贯彻国务院批转国家文物局《关于加强文物工作计划的请示报告》，讨论国家文物局拟订的一九八一年文物工作计划和一九八一至一九八三年规划要点，布置开展文物普查和编写文物志工作。任质斌在会上作了题为《在国民经济大调整中认真做好文物工作》的讲话，就培养文物专业技术人才问题再次强调指出："没有一支相当数量的具备一定专业知识的，遵纪守法的队伍来进行工作，是无法发挥这些文物的作用的。加强文博队伍的建设是当前刻不容缓的重要工作之一。"

---

① 国家文物局《1981 年—1983 年文物事业规划要点》（1981 年 2 月 27 日）。
② 国家文物局《1981 年—1983 年文物事业规划要点》（1981 年 2 月 27 日）。

为了做好文物干部培训工作，国家文物局建立了"大区文物干部培训中心"。它是国家文物局以相对集中的地域为中心，委托当地省文化局（文物局）筹办的区域性的文物干部培训基地。培训计划和经费预算由各被委托省提出，国家文物局审批，具体的行政组织工作由被委托省承担，培训的重点对象是省、地、市级文物、博物馆机构的领导和业务骨干。

在任质斌的指示下，一九八一年，国家文物局对文物技术专业人才培训工作继续加大规模进行。

一九八一年二月，甘肃省文化厅在兰州市举办文博干部业务培训班。三月，中国文物商店总店委托吉林省文物商店在长春市举办文物鉴定训练班。四月，国家文物局委托河南省文物商店举办文物鉴定人员培训班，同时委托南京市文物商店举办陶瓷鉴定培训班。五月，吉林省文物局和吉林省考古学会在榆林县举办考古训练班，并组织学员三十余人到大坡考古发掘工作实习。同月，安徽、内蒙古、陕西、广东、北京、河南等省、市、自治区举办了文博工作领导干部和专业人员读书班、训练班，学员共三百多人。

七月，国家文物局委托吉林大学举办考古进修班；九月，国家文物局又委托吉林大学举办古文字、古文献进修班，学制均为一年。九月，安徽省文物局委托安徽大学创办文博专业进修班。十月，河南省文物局在郑州市举办文物藏品管理人员训练班，各地、市、县博物馆专业人员均派人参加学习。同月，国家文物局在四川成都市建立西南文物干部培训中心，先后举办了博物馆馆长、文物管理所所长、保管人员，近现代史、博物馆学、书画鉴定、文物普查与征集保管、博物馆藏品保护管理、石窟保护等培训班。十一月，国家文物局在湖南板仓建立中南文物干部培训中心，先后举办了近现代史、博物馆学、考古学、文博基础知识、革命纪念馆、全国博物馆群教部主任等培训班。同月，中国文物商店总店在天津市蓟县举办书画鉴定研究班，学员赴北京、天津、上海、南京、苏州、曲阜等地巡回现场教学。十二月，贵州省文化局在玉屏县举办为期半个月的拓片裱糊技术训练班。

一九八二年，文博专业技术人员培训工作继续进行。二月，河北省文物局在石家庄市举办文物鉴定知识培训班，全省主要文物干部先后参加。三月，国家文物局在江苏扬州市建立华东文物干部培训中心，先后举办了中国通史、博物馆业务工作、博物馆学概论、文物考古四项基本技能、陶瓷鉴定、文物摄影、古建陈列艺术设计、书画鉴定、玉器鉴定、古建筑维修与保护、古陶瓷鉴定、碑帖拓片等培训班二十二期。

文博专业技术人员和各级领导干部的培训，重点放在提高他们的政策水平和业务基础知识方面，并逐步使他们对文物政策法令、中国古代史、近代史、党史、博物馆知识、文物基础知识等有大体的了解。业务骨干的培训，除了进一步提高他们的专业知识外，还要学习文物政策法令，并通过组织专业研究班（会），总结交流经验，出一些研究成果。技术干部的培训，首先是解决本地区急需的专业人才，有计划地培养一批人才，接好老专家、老技工的班。而对一般业务干部的培训，主要由省以下层层办培训班解决①。任质斌还曾经设想由国家文物局建立一所文物专业学校，作为培训文物干部的基地。

任质斌对文物干部和专业技术人员的培训工作非常重视，他每到一地都要详细了解当地文博界的专业技术干部培训情况，经常到培训班讲话，强调培训专业人才的重要性和学习专业知识的必要性，并提出具体的培训目标和要求。

在加强文博系统专业技术人员和干部培训工作的同时，任质斌

---

① 《关于大区文物干部培训中心的几点初步意见》。

发现，造成文物博物馆专业人才和干部极度缺乏的另外一个重要原因，那就是博物馆专业人员和干部的生活待遇问题没有得到妥善的解决。

当时，博物馆专业人员的待遇不高。在当时的工资调整中，文化、卫生、教育、科研、体育等系统的专业人员和干部均有增加，而文物系统的广大干部却没有相应提交。文博系统的专业技术人员在一九五六年工资改革时，是有学术职称的。可到了七十年代末和八十年代初，部分省市的劳动部门不承认文博系统的专业技术职称，致使文博系统长期不能评定技术职称。有的专业人员在文博系统工作了二十多年，连中级职称都没有。当时，同是省文化局的直属单位，工资调整时科研和文艺界增加到百分之四十六，而文博单位就丝毫没有增加。严重影响了文博系统专业人员、干部队伍的稳定。一些文博专业人员迫于待遇低下而无奈地离开文物博物馆事业。一些文物工作者感到：文物博物馆系统比别的单位低一头。这种状况如不改变，博物馆的专业人才队伍和干部很难安心工作，队伍也很难稳定①。

面对这种情况，任质斌一面加强文博干部和专业人员的培训，一面抓紧落实党的知识分子政策，解决文物专业人员和干部的生活、工作条件问题，使他们享受和其他领域的科研人员相比合理的同等待遇，充分发挥现有专业人员的作用。

一九八一年十月十七日上午，在国家文物局党组会上，在任质斌的主持下，重点讨论了如何落实党的干部政策和知识分子政策问题。任质斌强调：为了进一步加强文博队伍的建设，对那些老专家、老技术人员要尽快落实知识分子政策，尽快评定他们的职称，合理安排他们的工作，充分发挥他们的作用，认真解决他们生活上、工作上的困难。要迅速给老专家（包括研究人员、鉴定人员、老技工）

---

① 参见会议秘书处编：《全国文物工作会议情况反映》（三），1980 年 6 月 29 日。

配备中青年助手，协助他们著书立说，把他们的宝贵经验继承下来。会上，任质斌还强调：要团结巩固现有的专业人员，稳定队伍，已调走的人员要设法归队。

任质斌是这样要求的，是自己也身体力行，每到一地，都向当地领导，特别是主管文博系统的有关负责同志，强调文博专业人才的重要性，要求各地领导在生活上、待遇上给文博界专业技术人才以更多的照顾。

为了使文物部门吸收更多的年轻人，任质斌认为应该改进和健全文物部门的人事制度。在《在国民经济大调整中认真做好文物工作》的讲话提纲中，任质斌指出："文物部门吸收新的工作人员时，必须选择忠实可靠、工作积极、年龄较轻、有一定文化程度的，应该建议组织部门和人事部门不要再把老弱病残人员硬向文物部门派遣。在文物部门工作的干部必须建立严格的岗位责任制，和定期考核制度。文物部门的领导骨干应该保持相对的稳定状态。"①

任质斌不但重视人才，强调培养人才，也善于使用人才。就在他担任国家文物局局长不久，了解到内蒙古有一位老文博工作者，十几年来，骑着自行车，跑遍千里草原，积累了大量考古资料，获得了许多宝贵的标本，其精神、事迹十分感人。任质斌指示有关部门：对这样长期坚持在文物战线，长期在艰苦条件下不辞劳苦，努力工作，专心致志从事考古工作的人，应该支持他们的工作，关心他们的生活，表彰他们的成绩。他要求《文物工作》记者去内蒙古实地采访这位富有传奇色彩的考古工作者。时任《文物工作》杂志社记者的彭卿云接受了这个任务，对这位老人进行了全面调查采访。老人坎坷的人生经历，对文物事业的无限热爱，对文物工作的执著追求，使彭卿云深受感动。在掌握了大量感人事迹的基础上，彭卿

---

① 任质斌：《在国民经济大调整中认真做好文物工作》（讲话提纲），1981 年 2 月 28 日。

云撰写了一篇题为《丰硕的成果，可贵的精神》的长篇通讯。详细记述这位老人的传奇人生，充分肯定这位老人的奉献精神。

在"文革"期间，这位老专家坚持自己的考古活动，是非常可贵的。他的独特考古方式与传统的考古挖掘方式有很大差异，在文博界也有种种异议和歧见。对于这位老人能否作为先进人物表彰报道，大家意见不一。报道稿经层层审阅，最后摆到了任质斌案头。

任质斌认真听取了汇报后指出：像这样几十年如一日，坚持考古工作，有事迹、有成果的人现实生活中实在不多，应该表彰和支持，用人要不拘一格，发挥所长。最后，任质斌批准发表报道稿，但不要涉及有关的政治问题和历史问题，那是有关部门的事情。这位传奇老人的事迹报道之后，在内蒙古地区乃至全国文物界，反响热烈。

这也成为任质斌尊重和爱护人才的生动例证。

第三十二章　两届中央顾问委员会委员

一九八二年四月，国务院决定进行机构改革，将文化部、对外联络委员会、国家出版事业管理局、国家文物事业管理局和外文出版发行事业局五单位合并后设立新的文化部。文化部设立十八个司局级机构，国家文物事业管理局改为文化部文物事业管理局。

在国务院进行机构改革时，为了让更多的年轻干部走上工作岗位，任质斌主动向中央写报告要求退居二线。一九八二年四月二十四日中共中央发出通知，任命原国家文物事业管理局党组副书记、副局长孙轶青为文化部文物事业管理局局长。六十七岁的任质斌从国家文物局党组书记、局长的岗位上退了下来。

一九八二年九月一日至十一日，中国共产党第十二次全国代表大会在北京举行。大会审议通过了新的《中国共产党章程》。按照新的党章的规定，大会选举了新的中央委员会委员二百一十人，中央顾问委员会委员一百七十二人，中央纪律检查委员会委员一百三十二人。参加革命长达五十个年头，有五十年党龄，时任第十一届中共中央候补委员、第五届政协常委的任质斌，当选为中央顾问委员会委员。

一九八七年十月二十五日至十一月一日，中国共产党第十三次全国代表大会在北京举行。大会听取和审查了第十二届中央委员会、中央顾问委员会、中央纪律检查委员会的报告，选举产生了新一届中央委员会委员一百七十五人，中央顾问委员会委员二百人，中央纪律检查委员会委员六十九人。七十二岁的任质斌再次当选为中央顾问委员会委员。

在两届中顾委委员任内，任质斌以各种形式继续为我国的社会主义建设事业作贡献。

一　中国社科院整党和建议中顾委整党补课

一九八三年十月十一日至十二日，中共中央在北京召开十二届二中全会。全会通过了《中共中央关于整党的决定》，确定从一九八三年冬季开始，用三年时间分期分批地对党的作风和党的组织进行一次全面整顿。这次整党的任务是：第一，统一思想，进一步实现全党思想上政治上的高度一致，纠正一切违反四项基本原则、违反十一届三中全会以来党的路线的"左"的和右的错误倾向；第二，整顿作风，纠正各种利用职权谋取私利的行为，反对对党对人民不负责任的官僚主义；第三，加强纪律，反对无组织无纪律的家长制、派性、无政府主义、自由主义，改变党组织的软弱涣散状况；第四，纯洁组织，按照党章规定，把坚决反对党、危害党的分子清除出来，开除出党，关键是清理"三种人"，即追随林彪、江青反革命集团造反起家的人、帮派思想严重的人、打砸抢分子。

根据整党工作需要，中共中央成立了中央整党工作委员会。为了及时了解和掌握整党工作进展情况，加强上下联系，中央整党工作委员会向各省市自治区和中央国家机关各部委分别派出整党联络员小组，以交流整党工作经验，对整党工作进行统一领导。

一九八三年十二月十一日，在中央整党工作指导委员会办公室具体组织下，中国社会科学院整党联络员小组正式组成。任质斌担任组长，陈辛仁任副组长，方实、马苏高、温克敏为组员，彭常新、贾福云作为正副组长秘书参加联络组工作。温克敏因故未能到任，贾福云因其他工作不久转回原单位工作，中央整党工作指导委员会补充刘继英、君德二位女同志到小组工作①。

一九八三年十二月二十四日，任质斌率领整党联络员小组进入中国社会科学院开展工作。

当时正进行"人道主义与异化"问题的理论探讨。对什么是社会主义的人道主义，什么是资产阶级人道主义，以及马克思主义"异化"问题，许多学者发表了很尖锐的意见。同时，在探讨经济体制改革的经济学领域，有些学者对计划经济和市场经济问题提出与现行国家经济政策不同的意见，强调市场调节作用。上述理论探讨引起中央和中宣部的重视，并由此开展了主张社会主义人道主义，批判资产阶级人道主义，清除精神污染，反对资产阶级自由化的斗争。社科院许多学者曾在这一理论探讨中发表过尖锐意见，成为理论界瞩目的焦点，有一些学者的不同意见已经被误解为"精神污染"或"资产阶级自由化"。

清除精神污染，统一思想作风，纯洁党的组织，是此次整党的重要内容。当时，社科院反对精神污染和反对资产阶级自由化的斗争比较紧张，有的同志将分歧情况反映给邓小平同志。任质斌率整党联络员小组进入社科院后，遵照中央的要求，参加各方面召开的整党工作会议，认真听取各方面的情况介绍和汇报，耐心接待来访人员，主动约请或拜访有关人员谈话，详细查阅历史档案和有关文件，并就整党工作提出不少建议。

依据中央关于清除精神污染问题的"既要态度坚决，又要掌握政策界限"的方针，针对社科院部分科研人员，特别是部分理论研究人员思想负担较重，担心在清除精神污染斗争中受到冲击，以及部分同志所提意见比较尖锐，有些偏离了实事求是精神，伤害到一

---

① 彭常新手稿：《社会科学院整党联络员小组工作概况》（1983 年 12 月 11 日～1985 年 3 月 20 日）。

部分同志的实际情况，任质斌出于保护和爱护同志，耐心地做了不少工作，反复说明清除精神污染属于人民内部矛盾。任质斌向大家讲道：科研人员现在有的怕"清污"，精神污染这个问题，在上面作为人民内部矛盾处理，到下面就搞得很厉害①。任质斌详细介绍了中央关于"清除精神污染斗争"的有关政策，对据反映"资产阶级自由化"言论比较多和比较"严重"的同志的情况，也作了实事求是的分析，作了许多调查研究和耐心解释工作，削除了这些同志的思想负担，也避免了一些过火斗争②。

从一九八三年十二月二四日到一九八五年三月二十日，任质斌率领整党联络员小组，在社科院工作了十五个月，期间听取各方面的情况介绍和汇报二十九次，主动约请有关同志谈话，了解和调查有关情况七十余人次，收到群众来信约四十封，参加各方面召开的整党工作会议七十五次，参加院整党指导小组会议五十次，整党学习、讨论、对照检查会议五十七次，联络组内部小组会议四十五次，到基层调查了解情况十五次，召开大型座谈会六次，分别就全院整党工作的各个阶段向中央整党指导委员会办公室联络组口头汇报九次，书面报告十一次。在任质斌领导下，经过全组同志努力，基本完成了中央整党指导委员会交给联络员小组的各项任务，起到了协助、督促、检查和联络作用。在具体的工作中，小组和院党组、院整党指导小组、院整党办公室建立了彼此相互信任、相互配合、气氛融洽的工作关系③。

总起来看，任质斌率领整党联络员小组在社科院所开展的协助整党工作，在当时的历史环境下，很好地掌握了党的有关政策，既

<hr>

① 彭常新记录"任质斌讲话记录"，1984年1月5日。

② 参见温济泽：《我在社会科学院期间》文。原载温济泽著《第一个平反的"右派"》，中国青年出版社，1999年6月版。

③ 参见《社会科学院整党联络员小组工作概况》（1983年12月11日～1985年3月20日）。

圆满完成了整党工作，又没有在清除精神污染和反对资产阶级自由化问题上波及更多的同志，促进了内部的团结，有利于日后工作的开展。社科院对整党联络员小组的反映是好的，评价也是较高的。

一九八七年五月，整党工作结束。任质斌认为整党工作虽然取得了一定成绩，却尚未达到使党风根本好转的要求。贪污受贿、铺张浪费、工作上严重不负责任的官僚作风在党员干部中时有发生，大大损害了党的形象，并造成社会主义建设事业的严重损失。为此，他在中顾委小组会上建议有重点地进行整党补课。

整党补课如何进行？任质斌建议："整党补课应以为政清廉、促进改革开放为中心内容。其主要目的是使我党能够更好地成为团结和领导全国人民艰苦奋斗，勤俭建国，努力实现四化的核心力量。在具体做法上可以一方面号召人民群众认真负责地检举揭发党内存在的各种腐败现象，一方面发动党员按照党章要求自觉地检查在实行开放改革以来的思想认识和工作、生活表现，并严肃认真地开展批评、自我批评。在此基础上，组织专门力量有重点地进行调查核实，分别不同情况进行处理。对那些在开放改革中表现好的干部推荐到更重要的工作岗位上；对那些犯有严重违法乱纪错误的，或给以纪律处分，或清除出党。此外，还应在总结经验教训的基础上，进一步制定必要的规章制度，防止今后在党内重复出现腐败现象。"

为保证整党补课工作健康顺利地进行，任质斌提出应采取"以点带面"的做法。他建议："补课的重点应放在中央机关和沿海开放地区，补课的对象应自上而下，先领导干部后一般党员。在补课中，如果发现有严重违法乱纪的，应转交监察机关调查处理。"

对于整党补课的意义，任质斌强调：做好整党补课工作，"不仅可以振奋我党广大党员的精神面貌，改善党的作风，使党在改革开放中有更大的战斗力，而且一定会改变当前社会上正在滋长的见利忘义、唯利是图、一切向钱看的不良倾向，是全党全国普遍兴起崇尚俭朴，鄙弃奢侈，埋头苦干，为实现四化的伟大理想而奋斗的革命精神。"任质斌坚信："由于我党有党中央的坚强领导，并有长期的革命传统，由于积极因素仍在我党党内处于主导地位，并有广大人民群众的监督，目前党内的消极因素是一定会被克服的。我们党的前途一定是十分光明的。"①

二 心系现代化建设事业

如何进行社会主义现代化建设，也是任质斌经常考虑的问题。

还在任质斌担任国家文物局局长的时候，一九八二年四月，以任质斌为团长的中国文物工作者访问团一行七人赴日本进行了为期十七天的访问，并参加了为纪念中日邦交正常化十周年在东京举办的"中国敦煌壁画展览"和"中国新发现窑址出土瓷片展览"开幕式。随后，"中国敦煌壁画展览"又在大阪、京都、北九州、秋田、名古屋、仙台、札幌等八城市展出。这是任质斌担任国家文物局局长期间唯一的一次出国访问。在出访日本之前，任质斌邀请了几位熟悉日本情况的同志对日本的现行状况作了介绍，并翻看了几本介绍日本情况的图书。日本之行对任质斌触动很大。除了日本的博物馆建设非常先进以外，使任质斌感触最深的是日本战后经济发展的迅速。

从日本访问回来，任质斌不再担任国家文物局局长，但日本高度发达的现代化经济，促使任质斌认真思索我国的现代化建设问题。同样经历了第二次世界大战，日本还是战败国，战后的日本一片废墟，经济全面崩溃，我们经过日本侵华战争，经过解放战争，到一九四九年全国解放时，也是废墟累累，经济上基本崩溃。相近的经济条件，但是日本的经济为什么比中国发展得快？中日经济差距为

---

① 任质斌手稿：《关于有重点地进行整党补课的建议》（1987年）。

什么如此悬殊？对这些问题，任质斌进行了深刻的思考，并撰写了《关于日本的经济发展得比中国快的问题》一文。

任质斌指出：关于日本经济发展得比中国快的问题，有人说是因为战前日本国民教育比较普及，工业技术水平比中国高，战后日本在军事上受美国保护伞的保护，军费开支不多，美国在朝鲜战争和越南战争中把日本作为补给基地，日本发了朝鲜战争和越南战争的财，等等。这些当然是日本的有利条件，但都是客观因素，不是主观因素。

任质斌认为：三十多年来，日本的经济力量之所以能恢复和发展得这样快，主要是由于以下几个主观因素。（一）在这段时间里，日本政治上是相对稳定的，没有发生重大的破坏性灾难。三十多年来，日本虽然换了十几届内阁，但基本上都是自民党掌权，其中虽有派系之争，但属内部的争吵，并没有根本利害的冲突。解决问题的方法也只是领导人重叠而已。而中国在这段时间里，却发生了多次重大的政治斗争。其中有的是完全错误的，如反右倾、"文化大革命"等，颠倒了是非，搞乱了阵营，极大地损伤了元气。有的虽属形势发展的需要，如反右派、开展四清运动等，但也犯了扩大化的错误，混淆了两类不同性质的矛盾，使党和国家遭受了较大的损失。所有这些，都严重影响了中国经济的发展。（二）在这段时间里，日本能够根据自己的国情来进行经济发展。如，日本认识到自己国家资源缺乏，但口岸很多，海上交通比较方便的特点，便大力发展进出口贸易，大量从国外进口原料，在国内加工成成品，然后又向国外出口。就这样，从一进一出，再进再出中，赚取了大量利润，实现了扩大再生产，积累了社会财富，改善了国民的生活。而我们中国在同一时期里，却不能完全从自己的国情出发，而过早过急地实行了全盘国有化、公社化，完全排斥了其他经济形式的存在。在经济体制上，国家包得太多，统得太死；在工业布局上，过分地强调了优先发展重工业，而形成了国民经济的比例失衡，等等。这都影响了中国经济的发展速度。（三）在这段时间里，日本充分地运用了资本主义制度下自由竞争、优胜劣汰这一武器来刺激和鞭策各个企业和各个个人的争优积极性。为了谋取超额利润，企业不断地革新技术，改进设备。为了发财致富，国民积极地进行智力投资，提高科学文化水平。这都促进了国民经济的发展。在同一时间里，中国却正盛行"大锅饭"的制度，整个社会缺乏竞争。这就使企业的改善经营管理，改进技术设备，以及个人的钻研科学技术，提高科学文化水平，都受到影响，因而迟滞了各项事业的进步与发展。

任质斌还指出：对比过去三十多年中日两国经济发展的优缺点，不是为了长别人的志气，更不是为了宣扬资本主义制度优于社会主义制度，而是为了从中吸取教训，改进工作，以便使我国的经济建设事业能够赶上和超过世界上先进的国家。如果我们充分发挥了地大物博人口众多的优势，把国民经济建立在自力更生的基础之上。从长远来看，我国的生命力不知比日本强大多少倍！我们深信，社会主义制度在不断前进中一定会逐步完善起来，而最终战胜资本主义制度的。

最后，任质斌用一首自由诗结束这篇短文：囊昔同起步，而今惊差距。十亿犹勤奋，曷竟不如人。愿将失误事，当做今后师。不信共产义，竟逊资本制①。

任质斌心系革命老区。安徽铁路建设的相对落后，制约了安徽的经济发展。京沪铁路只经过淮北和皖东地区，从蚌埠向南的淮南铁路是一条支线，终端裕溪口与芜湖隔着长江，铁路轮渡耗时甚久。1991年1月，任质斌赴泾县参加皖南事变五十周年纪念活动回京后，向时任国务院副总理的邹家华提交了关于修建芜湖长江铁路公路两用桥的建议书。在各方努力下，1997年3月，芜湖长江大桥工程正

---

① 任质斌手稿：《关于日本的经济发展得比中国快的问题》（1982年）。

式开工，2000 年 9 月建成通车。

对于经济建设中的具体问题，针对长期以来计划经济体制下国家包揽亿万人民的生老病死、衣食住行，生产生活上人人吃"大锅饭"的制度，任质斌提出要从现有的生产力水平出发，大力调整政策，充分调动和发挥各种社会力量的积极性和创造性，进行社会主义建设事业。

如何调整政策呢？任质斌指出：国家要制定政策，大力发展真正由人民群众集资经营，人民群众自己管理的各种形式的合作事业，其中包括生产合作事业、消费合作事业、信贷合作事业、合作医疗、民办学校等等。同时，在解决住宅问题时，也可试行卖给职工，由职工分期偿还等做法。就劳动就业来说，应当逐步废除铁饭碗制，认真执行择优录用、按劳付酬的原则。其具体做法是可以逐步扩大合同工（或叫招聘工）的数量，并相应地减少固定工的数量。作为第一步，可以考虑从最近某一时间（例如明年或后年）开始，凡零星招收的新职工（暂不包括大学毕业生和转业军人），一律采用合同制。订立合同的期限，可以一两年一定，也可以三五年一定。为了便于推行这种改革，合同工的工资可以略高于同样工种的固定工。固定工愿意改为合同工，一律欢迎。这是一种有重大意义的改革。这种改革对于改善劳动积累，提高劳动效率会起重要的作用。

就发展教育事业，提高人民群众的文化水平和科学知识问题，任质斌指出：现在的教育机构大部分是国家开办的。由于公立学校的数量不能满足人民群众就学的需要，农村兴办了一些民办中学。这些学校的教学设备、教师质量虽然较差，却在一定程度上解决了青少年上学难的问题。但是，有些地方的教育部门对这些"民"字号的学校，不是满腔热情地给以应有的支持、帮助和提高，却把它们看做是不正规的东西，总想把它改成公立学校。这是非常脱离实际的。像我们这样人口众多，而经济上又处于不发达状态的国家，在一个相当长的时间里，文化教育事业只能采取公办、民办并举的方针。对于各种民办学校，只能加强领导，积极扶持，而不能鄙视、排斥，图谋取消。在现实情况下，不仅小学、中学可以民办，就是专科学校和高等学校也可以在一定的条件下允许民办。如果有比较富裕的企业和社会名流，用自筹资金和收取学费的办法兴办某种专科学校、高等学校，培养本地区本企业的青年，而这些青年学习毕业后又自行消化，不需要国家统一分配，国家也应该给予支持。

对搞好城市服务工作，任质斌也提出了不少好的建议。他指出：现在有些城市发动待业青年兴办了一些服务点，初步解决了城市居民的某些生活需要，人民群众的反映很好。但是，也还有些城市至今仍然存在着理发难、做衣难、就餐难、就医难、买日用商品难等问题。许多职工（包括一些专家学者在内），为了解决自己和孩子的吃饭穿衣等家庭琐事，往往不得不占用许多可以用来工作和学习的时间。特别使人苦恼的是，人们为了解决这些问题而不得不花很多时间去进行排队。这是一笔很大的人力的浪费。其实，先进的城市的经验证明：这些问题并不是十分难以解决的。各个城市一般的都有条件组织待业青年或其他城市居民多开设一些自负盈亏的、代销日用百货和各种副食品的商业网点，以及餐馆、理发店、缝衣铺、就医站、日用杂品修理站、废品收购站等。国家在贷款、收税等方面，尽可能给这些组织以比较优惠的照顾。另外，国家现已开设的百货公司、新华书店、理发馆、大众饭店等服务网点，一般的也都具备一定的条件来增加班次，延长每天的营业时间，使这些网点发挥更多的作用。只要每个城市都有一批不尚空谈，而能踏实工作的干部，全国各个城市是都可以在不长的时间里"旧貌变新颜"的①。

任质斌对中日两国经济状况的分析具有相当的理论高度，对经济成分的思考和为解决城市居民生产生活问题而提出的种种建议，

---

① 任质斌手稿：《调动一切积极因素，加快社会主义建设的步伐》（1983 年?）。

不但极具可行性，而且具有深远的历史意义。这些思考和建议，在随后的经济建设中，通过国家出台的各项政策很快得以实现。

三　关心文博事业，情系革命老区

任质斌退居二线后，仍然关心国家的文博事业。当时，随着社会上拜金主义的抬头，文物、博物馆界也出现了"一切向钱看"的现象，受到社会舆论的广泛关注。一九八三年十月十一日至十二日召开的中共中央十二届二中全会，确定从一九八三年冬季开始进行整党。会上，邓小平作了《党在组织战线和思想战线上的迫切任务》的讲话，强调整党不能走过场，要严肃清理"三种人"，对于造成思想混乱和精神污染的各种严重问题，必须采取坚决严肃认真的态度。在讲话中，邓小平还严厉批评了社会上"一切向钱看"的歪风，指出"有些混迹于艺术界、出版界、文物界的人简直成了唯利是图的商人"[①]。

邓小平点名批评文物界有些人"一切向钱看"，使离开国家文物局局长岗位一年多的任质斌很受触动。在中顾委小组整党座谈会上的发言中，任质斌就自己任文物局局长时没有完成的，而当前文物界也没有注意做好的文物收集、整理、保管、陈列、研究工作，以及目前文物界"一切向钱看"的问题作了发言。

任质斌首先指出了文物界"一切向钱看"的种种现象。他指出："实行改革开放以来，有一部分同志，包括一部分做领导工作的同志在内，忘记了自己肩负的光荣使命，发生了单纯向钱看的倾向。""有少数文物部门的领导同志对于自己管辖范围的文物杂乱无章，缺乏必要的登记、建档、防火、防盗等措施，以及展览效果不高等问

---

① 邓小平：《党在组织战线和思想战线上的迫切任务》（1983 年 10 月 12 日），《邓小平文选》第三卷，人民出版社，1993 年 10 月第 1 版，第 43 页。

题，不闻不问或很少过问，却把主要精力放在筹划如何扩大文物商店和小卖部的销售业务上。有的文物部门不经国务院批准，就擅自和外国人订立文物出国展销合同，运出大批文物到外国展览、销售。有的文物部门贪图外国人给予的微薄利益，就私自同意向外国的出版机构提供我国的珍贵文物照片，准许外国的出版商大量出版我国珍贵文物的画册。有的博物馆单从经济收益上考虑，对国内的宣传、学术单位前往拍照文物，索取高额酬金。不少博物馆对于外单位借用博物馆中的空地、空房进行展览或存放文物高价收费。有的文物收购点（文物商店）不把替当地博物馆收购文物作为自己的主要业务，而热衷于把收购的文物卖给外国人和旅居的华侨。有的由国家专款建成的文物印刷工厂，为了追求较高的利润收入，对印刷、出版文物图书并不热心，而却大量招揽社会上的印刷业务。有的文物工作人员，经不住外国人糖衣炮弹的袭击，而违反纪律，做了不应该做的事。"

为什么有些文物部门和文物单位的工作人员这样热衷于谋取和追求经济利益呢？任质斌分析道："当然，有一部分同志是由于有感于当时当地的文物经费比较困难，为了进一步发展文物事业而那样做的。但是，也有一部分人之所以那样做，仅只是为了牟取各该单位一部分人的私利的。有的是想使各该单位多发一点奖金；有的是想用那种办法来建立自己的小金库，以便于报销那些在正常经费以外的开支；有的则是为了取得出国观光的机会，等等。"

对于这种现象的产生，任质斌表示自己在任期间有一定的责任。他说："应该承认，前国家文物局党组对发生这种现象是有一定责任的。例如，《拍照文物的收费办法》就是国家文物局起草颁发的；国家文物局直属单位的经费包干指标是由国家文物局确定的，等等。后来，国家文物局党组发现了文物界中存在的'一切向钱看'的倾向，也曾采取了一些改正措施。如：突出强调了各级文物部门应该集中力量抓好文物的保护管理、陈列、展览及培训人才的工作；重新修订了《拍照文物的收费办法》；放松了对直属单位经费包干的要求；承诺给文物出版单位提供补贴；制定了《文物商店工作条例》；停止了特许文物的出口；确定收缩赢利性的文物出国展览；印发了《文物工作人员守则》；等等。但是，由于我们站得不高，对问题看得不深，以及我们在领导工作中存在着软弱涣散的状态，因而未能收到预期的效果。我作为前国家文物局的主要负责人，这是应该深刻检讨的。""此外，前国家文物局对于社会上的文物管理，也是没有尽到应有的责任的。前几年，河北、江苏、安徽等省都有一些生产队私挖古坟成风；北京、昆明、广州等对外开放城市，都有非文物部门开设的经营文物的店铺，农民进城贩卖文物的现象也很严重；外贸部门每年出口的文物数量惊人。所有这些，都使我国的文物事业损失很大。前国家文物局对这些问题的解决，也都表现了软弱无力的状态。"

最后，任质斌表示："小平同志的讲话，尖锐地批评了文物界中一部分人中存在着的一切向钱看的倾向，这对端正文物工作方向，做好文物工作，是极其有力的支持。所有文物部门都应认真学习中共中央的整党决定和小平、陈云的讲话，并且联系实际，彻底揭露文物界中的一切向钱看和精神污染现象，开展批评自我批评，划清组织正当收入和一切向钱看的界限，然后在这一基础上，制定有力措施，切实把各级文物部门的主要领导精力集中到把我国的文物保管好、陈列好，并且培养出大批业务骨干来，使我国的文物事业对创造高度的精神文明作出更大的贡献。"[1]

任质斌的这个发言，列举了当时文物界"一切向钱看"的种种表现，剖析了其产生原因，指出了消除"一切向钱看"的具体措施，对当时的文物博物馆工作具有很强的指导意义。

---

[1]　任质斌手稿：《在十二届二中全会中顾委小组会上的发言稿》（1983 年 10 月）。

　　任质斌离开国家文物局局长岗位时，延安、瓦窑堡、保安等革命遗址的保护工作仍然很落后。任质斌以中顾委委员的身份，建议对上述三个革命遗址进行重点保护。

　　当时，延安虽然已经从过去一座古老简朴的府城，发展成为一个楼高路宽的新市镇，但延安革命遗址却没有得到很好的保护。任质斌在感叹因为没有把就延安城原封不动保存下来，另选地址新建一个新延安城，以致延安原生环境面目全非的同时，就保护现存延安革命遗址问题提出两个方案："一是在现在市容市貌基本不动的条件下，尽量多恢复一些遗址景点，如马列学院、中央党校、抗大总部、中央印刷厂、中央医院等等，更多地展现当年延安的革命风貌，增强延安革命遗址的气氛。这样做，花钱不多，比较好办，但仍不能全面地反映出延安当年的风貌，同时很难保证以后不再在延安城区建筑新的工厂、学校、高楼大厦。二是有步骤地另建新延安市，逐步恢复延安城的全貌。及另选地址满足今后延安发展的需要，并有步骤地将延安的一些高楼大厦迁出来。这样做的缺点是花钱多费时长，并要新占一部分耕地，但对延安今后的发展，对全面恢复延安革命的遗址的风貌有好处。这两个方案究竟选取哪一个为好，应由陕西全省的经济发展规划结合起来通盘考虑。不管选择哪个方案，首先应抓紧时机进行调查研究，绘制出一份比较精细的延安原貌图来。"①

　　任质斌在鄂豫边区整整战斗了八年，其中在湖北大悟地区战斗了六年多，与大悟人民建立了深厚的感情。任质斌退居二线后，仍然十分关心大悟人民，关心大悟老区的经济建设和发展变化。一九八四年十一月，湖北省委、省政府在大悟县举行鄂豫边区革命烈士纪念碑落成典礼大会。大悟县委、县政府主要领导到北京邀请任质

---

　　①　任质斌手稿：《关于保护延安革命遗址问题》（1983 年）。

斌等老领导参加典礼。当时，任质斌还没有收到由湖北省委、省政府负责寄发的请柬，但任质斌爽朗地说："鄂豫边区革命烈士纪念碑在大悟落成，这么一件大事，有没有请柬我都要参加。"①

十一月五日，任质斌偕夫人胡志学第三次来到大悟。他知道大悟的经济发展比较落后，人民生活不富裕，对大悟地区领导一再强调："你们的接待一定要朴素，居住、生活要跟普通的群众一样，一定不能搞特殊化。"十一月六日，鄂豫边区革命烈士纪念碑落成典礼大会在大悟县城关人民广场举行，任质斌和前来参加典礼的全国人大常委会副委员长廖汉生及中央有关部委，河南、湖北两省主要领导，原在鄂豫边区和中原军区工作过的老干部一起参加典礼。任质斌代表前来参加典礼的原鄂豫边区和中原军区工作过的老同志向革命烈士敬献了花圈。纪念碑落成典礼结束后，任质斌和全体贵宾暨代表瞻仰了革命烈士纪念馆，参观了大悟县革命历史博物馆。随后参观了国家级文物保护单位——新四军五师司令部旧址和宣化店中原军区领导机关、周恩来与美蒋代表谈判旧址。在参观中，任质斌不断鼓励陪同参观的当地文物博物馆工作者做好革命历史类博物馆纪念馆工作，充分发挥革命传统教育在社会主义精神文明中的作用。

任质斌虽然不再从事文物博物馆工作，但一直把国家的文博事业挂在心上，他以中顾委委员的身份，通过各种形式，对文博事业作出了一定的贡献。

四　关注党风廉政建设，力主领导职务问责制

对于党内腐败现象，任质斌深恶痛绝，同时也希望通过大力提倡艰苦奋斗，反对铺张浪费，制止社会上不切实际的高消费，在社

---

① 大悟县委史志办：《八年热血写春秋　一片深情系大悟》，载《风雨历程　光辉人生》，中央文献出版社，2000年3月第一版，第345页。

会上形成勤俭节约的良好风尚，来杜绝腐败现象。为此，任质斌撰写了许多倡俭戒奢的文章，多次提出大兴艰苦奋斗之风的建议。

任质斌指出：许多腐败行为——贪污受贿、敲诈勒索、以权谋私等丑恶现象的产生，并不是来自当事人因饥寒交迫、生活困难而不得不然的。相反，都是由于当事人追求奢侈生活造成的。正如唐代诗人李商隐在《咏史》的诗句中所写的："历览前贤国与家，成由勤俭败由奢。"为此，有必要在社会上大兴倡俭戒奢之风。衣食住行，来往交际，一切从简。为了保证社会上能够兴起倡俭戒奢之风，各级领导必须身体力行，争做表率①。

任质斌还强调：由于党风不正和贪污受贿等腐败风气都来源于片面地追求个人和家庭的高消费和高享受，所以，提倡艰苦奋斗是进行廉政建设和端正党风的根本性措施，也可以消除产生党风不正和贪污受贿等腐败风气的根源。要较快地兴起艰苦奋斗的风气，必须采取一些非常的措施。除了广泛地进行宣传工作以外，必须从上而下由各级领导以身作则，起带头表率作用。各个地区和单位的领导干部都应根据各地区各单位的具体情况，做一些对发扬艰苦奋斗精神能够起影响作用的事情。例如：取消各种特需供应；宿舍离办公室三五里路以内的，上下班不坐汽车；三五年以内不盖高级宿舍和高级办公楼；除接待外宾外，一律不用公款请客、送礼；不搞公费旅游，严格控制出国参观、访问等。另外，领导干部的衣着用具等也应尽量简单朴素，不要认为这是个人私事而不检点，要充分认识"上有好者下必甚者"的影响作用。领导者必须在各方面把自己放在既"领"且"导"的地位。

任质斌还提出要建立严格的"领导职务责任制"，在反对各种腐败风气中，除应对犯有贪污受贿、投机倒把等违法人员严肃处理外，

---

① 任质斌手稿：《略谈反腐倡廉必须倡俭戒奢》。

对因渎职而使公共财产遭受重大损失的，也应依法严惩。在考核领导干部的政绩时，也不应只考核该地区工农业生产工作的好坏，群众收入的多少，还应看这个地区对国家贡献的大小，社会风气好不好，社会治安好不好，等等。这样，才能把两手抓的思想真正贯彻到实际工作中①。

任质斌指出："严肃纪律，严厉惩处那些挥霍浪费资财，使国家造成重大损失的责任人员，是整顿社会风气不可缺少的手段。"②

一九八七年五月六日至六月二日，黑龙江省大兴安岭发生建国以来最大的也是损失最严重的震动世界的森林火灾，过火面积约一百万公顷，其中有林面积六十五万公顷，烧毁储木场存材七十五万立方米，一百九十一人死亡，直接经济损失五亿元。这场特大森林火灾事故，主要是因为企业管理混乱、纪律松弛、违反规章制度、违章作业和领导上的严重官僚主义造成的。国务院对犯有严重失职行为的林业部负责人给予了严厉的撤职查办处理。对党中央和国务院的这个重大举措，任质斌表示热烈拥护和支持。

在中顾委会议上，任质斌指出：中央和国务院的许多部委在过去的工作中，做了大量的工作，取得了显著的成绩。但也确实有少数部门存在着责任不明，组织涣散，管理混乱，纪律松弛，以及推一推动一动，不推不动，对中央交代的任务，虎头蛇尾，敷衍塞责的"混事"现象。有的部门官僚主义作风严重，严重影响改革开放工作的进行。但在过去，对处理某些严重失职人员过于手软。为什么过于手软呢？一是怕影响安定团结。其实，长期组织涣散，纪律松弛，是更会影响安定团结的局面的。二是怕重犯打击面过宽和过火斗争的错误。其实，在实际工作中，只要注意缩小打击面和实事求是地处理问题，就不会重犯过去的历史错误。三是想树立个人的

① 任质斌手稿：《关于艰苦奋斗与廉政建设和端正党风》。
② 任质斌手稿：《高消费与艰苦奋斗》。

宽厚形象，多栽花，少栽刺，多争取一些选票。这是党性不纯的一种表现，对党的事业和个人的发展都是极其危险的。四是有些同志虽然坚持原则，但因得不到上下左右等有关方面的支持，所以也只好软下来了。这是十分可惜的。此次党中央和国务院对林业部负责人失职行为的处理，会起到振聋发聩的作用，说明党中央和国务院确实在以实际行动来整顿中央和国务院的机构了。如果中央和国务院能以此为起点，而认真地抓下去，则实现四化将有新的保证了。

任质斌提出党中央和国务院应正式通令中央各部委都认真检查一下自己管辖的组织机构和实际工作中是否也存在着职责不明、松懈涣散、管理混乱、危机深伏的现象，以便采取有效措施加以解决，以免再次发生某种重大事故、重大浪费和重大失控。任质斌还为此建议：在政治改革中要建立严格的领导责任制。全国人大应该尽快制定国家工作人员和领导干部法规，对国家工作人员，特别是领导干部提出严格的道德品质和工作责任要求。如果我国的领导干部都能感到重任在身，惶惶不安，那么，我们国家的四化建设就有可靠保证了①。

在十三大召开之前，在中顾委会议上，任质斌又做了《对于改进党的组织人事工作的几点意见》的发言。任质斌在发言中指出：现在，不少机关单位仍然存在着严重的软懒散和一切向钱看的现象，职责不明，管理混乱，以权谋私，纪律松弛。所以，新时期党的组织人事工作应有新的特点。要有什么新特点呢？任质斌指出：应该从上而下地在干部队伍中建立和健全严格的工作责任制和高尚的职业道德，严肃认真地做到奖勤罚懒，奖善惩恶，以进一步提高广大干部的政治责任感，使广大干部，特别是领导干部，经常想到自己重任在身，必须兢兢业业地努力完成自己的职责，以保证开放改革

---

① 任质斌手稿：《热烈拥护党中央和国务院对林业部领导失职行为的处理》，1987 年 6 月。

工作的顺利进行。对于共产党的干部来说，这实际上是一个增强党性，加强纪律性的问题。通过此项活动，还可以进一步培养、锻炼、提高干部队伍的素质，树立干部在群众中的威信。

如何建立和健全严格的工作责任制和职业道德呢？任质斌建议：（一）全国人大应该尽快制定和颁布国家机关工作干部法规，比较具体地规定对国家干部，特别是对领导干部的责任要求和奖惩办法，并认真地组织实施。如果全国人大因条件尚不成熟，现在还制定不出此项法规，则可先由国务院制定一个国家机关工作人员暂行条例在各地试行。（二）组织人事部门了解干部应该通过多种途径进行，不要只听少数人的意见。中央组织部派专人下去考察干部的办法很好，但还可以采取更多办法来进行了解干部的工作。例如，派人去参加各省市、各部委党的生活会、党代表大会、工作检讨会等。中央召开重大会议（党代会、人大会等）时，组织部可在会上设联络组，以备有人向上级党委反映情况。在中央党校和某些高级学习班里，中央组织部也可派驻联络组。（三）应该研究更多办法来防止和克服干部中的派性活动。除应加强对干部的正面教育外，还应建立亲属不在同一个单位工作的回避制度，建立干部定期交流制度等。校友会除有统一战线作用以外，不要到处建立。该由人事部门处理的事情，人事部门不要推托不管，否则就很容易滋生派性活动。（四）对新提起来的干部，特别是提得特别快的干部，应该多从政治上、业务上关心帮助，使之较快地在群众中建立威信，不要过早过高地提高其生活待遇，不要一提高职务，就马上大量增加工资，换房子，配专车，配秘书，警卫前呼后拥，以免使其脱离群众。（五）对退下来的几百万干部应该当作一个重大的社会问题细致地进行处理。对其中尚有一些余热的，在其自愿的条件下，应注意适当发挥其余热，不要只是消极地要他"长寿长寿再长寿"。如果怕他干扰原来单位、地区的工作，可以改换到别的单位、地区去做些调查研究、参谋顾问的工作。对其生活待遇，应定期召开会议，按照已发的文件逐条检查落实了没有。总之，要尽量使这些人中少产生消极因素（如组织斗蛐蛐协会、做投机倒把生意等）。（六）社会上流传的有关人事工作的流言飞语，对党的威信损害很大，应该分别情况进行处理或澄清，不要完全采取置之不理的态度。有些问题可以在小范围内顺便讲一讲，以利于使较多的同志对干部群众作解释说明工作。

关于组织人事部门的工作作风问题，任质斌提出：

（一）组织人事部门要管好管少。所谓管好，应是管深管透，管正确管到底。一九八二年机构改革时对精简机构就没有管到底。要使管少成为克服官僚主义的积极的措施，不要成为发展官僚主义的借口。

（二）要打开前门。该由组织人事部门解决的问题，组织人事部门一定要认真解决，主动解决。要恢复和发扬干部党员依靠组织解决问题的风气，不要再走旧社会"在家靠父母，出门靠朋友"的老路。这是消除宗派活动的重要条件。

（三）在制定政策时，要尽可能考虑得全面一些，力戒片面性。不要按倒葫芦起来瓢。分配干部工作时，要干部自找门路；待业青年各单位自行消化；各部委需要补充副部长以下干部只能在北京范围内调剂；把解决干部知识化简化成为单靠毕业文凭来调配干部。如此等等。这些做法都是解决了某一方面的问题，但副作用很大，已经造成很不好的后果。

（四）调配干部，解决问题，一定要公道合理。不要谁叫得凶一些，赖得凶一些，闹得凶一些，谁和组织人事部门的干部熟一些，谁的问题就能解决。反之，就长期解决不了。

（五）定期召开老干部座谈会，认真听取老干部们的意见①。

为了促进改革干部管理制度的进行，任质斌起草了《关于改革

---

① 任质斌手稿：《对于改进党的组织人事工作的几点意见》，1987年。

干部管理制度的几项建议》：（一）本地人回避在本地担任县以上领导干部。（二）县以上领导干部在某一地区任职的时间最多不能超过十年。（三）撤销各单位的待业青年自行消化的规定。（四）改革中央各部所需司局以下干部统由北京籍人担任的规定。（五）采取有力措施，在各级干部中开展推广普通话的运动①。

任质斌这些建议，充分体现了一个老共产党员对党、对祖国、对人民的无限忠诚。

一九九二年十月十二日至十八日，中国共产党第十四次全国代表大会在北京举行。大会通过了关于第十三届中央委员会报告的决议，关于中央顾问委员会工作报告的决议，关于中央纪律检查委员会工作报告的决议。大会同意中央顾问委员会提出的不再设立中央顾问委员会的建议。这样，任质斌和其他中顾委委员一起，从中顾委委员的岗位上退了下来。

任质斌在担任中顾委委员期间。不顾年事已高且身患重病，仍关注我国社会主义建设，关注事业的发展，为我国现代化建设呕心沥血。

---

① 任质斌手稿：《关于改革干部管理制度的几项建议》，1987 年。

第三十三章
为中共党史军史研究倾尽心力(上)

　　任质斌在担任两届中央顾问委员会委员期间及其前后，和李先念同志共同回顾和研究了抗日战争时期的新四军第五师、鄂豫边区抗日民主根据地，以及解放战争初期的中原军区实施中原突围前后的历史。任质斌受李先念的委托和中共湖北省委的邀请，具体指导编写了《新四军第五师抗日战争史稿》、《鄂豫边区抗日民主根据地史稿》、《中原突围史》、《中原英烈》等"三史一传"，为中共党史、军史研究竭尽心力，在晚年又作出了新的重要贡献。

一　同李先念共谋修史大计

　　任质斌在新四军第五师、鄂豫边区和八路军、新四军中原军区的八年中，与李先念同志并肩战斗，创造了五师抗战和中原突围的辉煌业绩。

　　二十世纪六十年代初，中共中央军委决定编修新四军抗日战争史。鉴于新四军第五师在抗日战争中独立坚持武汉外围、中原敌后抗战，受中央军委与新四军军部双重领导，是一个重要的战略单位，经陈毅元帅提议，中央军委同意单独编修新四军第五师抗日战争史。一九六一年十一月十三日，军委通令成立了以李先念为主任，任质斌、陈少敏为副主任的新四军第五师战史编审委员会。一九六二年一月十五日，在湖北省军区直接领导下，正式组成以张体学为主任、吴林焕为副主任的五师战史编辑室，着手进行史料征集和战史编修工作。一九六四年四月与一九六五年五月，先后完成了这部战史的草稿和初稿。后由于种种原因，编史工作中断①。

　　中共十一届三中全会召开后，经中共湖北省委书记许道琦、省委宣传部常务副部长余英及湖北省社会科学院的筹划与筹备，湖北省委决定于一九七九年八月重新组建了鄂豫边区革命史编辑室着手编写抗日战争时期鄂豫地区革命斗争史，同时开始编辑《战斗在鄂豫边区》、《中原突围》两套丛书广泛征集史料。一九八三年五月初，中共湖北省委正式下达了编写《新四军第五师抗日战争史》（后称《新四军第五师抗日战争史稿》）、《鄂豫边区革命史》（后称《鄂豫边区抗日民主根据地史稿》）、《中原突围史》和《烈士传》（后称《中原英烈》）的任务。正式成立了鄂豫边区革命史编审委员会，请李先念、王震、王首道、任质斌任名誉主任。编审委员会由顾问和以省委书记王全国与许道琦为主任的审议委员会、编辑委员会组成。下设鄂豫边区革命史编辑部（在原编辑室的基础上增加编制组成），承担编研修史工作，由编辑委员会副主任余英兼总编辑②。

　　在此之前，一九八三年二月下旬，李先念与任质斌以及当年在五师任"抗大"第十分校政治委员的郑绍文、任五师司令部秘书长的齐光等人一起，商谈了编写五师战史问题，并提出请任质斌等指导修史工作。一九八三年五月下旬，鄂豫边区革命史编辑部一行八

　　① 鄂豫边区革命史编辑部：《新四军第五师抗日战争史稿》，湖北人民出版社，1989 年 4 月版，第 289～290 页。
　　② 中共湖北省委办公厅"鄂办发［1983］27 号"文件：《转发许道琦、余英同志〈关于加强鄂豫边区和（前）中原军区革命斗争史编写工作的报告〉的通知》，1983 年 5 月 6 日（其中《报告》为 4 月 11 日）。

人前往北京，汇报省委关于编写"三史一传"已印发文件等情况。为此，任质斌五月二十七日主持召开了在京部分原五师和鄂豫边区老同志座谈会；李先念五月二十八日在中南海接见了到京的编辑部副总编辑邹作盛、曾言、夏牧原，对编写"三史一传"作了重要指示，并强调："湖北省委说了算，质斌同志说了算。"① 是年八月底，鄂豫边区革命史审议、编辑委员会和编辑部一行七人赶赴北京，参加任质斌召集的研究修订五师战史纲目的会议。此时已是国家主席的李先念又于九月六日在中南海接见赵京的许道琦、余英和邹作盛、曾言、夏牧原，再次对修史工作作了重要指示。此次接见，任质斌亦在座。

李先念两次接见时的指示，连同他一九八二年接见武汉军区和湖北省军区有关写史人员时所作的指示的主要内容后由李先念秘书程振声整理成《关于编写新四军五师战史和鄂豫边区革命史的谈话》。程振声著文说："此时，我正在先念同志处做秘书工作。一九八二年和一九八三年，先念同志关于编写新四军五师战史和鄂豫边区革命史问题，作了几次谈话。在整理谈话稿时，由于我对五师和鄂豫边区的历史了解不多，曾多次请教任政委和齐光同志。在他们的具体指导下，数易其稿，最后经任政委精心修改，才完成这项工作任务。"② 他还说：任质斌不仅仅是受李先念委托指导编写"三史一传"；而是超出了一般的"委托"。要写什么，不写什么，他俩是交谈了的。李先念谈话的整理稿，也包含了任质斌的意见，或者说采纳了他的意见；谈话反映了他俩在修史上的共同思想。③

李先念《关于编写新四军五师战史和鄂豫边区革命史的谈话》

---

① 李先念接见邹作盛、曾言、夏牧原的谈话纪要，1983 年 5 月 28 日。

② 程振声：《不居功 不诿过》，载于《风雨历程 光辉人生》，中央文献出版社，2000 年 3 月版，第 116 页。

③ 李少瑜采访程振声记录，2001 年 10 月 25 日。

讲了十个问题：一、要写党的路线正确，不要突出个人；二、要写党的抗日民族统一战线政策的正确；三、要写大胆到敌后去开展游击战争和建立根据地；四、要写坚持独立自主的原则；五、要写党的统一领导的重要性；六、要写人民群众的支持；七、要写团结是争取胜利的保证；八、要把竹沟的作用写够；九、既要写成绩又要写缺点；十、要正确评价中原突围①。鄂豫边区革命史编辑部将李先念的这个谈话称为"十条指示"，作为编写工作的指导思想和基本原则。

实际上，任质斌早在编辑部的前身鄂豫边区革命史编辑室时，就已经开始对编研修史工作给予指导了。编辑室着手编辑《战斗在鄂豫边区》丛书第一辑，任质斌撰写了《新四军第五师是怎样成长壮大和完成她的历史任务的》一文。一九八○年七月，李先念表示同意发表此文，并认为任质斌撰写的这篇文章"对五师的历史和经验作了很好的概括"。一九八○年二月，中共十一届五中全会作出《关于为刘少奇同志平反的决议》，编辑室于三月起草了《少奇同志与鄂豫边区》一文。任质斌审阅后，指出了文稿的缺陷，提出应该突出四个问题。编辑室遵照他的指示和意见，在修改时加强了对刘少奇"模范地贯彻执行党的六届六中全会的决议，彻底纠正了王明右倾机会主义路线，紧紧抓住深入敌后，放手发展抗日武装，有团结、有斗争的坚决反摩擦，创建抗日民主根据地等四个战略性的问题"的论述。《湖北日报》和《长江日报》于五月十五日同时发表了这篇文章。一九八一年六月是中原突围三十五周年，编辑室写了一篇纪念文章，任质斌审阅后说：从日本投降到中原突围前，新四军第五师及中原军区部队坚持了十个月，牵制了国民党从峨眉山下来"摘桃子"的三十万军队。如果没有中原我军阻击国民党军队，

---

① 李先念：《关于编写新四军五师战史和鄂豫边区革命史的谈话》，《李先念文选》，人民出版社，1989年1月版，第435~454页。

这三十万大军压到哪里哪里也受不了。这十个月，八路军、新四军主力受降、扩军、开辟根据地，壮大了自己，进行了反内战的准备工作，新四军第五师则在那里把住了中原大门。五师在新四军几个师中人数最多，活动地区最大，但日本投降后，我们是缩小了，他们都扩大了，五师及随后组成的中原军区部队，在这十个月中起了把守大门的战略作用。从中原突围到一九四七年二月，中原军区部队突围、转战了八个月，继续牵制了国民党的大量兵力，对于保卫陕甘宁边区，保卫延安，配合晋冀鲁豫等各兄弟部队的胜利作战，同样发挥了重要的战略作用。当然，他们也配合了我们。只有从解放战争的全局出发，来谈这十个月的中原坚持和突围、转战八个月的作用、意义，从战略的全局讲这是伟大的、胜利的、光荣的，才对外、对内都有说服力，也是实事求是的。作为三十五周年的纪念文章，突围的具体过程不必讲得过细，而应把中原突围的战略作用再展开一些。这是我的主要意见。根据任质斌的指示，编辑室重新写了一篇史论性的文章《胜利的中原突围》，经李先念审阅同意，于一九八一年六月二十八日在《人民日报》上发表，后在中国中共党史学会一九九一年为纪念中国共产党成立七十周年而举办的首届"中共党史优秀论文评奖"活动中被评为一等奖。这三篇文章的撰写，是任质斌指导编辑室进行的成功的修史练兵。

任质斌一九八三年八月撰写了《关于中原突围》，对于曾有人怀疑中原突围丢了原根据地，部队减员多，还能否算胜利等问题，用历史事实做了回答。并于八月十三日致信李先念："听说直到现在，有些同志对中原突围还有一种不正确的看法，为此，我写了一篇《关于中原突围》的短文。""现将这篇短文送上，请抽空审阅一下。"十六日，李先念批示："同意。"① 此文在《中原突围》丛书第二辑中列为首篇。一九八四年四月，中国新四军和华中抗日根据地

---

① 任质斌致李先念的信，1983 年 8 月 13 日。

研究会在湖北召开学术讨论会，任质斌会前写出了《新四军第五师的抗战历程及其实践经验》的发言稿，从背景及特点、抗战历程、几点经验三个方面来讲述。三月二十八日，李先念致信任质斌："你和郑绍文同志送来的你在新四军暨华中抗日根据地研究会一九八四年年会上的发言稿，我已拜读，认为讲得很好。"任质斌此文后编进湖北人民出版社一九八五年七月出版的《新四军第五师抗战历程》一书。同年六月，任质斌在北京举行的"豫鄂陕边区党史座谈会"上作《关于中原突围的几个问题》的讲话，针对社会上存在的混乱思想，讲了五个问题：（一）中原突围是正确的；（二）向西突围不能说是错误的；（三）坚持豫鄂陕斗争的意义和作用是很大的；（四）北渡黄河是正确的；（五）晋城高干会议是没有起积极作用的。该讲话被收入武汉大学出版社一九八九年十二月出版的《西征》一书中，后又作为《中原突围史》的代序之三。

　　一九八六年五月，任质斌对鄂豫边区革命史编辑部作了《当年中原部队"三留三走"的过程和有关情况》的谈话。他阐明：从抗战胜利后留下集结兵力，到中央曾同意中原军区以大部主力去皖东，这是"一留一走"；从停战留下，到中原突围，也是"一留一走"；从留在豫鄂陕、鄂西北就地开展游击战争，到中原军区主力部队北渡黄河，又是"一留一走"①。六月，正值中原突围四十周年，任质斌撰写了两篇文章：一是《中原突围的战斗历程及其战略作用》，首先全面论述了中原突围的历史背景、中原突围的部署，接着分别论述了皮旅（即皮定均任旅长的一纵一旅）东进苏皖解放区、转战在豫鄂陕的北路部队、南路部队驰骋在大江南北汉水两岸、鄂东独二旅在鄂皖赣边地区坚持斗争，然后又集中论述了中原突围的战略作用。此文发表在中共中央党史研究室编《党史通讯》一九八六年第

---

① 任质斌与李少瑜的谈话记录，1986年5月21日。后于1986年10月根据记录整理成文，送任质斌审定，收入《任质斌在中原八年》一书中。

八期。编者按说："为了纪念中原突围胜利四十周年，任质斌同志（原新四军五师副政委、政治部主任，现任中央顾问委员会委员）撰写了《中原突围的战斗历程及其战略作用》一文。文章写成后，又吸收了刘子久、张才千、文敏生、刘子厚、李人林、汪锋、顾大椿、陈先瑞、杨焕民、熊作芳、余潜等老同志的意见，作了修改。为纪念中国人民解放军建军五十九周年，我们特将这篇文章发表在本期，以飨读者。"二是《学习革命先烈为共产主义事业而献身的精神——纪念在中原突围中英勇牺牲的烈士们》，深情讴歌了中原突围烈士们的献身精神和英雄事迹。六月二十五日《湖北日报》和《长江日报》同时发表了这篇文章。

任质斌还指导鄂豫边区革命史编辑部对相关历史进行认真调查和深入研究。一九八四年九月，任质斌写信给编辑部，布置了一项重要任务：调查一九四六年中原突围时我中原部队派赴西安谈判的代表张文津、吴祖贻、毛楚雄在陕南罹难的情况。为此，编辑部先后会同吴祖贻烈士的夫人蒲云湘和中共陕西省商洛地委党史办公室、宁陕县委等单位，组成联合调查组，辗转巴山、秦岭，历经数月，查清了三烈士被国民党胡宗南部秘密杀害的真相，并找到了遗骨。一九八五年一二月间，联合调查组赴北京向任质斌和当年曾任中共豫鄂陕边区党委书记兼豫鄂陕军区政治委员的汪锋汇报，并将调查报告转呈李先念。李先念于六月十八日题词："豫鄂陕革命根据地的烈士永垂不朽！"并撰写了《向革命先烈学习、保持共产主义的纯洁性——纪念张文津、吴祖贻、毛楚雄三烈士》，发表在《红旗》杂志第十七期上①。

一九八九年十二月和一九九〇年四月，任质斌两次与编辑部进

----

① 关于张文津、吴祖贻、毛楚雄三烈士遇害情况的调查报告、附件和记述调查经过的文章，以及李先念主席的题词和纪念三烈士的文章等，均收入解放军出版社，1988年12月出版的《四十年后的报告》一书中。

京人员谈"要写好一篇大文章"。他说：要写篇新四军第五师部队教育的文章。我们五师发展壮大有诸多因素，其中教育工作是重要的因素。通过这篇文章解剖麻雀，反映出怎么把中国农民组织成很有战斗力的部队，甚至后来在抗美援朝中成了战胜美国帝国主义的英雄军队。任质斌高度概括地说：当然，总的讲是毛主席的建党路线和建军路线。文章要充分反映三个方面，即领导班子的选择和配备；党的建设，支部工作；对广大干部、战士的政治教育。形象的说法是，由"头脑——骨干——血肉"组成。靠这三个方面，形成一支打不垮的队伍。编辑部根据他的两次谈话精神，撰写了《新四军第五师政治建军的重要经验——为纪念五师建军五十周年而作》，发表于一九九一年四月四日《湖北日报》。一九九一年初，编辑部确定撰写《胜利来自非凡的革命胆略——纪念中原突围四十五周年》一文。三月十八日，任质斌复信指出："中原突围是一个伟大的历史转折点，它宣告了第二次国共合作的终结（破裂）和第三次国内革命战争（解放战争）的开始。因此，这篇文章不应只从中原地区国共两党的斗争的角度写，而应从国共两党在全国的斗争乃至世界斗争的角度来写。文章的中心、重点、主要内容、主要篇幅应是讲述和歌颂毛主席和以毛主席为首党中央的革命胆识，千万不要把重点和大量篇幅放在写中原部队和中原军区首长如何如何上。这是这篇文章写好写坏的关键所在。中原部队和中原军区首长在这个伟大的历史转折点中所起的积极作用，只是忠实地、坚决地执行了毛主席和党中央的伟大决策"。"这个关系一定摆正。否则就不是实事求是，因而就会被人讥为胡吹八吹、妄自尊大"。他强调："这篇文章的主要内容，应是从中原突围来看毛主席和党中央的革命胆略。"① 文章写成后，经李先念同意发表。《人民日报》于七月十四日发表了此文。后于一九九五年五月获湖北省第五次社会科学优秀成果奖。

---

① 任质斌给李少瑜的信，1991 年 3 月 18 日。

根据中共中央和中央军委的决定，先后开始了编辑《李先念文选》、编写《李先念军事传略》。两书都离不开五师抗战和中原突围的历史。任质斌对这两项工作格外关注。一九八七年，中共中央委托中共中央书记处研究室和中共中央文献研究室负责编辑《李先念文选》。程振声回忆说："其中有关五师和中原军区时期的讲话和文电选入哪些，拿不定主意，尤其是很多文电是以先念同志和任政委等人联名的，这能不能选入《文选》，也是一个问题。为此，先念同志要我去征求任政委的意见。这样，我又多次求教任政委。任政委认为，这些文电虽然是以两个人或几个人联名发的，但反映了先念同志的思想，应该选入。"[①] 在任质斌一九八八年使用的台历上，二月十九日记载："阅读李先念文选稿本"；此前的二月十七日即正月初一下午，和此后的二月二十日即正月初四上午，分别记载："到中南海拜年"、"李主席来访"。一九八八年三月，任质斌致信李先念说："遵嘱将《文选》初稿第一部分从头到尾看了一遍，并做了一些文字上的修改（重要的地方是用红笔改的，不重要的地方是用黑铅笔改的）。但改的不一定对，仅供参考之用。"

十月上旬，他又对这部分文稿作了送出版社前的再次审定。一九八九年一月，《李先念文选》由人民出版社出版。此时，李先念已是全国政协主席。三月十日，任质斌前往全国政协出席了《李先念文选》出版座谈会，他在发言中说：《文选》中有二十三篇是李先念在领导新四军第五师进行抗日战争和领导前中原军区部队进行解放战争的文献，我有幸也参加了这两个时期的斗争。他在发言中指出：因为李先念具有杰出的领导才能和难能可贵的领导气魄，所以他就自然而然地成为五师和中原军区中最有威信的领导人。

任质斌对《李先念军事传略》的编写工作也给予了有力的指导。程振声回忆说："一九九〇年，中央军委决定编写中国人民解放军军

---

① 程振声：《不居功 不诿过》，载于《风雨历程 光辉人生》，第116～117页。

事家传略，其中先念同志是一位。由于先念同志确定由我主持编写，而我又心中无底，又是在任政委的具体指导下才完成编写任务。"而且是经任质斌和齐光提示并坚持按编年体写的①。十月二十一日，任质斌写信给程振声说："《李先念军事传略》（第四稿）我看过了。这个稿本比第一、二稿大有进步。增加了有些重大事件的背景情况；党中央和中原局、华中局在五师建设中所起的作用比较明显了；在对中原突围的叙述中比较注意了领导的集体性。我觉得在进一步修改时，除对上列各点还可略作补充增订外，对和全局无大关系的具体事情，不必罗列太多，以免因过于琐细而冲淡了李先念在一些重大决策和重大战略行动中所起的作用。以上意见不一定对，仅供参考之用。"根据任质斌和有关同志的意见，程振声等又作了修改，最后提请李先念审定。后收入中国大百科全书出版社一九九七年出版的《中国人民解放军军事家传略》。

二　指导重新修订五师战史

任质斌指导编写的"三史一传"，是他受李先念委托修史的主要成果。

在指导编写和重新修订《新四军第五师抗日战争史稿》时，任质斌花费的心血最多。这项工作大体上经历了四个阶段：

第一阶段，制订纲目。一九八三年五月二十三日，任质斌在同编辑部工作人员谈话时说：一九六四年四月五师战史编辑室编印的《新四军第五师抗日战争史》草稿，比较完整，符合先念同志讲的精神，合乎战史体裁。它以武装斗争为主，兼及根据地建设，写得也比较简练。缺点是战斗、战术写得多了一点。可以以它为基础。战史划阶段的问题，是不是这样划：（一）发动时期——群雄并起；

---

①　程振声给李少瑜的信，1990 年 10 月 9 日。

（二）统一指挥时期；（三）五师建军；（四）一元化领导；（五）"以巩固为中心"；（六）日本投降前后。任质斌亲笔草拟了《新四军第五师抗日战争史纲目》，由原战史草稿的四章改为六章：前言；第一章，豫鄂边地区敌后游击战争的发动；第二章，豫鄂边区抗日武装的统一和发展，根据地的建立；第三章，新四军第五师的建立，边区根据地的巩固和扩大；第四章，边区党政军一元化领导的实施，部队和根据地的进一步扩大；第五章，以巩固为中心加强军队和根据地的建设；第六章，抗日战争胜利结束，三大主力部队会师；结束语。任质斌布置说：要拟订出按章、节、目布局的详细纲目，我只草拟了六个章题，你们回去后先将原战史草稿逐章讨论，然后写出节与目来，打印出来寄给我们①。

　　编辑部七月中旬拟订出《新四军第五师抗日战争史纲目》（初稿）。任质斌审阅后，于八月下旬两次打电话给编辑部，要求派起草纲目的同志赴京。九月一日、三日、四日下午和五日上午，任质斌主持召开了研究纲目的会议，郑绍文、齐光和湖北进京的七位同志出席了会议。任质斌作了多次谈话。他说：总的精神，先念同志在关于编写五师战史和鄂豫边区革命史的几个问题中讲了。为了明确指导思想，有两篇文章要着重看看：一是《刘少奇选集》中的《六年华北华中工作经验的报告》，二是《周恩来选集》中的《论统一战线》。还有陈毅同志谈新四军第五师等材料。这是我们写这段历史的一些很好的依据。他接着说：关于五师战史纲目，先议一下大架子，究竟分几章，每章时限怎么样？要不要前言和结束语，要写又写什么东西？然后再一章一章的议。对于郑老提议的第二章写新四军豫鄂独立游击支队建军，第三章写新四军豫鄂挺进纵队建军，实际上是把原纲目的第二章再分成两章来写，任质斌表示赞同。他还就前言中应把五师的特点写进去，第一章中所涉及到的对武汉沦陷

---

① 任质斌与邹作盛、曾言、夏牧原的谈话记录，1983 年 5 月 28 日。

前后的基本估价，一九四三年方针之提法的有关情况，以及关于边区财政等问题，分别作了剖析和阐明。编辑部十月中旬改出了纲目修订稿，送请任质斌作最后审定，他表示基本同意；对几个问题的请示做了回复；并就结束语应总结基本经验发表了意见①。

　　第二阶段，撰改史稿。任质斌将纲目定下后，编辑部按照他的撰稿要求和全书新的布局，于一九八三年十一月完成了第一稿。十一月中旬，任质斌和郑绍文专程赴武汉，指导召开了审稿会。参加审稿的计有五师老同志二十余人，其中有"文革"前两稿的统稿人之一潘子明和曾任五师政治部宣传部部长的蒋立。经逐章节审议，提出了系统的修改意见。为了解决一九四一年至一九四二年这一章史稿的"大肚子"问题，与会者一致同意将此章再分成五师在频繁的战斗中建军、粉碎空前严重的敌顽夹击等两章。任质斌还在会上谈了五师在抗战中的许多重要历史事件的结论性意见和看法。编辑部据此于一九八四年三月修改出第二稿。这一稿虽然增加了一些新的史料，注意到了突出抗日主题，并在结构上作了调整，但由于仍拘泥于按时间顺序叙述战争与历史事件，不能给人以完整而系统的概念。针对这个问题，任质斌指出：一要注意写战略意图，二要对历史的叙述采取"年经事纬，问题适当集中"的原则。编辑部又按他的指示精神，于一九八五年三月写出了第三稿。其间，任质斌于一九八四年十二月下旬再次赴武汉，仔细审阅了史稿的前四章，肯定了这次修改稿有突破性的进展。

　　第三稿印发后，分别于一九八五年五月至六月在武汉、济南、北京召开了审稿会，计有七十九名审议委员、编辑委员和五师老同志参加了审稿。任质斌在北京审稿会的讲话中说：两年多来，我们具体落实李主席的"十条指示"，做了不少工作，前前后后进行了几次研究，综合起来对编写五师战史有几条原则意见：（一）以文革前

---

　　①　任质斌与邹作盛、瞿培树的谈话记录，1983 年 10 月 18 日和 20 日。

的稿本为基础，略加修改补充。全书的结构可以从四章改为八章。（二）此书虽写战史，但不应光写打仗，还应注意反映部队建设情况和地方工作建设情况。（三）在写作战时，应着重反映我军同日寇和伪军作战情况。一定要高举抗日的旗帜。一些无关重要的对顽作战，可以略去不写，有些对顽作战可以一带而过。不要花过多的篇幅来描绘对顽作战的胜况。要力戒夸大对顽作战的战果。（四）在写对顽作战时，一定要体现自卫立场，要把国民党顽固派限共、反共、武装向我进攻的罪恶活动写够写透。（五）对边区周围国民党军队的称谓要注意区别对待，不要一概称为顽军。对于国民党军队在抗日战争中的作用也要适当地加以肯定。（六）要实事求是，认真地总结经验教训。但要注意团结，不要过多地追究个人责任。（七）在写作方法上要年经事纬，适当地照顾各个战役、各项工作的完整性。要尽量写得头绪清楚，易读易懂，不要写得零零乱乱①。这是任质斌对前段指导修史的系统小结，也是他为修好史进而更明确提出的系列要求。

　　审稿会之后，编辑部于一九八五年十月改出第四稿。十二月初，任质斌写在写给余英、赵季并报许道琦的信说："李少瑜同志送来的五师战史新的修改稿，我已看完了。并且从头到尾，尽我所能，又修改了一遍。其中有些是属于修辞性的，有些也带有一定的政治性。另外，还有少数地方我想修改，但因对当时的事实记忆不清，不便下笔。为此，请你们考虑能否在最近期间，派一两位熟悉这个稿本的同志到北京来，和我共同研究一下上述问题，以便把这个稿本基本上定下来，并重新铅印一下。"编辑部即刻派人进京，配合他做了这方面的处理工作。任质斌还两次强调说：你们把这一稿送印刷厂铅印，作为送审稿或未定稿印个一九八六年本，装订成一卷本的。

① 任质斌在五师战史北京审稿座谈会上的讲话记录与提纲：编写五师抗日战争史的几条原则意见，1985年6月5日。

五师战史这个事，可暂时告一段落。铅印出来后，分送给编审委员会的同志以及有关单位。另外，寄给我几本，我将送李主席审阅。

十二月三十一日，任质斌致信李先念，信中说：

　　文革以前，在吴林焕同志主持下的新四军第五师战史编辑室对编写五师战史做了大量的工作，他们编写的五师抗日战史稿本，基本上反映了当时的历史事实。这次在重新修订这部战史稿本的过程中，你又及时地作了系统的指示，这都为改好这部战史奠定了良好的基础和树立了明确的标准。鄂豫边区革命史编辑部和部分有关同志正是在这一基础上，按照你的指示精神进行工作的。此外，大家在具体进行修订工作时，还掌握了以下原则：

　　一、更多地突出了对敌伪军的武装斗争和政治瓦解工作，相对地压缩了对同国民党顽固派进行的某些战斗的记述。新四军第五师在抗日战争中，由于一直处在敌顽夹击的境遇中，因而不管是对日、伪军作战，或对国民党顽固派作战，都是十分频繁的，这是历史事实。但是在整个抗日战争中，第一位的问题毕竟是抗击日本帝国主义的侵略问题，所以在编写抗日战史时，对日伪军的斗争，必须尽量用浓笔写；而对同国民党顽固派的武装斗争，则必须充分体现我之自卫立场，并且不宜过多地描述我军的战果。同时，在记叙我军同国民党军队的关系时，也要严格遵守"区别对待"的方针，不是十分顽固、反动的国民党军队，不要给他们戴上"顽军"的帽子。

　　二、减少一些无关大局的零星战斗的记载，增加一些对部队的军事建设、政治工作建设、后勤工作的表述，以更全面地反映五师从小到大的发展过程。

　　三、在表述方法上尽量做到"年经事纬，使问题相对集中"，以免把这部战史写得支离破碎，像一本作战日记那样。同时，尽量删去那些重复的段落，力求通俗易懂，使没有参加过鄂豫边区和五师斗争的同志阅读起来不致十分吃力。

我认为：这个稿本在经过多次修改以后，虽对某些具体战斗、具体工作，写得还不够详尽，不够生动，甚至可能还有小的贻误，在文字表述上也有不够简洁的地方，但政治上是站得住脚的，基本事实是不会有大的出入的，文字上也大体通顺。因此，现在是可以正式报请你和编审委员会的同志们作最后审定了。

你和编审委员会的同志们在审阅这部稿本时，如果觉得还有一些需要修改的地方，请及时告知编辑部再进一步修改。如果你和编审委员会的同志们因有其他要事缠身，在一个相当时间里无法仔细审阅这部稿本，则可考虑先把这部稿本作为"送审本"或"未定稿"发给所有熟悉五师情况的同志和那些研究党史军史的单位，进一步征求意见。等过两三年以后，再根据大家提出的意见重新修改。以上处理方法，是否有当，请予酌定。

任质斌在信的最后还讲到：我现在的身体和精力已日益衰弱，对参与修订五师战史的工作非常吃力。今后我最多只能当当顾问——有问则顾，不问就不顾，审查、修改稿子那类的事情实非力所能及了。

一九八六年一月，李先念复函任质斌，说："你讲的三条原则很好，我完全同意。特别是第一条非常重要，非常正确。"并说："送审稿的处理办法，我也赞成。当前我没有时间和精力看，还得请你听取各有关方面意见后，最后定稿。"李先念还充分肯定："几年来，你为指导五师战史的编写工作，付出了很大精力，很细心，很辛苦。"同时又指出："战史编写基本完成了，你可以放松一点，少管一点，但还要管，仅仅当顾问还不行。"

　　恰合其时，许道琦和鄂豫边区革命史编辑委员会副主任陈明亦向李先念主席报告：鉴于五师战史的编修基本上可告一段落，我们从一九八六年起转入编写中原突围史和鄂豫边区抗日根据地史，同时抓紧编好英烈传等。李先念复信说："同意你们的意见。请再和质斌商量。我已经给质斌同志写了一封信，希望他再管一管。"①

　　第三阶段，铅印送审，广征意见，再次修改。一九八六年一月，送审稿铅印。三月底，任质斌和作为他指导编史的联络员王之铎、马焰等一起到湖北，在与许道琦、编审委员会顾问赵辛初和编辑部第二任总编辑赵季等有关人员研究修史工作时，任质斌指出：这个本子，就按我给李师长写的信上所提出的第二个处理办法来发；也可以慎重一点，分步骤发。在这个稿本的基础上，还应做好补充、核对工作。由夏牧原专门负责这个事。经过核对，能够统一起来的就定下来；有些不同意见一时弄不清的，就用附注来注上两种或三种意见。总之，要精益求精，不要停滞不前。七月初，任质斌又在北京举行的新四军第五师抗日战争史座谈会上讲话说：今天利用这个机会把五师战史铅印本发给大家，征求意见。我参加了审定工作，感觉如公开出版在政治上是站得住脚的，大体上没有什么大毛病；在史实上，也基本符合当时的实际情况；文字上勉强地可以看得下去，因为战史就是比较枯燥的。错漏的一定不少，文字上有些比较粗糙，可读性差一点。这是我个人的感觉，究竟是不是这样，请大家审查。

　　铅印送审稿发出后，编辑部陆续收到来自全国各地的原五师老同志的信件和经过批改寄回的稿本。其中系统提出修改意见的专函即有三十四封。有些老同志还亲自到编辑部，当面更正史实，口述对一些历史事件的评说。编辑部还听取了有关专家学者的意见。一九八七年上半年形成了第五稿。

　　第四阶段，两易其稿，变通出书。由任质斌提议，经他审阅并

修改，以鄂豫边区革命史编辑部的名义，于一九八七年七月向李先念写了关于五师战史变通出书的报告。报告说：上月中旬，任质斌托人给我们写信，提出不作正史，而作"史稿"先公开出版。编辑部认为这是个好主意。因为按正史出书，必须经过编审委员会和李主席审定。但考虑到李主席国事繁忙，一时恐很难挤出时间来审阅定稿。而为纪念七七抗战和新四军建军五十周年，原新四军各兄弟师大都有专著问世以宣传其战斗历程；社会各界亦盼五师战史早日出书。本月上旬，我们又派人去京，和任质斌、郑绍文、齐光集体研究了一次。郑绍文、齐光也同意任质斌的意见。为此，我们建议：将书名定为《新四军第五师抗日战争史稿》。这样，既可早日出版问世，又留有进一步修订成正史的很大余地，并为李主席暂时节省了审定的时间。该报告还请示将李先念的"十条指示"作为"代序"。七月二十七日，李先念批示："我看可以，请质斌同志定。"据此，九月底至十月上旬，任质斌又亲自主持，并请郑绍文、齐光参加，与编辑部人员一起对史稿逐章逐节地审查修改，完成了第六稿。共修改了一百九十六处。一九八八年十月，出版社打出全书校样。任质斌审阅校样后，发现还有史实错误；编辑部根据他的指示，又组织了最后一次集体审读。既改正了一些史实上和技术上的错误，又对正文与附件的照应与统一作了局部调整。至十二月完成全书"齐、清、定"工作。编辑部第三任总编辑刘绍熙回忆说："任老对五师战史书稿严格把关的认真态度，也给我们留下了十分深刻的印象。经他老人家亲自终审的战史稿送出版社后，他要看清样，而且要一式两份，他一份，马焰一份，他们要再作一次最后的把关。一九八八年冬，他老人家在病榻上坚持着看完了清样，果然发现了问题。十一月三日，他写信给我们，指出附件存在三个问题：一、序列表中，没有反映竹沟在抗日战争发动时期的作用，应在边注中加以补救；二、大事记中，说一九三九年二月陈少敏代理鄂中区党委书记，有何根据？（经查，应是一九三九年六月）；三、团以上干部名单中，杨威怎么变成女的?!（经查，女性杨威，是烈士，但不是团级干部，这个杨威，又名杨常安，男性。）这封信发出后，他老人家担心我们不能很快收到，造成贻误，十一月四日又请甄秘书打电话给我，要我们举一反三，对战史稿清样重新认真审读一遍，务必将明显的错误消灭在开印之前。接到电话后，我们立即组织业务骨干，并请肖健章、周焕中、赵季三位编辑委员会副主任参加，对战史稿清样从前言到后记逐字逐句查错找漏，历时一个星期（这期间，先后收到任老和马焰的来信。马焰来信指出了七处错漏），又查找出了不少错漏之处，由统稿人夏牧原一一进行了改正、补充。这件事，任老虽然没有严厉批评，而只是要我们'举一反三'，我也深感愧疚，作为总编辑，到编辑部后参加编辑的第一本书，竟然有这么多纰漏！如果不是任老发现了问题，我们怎么对得起读者，又怎么对得起历史?!虽然不敢说是正式出版的五师战史稿就没有错漏，但至少可以说，由于有任老提醒、把关，使这部史稿的差错大大减少了。"①

任质斌呕心沥血指导编修的这部史稿，于一九八九年四月正式出版。五月九日新华社播发消息说："九易其稿的《新四军第五师抗日战争史稿》，已由湖北人民出版社出版。这是我国第一部关于新四军第五师战史和鄂豫边区革命史的重要文献。""这部长达二十四万五千字的史稿，以翔实的史料，叙述了这支英雄部队的抗战历程、实践经验及历史教训，是新四军抗日战争史的重要组成部分。"

三　指导编写英烈传及根据地史

对于指导编写《中原英烈》传略和《鄂豫边区抗日民主根据地史稿》，任质斌亦身负重责。

---

① 刘绍熙：《殚精竭虑指导我们修信史》，载于《风雨历程　光辉人生》，第361～362页。

为做好英烈传及区营级以上英烈名录的征编工作，他始终抓得很紧。早在一九八三年四月，任质斌到武汉首次接见鄂豫边区革命史编辑室全体人员时，就在讲话中指出：首先搞英名录，再把县团以上干部牺牲得特别壮烈的写出烈士传。这件事，对于激励后人，进行革命传统教育，是十分重要的。我们活着的人都有这个义务。不把这些烈士的光荣斗争史写好，我们实在过意不去。一九八四年六月，任质斌又对编辑部进京的唐礼节、李少瑜说：你们回去跟陈昆满讲讲，请他将关于英烈传、英名录和约稿信发出之后收到回信等方面的情况，写一信告诉我。我特别对英烈传这件事更有兴趣一些。我建议在必要的时候，再以道琦同志的名义写一封关于发动大家为英烈写传的信，话讲得客气一些，要动之以情。一九八六年一月，他对赵季等指出：现在是不是集中力量把烈士传搞一搞，拿出一辑来也好。烈士传究竟搞到什么程度了，连一个报告也没有，这一点我很不满意。二月二十五日，任质斌收阅了编辑部关于编写英烈传情况的报告后，立刻复信编辑部：

（一）书名《中原英烈》，我无意见。

（二）入书人物标准：以在鄂豫边区（鄂豫皖湘赣边区）抗战和中原突围中牺牲和因公殉职的县、团以上干部为宜，个别有显著事迹并有较大影响的亦可入册。至于在全国解放后逝世的，则不收入。这可以在出版说明中就明确讲清。

（三）文章内容主要是写英烈在边区抗战和突围中的斗争事迹。其前后经历，能写则简要地写一下；没有现成的材料，就不写也可以。

（四）写作要求：力求准确无误，实事求是。切忌虚构生编硬造和过分的、不适当的夸张。在漫长的革命生涯中，每个革命者都会有失误和缺陷的，在这种怀念性的文章中，对英烈的失误和缺陷可以不讲（有时也可略提一两笔），但无论如何不应把缺点说成是优点，失误说成是功绩，否则就是混淆了是非了。

（五）每篇字数一般以三千字左右为宜。少的也可只一两千字。文章的长短主要看可写和能写之事迹的多少而定。不要把文章勉强拉长，不要华而不实。每位英烈只登一篇，已有数篇稿件者，可由编辑部将其合并成一篇。

（六）一般以英烈的亲密战友署名撰写。经过编辑部删改、合并、重写的，应征得署名人同意后方可发表。

（七）如有可能，最好在《中原英烈》第一册中，将王恩久、王友德、黄春庭、廖毅、黄世德等同志的斗争事迹也收进去。如果来不及，在第二册中一定要收进去。

（八）我看你们可以和程振声秘书联系一下，是否以李主席的名义为《中原英烈》写篇序言。

任质斌在信中还说：编辑部似可集中相当力量狠抓一下编写《中原英烈》和修改补充烈士名录的工作。建议尽快把这个工作细致具体地组织一下。

三月底，任质斌到湖北又与有关负责同志和编辑部人员商讨了怎么将这项工作搞快一点的问题。他激动地说：为什么要急着出烈士传呢？一般的意义上是告慰先烈，激励后人。我们幸存者，总觉得应把牺牲的烈士传略与名录印出来，纪念他们。特别是作为当时的负责人，更是感到应该这样做。古代战争将军的作用重，现代战争战士的作用都很大，你指挥官再英明，没有基层的指战员去拼刺刀，去炸手榴弹，那是不行的。我们幸存者，高官厚禄，总觉得欠一笔账。一将成名万骨枯！李先念主席去年不仅为豫鄂陕革命根据地的烈士题词，而且主动写了纪念张文津、吴祖贻、毛楚雄三烈士的文章。上次来武汉，又主动提出要写悼念夏农苔的文章。领会先念同志的精神，当了国家主席了，总还得有所表示。此外，把烈士的事迹突出一下，对于功成后个别人产生"争功"思想的克服，也有好处。人家把生命都献给革命了，人家也没有当司局长，也没穿呢子衣服，有的连个名字也没留下。同他们比，应当很满足了。把这些意思讲一讲，有利于增强团结。要突出讲光荣归于党，归于死难的烈士们，牺牲的烈士们的功劳最大！先把烈士传搞出来，我们的心稍微安一些①。

编辑部一九八六年集中力量对英烈传进行了编撰，于一九八七年一月将《中原英烈》上辑书稿寄给任质斌审阅。二月三日，他在给赵季的信中说：序言，我看写得可以；用李师长的名义发表，好。请再寄给李师长审定。编排次序按牺牲先后，很好。书后附区营级以上英烈名录，很有必要。有些传记的文字还比较粗糙，似可责成陈昆满专心致志地把本辑所有传记再仔细地修改一两遍。如有可能，应将送审征求意见的范围尽量大一点。入传的烈士中，凡已收集到照片的，还是印出照片为好。任质斌还列出了"需要修改的文字举例"，如哪段文字写得不清楚，哪件事应改得精练些，哪几个字、哪一句话以删去为好，哪处写得是不是太夸张了？哪几页中都有"家系书香门第"一类的字样，应该改掉；并说："书香"，其他劳动就不"香"了么？

李先念审定了《中原英烈》序后，又给任质斌看。八月十日，任质斌函告程振声：拜读了李主席写的《中原英烈》序，我完全同意。只在第三段加了三个字。加的对不对，请你和李主席斟酌。李先念同意。十月，任质斌为《中原英烈》题写了"为民族解放事业而英勇献身的烈士们永垂不朽！"《中原英烈》上辑于一九八八年四月由湖北人民出版社出版。收入了五十五位烈士传略和二百七十二名区营级以上英烈名录。其后，任质斌再三督促编辑部继续抓紧英烈传略和英烈名录的征编工作。一九九一年七月、九月，刘绍熙和雷河清两次进京汇报请示工作。任质斌在七月的谈话中说：第一，

① 任质斌与许道琦、赵辛初和赵季等有关人员的谈话记录，1986年3月31日。

尽量争取将够入传标准的烈士的传略征编出来。虽然不一定能完全做到，但要尽可能地多搞一些。第二，不要搞错了。或者根本没有这个人；或者虽有这个人，但却不是英烈，而是叛徒。这就出入太大，闹笑话。第三，才是具体的史实。烈士的事迹要基本符合事实。第四，趁还有老同志健在，聘请组成编审顾问组。可分片审查，首先是有没有这个人，这个人是不是烈士，然后再看这个烈士的具体事迹。如果是客里空，就是很大的笑话。你不要光看地方的材料，有的地方派性比较严重，不是烈士的当成烈士，是先烈的反而不当烈士对待。你们回去后，写一个编英烈传的报告，把够入传的烈士是哪些人，上辑已上了哪些人，再准备上哪些人，有材料的有多少人，只知道名字、没有材料的有多少人，烈出一个名单请有关老同志审查一下，看是否可以入传，有无遗漏，能否帮助提供材料。这样做，稳妥一些。原来我没有从这方面考虑，看了你们开列的名单后，我才这样想，亡羊补牢，还不晚。补一补，这样可能耽误一点出版时间，耽误就耽误吧。上辑中收入的烈士传略有三分之二的人我知道，而这次你们开列的名单我知道的就不多了。任质斌在九月的谈话中还强调：一般不能把病故的放在烈士传里，这一定要非常严格地掌握。现在是共产党执政，很多人都想入烈士传。至于民政部门怎么搞，走后门如何，我们不管。我们编烈士传就要把好关，不要出笑话。既不要把该入传的漏掉，也不能把不符合烈士条件的搞成烈士入传。不要东拼西凑，马马虎虎。对病故的、失踪的，应该更慎重一点；对牺牲的、被敌人杀害的，也要好好甄别一下。这样，就保证了烈士传具有很高的权威。部队团以上名单我大体上知道一些，地方上的我知道得少，所以要多找几个人问一问，搞个顾问组。你们回去可以把审查面扩大一些，只要当年是县、团级干部现在仍健在的，都可以请他们审查。

按照任质斌谈话精神，《中原英烈》下辑设立了编审顾问组，聘请了二百五十五位老同志为顾问。一九九一年十月，编辑部向这些顾问汇报了征编情况，并寄去二百六十位烈士名单，请他们审查。老同志们对英烈姓名、籍贯、年龄、职务以及牺牲地点和时间有误的，一一进行了更正，还提出了一些新名单。嗣后，编辑部又将英烈传略分别寄给顾问们审阅。这些老领导、老同志亲自批改，为最后定稿给予了很大的帮助。

一九九五年一月，以任质斌为总顾问、刘绍熙和雷河清为主编的《中原英烈》下辑出版。收入了八十一位英烈传略和三百零一名区营级以上英烈名录。

《鄂豫边区抗日民主根据地史稿》在成书的过程中，前头两稿的书名为《鄂豫边区革命史》。其间，王全国、许道琦于一九八五年二月致信请示，为了加强编写工作，拟聘请顾大椿参与审阅指导工作。任质斌转报给李先念，并明确表态："似可同意，请先念同志阅批。"李先念批示："转顾大椿同志阅，同意。"① 一九八五年十二月，任质斌提出：鄂豫边区包括豫南、鄂中、鄂东、鄂南、襄河、襄西等几个地区，可以先分地区组织力量来搞。他说：各个地区现都还有健在的老同志，大多对此肯定有兴趣；有的不一定有兴趣，但催一下，有一部分人搞起来也好。有了各地区的史料，综合写起鄂豫边区革命史来要省事得多。一九八六年一月，正值编辑部准备转入编写中原突围史和鄂豫边区抗日根据地史之际，赵季、李少瑜等进京汇报这"两史"尤其是根据地史的编写设想与打算。任质斌听后，就编写根据地史问题再次提议："请顾大椿同志管一下。"他还指出：一个人有一个人的好处，是专责，不互相依赖。分管的人不能太多，不要挂名的，光挂名会坏事的，应来点务实哲学，实实在在的。任质斌对于编辑部编写鄂豫边区抗日根据地史，和准备分别组织撰写这一根据地的鄂东、鄂中、襄河、襄西、鄂南、豫南、豫中南等地区分史，采取这样分头来搞的办法，也表示赞同。他说：分史写得

---

① 王全国、许道琦致任质斌并报李先念的信，1985 年 2 月 25 日。

好的，可以单独出书嘛！譬如鄂东抗日根据地史，也可单独出。将来编辑出版可以是一部史书，有总论有分论；也可以总史、分史各出各的，合起来是一套历史丛书；还可以只出总史，选出分史。这就灵活一些。若以一个模式来束缚自己的手脚，结果史稿都出不来。

一九八九年四月，《鄂豫边区革命史》第三稿更名为《鄂豫边区抗日民主根据地史稿》。一九九一年三月修改出第四稿。这两稿先后送审时，任质斌听到了关于根据地史与五师战史有重复的反映。为此，他先后于一九九〇年五月和一九九一年七月，两次向编辑部进京人员谈了想法：如果果真重复太多，是否可考虑改换一种写法，第一章简要概述边区的发展过程，主要写军事斗争；自第二章开始就写党的建设、群众工作、政权建设等一个又一个专题了，从地方的角度来写；最后写点总结性的东西。这样写，与五师战史不重复，地方性突出些，重点是根据地。不过，换成这种写法那改动就很大。我不坚持这个意见，可以商量。任质斌逝世后，才发现他当年还亲笔写下了边区根据地简史的提纲：总述；党的建设；群众工作；政权建设与统战工作；支前工作与地方武装；公安工作；敌伪工作；财政工作；教育工作与文化活动；宣传出版工作；结语①。

就在这两次谈话之间的一九九一年六月九日，任质斌为《鄂豫边区抗日民主根据地史稿》题词："继承战争年代的革命精神，为振兴中华做出新的贡献！"

一九九二年三月十六日，任质斌写信给编辑部，说："昨天顾大椿同志来我处，说你们最近来信②要他为鄂豫边区抗日根据地史定稿，他觉得有困难，想要我为此书定稿。我近来身体状况愈益变坏，实在无法阅读长篇文章，为此，确是由大椿同志定稿为好。但此事

---

① 任质斌：豫鄂边区根据地简史（提纲），手稿，原件存其亲属处。

② 即鄂豫边区革命史编辑委员会在汉的陈明、余英、肖健章、张学奇、陈英等5位副主任，于1992年2月17日致顾大椿的信。

需由你们写个报告给李主席，请李主席正式批一下，大椿同志办起来方无顾虑。"编辑部就此报告后，李先念身边的工作人员答复：根据地史定稿事，电话告知顾大椿。鄂豫边区革命史编委会主持工作的副主任陈明，于八月赴京，请任南斌、顾大椿一起面商书稿。任、顾均表示：可以作"史稿"出书。

任质斌支持顾大椿负责指导编写的《鄂豫边区抗日民主根据地史稿》，先后六易其稿，于一九九五年九月由湖北人民出版社出版。该书《后记》中说：根据鄂豫边区革命史编辑委员会统一部署编写的各地区分史中，由河南省信阳地委党史办主持编写的《豫南抗日民主根据地史稿》，由湖北省黄冈地委党史办主持编写的《鄂东抗日民主根据地史稿》，由咸宁地委党史办和鄂州市委党史办主持编写的《鄂南抗日民主根据地史稿》，由孝感地委党史办主持编写的《鄂中抗日民主根据地史稿》，由宜昌地委党史办和荆门市委党史办主持编写的《襄西抗日民主根据地史稿》，均已公开出版；由荆州地委党史办主持编写的《襄河抗日民主根据地史稿》，也有了送审稿。《鄂豫边区抗日民主根据地史稿》吸收了其中的一些研究成果。这一套"鄂豫边区抗日民主根据地历史丛书"的形成，也与任质斌的提议和指导是分不开的。

四　为撰写中原突围史另辟蹊径

在"三史一传"中，任质斌对于指导编写《中原突围史》格外谨严。这突出表现在：

一是及时抓住豫鄂陕边区党史座谈会的机会做文章。这次座谈会于一九八四年六月在北京举行，由中共陕西省委党史资料征集研究委员会和商洛地委联合召开。参加座谈会的有当年中原突围到达陕南和创建豫鄂陕革命根据地的，尚健在的原中原局委员、豫鄂陕边区党委委员。当年协助李先念主持中原局工作、开创了以商洛为中心区域的豫鄂陕革命根据地的任质斌，应邀出席了这次会议，并有针对性地发表了《关于中原突围的几个问题》的讲话。座谈会期间，任质斌于六月二十三日对鄂豫边区革命史编委会和编辑部刚赶到北京的人员说：请你们来参加会议的意义有两点，第一是听一听，对你们编写中原突围史有作用；第二是交换有关史料，学习人家的经验，取长补短。一个月二十八日他又说：我那天会上讲的"关于中原突围的几个问题"，请你们整理出来，再给我看看，看能不能作为中原突围史的基本指导思想。任质斌还说：我建议你们回去请朱虹、沈淑均她们学一学商洛的四本资料汇编。人家的电报那一本，有几个特点：编入是有选择的，严格按时间顺序，电报头尾清清楚楚，还加了标题和注解。当然，个别注解也有错的地方。但总的来说，给我的印象是，人家的工作很认真，很细致。看看商洛的四本史料，编辑部自己对照一下，不怕不识货，就怕货比货嘛！

任质斌紧紧抓住这次座谈会的机缘，围绕准备编写中原突围史方面做文章，并与商洛地委党史办公室建立起协作关系。他就是这样借水行舟，一举多得。鄂豫边区革命史编辑委员会还根据他指出的需进中央档案馆、中央军委档案馆查阅资料的意见，于一九八四年七月写信给李先念，请求批准，请有关档案部门同意借阅资料。李先念八月六日批示："请帮助他们解决找资料问题"。

二是提议先把各路突围的专题资料工作搞扎实，赞同湖北省军区组建中原突围史专题编纂室。早在一九六一年一月，武汉军区司令部曾编印《中国人民解放军第三次国内革命战争时期（前）中原军区战争史（草稿）》。任质斌在与编辑部人员的谈话中指出：要编写中原突围史，不要仅以这个本子为基础，而要从头做基础工作。他说：中原军区部队在中原突围出发时，分北路、南路、一纵一旅、鄂东独二旅、河南军区、二纵十五旅（欠四十五团）、江汉军区等大小七股。大的方面是四路：经辗转，北路部队进陕南，南路部队进鄂西北，一纵一旅东进苏皖，鄂东独二旅坚持大别山；还有河南军区部队后亦进陕南了，二纵十五旅（欠四十五团）和江汉军区部队也都进了鄂西北。这可称为：七股出发，四路行动。要从头做基础工作，就是组织七股或四路来分别写专题。在征集整理各路突围专题资料基础上去粗取精，去伪存真，提炼一下，如有什么矛盾也解决了，再写中原突围史也好搞。因此，这个基础工作应尽量搞扎实一点。一九八六年一月，任质斌又重申：为编写中原突围史，先分几个专题，分别组织力量来搞、来写，更好一点。

根据任质斌的谈话精神，许道琦、陈明在专就编写中原突围和鄂豫边区抗日根据地"两史"请示李先念主席的信中，报告了"我们打算请一些当年各路突围部队的负责同志"，"来分别指导撰写各路突围部队的专题"①。二月，鄂豫边区革命史编辑委员会邀请在武汉的部分老同志座谈"两史"编写问题，与会者都赞成编写中原突围史采取先分路撰写各路专题的办法，并提出需请湖北省军区协作，组织这方面的编写班子。三月五日，中共湖北省委办公厅转发省委同意许道琦、陈明关于编写"两史"意见的通知，其中下达了"依托省军区来组织撰写北路突围与豫鄂陕根据地、南路突围与鄂西北根据地、东路突围、独二旅坚持大别山游击战争等专题"的任务。省军区在筹建中原突围史专题编纂室时，就得到任质斌的认可。七月初，编辑委员会副主任、省军区原政治委员周焕中和编辑部的同志进京作了汇报，任质斌听后说：湖北省军区组建起了编写班子那当然好，希望这个班子与指导撰写中原突围各路专题的同志取得密切联系②。八月起，由曾焕雄任主任、杨昌埠任副主任的省军区中原突围史专题编纂室，正式办公。

一九八八年五月，任质斌路过武汉作短暂停留，十二日，他特意前往湖北省军区会见了省军区政治委员、鄂豫边区革命史编辑委员会副主任张学奇和周焕中等，接见了编纂室的同志们。他在听取

---

① 许道琦、陈明致李先念的信，1986 年 1 月 30 日。

② 任质斌与周焕中、赵季、夏牧原、李少瑜的谈话记录，1986 年 7 月 1 日。

了曾焕雄的汇报后，发表了热诚的讲话。对于省军区领导同志重视这项工作，和编纂室全体人员的辛勤劳动，深表感谢。他说：老同志的回忆总有局限性，即便是记忆力再好的人，有些回忆也不一定准确。另外，某些问题在看法上有差距，有意见不一致的地方。这是个比较麻烦的事。他指出：解决这个问题的办法，只有求同存异。先把大的方面定下来，大家同意就可定稿了。有些分歧的地方，可以不提算了。有些问题还有不同意见，允许别人来写文章，不一定"只此一家，别无分店"。不然，讨论来讨论去，还是难以定下稿子。任质斌这一实事求是的讲话，引导着编纂室和编辑部正确处理这类问题，克服困难，将中原突围的各路专题工作推向前进。

三是商定纲目，确定基本框架。编辑部于一九八五年四月起草了《中原突围史》纲目。任质斌审阅后，五月二十九日说：要注意不要"皮厚肉少"，不要把两头——前面的谈判斗争和后面重返江汉写得很多很长，而中间的突围却一笔带过。前后有两章也可以，但笔墨是很少的。重点写的是中原突围，写各路部队不同的处境、经验，这是中心。六月二日，他又说：首先要明确写这本书的宗旨，主要是为了使各方面对中原突围有个全面正确的认识，澄清外界对中原突围的误解。书名我看就叫《中原突围史》，不要叫"从日本投降到重返江汉"，也不要叫"中原军区战史"。可以有个序幕，也可以有个尾声，但文字不要写长了。核心是写中原突围的过程，主要写各路部队的突围，写三章、四章、五章、六章都可以，把核心的问题展开，讲得比较深透。这样就"肉多皮薄"，而不是"皮厚肉少"了。你们掌握的材料可能还不够，要在史料上下点功夫。

此后时隔一年，任质斌撰写了《中原突围的战斗历程及其战略作用》。一九八六年五月，任质斌对编辑部进京的李少瑜说：我正在同马焰研究写一篇关于中原突围史略的文章，分七个部分，以后定稿看叫什么题目。你们将来编写中原突围史，就以这篇文章作为一个大的框架，七个部分，分七章吧，看可不可以。此文修改后，发给了在京出席有关座谈会的一百八十多位同志，广泛征求意见。任质斌介绍该文说：我的设想，将来写中原突围史，基本上参照这篇文章的样子，这也就是中原突围史的编写提纲。大家看看指导思想、基本观点对不对，史实对不对。一九八七年二月二十日，任质斌专门就编写《中原突围史》的基本框架就规定字数、掌握时限、分路审稿等问题，提出了明确要求。

编辑部贯彻任质斌指示，一九八七年即先后拿出纲目四月稿和七月稿。一九八八年一月，编辑部、编纂室组成中原突围史课题组①，一九八九年五月形成七章纲目：中原突围的历史背景；中原突围的战略部署；中原军区北路军、河南军区部队突围，豫鄂陕根据地的创建与主力北渡黄河；中原军区南路军、江汉军区部队突围，鄂西北根据地的创建与主力转至外线作战；第一纵队第一旅掩护主力突围，东进苏皖解放区；鄂东独立第二旅掩护主力突围，坚持大别山游击战争；中原突围的历史功绩及其经验。完全体现了任质斌构筑的基本框架。

四是主张将《中原突围纪事》单独成书出版。早在一九八五年三月，编辑部就编印了《中原突围前后大事记》。省军区编纂室编写出四个专题的大事记。中原突围史课题组成立后，编写出了《中原突围纪事》，并在由中共湖北省委党史资料征集编研委员会、鄂豫边区革命史编辑委员会主办的《地方革命史研究》一九八八年第二期至一九八九年第二期上连载，征求意见。任质斌一九八九年十二月对编辑部人员说：《中原突围纪事》我大体翻了翻。这是一个不小的成绩。搞出了编年体的《纪事》，这有好处，它可为写年经事纬的本子打基础，同时也可以说它就是一本史书。任质斌主张，将《中原突围纪事》修改好后单独成书出版。他还说：先出了《纪事》这本

---

① 该课题组由李少瑜任组长，由曾焕雄、瞿培树、杨昌墀任副组长，曾言曾在编纂前期担任顾问。

书，看看各方面的反映怎么样。如果能写出中原突围史的稿本，再继续写；若是意见分歧很大，则就此为止，有了《纪事》单行本，也可算编写突围史的任务完成了①。

根据任质斌的指示，编辑部把《纪事》撰写列入了一九九○年工作计划。为此，李先念亲笔题写了书名，王震欣然同意撰写序言。一九九二年十月，《中原突围纪事》由解放军出版社出版，全书二十二万九千字。在此前后，还多单位协作编成《西征》、《旌指武当》、《鏖战大别》等专辑，为编写中原突围史打下了坚实的基础。

五是主持召开《中原突围史》审稿座谈会。一九九三年十二月，《中原突围史》征求意见稿打印分送给近百位有关的老领导、老同志审阅。一九九四年六月十一日，任质斌在北京主持召开了《中原突围史》审稿座谈会，作出了终审会上还就史稿里面有关经验教训如何表述的问题，形成了统一意见。老同志们在发言中指出：写经验教训宜粗不宜细。为此，任质斌提议两案，第一案是只总结经验，干脆不讲教训；第二案是还写一点教训，光讲几个题目，但讲哪几个题目需议一下，不然执笔者也是个麻烦事。与会同志大多赞同第一案，并认为：中原突围虽然存在一些问题，但站在不同的角度应有不同的认识。写中原突围这段历史，主要目的是为了再现历史，教育后代，因此应维护团结，也可以不讲教训。主持会议的任质斌，在最后的总结讲话中确定：关于经验教训，只讲中原突围的伟大意义等，不单独写教训。

一九九六年六月，《中原突围史》由军事科学出版社出版，全书四十八万七千字。六月二十六日，在中共湖北省委、省政府、省军区召开的纪念中原突围胜利五十周年大会上，举行了首发式。并获得省社会科学优秀成果著作类二等奖。至此，编写"三史一传"的任务全面完成；任质斌对编写"三史一传"的指导，亦获得圆满成功。

――――――――――

① 任质斌与李少瑜、瞿培树、叶青的谈话记录，1989 年 12 月 13 日。

第三十四章
为中共党史军史研究倾尽心力（下）

一　留下中原八年历史记忆

　　任质斌以强烈的事业心和对历史负责的精神，为中共党史、军史研究倾尽心力，不仅反映在指导编写"三史一传"上，而且体现在湖北人民出版社一九九八年十二月出版的《任质斌在中原八年》编写过程中。

　　早在一九八〇年六七月，鄂豫边区革命史编辑室特请任质斌撰写《新四军第五师是怎样成长壮大和完成她的历史任务的》一文时，编辑室办公室主任、原任任质斌秘书的王克律等建议他写本回忆录。任质斌婉言谢绝了。此后，编辑部也提出同样建议，他一直不同意。时隔九年，任质斌开始考虑这个问题。一九八九年七月三十一日，他在写给李少瑜却没有寄出的信中说："前些年你曾几次劝我写个'中原回忆录'，并表示愿意协助我干。当时我觉得主要应集中力量写好五师抗日战史和中原突围史。故未答应。现在这两件事已经接近尾声，似可考虑这个问题了。如你对此事仍有兴趣，欢迎你在今年秋天当你方便时来京具体商量商量。我初步考虑了一下，如果要写的话，大体可以写十个问题：（一）艰苦创业——主要写竹沟留守处和四望山的艰苦生活；（二）英明决策——主要写刘少奇同志关于转入敌后的部署；（三）建立统一指挥——主要写对钟伟事件的处理；（四）分散活动——主要写广泛发展抗日游击战争的部署与实践；（五）反摩擦——主要写同鄂东顽军的斗争；（六）蒋家楼子会议——主要写为创立独立作战的战略部队而进行的斗争；（七）'以巩固为中心'——主要写在出兵河南问题上的失误；（八）桐柏山战役；（九）'苦熬'；（十）突围——主要写北路军突围的经过。如果每节写四五千字，大概一共可写四五万字，夹叙夹议，朴朴实实，不求华丽。因为是个人的回忆录，可以不必求全，从而可读性当比写史好些。这是这篇文章的最大好处。你意如何，望抽暇先来信见告。"一九九〇年十月十七日，任质斌给李少瑜写信说："马焰同志从湖北回京，谈到你问我何时开始写回忆录的问题。我想了一下，觉得如果写回忆录，会同'五师抗日战史'有很多重复之处，这很不'经济'。但我确实是对五师的情况了解得较多的人之一，为了把我了解的情况留给编写历史的人，而又不过多地浪费笔墨，最好采取由你们提问题、由我回答的方式。你如同意这种做法，则请你和有关同志先考虑一下，'五师抗日战史'和'中原突围史'中还有哪些交代得不很清楚的地方（比较重要的问题），罗列出来寄给我。由我准备一下，然后约时间请你们来面谈，我当本着知之为知之、不知为不知的精神尽量回答你们。这个问答稿整理出来以后，有的可在公开刊物上发表；有的则不公开发表，而只作为史料保存起来，供有关人员研究之用。你看，这样是否更有意义一些？"

编辑部于一九九一年一月写出了《关于需请任质斌同志回忆并面谈在中原八年（一九三九——一九四七）的若干问题提纲》，列出十四个方面的五十个问题，寄给任质斌。三年后，再次致函希望他能安排接谈。一九九四年三月十日，任质斌复信说："经过长时间的思索之后，觉得：我的身体今后只会一天比一天坏，说不定哪天就会报销了；而你们又多次表示要我留一点史料，因此我决定同意你们的意见，在今年春天在北京接待你们，谈它个十天、半个月

（每天谈两三个小时）。你们来时，如果能住新华社招待所，离我家近，来去方便，那是最好了。至于如何谈，先谈什么，后谈什么，你们来了以后再商量吧。"六月，他接受了编辑部李少瑜、何光耀、张肇俊三人的采访。

六月十五日至二十八日，任质斌就中原八年中的主要历史问题作了回忆，每当谈到功绩时，他总是强调：那是党领导的正确，是大家共同努力的结果，至于我个人，仅仅只是做了一些力所能及的事情。而当谈及失误时，他总是要说：我应当承担责任。例如谈及他在代理豫鄂边区军政委员会书记、新四军豫鄂挺进纵队政治委员兼纵队委员会书记，全面主持边区工作一年多的时候，他指出：这一段，我工作中一个绝大的缺陷，就是与区党委的联系差了，对地方工作的帮助少。思想上觉得首先要抓军队，毛主席讲了"枪杆子里面出政权"。另外，由于部队和区党委分居两地，在一起的时间少。作为军政委员会书记来讲，应都管。那时，中共中央介绍了晋察冀根据地工作的经验。但豫鄂边区不是大块、整块根据地，这样的地区其地方工作应该怎么开展？没有作为一个突出的个性来研究。在这方面，我没有做什么事，甚至没有提出这个问题，我作为代理军政委员会书记是失职的。当任质斌讲这一番话时，他的夫人胡志学偶尔在一旁听见，打破作为家属从不"参政"的习惯而插话道："你也说得太绝对了吧！"

《任质斌在中原八年》一书的主体部分《任质斌谈中原八年》，就是这次采访的记录，将他在中原八年的战斗历程分为十二个阶段：一、从奔赴中原到豫鄂挺进纵队建军；二、全面主持豫鄂边区工作；三、就任第五师政治部主任前后；四、代理第五师政治委员；五、第五师和鄂豫边区大发展的一年；六、在"以巩固为中心"与发展河南的日子里；七、迎接南下支队至抗战胜利；八、桐柏战役与中原军区成立；九、停战令下达至突围前夕；十、中原军区北路军突围到陕南；十一、协助李先念指挥创造新根据地；十二、在延安和晋城①。其后编辑部又三次拜访任质斌，写成了书稿。

一九九六年十二月十七日，任质斌写信给编辑部有关同志，信中说："实在对不起，《任质斌在中原八年》一书，我花了几天的工夫，只修改了四本中的第一本，现在实在再改不下去了，身体和精力吃不消了。看来今年交不成稿了，请你们另想办法吧。如果没有别的书可出，则可考虑将你们写的两篇介绍任质斌的文章（即《新四军第五师党的工作和政治工作的卓越领导人任质斌》、《中原突围前后的任质斌》），和我写的《新四军第五师的抗战历程及其实践经验》、《中原突围的战斗历程及其战略作用》，合共出一本小册子，书名叫做《中原抗战和中原突围》或其他更合适的名字，请你们酌处。我又一次违背了自己的诺言，实在是对不起，请你们批评责骂。"一九九七年五月二十五日他给肖健章复函说："你在来信中批评我对出版《中原八年》很不积极，我接受你的批评。为此，我又把这本稿子中的《任质斌谈中原八年》部分翻了一遍，再次觉得实在拿不出去。因为在这几万字中所叙述的历史事实，多与业已出版的《新四军第五师抗日战争史稿》一书重复，没有多少新的内容，而又不如《史稿》完整、严谨，并且又都是第一人称，所以这就完全没有出版的价值。如要修改则需动大手术，我现在身体和精力实在吃不消。其所以造成这种情形，不怪编辑部的同志们，主要是我在他们动笔撰写之前，没有认真地审阅他们提问的提纲。在以后的访谈中也完全是按这个提纲谈的。现在我的想法是，这本书不要出了，不出对革命事业也并无损失，至于个人的荣辱得失则无所谓。希望同志们能认真考虑这个意见。如果一定要出，则请编辑部的同志们在忙完其他更紧迫的工作（撰写《李先念传》）以后，抽出一两个同志重起炉灶，以第三人称的笔法另写一篇吧。在第三人称的

_____

① 李少瑜、何光耀、张肇俊主编：《任质斌在中原八年》，湖北人民出版社，1998 年 12 月版，第 60～207 页。

文章中，他们爱怎样写就怎样写，我可以完全不加干涉（根本用不着送我审阅）。"八月二十五日，任质斌又打电话给编辑部李少瑜，讲到：肖健章最近在来信中又说到要出版我那本书，说改成第三人称等。我请你帮我把住一下，一定不要急于出版，我准备找你再谈一谈，从大的方面谈，不讲具体小事。在五师，我是功过各半，在发展河南问题上有"过"，而且不是一般的"过"；在中原突围前后，我也是功过各半，"过"是不该与李师长一起离开陕南回延安。电话里不便多说，以后再讲。最后，任质斌提出了对书稿的修改意见，表示同意编辑部再作修改。

一九九八年四月，肖健章等专程赴京到北京医院探视任质斌。他对肖健章等说：《中原八年》稿子的形成，编辑部的同志花了不少精力。现在看，这个稿子有这么几个问题：一是框架结构尚需推敲，有的题目大了些，而有的题目又太具体了些，内容与战史有些重复；二是作为访谈录，我回答的问题应全面些，现在看来，尚有不够全面的地方；三是《李先念传》正在撰写中，访谈录出来之后，如果出现了与《李先念传》不对口的地方，就不妥了。他还说，作为访谈录，可以作大幅度压缩，所谈的内容可以超脱一点，问题也不必那么多，篇幅也不宜太长。也可以不受原稿的限制，重起炉灶，另列几个题目来写，文字也不要太长。肖健章等返武汉后，召集编写人员讨论修改方案。编辑部又征求了一些老领导、老同志和北京《李先念传》编写组的意见，进行了修改，有的部分作了重点改写，最终成书。

十二月十六日，任质斌夫人胡志学打电话给编辑部负责同志，告知了任质斌病危的消息。当编辑部人员将刚刚赶印出来的《任质斌在中原八年》一书送到任质斌病榻前时，他已在弥留中了。二十二日，任质斌与世长辞。

值得追述的是，出版《任质斌在中原八年》一书，也是李先念的一个遗愿。一九九〇年十月四日，李先念嘱咐齐光，用他的名义，找人写篇表彰任质斌的文章①。一九九一年二月，李先念在上海对身边工作人员说：质斌是个好同志，先准备一篇东西放着，如质斌同志先于我而去，则以我的名义发表；如我先于质斌而去，则活着时亦能看到对质斌的评价，死亦放心了②。遗憾的是，这篇文章尚未写出，李先念就逝世了。

二　澄清一份历史电报悬疑

一九九四年十一月，中国人民解放军历史资料丛书编审委员会编辑的《新四军·文献》（3）由解放军出版社出版。任质斌对其中收录的一份电报，进行了研究与辨析。

这份电报是中共中央书记处一九四三年五月十七日致陈毅、饶漱石并告郑位三电。全文如下：

（一）位三已同意去五师，中央即决定以郑为鄂豫皖边区党委书记兼五师政委。

（二）为了帮助郑去解决五师问题及使华中局了解五师情况起见，书记处提议加派刘晓③同郑一起到五师，帮助一时期工作，再回华中局。如何？望你们决定电告。

（三）郑与刘晓暂缓起程，待中央指示机宜及电告某种机密事件后再起程。但在目前即须准备下列工作：

1. 由薛丹浩④亲自约定五师与你们及与中央通电，可靠密码带去。

2. 由前四支队人员中选两个译电员带去，这两个译电

---

① 齐光给刘绍熙的信，1990 年 10 月 8 日。
② 许克有给李少瑜的复信，1991 年 2 月 18 日。
③ 刘晓，时任中共中央华中局城工部部长。
④ 薛丹浩，时任新四军司令部机要科科长。

员必须是完全未到过国民党地区及未脱离过部队，完全忠实可靠的（即使以前未作过译电工作亦可）。因五师机要科内部已有奸细打入，位三在五师必须另组织一个私人用的可靠机要室，以后才好办事。

　　3. 位三带去五师的其他干部，必须选择前四支队的老干部，对位三有很好信仰者。要有几个旅、团干部同去，因在位三到五师后，还准备从五师调一批高级干部到华中局。

　　4. 左金祥①到军部后望电告书记处。

任质斌看到这份电报非常吃惊，感慨万千。他经过冷静思考，于一九九六年五月二十日写信给欧阳如华并新四军丛书编辑部，信中说：

　　翻看了你们编印出版的新四军丛书《文献》第三卷，发现其中未加说明地选入了中央书记处一九四三年五月十七日致华中局陈、饶并郑位三的电报，觉得很不应该。因为人们读了这份电报以后，很容易产生一种错觉，以为在一九四三年夏新四军第五师还不是一支真正由中国共产党领导的"党军"，所以中央书记处才在任命郑位三为新四军第五师政委并兼鄂豫边区党委书记（以上职务原由李先念师长兼任）时，采取了一系列异乎寻常的做法，如要郑位三去五师时必须带几个对郑位三个人"有很好信仰"的旅团干部，以及郑位三在五师"必须另组织一个私人用的可靠机要室"等。而这种看法是完全不符合当时的实际情况的。

　　新四军第五师是一九三八年十月日寇侵占武汉后，豫

---

　　① 左金祥，原任新四军司令部机要科副科长，当时已任新四军第四师司令部机要科科长。中共中央书记处指定其回军部担负译电任务。

南、鄂中、鄂东的共产党地方组织建立的一些抗日游击队在中共中央中原局的指示下合并组成的。最初的番号是"新四军豫鄂独立游击支队";以后发展了,改为新四军豫鄂挺进纵队;皖南事变后又改为新四军第五师。这支部队在它组建的过程中,虽无红军的大部队做基础,但中共中央曾先后派了数十名红军干部来充任部队的领导骨干。因此,这支部队从它成立之日起,就一直在共产党的绝对领导下,按照毛主席的建军路线和战略战术思想进行活动。其间,虽曾收纳过少数国民党愿来敌后抗战的部队和一些反正起义的伪军,但都及时地对他们进行了改造。所以,这支部队到一九四三年夏,已经发展成将近四万人枪的抗日游击兵团,活动地区遍及豫南、鄂中、鄂东、鄂南、赣北、湘北、皖西敌占区。这支部队自一九四〇年第一次反共高潮后,被国民党军队切断了同延安和其他解放区的陆上交通,陷入独立作战的境地,但它一直用无线电台保持着同中共中央、华中局、新四军军部的联系。一切重大的军事行动、干部调动任免和工作部署,都是按照中共中央、华中局、新四军军部的指示或取得他们的批准进行的。历史证明,新四军第五师及其前身新四军豫鄂挺进纵队、新四军豫鄂独立游击支队从未对中共中央和华中局闹过独立性。

至于说国民党的特务已经混入新四军第五师机要科一事,在郑位三同志到达五师以后,经过反复审查,始终未能证明确有其事。

现在看来,当时中央书记处之所以发出上述电报和作了上述部署,很可能是由于中央书记处为了加强新四军第五师领导班子的建设,拟派郑位三到五师来专任五师政委和鄂豫边区党委书记。在最初的酝酿阶段,郑身体不好,不愿意来,怕再遇到像高敬亭那样的人(郑在一九三七年底被派到高敬亭部工作时，被高排斥过），难以应付。因此，中央书记处在郑同意了到五师任职以后，便作了五月十七日电报上列举的以防万一的安排。后来的历史证明，这种安排是大可不必的。

我认为，像这类有关一个师的政治评价的电报资料，丛书编辑部在选登于公开出售的《文献》以前，似应尽可能地向当时的有关人员查问清楚并加以注解说明，才是对历史的严肃认真的态度。不知这种想法正确与否？①

六月七日，中国人民解放军南京军区《新四军战史》编辑室复信任质斌。首先肯定："您认为《新四军·文献》第三册在选入中共中央书记处一九四三年五月十七日致陈饶电时，应向当年知情人士查询情况，对原电中有的问题加以说明，这个意见很对。例如原电说'五师机要科内部已有奸细打入'，应该加注说明后经审查并无其事。"信中叙述了参与审阅人员的范围和对这份电报有过讨论的情况，也明确地讲到："现在看来，如果有更多的老同志参与审稿，必能选编得周到些"，"此电有一些含糊的话，容易引起猜测和误解，公开发表时最好作些节略或加注释。"信最后还说："新四军史料丛书编审委员会及其办公室已于去年七月结束工作并撤销。部分同志参加了今年五月成立的《新四军战史》编辑室工作。因此，对新四军史料丛书的意见，《新四军战史》编辑室都将认真听取和研究，以便在丛书再版时修订，也可供撰写《新四军战史》参考。《新四军战史》编审委员会已请您担任顾问，恳切希望在编写过程中继续得到您的指导。"②

恰在这时，红旗出版社于一九九六年九月出版了梅剑主编的《延安秘事》上下册。任质斌翻阅了这部书中所写的延安"抢救运动"，特别是阅读了蒋南翔写的一份《关于抢救运动的意见书》，还

① 任质斌致函欧阳如华并《新四军》编审委员会的信，1996年5月20日。
② 《新四军战史》编辑室致任质斌的信，1996年6月7日。

翻看了李维汉《回忆与研究》（上下两册）的有关部分，以及胡绳主编的《中国共产党的七十年》中也提到的延安"抢救运动"，从而对一九四三年五月十七日电报的历史背景等有了进一步了解和研究。一九九七年十二月二十五日，他找马焰作了深谈，提出了要写篇文章澄清这份电报的问题。任质斌说，文章可采取两种形式：一是用我的名义，平铺直叙地写对此电报的认识；二是访谈录的形式，以别人提问，我回答来写。马焰起草了关于这份电报的辨析文章，任质斌看后于一九九八年八月六日指出：前面部分很好，后面部分语调要更缓和、更稳妥些①。

　　任质斌对《李先念传》中是否写这份电报，特别关注。该传在讲到郑位三一九四三年冬以华中局代表的身份抵达鄂豫边区时，专写了这么一段："郑位三的到来并不像李先念等原来企盼的那样，而是带着对鄂豫边区和五师领导层的某些误解而来的。早在一九四三年五月十七日中央书记处致陈毅、饶漱石并告郑位三的电文中，就明确反映出这种误解的程度。"②《李先念传》出版前，曾将书稿送任质斌审阅，征求他的意见。一九九八年九月七日，正在北京医院住院治病的任质斌，对到医院看望他的编辑部李少瑜等说：我看了传记稿中写一九四三年五月十七日电报的那几页，觉得既然《文献》已公开出版了，国际国内都知道，传记中写上这份电报是可以的。写上后，让读者能了解李先念一生的坎坷，包括当年党中央曾一度对他不够信任，更显示出他的革命精神和不平凡经历。

　　在任质斌逝世后，中国新四军和华中抗日根据地研究会主办的《铁军》杂志在二〇〇〇年第二期上，发表了马焰撰写的《"五师机要科内部已有奸细打入"辨析——任质斌同志生前访谈录》，作

---

　　① 任质斌与马焰的两次谈话纪要，1997 年 12 月 25 日，1998 年 8 月 6 日。

　　② 《李先念传》编写组：《李先念传（1909—1949）》，中央文献出版社，1999 年 6 月版，第 487～488 页。

进一步澄清：

问：（中央书记处）电报说奸细打入了五师机要科内部，确有其事吗？

答：至于说奸细混入五师机要科内部一事，在郑位三到达五师以后，几经反复审查，始终未能证明确有其事。而且，五师机要干部骨干，大都是由延安派出和少奇同志从洛阳带来的。五师自己培养的机要人员，也都经过严格政治审查，从教导队、警卫员、宣传员、勤务员中选拔的忠诚党员，现仍健在的由延安派来的红军机要工作者、原五师司令部机要科长宋世荣证明，从抗日战争到中原突围，五师机要人员从未发生过问题。一九四六年中原突围前，郑位三在宣化店机要人员会议上讲话，曾表扬五师机要人员在孤悬敌后极重要的机要通讯岗位上，埋头苦干，积极工作，很好完成了党交给的任务，鼓励他们做无名英雄。这证明五师的机要干部队伍，是一支对党忠诚的可以完全信赖的队伍。

问：当时中央书记处为什么会发出这份电报？

答：现在看来，当时中央书记处之所以发出这份电报，而且采取了非比寻常的部署，很可能是由于没有掌握第五师的真实情况。因为：我们五师建军伊始，就受敌伪顽夹击，与其他兄弟部队完全隔绝，孤悬武汉外围独立奋战。只能通过无线电台向中央和军部报告部队简要情况，不可能具体、详细地反映部队全貌。而且，建军初期的两三年里，部队发展又大又快，开辟地区辽阔，还吸收一大批人参军、入党，任用了一些知识分子担任政治工作领导干部，改造了一批反正伪军参加抗战行列。这些特殊情况，增加了中央和军部掌握五师全面真实情况的难度。一九四二年七月十八日，陈毅、赖传珠就以"军部与五师电台经常不畅通或中断"，"增加指挥上的困难"为由，致电中央军委

"提议五师归军委指挥"。七月二十一日，毛泽东、朱德、王稼祥电复刘少奇、陈毅、赖传珠：同意五师归军委直接指挥。八月七日，陈毅致电李先念："五师地区全部工作归军委直接指挥"，"主持全局责任应由你负责"。这也从另一角度说明五师孤悬敌后，下情不易上达的实情。

在此情况下，加上一九四三年四月三日，中央发布《关于继续开展整风运动的决定》，要求纠正干部中非无产阶级思想与肃清党内暗藏的反革命分子的大背景下，被中央社会部长康生提供的某些领导层干部不可信任错误情报所误导；康生又掀起"抢救运动"，用逼、供、信手段制造了"特务"张克勤冤假错案，进而诬指河南、湖北、甘肃、陕西、四川等省党组织，是打着红旗反红旗的所谓"红旗党"。而五师正是由河南、湖北党组织领导创建发展起来的，不少干部又来自这两个省的党组织，这就不可避免地要受到影响了。

随着抗战局势的发展，使中共中央更加重视华中抗日根据地的战略作用。中央书记处为加强五师领导班子建设，在李先念坚持要求不作区党委书记和五师政治委员情况下，特派郑位三任五师政委兼鄂豫边区党委书记。在最初酝酿阶段，郑位三以身体欠佳不愿意来，怕再遇到像四支队那样的事难以应付。因此，中央书记处在郑同意到五师后，便作了五月十七日电报列举的以防万一的安排。一九四三年十一月，郑位三以华中局代表身份来到五师，受到李先念等热诚欢迎。郑来后负责全面领导工作，五师原有的领导人，都对他非常尊重，所有重要问题的决策，都是他一锤定音，凡有意见不统一，一切取决于郑。

问：郑位三来后，中央和军部对五师的看法有无变化？

答：随着时间推移，华中局、军部和党中央听取了刘晓关于五师情况的报告，五师真实情况日益明朗，他们对五师的看法很快改变，一九四四年三月十五日，华中局曾致电郑位三转李（先念）、任（质斌）、陈（少敏）称："你们数年来在艰苦条件下，建立了广大民主根据地，创造了数质均相当强大的主力与地方军，这是由于你们内部团结、正确灵活执行中央路线（你们在实际工作中反对了统一战线中的机会主义）的结果"。一九四四年，日寇发动打通大陆交通线作战，中共中央确定在巩固和发展华北、华中抗日根据地的同时向南发展的战略方针部署中，委五师以重任。五月十一日，中央书记处向华中局并鄂豫边区党委发出向河南发展方针指示，明确规定豫南地区由鄂豫边区党委负责。七月十日中共中央致电郑、李、任、陈并告华中局：关于发展河南工作，应首先沿平汉路两侧向北发展，以求得和华北八路军打通联系。八月中央派王震、王首道率三五九旅南下支队挺进湘、粤，开辟以五岭山脉为中心的华南抗日根据地，使其北与豫鄂边南与东江抗日根据地联成一线，指示五师协助南下支队实现向湘粤进军。这些足以证明中央书记处已消除了对五师的某些误解，对五师是充分信任的。

湖北省新四军暨华中抗日根据地历史研究会主办的《地方革命史研究》会刊，也在二〇〇〇年第二期上刊登了《关于〈新四军文献〉一份电报的辩析——任质斌访谈录》全文。

任质斌生前访谈录的发表，可说是完成了他对这份电报涉及问题进行辩析的一个遗愿。

三 广结有关历史研究良缘

任质斌同李先念共谋修史大计，在他的倡导、支持下，经他和有关单位、有关老同志及编研人员的共同努力，编辑出版了一批史书。

　　在任质斌指导下，鄂豫边区革命史编辑部编《新四军第五师抗战历程》一书于一九八五年七月由湖北人民出版社出版。朱虹主编的反映史沫特莱访问豫鄂边区的安娥遗著《五月榴花照眼明》一书，由任质斌作序，于一九八九年五月由华中师范大学出版社出版。鄂豫边区卫生史编审委员会编《新四军第五师卫生工作简史》，也在任质斌指导下完成，他还抱病为此书作序。一九九〇年九月，任质斌为编辑部和湖北省妇女联合会合编的《中原女战士》丛书题词："壮烈巾帼光鄂豫，碧血丹心照人寰"。他还"就本书编辑方针、原则和注意事项，曾对编者当面和书面作了两次详尽指示，提出'严肃认真，实事求是，宁缺毋滥，宁短勿假'的十六字总原则，使编辑工作有了准绳。"该丛书分为三辑，由中国妇女出版社出版。一九九一年十二月，在北京举行了《中原女战士》上辑、《新四军第五师卫生工作简史》首发式，任质斌出席并讲了话。

　　鄂豫边区革命史编辑部和新四军第五师敌工史编撰组合编，周焕中主编，武汉大学出版社一九九一年十一月出版的《特殊的战线》，是新四军第五师对敌伪工作暨在华日人反战同盟第五支部活动专辑，任质斌为该书题词："新四军第五师在抗日战争中，较好地运用了毛主席关于在对敌斗争中必须实行军事打击与政治瓦解相结合的原则，这是当时之所以能长期坚持并取得最后胜利的一个重要因素。"

　　一九九三年三月十五日，任质斌复函肖健章说：三月十二日来信及所附编写五师战例的设想，我已看过。能够把五师过去进行的一些重要战斗编写成一本五师战例选编，当然很好。只是作为战例来说，每篇虽然不宜写得太长，但也不宜过于简单，起码要把作战意图、战斗部署、作战经过、战斗结果等都叙述清楚才好。同时这些叙述又必须尽量做到实事求是，真实无误，不可随意编造，违背历史事实。我想，如果经过编写同志的努力，确能基本上达到这样的要求，就可以干；如果达不到这样的要求，则以谨慎从事为宜。以上意见是否有当，请你酌处。新四军第五师战例纪实编纂室根据他的正确指导，编著了《中原雄师——新四军第五师战斗故事集》。任质斌题写了书名，并作序。该书于一九九五年八月由武汉出版社出版。

新四军第五师和鄂豫边区文艺工作史资料集《硝烟春蕾》，也是任质斌为之作序，一九九四年九月由中国文联出版公司出版。以任质斌为首席顾问，将五师和边区已牺牲、逝世的部分旅（地）级以上领导骨干之生平事迹材料辑录成书的《英魂永存》，由海洋出版社于一九九六年六月出版。

任质斌还先后为昆仑出版社一九八八年六月出版的《中正剑之梦——何基沣将军传》、东方出版社一九九六年七月出版的《来自井冈山下——罗通回忆录》、湖北人民出版社一九九七年十二月出版的肖健章回忆录《时代足迹》、北京《纪念李人林文集》编辑委员会一九九九年三月出版的《纪念李人林文集》等书，分别作了序。

在陕西省，《中原解放军北路突围与豫鄂陕革命根据地》上下册和《豫鄂陕革命根据地史稿》的出版，同样得到了任质斌的支持与指导。李文实在《鄂陕协作的奠基人》一文中作了记述："一九八六年，商洛地委党史办就研究中的一些重大问题向任质斌、汪锋并李先念同志写出请示报告，任质斌和汪锋同志详细审阅后认为有些重要问题还需请示李先念主席决定，任质斌同志就将请示报告及他俩的意见报告李主席。一九八七年一月二十五日，李主席在上海亲自审阅了任、汪的报告，批示任质斌：'同意您和汪锋同志的意见。关于豫鄂陕军区和豫鄂陕边区的结束问题，按汪锋同志的意见写可以。'据此，中共陕西省委党史委于一九八八年三月由陕西人民出版社出版了贾志新、李文实等负责编辑的'陕西党史资料丛书'《中原解放军北路突围与豫鄂陕革命根据地》上下册，任质斌同志为该书题词：'永远缅怀为中原突围英勇献身的烈士们！'我们从一九九一年起，以三年时间三易其稿，写出《豫鄂陕革命根据地史稿》初稿，送老同志及各地征求意见。广泛征求意见后，将送审稿呈送任、汪二老。任质斌同志此时身体很不好，常常住院，还在一九九四年三月九日致信我们：'商洛地委党史办：来电收悉。你们寄来的《豫鄂陕革命根据地史稿》书稿我早已收到，但我近一两年身体很坏，无法阅读长篇书稿，实在抱歉得很。如果你们对哪些史实或论点还有含糊不清的地方想向我询问，可来人当面面谈。我只能做到这样了。请你们原谅．'我们又一次派人聆听他的指教。在他和汪锋同志的指导下，史稿定稿，上报陕西省委党史研究室批准，一九九四年十一月由熊美杰、李文实主编，陕西人民出版社出版，圆满地完成这一历史任务。"①

在任质斌的指导下，湖北省新四军暨华中抗日根据地历史研究会与鄂豫边区革命史编辑部等单位先后编辑出版了《雄师奇观——纪念新四军第五师建军五十周年论文专辑》、《创业中原功垂华夏——为纪念李先念主席逝世一周年而出版》、《湖北抗战》、《中原伟业》、《纪念中原突围胜利五十周年专辑》、《血火征程——中原突围老战士忆当年》、《铁军雄风》等书，湖北省新四军研究会印刷印钞委员会还编写出版了《新四军第五师暨鄂豫边区印刷事业史》②。

中国新四军研究会聘请任质斌为顾问。一九九五年九月，中国新四军研究会、湖北省新四军研究会和武汉市新四军研究会，在武汉举行纪念抗日战争胜利五十周年学术讨论会，会上宣读了任质斌等撰写的《抗战胜利前后的新四军第五师——为纪念抗战胜利五十周年而作》。《长江日报》登载了该文③。一九九七年二月，他为中

---

① 李文实：《鄂陕协作的奠基人》，《风雨历程　光辉人生》第 154 页、第 156 页。
② 《雄师奇观》，武汉大学出版社，1992 年 9 月版；《创业中原　功垂华夏》，新疆青少年出版社，1993 年 6 月版；《湖北抗战》，军事谊文出版社，1995 年 8 月版；《中原伟业》，武汉大学出版社，1996 年 1 月版；《纪念中原突围胜利五十周年专辑》，1996 年 11 月以"（鄂）新出字图字 361 号"出版；《血火征程》，长江文艺出版社，1997 年 11 月版；《铁军雄风》，长江文艺出版社，1998 年 10 月版；《新四军第五师暨鄂豫边区印刷事业史》，1993 年 6 月以"（1993）鄂省图内字第 8 号"出版。
③ 任质斌、顾大椿、栗在山、黄永贵、马焰：《抗战胜利前后的新四军第五师——为纪念抗战胜利 50 周年而作》，《长江日报》1995 年 9 月 14 日。

国新四军研究会主办的《铁军》杂志题词："血沃华中，英名永存"，并在试刊号上发表《"发展是硬道理"——任质斌同志谈五师和鄂豫边区抗战》。为纪念新四军成立六十周年，中国新四军研究会致函约请任质斌写一篇反映五师抗战的文章，他撰写了《新四军第五师的片断回忆》，《铁军》杂志在"纪念新四军成立六十周年专刊"中发表了此文。

一九九七年，北京新四军暨华中抗日根据地研究会及其五师暨鄂豫边区研究分会先后成立。任质斌任名誉会长。

任质斌认真对待有关来信，热情接待有关来访。据他在一九八四年至一九九六年台历上所作的记载，这十三年中，他复函与接谈的来信来访者，有中共中央组织部、中央文献研究室、中央党史研究室、文化部、国家计委等部门，有北京、湖北、山东、河南、陕西、甘肃、安徽、江西、江苏、上海、广东、新疆等省、自治区、直辖市的各级党史办公室（研究室）及有关修史单位；有军委总政治部、总参谋部的有关部门，海军、空军和南京、北京、济南等大军区的政治部编研室及军史单位；还有一批地方与军队的老同志。一九八五年至一九八九年，文化部党史征集办公室派人多次专访任质斌，任质斌讲了他的一生经历。新华通讯社新闻研究所多次派人访问任质斌，整理出《回忆红中社》一文，刊登在一九八四年五月《新华社史料》第一期上。一九八五年十月至十二月，他又专门去中国革命博物馆借到了《红色中华》报合订本，认真翻看与研究，再次同新闻研究所的来访者交谈，并撰写了《〈红色中华〉报始末》一文。一九八四年至一九九二年，从甘肃省尤其是陇东地区的来信来访几乎每年不断，他通过多次接谈与复函，向中共甘肃省组织史资料编纂领导小组、陇东报社和庆阳、镇原、平凉等市县委党史办公室提供历史情况。由南京军区牵头编纂的《新四军》历史资料丛书，请任质斌担任编审委员会顾问，任质斌参与审阅了该编审委员会及其办公室寄送给他的文稿，接见了来访者，而且还于一九八六年六月、一九八七年二月两次召集原五师在京的部分老同志，认真讨论新四军大事记和《新四军》丛书中的五师文章，集中大家的正确意见与看法加以反映。

在"向明案件"平反后，任质斌一九八四年五月开始写"向明案件始末"提纲，一九八八年五月写成《向明案件的基本情况和经验教训》一文。一九八九年一月，他致信中纪委副书记陈作霖，将该文送中纪委一份，他在信中说："由于当时我也在山东工作，并和检查处理这个案件的主要负责人——陈毅、钱瑛同志作过多次接触，以后又牵连到这个案件里受了组织处分，所以我对这个案件的情况有一定的了解。"该文"是否有存档价值，敬希裁定。"这篇文章具有重要参考价值。

四　修史治学的特点与卓见

任质斌在中共党史、军史研究实践中，逐渐形成了他修史治学的鲜明风格和特点。归纳起来，大致有如下几点：

第一，广征史料，调动千军万马。任质斌始终强调，要广征、深征有关历史资料；并要求利用各方面的力量，实行专职与业余的相结合，以调动千军万马的精神来征集史料。他说，最重要最宝贵的是过去的电报、文件和出版的杂志、报纸等。他指出：为了做好进一步征集史料的工作，还得调动千军万马，利用各方面的力量，你们可与省内各级党史办公室、博物馆、纪念馆密切合作，甚至与陕西商洛地区、河南、安徽等外省有关部门合作，使其也能成为你们的"资料库"。他重视对口碑史料的征集工作，他说：我提供一部分了解相关历史情况的人的名单，有的你们可写信去请他们写专题回忆材料，有的你们还得去访问他们。你们再排一排队，看五师战史还缺哪些资料，然后有目的地发信或派人出去查问。现在熟悉情况的老同志一年比一年少了，你们应该加紧做抢救"活材料"的工作，不然以后找他们就找不到了。任质斌还指出：如果你们本身的力量不够，是不是运用一下社会上的力量。你们没有力量办的，就请人来办，看看在五师和边区的老同志中有些什么人能办此事。中央不是说要调动一切积极因素吗，我到湖北多次讲要调动千军万马，现在退下来的人很多嘛。在北京、上海、广州等地都可聘请联络员，由你们那里分别提出具体要求，他们在各地组织搞。既要有完整的规划，又要撒得开，使专职的与业余的结合起来①。

第二，严谨审慎，把紧回忆录关。任质斌深知回忆录写作的重要，并运用它进行革命传统教育和研究历史。他在为一部回忆录所作的《序》中说："我们中国共产党，历来重视对历史经验的学习。特别是改革开放以来，党中央多次强调，要把对青少年进行历史知识的教育，作为精神文明建设的重要内容。我认为一部好的革命回忆录，必然是学习历史的好的辅助读物。"② 他多次强调要请有关老同志写专题回忆录，应该加紧抢救"活材料"。另一方面，针对部分回忆录里存在的问题，任质斌说：由于年代久远，再客观的人，没私心杂念的，也可能有记忆错乱，因此回忆录也可能不准确。还有些人想借回忆录来抬高自己，大讲自己过五关斩六将，走麦城就只字不提了。回忆录不可不搞，但要认真查对；不可不信，不可全信。判断其可靠性、准确性的一条原则，就是看在回忆录里，撰写者把自己摆在什么地位。吹嘘自己，往自己脸上贴金的回忆录，你们要特别小心一点。反过来，回忆录里有自我批评的，可靠性就比较大些。或者，虽然未作自我批评，但不是突出自己，这种回忆录的可靠性也多一点。对有缺点有问题的回忆录，要能够有所认识和鉴别。对回忆录与回忆录之间，与其他文字资料之间，可能有某些"有出入"的地方，要做些考证和辨异工作。一定要把好回忆录关。他还

① 任质斌与夏牧原、李少瑜的谈话记录，1984 年 9 月 3 日和 7 日。
② 《来自井冈山下——罗通回忆录》，东方出版社，1996 年 7 月版，《序》第 1 页。

说：回忆录公开出版还是慎重一些好，主要的东西应注意查对和核实，搞历史资料最重要的一条就是要真实。不要被人利用，作义务的吹鼓手。否则，就可能起消极作用①。

　　任质斌告诫有关老同志，要写好回忆录，还得提倡谦虚谨慎。他说：写回忆录要多写别人的事，多写集体的事。不要在回忆录中夸耀自己。当然可以写自己，但不要夸耀自己，不要突出自己的作用。自己的作用写多了，只能贻笑天下。对于已经发表的一些回忆录，有的，我就听到一些不好的反映。平常我们提倡谦虚谨慎，写回忆录也要贯彻这个精神。另外讲别人的长处，也要实事求是，要准确。对于已经去世的人，当然应该宽一些，但也不宜于宽得没有边。任何一位革命家，在长期的革命生涯中，难免完全没有这样、那样的缺点和失误。在追述这些同志的功绩时，对他们的某些缺点和失误当然可以不提，但无论如何不应该把他的缺点和失误反过来说成是他的长处和功劳。如果那样，就没有是非了，那就会成为笑话②。

　　任质斌处处谦虚谨慎。他在谈到自己指导编修五师战史和撰写几篇回忆文章的情况时，说：我搞五师战史，顶多讲我的任职，把很多功劳推给别人，我是不出名的人。写《回忆王翰同志在新四军第五师》的文章，我把政治工作的功劳写在王翰头上。写《纪念党的好女儿——危拱之同志》的文章，我是副书记，她是组织部长，但我在文章中把危拱之放在重要地位。有的同志提意见，说谁把某某写上了，他就提了其他名单。我现在有一张王牌：我自己就没写上，你怎么样?! 在《关于对记述程道荣部起义历史的几点意见》一文中，我写了这么一句话："师部和边区党委遂决定派我和齐光等同志到豫南同他（程道荣）做了进一步联系。"我与齐光去，不过是

①　任质斌与唐礼节、李少瑜的谈话记录，1984年6月28日。
②　栗秀真：《白衣战士怀念您》，载于《风雨历程　光辉人生》，第72～73页。

联系联系而已①。任质斌以身作则，对有关老同志的告诫，他自己首先做到。

第三，求真求实，确保编修信史。任质斌指导修史的基本目标和基本要求，就是要将"三史一传"等编写成为信史。因此，他始终坚持在求真求实上下大功夫。他对编辑部人员说：我们编写"三史一传"，都是"正史"的写法，都不采取《杨家将演义》、《说唐全传》、《说岳全传》之类的写法。主要强调史实的真实性、准确性，而不是过于强调艺术性，不要以演义来代替正史。现在有的历史丛书，我怕里面有很多水分——想象的、虚构的东西，如果写史以这些作根据，那是要上当的。写文艺作品可以，写史则要与文艺作品严格区别开。写史所利用与引用的史料，就是要规规矩矩的，经过鉴别与考证的。这要花多少功夫呀！把史料和文学的东西夹在一起，后人选材也不好办。以后编写历史和英烈传，在方案上就写清楚，强调真实性、准确性，不搞文学加工的东西，不要花里胡哨，不要掺水分。当然，史也可写生动点，但不搞虚构与夸张。

如何评说历史人物与事件，怎样写工作成绩与失误，任质斌自开始指导修史起就注视着这类敏感问题。他说：我们编写历史的人，评说历史人物和事件，一定要掌握分寸，要一分为二，不要抹杀成绩，也不要掩饰缺点。责任问题，不要强调个人。像位老（郑位三）这样的同志，他们为党作的贡献要写；对其失误，则不追究个人责任。他又说：工作上的失误要讲，不能把失误说成正确的，那样就违背事实了。但讲失误的时候要讲分寸，要讲究提法，不写哪一个人的责任，笼统地讲那个问题有失误，不要太展开，不要论得太多太深。司马迁写史记也是用几句话几个字就"寓褒贬、别善恶"了嘛！写工作成绩也不能过分，譬如说像讲边区的财政经济工作，应该说是做了很多工作的，但又还没有找出适合边区特点的、完整地

---

① 任质斌与赵季、李少瑜的谈话记录，1986 年 1 月 25 日。

解决财政困难的办法来，以至于很多重大的军事行动因为财政困难而不能行动。因此要把边区的财经工作写得很好，就不符合事实。

任质斌还提出了贵在求实，实实在在，不夸大，不缩小。写史的人，宁可得罪人，也要实在。当然，这不容易做到，但起码不要讲一个人好就把好事都记在他头上，把朱老总的扁担说成林彪的扁担。可以隐恶扬善，但不能把恶说成善，不能把坏事说成好事，也不能把错误说成正确。

为确保编修信史，任质斌以求真求实为重点，作了全方位和多方面的努力。马焰撰文概括说：任老领导编史，始终坚持历史唯物主义与辩证唯物主义观点，实事求是地反映历史本来面目。他治史精细严谨，指出不能以现在眼光看历史问题。他审阅文稿，非常认真仔细，条分缕析，巨细必究，逐字逐句地推敲，就是错别字、标点符号也不放过。任老这样认真务实的工作态度，一丝不苟的工作作风，是我们学习的光辉榜样①。

第四，永不满足，治史没有止境。这是任质斌在修史治学的实践中的又一突出风格和特点。他指导编写《新四军第五师抗日战争史稿》花费的心血最多。然而，他并不满足。一九八八年三月，他在写给马焰的信中说："五师战史稿大概今年可以出版。但这本书确实写得比较枯燥，可读性差。为此，我想找人另写一本可读性较强的关于五师战史的书，书名可叫《中原风雷》或其他更合适的名字，字数五六万或七八万字，内容不写那些零零碎碎的战斗和数字，只写一些较大的战斗和军政建设措施。（我写了一个大纲，可供参考。）"他拟定的大纲是：（一）发动（竹沟、汤池、七里坪和黄冈）；（二）统一（李先念南下、陈少敏南下、朱理治南下、解决钟伟闹独立）；（三）在进一步打击敌伪中树立军威（朱堂店战斗、摧毁伪八军、新街战斗、平坝战斗、三打侏儒山）；（四）伪军起义

---

①　马焰：《谱史育人　晚霞生辉》，载于《风雨历程　光辉人生》，第106~107页。

（杨经曲、李正乾等）；（五）摩擦与反摩擦斗争（夏家山、竹沟、鄂南、打大小悟山、礼北战斗）；（六）自力更生（随营军校、抗大、医院、兵工厂）；（七）根据地建设（减租减息、民兵）；（八）"扫荡"与反"扫荡"斗争（大悟山突围等）；（九）包围武汉——在发展广泛的游击战争中壮大；（十）失误——向河南进军；（十一）三五九旅南下；（十二）日寇投降①。一九八九年十二月，任质斌在提议《中原突围纪事》单独成书出版时，又指出了五师战史稿也要补一补大事记的课。他说：五师战史书稿中的那个大事记太简单了，有些地方也不太准确。你们再仔细地翻一翻当年中央的电报，光靠个人的记忆是不准的，还是要靠当时的电报、文件和当时写的日记。

《中原英烈》上下辑和《英魂永存》出版之后，任质斌仍然没有满足，也并未就此为止。一九九六年十二月，他对编辑部人员说：还有像李范一、李相符、何基沣、张克侠、冯洪国、李德纯、孙耀华、向岩、杨显东、蔡韬庵、陈愚安、涂云庵等这样一些较有功绩、有影响的民主人士，他们也为五师和边区的发展作出了重要贡献，可以专门为他们编写一本书，书名可以叫做《挚友集》或《挚友谱》，以示我们对他们的纪念②。一九九七年八月，任质斌将他收到的南京军区《新四军战史》编辑室的函和所要搜集烈士小传等材料的"团职以上烈士名单"，转寄编辑部，要求速即组织专门力量将遗漏的团以上烈士小传材料，尽快收集齐全，再出版《中原英烈》补编。任质斌还曾提议同湖北省博物馆合编"新四军第五师画册"，编辑出版一套五师战史连环画（小人书），和用绘画来反映历史的"五师抗日画史"等。并热心于以五师抗战与中原突围为题材，搞一部历史文献片。

第五，以事业为重，培养修史队伍。任质斌对鄂豫边区革命史

① 任质斌给马焰的信及信后附《中原风雷》大纲，1988 年 3 月 14 日。
② 任质斌与李少瑜、叶青、何光耀、倪平汶的谈话记录，1996 年 12 月 3 日。

编辑部的修史队伍建设，很重视，很关心。他提出了四点要求：一是工作要尽量做得仔细一些。编写历史是严肃的事情，不像文学可以搞浪漫主义。历史要力求真实，不真实是站不住脚的。因此，研究工作必须更仔细，要反复推敲，不能太粗糙了。二是不要急于公开发表、公开出版。很多东西应先内部征求意见。三是力戒老大作风。你们专搞这个事情，就要手勤一点，腿勤一点。收到人家什么东西及时回封信，写得谦虚一点，说您寄来的东西收到了，您对五师战史很关心，我们表示感谢，这是起码的；如果还能写上收到的东西准备怎么处理，计划在什么上面发表，等等，那则更好了。四是要改进领导作风，发挥集体的智慧。要因材施用，因势利导，充分发挥每个人的智慧，形成集体的力量。任质斌提议编辑部要建立责任制。他说：确定主编，要实事求是。今天这台戏这个人是主角，明天那台戏那个人是主角，责任很明确。我建议都采取这个办法，不一定编辑部的总编辑就是主编。有的书第一章是谁写的，第二章是谁写的，第三章是谁写的，都写上；校对也写上。这个办法好。千秋功过，后人评说。

尽管由于时代和认识的局限性，任质斌的修史治学之道还有不完善的地方，甚至可能有值得商榷之处，但他进行了积极的成功的探索，为中共党史、军史的研究与撰写积累了有益的实践经验，具有重要的意义。

第三十五章　骨灰撒在湖北大悟青山绿水间

　　任质斌从青年时期就患有严重的风湿性心脏病，早在一九三四年，战斗在江西中央苏区时就咳血。限于医疗技术条件，在患病的最初二十几年里，病情一直未能得到确诊。革命战争年代，他拼死亡命，南征北战，指挥千军军马；和平建设时期，他奋不顾身，废寝忘食，带病坚持工作。在他生命的最后几年里，虽然已从中共中央顾问委员会委员的位置退下来，依然念念不忘天下大事，祖国统一，改革开放，人民疾苦，并为此竭尽一位老共产党员的绵薄之力。至一九九八年十二月逝世，他与疾病搏斗了六十四年。

一　"向生命极限的挑战"

　　早在一九三四年，任质斌在中央苏区任红色中华报社秘书长时，工作高度紧张，只要连夜奋战就咳出大口大口的鲜血。那时他才十九岁，只顾干工作，未将疾病放在心上。后来，随中央红军参加二万五千里长征，也沿途经常咳血，得到了黄火青的照顾。一九三六年到达陕北瓦窑堡后，傅连暲医生给他看过病，初诊为肺病。南下奔赴豫鄂抗日前线后，在中原八年的艰苦战斗中，他长期带病指挥作战，做党的领导工作和部队政治工作。一九四三年与胡志学结婚时，首次在胡志学面前咳出大口鲜血，让胡志学大为惊恐。没料到这位在人前精神抖擞的首长，竟然患有如此严重的痨病，可见他具有极大的忍耐力和克制力，进而更加让她敬重。此后，任质斌连续熬夜、抽烟，就必然咳血。胡志学担心他的身体，总是劝他注意休息。而任质斌日夜操劳军政大事，对疾病毫不顾及。病情实在严重了，就在医生的强制下卧床几天，打几针，稍有好转又照样拼命工作。

在险象环生、出生入死的中原突围战役中，连续六十多个日日夜夜指挥部队作战，人困马乏。到达陕南后，李先念复发严重的胃病，任质斌也不停地吐血。任质斌在征得李先念等同意后，安排郑位三、陈少敏等在老乡家里掩蔽休息，安置李先念集中一段时间静养胃病，他自己却主动承担起全部领导责任。在最繁忙的时刻，任质斌以各种名义在一天之内发出六份电示，指挥部队行军作战，根本没有时间顾及自己的疾病。

后来，任质斌从中原突围到延安，又转战山东，他更换了许多工作岗位和生活环境，唯独犯病的规律无大改变，每遇过度劳累、熬夜、感冒，就大口咯血。一九五〇年在北京医院做气管镜检查，诊断为支气管扩张。以后又被排除，但咳血原因一直未查清。

一九五八年八月，时任中共山东省委党校校长的任质斌被抽调到省委检查团，被派往淄博市检查人民公社、大办钢铁。因为繁忙和紧张，突发高烧，被送进市人民医院，经一位极富临床经验的医生反复检查，首次提出患严重的风湿性心脏病的看法，表现为心跳杂音、二尖瓣狭窄、闭锁不全，心脏轻度衰竭。医生建议立即转院救治。回到省城，经山东省人民医院组织心脏病专家会诊确认了上述诊断，并且分析说，因为心室二尖瓣狭窄，闭锁不全，造成心脏负担过重，导致肺动脉高压，因此长期咳血。省人民医院的专家提出，今后不能熬夜，不能劳累，不能感冒，不能工作，建议任质斌完全休息。

建议"全休"是合理的，但任质斌却难以做到。经过战争硝烟的考验，任质斌早已将生死置之度外，死亡对他并不可怕。此时任质斌才四十三岁，他绝不甘心从中年起就颐养天年。他坚持工作、与命运抗争。除医院、医生要做的事情之外，任质斌给自己"约法几章"：第一，避免过度疲劳，不参加剧烈运动，少熬夜；第二，根据气候变化及时增减衣服，尽量避免感冒；第三，坚决不吸烟，不饮酒；第四，积极配合医生治疗，始终保持良好的心态。任质斌是个意志坚强的人，他说到做到。过去，他每天至少吸两包香烟，此后绝不吸烟。他为了考验自己，将当时最好的"中华"牌香烟特意摆在案头，绝对不吸一支。对外交往，不管谁递给他香烟，他都婉言谢绝。无论任何情况下，绝不饮酒。此后几十年坚持这些良好习惯，为他后来继续搞好工作，打下较好的基础。

一九七一年底，任质斌从安徽合肥到北京开会，突然发病，人事不省，冷汗淋淋，被送到北京医院抢救，并紧急通知远在合肥的胡志学赶往北京，以备不测。经医院检查，任质斌除了重犯心脏病外，还雪上加霜，新染上肺炎和严重的十二指肠球部溃疡，并在此后屡屡复发。

一九七四年春，"批林批孔"运动搞得异常紧张，任质斌长时期得不到休息，十二指肠球部溃疡重犯，大出血超过一千五百毫升，间断性休克，被送往解放军一〇五医院抢救，下了病危通知书。胡志学通知所有的子女从外地赶回合肥，做好抢救失效的准备。胡志学望着奄奄一息的任质斌，相信他能够挺住，相信死神最终离他而去。果然，任质斌以坚强的意志配合医生治疗，在不长的时间里，走下了病床。康复后，他又一如既往地拼命工作。

除了这次大出血，任质斌曾经先后发生过六次急性左心室衰竭，进行紧急抢救。"文革"中出现过两次，在他生命的最后十年里出现过四次。一次比一次厉害、危险。

任质斌多次病危而又起死回生，得益于及时治疗和家人的照顾，更得益于他自身的坚强信念和倔强性格。胡志学说任质斌是个慢性子，急脾气，一辈子能忍耐而不妥协，这是他性格矛盾的两个方面。他对基层、对群众的事情十分认真。因此，凡属外出，总是不顾一切地关心这、关心那，唯独不关心自己的病，从不向疾病妥协，不倒下就不回北京。胡志学每每谈起，总是悲泪难禁。

任质斌与疾病作斗争的事迹，感动了身边的无数知情者。在任质斌逝世时，主持任质斌病情治疗的北京医院著名心血管专家钱贻简说："像任老这样严重的心脏病患者，与疾病斗争六十余年，能够活到八十三岁高龄，是非常罕见的，是坚强意志向生命极限的挑战，是抗争病魔的一个奇迹，值得我们医务工作者深入研究。"①

二　"八三老翁意未衰"

一九九八年七月，任质斌度过八十三岁华诞。他写了一首七绝《八十三岁述怀》："八三老翁意未衰，关注国事又一载。喜看香岛已回归，犹望目睹澳门来。"

任质斌在耄耋之年，在身患重病的情况下，无时无刻不在关心党和国家的前途命运，关心人民群众的疾苦。忧国忧民，对自己的生命却甚为放达。一九八九年十二月，他身体越来越差。尽管如此，他仍然忧心忡忡。他在一首《无题》小诗中道出自己的心声："也知身不高，何需怕天倒？只因是杞人，怎能把忧抛！"② 他自将比"杞人"，是自嘲；但他忧天，忧国忧民是真诚的。

一九八九年，国内经历了"六四风波"；国外出现苏联解体、东欧剧变，整个社会主义阵营分崩离析。这些事，让任质斌思绪万千。他每时每刻注视着电视节目中关于时局的变化。他一遍又一遍地翻阅《大参考》，还一张又一张地收集、剪辑报纸资料。只要有孩子从

---

① 2002 年 11 月叶青采访胡志学、任全胜笔记。

② 记录于任质斌的日记本。

外地回来，他都要认真讨教一番。尤其有人从境外归来，他定要打破砂锅问到底。他善于从宏观上研究政治大局，惯于从国际共产主义运动规律上着眼思考问题。他反思"六四"事件后认为：我们党应该从"六四"事件中吸取的最大教训，就是党的基层组织涣散、软弱，缺乏应有的战斗力和威信。自由化的问题，如果早发现，早制止，将问题解决在萌芽状态，何至于要动用军队？这是惨痛的教训①。他通过冷静思考之后，更加坚定共产主义的信念，自觉提高拒腐防变的能力。

一九九二年，任质斌从中共中央顾问委员会委员的位置退了下来。对于社会稳定和经济发展，任质斌十分关注。一九九四年，任质斌对从中国驻土库曼斯坦大使任上回国的程振声讲，中国目前存在的"三个八千万"问题，是涉及社会安定的大问题。一是全国仍有八千万贫困人口，二是城市有八千万失业下岗职工，三是八千万农民进城务工，这些问题，若不从根本上加以解决，迟早都是社会的隐患，党中央应该下大决心加以解决②。

他还从身边事情着手，做一些自己力所能及的事情。他对当时中央一些领导同志倡导超前消费，着装时一律西装革履，看不惯，提出了批评意见。他写了一首《衣著吟——献给中常委的同志们》："超前消费，万恶之源。力倡勤俭，方可久安。中西实力，相差甚大。卧薪尝胆，定能发达。"③ 并对"只爱西服、不爱中装"的现象予以抨击。他对大搞高标准楼堂馆所建设也进行了批评。他写了一首《讽刺高消费》的诗："馆外新馆楼外楼，超前消费几时休，暖风熏得游人醉，直把华夏当美欧。"④

---

① 2002 年 11 月叶青采访程振声记录。
② 2002 年 11 月叶青采访程振声记录。
③ 记载于任质斌的日记本。
④ 记载于任质斌的日记本。

　　对社会经济生活中的不良现象，任质斌不仅关注，有时还身体力行地着力纠正。一年冬天，单位给任质斌家送来取暖的燃煤，卸在胡同里，他担心给路人带来不便，亲自带领家人向院内运煤。在运煤的过程中，他发现煤质很差且有大量的煤矸石。他当即给煤炭部写了一封信，信中说：大量的煤矸石掺在煤炭中，是旧社会不法奸商的行为。现在市场上出售这样的煤，会影响党和政府在人民心目中的形象。煤矸石应从开采现场直接除掉。千里迢迢将根本不能燃烧的煤矸石送到用户手上，于国于民都是极大的浪费，应该利用社会主义市场机制加以解决。

　　鄂豫边区是任质斌战斗过八年的地方，他对这块红色沃土有着终生不了情。新中国成立后他多次回湖北、回大悟，考察革命老区，关心支持、热情宣传革命老区。一九八四年十一月，任质斌到大悟县，参加中共湖北省委、省人民政府在该县举行的鄂豫边区革命烈士陵园和革命烈士纪念碑落成典礼，并代表与会的原鄂豫边区和中原军区的老领导，在大会上讲话，带领大家向革命烈士纪念碑敬献了花圈。会后，考察了革命旧址，视察了工农业生产。一九八六年四月，任质斌应许道琦之邀再次来湖北，连续到鄂南、鄂中、鄂西和鄂西北各地、市、县参观访问达二十天。其间他还特地赶到京山县，于四月二十日上午出席李先念主席题名的"烈士公园"揭幕式，并发表讲话。这一次，他还专程到新四军豫鄂挺进纵队司令部驻地八字门、豫鄂边区党委驻地小焕岭等地，看望了当年无私支援抗日战争的人民群众。

　　一九九二年，是他最后一次回湖北。这次他是违反医生禁令，拖着病躯成行的，考察访问时间达十七天，走遍了鄂豫边区的主要县份。大悟县是中心区域，新四军第五师师部多年设在这里，伟大的中原突围战役也从这里拉开序幕，大悟人民无私地支援了革命战争，大悟当然是他此行考察的重点。他不顾病痛，专程来到这个县，除参观革命遗址、烈士陵园外，还深入工业、农业生产第一线，看望职工、农民，了解情况。黄麦岭磷矿是建在这个县的龙头企业，任质斌深入矿区调查访问，还给有关领导同志提出发展建议。

白果树湾新四军第五师师部纪念馆的工作人员只一人，叫魏积英，既是负责人，也是讲解员。一九八四年任质斌回白果树湾时听过她的讲解。返京后得知，小魏竟是个工作了十多年的"背米袋子"的临时工，靠一个月四十元工资和十元办公费维持局面。任质斌很心痛，立即给大悟县委写了信，请县里依据政策、实事求是加以解决。县里也有县里的难处，拖了几年未办。任质斌始终惦记着。凡大悟县有人赴京，他总是托信带信。一九八八年，小魏的户口终于解决了，任质斌闻讯后甚为高兴，给小魏写信勉励。天有不测风云。一九九六年魏积英十二岁的女儿患了白血病，从大悟到武汉四处求医，花去十多万元，病情日见严重。魏积英怀着一线希望，携女进京入北京医院救治。她在北京举目无亲，一下火车就拨通了任老家的电话。任质斌得知后，第二天就派长子任全胜送去一千元钱。他知道这只是杯水车薪，远不能解决问题，立即试图通过新闻媒体呼吁，效果不佳。他又召集在京的原新四军五师老同志解囊相助，筹集了一万余元，力图拯救这个小生命。当任质斌得知这所医院里同时还住着一批这样的白血病儿童患者，并且多数是农村的穷孩子时，他心情极为沉重，当即给卫生部写信，建议成立一个"穷困儿童白血病救治中心"，以求解决这一严重的社会问题。

由于资金后续无着，魏积英只好咬牙将女儿带回大悟。不久，女儿痛苦地离开了人世。任质斌知道后十分伤心，又给小魏寄去三百元，帮助她渡过生活难关。

对大悟，还有一件大事一直让任质斌牵肠挂肚。作为拉开中国人民解放战争序幕的中原突围战役的首发地，境内竟然没有一座中原突围烈士纪念碑和陵园，他觉得非常对不起成千上万流血牺牲的革命先烈。一九九四年六月十一日，在任质斌的倡导下，十六位当年参加中原突围的老领导、老将军顾大椿、张才千、郭林祥、王成汉、陈先瑞、栗在山、王定烈、肖健章等联合签名上书，请求中央批准建立中原突围烈士纪念碑和陵园。任质斌责成肖健章等向中共湖北省委、省人民政府报告此事。十月十九日，中共湖北省委、湖北省人民政府向中共中央、国务院呈送了《关于建立中原突围烈士纪念碑和陵园的请示》。此时，中央虽已明文规定，严格控制纪念碑、馆和陵园的建设，但是，中央及有关部门鉴于建立这座纪念碑和陵园的特殊意义，从实际出发，特别批准了这个项目。一九九六年六月二十日，江泽民题写碑名：中原突围烈士纪念碑。六月二十七日，在纪念中原突围胜利五十周年之际，在大悟县隆重举行中原突围烈士纪念碑奠基仪式。一九九七年六月二十六日，纪念碑落成。任质斌得此消息后，异常高兴，他觉得可以告慰在中原突围战役中英勇牺牲的革命先烈的在天之灵了。

一九九八年，是任质斌生命的最后一年，也是他住医院时间最长的一年。无论在家里，还是在医院，他仍坚持听收音机、看电视，请护理念报纸，以各种方式了解国家大事。

他热切地期望着祖国的统一和强大，在病榻上写了一首激情如火的歌词《我们都是中国人》：

> 我们都是中国人，有着共同的祖先。我们曾经创造过光辉灿烂的文化，也曾经遭受过帝国主义铁蹄的摧残。合作合作，统一统一，我们决心进入世界强国之林；合作合作，统一统一，我们将对人类作出更大的贡献。
>
> 现在我们已经站起来了，但我们还不够强大。分裂使我们对消自己的力量，团结会使我们成为世界的巨人。合作合作，统一统一，我们决心进入世界强国之林；合作合作，统一统一，我们将对人类做出更大的贡献。

在任质斌逝世后，湖北省音乐家协会副主席余远荣将歌词谱写成曲，制成音乐光盘，使之广为流传。

香港已于一九九七年回归祖国，他写下这样的诗句："旭日东升天正红，香岛归来齐欢腾。最是使人醉心处，一国两制共繁荣。"他还翘首期待一九九九年的澳门回归和台湾海峡两岸的统一。他在笔记本上写下四句话："人死原知空，恨未见州同。两岸统一日，勿忘祭乃翁。"

一九九八年长江暴发特大洪水，让任质斌寝食难安。他多次打听湖北的抗灾情况，并要家人给熟悉的单位和同志们打电话慰问。

三　"可归矣，应无憾"

早在一九九三年，任质斌过完七十八岁生日，在自己的日记本上写了一首《病中吟》："来自空间，返回空间，往复七十八年。走过了无数坎坷崎岖，经受了风风雨雨千百遍。喜三山已倒，沧桑巨变，地覆天亦翻。可归矣，应无憾。"一九九八年九月，任质斌住进了北京医院。十二月中旬，病情加重，下了病危通知。十六日下午，任质斌曾一度清醒过来，他向家人要来纸笔，写了四个字："我要说话"，又在纸上不停地写"死"字。他示意将输氧管拔掉。显然，他不愿再麻烦人了。见此情景，在场的人都背过身吞声哭泣。晚上，家人遍翻任质斌的卧室和办公室，试图找到他留下的遗书之类。最后，在他办公桌玻璃板最底层，发现一份一九九四年九月用毛笔写下的遗嘱：

> 我今年已经八十岁了，大概不会再活多久了。我如果不幸害了癌症、脑溢血、半身不遂等绝症，我向党组织的唯一请求，就是批准我服（采）用安乐死——让我安安稳稳地死去。我不想再麻烦组织，也不想麻烦我的家属，我不想劳民伤财，浪费国家人力、物力、财力。
>
> 我去世以后，一切从俭、从简，不开追悼会，不搞遗体告别，不在家里设灵堂，把遗体捐给医院部门或科研单位，不留骨灰。①

---

① 原件存于任质斌家中。

当夜，家人拿着任质斌的遗嘱，约见国家文物局和医院领导，希望落实遗嘱，拔掉输氧管，实行安乐死。未被同意。

一九九八年十二月二十二日十四时四十九分，任质斌的心脏停止了跳动。

前国家主席李先念夫人林佳楣当晚得知噩耗，彻夜难眠。次日一大早，林佳楣率女儿李紫阳等前往任质斌家，向灵堂献上花篮，在遗像前深深地三鞠躬。看到泣不成声的胡志学和任在晋，她们紧紧地拥抱在一起。

任质斌逝世后，胡锦涛、吴官正、丁关根、李铁映、姜春云、万里、刘华清、薄一波、宋任穷、余秋里、陈锡联、张劲夫、张震等党和国家领导人，以不同方式对他的逝世表示哀悼，并对家属表示慰问。

任质斌生前的老战友、老部下、老同事得知他逝世的消息后，无比悲恸。刘少卿、刘子厚、刘西尧、周志坚、张铚秀、陈明、沈因洛、闵学胜、张秀龙、罗通、万海峰、魏国运、肖健章等数百人发唁电、打电话，向老政委致哀。

任质斌的家乡山东即墨以及他生前战斗、工作过的地方，几十个单位，向治丧办公室发来唁电。

十二月三十日上午，任质斌遗体告别仪式在北京八宝山革命公墓一号告别大厅举行。他的遗体上覆盖着中国共产党党旗。

大厅周围摆满花圈。送花圈的有中共中央办公厅、国务院办公厅、中央组织部、文化部以及山东、安徽、湖北省委、省政府和国家文物局等单位，也有胡锦涛、吴官正、丁关根、李铁映、姜春云、刘华清等领导同志和社会各界人士、亲朋好友。遗体的正前方摆放着胡志学率子女敬献的花圈。

出席告别仪式的有：张震将军、中央组织部部长张全景、文化部部长孙家正、原中顾委秘书长李力安等，还有当年新四军五师、鄂豫边区以及前中原军区的老战友、老部下刘少卿、郭林祥、顾大椿、栗在山、王定烈、冯仁恩、黄永贵、肖健、肖健章等。国家文物局局长张文彬、副局长郑欣淼、马自树、张柏、董保华及国家文物局工作人员参加了告别仪式。任质斌的家乡山东即墨市派人专程赶来参加了告别仪式。参加告别仪式的还有其他各界人士共三百多人。

一九九九年一月六日，《人民日报》刊登了任质斌逝世的消息和遗像。

一九九九年一月九日，胡志学率子女从北京护送任质斌的骨灰直抵大悟县城关。县委书记李海华、县长张杰、原县人大主任黄世鹏等亲往迎接。次日上午，举行了一个不超过五十人规模的悼念仪式。然后，将骨灰撒放在鄂豫边区革命烈士纪念碑前的两棵雪松周围和大悟县最高的五岳山（西大山）主峰峰巅几棵古松之间。

二〇〇二年底，在大悟县城关鄂豫边区陵园革命烈士纪念碑前的任质斌骨灰撒放处，在一片冬青树丛的遮掩下，悄悄建立了一块高不过一米的卧式小碑。碑上刻有几个字："任质斌骨灰撒放处"。

在他逝世十周年之际，中共大悟县委、县政府应广大群众的要求，在骨灰撒放处重新建起一尊任质斌铜像。与高大、雄伟的鄂豫边区革命烈士纪念碑相映成辉。成为一处爱国主义教育基地，让人们铭记一个平凡而伟大的名字——任质斌。

经中共中央组织部和国家文物局党组审定的任质斌生平，以精练的文字，集中概括了任质斌光辉战斗的一生：

中国共产党的优秀党员，久经考验的忠诚的共产主义战士，我军杰出的政治工作领导者，原中共中央顾问委员会委员、国家文物局原党组书记、局长任质斌同志（享受正部级待遇），因病医治无效，于一九九八年十二月二十二日十四时四十九分在北京逝世，享年八十三岁。他的一生，是光辉战斗的一生，风雨坎坷的一生。他在六十六年的革命岁月中，为中国人民的解放事业，为社会主义革命和建设事业建立了不可磨灭的功勋。

任质斌同志一九一五年七月出生于山东省即墨县（今即墨市）。青少年时期受革命进步思想影响，参加了共青团外围组织"少年之友社"及反帝同盟，投身到反对日本侵略者和封建军阀的斗争中。一九三一年考入北平中国大学。一九三二年加入共产主义青年团，不久即被派往中央苏区，一九三四年转为中共党员。

第二次国内革命战争时期，任质斌同志在中央苏区从事革命宣传工作。任苏区反帝总同盟代主任、红色中华报社（新华通讯社前身）秘书长。一九三四年随中央红军参加举世闻名的二万五千里长征，在红九军团、红三军团政治部从事宣传工作。到达陕北后，先后担任中华苏维埃政府西北办事处秘书长兼红色中华报社社长、红军教导师政治部宣传科科长兼民运科科长等职，为鼓舞士气、宣传红军北上抗日主张，做了大量的宣传鼓动工作，出色地完成了党交给的任务，为我党早期的新闻事业作出了突出的贡献。

抗日战争时期，任质斌同志先任陇东特委常委、庆阳县委书记、镇原中心县委书记，后到延安马列学院学习。一九三九年五月，受中共中央的派遣，奔赴中原敌后，投入民族解放的伟大事业之中，先后任河南省委副书记、新四军豫鄂挺进纵队政治部主任、豫鄂边区军政委员会书记和新四军豫鄂挺进纵队代政治委员、新四军第五师政治部主任、代理政治委员、副政委等职。他是新四军第五师和鄂豫边区主要领导人之一，为创建新四军第五师，开辟、巩固和发展鄂豫皖湘赣抗日民主根据地，赢得中原敌后抗战的伟大胜利，建立了不可磨灭的历史功勋。

解放战争初期，任质斌同志兼任新四军第五师野战军政治委员、中共中央中原局委员、中原军区第二纵队政治委员，曾受中原局委派，到延安向党中央汇报中原地区战局并请示行动方针，后任中原军区副政治委员，参与领导指挥中原部队，正确地执行中共中央和毛泽东主席的战略部署，顽强地进行战略坚持，牵制国民党三十余万军队，为兄弟解放区作好反内战的准备和迎击国民党军队的进攻，赢得了宝贵的时间；一九四六年六月，参与领导了震惊中外的中原突围战役，拉开了解放战争的序幕。一九四六年七月后，在极其困难的条件下，任质斌同志协助李先念同志主持中原局、中原军区的工作，指挥部队创建了豫鄂陕、鄂西北革命根据地。后奉命回延安，继续参与指挥中原军区在外线的部队开展游击战争，在战略上有力地配合了兄弟解放区的作战。一九四八年一月，他调华东局工作，任华东局宣传部代理部长，山东分局城工部部长，淄博特区党委书记等职。为巩固壮大解放区，开展城市工作，支援我军前线作战作出了突出成绩。

新中国成立后，任质斌同志任中共山东分局秘书长、青岛市委书记、山东分局副书记兼统战部部长。一九五四年，受错误处理下放到历城县。后任山东省政府秘书长、山东省委党校校长、中共华东局副秘书长兼政研室主任、安徽省委书记处书记兼秘书长等职。他正确地执行党的各项方针政策，为山东、安徽经济的发展和社会主义建设事业作出了重要的贡献。

"文化大革命"中，任质斌同志遭到林彪、江青反革命集团的诬陷与迫害，在艰难的逆境中，他坚信党，坚信马列主义、毛泽东思想，坚持原则，维护真理，顽强斗争。恢复工作后，任质斌同志历任安徽省人民法院院长、中共安徽省委常委、省委统战部部长、省委秘书长，国家文物局党组书记、局长。任质斌同志是中共第十一届中央委员会候补委员，中共第十二次全国代表大会代表，在党的十二大、十三大上当选为中央顾问委员会委员，是第五届全国政协常委。改革开放以来，他坚决贯彻党的十一届三中全会以来的路线、方针、政策，在思想上、政治上与党中央保持高度一致，团结文博界的广大知识分子，为我国文物、博物馆的建设和发展以及《中华人民共和国文物保护法》的制定作出了重要贡献。退居二线后，他十分关心我国社会主义建设及文博事业的发展，坚决拥护以江泽民同志为核心的党中央，对实现党的十五大确立的跨世纪的宏伟目标充满了信心。他还受李先念同志的委托，领导编写新四军第五师抗日战争史、鄂豫边区抗日民主根据地史和中原突围史，正确总结历史经验，倾注了大量心血。

半个多世纪以来，任质斌同志一贯坚持学习马列主义、毛泽东思想和邓小平理论。他对党忠心耿耿，光明磊落；顾全大局，谦虚谨慎，不居功，不诿过，平易近人；实事求是，一丝不苟；深入实际，联系群众；关心同志，团结干部；艰苦朴素，廉洁奉公。他为中国人民的革命事业和社会主义建设事业呕心沥血，贡献了毕生精力。任质斌同志是我党久经考验的忠诚的共产主义战士，是我国文物、博物馆事业的优秀领导人；他的一生是革命的一生，战斗的一生，全心全意为人民服务的一生。

任质斌同志的逝世使我党失去了一位好党员，好干部，是我国文物、博物馆事业的重大损失。

任质斌同志在病重期间曾留下遗嘱，在他去世以后，一切从俭，从简，不开追悼会，不搞遗体告别，不在家里设灵堂，把遗体捐献给医务部门或科研单位，表现了一位共产党人的彻底的唯物主义精神。

任质斌同志和我们永别了。我们要学习他刻苦钻研马列主义、毛泽东思想和邓小平理论，坚持理论联系实际的优良学风；学习他坚定的共产主义信念，面对艰苦斗争环境和病痛折磨，始终保持乐观主义精神和顽强意志；学习他光明磊落，顾全大局，维护团结，坚持原则，遵守纪律，联系群众的坚强党性和工作作风；学习他克己奉公、清正廉洁、艰苦朴素、不计名利的崇高品质；学习他无私无畏、鞠躬尽瘁、奋斗不止的革命精神。

任质斌同志永远活在我们心中！

后　记

　　《任质斌传》由国家文物局于一九九九年筹备立项；中国国家博物馆、安徽省社会科学院、湖北省鄂豫边区革命史编辑部、中共山东省委党史研究室（一馆三省）协作撰著；二〇〇〇年正式启动，二〇〇四年完成初稿，二〇一一年定稿。

　　中共国家文物局党组高度重视《任质斌传》撰著工作，两任党组书记、局长张文彬、单霁翔同志多次主持党组会议听取工作汇报，委托历任分管局领导郑欣淼、马自树、张柏和董保华同志负责抓好这项工作，责成机关有关部门负责同志彭常新、游庆桥、侯菊坤、黄元以及李战崎、张志强、王醒亚、梁立刚、尹建明同志协调中国国家博物馆和安徽省、湖北省、山东省有关单位做好撰著工作。先后组织召开了七次工作会议和多次商谈会，投入了大量精力和经费。国家文物局原副局长、中国文物学会会长彭卿云同志对部分章节进行了充实、修改。《李先念传》编写组负责人程振声同志给予了关心指导。文物出版社党委书记、总经理张自成，编辑李飏同志给予了支持协助。

　　由来自一馆三省的十二位同志组成的《任质斌传》传记组，进行了明确的分工：家世和一九一五年至一九三九年四月时段，由国家文物局委托安徽省承担并提供了经费；一九三九年五月至一九四八年二月时段，由湖北省承担；一九四八年三月至一九六二年三月时段，由山东省承担；一九六二年四月至一九八〇年一月时段，由安徽省承担；一九八〇年一月以后时段，由中国国家博物馆承担；晚年指导鄂豫边区党史军史编写工作及逝世前后，由湖北省承担。

在资料搜集、研究和撰著过程中，得到了来自多方面的鼎力支持。

在中国国家博物馆方面，原中国革命博物馆馆长夏燕月、副馆长马英民和现中国国家博物馆的有关领导同志给予了重视和大力支持。

在安徽省方面，得到了省委副书记方兆祥、副书记王明方同志的重视和支持；省财政厅对安徽时段的调研给予了经费支持；省委副秘书长赵培根、省社会科学院副院长程必定、副院长唐先田、安徽大学教授沈晖、夏筱荃、倪玉梅和历史研究所的全体同志给予了支持和帮助。

在湖北省方面，得到了省委、省政府的重视，得到了省委副书记杨永良同志的重视和支持；省财政厅给予了经费支持；鄂豫边区革命史编辑部在参加本传记组的四位同志外，杨长青、张帆、雷河清、逯拴生和编研室、办公室的全体同志都给予了大力支持；中共湖北省委党史研究室给予了帮助。

在山东省方面，得到了省委的重视，省委委托省委党史研究室承担这项任务；省财政厅给予了经费支持；省委党史研究室原主任姚学政、副主任蓝恭先、魏训洲，现主任常连霆、副巡视员李晨玉同志给予了重视和指导，刘国庆、刘灿河等同志征集整理了部分资料。

在本书调研和撰著过程中，得到了北京、山东、河北、天津、上海、广东、浙江、福建、江西、陕西、甘肃等省市的相关党史及地方志部门、大学、档案馆、图书馆、革命纪念馆的大力支持；得到了王淇、徐则浩、唐锡强、陈德辉、朱佳木、安树彦、吴殿尧、肖甡、姜华宣、田蓓、汪茂和、童志强、高三山、蒋伯英、祖云、李伍伦、朱文通、梁淑珍、陈弘君、李小苏、郭洛夫、王敏、梁星亮、姚文琦、许发宏、刘光胜、任勇、何振中、张绍麟、丁广斌、韩乃桂、于吉考等学者专家和同志的指导和资料帮助。

中共国家文物局党组确定《任质斌传》的撰著工作实行主编负责制，委托宋霖同志担任项目责任人、主编；白云涛、李金陵、叶青同志担任副主编。全书撰著的具体分工如下：宋霖：第一章至第十一章；张肇俊：第十二章至第十六章；何光耀：第十七章至第二十章；李金陵：第二十一章至第二十五章；孙俊山：第二十六章；刘思祥、陈劲松：第二十七章至第二十九章；白云涛、司卫：第三十章和第三十一章；白云涛、刘建美：第三十二章；李少瑜：第三十三章和第三十四章；叶青：第三十五章。刘建美同志撰著的一章未单列，其内容融入到了相关章节中。全书由宋霖同志统稿。

撰著工作得到了任质斌同志夫人、老红军胡志学同志及其子女任全胜、任在晋、任在鲁、任在齐同志的帮助；得到了山东省青岛市文物局和任质斌同志家乡即墨市相关部门和同志的帮助。

"文章千古事，得失寸心知"。在本书出版之际，我们诚恳地期待着读者的批评和指正。

《任质斌传》传记组
二〇一一年九月于北京